www.ingramcontent.com/pod-product-compliance
Lightning Source LLC
Chambersburg PA
CBHW050804220426
43209CB00089BA/1694
* 9 7 8 1 7 3 9 8 2 5 2 5 6 *

الصحيح المختار
من علوم العترة الأطهار
الجزء الثاني

بسم الله الرحمن الرحيم

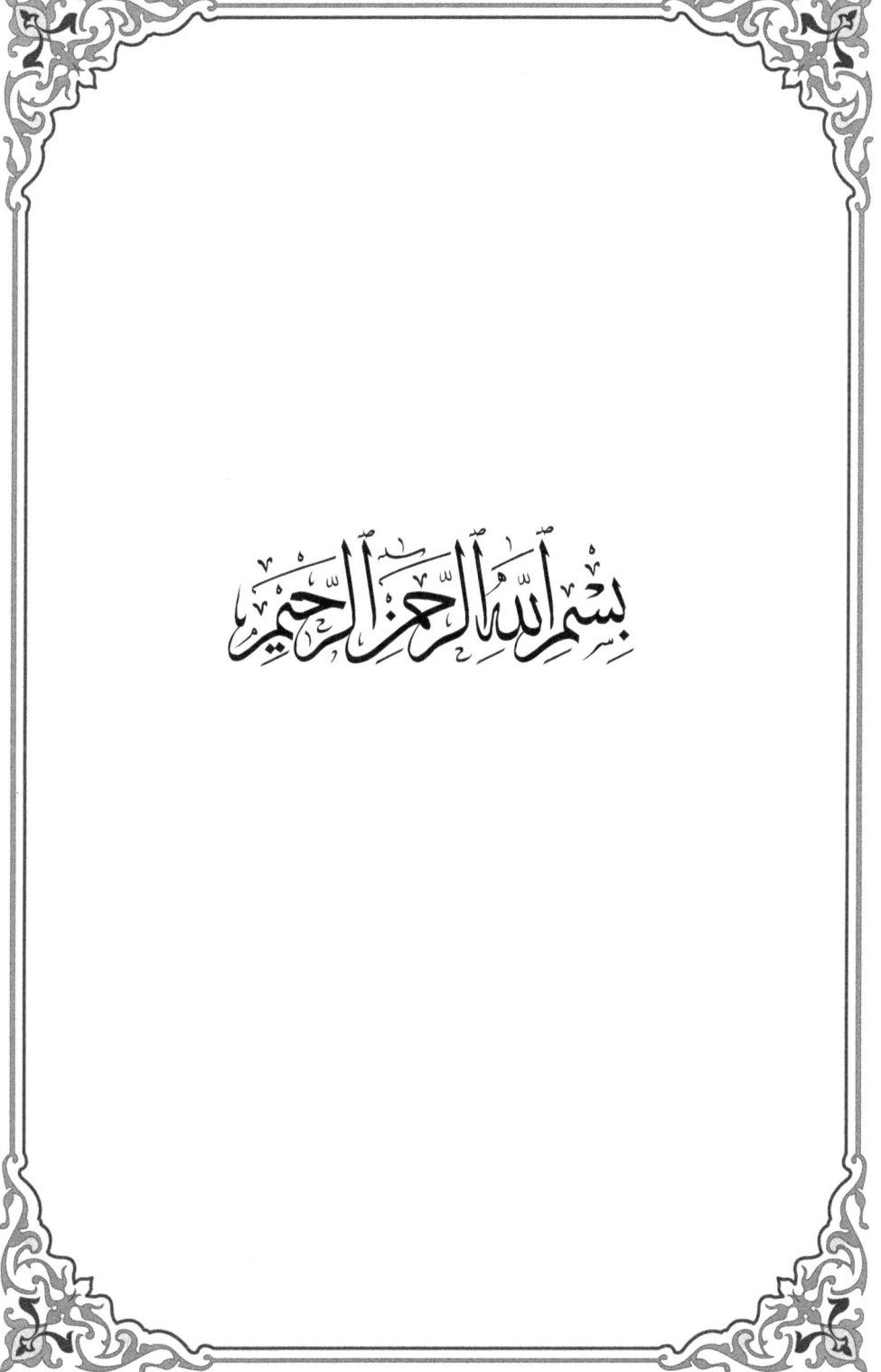

الصحيح المختار
من علوم العترة الأطهار

جمعه السيد العلامة المحدث

محمد بن الحسن بن محمد بن يحيى العجري المؤيدي

(تـ1430هـ/2009م)

تحقيق

إبراهيم يحيى عبد الله الدرسي

الجزء الثاني

دار النضيري للدراسات والنشر
Dar Al-Nadhiri for Studies & Publications

مؤسسة الإمام زيد بن علي الثقافية

الصحيح المختار من علوم العترة الأطهار ج2

محمد العجري (مؤلف)

إبراهيم الدرسي (محقق)

549 صفحة، (تحقيقات تراثية 5)

17×24.4

ISBN: 978-1-7398252-5-6

«الآراء التي يتضمنها الكتاب لا تعبر بالضرورة عن وجهة نظر الدار».

جميع الحقوق محفوظة

لا يسمح بإعادة إصدار أو طبع أو نشر هذا الكتاب أو أي جزء منه أو تخزينه في نطاق استعادة المعلومات أو نقله بأي شكل من الأشكال دون إذن خطي سابق من **دار النضيري للدراسات والنشر**

الطبعة الأولى: 1444هـ-2023م

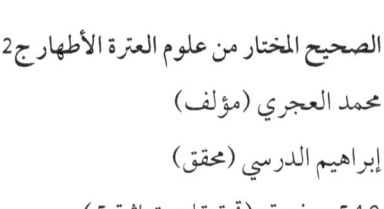

دار النضيري للدراسات والنشر

دار النضيري للدراسات والنشر

Dar Al-Nadhiri for Studies & Publications

المالك والمدير العام

أسامة بن أبو بكر النضيري

الموقع الإلكتروني:
https://www.daralnadhiri.com
البريد الإلكتروني:
daralnadhiri@gmail.com
هاتف: 44+ 7961 911682

لندن- المملكة المتحدة

مؤسسة الإمام زيد بن علي الثقافية

المحتويات

كتاب الزكاة 23

باب القول في الحث على أداء الزكاة 23

باب القول في أن لا زكاة في مال حتى يحول عليه الحول 26

[ترجمة الحسين بن القاسم الكوفي، وأحمد بن محمد المحمدي، وعلي بن الحسين، وداود بن القاسم]: 27

[ترجمة الحسين بن علي بن عمر بن علي زين العابدين، وآبائه]: 28

باب القول في النصاب إذا نقص في بعض الحول ثم تم في آخره 30

باب القول في زكاة الذهب والفضة 31

[ترجمة المعلى بن هلال]: 31

[ترجمة علي بن المنذر، ووكيع، وسفيان الثوري]: 33

[ترجمة أبي مريم، وقيس بن الربيع، وأبي عوانة]: 37

[معرفة النصاب الشرعي للذهب والفضة] 39

باب في زكاة المواشي 40

باب القول في زكاة الإبل 40

[طريق إلى كتاب النبي -صلى الله عليه وآله- لعمرو بن حزم] 42

باب القول في زكاة البقر 48

باب القول في زكاة الغنم	50
باب القول في الأوقاص	55
[ترجمة الحكم بن عتيبة]:	55
باب القول فيما عفا عنه رسول الله -صلى الله عليه وآله وسلم- من المواشي وغيرها	57
باب القول فيما ينبغي للمصدق أن يفعل إذا أراد أخذ الصدقة	60
باب القول في الإمام هل له أن يجبر على أخذ الزكاة	63
باب القول في زكاة الدين	64
[ترجمة جرير بن عبد الحميد، ومنصور بن المعتمر]:	65
[ترجمة ابن سيرين]:	68
باب القول في زكاة العسل	68
باب القول في زكاة مال اليتيم	71
[ترجمة عثمان بن عمير]:	72
[ترجمة حبيب بن أبي ثابت الكاهلي]:	73
باب زكاة ما أخرجت الأرض	75
القول في الجنس الذي تجب فيه الزكاة ومقدارها	75
[ترجمة القاضي زيد -رحمه الله-]:	77
[ترجمة حاتم بن إسماعيل]:	80
باب القول في مقدار صاع النبي صلى الله عليه وآله وسلم	83
باب القول في اجتماع العشر مع الخراج	84
باب القول في الخرص	87
باب القول في أكل ما سقط من النخل، وفي النهي عن حصاد الليل	88
باب القول في زكاة الخضروات	90
باب القول في أحكام الأرضين	91

باب القول في مقدار ما يؤخذ من أرض الخراج	96
باب القول في زكاة أموال التجارة	98
باب القول في زكاة الحلي	101
باب القول في زكاة أموال العبد والمدبر وأم الولد والمكاتب على من تلزم	102
باب القول في تعجيل الزكاة	103
باب القول في السلطان الجائر إذا أخذ الزكاة	104
باب القول فيمن أخرج زكاة آخر بغير إذن وهل تزكى أموال الربا، وفيمن أمهر امرأة إبلاً لا بأعيانها ثم وفاها سائمة بعد الحول، على من تكون الزكاة؟	107
باب القول في ضم الذهب إلى الفضة والعكس	107
باب القول فيما يؤخذ من أهل الذمة وبني تغلب	109
[ما يؤخذ من نصارى بني تغلب]	110
باب القول في مصرف الزكاة	112
باب القول في بني هاشم هل تحل لهم الصدقة؟	114
[كلام الإمام محمد بن القاسم الرسي في تحريم الزكاة لآل محمد]	116
باب القول في صدقة بني هاشم، هل تحل من بعضهم لبعض؟	119
[ترجمة حجر بن قيس]	120
[ترجمة الحاكم النيسابوري صاحب المستدرك]	121
[ترجمة الحسن بن محمد -ابن أخي النسابة أبي طاهر-]	122
[ترجمة إسماعيل بن محمد، وعمر بن علي بن الحسين]:	123
[رسالة الإمام المؤيد بالله محمد بن القاسم في حكم زكاة الهاشمي للهاشمي]:	124
باب القول في الفقير، وكم يعطى من الزكاة؟	136
باب القول فيمن لا تحل له الصدقة والمسألة	138
باب القول في المخالف والقريب ونحوهما هل يعطون الزكاة أم لا؟	140

تفسير آيات قرآنية	142
قوله تعالى: ﴿وآتوا حقه يوم حصاده﴾	149
باب صدقة الفطر	151
باب القول في زكاة الفطر في أي وقت تخرج وإلى كم تؤخر؟	154
[ترجمة عبيد الله بن الوليد]:	154
باب القول في إخراج زكاة الفطر عن الأموات	156
باب القول في فضل الصدقة والضيافة واصطناع المعروف	157
[ترجمة علي بن داود شيخ أبي العباس الحسني]:	160
كتاب الخمس	167
باب القول في قسمة الخمس	169
[ترجمة حكيم بن جبير الأسدي]:	175
[ترجمة محمد بن عمر]:	177
[ترجمة محمد وعيسى ابني عبد الرحمن بن أبي ليلى]:	177
[ترجمة بشر بن عاصم، وحسين بن ميمون، وعبد الله بن عبد الله، وعثمان بن عمير]:	180
باب القول في ذكر فدك	182
[ترجمة علي بن الحسن البجلي]:	184
كتاب الصيام	191
باب القول في فضل الصيام	191
[ترجمة الإمام المرشد بالله -عليه السلام-]	195
[ترجمة علي بن المحسن التنوخي]	196
باب القول في الشهادة على رؤية الهلال	201
باب القول فيما يقال من الذكر عند رؤية الهلال	204

[ترجمة علي بن عابس]: 205

باب القول في صوم يوم الشك 205

باب القول في السحور وفضله 208

باب القول في وقت الإفطار 212

باب القول فيما يستحب من الذكر عند الإفطار 215

باب القول في أفضل ما يبدأ به الصائم عند الإفطار 216

باب القول فيما ينبغي للصائم اعتزاله 217

باب القول في الحجامة والحمام والقبلة والاكتحال للصائم 218

باب القول فيما يستحب للصائم أن يفعله 222

[ترجمة بكار بن أحمد، وبشار بن ذراع]: 223

باب القول في الصائم يأكل ناسياً، أو يذرع القيء، هل ينتقض صيامه؟ 224

باب القول في الوصال في الصيام وصوم الدهر 225

باب القول فيمن رخص له الإفطار في شهر رمضان 228

باب القول فيمن جامع في نهار شهر رمضان 232

باب القول في الصائم يصبح جنباً 235

باب القول في الحائض هل تقضي الصوم والصلاة أم لا؟ 236

باب القول في قضاء صيام شهر رمضان وهل يتابع أو يفرق؟ 239

باب القول في الصيام في السفر ومن أفطر لعذر 240

باب القول في الرجل يصبح ثم عزم على الصوم إلى كم يكون له الخيار؟ 242

باب القول في الرجل يصبح صائماً ثم ينام ولم يصل ثم استيقظ ثم نام حتى دخل وقت الصلاة الأخرى 244

باب القول في النهي عن التلفظ برمضان غير مضاف إليه شهر وفي تعزير المفطر متعمداً 245

باب القول في صيام الكفارات والنذور	245
باب القول فيما يفسد الصيام وما لا يفسده	247
باب القول في الغلام متى يجب عليه الصيام	248
باب القول فيما يستحب ويكره من الصيام صيام عاشوراء	249
الترغيب في قراءة الصمد يوم عاشوراء ألف مرة:	251
صيام الأيام البيض:	252
صيام يوم عرفة:	253
صيام الست الصبر:	254
صيام رجب وشعبان والاثنين والخميس والأربعاء وغيرهم:	255
النهي عن صيام العيدين وأيام التشريق:	257
تنبيه: وأما صوم يوم الجمعة:	259
وأما صوم شهر الله المحرم:	260
فصل:	260
خاتمة الكتاب للصيام	261
باب الاعتكاف وشروط الاعتكاف	263
باب القول في الوقت الذي يبتدئ فيه الاعتكاف وما يتجنب ويفعل حاله وفي النذر به	265
باب القول في الترغيب في اعتكاف العشر الأواخر من شهر رمضان	268
فصل:	269
باب القول في ليالي القدر	269
كتاب الحج	273
باب القول في فضل الحج	273
[صفة حج إبراهيم الخليل -عليه السلام-]	276

باب القول فيما يوجب الحج	280
[ترجمة علي بن بلال]:	281
[ترجمة السيد الإمام علي بن عبيد الله بن الحسين]:	284
باب القول في حج الصبي والأعرابي والعبد	286
باب القول في الحج عن الميت والحي	288
باب القول في فروض الحج التي لا بدل لها	291
باب القول في المواقيت	295
باب القول في وقت الحج	298
باب القول في العمل عند الخروج من المنزل	299
باب القول في أنواع الحج	301
[ترجمة عبد الله بن منصور القومسي]:	302
باب صفة الحج والدخول فيه الإحرام	304
[ترجمة يحيى بن سالم الفراء]:	307
باب القول في أي وقت يلبي، وصفه التلبية، والزيادة فيها	308
باب القول فيما يجب على المحرم توقيه	310
باب القول في الحجامة للمحرم والظلال له	314
باب القول في حرم مكة	317
باب القول في المحرم يجامع أو يقبل فيمني	318
باب القول في المحرم يلبس قميصاً ناسياً	319
باب القول في المحرم يحلق رأسه مع الأذى	320
باب القول فيما للمحرم قتله من الدواب وغيرها	321
باب القول في المحرم يموت، وفيمن بعث بهديه وواعدهم يوماً يقلدونه	322
باب القول في المرأة إذا حاضت وهي محرمة أو قبل ما تلبس من الثياب	323

باب القول في جزاء الصيد 325	
باب القول فيما يقال عند دخول الحرم 331	
ما يقال من الذكر عن رؤية الكعبة 331	
باب القول في الطواف بالبيت وما يقال فيه من الذكر والاستلام، والصلاة خلف المقام 332	
الرمل في الثلاثة الأشواط: 336	
الكلام في الطواف وهل يصلي لكل أسبوع ركعتين: 337	
باب القول فيمن طاف ثمانية أشواط ما يصنع، وفي أي وقت يكره الطواف فيه 338	
باب القول في ركعتي الطواف وما يقرأ فيهما 340	
الشرب من ماء زمزم والاطلاع عليها: 341	
باب القول في السعي بين الصفا والمروة، وما يقال فيه من الذكر 342	
باب القول في الوقوف بعرفة، وما يقال فيها من الذكر، وجمع العصرين بأذان واحد وإقامتين، والتلبية فيها 346	
[صفة حج النبي -صلى الله عليه وآله وسلم- من رواية جابر]: 352	
[ترجمة مصعب بن سلام التميمي]: 358	
[ترجمة عطاء بن السائب]: 360	
باب القول في الإفاضة إلى مزدلفة وجمع العشائين فيها والمرور بالمشعر الحرام . 361	
أخذ الحصى من مزدلفة: 365	
باب القول في الإفاضة ورمي الجمار وقطع التلبية 366	
باب القول فيما يفعل بعد رمي جمرة العقبة من النحر والحلق والتقصير 370	
باب القول فيما يعمل الحاج في اليوم الثاني من يوم النحر 374	
باب القول فيما يفعل الحاج في اليوم الثالث من يوم النحر وهو النفر الأول 377	
باب القول فيما يفعل الحاج في اليوم الرابع من يوم النحر وهو النفر الأخير 379	

باب القول في الحلق والتقصير	380
باب القول فيمن لَبَّدَ أو عَقَّصَ أو ظَفَّر هل يجب عليه الحلق	381
باب القول فيمن قدم نسكاً وأخره بجهالة أو نسيان أو أحل بشرط	381
باب القول في طواف الزيارة	383
باب القول في طواف الوداع	386
باب القول في المتمتع وأحكامه	388
متى يحل المتمتع إذا لم يسق معه هدياً	390
صوم المتمتع الثلاثة الأيام	391
باب القول في القارن وأحكامه	392
باب القول في الهدي وأحكامه، عن كم تجزيء البدنة والبقرة والشاة	395
تعريف البدن:	396
تقليد الهدي وإشعاره وتجليله:	396
الهدي إذا عطب أو ضل في الطريق ما يصنع صاحبه:	397
ركوب الهدي والانتفاع به وفي حكم ما ينتج منه:	398
الأكل من الهدي وما يجوز من ذبائح الحاج وما لا يجوز:	399
موضع نحر الهدايا والدماء ووقتها ووقت الأضاحي:	400
في الحاج يؤخر الذبح حتى تخرج أيام النحر:	401
باب القول في الإحصار وأحكامه	401
باب القول فيمن أتى ميقاته عليلاً لا يعقل إحراماً	403
باب القول في العمرة وأحكامها	404
هل العمرة للشهر الذي أهل بها فيه أم للشهر الذي أحل منها فيه:	404
هل تكرر العمرة في كل شهر:	405
ميقات أهل مكة ومن كان مقيماً بها من غير أهلها:	405

العمرة في رمضان:	406
هل يلبي في العمرة؟:	406
هل العمرة واجبة:	407
باب القول فيمن نذر أن يحج ماشياً	407
خطب الإمام أيام الموسم	408
كتاب النكاح	413
الترغيب في النكاح	413
[ترجمة محمد بن فرات]	415
التخيُّر للمرأة الصالحة، والنهي عن الحمقاء:	416
الأجر في الجماع وكراهة النظر إلى المجامعة:	418
باب القول في أنه لا يخطب على خطبة أخيه	419
باب القول في أنه لا نكاح إلا بولي وشاهدين	420
باب القول في الأولياء مَنهم	424
باب القول في المهر	425
[ترجمة داود بن أبي عوف]:	426
[ترجمة عثمان بن أبي شيبة، ومغيرة الضبي]:	431
باب القول في النهي عن نكاح المتعة	433
باب القول في النهي عن نكاح الشغار	435
باب القول فيمن لا يحل نكاحه من قرابات الزوج والزوجة	437
باب القول في العبد يتزوج بغير إذن سيده، وكم يتزوج من النساء	441
باب القول في الرجل يتزوج الأمة على الحرة، وفيمن وقع على مكاتبته	443
باب القول في نكاح أهل الذمة	446
باب القول في نسخ نكاح أهل الذمة	447

[ترجمة جعفر بن عبد الله المحمدي، وكثير بن عياش]:..................450

باب القول في الأكفاء...451

باب القول في نكاح البكر وأن صمتها رضىً، وفي تزويج الأب للصغرىٰ 452

باب القول في الأخ هل له ولاية في النكاح إذا غاب الأب، وفي نكاح الأخرس 453

باب القول في أن الخلوة توجب المهر والعدة وإن طلق قبل المجامعة، وفيمن مات قبل الدخول والتسمية للمهر 453

باب القول في امرأة المفقود 454

باب القول فيمن فجر بامرأة أو بأمها ثم أراد نكاح أحدهما 456

باب القول فيمن عنده أربع نسوة فطلق إحداهن متى يجوز له أن يتزوج 457

باب القول في التوكيل بالنكاح وفي الرجل تكون عنده المرأة ولها ولد من غيره 458

باب القول في الولي هل يزوج حرمته من فاسق 459

باب القول فيمن زوّج بامرأة فأدخل عليه أختها، وفيمن كشف ساق أمته 460

باب القول في المخطوبة هل يجوز النظر إليها قبل العقد 461

باب القول في الأب يباري الزوج في مهر ابنته الصغيرة هل لها مطالبة الزوج إذا بلغت 462

باب القول في الرجل يتزوج المرأة وتشترط عليه أن بيدها الفراق ونحوه 462

باب القول في الولي يزوج ويشترط لنفسه جُعلاً 463

باب القول فيمن طلق امرأته ثم تزوجت فطلقت قبل الدخول هل تحل للأول 464

باب القول في الرجل وابنه ينكحان امرأتين فتدخل إحداهما على زوج صاحبتها على طريق الغلط 465

باب القول في الرجلين يتزوج أحدهما امرأة والآخر بنتها، فغُلط عليهما فزفت كل واحدة إلى زوج صاحبتها 466

باب القول في المرأة يدلِّس عليها عبد فتتزوجه على أنه حر، وفي نكاح الخصي.. 466

باب القول في شراء الأمة المزوجة	467
باب في النكاح بالحيلة	468
باب القول في الأمة تأبق فتدعي أنها حرة	469
باب القول في من وطئ جارية لأقل من تسع سنين، وفي الشيخ الكبير يجامع فتمسكه المرأة فيموت	469
باب القول في التحليل	470
باب القول في العزل	471
باب القول فيما ينفسخ النكاح به، وفي العِنِّين	473
باب القول في العدل بين النساء	475
باب القول فيما يجب على الزوج والزوجة من الخدمة	477
باب القول في تحريم إتيان النساء في الأدبار	477
باب القول فيما ينبغي أن يفعله الرجل عند إتيانه أهله وكراهة المجامعة وفي البيت غيره والنظر إلى المجامعة	478
خاتمة في ضرب الدف في الأعراس هل يجوز أم لا	479
كتاب الطلاق	483
باب القول في كراهية الطلاق	483
باب القول في طلاق السنة وأن البدعي يقع مع الإثم	483
[ترجمة أبي محمد الروياني]:	484
باب القول في الرجل متى يكون أحق برجعة زوجته	486
باب القول فيما يهدم الزوج من الطلاق، وفيمن طلق امرأته وهي حائض، هل تعتد بتلك الحيضة أم تستأنف؟	486
[ترجمة أحمد بن المفضل، وعبد الأعلى]:	487
باب القول في الطلاق والعدة بالرجال أم بالنساء	488

باب القول في عدة المتوفى عنها زوجها، وما تجتنب، وفي عدة المطلقة وما تفعل 489
باب القول في الأقراء وطلاق العبد للحرة 493
باب القول في الآيسة تعتد بالشهور ثم تحيض، وفيمن نكح في العدة 493
باب القول في طلاق الحامل 495
باب القول في الرجل يطلق امرأته وهي حائض 496
باب القول في الاستئذان على المطلقة 498
باب القول فيمن قال إن الثلاث في كلمة واحدة، وله الرجعة 499
باب القول فيمن قال إن الثلاث في كلمة ليست واحدة 501
باب في الخلية والبرية والحرام والبتة 505
باب القول فيمن أظهر الطلاق وأسر الرجعة، وفي أنه لا قضاء في الطلاق إلا بشاهدين 509
باب القول فيمن قال أن الخيار ليس بطلاق 510
باب القول فيمن قال من خير فقد طلق 515
باب القول في الطلاق قبل الدخول 515
باب القول في الحلف بالطلاق 516
باب القول في طلاق الصبي والمكره والسكران، وفي الطلاق بكل لسان، والهزل في الطلاق 517
[ترجمة عبد الله بن نجي]: 521
باب القول في أن العبد بيده الطلاق إذا أذن السيد بالنكاح، وفي الكناية بالطلاق . 524
باب القول في أنه لا طلاق قبل نكاح، وفي من طلق قبل الدخول 525
[ترجمة يحيى بن يعلى، والأجلح]: 527
باب القول في الخلع 529
باب القول في الرجل والمرأة يختلفان في متاع البيت 532

باب القول في الظهار وكفارته	532
باب القول في الإيلاء	536
[ترجمة علي بن غراب]:	539
باب القول في اللعان	540
باب القول في الرضاع	543
[ترجمة علي بن جدعان]:	544
[ترجمة الحسين بن الحكم المندلي]:	546
باب النفقات	548
القول في نفقة الزوجات:	548
باب القول في نفقة المطلقة التي لا تحل إلا من بعد زوج	548
هل للمرأة أن تأخذ من مال زوجها بغير إذنه:	549
النفقة على القريب:	549
باب القول في الحضانة	550

كتاب الزكاة

بسم الله الرحمن الرحيم

كتاب الزكاة

باب القول في الحث على أداء الزكاة

[1085]- **مجموع زيد بن علي -رضي الله عنهما- [ص142]**: حدثني زيد بن علي، عن أبيه، عن جده، عن علي -عليهم السلام-، قال: (آكل الربا ومانع الزكاة حرباي في الدنيا والآخرة).

[1086]- حدثني زيد بن علي، عن أبيه، عن جده، عن علي -عليهم السلام-، قال: (الماعون الزكاة).

[1087]- حدثني زيد بن علي، عن أبيه، عن جده، عن علي -عليهم السلام- قال: قال رسول الله -صلى الله عليه وآله وسلم-: «لا تتم صلاةٌ إلا بزكاةٍ، ولا تتم صلاةٌ إلا بطهورٍ، ولا تقبل صدقةٌ من غلولٍ».

أمالي أحمد بن عيسى -رضي الله عنهما- [العلوم:ج2ص263]:

[1088]- حدثنا أبو الطاهر، قال: حدثنا أبي، عن أبيه، قال: أوصى أمير المؤمنين إلى الحسن ابنه فقال: (أوصيك يا حسن وجميع ولدي وأهل بيتي ومن بلغه كتابي من المؤمنين: بتقوى الله ربكم.

والله الله في الزكاة، فإنها تطفئ غضب ربكم.

[1089]- حدثنا أبو الطاهر، قال: حدثني أبي، عن أبيه، قال: بلغني أن علي بن أبي طالب -رحمة الله عليه- دعا الحسن بن علي حين حضره الموت[1]، فقال: (يا

(1) في أمالي أحمد بن عيسى: (حين حضرته الوفاة).

بني، أوصيكم وإيتاء الزكاة عند محلها، فإنها لا تقبل الصلاة ممن منع الزكاة). انتهى.

رجال هذا الإسناد قد تقدم الكلام عليهم جميعاً في الجزء الأول من كتابنا هذا.

[1090]- أبو طالب -عليه السلام- في الأمالي [ص360]: وبه قال أخبرنا أبو أحمد علي بن الحسين الديباجي البغدادي، قال: أخبرنا أبو الحسين علي بن عبد الرحمن بن عيسى [بن زيد] بن ماتي، قال: حدثنا محمد بن منصور، قال: حدثنا أحمد بن عيسى، عن حسين، عن أبي خالد، عن زيد بن علي، عن أبيه، عن آبائه عن علي -عليه السلام- قال: قال رسول الله -صلى الله عليه وآله وسلم-: «لا صلاة إلا بزكاة ولا تقبل صدقة من غلول». انتهى.

رجال هذا الإسناد قد تقدم الكلام عليهم في الجزء الأول وهم من رجال الشيعة -رضي الله عنهم-.

[1091]- أمالي أحمد بن عيسى -عليهما السلام- [ج2ص264]: حدثنا محمد، قال: حدّثني أحمد بن عيسى، عن حسين، عن أبي خالد، عن زيد، عن آبائه، عن علي بن أبي طالب -عليه السلام- قال: قال رسول الله -صلى الله عليه وآله وسلم-: «لا تتم صلاة إلا بزكاة، ولا تقبل صدقة من غُلول».

قال محمد: الغلول: هو أخذ الشيء من غير حقه.

[1092]- حدثنا أحمد بن عيسى، عن حسين، عن أبي خالد، عن زيد، عن آبائه، عن علي -عليه السلام- قال: سأله رجل عن مانع الزكاة؟

قال: (كآكل الربا).

وقال: (مانع الزكاة، وآكل الربا حرباي في الدنيا والآخرة).

[1093]- حدثني أبو الطاهر، قال: حدثني أبي، عن أبيه، عن جده، عن علي

-عليه السلام- قال: قال رسول الله -صلى الله عليه وآله وسلم-: «إنَّ لله بقاعاً يُدعَين المنتَقِمات، يُصبّ عليهنَّ من منع ماله من حقه، فيُنفِقُهُ(2) فيهنّ».

قال أبو الطاهر: كان جعفر بن محمد، -أو غيره- إذا رأى القصر -يعني الذاهب- قال: أي فلان هذا من المنتقمات. انتهى.

[1094]- **مجموع زيد بن علي -عليهما السلام- [صـ142]:** حدثني زيد بن علي، عن أبيه، عن جده، عن علي -عليهم السلام-: قال: (لعن رسول الله -صلى الله عليه وآله وسلم- لاوي الصدقة، والمعتدي فيها). انتهى.

[1095]- **أمالي أحمد بن عيسى -عليهما السلام- [2/264]:** حدثنا عبد الله بن داهر، عن عمرو بن جميع، عن جعفر بن محمد، عن أبيه، عن جده، قال: قال رسول الله -صلى الله عليه وآله وسلم-: «لا صلاة لمن لا زكاة له، ولا زكاة لمن لا ورع له». انتهى.

[1096]- **أبو طالب -عليه السلام- في الأمالي [صـ511]:** وبه قال حدثنا أبو أحمد علي بن الحسين بن علي الديباجي ببغداد، قال: حدثنا أبو الحسين علي بن عبدالرحمن بن عيسى بن ماتي، قال: حدثنا محمد بن منصور، قال: حدثنا عبدالله بن داهر، عن عمرو بن جميع، عن جعفر بن محمد، عن أبيه، عن جده -عليهم السلام-، قال: قال رسول الله -صلى الله عليه وآله وسلم-: « لا صلاة لمن لا زكاة له، ولا زكاة لمن لا ورع له». انتهى.

رجال هذا الإسناد قد تقدم الكلام عليهم جميعا فلا حاجة إلى الإعادة.

الهادي -عليه السلام- في الأحكام[1/142]:

[1097]- قال يحيى بن الحسين -صلوات الله عليه- بلغنا عن أمير المؤمنين

---
(2) في أمالي أحمد بن عيسى: (فينفقهن فيهن).

علي بن أبي طالب -صلوات الله عليه- أنه قال: قال رسول الله -صلى الله عليه وآله وسلم-: «لا تتم صلاة إلا بزكاة ولا تقبل صدقة من غلول».

[1098]- وبلغنا عنه -صلى الله عليه وآله وسلم- أنه قال:«مانع الزكاة وآكل الربا حرباي في الدنيا والآخرة».

[1099]- وبلغنا عن أمير المؤمنين -رحمة الله عليه- أنه دعا ابنه الحسن حين حضره الموت فقال أوصيك بإيتاء الزكاة عند محلها فإنها لا تقبل الصلاة ممن منع الزكاة.

[1100]- وبلغنا عن رسول الله -صلى الله عليه وآله وسلم- أنه قال: «الزكاة هي قنطرة الإسلام». انتهى.

الجامع الكافي [3/ 7]: وقال الحسن -عليه السلام- في رواية ابن صباح عنه، وهو قول محمد: ومن صلي الصلوات الخمس ولم يؤد الزكاة فإن صلاته غير مقبولة منه حتى يؤدي الزكاة.

[1101]- وسمعنا عن النبي -صلى الله عليه وآله وسلم- أنه قال: «إن الله -تبارك وتعالى- لا يقبل الفراءئض بعضها دون بعض». انتهى.

باب القول في أن لا زكاة في مال حتى يحول عليه الحول

[1102]- **مجموع زيد بن علي -عليهما السلام-** [صـ137]: حدثني زيد بن علي، عن أبيه، عن جده، عن علي -عليهم السلام- قال: (ليس في المال الذي تستفيده زكاة حتى يحول عليه الحول منذ أفدته فإذا حال عليه الحول فزكه). انتهى.

[1103]- **المؤيد بالله -عليه السلام- في شرح التجريد** [2/ 7]: **والأصل فيه**: ما أخبرنا أبو العباس الحسني، قال: أخبرنا أبو زيد العلوي، قال: حدثنا الحسين بن القاسم الكوفي، قال: حدثنا أحمد بن محمد بن جعفر العلوي، عن

عمه علي بن الحسين، عن أبي هاشم المحمدي، قال: حدثني أبوك الحسين بن علي، عن أبيه، عن جده، عن النبي -صلى الله عليه وآله وسلم- قال: «لا زكاة في مال حتى يحول عليه الحول». انتهى.

الرجال:

أما أبو العباس الحسني، وأبو زيد العلوي: فقد تقدما في الجزء الأول.

[ترجمة الحسين بن القاسم الكوفي، وأحمد بن محمد المحمدي، وعلي بن الحسين، وداود بن القاسم]:

وأما الحسين بن القاسم الكوفي:

فقال في الجداول: الحسين بن القاسم القلانسي الكوفي، عن أحمد بن محمد بن جعفر العلوي، وعنه شيخ الزيدية عيسى بن محمد العلوي.

قال مولانا: وثقه المؤيد بالله. انتهى.

خرج له المؤيد بالله وعلي بن بلال في شرح الأحكام.

وأما أحمد بن محمد بن جعفر العلوي:

فقال في الجداول: أحمد بن محمد بن جعفر العلوي المحمدي، عن عمه علي بن الحسين بن الحسن، وعنه الحسين بن القاسم القلانسي.

قال مولانا: وثقه المؤيد بالله. انتهى.

خرج له المؤيد بالله، وعلي بن بلال.

وأما علي بن الحسين:

فقال في الجداول: علي بن الحسين بن الحسن، عن أبي هاشم، وعنه ابن عمه أحمد بن محمد. انتهى.

خرج له المؤيد بالله، وعلي بن بلال.

نعم؛ وقد تكلمنا في غير موضع أن الرجل إذا كان في الإسناد وهو من العترة المطهرة، ولم يشر إليه أحد من العلماء بجرح ولا تعديل فالظاهر العدالة؛ لأن الرسول الأعظم -صلى الله عليه وآله وسلم- قد أمر بالتمسك بالعترة، وجعلهم قرناء الكتاب، وفضلهم على سائر الخلق؛ وأنهم السفينة الناجية، وباب حطة، وألزم باتباعهم ومودتهم وموالاتهم، ما لم تظهر من أحدهم ريبة توجب سقوط عدالته فهو غير مقبول.

وأما أبو هاشم:

فهو داوود بن القاسم بن إسحاق بن عبدالله بن جعفر الطيار الجعفري، أحد فضلاء القرابة، كان من أصحاب الإمام الحسن بن علي بن محمد بن علي بن موسى الرضي -عليهم السلام- المعروف بالعسكري، له رواية كثيرة، اعتمد عليه أئمتنا -عليهم السلام- واحتجوا برواياته.

[ترجمة الحسين بن علي بن عمر بن علي زين العابدين، وآبائه]:

وأما الحسين بن علي:

فقال الوالد العلامة علي بن محمد العجري -رضي الله عنه- في مجموعه:

الحسين بن علي بن عمر بن الحسين السبط الحسيني، عن علي بن جعفر، وعنه جعفر بن محمد بن جعفر.

والصواب: الحسن بن علي غير مصغر، وهو جد الناصر للحق، وقد مر ذكره في الحسن. انتهى.

قلت: وإليك ما مر قال في المجموع:

الحسن بن علي بن عمر بن علي بن الحسين السبط، أبو محمد، عن أبيه، وعنه

أبو هاشم المحمدي، أخرج له المؤيد والمرشد على الصواب، كما يأتي إن شاء الله. انتهى.

وقال في الجداول: الحسن بن علي بن عمر بن الحسين السبط، جد الناصر للحق، عن أبيه، عن جده، وعنه أبو هاشم المحمدي. انتهى.

خرج له المؤيد بالله، والمرشد بالله، وعلي بن بلال.

وأما والده علي بن عمر:

فقال في الجداول: علي بن عمر الأشرف بن علي زين العابدين بن الحسين بن علي بن أبي طالب، أبو الحسن المدني، عن أبيه، عن جده، وعنه ولده الحسن بن علي، وعمر بن علي، وحماد بن يعلى.

قال في جامع الأصول: وهو عزيز الحديث، وحديثه عند أهل المدينة.

قال النسائي: صالح، واحتج به أبو داوود. انتهى.

خرج له المؤيد بالله، ومحمد بن منصور، وعلي بن الحسين صاحب المحيط، وعلي بن بلال.

وأما والده عمر بن زين العابدين:

فقال في الجداول: عمر بن علي بن الحسين بن علي بن أبي طالب، عن أبيه، وعنه ابناه علي ومحمد، كان فاضلاً سيداً نبيلاً، توفي بعد الخمسين.

قال في الخلاصة: وثقه ابن حبان، احتج به مسلم والترمذي والنسائي. انتهى.

خرج له المؤيد بالله وأبو طالب ومحمد بن منصور وعلي بن بلال.

[1102]- أمالي أحمد بن عيسى -عليهما السلام- [2/ 268] : حدثنا عباد، عن حاتم، عن جعفر، عن أبيه، أن علياً قال: (ليس في مال زكاة حتى يحول عليه

الحول). انتهى.

عباد: هو ابن يعقوب قد مر.

وحاتم: هو ابن إسماعيل المدني، سيأتي الكلام عليه إن شاء الله.

[1103]- **الجامع الكافي** [3/ 9]: قال الحسن ومحمد: وليس على مال زكاة حتى يحول عليه الحول، فإذا ملك عشرين ديناراً، أو مائتي درهم فليس فيها صدقة حتى يحول عليها الحول منذ يوم ملكها.

وروى محمد مثل ذلك عن علي -عليه السلام-، وابن عمر، وعائشة. انتهى.

القاضي زيد في الشرح: والحول معتبر عند جمهور العلماء من أهل البيت وغيرهم في وجوب الزكاة، في أصول الأموال: التي هي الدراهم والدنانير وأموال التجارة والسوائم.

وحكي عن ابن عباس وابن مسعود: أن من استفاد مالاً زكاه في الحال.

وبه قال الناصر للحق -عليه السلام- وهو محكي عن داوود، وهذا القول وقع الإجماع على خلافه؛ لأن خلاف ابن عباس وابن مسعود قد انقرض وحصل الإجماع بعده على ما نقوله، وخلاف الناصر حادث من بعده.

[1104]- والأصل فيه: ما رواه علي -عليه السلام-، وأنس، عن النبي -صلى الله عليه وآله وسلم-: «لا زكاة في مال حتى يحول عليه الحول». انتهى.

باب القول في النصاب إذا نقص في بعض الحول ثم تم في آخره

الجامع الكافي [3/ 11]: قال محمد: لو بقي من المال المزكي درهم ثم أفاد مالاً قبل رأس الحول ضم المال إلى الدرهم ثم زكى جميعه.

قال محمد: وهو قول أبي الطاهر أحمد بن عيسى -عليه السلام-.

وحدثني أبو الطاهر، قال حدثني أبي، عن أبيه، عن جعفر -عليه السلام-، قال: إن بقي من المال المزكي درهم ثم أفاد مالاً قبل رأس الحول زكاه في رأس الحول.

[1105]- حدثني أبو الطاهر، قال: حدثني أبي، عن أبيه، عن جده -عليهم السلام-، عن علي -عليه السلام-، مثله. انتهى.

باب القول في زكاة الذهب والفضة

[1106]- مجموع زيد بن علي -عليهما السلام- [صـ136]: حدثني زيد بن علي، عن أبيه، عن جده، عن علي -عليهم السلام-، قال: (ليس فيما دون المائتين من الورق صدقة، فإذا بلغت مائتين ففيها خمسة دراهم، فإن زادت فبالحساب، وليس فيما دون العشرين مثقالاً صدقة، فإذا بلغت عشرين مثقالاً ففيها نصف مثقال، فما زاد فبالحساب). انتهى.

[1107]- أمالي أحمد بن عيسى -عليهما السلام- [2/275]: وثنا محمد، حدثنا محمد بن عبيد، عن المعلى بن هلال، عن أبي إسحاق، عن عاصم بن ضمرة، عن علي -عليه السلام- قال: قام فينا رسول الله -صلى الله عليه وآله وسلم- ذات يوم فقال: «هاتوا ربع العشر، هاتوا من أربعين درهماً درهماً، وليس فيما دون مائتين شيء، وفي عشرين مثقالاً نصف مثقال، وليس فيما دون ذلك شيء».

الرجال:

أما محمد في أول الإسناد: فهو المرادي.

وأما محمد بن عبيد: فقد مر في الجزء الأول.

[ترجمة المعلى بن هلال]:

وأما المعلى بن هلال:

فقال في الجداول: المعلى بن هلال الحضرمي، أبو عبد الله الكوفي، الطحان،

عن أبي إسحاق، ومنصور، وقيس بن مسلم، وعنه يحيى بن سعيد القطان، وقتيبة، ومحمد بن عبيد المحاربي.

قال الذهبي في التاريخ: قيل كان متعبداً يصلي كل يوم مائة ركعة، وكان غالياً في التشيع يشتم الصحابة، لا تحل الرواية عنه بحال، توفي في عشر السبعين والمائة، احتج به ابن ماجة. انتهى.

خرج له محمد بن منصور -رضي الله عنه-.

قلت: هكذا عادة الذهبي -لا رحمه الله- في وصم متبعي آل محمد -عليهم السلام-، ولا عبرة بكلامه، فتحل الرواية عنه بكل حال.

وأما أبو إسحاق السبيعي، وعاصم بن ضمرة السلولي: فقد تقدما -رضي الله عنهما-، وهما من الشيعة الأخيار.

المؤيد بالله -عليه السلام- في شرح التجريد [2/ 43]: والقول أنه لا زكاة في الذهب حتى يبلغ عشرين مثقالاً هو قول عامة الفقهاء من أهل البيت -عليهم السلام- وغيرهم.

وروي عن عطاء أنه قال: إذا كان لرجل خمسة عشر ديناراً قيمتها مائتي درهم ففيها ربع العشر.

وروي نحوه عن الناصر -عليه السلام-، وروي أيضاً عنه خلافه.

[1108]- والأصل فيه ما رواه زيد بن علي، عن أبيه، عن جده، عن علي -عليه السلام-، أنه قال: (ليس فيما دون عشرين مثقالاً من الذهب صدقة، فإذا بلغ عشرين مثقالاً ففيه نصف مثقال، وما زاد فبالحساب).

[1109]- وروى محمد بن منصور، بإسناده عن أبي إسحاق، عن عاصم، عن علي -عليه السلام- أنه قال: (ليس في أقل من عشرين ديناراً شيء، وفي

عشرين ديناراً نصف دينار، وفي أربعين ديناراً دينار). انتهى.

[1110]- أمالي أحمد بن عيسى -عليهما السلام- [2/ 266]: حدثنا علي بن منذر، عن وكيع بن الجراح، عن سفيان، عن أبي إسحاق، عن عاصم بن ضمرة، عن علي -عليه السلام- قال: (ليس في أقل من عشرين دينار شيء، وفي عشرين ديناراً نصف دينار، وفي أربعين ديناراً دينار فما زاد فبالحساب).

[1111]- حدثنا محمد بن جميل، عن نصر بن مزاحم، عن إسرائيل، عن أبي إسحاق، عن الحارث، عن علي -عليه السلام- قال: قال رسول الله -صلى الله عليه وآله وسلم-: «قد عفوت لكم عن الخيل والرقيق، فأدوا زكاة الأموال من كل أربعين درهماً درهماً». انتهى.

الرجال:

[ترجمة علي بن المنذر، ووكيع، وسفيان الثوري]:

أما علي بن منذر:

فقال في الجداول: علي بن المنذر الطريقي الأزدي، أبو الحسن الكوفي، عن محمد بن فضيل، وإسماعيل بن أبان، وغيرهما، وعنه محمد بن منصور، وعباد بن يعقوب، وجعفر بن محمد الحسني، وعدة.

قال النسائي: شيعي ثقة، ووثقه أبو حاتم، توفي سنة ست وخمسين ومائتين، عداده في ثقات محدثي الشيعة؛ واحتج به الأربعة إلا أبا داوود. انتهى.

خرج له أبو طالب، والمرشد بالله، ومحمد بن منصور، وأبو الغنائم النرسي، -رضي الله عنهم-.

وأما وكيع بن الجراح:

فقال في الجداول أيضاً: وكيع بن الجراح الرواسي، عن هشام، والأعمش،

وابن جريج، والباقر، وأبي حنيفة، والثوري، وشعبة، وخلائق، وعنه علي بن حكيم، وأبو كريب، ويحيى، وابن حبان، وابن المديني، وعثمان بن أبي شيبة، ويحيى بن آدم، وخلائق.

وثقه ابن معين، والعجلي، وابن سعد، وأثنى عليه أحمد وغيره ثناء بليغاً، عده في العيون للحاكم، وفي كتاب المقالات، والجامع الوجيز من رجال الزيدية.

قلت: وما روي عنه في أبي خالد فلم يصح عن أحد من الثقات والأولياء، وإنما هو من نقل الحشوية الناصبية، ومولده سنة تسع وعشرين ومائة، توفي سنة سبع وسبعين ومائة، وعداده في ثقات محدثي الشيعة، واحتج به الجماعة. انتهى(3).

أخرج له أبو طالب، والمؤيد بالله، ومحمد بن منصور، والمرشد بالله، والجرجاني، والشريف السيلقي، وأبو الغنائم النرسي، -رضي الله عنهم-.

وأما سفيان: فهو الثوري:

قال في الجداول: سفيان بن سعيد الثوري، أحد الأعلام، عن الصادق، وأبي إسحاق، وسلمة بن كهيل، وخلق، وعنه شعبة، وابن المبارك، ووكيع، وخلائق.

قال شعبة ويحيى بن معين وجماعة: سفيان أمير المؤمنين في الحديث.

قلت: أُجمع على جلالته وإتقانه، مع الحفظ والضبط والمعرفة، والزهد والورع، أحد ثقات الشيعة، وعلماء الزيدية، توفي سنة إحدى وستين ومائة، احتج به الجماعة، وكلما أطلق في كتب أصحابنا فهو المراد غالباً. انتهى(4).

---

(3) تهذيب الكمال (7/ 461)، رقم (7290)، تهذيب التهذيب (11/ 109)، رقم (7735)، روى له جماعة العامة، قال في التقريب: «ثقة، حافظ، عابد».
وانظر: التاريخ الكبير (8/ 179)، رقم (2618)، حلية الأولياء (8/ 412)، رقم (439)، الكاشف (2/ 455)، رقم (6056)، الخلاصة (3/ 223)، رقم (7796)، وغيرها كثير.
(4) قال مولانا في لوامع الأنوار (1/ 483): عالم الشيعة الزيدية، ورباني الأمة المحمدية، سفيان بن =

خرج له الناصر للحق، وأبو طالب، والمؤيد بالله، والمرشد بالله، ومحمد بن منصور، والجرجاني، والهادي -عليه السلام- في المنتخب، وأبو الغنائم النرسي، وابن المغازلي، والشريف السيلقي، وصاحب المحيط بالإمامة.

وأما أبو إسحاق، وعاصم بن ضمرة، ومحمد بن جميل، ونصر بن مزاحم، وإسرائيل: فقد تقدم الكلام عليهم.

[1112]- **الهادي -عليه السلام- في الأحكام**[1/ 144]: حدثني أبي عن أبيه أنه قال: ليس فيما دون مائتي درهم من الدراهم زكاة، فإذا تمت ففيها خمسة دراهم، وليس فيما دون عشرين مثقالاً من الذهب زكاة، فإذا تمت عشرين مثقالاً من الذهب ففيها ربع عشرها، وهو نصف دينار، وما زاد فعلى حساب ذلك، وكذلك روي عن علي -رحمة الله عليه-. انتهى.

سعيد الثوري أبو عبدالله، المتوفى سنة إحدى وستين ومائة.

لما قُتِل الإمام إبراهيم بن عبدالله -عليه السلام- قال: ما أظن الصلاة تُقْبل؛ إلا أن فعلها خير من تركها.

وكان يقول: حبّ بني فاطمة والجزع لهم مما هم عليه من الخوف والقتل؛ يُبكي مَنْ في قلبه شيء من الإيمان.

وكونه من خلصان الزيدية، معلوم بين علماء البرية؛ وكان من خواص الإمام عيسى بن زيد بن علي -عليه السلام-.

قال السيد صارم الدين -عليه السلام-: وتَشَدُّدُ سفيانَ عَلَى أئمة الجَوْرِ، وكلامُهُ في حقِّهم معروفٌ، لا تستطيع الناصبية إنكاره، ولا تحتاج الشيعة دليلاً على إظهاره، روى له الجماعة. انتهى.

وقال في مطلع البدور(2/ 341)، رقم (613): وانتسابه على جلالته إلى الزيدية غير هيّن على من يكاثر بـالرجال، ولم نقتنع بهذه النسبة، إلا بعد رواية الإمام الناطق بالحق، مع شهرته بهذه الطريقة التي هي طريقة الزيدية.

وقد أجمع الناس على تشيعه وحبه لإمام الزيدية علي بن أبي طالب - كرم الله وجهه -. انتهى.

وانظر: تهذيب الكمال (3/ 217)، رقم (2391)، وتهذيب التهذيب (4/ 103)، رقم (2538)، وأفادا أنَّ الجماعة أخرجوا له. قال في التقريب: «ثقة، حافظ، فقيه، عابد، إمامٌ، حجة،...»، وحلية الأولياء لأبي نُعيم (6/ 393)، رقم (387)، وسير أعلام النبلاء (7/ 174)، رقم (1083)، وَفَيَات الأَعيان لابن خَلِّكان (2/ 386)، رقم (266).

[1113]- **أمالي أحمد بن عيسى -عليهما السلام- [2/ 276]**: جعفر، عن قاسم بن إبراهيم، قال: ليس فيما دون المائتين من الدراهم زكاة؛ فإذا تمت ففيها خمسة دراهم، وليس فيما دون عشرين مثقالاً من الذهب زكاة؛ فإذا تمت عشرين مثقالاً ففيها ربع عشرها، وهو نصف دينار، وما زاد فعلى حساب ذلك، وكذلك ذكر عن علي -رحمة الله عليه-. انتهى.

جعفر: هو ابن محمد النيروسي، قد تقدم في الجزء الأول.

[1114]- **الهادي -عليه السلام- في المنتخب [صـ70]**: والدليل على ما قلت به من ذلك: قوله -صلى الله عليه وآله وسلم- «ليس فيما دون خمس أواق من الفضة زكاة»، ثم قال -صلى الله عليه وآله وسلم- -بإجماع الأمة عنه-: «ليس فيما دون مائتي درهم زكاة، وليس فيما دون خمس أواق زكاة». انتهى.

[1115]- **أمالي أحمد بن عيسى -عليهما السلام- [2/ 267]**: حدثنا علي بن منذر، عن وكيع، عن سفيان، عن أبي إسحاق، عن عاصم بن ضمرة، عن علي -عليه السلام-، قال: (في كل مائتين خمسة دراهم فما زاد فبالحساب). انتهى.

رجال هذا الإسناد قد تقدم الكلام عليهم آنفاً.

القاضي زيد بن محمد في الشرح: زكاة الذهب والفضة ربع العشر، هذا مما لا خلاف فيه. انتهى.

[1116]- **أمالي أحمد بن عيسى -عليهما السلام- [2/ 266]**: حدثنا محمد، قال: حدثنا محمد بن جميل، عن مصبح، عن أبي مريم، وقيس بن الربيع، وأبي عوانة، وأبي بكر بن عياش، عن أبي إسحاق الهمداني، عن عاصم، عن علي -عليه السلام- قال: (ليس في تسعة عشر مثقالاً زكاة، فإذا كانت عشرين ففيها ربع العشر). انتهى.

الرجال:

أما محمد بن جميل، ومصبح بن الهلقام: فقد مر الكلام عليهما.

[ترجمة أبي مريم، وقيس بن الربيع، وأبي عوانة]:

وأما أبو مريم:

فقال في الجداول: أبو مريم الأنصاري، عن الباقر، وزيد بن علي، وأبي إسحاق الهمداني، وعنه حسن بن حسين، ومصبح بن الهلقام. انتهى.

وأما قيس بن الربيع:

فقال في الجداول: قيس بن الربيع الأسدي، أبو محمد الكوفي، عن حبيب بن أبي ثابت، والأعمش، وحجاج، ومسلم الزنجي، وجابر، وخلق، وعنه شعبة، وحسين الأشقر، ومصبح، ويحيى بن آدم، والثوري، وخلق.

وثقه عفان وأبو الوليد الطيالسي، وقال ابن عدي: لا بأس به.

وقال يعقوب: قيس عنده جميع أصحابنا صدوق، وهو رديء الحفظ ضعيف.

وقال شعبة: ألا ترى إلى يحيى بن سعيد القطان يتكلم في قيس بن الربيع والله ماله إلى ذلك سبيل.

توفي سنة بضع وستين، وعداده في ثقات محدثي الشيعة وأتباع الإمام زيد بن علي والراوين عنه، وقد نال منه بعضهم، احتج به الأربعة إلا النسائي. انتهى (5).

---

(5) تهذيب الكمال (6/ 133)، رقم (5492)، تهذيب التهذيب (8/ 339)، رقم (5792)، روى له أبو داود، والترمذي، وابن ماجه. وانظر: الكامل (7/ 157)، رقم (1586)، الكاشف (2/ 197)، رقم (4600).

خرج له أبو طالب، والمؤيد بالله، والمرشد بالله -عليهم السلام-، ومحمد بن منصور، والجرجاني، والسيلقي، وابن الغازلي، وصاحب المحيط بالإمامة، ومحمد بن سليمان الكوفي في المناقب.

وأما أبو عوانة(6)

فهو الوضاح بن عبدالله اليشكري، قال أحمد وعفان: صحيح الكتاب، وتكلم فيه بعضهم توفي سنة ست وسبعين ومائة.

وأما أبو بكر بن عياش: فقد مر الكلام عليه.

القاضي زيد في الشرح: ولا خلاف أن نصاب الفضة مئتا درهم وزن سبعة لا عدداً. انتهى.

[1117]- **الجامع الكافي [3/ 36]**: قال القاسم والحسن ومحمد: لا زكاة في الذهب حتى يبلغ عشرين مثقالاً، فإذا بلغ عشرين مثقالاً ففيه ربع عشره؛ نصف مثقال، ولا زكاة في الفضة حتى تبلغ مائتي درهم.

[1118]- قال محمد: فإذا بلغتها وحال عليها الحول وهي في ملك صاحبها، ففيها خمسة دراهم، وروى محمد نحو ذلك عن النبي -صلى الله عليه وآله وسلم-.

[1119]- وفيه: قال القاسم والحسن ومحمد: وما زاد على المائتين أو على عشرين مثقالاً ففيه بحساب ذلك، وروى ذلك محمد بإسناد عن علي -عليه السلام-. انتهى.

القاضي زيد في الشرح: وإذا بلغ الذهب عشرين ديناراً فلا خلاف أن فيه

_____
(6) قال مولانا الإمام الحجة مجد الدين المؤيدي في لوامع الأنوار (1/ 115): أبو عوانة وضاح بن عبد الله الواسطي البزار؛ قال أحمد وأبو حاتم: إذا حدث من حفظه وَهِمَ ويغلط كثيراً، وضعفه ابن المديني عن قتادة، وانظر تهذيب الكمال للمزي (7 /457)، ط: (مؤسسة الرسالة)، وتهذيب التهذيب لابن حجر العسقلاني (11/ 104)، ط: (دار الكتب العلمية).

الزكاة، إلا ما روي عن الحسن أنه لا زكاة فيه حتى يبلغ أربعين ديناراً، وقد روي عنه مثل قولنا، فتعارضت الروايتان فسقطتا، وصار كأنه لم يروَ عنه شيء، واستشعر الإجماع فيما قلنا.

وفيه: ولا خلاف أن الخاتم من الفضة للرجل مباح. انتهى.

[معرفة النصاب الشرعي للذهب والفضة]

تنبيه: في معرفة النصاب الشرعي من الفضة والذهب بعملة زماننا الحالي وهو عام خمسة وتسعين وثلاثمائة وألف هجرية:

اعلم أن المثقال ستون شعيرة معتادة في الناحية، والدرهم اثنان وأربعون شعيرة، والمراد بالشعير المعروف الآن.

إذا عرفت هذا: فالنصاب الشرعي من الفضة (200) مائتا درهم، والدرهم عشرة قراريط ونصف صنعاني؛ القيراط: أربع شعيرات، فيأتي النصاب قراريط (2100) ألفي قيراط ومائة قيراط، يأتي قفالاً مائة قفلة وإحدى وثلاثين قفلة وربع قفلة، كل قفلة ستة عشر قيراطاً؛ يأتي أواقي ثلاث عشرة أوقية وثمن أوقية.

ونصاب الذهب: سبع ذلك أوقيتان إلا ثمان، وكل أوقية عشر قفال؛ فيأتي نصاب الفضة من الريالات الفرنسية المتعامل بها الآن في اليمن على الفضة الدارجة لديهم (بع 15) ستة عشر ريال إلا ربع، وكل ريال تسع قفال، من ذلك ثمان قفال وثلث فضة خالصة، وثلاثاً قفلة غش لا يعتبر به.

فعلى هذا التقدير تأتي الدية التي هي من الذهب (1000) ألف مثقال، ومن الفضة (10000) عشرة ألف درهم خالصة، من هذه الريالات المتعامل بها الآن في اليمن (787) سبعمائة وسبعة وثمانين ريالاً ونصف ريال، كل ريال ثمانون بقشة على الحساب التجاري بصنعاء، يقابل المثقال ثلاثاً وستين بقشة، أي ريالاً إلا ربعاً وثلاث بقش تجارياً، هكذا قرر علماؤنا -رحمهم الله- في اليمن.

باب في زكاة المواشي

القاضي زيد في الشرح: المواشي التي تجب في أعيانها الزكاة هي: الإبل والبقر والغنم، ولا خلاف في وجوب الزكاة في هذه المواشي إذا كانت سائمة.

وفيه: ولا خلاف أنها إذا كانت ترعى طول السنة إلا أياماً يسيرة يحمل فيها أنها بهذا القدر من العمل لا تخرج من السوم ولا يزول عنها الاسم بدلالة أن العرب قد تحمل على المواشي السائمة في الوقت بعد الوقت.

وفيه: ولا خلاف أن صغار المواشي تعد إذا معها أمهاتها، إلا ما يحكى عن الحسن والنخعي أن الحول يستأنف لها.

لنا: ما روي عن علي -عليه السلام-. انتهى.

باب القول في زكاة الإبل

[1120]- **مجموع زيد بن علي -عليهما السلام-** [134]: حدثني زيد بن علي، عن أبيه، عن جده، عن علي -عليهم السلام- قال: (ليس في أقل من خمس ذُود من الإبل صدقة، فإذا بلغت خمساً ففيها شاة، ثم لا شيء فيها.

فإذا بلغت عشراً ففيها شاتان.

فإذا بلغت خمس عشرة ففيها ثلاث شياه.

فإذا بلغت عشرين ففيها أربع شياه.

فإذا بلغت خمساً وعشرين ففيها خمس شياه.

فإذا زادت واحدة ففيها ابنة مخاض، فإن لم تكن ابنة مخاض فابن لبون ذكر وهو أكبر منها بعام، إلى خمس وثلاثين.

فإذا زادت واحدة على خمس وثلاثين ففيها ابنة لبون، إلى خمس وأربعين فإذا زادت واحدة على الخمس وأربعين ففيها حِقة إلى ستين.

فإذا زادت على الستين ففيها واحدة جذعة، إلى خمس وسبعين.

فإذا زادت واحدة على الخمس وسبعين فيها ابنتا لبون، إلى تسعين.

فإذا زادت على التسعين واحدة ففيها حقتان طروقتا الفحل، إلى عشرين ومائة.

فإذا كثرت الإبل ففي كل خمسين حقة). انتهى.

[1121]- **أمالي أحمد بن عيسى -عليهما السلام-** [2/ 276-277]: وثنا محمد، حدثنا محمد بن عبيد، عن المعلى بن هلال، عن أبي إسحاق، عن عاصم بن ضمرة، عن علي -عليه السلام- قال: قال رسول الله -صلى الله عليه وآله وسلم-: «في الإبل في الخمس شاة، وليس فيما دون ذلك شيء.

وفي العشر شاتان.

وفي خمس عشرة ثلاث شياه.

وفي عشرين أربع [شياه].

وفي خمس وعشرين خمس [شياه][7].

فإذا زادت واحدة ففيها ابنة مخاض إلى خمس وثلاثين فإن لم تكن ابنة مخاض فابن لبون ذكر.

فإن زادت واحدة ففيها ابنة لبون إلى خمس وأربعين.

فإن زادت واحدة ففيها حقة، إلى ستين.

فإن زادت واحدة ففيها جذعة، إلى خمس وسبعين.

فإن زادت واحدة ففيها ابنتا لبون إلى تسعين.

فإذا بلغت إحدى وتسعين ففيها حقتان إلى عشرين ومائة.

---

(7) ما بين القوسين في الموضعين ثابت في المطبوع، وساقط من الأصل.

فإن كثرت الإبل ففي كل خمسين حقة). انتهى.

رجال هذا الإسناد قد تقدموا جميعاً.

[طريق إلى كتاب النبي -صلى الله عليه وآله- لعمرو بن حزم]

[1122]- **المؤيد بالله -عليه السلام- في شرح التجريد**[2/ 58]: وأخبرنا أبو العباس الحسني -رحمه الله-، قال: أنبأنا عيسى بن محمد العلوي، قال: حدثنا الحسين بن القاسم القلانسي الكوفي، قال: حدثنا أحمد بن محمد بن جعفر العلوي، عن عمه علي بن الحسين، عن أبي هاشم المحمدي، قال: حدثني أبوك الحسين بن علي، عن أبيه، عن جده، عن علي بن الحسين، أن النبي -صلى الله عليه وآله وسلم- كتب لعمرو بن حزم:

« بسم الله الرحمن الرحيم، فذكر ما يخرج من صدقة الإبل:

إذا كانت الإبل أقل من خمس وعشرين ففي كل خمس شاة.

فإذا بلغت خمساً وعشرين ففيها ابنة مخاض، فإن لم توجد ابنة مخاض فابن لبون ذكر.

فإذا كانت ستاً وثلاثين إلى خمس وأربعين ففيها ابنة لبون.

فإذا كانت ستاً وأربعين إلى أن تبلغ ستين ففيها حقة.

فإذا كانت أكثر من ذلك إلى أن تبلغ خمس وسبعين ففيها جذعة.

فإذا كانت أكثر من ذلك ففيها ابنتا لبون إلى أن تبلغ تسعين.

فإذا كانت أكثر من ذلك إلى أن تبلغ عشرين ومائة ففيها حقتان.

فإذا كن أكثر من ذلك فخذ من كل خمسين حقة». انتهى.

رجال هذا الإسناد قد تقدموا جميعاً في باب القول أن لا زكاة في مال حتى يحول عليه الحول.

[1123]- الهادي -عليه السلام- في المنتخب [75]: قال محمد بن سليمان الكوفي -رضي الله عنه-، قلت: روي عن علي -عليه السلام- أنه جعل في خمس وعشرين من الإبل خمس شياه، وفي ست وعشرين ابنة مخاض.

قال -عليه السلام-: لم يصح ذلك عندنا، والذي صح عنه عندنا أنه قال: (وجدت في قراب سيف رسول الله -صلى الله عليه وآله وسلم- صحيفةً فيها زكاة الإبل والبقر والغنم، فكان فيها: «وفي خمس وعشرين ابنة مخاض»، فهذا الذي صح عنه عندنا.

إلى أن قال -يعني محمد بن سليمان -رضي الله عنه-:

قلت: فهل يجب بين الخمس والعشرين إلى خمس وثلاثين شيء.

قال -عليه السلام-: لا.

قلت: فلأي علة لا يجب في ذلك شيء؟.

قال: لأنها الأوقاص التي عفا عنها رسول الله -صلى الله عليه وآله وسلم- بأمر الله -عز وجل-؛ وهي ما بين السن والسن، وإنما يجب ابنة لبون إذا كملت ستاً وثلاثين، ألا ترى أن سبعاً وعشرين لا يجب فيها ابنة لبون؛ لأنه زيادة بعير واحد، وكذلك في زيادة البعير والبعيرين والثلاثة والأربعة إلى ما يجب فيه ابنة لبون؛ لأن بين ابنة مخاض وابنة لبون فرقا في السن(8) والسن(9).

قلت: فإن زادت على أربعين ومائتين، ما العمل في ذلك؟.

قال: يستقبل أيضاً الفريضة بالغنم على ما قدمنا وشرحنا:

في كل خمس شاة حتى تكمل خمساً وستين ومائتين فيكون فيها أربع حقاق وابنة مخاض، ثم على هذا الحساب الذي قدمنا في فرائض الإبل.

---

(8) في المنتخب: فرقاً في الثمن والسن.

(9) ذكر في المنتخب كلاماً من هنا إلى قوله: قلت، اختصره المؤلف.

وقد قال غيرنا: أنه إذا كثرت الإبل ففي كل خمسين حقة، وفي كل أربعين ابنة لبون، وأما علماء آل رسول الله -عليه وعليهم السلام- وقولي أنا فهذا القول الذي شرحنا. انتهى.

الهادي -عليه السلام- في الأحكام [1/ 144]: قال يحيى بن الحسين -صلوات الله عليه-: ليس فيما دون خمس من الإبل زكاة، فإذا بلغت خمساً وكانت إبلاً سائمة مرعية ففيها شاة.

وفي عشر شاتان.

ثم ليس فيها شيء حتى تبلغ خمسة عشر، ثم فيها ثلاث شياه.

ثم ليس فيها شيء حتى تبلغ عشرين ثم فيها أربع شياه.

ثم ليس فيها شيء حتى تبلغ خمساً وعشرين، ثم فيها ابنة مخاض، إلى خمس وثلاثين.

فإن زادت واحدة ففيها ابنة لبون إلى خمس وأربعين.

فإن زادت واحدة ففيها حقة إلى ستين.

فإن زادت واحدة ففيها جذعه إلى خمس وسبعين.

فإن زادت واحدة ففيها ابنتا لبون إلى تسعين.

فإن زادت واحدة ففيها حقتان إلى عشرين ومائة.

فإن كثرت الإبل ففي كل خمسين حقة.

حدثني أبي عن أبيه أنه قال: ليس فيما دون خمس من الإبل صدقة، فإذا تمت خمساً ففيها شاة.

وفي عشر من الإبل شاتان.

وفي خمس عشرة ثلاث شياه.

وفي عشرين أربع شياه.

وفي خمسة وعشرين ابنة مخاض، فإن لم توجد ابنة مخاض فابن لبون ذكر، إلى خمس وثلاثين.

فإذا زادت واحدة ففيها ابنة لبون، إلى خمس وأربعين.

فإن زادت واحدة ففيها حقه إلى ستين.

فإن زادت واحدة ففيها جذعة إلى خمس وسبعين.

فإن زادت واحدة ففيها ابنتا لبون إلى تسعين.

فإن زادت واحدة ففيها حقتان إلى عشرين ومائة.

فإن كثرت الإبل ففي كل خمسين حقة.

المؤيد بالله -عليه السلام- **في شرح التجريد** [2/ 57]: قال: ولا زكاة في الإبل حتى تبلغ خمساً، فإذا بلغت خمساً ففيها شاة.

وفي عشر شاتان.

وفي خمس عشرة ثلاث شياه.

وفي عشرين أربع شياه.

وفي خمس وعشرين بنت مخاض.

وفي ست وثلاثين بنت لبون.

وفي ست وأربعين حقة.

وفي إحدى وستين جذعة.

وفي ست وسبعين ابنتا لبون.

وفي إحدى وتسعين حقتان إلى عشرين ومائة.

ثم تستقبل الفريضة بعد ذلك بالغة الإبل ما بلغت.

ما ذكرناه من فريضة الإبل إلى عشرين ومائة، منصوص عليه في الأحكام والمنتخب، ومروي في الأحكام عن القاسم -عليه السلام-.

وروى النيروسي عنه: في خمس وعشرين خمس شياه، فإذا زادت واحدة فبنت مخاض، وروي نحوه عن علي -عليه السلام-، إلا أن يحيى -عليه السلام- ضعّف هذه الرواية عنه ولم يصححها، وكذلك سائر أهل العلم ضعفوها.

والرواية الصحيحة: ما رواها عنه زيد بن علي، عن أبيه، عن جده، عن علي -عليهم السلام-، أنه قال: (في خمس وعشرين من الإبل بنت مخاض)، ونسق فريضة الإبل من أولها إلى عشرين ومائة على ما ذكرناه. انتهى.

قلت: أما الرواية التي في المجموع المتقدمة فهي تخالف ما ذكره المؤيد بالله -عليه السلام-، فقد مر عن زيد بن علي، عن أبيه، عن جده، عن علي -عليه السلام-، فذكر فيها: أن في خمس وعشرين خمس شياه، وفي ست وعشرين بنت مخاض، ومثله في أمالي أحمد بن عيسى -عليهما السلام-، وقد مر، وسيأتي من رواية الجامع الكافي ما يعضد الأمالي والمجموع فتأمل.

وفي شرح التجريد أيضاً [2/ 59]: فأما ما ذكرناه من استئناف الفريضة بعد العشرين والمائة، فهو منصوص عليه في (المنتخب).

وقال في (الأحكام): فإذا كثرت الإبل، ففي كل خمسين حقة، فكان أبو العباس الحسني -رحمه الله- يلفق بين الروايتين، ويقول: إن الأصل استئناف الفريضة.

ويحمل قوله في (الأحكام): [فإذا كثرت] الإبل ففي كل خمسين حقة، على أن المراد به الزائد على المائة وعشرين، ووجوب الحقة في ست وأربعين إلى ستين، ليس يمنع وجوبها في خمسين. انتهى.

القاضي زيد بن محمد في الشرح: وما ذكرناه في فريضة الإبل إلى مائة وعشرين فقد نص عليه يحيى في الجامعين، ورواه في الأحكام عن جده القاسم، وهو قول عامة الفقهاء، ولا خلاف فيه.

وما رواه النيروسي عن القاسم: أن في خمس وعشرين خمس شياه؛ فغير معمول عليه.

وكذلك ما روي عن علي -عليه السلام- فغلط وتحريف؛ لرواية الهادي خلافه. انتهى.

الجامع الكافي [3/ 41]: قال القاسم ومحمد -وهو قول الحسن-: ليس فيما دون خمس ذود من الإبل صدقة، فإذا بلغت خمساً وحال عليها الحول ففيها شاة، وفي عشر شاتان، وفي خمس عشرة ثلاث شياه، وفي عشرين أربع شياه.

قال القاسم في خمس وعشرين: فيها خمس شياه، فإذا زادت واحدة ففيها ابنة مخاض فابن لبون ذكر[10].

وقال الحسن: فيما حدثنا محمد بن جعفر، عن ابن شاذان عنه، روينا عن علي -رضي الله عنه- أنه قال: (في خمس وعشرين من الإبل خمس شياه، فإن زادت واحدة ففيها ابنة مخاض أو ابن لبون ذكر إلى خمس وثلاثين).

وروى محمد بأسانيده عن عاصم عن علي -عليه السلام- قال: (في خمس وعشرين من الإبل خمس شياه، فإن زادت واحدة ففيها ابنة مخاض). انتهى.

---

(10) لعله: فإن لم تجد ابنة مخاض فابن لبون ذكر، والله أعلم تمت مؤلف، وفي الجامع الكافي المطبوع (ففيها ابنة مخاض أو ابن لبون ذكر).

باب القول في زكاة البقر

[1124]- مجموع زيد بن علي -عليهما السلام- [135]: حدثني زيد بن علي، عن أبيه، عن جده، عن علي -عليهم السلام-، قال: (ليس فيما دون الثلاثين من البقر شيء، فإذا بلغت ثلاثين ففيها تبيع حولي جذع أو جذعة إلى أربعين.

فإذا بلغت أربعين ففيها مسنة إلى الستين.

فإذا بلغت ستين ففيها تبيعان إلى سبعين.

فإذا بلغت سبعين ففيها مسنة وتبيع إلى ثمانين.

فإذا بلغت ثمانين ففيها مسنتان إلى تسعين.

فإذا بلغت تسعين ففيها ثلاث تبايع إلى مائة.

فإذا بلغت مائة ففيها مسنة وتبيعان.

فإذا كثرت البقر ففي كل ثلاثين تبيع أو تبيعة، وفي كل أربعين مسنة). انتهى.

[1125]- أمالي أحمد بن عيسى -عليهما السلام- [2/ 278]: أخبرنا محمد، قال حدثنا محمد بن عبيد، عن المعلى، عن أبي إسحاق، عن عاصم بن ضمرة، عن علي -عليه السلام-، قال: قام فينا رسول الله -صلى الله عليه وآله وسلم- فقال: «في البقر في كل ثلاثين تبيع أو تبيعة، وفي أربعين مسنة».

جعفر، عن قاسم بن إبراهيم: في ثلاثين من البقر تبيع أو تبيعة، وفي أربعين مسنة. انتهى.

رجال هذا الإسناد قد تقدموا جميعاً.

[1126]- المؤيد بالله -عليه السلام- في شرح التجريد [2/ 73]: وأخبرنا أبو العباس -رحمه الله-، قال: أخبرنا عبد العزيز بن إسحاق البغدادي، قال:

حدثنا علي بن محمد بن الحسين[11] النخعي، قال: حدثنا سليمان بن إبراهيم المحاربي، عن نصر بن مزاحم، عن إبراهيم بن الزبرقان، عن أبي خالد، عن زيد بن علي، عن أبيه، عن جده، عن علي -عليهم السلام- قال: (ليس فيما دون الثلاثين من البقر شيء، فإذا بلغت ثلاثين ففيها تبيع أو تبيعة، جذع أو جذعة، إلى أربعين.

فإذا بلغت أربعين ففيها مسنة إلى ستين.

فإذا بلغت ستين ففيها تبيعان إلى سبعين.

فإذا بلغت سبعين ففيها تبيع ومسنة.

فإذا كثرت البقر ففي كل ثلاثين تبيع أو تبيعة، وفي كل أربعين مسنة). انتهى.

رجال هذا الإسناد قد تقدموا جميعاً في الجزء الأول من كتابنا هذا.

[1127]- **الجامع الكافي [ج3ص45]**: قال القاسم، ومحمد: ليس فيما دون ثلاثين من البقر صدقة، فإذا بلغت ثلاثين وحال عليها الحول ففيها تبيع أو تبيعة، إلى أربعين، فإذا بلغت أربعين ففيها مسنة.

قال محمد: سن ذلك رسول الله -صلى الله عليه وآله وسلم-.

وروى بإسناده عن النبي -صلى الله عليه وآله وسلم- قال: «في كل ثلاثين من البقر تبيع أو تبيعة جذع أو جذعة، وفي أربعين مسنة». انتهى.

القاضي زيد في الشرح: لا زكاة في البقر حتى تبلغ ثلاثين، وبه قال عامة الفقهاء.

وذهب سعيد بن المسيب، والزهري: إلى أن في كل خمس شاة إلى خمس وعشرين ثم فيها بقرة، كما نقول في الإبل، والإجماع قد انعقد واستقر بعد هذا

(11) الصواب علي بن محمد بن الحسن النخعي تمت مؤلف

القول، وقياسهم على الإبل فاسد؛ لأنه قياس يبطله النص والإجماع. انتهى.

[1128]- المؤيد بالله -عليه السلام- في شرح التجريد[ج2ص72]: ولا زكاة في البقر حتى تبلغ ثلاثين فإذا بلغت ثلاثين ففيها تبيع أو تبيعة، وهذا منصوص عليه في الأحكام والمنتخب.

والأصل فيه: ما رواه محمد بن منصور، عن محمد بن عبيد، عن معلى بن هلال، عن أبي إسحاق، عن عاصم بن ضمرة، عن علي -عليه السلام- قال: قام فينا رسول الله -صلى الله عليه وآله وسلم- ذات يوم فقال: «في ثلاثين من البقر تبيع أو تبيعة حولي، وفي أربعين مسنة». انتهى.

باب القول في زكاة الغنم

[1129]- مجموع زيد بن علي -عليهما السلام- [135]: حدثني زيد بن علي، عن أبيه، عن جده، عن علي -عليهم السلام-، قال: (ليس في أقل من أربعين من الغنم شيء، فإذا كانت أربعين ففيها شاة إلى عشرين ومائة.

فإذا زادت على عشرين ومائة واحدة ففيها شاتان إلى مائتين.

فإذا زادت واحدة على المائتين ففيها ثلاث شياه، إلى ثلاث مائة.

فإذا زادت على ثلاث مائة فليس في الزيادة شيء حتى تبلغ أربعمائة.

فإذا بلغت أربعمائة ففيها أربع شياه.

فإذا كثرت الغنم ففي كل مائة شاة [شاة]). انتهى.

[1130]- أمالي أحمد بن عيسى -عليهما السلام- [2/278]: حدثنا محمد، حدثنا محمد بن عبيد، عن المعلى، عن أبي إسحاق، عن عاصم بن ضمرة، عن علي -عليه السلام-، قال: (قام فينا رسول الله -صلى الله عليه وآله وسلم- ذات يوم فقال: «في الغنم في كل أربعين شاة شاة، إلى عشرين ومائة.

فإن زادت واحدة فشاتان، إلى مائتين.

فإن زادت واحدة فثلاث إلى ثلاثمائة.

فإن كثرت الشاء ففي كل مائة شاة.

ولا يفرق بين مجتمع، ولا يجمع بين مفترق خشية الصدقة، ولا يأخذ المصدق فحلاً ولا هرمة ولا ذات عوار». انتهى.

رجال هذا الإسناد قد مر الكلام عليهم.

الهادي -عليه السلام- في الأحكام[1/ 145]: قال يحيى بن الحسين -صلوات الله عليه-: وليس فيما دون أربعين شاة من الغنم زكاة، فإذا تمت أربعين ففيها شاة.

ثم ليس فيها شيء حتى تزيد على المائة وعشرين شاة، فإذا زادت واحدة ففيها شاتان إلى مائتين، فإن زادت على المائتين شاة واحدة ففيها ثلاث شياه، إلى ثلاثمائة، فإن كثرت الغنم ففي كل مائة شاة.

[1131]- وكذلك بلغنا عن أمير المؤمنين علي بن أبي طالب -صلوات الله عليه- أنه قال: قام فينا رسول الله -صلى الله عليه وآله وسلم- ذات يوم فقال: «في الغنم: في كل أربعين شاة شاة، إلى عشرين ومائة فإن زادت واحدة فثنتان، إلى مائتين، فإن زادت واحدة فثلاث إلى ثلاثمائة، فإن كثرت الشاء ففي كل مائة شاة، لا يفرق بين مجتمع، ولا يجمع بين مفترق خشية الصدقة، ولا يأخذ المصدق فحل الغنم، ولا هرمة، ولا ذات عوار».

قال يحيى بن الحسين -صلوات الله عليه-: يريد رسول الله -صلى الله عليه وآله وسلم- بقوله ذلك لا يأخذ المصدق خيار الغنم ولا شرارها، ويأخذ من أوسطها ما لا عيب فيه منها. انتهى.

[1132]- **المؤيد بالله -عليه السلام- في شرح التجريد** [2/ 76]: والأصل فيه: ما احتج به يحيى -عليه السلام-: وهو ما رواه محمد بن منصور، عن محمد بن عبيد، عن معلى بن هلال، عن أبي إسحاق، عن عاصم بن ضمرة، عن علي -عليه السلام-، قال: قام فينا رسول الله -صلى الله عليه وآله وسلم- ذات يوم فقال: «في الغنم في كل أربعين شاة شاة إلى عشرين ومائة، فإذا زادت واحدة فثنتان، إلى مائتين فإذا زادت واحدة فثلاث، إلى ثلاثمائة، فإن كثرت الشاء ففي كل مائة شاة، لا يجمع بين مفترق، ولا يفرق بين مجتمع خشية الصدقة، ولا يأخذ المصدق فحلاً، ولا هرمة، ولا ذات عوار».

[1133]- وروى زيد بن علي، عن أبيه، عن جده، عن علي -عليهم السلام-، قال: (ليس في أقل من أربعين شاة شيء، فإذا كانت أربعين ففيها شاة، إلى عشرين ومائة، فإذا زادت واحدة ففيها شاتان إلى مائتين، فإن زادت على المائتين واحدة ففيها ثلاث شياه، إلى ثلاثمائة، فإذا زادت على ثلاثمائة فليس في الزيادة شيء، حتى تبلغ أربعمائة فإذا بلغت أربعمائة ففي كل مائة شاة). انتهى.

[1134]- **الهادي -عليه السلام- في المنتخب** [79]: قال السائل محمد بن سليمان الكوفي -رضي الله عنه-:

قلت: فإن رجلاً له ثلاثمائة شاة مع ثلاثة رعاة؛ مع واحد خمسون ومائة، ومع واحد عشرون ومائة، ومع واحد ثلاثون، كيف يعمل المصدق في ذلك؟

قال: يضمها جميعاً، ويأخذ منها ثلاث شياه.

قلت: وكيف ذلك؟ وقد صح عن النبي -صلى الله عليه وآله وسلم- أنه قال: «لا يفرق بين مجتمع، ولا يجمع بين مفترق».

قال: قد صح عنه -صلى الله عليه وآله وسلم- هذا الخبر، ولكن جهل العوام ما أراد به رسول الله -صلى الله عليه وآله وسلم-.

قلت: فبين لي ما أراد -صلى الله عليه وآله وسلم- بهذا القول.

قال: نعم، إنما أراد رسول الله -صلى الله عليه وآله وسلم- بقوله: لا يفرق بين ما جمعه الملك؛ مثل ما ذكرت من الرجل الذي له غنم كثيرة على جماعة رعاة، والملك واحد لصاحب الغنم، فلا ينبغي للمصدق أن يفرق بين هذا، لأن مالكه واحد؛ لأنه لو فرق ترك ما أوجب الله -عز وجل-.

ألا ترى أنه لو كان لرجل أربعون شاة مع راعيين مع كل واحد عشرون ثم لم يجمع المصدق ذلك أبطل الزكاة عن صاحب الأربعين شاة، والزكاة واجبة عليه؛ لأنه يملك الأربعين كلها، فهذا معنى قوله: «لا يفرق بين مجتمع»، أراد -صلى الله عليه وآله وسلم- ما جمعه الملك لم يفرق.

وأما قوله: «لا يجمع بين مفترق»: فإنما أراد -صلى الله عليه وآله وسلم- لا يجمع بين ما فرقه الملك.

قلت: بين لي ذلك كما بينت لي الأولى.

قال: نعم، لو أن لعشرة رجال مائة شاة مع راع واحد لكل واحد منهم عشر شياه، لم يجب للمصدق أن يأخذ منها شيئاً؛ لأن الملك قد فرقها، فلا ينبغي للمصدق أن يجمع ما فرقه الملك، وهذا الذي عني به رسول الله -صلى الله عليه وآله وسلم- أنه لا يفرق بين مجتمع، ولا يجمع بين مفترق.

قلت: فإن شريكين في مائة شاة وكل واحد منهما يعرف ماله فلواحد سبعون شاة، وللآخر ثلاثون شاة، وهي مع راع واحد.

قال: ينبغي للمصدق أن يأخذ منها شاة، ويترادّ الشريكان الفضل بينهما، كما قال النبي -صلى الله عليه وآله وسلم- «الشريكان يترادان فيما بينهما بالحساب». انتهى.

[1135]- **مجموع زيد بن علي -عليهما السلام-** [ص136] : حدثني زيد بن علي، عن أبيه، عن جده، عن علي -عليهم السلام-، قال: (لا يأخذ المصدق هرمة، ولا ذات عوار، ولا تيساً، أن يشاء المصدق أن يأخذ ذات العوار).

[1136]- حدثني زيد بن علي، عن أبيه، عن جده، عن علي -عليهم السلام-، قال: (لا يفرق المصدق بين مجتمع، ولا يجمع بين مفترق خشية الصدقة). انتهى.

القاضي زيد في الشرح: زكاة الأغنام إذا بلغت أربعين وهي سائمة ففيها شاة واحدة، ولا شيء فيما دون ذلك، وما زاد على الأربعين فلا شيء في ذلك إلى عشرين ومائة، وما زادت على ذلك وبلغت إحدى وعشرين ومائة ففيها شاتان، إلى مائتين فإذا زادت وبلغت إحدى ومائتين ففيها ثلاث شياه، إلى ثلاث مائة فإذا زادت وكثرت الغنم ففي كل مائة شاة، وهو قول أبي حنيفة وعامة العلماء.

وعن الحسن بن صالح وإبراهيم: إذا زادت واحدة على ثلاثمائة ففيها أربع شياه، وهو مروي عن عبد الله.

لنا: ما روي عن علي -عليه السلام-، والأخبار في هذا كثيرة، وقول من يخالفنا فيه قولٌ قد قضى النص والإجماع المنعقد ببطلانه، لا يعتد به. انتهى.

الجامع الكافي [3/ 46]: قال القاسم -عليه السلام- ومحمد: وليس فيما دون أربعين من الغنم صدقة، فإذا بلغت أربعين وحال عليها الحول ففيها شاة، إلى عشرين ومائة، فإن زادت واحدة ففيها شاتان إلى مائتين، فإن زادت واحدة ففيها ثلاث، إلى ثلاثمائة، فإذا كثرت الغنم ففي كل مائة شاة.

قال محمد: إذا زادت على الثلاث مائة فلا شيء فيها غير الثلاث حتى تبلغ أربعمائة، فإذا صارت أربعمائة ففيها أربع شياه، ثم لا شيء فيها حتى تبلغ خمسمائة، فإذا بلغتها ففيها خمس شياه، ثم على هذا فقس إذا كثرت ففي كل مائة

شاه، وهذا قول علي -عليه السلام-، وأبي بكر، وعمر، والحسن البصري، والشعبي، والزهري، والحكم، وسفيان، وشريك، [ويحيى بن آدم].

[1137]- **وفيه [3/55]**: وروى محمد عن النبي -صلى الله عليه وآله وسلم- أنه قال: «ما كان من خليطين فهما يتراجعان بالسوية».

[1138]- وعن النبي -صلى الله عليه وآله وسلم- أنه قال في صدقة الغنم: «لا يجمع بين مفترق، ولا يفرق بين مجتمع خشية الصدقة»، وعن علي -عليه السلام- مثل ذلك. انتهى.

باب القول في الأوقاص

[1139]- **أمالي أحمد بن عيسى -عليهما السلام- [2/269]**: حدثنا محمد، عن وكيع، عن سفيان، عن ابن أبي ليلى، عن الحكم، أن معاذاً سأل النبي -صلى الله عليه وآله وسلم- عن أوقاص البقر، فقال: «ليس فيها شيء». انتهى.

الرجال:

أما وكيع بن الجراح، وسفيان الثوري، وابن أبي ليلى -واسمه عبد الرحمن-،: فقد تقدم الكلام عليهم جميعاً، وهم من رجال الشيعة الأخيار.

[ترجمة الحكم بن عتيبة]:

وأما الحكم:

فقال في الجداول: الحكم بن عتيبة بن المنهال الكوفي، مولى كندة، عن علي، وابن مسعود، ومعاذ، وغيرهم من التابعين، وعنه منصور، والأعمش، والسبيعي، وشعبة، وخلق.

وثقه في الكاشف، والعجلي، عداده في ثقات محدثي الشيعة، وكان يقول: عليٌّ خير منهما -يعني أبا بكر وعمر-، قال أبو نعيم: توفي سنة خمس عشرة ومائة،

احتج به الجماعة.

قلت: إن صح هذا التاريخ فروايته عن علي ومن بعده مرسلة، والظاهر من نقل مولانا الجزم بالسماع منه، فينظر. انتهى(12).

أخرج له أبو طالب، والمؤيد بالله، ومحمد بن منصور، والمرشد بالله، والسيلقي، وابن المغازلي.

الهادي -عليه السلام- في الأحكام [1/ 148]: قال يحيى بن الحسين -صلوات الله عليه-:

الأوقاص: التي عفا عنها رسول الله -صلى الله عليه وآله وسلم- هي ما بين الأسنان من الإبل والبقر والغنم، والعدد الذي جعله بين السِّنَّيِن، مثل ما عفا عنه بين ما يجب فيه ابنة المخاض، وبين ما يجب فيه ابنة اللبون، وذلك عشر من الإبل، فعفا رسول الله -صلى الله عليه وآله وسلم- عن هذه العشر، وذلك أن في خمس وعشرين ابنة مخاض ثم لا شيء فيها حتى تبلغ خمساً وثلاثين، ثم فيها إن زادت على الخمس وثلاثين ابنة لبون، فلم يجعل -صلى الله عليه وآله وسلم- فيما بين هذين السنَّين، ولا بين هذين العددين زكاةً، وكذلك فيها كلها.

وكذلك أوقاص البقر: ما بين الثلاثين والأربعين، وهو ما بين الحولي والمسنة، فلم يجعل بعد الحولي الذي يجب في ثلاثين شيئاً حتى تفي أربعين فيرتفع السنَّين إلى المسنة.

---

(12) قال مولانا الإمام الحجة مجد الدين المؤيدي في لوامع الأنوار (1/ 467): الحكم بن عُتَيْبَة (بمهملة، فمثناة فوقية، فأخرى تحتية، فموحدة)، المتوفى سنة خمس عشرة ومائة، الراوي عن أمير المؤمنين-عليه السلام-، وابن مسعود، ومعاذ بن جبل الأنصاري الخزرجي.

وانظر في ترجمته: سير أعلام النبلاء (6/ 43)، رقم (697)، تهذيب الكمال (2/ 245)، رقم (1422)، تهذيب التهذيب (2/ 388)، رقم (1528)، وأفادوا أنَّ الستة رووا له. وقال الحافظ في التقريب: «ثقة ثبت فقيه؛ إلاَّ أنَّه ربما دلس». أفاده محقق اللوامع.

وكذلك أوقاص الغنم: فلم يجعل فيما دون أربعين شاة شيئاً، ثم جعل في الأربعين شاة شاة، ثم جعل ما زاد على الأربعين أوقاصاً لا زكاة فيها إلى مائة وعشرين، فإن زادت شاة وجب فيها شاتان إلى مائتين، فهذه التي ما بين التوظيفات والزيادات والأسنان؛ فهي الأوقاص التي عفا عنها رسول الله - صلى الله عليه وآله وسلم-. انتهى.

القاضي زيد في الشرح: ولا خلاف أنه لا شيء في الأوقاص من المواشي، إلا فيما دون الأربعين إلى الستين من البقر فإن فيه خلاف أبي حنيفة. انتهى.

الجامع الكافي [3/ 56]: قال محمد: وليس في الأوقاص ولا في الأشناق شيء:

والأوقاص: من البقر ما بين الثلاثين والأربعين، وما بين الأربعين والستين، وما بين الستين والسبعين، وليس يسقط من البقر عشر أبداً بعد الستين، وإنما يسقط تسع تسمى وقصاً، وجمعه أوقاص.

والأشناق في الإبل: ما بين الفريضتين، وواحدها شنق.

وروي عن معاذ أنه سأل النبي -صلى الله عليه وآله وسلم- عن أوقاص البقر؟ فقال: «ليس فيها شيء». انتهى.

باب القول فيما عفا عنه رسول الله -صلى الله عليه وآله وسلم- من المواشي وغيرها

[1140]- **مجموع زيد بن علي -عليهما السلام- [134]:** حدثني زيد بن علي، عن أبيه، عن جده، عن علي -عليهم السلام-: (ليس في الإبل العوامل والحوامل صدقة). انتهى.

[1141]- **أمالي أحمد بن عيسى -عليهما السلام- [289]:** حدثنا محمد، قال: حدثني أحمد بن عيسى، عن حسين بن علوان، عن أبي خالد، عن زيد، عن آبائه،

عن علي -عليهم السلام-، قال: (عفا رسول الله -صلى الله عليه وآله وسلم- عن صدقة الإبل العوامل تكون في المصر، وعن أربعين شاة تكون بالمصر، فإذا رعت وجبت عليه فيها الزكاة، وعن الدور والخدم والكسوة والدر والياقوت والزمرد ما لم يرد به تجارة). انتهى.

[1142]- **وفيها** [267]: حدثنا محمد بن جميل، عن عاصم بن عامر، عن شريك، عن أبي إسحاق، عن الحارث، عن علي -عليه السلام-، قال: قال رسول الله -صلى الله عليه وآله وسلم-: «إنا قد عفونا لكم عن صدقة الخيل والرقيق، فهاتوا ربع العشر من كل أربعين درهماً درهم». انتهى.

رجال هذا من ثقات محدثي الشيعة وقد تقدم الكلام عليهم.

[1143]- **الهادي -عليه السلام- في الأحكام** [1/ 149]: قال يحيى بن الحسين -صلوات الله عليه-: عفا رسول الله -صلى الله عليه وآله وسلم- عن الإبل العوامل تكون في المصر تُعلف ويحمل عليها وإن بلغت خمساً، وعفا عن أربعين شاة تكون في المصر تعتلف وتحلب ولا ترعى، فإذا رَعَت خارج المصر وآبت وجبت عليها الزكاة، وكذلك البقر ما لم ترع، وعفا رسول الله -صلى الله عليه وآله وسلم- عن الدور والخدم والكسوة والخيل). انتهى.

[1144]- **مجموع زيد بن علي -عليهما السلام-** [136]: حدثني زيد بن علي، عن أبيه، عن جده، عن علي -عليه السلام-، قال: (عفا رسول الله -صلى الله عليه وآله وسلم- عن الإبل العوامل تكون في المصر، وعن الغنم تكون في المصر، فإذا رعت وجبت فيها الزكاة، وعن الدور والرقيق والخيل والحمير والبراذين والكسوة والياقوت والزمرد، ما لم يرد به تجارة). انتهى.

[1145]- **المؤيد بالله -عليه السلام- في شرح التجريد** [2/ 138]: واستدل -أي [الهادي -عليه السلام-]-: بما رواه زيد بن علي، عن أبيه، عن جده، عن علي -

عليهم السلام-، قال: عفا رسول الله -صلى الله عليه وآله وسلم- عن الإبل العوامل تكون في المصر، وعن الغنم تكون في المصر، وعن الدور والرقيق والخيل والخدم والبراذين والكسوة واليواقيت والزمرد، ما لم يرد به تجارة). انتهى.

الهادي -عليه السلام- في المنتخب[77]: قال السائل محمد بن سليمان الكوفي -رضي الله عنه-، قلت: فلم ذلك وهي عوامل، وقد عفا رسول الله -صلى الله عليه وآله وسلم- عن العوامل من الإبل؟

قال -عليه السلام-: إنما عفا رسول الله -صلى الله عليه وآله وسلم- عن الخمس من الإبل تكون بالمصر يعمل عليها صاحبها في المناقلة، وما أشبه ذلك من الكرا في المصر من موضع، وينفق من ذلك بها على نفسه وعياله.

وفيه: قال السائل محمد بن سليمان الكوفي -رضي الله عنه-، قلت: فقد ذكر عن النبي -صلى الله عليه وآله وسلم- أنه عفا عن الأربعين شاة تكون في المصر.

قال -عليه السلام-: قد روى ذلك عنه -عليه السلام-، والذي صح من هذا الحديث أنه -صلى الله عليه وآله وسلم- إنما عفا عن الأربعين شاة تكون في المصر يحلبها صاحبها ويعلفها بالمصر. انتهى.

[1146]- **مجموع زيد بن علي -عليهما السلام-** [135]: حدثني زيد بن علي، عن أبيه، عن جده، عن علي -عليهم السلام- قال: (ليس في البقر الحوامل والعوامل صدقة، وإنما الصدقة في الراعية). انتهى.

[1147]- **أمالي أحمد بن عيسى -عليهما السلام-** [2/ 289]: حدثنا محمد، قال: حدثنا محمد بن عبيد، عن معلى بن هلال، عن أبي إسحاق، عن عاصم بن ضمرة، عن علي -عليه السلام- قال: قام فينا رسول الله -صلى الله عليه وآله وسلم- ذات يوم فقال: «إنّا قد وضعنا عنكم صدقة الخيل والرقيق».

قال أبو جعفر: ذكر عن النبي -صلى الله عليه وآله وسلم- أنه قال: «قد

عفوت لكم عن صدقة الخيل والرقيق، فهاتوا ربع العشر من أموالكم». انتهى.

رجال هذا الإسناد قد تقدموا جميعاً.

[1148]- **الجامع الكافي** [3/51]: قال القاسم فيما روى داوود عنه: وسئل عن الإبل والبقر العوامل والغنم: فقال قد اختلف في ذلك:

فذكر عن علي -عليه السلام- أنه قال: (ليس في العوامل صدقة).

وقال محمد: ليس في الإبل والبقر العوامل صدقة، ولا في الغنم والدواجن.

وروى محمد نحو ذلك عن النبي -صلى الله عليه وآله وسلم-، وعن علي -رضي الله عنه-، ومعاذ، وعبد الله، بن عمر، وسعيد بن جبير، ومجاهد. انتهى.

باب القول فيما ينبغي للمصدق أن يفعل إذا أراد أخذ الصدقة

[1149]- **نهج البلاغة** [380]: قال الرضي -رضي الله عنه- ومن وصية له -عليه السلام- -يعني أمير المؤمنين علي بن أبي طالب -صلوات الله عليه- كان يكتبها لمن يستعمله على الصدقات، وإنما ذكرنا هنا جملاً منها ليعلم بها أنه كان يقيم عماد الحق، ويشرع أمثلة العدل، في صغير الأمور وكبيرها، ودقيقها وجليلها:

(انطلق على تقوى الله وحده لا شريك له، ولا تروعن مسلماً، ولا تجتازن عليه كارهاً، ولا تأخذن منه أكثر من حق الله في ماله، فإذا قدمت على الحي فانزل بمائهم من غير أن تخالط أبياتهم، ثم امض إليهم بالسكينة والوقار حتى تقوم بينهم، فتسلم عليهم، ولا تخدج بالتحية لهم، ثم تقول: عباد الله، أرسلني إليكم ولي الله وخليفته لآخذ منكم حق الله في أموالكم، فهل لله في أموالكم من حق فتؤدوه إلى وليه؟

فإن قال قائل: لا، فلا تراجعه، وإن أنعم لك منعم فانطلق معه من غير أن تخيفه أو توعده أو تعسفه أو ترهقه، فخذ ما أعطاك من ذهب أو فضة، فإن كان له ماشية أو إبل فلا تدخلها إلا بإذنه فإنّ أكثرها له، فإذا أتيتها فلا تدخل عليها دخول متسلط عليه، ولا عنيف به، ولا تنفرن بهيمة، ولا تفزعنها ولا تسؤن صاحبها فيها، واصدع المال صدعين، ثم خيره، فإذا اختار فلا تعرضن لما اختاره، فلا تزال كذلك حتى يبقى ما فيه وفاء لحق الله في ماله، فاقبض حق الله منه، فإن استقالك فأقله ثم اخلطهما، ثم اصنع مثل الذي صنعت أولاً حتى تأخذ حق الله في ماله، ولا تأخذن عَوْدَاً(13)، ولا هرمة، ولا مكسورة، ولا مهلوسة(14)، ولا ذات عوار. انتهى.

الهادي -عليه السلام- في الأحكام[1/ 147]: قال يحيى بن الحسين -صلوات الله عليه-: وينبغي للمصدق إذا ورد الماء الذي ترده المواشي أن يقسم غنم رجل قسمين، ثم يخيره في القسمين، ثم يأخذ الصدقة من القسم الذي ترك صاحب الغنم، ثم يخلي باقيها إلى صاحبها، وكذلك يفعل بالبقر والإبل. انتهى.

[1150]- **أمالي أحمد بن عيسى -عليهما السلام-** [3/ 190]: قال -يعني محمداً-: وذكر أن رسول الله -صلى الله عليه وآله وسلم- بعث علياً -عليه السلام- مصدقاً فجعل يأتيه الرجل بأفضل أبله، وبأفضل غنمه، ويقول: خذها فإني أحب أن أعطي الله عز وجل أفضل مالي.

فقال لهم علي: إنما أمرني رسول الله -صلى الله عليه وآله وسلم- أن أخذ من صدقاتكم الوسط، فلست آخذها حتى أرجع إلى رسول الله -صلى الله عليه وآله وسلم- فأذكر له، فرجع فذكره له، فقال له نبي الله -صلى الله عليه وآله وسلم-: «بَيِّن لهم ما في أموالهم من الفرائض، وإن طابت أنفسهم بأفضل من ذلك

---

(13) المسنة من الأبل. تمت مؤلف.

(14) هي الضعيفة. تمت مؤلف.

فاقبل منهم». انتهى.

[1151]- **الجامع الكافي** [3/ 117- 118]: قال محمد: وعلى الإمام أن يبعث مصدقاً إلى أصحاب الأموال الظاهرة، التي زكاتها إلى الإمام، التي أمر الله نبيه -صلى الله عليه وآله وسلم- بأخذها منهم، فقال -عز وجل-: ﴿خُذْ مِنْ أَمْوَالِهِمْ صَدَقَةً تُطَهِّرُهُمْ وَتُزَكِّيهِمْ بِهَا﴾[التوبة:103]، حتى يقبض ما أوجب عليهم من الصدقات، وليس على ملاك الصدقات أن يبعثوا بها إلى الإمام.

وروي عن النبي -صلى الله عليه وآله وسلم- أنه قال: «تؤخذ صدقة المسلمين بأفنيتهم، وفي دورهم، وعلى مياههم».

وقال النبي -صلى الله عليه وآله وسلم-: «لا يرجع المتصدق إلا وهو راض».

وقال محمد في السيرة الصغيرة: وينبغي للإمام أن يأمر المصدق أن لا ينزل على أهل الصدقة السوائم، ولا يكلفهم من مؤنته قليلاً ولا كثيراً، ولا يرزأهم شيئاً، ولا يقبل لهم هدية، وبلغنا ذلك عن علي -عليه السلام-.

وبلغنا أنه بعث مصدقاً ثم عزله في رأس الحول، فجاء إلى علي -عليه السلام- بسليف دراهم فقال: يا أمير المؤمنين هذا أهدي إلي، ولم يهد لي قبل أن تستعملني ولا بعد ما عزلتني، فإن كان لي أخذته، فقال له علي -عليه السلام-: (لو لم تفعل لكان غلولاً، ثم أمر به فطرح في بيت المال). انتهى.

[1152]- **وفي نهج البلاغة** [382]: قال الرضي -رحمه الله-: ومن كتاب له -عليه السلام- إلى بعض عماله، وقد بعثه على الصدقة:

(أمره بتقوى الله في سرائر أمره، وخفيات عمله، حيث لا شهيد غيره، ولا وكيل دونه.

وأمره أن لا يعمل بشيء من طاعة الله فيما ظهر، فيخالف إلى غيره فيما أسر،

ومن لم يختلف سره وعلانيته وفعله ومقالته فقد أدى الأمانة، وأخلص العبادة.

وأمره أن لا يجبههم ولا يعضههم(15)، ولا يرغب عنهم تفضلاً بالأمارة عليهم، فإنهم الإخوان في الدين والأعوان، على استخراج الحقوق، وأن لك في هذه الصدقة نصيباً مفروضاً، وحقاً معلوماً، وشركاء أهل مسكنة، وضعفاء ذوي فاقة، وأنا موفوك حقك فوفهم حقوقهم، وإلّا تفعل فإنك من أكثر الناس خصوماً يوم القيامة.

وبؤساً لمن خصمه عند الله الفقراء والمساكين والسائلون والمدفوعون والغارمون وابن السبيل، ومن استهان بالأمانة، ورتع في الخيانة، ولم ينزه نفسه ودينه عنها فقد أحل بنفسه في الدنيا الخزي، وهو في الآخرة أذل وأخزى، وإن أعظم الخيانة خيانة الأمة وأفظع الغش غش الأئمة. والسلام). انتهى.

[1153]- **الجامع الكافي** [3/ 121]: وروى محمد بإسناده عن النبي -صلى الله عليه وآله وسلم- قال: «لا يأخذ المصدق تيساً، إلا أن شاء المصدق، ولا هرمة، ولا ذات عوار»، وفي حديث آخر «ولا ذات عيب». انتهى.

باب القول في الإمام هل له أن يجبر على أخذ الزكاة

الهادي -عليه السلام- في الأحكام[1/ 163]: قال يحيى بن الحسين - صلوات الله عليه-:

للإمام أن يجبر الرعية على دفع الزكاة من كلما يجب فيه الزكاة، لأن الله - سبحانه- قال: ﴿خُذْ مِنْ أَمْوَالِهِمْ صَدَقَةً تُطَهِّرُهُمْ وَتُزَكِّيهِم بِهَا وَصَلِّ عَلَيْهِمْ إِنَّ صَلَوٰتَكَ سَكَنٌ لَّهُمْ﴾ [التوبة:103] فأمرهم بأخذها ولن تؤخذ إلا طوعاً أو كرهاً، فمن أبى الطوع فلا بد أن تؤخذ منه كرهاً. انتهى.

(15) العض: البهت. تمت مؤلف.

[1154]- **الجامع الكافي** [3/ 117]: قال أحمد بن عيسى والقاسم ومحمد: ويجبر الإمام الرعية على أخذ الصدقات، من الإبل والبقر والغنم، وثمرات النخيل، والكروم، والحنطة، والشعير.

وفيه: قال محمد: وسمعت القاسم: يقول للإمام أن يجبرهم على أخذ زكاة أموالهم -يعني من الذهب والفضة-، لأن الله -سبحانه- يقول: ﴿خُذْ مِنْ أَمْوَالِهِمْ صَدَقَةً﴾؛ فقلت للقاسم: هذا لا يعلم به وليس هي أمولاً ظاهرة.

قال: يأخذهم بما ظهر. انتهى.

المؤيد بالله -عليه السلام- في شرح التجريد [2/ 152]: وللإمام أن يجبر الرعية على دفع زكوات أموالهم كلها إليه؛ من الذهب والفضة وغيرهما، ومتى أتهم صاحب المال بإخفاء شيء تلزمه فيه الصدقة استحلف احتياطاً، وهذا منصوص عليه في الأحكام والمنتخب.

والأصل في ذلك: قوله -تعالى-: ﴿خُذْ مِنْ أَمْوَالِهِمْ صَدَقَةً﴾[التوبة:103]، وكلما أمر النبي -صلى الله عليه وآله وسلم- بفعله في أمته فالإمام قائم فيه مقامه، إلا ما منع منه الدليل. انتهى.

باب القول في زكاة الدين

[1155]- **مجموع زيد بن علي -عليهما السلام-** [137]: حدثني زيد بن علي، عن أبيه، عن جده، عن علي -عليهم السلام-، قال: (إذا كان لك دين وعليك دين فاحتسب بدينك، وزكّ ما فَضُل من الدين الذي عليك، وزكْ الدين الذي لك، وإن أحببت أن لا تزكيه حتى تقبضه كان لك ذلك). انتهى.

[1156]- **أمالي أحمد بن عيسى -عليهما السلام-** [2/ 305]: وثنا محمد، عن جعفر، عن قاسم بن إبراهيم، قال: (لا يزكي الدين حتى يقبض، فإن قبض حسب صاحبه ما مضى من سنينه ثم أخرج ما يجب من الزكاة فيه)، وهذا يذكر

عن علي بن أبي طالب -عليه السلام-. انتهى.

[1157]- **المؤيد بالله -عليه السلام- في شرح التجريد** [2/ 20]: وروى زيد بن علي، عن أبيه، عن جده، عن علي -عليهم السلام-، أنه قال: (زكِ الدين الذي لك).

[1158]- وروى محمد بن منصور، عن محمد بن جميل، عن إبراهيم بن ميمون، عن جرير، عن منصور، عن الحكم، عن علي -عليه السلام-، قال: (إذا كان لك أو لرجل دين سنين ثم قبضه فليؤد زكاته لما مضى من السنين). انتهى.

الرجال:

أما محمد بن جميل، وإبراهيم بن محمد بن ميمون: فقد تقدما.

[ترجمة جرير بن عبد الحميد، ومنصور بن المعتمر]:

وأما جرير، فهو ابن عبد الحميد(16):

قال في الجداول: جرير بن عبد الحميد بن قرط الضبي الكوفي، ثم الرازي، عن أشعث، والأعمش، وحجاج بن أرطأة، وعنه أحمد، وإسحاق، وابن معين، وعثمان بن أبي شيبة.

قال في معالم ابن قتيبة: جرير بن عبد الحميد من الشيعة.

وقال الذهبي: صدوق محتج به.

قلت: هو أحد عيون الزيدية، ومسلسل مذهب العترة الزكية، توفي سنة ثمان

(16) قال في هدي الساري (ص/ 557): «جرير بن عبد الحميد بن قرط الضَّبي، أبو عبد الله الرازي، وكان منشؤه بالكوفة. قال اللألكائي: أَجمعوا على ثقته، وكذا قال الخليلي، وقال أبو خيثمة: لم يكن يُدَلِّس،...، وقال ابن سعد: كان ثقةً يُرحل إليه، وقال ابن معين، وأحمد: هو أثبت من شريك، ووثَّقَه العجلي، والنسائي، وأبو حاتم وقال: يحتج بحديثه، ونَسَبَه قتيبة إلى التشيع المفرط،...، احتجَّ به الجماعة». من هامش اللوامع (1/ 294).

وثمانين ومائة، احتج به الجماعة.

نعم؛ كلما ورد جرير مطلقاً غالباً فهو ابن عبد الحميد. انتهى.

أخرج له المؤيد بالله، وأبو طالب، والمرشد بالله، ومحمد بن منصور، والجرجاني، والحاكم الجشمي في جلاء الأبصار، وأبو الغنائم النرسي -رضي الله عنهم-.

وأما منصور فهو ابن المعتمر(17):

قال في الجداول: منصور بن المعتمر السلمي، أبو عتاب، علامة الشيعة ومفخرهم، الكوفي، أحد الأعلام، عن زيد بن علي، وأبي وائل وإبراهيم، وربعي بن خراش، والشعبي، والحكم، والطبقة.

وعنه شعبة، والسفيانان، وشريك، وخلق، صام أربعين سنة، وقام ليلها، وكان يبكي الليل كله، فإذا أصبح كحل عينيه، وبرق شفتيه، ودهن رأسه.

بايع الإمام زيد بن علي، وكان أحد دعاته، اتفق الناس على حجته، توفي سنة اثنين وثلاثين ومائة، احتج به الجماعة.

قلت: ولم يحضر الوقعة مع الإمام فخرج مع عبد الله بن معاوية يقاتل بني أمية. انتهى.

أخرج له أئمتنا الخمسة (صاحب المحيط، وأبو طالب، والمؤيد بالله والمرشد بالله، والجرجاني)، وابن المغازلي، وأبو الغنائم النرسي.

وأما الحكم فهو ابن عتيبة: فقد تقدم، وهو من خيار الشيعة -رضي الله عنه-.

[1159]- **الجامع الكافي** [3/ 15]: وروى محمد بإسناده عن علي -عليه السلام-، قال: (إن كان الدين صادقاً فليزكه لما مضى من السنين).

---

(17) سير أعلام النبلاء (6/ 194)، رقم (796)، وقال: «الحافظ الثبت القدوة،...، أحد الأعلام»، تهذيب الكمال (7/ 234)، رقم (6796)، تهذيب التهذيب (10/ 279)، رقم (7226)، أخرج له الجماعة. قال في التقريب: «ثقة ثبت، وكان لا يدلس».

[1160]- وعن علي -عليه السلام- أنه سئل عن المال الغائب أيزكيه صاحبه؟ قال: (نعم، ما يمنعه؟)، قال: لا يقدر عليه، قال: (فإذا قدر عليه فليزك ما غاب عنه).

[1161]- **وفيه**: وقال الحسن -عليه السلام- - فيما حدثنا زيد، عن زيد، عن أحمد، عنه-: قول علي -عليه السلام-: (إذا كنت تقدر على الدين فزكه وإن لم تقبضه). انتهى.

المؤيد بالله -عليه السلام- في شرح التجريد [2/ 19]: فإن قيل في رواية زيد بن علي -عليه السلام-، عن علي -عليه السلام- قال: (إذا كان لك دين وعليك دين فاحتسب بذلك، ثم زكِّ ما فضل عن الدين الذي عليك).

قيل له: لا يمتنع أن يكون المراد إخراج الزكاة من الفاضل فيكون الفرض تقديم الدين، ويكون المخرج ربع عشر الجميع، إذ ليس فيه أنه يخرج ربع عشر الفاضل، وهذا هو موضع الخلاف والخبر لم ينطق به.

وفيه أيضاً [2/ 12]: ولو أن رجلاً ضاع منه مال بسرقة أو غيرها في بلاد المسلمين، فغاب عنه سنين، لزمه أن يخرج زكاته متى ظفر به للسنين المتقدمة، وإن غلب عليه المشركون في دار الحرب فبقي في أيديهم سنين ثم ظفر به صاحبه لم يلزمه زكاته لما مضى من السنين، وهذا منصوص عليه في الأحكام والمنتخب.

ويدل على ذلك: قول الله -تعالى-: ﴿خُذْ مِنْ أَمْوَالِهِمْ صَدَقَةً﴾، وقوله: ﴿أَنفِقُوا مِن طَيِّبَاتِ مَا كَسَبْتُمْ وَمِمَّا أَخْرَجْنَا لَكُم مِّنَ الْأَرْضِ﴾[البقرة:267] وقال -صلى الله عليه وآله وسلم-: «في خمس من الإبل شاة»، فلم يشترط في شيء من ذلك اليد، فعموم ما ذكرناه يقتضي وجوب الزكاة في الأموال، سواء كانت في يد مالكها، أو كانت خارجة عنه.

[1162]- وروى محمد بن منصور، عن علي بن منذر، قال: حدثنا ابن

فضيل، قال: حدثنا أشعث، عن ابن سيرين، قال: حُدِّثْنَا أن علياً -عليه السلام- سئل عن الرجل يكون له المال الغائب أيؤدي زكاته؟، قال: (نعم، ما يمنعه)، قال: لا يقدر عليه. قال: (فإذا قدر عليه فليزك ما غاب عنه). انتهى.

رجال هذا الإسناد من ثقات محدثي الشيعة، ومحمد بن منصور المرادي، وابن فضيل -وهو محمد-، وعلي بن منذر الطريقي قد مر الكلام عليهم.

أما أشعث: فهو ابن سوار التوابيتي سيأتي الكلام عليه في الديات إن شاء الله.

[ترجمة ابن سيرين]:

وأما ابن سيرين: فهو محمد بن سيرين.

قال في الجداول: محمد بن سيرين الأنصاري، مولاهم أبو بكر البصري، عن أنس مولاه، وعمران بن حصين، وخلق، وعنه الشعبي، وقتادة، والثوري، وطائفة، ووثقه ابن سعد والحاكم، توفي سنة عشر ومائة، وروى المنصور بالله أنه كان عدلي المذهب(18)، وصحح ذلك، احتج به الجماعة وكان مشهوراً بتعبير الرؤيا، وهو ممن بايع الإمام الحسن بن الحسن وخرج معه. انتهى.

أخرج له محمد، وأبو طالب، والمرشد بالله، والمؤيد بالله -عليهم السلام-.

باب القول في زكاة العسل

[1163]- أمالي أحمد بن عيسى -رضي الله عنهما- [العلوم:1/ 291]: حدثنا محمد، حدثنا عباد بن يعقوب، عن إبراهيم بن أبي يحيى، عن جعفر، عن أبيه، عن علي -عليهم السلام-، قال: (ليس في العسل زكاة).

[1164]- قال أبو جعفر -يعني محمد بن منصور -رضي الله عنه-: ذكر عن علي من وجه آخر أنه قال: (ليس في العسل زكاة إذا كان يأكله، أو كان في

---

(18) الشافي (1/ 479).

منزله)، وهو الوجه عندنا.

[1165]- حدثنا محمد، قال: أخبرني جعفر، عن قاسم، قال: ذكر عن النبي -صلى الله عليه وآله وسلم- أنه كان يأخذ من العسل العشر.

وذكر عن أبي سيارة أنه ذكر للنبي -صلى الله عليه وآله وسلم- أن له نحلاً فأمره أن يؤدي منه العشر. انتهى.

رجال هذا الإسناد قد تقدموا جميعاً، فلا حاجة إلى الإعادة.

[1166]- **الهادي -عليه السلام- في الأحكام [1 / 190]**: قال يحيى بن الحسين -صلوات الله عليه-:

أحسن ما أرى في زكاة العسل أن يؤخذ منه العشر إذا خرج منه في كل سنة قيمة مائتي درهم، وفي ذلك ما بلغنا عن أبي سيارة المتعي أنه قال للنبي -صلى الله عليه وآله وسلم-: يا رسول الله إن لي نحلاً، قال: فقال رسول الله -صلى الله عليه وآله وسلم-: «فأد العشر، من كل عشر قرب قربة».

حدثني أبي، عن أبيه أنه سئل عن العسل هل فيه زكاة؟ فقال: ذكر عن النبي -صلى الله عليه وآله وسلم- أنه كان يأخذ منه العشر.

وذكر عن أبي سيارة أنه ذكر للنبي -صلى الله عليه وآله وسلم- أن له نحلاً، فأمره أن يؤدي العشر منه، وما هو عندي إلا كغيره مما ملكه الله عباده من أموالهم وأرزاقهم. انتهى.

وفي المنتخب للهادي -عليه السلام-[ص86]: قال -عليه السلام-: وبلغنا عن رسول الله -صلى الله عليه وآله وسلم- أنه أمر أبا سيارة وكان له نحل أن يخرج من كل عشر قرب قربة، وهذا الصحيح وبه نأخذ. انتهى.

الجامع الكافي[1 / 137]: قال القاسم -عليه السلام-: ذكر عن النبي -صلى الله عليه وآله وسلم- أنه كان يأخذ من العسل العشر، وذكر عن أبي سيارة أنه

ذكر للنبي -صلى الله عليه وآله وسلم- أن له نحلاً، فأمره أن يؤدي عنه العشر.

وفي رواية داود عن القاسم -عليه السلام-: وما هو عندي إلا كغيره مما ملكه الله عباده من أموالهم وأرزاقهم. انتهى.

المؤيد بالله -عليه السلام- في شرح التجريد [2/ 115]: والعسل يعمل في تزكيته كما يعمل في تزكية سائر ما ذكرناه مما لا يكال مما أخرجت الأرض، وهذا منصوص عليه في الأحكام والمنتخب.

والدليل على وجوب الصدقة فيه: قول الله تعالى: ﴿خُذْ مِنْ أَمْوَالِهِمْ صَدَقَةً﴾ وهو من جملة الأموال.

وروى محمد بن منصور بإسناده عن أبي سيارة المتعي، قال: قلت يا رسول الله إن لي نحلاً، قال: «أد العشر».

[1167]- وروى محمد بن منصور، عن يحيى بن سعيد قال: جاء رجل إلى النبي -صلى الله عليه وآله وسلم- فقال: إن لي نحلاً فما أخرج منه؟ قال: «من كل عشر قرب قربة»، واحتج الهادي بهذا الحديث.

فإن قيل: روى محمد بن منصور، عن علي -عليه السلام- أنه قال: (ليس في العسل زكاة).

قيل له: يحمل على اليسير منه كما قلنا ذلك فيما روي عنه -عليه السلام- في الخضروات، ليكون ذلك موافقاً لما روي عن النبي -صلى الله عليه وآله وسلم-.

والوجه في اعتبار نصابه: بأن يكون قيمته مائتي درهم على ما مضى في صدقة ما لا يكال فيما أخرجت الأرض، فلا غرض في إعادته. انتهى.

قلت: يحيى بن سعيد غير مرضي عندي، وهو يحيى بن سعيد الأنصاري(19)،

(19) يحيى بن سعيد بن قيس بن عَمرو الأنصاري النَّجّاريُّ، أبو سعيد الْمَدَنِيُّ القاضي، المتوفَّى سنة (143هـ)، وقيل: (144هـ)، وقيل: (146هـ). انظر تهذيب التهذيب (11/ 193)، رقم =

كان قاضي القضاة لأبي الدوانيق، ولم أورده هنا احتجاجاً به، وإنما الغرض قول المؤيد -عليه السلام-: واحتج الهادي بهذا الحديث إلى آخره، ولم يمكنني إلا إيراد كلام المؤيد بالله -عليه السلام- بلفظه. والله الموفق.

باب القول في زكاة مال اليتيم

[1168]- **أمالي أحمد بن عيسى -رضي الله عنهما- [العلوم:1/ 297]**: قال محمد: حدثنا أبو الطاهر، عن أبي بكر بن أبي أويس، عن حسين بن عبد الله بن ضميرة، عن أبيه، عن جده، عن علي -عليهم السلام- قال: (يزكى مال اليتيم). انتهى.

رجال هذا الإسناد قد تقدموا جميعاً.

[1169]- **الهادي -عليه السلام- في الأحكام**[ج1 ص190]: قال يحيى بن الحسين -صلوات الله عليه-: يزكي مال اليتيم، وفي ذلك ما بلغنا عن أمير المؤمنين علي بن أبي طالب -عليه السلام- أنه كان يزكي مال بني أبي رافع. انتهى.

[1170]- **أمالي أحمد بن عيسى -رضي الله عنهما- [العلوم:1/ 296]**: حدثنا محمد، قال: حدثنا عباد بن يعقوب، عن شريك، عن أبي اليقظان، عن عبد الرحمن بن أبي ليلى، عن علي -عليه السلام- أنه كان يزكي مال بني أبي رافع، وكانوا أيتاماً في حجره. انتهى.

الرجال:

أما عباد بن يعقوب، وشريك بن عبد الله فقد تقدما، وهما من الشيعة الأخيار، -رضي الله عنهما-.

(7878). وليس هو يحيى بن سعيد بن فَرُّوْخ القَطَّان التَّميمي أبو سعيد البصري الأحول الحافظ، المتوفى سنة (198هـ). انظر تهذيب التهذيب (11/ 189)، رقم (7876).

[ترجمة عثمان بن عمير]:

وأما أبو اليقظان: فهو عثمان بن عمير:

قال في الجداول: عثمان بن عمير المكي، أبو اليقظان الكوفي، عن ابن أبي ليلى، وزاذان، وعدي بن ثابت، ومالك، وعنه الأعمش، وشريك، وحجاج، وأبو الجارود، والثوري.

خرج مع النفس الرضية، فأغاظ النواصب وتكلموا عليه، عداده في ثقات محدثي الشيعة، احتج به الأربعة إلا النسائي. انتهى.

خرج له المؤيد بالله ومحمد بن منصور -رضي الله عنهما-.

وأما ابن أبي ليلى: فقد تقدم، وهو من الشيعة الأخيار -رضي الله عنه-.

[1171]- المؤيد بالله -عليه السلام- في شرح التجريد[2/ 11]: وروى محمد بن منصور بإسناده، عن حسين بن عبد الله بن ضميرة، عن أبيه، عن جده، عن علي -عليه السلام- قال: (يزكي مال اليتيم)، وروي عن ابن أبي ليلى، عن علي -عليه السلام- مثله. انتهى.

[1172]- أمالي أحمد بن عيسى -رضي الله عنهما- [العلوم:1/ 296]: وحدثنا محمد، عن علي بن منذر، عن وكيع، عن سفيان، عن حبيب بن أبي ثابت، عن ابن أبي رافع قال: باع علي أرضاً لنا بثمانين ألفاً فلما دفع إلينا المال وجدناه ناقصاً، فقلنا له؛ فقال: (إني كنت أزكيه). انتهى.

الرجال: أما علي بن منذر، ووكيع بن الجراح، وسفيان الثوري، فقد تقدموا -رضي الله عنهم-.

[ترجمة حبيب بن أبي ثابت الكاهلي]:

وأما حبيب بن أبي ثابت[20]:

فقال في الجداول: حبيب بن أبي ثابت الكاهلي، مولاهم أبو يحيى، وأبو المقدام الأسدي الكوفي، عن زيد بن أرقم، وابن عباس، وابن عمر، وغيرهم، وعنه الثوري، وشعبة، وأشعث، وخلق.

وثقه ابن معين والعجلي وأبو زرعة والنسائي وغيرهم.

توفي سنة سبع عشرة، وقيل سنة اثنتين وعشرين ومائة، احتج به الجماعة، وعداده في ثقات محدثي الشيعة، وفي كتاب المقالات من الزيدية.. انتهى.

خرج له المؤيد بالله وأبو طالب والمرشد بالله ومحمد بن منصور وصاحب المحيط بالإمامة -رضي الله عنهم-.

وأما ابن أبي رافع: فهو عبيد الله، قد تقدم الكلام عليه.

الجامع الكافي [1/ 136]: قال محمد: وسألت أحمد بن عيسى -عليه السلام-، عن زكاة مال اليتيم؟

فقال: قد روي عن علي -صلى الله عليه- أنه كان يزكي مال بني رافع، وروي أنه كان لا يزكيه. انتهى.

مجموع زيد بن علي -رضي الله عنهما- [193]: قال أبو خالد -رضي الله عنه-: سألت زيد بن علي -رضي الله عنهما-، عن مال اليتيم فيه زكاة؟.

فقال: لا، فقلت إن آل أبي رافع يروون عن علي -عليه السلام- أنه زكى مالهم.

---

(20) سير أعلام النبلاء (6/ 103)، رقم (751)، تهذيب الكمال (2/ 43)، رقم (1064)، تهذيب التهذيب (2/ 164)، رقم (1148)، روى له الجماعة، قال في التقريب: ثقة، فقيه، جليل.

فقال: نحن أهل البيت ننكر هذا. انتهى.

أمالي أحمد بن عيسى -رضي الله عنهما- [العلوم:1/ 295]: حدثنا محمد، قال سألت أحمد بن عيسى عن مال اليتيم فيه زكاة؟

فقال: قد روي عن علي -عليه السلام- أنه كان يزكي مال بني أبي رافع.

قلت: وبه نأخذ.

قال: قد روي أنه كان لا يزكيه. انتهى.

الجامع الكافي [3/ 27]: وروى محمد بأسانيده عن عبد الرحمن بن أبي ليلى، عن علي وعن عمر وابن عمر وعائشة والشعبي وحسن بن سفيان، أنهم قالوا في مال اليتيم زكاة.

وعن أبي جعفر وجعفر وإبراهيم والحسن البصري وعطاء: أنهم كانوا لا يرون فيه الزكاة. انتهى.

المؤيد بالله -عليه السلام- في شرح التجريد [2/ 23]: والزكاة واجبة في مال اليتيم، وهو منصوص عليه في الأحكام، وبه قال أحمد بن عيسى، والقاسم بن إبراهيم.

قال محمد بن منصور: سمعت القاسم بن إبراهيم ينفي الزكاة في مال اليتيم، ثم سمعت جعفر بن محمد يروي عنه أنه قال: في مال اليتيم زكاة، فكأنه هو قوله المرجوع إليه.

وقال محمد وزيد ابنا علي -عليه السلام-: أنه لا زكاة فيه. انتهى.

باب زكاة ما أخرجت الأرض

القول في الجنس الذي تجب فيه الزكاة ومقدارها

[1173]- **مجموع زيد بن علي -رضي الله عنهما-**[195]: وقال زيد بن علي -رضي الله عنهما-: فرض رسول الله -صلى الله عليه وآله وسلم- الصدقة في عشر أشياء: في الذهب والفضة والبر والشعير والتمر والزبيب والذرة والإبل والبقر والغنم. انتهى.

[1174]- **أمالي أحمد بن عيسى -رضي الله عنهما- [العلوم**:1/ 280]: حدثني أحمد بن عيسى، عن حسين، عن أبي خالد، عن زيد، عن آبائه، عن علي -عليهم السلام- قال: قال رسول الله -صلى الله عليه وآله وسلم-: «لا تجري صدقة على تمر ولا زبيب ولا ذرة حتى يبلغ الشيء منها خمسة أوساق»، والوسق ستون صاعاً، فإذا بلغ ذلك جرت فيه الزكاة، وما سقت السماء وسقت الأنهار كان فيه العشر، وما سقي بالغرب كان فيه نصف العشر».

[1175]- قال محمد: بلغنا عن النبي -صلى الله عليه وآله وسلم- أنه قال: «ليس فيما دون خمسة أوساق من الحنطة والشعير والتمر والزبيب صدقة تؤخذ». انتهى.

الجامع الكافي [3/ 59]: وقال القاسم -عليه السلام-: أما الحنطة والشعير والتمر والزبيب فلا خلاف بين الناس في وجوب الزكاة فيه، وما سوى ذلك من الحبوب والأطعمة مثل الأرز والعدس والحمص والباقلاء وأشباه ذلك فقد اختلف فيه. انتهى.

[1176]- **أمالي أحمد بن عيسى -رضي الله عنهما- [العلوم**:1/ 282]: حدثنا محمد بن عبيد، عن معلى، عن أبي إسحاق، عن عاصم، عن علي -عليه السلام- قال: قام فينا رسول الله -صلى الله عليه وآله وسلم- فقال: «فيما سقت

السماء أو سقي فيحاً العشر، وفيما سقي بالغرب نصف العشر». انتهى.

رجال هذا الإسناد قد تقدموا جميعاً.

ومعلى: هو ابن هلال.

وأبو إسحاق: هو السبيعي.

وعاصم: هو ابن ضمرة -رضي الله عنهم-.

الهادي -عليه السلام- في الأحكام[1/ 153]: حدثني أبي، عن أبيه أنه قال: لا تجب الزكاة فيما دون خمسة أوسق مما يكال، والوسق فهو ستون صاعاً، وما زاد على الخمسة أوسق أخذ منه بحساب ذلك.

وسئل عن وزن الصاع؛ فقال: لا يكون إلا بالكيل؛ لأن رسول الله -صلى الله عليه وآله وسلم- قال: «الوسق ستون صاعاً»، فدل بذلك على الكيل، فلا يصح بالوزن. انتهى.

الجامع الكافي [3/ 64]: قال القاسم -فيما روى داود عنه-: وليس فيما دون خمسة أوساق صدقة، ولا يكون ذلك إلا في الكيل؛ وذلك أن رسول الله -صلى الله عليه وآله وسلم- قال: «الوسق ستون صاعاً»، فذلك يدل على الكيل. انتهى.

[1177]- **مجموع زيد بن علي -رضي الله عنهما-**[196]: حدثني زيد بن علي، عن أبيه، عن جده، عن علي -عليهم السلام-، قال: (ليس فيما أخرجت أرض العشر صدقة من تمر ولا زبيب ولا حنطة ولا شعير ولا ذرة حتى يبلغ الصنف من ذلك خمسة أوسق، والوسق ستون صاعاً، فإذا بلغ ذلك جرت فيه الصدقة، فما سقت السماء من ذلك أو سقي فتحاً أو سيحاً ففيه العشر، وما سقي بالغرب أو دالية ففيه نصف العشر). انتهى.

القاضي زيد بن محمد في الشرح: قال السيد أبو طالب: وتحصيل المذهب: أن

كل ما يصل إليه الماء بطبعه ففيه العشر، وكل ما لا يصل إليه بجريه حتى يوصل إليه بمؤنة ففيه نصف العشر، وهذا مما لا خلاف فيه. انتهى.

[ترجمة القاضي زيد -رحمه الله-]

القاضي زيد: قد تقدم في الجزء الأول، وتقدم قريباً ولكني لم أتكلم عليه هنالك، فإليك الكلام عليه:

قال القاضي العلامة ولي آل محمد ومحبهم، أحمد بن صالح بن أبي الرجال -رحمه الله- في مطلع البدور ومجمع البحور ما لفظه:

القاضي الإمام، الحجة للمذهب، شيخ الشيوخ وحيد أهل الرسوخ، القاضي زيد بن محمد الكلاري -رحمه الله-، هو حافظ المذهب وعالمه، الذي لا يبارى ولا يمارى ولا يجارى، حقق القواعد، وقيد الأوابد، وصحح الأدلة والشواهد، حتى استغنى بتحصيله المحصلون، وانتفع بتفصيله المفصلون، وليس لشرحه بعد ذهاب الشرحين -شرحي التجريد والتحرير للأخوين -رضي الله عنهما- نظير، أقر له المخالف والموالف، حتى أن شيخنا المحقق أحمد بن محمد الشابي -بالشين المعجمة، بعدها ألف، بعدها باء بواحدة من أسفل مشددة- القيرواني المالكي اطلع عليه، فبهره، وتعجب من تحقيقه وجودته، واستنكر تضعيفه حديث القلتين بالاضطراب، وقال: قد خرجه الأربعة، وصححه ابن خزيمة، فكيف يكون فيه اضطراب؟، ثم أطلع السهيلي من أصحابهم وغيره للاضطراب، فعاد إلى التعجب من القاضي -رحمه الله-، وجميع مشائخ الزيدية يغترفون من رحيقه، ويعترفون بتحقيقه، ولقد مرت مسألة في البيان بمجلس الإمام المتوكل على الله إسماعيل بن أمير المؤمنين -رضي الله عنهما-، وشيخه العلامة عامر بن محمد الذماري -رحمه الله- في البيان الشافي فتبادر القاضي إلى تضعيفها ومعارضتها -وقد كان المرجوع إليه في وقته- فلما قال ابن مظفر -رحمه الله- ذكره القاضي زيد في الشرح هاب القاضي عامر التكلم، وقال: الشرح جهمة.

وقد ذكره الملا يوسف الجيلاني في ترجمة القاضي زيد مع جماعة من المؤيدية.

وقد ذكر الفقيه العلامة الحسن بن محمد النحوي -رحمه الله- في تعليقه على اللمع ما نصه: من كتب المؤيد بالله التجريد وشرحه، والإفادة، والبلغة، والزيادات، ويسمى الملحق على الزيادات، ويسمى المسائل، ويسمى المفرد من الأدلة، والتفريعات، والمسترشد، والنيروسيات، والوافر على مذهب الناصر، وتعليق ابن أبي الفوارس على التجريد، وتعليق الإفادة للقاضي زيد، ولها تعليق آخر لابن عبد الباعث، وشرحها للأستاذ، وشرح أبي مضر للزيادات، وقبله شرح الحقيني عليها، والمجموع بين الإفادة والزيادات، وأول التحرير وهو لعلي بن محمد الخليل، والأستاذ، وابن أبي الفوارس، والقاضي يوسف ممن عاصر المؤيد بالله -عليه السلام- وقرأ عليه وباحثه، وأما القاضي يوسف فقرأ عليه قليلاً، وعلى أبي طالب أكثر، وأكثرها على الأستاذ، وبعدهم علي خليل وهو قبل القاضي زيد، فإن القاضي يروي عنه، وأبو مضر اسمه شريح بن المؤيد، وأبوه قاضي المؤيد بالله، وكان طال به الدهر إلى زمن القاضي زيد فكان يروي عن القاضي زيد، والله أعلم.

وأبو جعفر في زمن أبي طالب وكان يروي عنه. انتهى.

قلت: وعلى ذكر هذا البحث أذكر شرح القاضي زيد على التحرير، وهو معروف بالتعليق، وقد تعرض علماؤنا للفرق بين الشرح والتعليق:

فنقل شيخنا القاضي الوحيد العلامة أحمد بن سعد الدين -رحمه الله- عن بعض العراقيين، قال: نقله من خطه من ديباجة شرح القاضي زيد -رحمه الله-: اعلم أن الفرق بين الشرح والتعليق أن الشرح فيه ذكر المذهب وحده ليس فيه اعتراض ولا مطالبة ولا نوع معارضة في مجموعة المسائل، والتعليق يذكر فيه كلام المخالف والموالف، تارة على طريق الاعتراض، وتارة على سبيل الاستدلال، فتعليق التحرير ثمانية كتب مجلدة، وشرحه دون ذلك، ويستفاد من التعليق معرفة الجدل، ومدارك الخطأ والزلل.

وأما تعليق التجريد: فتصنيف أبي يوسف.

وأما شرح البلغة: فتصنيف القاضي أبي (...)[21] بن محمد بن مهدي الحسني المدفون في بلد بكشا.

وأما الإبانة: فتصنيف الشيخ الأجل أبي جعفر بن علي الديلمي على مذهب الناصر -عليه السلام- سعته أربعة كتب مجلدة.

قلت: ونقل العلامة شيخ الشيوخ القاضي أحمد بن يحيى حابس -رضي الله عنه- في المقصد الحسن ما لفظه:

فإن قلت: ما بالهم في شروح الكتب يذكرون تارة شرحاً وتارة تعليقاً.

قلت: اصطلح العلماء -رحمهم الله- أن الكتاب إذا شرحه شارح ثم جاء غيره فانتزع منه منتزعاً أنه يسمى ذلك المنتزع تعليقاً -أي تعليق الشرح المنتزع منه-، فحيث أضيف ذلك التعليق إلى الكتاب فهو على حذف مضاف أي تعليق شرحه.

قال الدواري: اعلم أن الشروح التي توجد لأصحابنا -يعني في زمانه-: شرح التحرير لأبي طالب، وشرح التجريد للمؤيد، وشرح الإفادة للأستاذ، وشرح النصوص لأبي العباس، وشرح الأحكام لأبي العباس أيضاً، وشرح أبي مضر، ومثله شرح الحقيني كلاهما على الزيادات، وشرح لابن عبد الباعث على التحرير، والمشروحات ستة التجريد والتحرير والأحكام والنصوص لأبي العباس والإفادة والزيادات للمؤيد.

والتعاليق أربع: تعليق ابن أبي الفوارس، منتزع من شرح التجريد، وتعليق القاضي زيد منتزع من شرح أبي طالب، وتعليق الإفادة للقاضي زيد منتزع من شرح الإفادة، وتعليق الإفادة لابن عبد الباعث على الإفادة. انتهى ما ذكره القاضي العلامة أحمد بن صالح بن أبي الرجال -رحمه الله- في المطلع بلفظه. والله الهادي.

---

(21) هكذا في المطبوع، والنسخ المخطوطة المعتمدة لدى محقق المطلع.

أمالي أحمد بن عيسى -رضي الله عنهما- [العلوم:1/ 282]: جعفر، عن القاسم بن إبراهيم، قال: ليس فيما دون خمسة أوساق من الطعام صدقة، والوسق ستون صاعاً، قال ذلك رسول الله -صلى الله عليه وآله وسلم-، وما زاد على خمسة أوساق أخذ منه بالكيل بحساب الأوساق. انتهى.

[1178]- **وفيها أيضاً** [1/ 268]: حدثنا عباد بن يعقوب، عن حاتم بن إسماعيل، عن جعفر بن محمد، عن أبيه، قال: فرض رسول الله -صلى الله عليه وآله وسلم- فيما سقت السماء أو سقي بالسيل والغيل والبعل العشر، وما سقي بالنواضح نصف العشر، ولا يكون في الدراهم زكاة حتى تكون خمس أواق، فإن بلغت خمس أواق ففيها خمسة دراهم، وفي كل أربعين درهماً درهمٌ.

قال محمد: البعل ما ذهبت عروقه في الأرض؛ مثل النخل والشجر الذي لا يحتاج إلى الماء خمس سنين، والسيل: سيل الوادي، والغيل: الماء الصافي الذي يسيل بعد الوادي القليل. انتهى.

في هذا الإسناد عباد بن يعقوب وحاتم بن إسماعيل:

أما عباد بن يعقوب فقد تقدم الكلام عليه، وهو من خيار الشيعة -رضي الله عنه-.

[ترجمة حاتم بن إسماعيل]:

وأما حاتم بن إسماعيل: فإليك ترجمته:

قال في الجداول: حاتم بن إسماعيل، مولى بني عبد الدار، أبو إسماعيل المدني، كوفي الأصل، عن الصادق، وأسامة بن زيد، ومحمد بن عجلان، وخلق، وعنه عباد بن يعقوب، وحسن بن حسين، وعثمان بن أبي شيبة.

قال ابن سعد: كان ثقة مأموناً كثير الحديث، وكذا في الميزان، ووثقه جماعة، توفي سنة ست أو سبع وثمانين ومائة. احتج به الجماعة. انتهى.

قلت وبالله التوفيق: هو من الرواة لشعار آل رسول الله -صلى الله عليه وآله وسلم- وهو التأذين بحي على خير العمل، اعتمد عليه أبو عبد الله العلوي مؤلف الجامع الكافي في كتابه المسمى بالتأذين بحي على خير العمل، وروى من طريقه روايات متعددة، عن جعفر بن محمد، عن أبيه، وقد روى له محمد بن منصور في الأمالي، والمؤيد في شرح التجريد روايات متعددة مما يدل على اعتماده والاحتجاج بحديثه.

[1179]- **المؤيد بالله -عليه السلام- في شرح التجريد** [2/ 113]: ويدل على ذلك ما رواه زيد بن علي، عن أبيه، عن جده، عن علي -عليهم السلام-، قال: (ليس فيما أخرجت أرض العشر صدقة من تمر ولا زبيب ولا حنطة ولا شعير ولا ذرة حتى يبلغ الصنف من ذلك خمسة أوساق.

[1180]- وفيه [2/ 104]: وروى محمد بن منصور بإسناده، عن زيد بن علي، عن أبيه، عن جده، عن علي -عليهم السلام-، قال: قال النبي -صلى الله عليه وآله وسلم-: «لا تجري الصدقة في تمر ولا زبيب ولا حنطة ولا ذرة حتى يبلغ الشي منها خمسة أوساق والوسق ستون صاعاً». انتهى.

الجامع الكافي [3/ 62]: قال أحمد والقاسم والحسن ومحمد: وليس فيما دون خمسة أوساق صدقة، فإذا بلغت خمسة أوساق ففيه الصدقة.

وروى محمد، عن علي -عليه السلام-، وأبي سعيد، وابن عمر، وجابر، وأبي هريرة، وعبد الله بن عمر، وأبي أمامة، وعمرو بن حزام، كلهم رووا عن النبي -صلى الله عليه وآله وسلم- أنه قال: «ليس فيما دون خمسة أوساق صدقة». انتهى.

قلت: الذي صح لنا مما رواه محمد عمن ذكر من الصحابة رواية أمير المؤمنين علي -عليه السلام-.

[1181]- **وفي الجامع الكافي أيضاً** [3/ 64]: وروى محمد بإسناد، عن النبي -صلى الله عليه وآله وسلم- قال: «فيما سقت السماء أو سقي بالسيل والغيل

والبعل العشر، وما سقي بالنواضح فنصف العشر».

قال محمد: البعل ما ذهبت عروقه في الأرض، مثل النخل والشجر الذي لا يحتاج إلى الماء خمس سنين.

والسيل: سيل الوادي.

والغيل: الماء الصافي القليل الذي يسيل بعد الوادي قليلاً قليلاً. انتهى.

القاضي زيد في الشرح: وإن كان في بعض السنة يسقى سيحاً وفي بعضها يسقى بالسواني والدوالي؛ نحو أن يكون نصف السنة سيحاً ونصفها بالدوالي وجبت الصدقة فيها على حساب ذلك؛ فيكون في نصفه العشر، وفي النصف الآخر نصف العشر، فيؤخذ منه ثلاثة أرباع العشر، لأن عشر الأربعين أربعة، فإذا أوجب في نصفه العشر أخذ من العشر اثنين، وإذا وجب في الآخر نصف العشر يكون المأخوذ منه واحداً، فيكون في الجميع ثلاثة من أربعين، وهو قول أبي حنيفة والشافعي.

قال أبو طالب: لا نعرف فيه خلافاً. انتهى.

وفيه أيضاً: والوسق: ستون صاعاً، ولا خلاف فيه.

وفيه أيضاً: قال القاسم -عليه السلام-: من زرع أرضين له، فحصل عند الدياسة عشرة أجربة من طعام، فأخرج العشر، وطرح الباقي بذراً، فخرج هذا القدر فعليه العشر، وهذا مما لا يعرف فيه خلاف.

وفيه أيضاً: ولا تضم غلة سنتين إحداهما إلى الأخرى، ولا خلاف فيه؛ لأن تخلل السنة يقطع حكم الحول.

وفيه أيضاً: وإذا حصل لرجل حبوب وثمار فأخرج زكاتها، ثم بقيت في يده سنين كثيرة لم يلزمه شيء آخر، وبه قال الفقهاء.

وعن الحسن: أنه يجب فيه العشر كل سنة، وهو محجوج بالإجماع. انتهى.

باب القول في مقدار صاع النبي صلى الله عليه وآله وسلم

المؤيد بالله عليه في شرح التجريد [2/107]: قال: والصاع ثلث مكوك العراق، وهذا منصوص عليه في المنتخب، وحقق أصحابنا ذلك بصاع أهل المدينة.

قال القاسم -عليه السلام-: لا يمكن تحقيقه بالوزن، لأن الحب قد يخف به ويثقل.

وقال زيد بن علي: هو خمسة أرطال وثلث بالكوفي.

والذي يدل على أن الصاع المعتبر هو صاع أهل المدينة: أنهم رووا خلفاً عن سلف أنه صاع النبي -صلى الله عليه وآله وسلم-، ولم يختلفوا فيه، كما لم يختلفوا في موضع القبر والمنبر. انتهى.

أمالي أحمد بن عيسى -رضي الله عنهما- [العلوم: 1/281]: قال محمد بن منصور المرادي -رضي الله عنه-: فأما ما يذكر عن بني هاشم وأهل المدينة: فإن صاع رسول الله -صلى الله عليه وآله وسلم- هو هذا الصاع الذي بالمدينة يكتالون به، وبه يتبايعون، وهو ثلث مكوك بالمكوك العراقي الملجم، ولا نعلمهم يعرفون غير ذلك.

قال أبو جعفر: وبصاع النبي -صلى الله عليه وآله وسلم- نأخذ الذي قاله أهل المدينة في زكاة الفطر. انتهى.

الهادي -عليه السلام- في الأحكام [1/153]: والوسق: فهو ستون صاعاً بصاع النبي -صلى الله عليه وآله وسلم-، وذلك ما وقته رسول الله -صلى الله عليه وآله وسلم-، وجعله له مداً، فوقت له خمسة أوسق سواء. انتهى.

مجموع زيد بن علي -رضي الله عنهما- [198]: سألت زيداً -عليه السلام-، عن الصاع كم مقداره؟

قال: خمسة أرطال وثلث بالرطل الكوفي. انتهى.

السائل هو أبو خالد الواسطي -رحمه الله- تعالى. آمين.

الجامع الكافي [3/65]: قال الحسن ومحمد: الصاع صاع النبي -صلى الله عليه وآله وسلم- وهو كَيلجة مرسلة، وهي ثلث المكوك.

قال الحسن -عليه السلام-: وزنت أنا الصاع فوجدته ستمائة وأربعين درهماً من الحنطة، والمد مائة وستون درهماً، والصاع أربعة أمداد. انتهى.

القاضي زيد في الشرح: والصاع ثلث مكوك العراق، وهذا منصوص عليه في المنتخب، وهو أقل ما قيل فيه، وهو ثابت بالإجماع، ولا تجوز الزيادة عليه إلا بدليل، ولا دليل على ذلك، ولا خلاف في أن الصاع أربعة أمداد. انتهى.

قلت: والمكوك على ما ذكره في مختار الصحاح: مكيال وهو ثلاث كيلجات، والكليجة: سبعة أثمان مَنّ، والمنّ: رطلان، والرطل: اثنتا عشرة أوقية، والأوقية: أستار وثلثا أستار، والأستار: أربعة مثاقيل ونصف، والمثقال: درهم وثلاثة أسباع درهم، والدرهم: ستة دوانق، والدانق: قيراطان، والقيراط طسوجان، والطسوج: حبتان، والحبة: سدس ثمن درهم، وهو جزء من ثمانية وأربعين جزء من درهم، والجمع مكاكيك. انتهى.

ومثله في شرح الفتح للمقرائي نقلاً عن صحاح الجوهري. والله أعلم.

باب القول في اجتماع العشر مع الخراج

أمالي أحمد بن عيسى -رضي الله عنهما- [العلوم:1/296]: حدثنا محمد، قال: حدثنا جعفر، عن قاسم بن إبراهيم، في أرض فتحت عنوة، ووضع عليها الخراج: يؤدى عنها العشر مع الخراج.

حدثنا محمد، قال: حدثني علي ومحمد ابنا أحمد بن عيسى، عن أبيهما، قال: إن كان لرجل أرض خراجية فأخذ منها خراجها فليس عليه في غلاتها عشر -يعني

الصدقة-، وإن كان العشر أكثر من الخراج فليس عليه شيء، لا يجتمع خراج وصدقة في أرض واحدة.

قال أبو جعفر: قول أحمد بن عيسى هو قول العلماء، وهو قول علي بن أبي طالب.

وقول قاسم بن إبراهيم قال به عمر بن عبد العزيز، وابن أبي ليلى، وحسن بن صالح، وشريك، ويحيى بن آدم، في أنه يؤخذ العشر من أرض الخراج بعد أخذ السلطان لخراجها؛ وذلك إذا حصل بعد الخراج خمسة أوساق، ولا يخرج عشره إلا سنة واحدة، فإن كان أقل من خمسة أوساق فليس عليه بعد الخراج شيء، هذا قول عمر بن عبد العزيز، وابن أبي ليلى، وحسن، وشريك، ويحيى بن آدم، ومن قال بقولهم.

والقول الآخر: قول علي بن أبي طالب: (لا يجتمع عشر وخراج على أرض واحدة). انتهى.

الهادي -عليه السلام- في الأحكام [ج1/ 168]: حدثني أبي، عن أبيه أنه سئل عن أرض فتحت عنوة ووضع عليها الخراج؛ هل يؤدي عنها العشر مع الخراج أم لا؟

فقال: يؤدى العشر؛ لأنه ليس من قبالتها ولا أجرتها في شيء، الأجرة فيء، وقبالة الأرض فيء، والعشر زكاة وصدقة في مال المسلمين. انتهى.

الجامع الكافي [1/ 144]: قال أحمد بن عيسى ومحمد: لا يجتمع الخراج والعشر في أرض واحدة، وإذا أخذ من صاحب الأرض خراجها فلا شيء عليه فيما أخرجت.

قال أحمد: وإن كان العشر أكثر من الخراج فلا شيء عليه.

وقال القاسم -عليه السلام-: يؤدى عن أرض الخراج العشر مع الخراج.

قال محمد: قول أحمد بن عيسى هو قول علي بن أبي طالب -عليه السلام-، وأبي جعفر، والشعبي، وعكرمة، وأبي حنيفة وأصحابه؛ لا يجتمع عشر وخراج على أرض واحدة، وإذا أدى خراجها فلا شيء عليه فيما بقي، وإن كان مائة وسق.

وقول القاسم بن إبراهيم قال به عمر بن عبد العزيز، وابن أبي ليلى، وحسن بن صالح، وسفيان، وشريك، ويحيى بن آدم: في أنه يؤخذ منه العشر بعد الخراج إذا حصل بعد الخراج خمسة أوساق، وإن كان أقل من ذلك فلا شيء عليه.

وقال الحسن بن يحيى: إذا كان لرجل غلة تبلغ خمسة أوساق -يعني في أرض خراج- فأخذ منه السلطان الجائر الخراج، فالاحتياط له أن يخرج منها العشر، يعطي أقاربه إن كانوا محتاجين، والمساكين وابن السبيل. انتهى.

المؤيد بالله -عليه السلام- في شرح التجريد [2/ 29]: والخراج لا يسقط العشر بل يجمع بينهما، وهذا منصوص عليه في الأحكام، وهو قول القاسم -عليه السلام- فيما رواه عنه النبروسي.

والذي يدل على صحة ما نذهب إليه من إيجاب العشر في أرض الخراج: قول الله -تعالى-: ﴿وَءَاتُواْ حَقَّهُۥ يَوۡمَ حَصَادِهِۦۖ﴾[الأنعام:141]، وقوله -تعالى-: ﴿أَنفِقُواْ مِن طَيِّبَٰتِ مَا كَسَبۡتُمۡ وَمِمَّآ أَخۡرَجۡنَا لَكُم مِّنَ ٱلۡأَرۡضِۖ﴾[البقرة:267] وقول النبي -صلى الله عليه وآله وسلم-: «فيما سقت السماء العشر»، ولم يستثن في شيء من ذلك أرض الخراج، فاقتضت هذه العمومات إيجاب العشر في أرض الخراج وجوبه في غيرها.

وفيه [2/ 31]: على أنه لو وجب على أن لا يجتمع الخراج والعشر لكان الخراج بأن يسقط العشر أولى من أن يسقط العشر الخراج؛ لأن العشر ثابت بالكتاب والسنة المجمع عليها، وليس كذلك الخراج في القوة، فإذا كان الخراج لا يجب أن يسقط للعشر مع أن طريق إثباته دون طريق إثبات العشر في القوة، فكذلك العشر لا يجب أن يسقط للخراج، وإذا كان هذا هكذا وجب أن يجتمعا. انتهى.

القاضي زيد في الشرح: ولا خلاف أن مال الخراج ومال الصلح فيء، لا صدقة. انتهى.

قلت: في هذا دلالة على كلام القاسم -عليه السلام- المتقدم، فإذا كان كل منهما له اسم يخصه، وجب أن يجتمعا ويؤخذ من الأرض الخراجية العشر والخراج، ما لم يثبت ذلك عن علي -عليه السلام- أو عن النبي -صلى الله عليه وآله وسلم- بطريق هي تثبت وترجح في القوة على الأخرى، ولم يوجد ذلك، فطرق العشر ووجوبه فيما أخرجت الأرض أكثر وأرجح مما روي عن علي -عليه السلام- أنه لا يجتمع خراج وعشر في أرض واحدة، وذكر في البحر رواية عن النبي -صلى الله عليه وآله وسلم- أنه قال: «لا يجتمع خراج وعشر» وضعفها ابن بهران في التخريج.

وفي شرح التجريد للمؤيد بالله -عليه السلام-: ولا خلاف بين المسلمين أن أرض الصلح يؤخذ منها ما وقعت المصالحة عليه بين المسلمين والمشركين، وأن المأخوذ من مال الصلح ومال الخراج يجري مجرى الفيء، ولا يجري مجرى الصدقات. انتهى.

باب القول في الخرص

المؤيد بالله -عليه السلام- في شرح التجريد [2/ 38]: والأصل في الخرص:

[1182]- ما أخبرنا به أبو العباس أحمد بن إبراهيم الحسني -رحمه الله-، قال: أخبرنا عيسى بن محمد العلوي، قال: حدثنا الحسين بن القاسم القلانسي، قال: حدثنا أحمد بن محمد بن جعفر العلوي، عن عمه علي بن الحسين، عن أبي هاشم المحمدي، قال: حدثني أبوك الحسن بن علي بن عمر بن علي بن الحسين، عن أبيه، عن جده، عن علي بن الحسين -عليه السلام-، عن النبي -صلى الله عليه وآله وسلم- أنه أمر أن يخرص أعناب ثقيف كخرص النخل، ثم يؤدى زكاته زبيباً، كما تؤدي زكاة النخل تمراً. انتهى.

هذا سند صحيح، رجاله جميعاً من ثقات محدثي الشيعة، وقد مر الكلام عليهم.

[1183]- **الجامع الكافي** [3/ 83]: قال محمد: روي عن النبي -صلى الله عليه وآله وسلم- أنه أمر الخارص بتليين الخرص لمكان العرية والوصية، فكأنه موضع رخصة أن يأكل منها أهلها ويطعموا ويزكوا ما بقي.

[1184]- وفيه: وروى محمد بإسناده، عن النبي -صلى الله عليه وآله وسلم- أنه قال للخُرّاص: «احتاطوا لأهل الأموال، للعامل، والواطية، والنوائب، وما يجب في الثمرة من الحق».

قال محمد: الواطية الغريب الذي يطأ أرضك.

[1185]- وعن النبي -صلى الله عليه وآله وسلم- أنه بعث عبد الله بن رواحة إلى خيبر فخرص عليهم النخل؛ فخيرهم أن يأخذوا أو يردوا، فقالوا: هذا هو الحق، بهذا قامت السموات والأرض. انتهى.

باب القول في أكل ما سقط من النخل، وفي النهي عن حصاد الليل

[1186]- **الجامع الكافي** [1/ 146]: روى الحسن بن يحيى بإسناده، عن علي -عليه السلام-، أن رسول الله -صلى الله عليه وآله وسلم- سئل عما يحل من ثمار الحوائط بغير إذن أربابها؟ فقال: «سقطتها، غير متناول شيئاً من رؤوسها، ولا آخذاً في جيبه».

قال: بلغني أن بعض الأنصار سد حيطانه فلم يجنِ ما كانت تجني، أُذهبت بركتها، وليس هذا يعرف بالعراق.

قال الحسن -عليه السلام-: كانوا يجدون في ذلك البركة، إنما هذه بركة يجعلها الله فيه بقدر ما ينالها الجائع وابن السبيل والمحتاج، أخبرنا بذلك أبي، عن

ابن العطار، عن أبيه.

قال الحسن أيضاً: فيما قال زيد، عن ابن حاجب، عن ابن وليد، عن الصيدلاني عنه: في الرجل يكون محتاجاً.

قال: يخرج إلى هذه الثمار وغيرها فيأكل في بطنه ولا يحمل شيئاً.

[1187]- وروى محمد بإسناده، عن أبي جعفر محمد بن علي -عليه السلام- قال: كان رسول الله -صلى الله عليه وآله وسلم- إذا بلغت الثمار أمر بالحيطان تثلم مما يلي الطريق لكي يصيب منها الضعيف والمسكين وعابر السبيل.

[1188]- وفيه: وروى محمد بأسانيده، عن أبي ضمرة، وابن عيينة، وحفص بن غياث، عن جعفر، عن أبيه، عن علي بن الحسين -عليهم السلام-، أن رسول الله -صلى الله عليه وآله وسلم- نهى عن جذاذ الليل، وحصاد الليل.

وعن أبي جعفر -عليه السلام- قال: إنما كره الجذاذ والحصاد ليلاً؛ لكي يشهد أهل الحاجة نهاراً، بضغث من السنبل لمن انتاب صاحب الزرع، ويعلق من النخل أقناً، فيأكل منه الفقير، فتلك زكاة النخل والزرع. انتهى.

أبو ضمرة: هو أنس بن عياض.

وابن عيينة: هو سفيان بن عيينة، قد تقدم الكلام عليهما، وعلى حفص بن غياث، وكلهم من ثقات محدثي الشيعة.

المرتضى محمد بن يحيى بن الحسين -عليهم السلام- في كتاب الفقه [مجموع رسائل المرتضى: (1/ 153)]: وسألت عما روي عنه -صلى الله عليه وآله وسلم- أنه نهى عن جذاذ الليل وحصاد الليل.

قال محمد بن يحيى -عليه السلام-: هذا حديث صحيح، وإنما نهى عن ذلك -عليه السلام- بالليل، لأن الليل لا يخرج فيه مسكين ولا ضعيف، فأراد -صلى الله عليه وآله وسلم- أن يجذ بالنهار لينتفع الضعفة والمساكين، ويلقطوا منه، ويعيشوا

فيه، وإنما يكون جذاذ الليل من لؤم النفس وحرجها، وقد عاب الله -عز وجل- القوم الذين تعاقدوا على أن لا يطعموا المساكين حين يقول: ﴿فَانطَلَقُوا وَهُمْ يَتَخَافَتُونَ ﴿٢٣﴾ أَن لَّا يَدْخُلَنَّهَا الْيَوْمَ عَلَيْكُم مِّسْكِينٌ ﴿٢٤﴾﴾[القلم:23-24]. انتهى.

باب القول في زكاة الخضروات

[1189]- **مجموع زيد بن علي -رضي الله عنهما-** [196]: حدثني زيد بن علي، عن أبيه، عن جده، عن علي -عليهم السلام-، قال: (ليس في الخضروات صدقة). انتهى.

[1190]- **أمالي أحمد بن عيسى -رضي الله عنهما-** [**العلوم**:1/ 269]: حدثنا محمد بن جميل، عن عاصم، عن عاصم، عن قيس، عن أبي إسحاق، عن عاصم بن ضمرة، عن علي بن أبي طالب-عليه السلام-، قال: (ليس في الخضروات زكاة؛ الخيار والقثاء والبقل). انتهى.

رجال هذا الإسناد قد مر الكلام عليهم، وهم من ثقات محدثي الشيعة.

وعاصم: هو ابن عامر القاضي، شيخ محمد بن جميل، عن قيس بن الربيع في فضائل العترة الطاهرة الكثير الطيب، وعنه محمد بن جميل، ولاه محمد بن محمد بن زيد القضاء، وكان من أصحابه، فهو من الشيعة الأخيار، ولا يلتفت إلى ما قيل فيه.

[1191]- **الجامع الكافي** [1/ 142]: قال محمد: ولا زكاة في البقول والمقاثي والبطيخ والسماسم والأقطان، وما أشبه ذلك وإن عظم قدره، كان علي -عليه السلام- لا يوجب الصدقة إلا في الحنطة والشعير والتمر والزبيب.

وفيه: قال محمد: ولم يذكر عنه -أي عن علي -عليه السلام- في شيء من الخضر كلها صدقة.

[1192]- وكذلك بلغنا عن معاذ حين بعثه النبي -صلى الله عليه وآله

وسلم- إلى اليمن؛ أنه كان لا يأخذ من الخضر صدقة، وهو في ذلك الوقت حاكم من حكام النبي -صلى الله عليه وآله وسلم-، ووال من ولاته. انتهى.

باب القول في أحكام الأرضين

الهادي -عليه السلام- في الأحكام [1/ 149]: قال يحيى بن الحسين -عليه السلام-:

الأرضون تجري على:

أرض افتتحها المسلمون عنوة فقسموها بينهم، فصارت ميراثاً تجب فيها الأعشار؛ وهي أرض خيبر، افتتحها رسول الله -صلى الله عليه وآله وسلم- فقسم بعضها، فجرى مجرى الميراث، ووجب على أصحابه فيه العشر، وعامل على بعضها بالنصف، فتركها في أيدي الذين كانت لهم أولاً يعملونها، ويؤدون نصف ما يخرج فيها، فما أخذ مما كان كذلك فهو فيّء بين جميع المسلمين، يرد إلى بيت ماالهم.

وأرض افتتحها المسلمون: فهي أرض خراج كائنة مع من كانت؛ مثل سواد الكوفة وغير ذلك من البلاد؛ من مصر وخراسان والشام وغير ذلك من البلاد، فكل ما أخذ من هذا فهو فيّ يرد إلى بيت مال المسلمين.

وأرض صالح عليها أهلها: وهم في منعة فلا يؤخذ منهم إلا ما صولحوا، مثل أهل نجران وغيرهم من البلاد، فهذه أيضاً لبيت مال المسلمين.

وأرض أجلى أهلها عنها، وخلوها من قبل أن يوجف عليهم بخيل ولا ركاب أو يقاتلوا، مثل فدك، فما كان من الأرضين على هذا فإمام المسلمين أولى بها بصرفها حيث شاء ورأى، وجميع ما سمّينا من هذه الأموال تحل لآل رسول الله -صلى الله عليه وآله وسلم-، وهم فيها المقدمون على غيرهم؛ لأن غيرهم ينال من الأعشار وهم لا ينالون، ويجوز لإمام المسلمين أن يصيب معهم من

هذه الأموال، فيأكل ويشرب، ويركب وينكح بالمعروف ويرزق نفسه فيها، كما يرتزق المسلمون.

وأرض أسلم عليها أهلها: فهي أرض عشر، مثل أرض اليمن والحجاز على أهلها فيها العشر، إذا بلغت ثمرتها خمسة أوسق، فما أخذ منها فهو صدقة يخرج حيث سمى الله من قوله: ﴿إِنَّمَا ٱلصَّدَقَٰتُ لِلۡفُقَرَآءِ وَٱلۡمَسَٰكِينِ وَٱلۡعَٰمِلِينَ عَلَيۡهَا وَٱلۡمُؤَلَّفَةِ قُلُوبُهُمۡ وَفِي ٱلرِّقَابِ وَٱلۡغَٰرِمِينَ وَفِي سَبِيلِ ٱللَّهِ وَٱبۡنِ ٱلسَّبِيلِۖ فَرِيضَةٗ مِّنَ ٱللَّهِۗ وَٱللَّهُ عَلِيمٌ حَكِيمٞ ٦٠﴾[التوبة:60].

وأرض أحياها رجل مسلم: فهي له ولورثته من بعده، ويؤخذ منه فيها العشر.

[1193]- وكذلك بلغنا عن رسول الله -صلى الله عليه وآله وسلم- أنه قال: «من أحيا أرضاً فهي له».

قال يحيى بن الحسين -عليه السلام-: يريد -صلى الله عليه وآله وسلم- بقوله: «هي له» الأرض التي لم يملكها أحد من قبله، ولم يزرعها أحد سواه، وليس لأحد فيها أثر ولا دعوى.

قال: ومن تحجّر محجراً فضرب عليه أعلاماً يستحقه بها ويعرفه ثم لم يعمره ولم يعاينه ثلاث سنين، فقد جاءت فيه أقاويل بأنه إذا عطّلها ثلاث سنين وأحياها غيره فهي لمن أحياها. انتهى.

الجامع الكافي [1/ 146]: قال الحسن -عليه السلام-: فيما روى ابن صباح عنه وهو قول محمد: وأرض الحجاز أرض عشر، يؤخذ منها العشر، وكل أرض فتحت عنوة فصالحوا على العشر ففيها العشر.

قال محمد: وأرض الري والجبال والجزيرة والمغرب فتحت عنوة فصالح أهلها على خراج معلوم.

وقال محمد: أرض العشر: كل أرض أسلم عليها أهلها؛ من أهل الحرب ومن غيرهم، فهي أرض عشر، ولذلك صارت أرض العرب مثل الحجاز وتهامة واليمن أرض عشر -يعني ومن ذلك ما كان في البرية، يعني برية الكوفة- من أجل أن أهلها أسلموا عليها.

وفي كتاب السيرة الصغيرة: وكل أرض أجلي عنها أهلها وتركوها فهي أرض عشر، وحكمها إلى الإمام يصنع فيها ما يشاء، مثل قريظة والنضير كان حكمها إلى رسول الله -صلى الله عليه وآله وسلم- يصنع فيها ما يشاء، وكل أرض غلب عليها المسلمون فقسمها الإمام بين الجند الذين غلبوا عليها؛ كما صنع رسول الله -صلى الله عليه وآله وسلم- بخيبر، فهي أرض عشر، وهي ملك لهم، وإن لم يقسمها بينهم وتركها فهي أرض خراج، وكل ذلك إلى الإمام يفعل في ذلك ما هو أصلح للمسلمين وأرفق، وقد قسم رسول الله -صلى الله عليه وآله وسلم- وترك، هذا آخر قوله في السيرة الصغيرة، ومن أحيا مواتاً يعني بعين أو بير أو غير ذلك، ولم يكن بيد مالك قبله فهي أرض عشر، ولورثته من بعده، وكذلك روي عن رسول الله -صلى الله عليه وآله وسلم- أنه قال: «من أحيا أرضاً ميتة لم تكن في يد أحد قبله فهي له». انتهى.

الأمير الحسين -عليه السلام- في الشفاء [1 / 545]: أما الأرضون فهي أنواع:

أرض افتتحها الإمام بالمسلمين: فعندنا أنه مخير إن شاء قسمها بين الغانمين قسمة الغنائم، وعليه إجماع علماء الإسلام، كما فعل النبي -صلى الله عليه وآله وسلم- في بعض خيبر؛ فإنه قسمها بين المهاجرين والأنصار على ثمانية عشر سهماً، لكل مائة سهم، لأنهم كانوا ثماني عشرة مائة، إلى أن قال:

وإن شاء جعلها في أيدي أهلها على خراج يؤدونه من دراهم معلومة أو دنانير معلومة، أو حب مكيل معلوم، كما فعله النبي -صلى الله عليه وآله وسلم- في بعض أرض خيبر، إلى أن قال -أعني الأمير الحسين -عليه السلام-:

وأرض أحياها رجل مسلم: فهي له ولورثته من بعده وعليهم فيها العشر.

قال القاضي زيد: وهذا مما لا خلاف فيه؛ ووجهه قول النبي -صلى الله عليه وآله وسلم-: «من أحيا أرضاً مواتاً فهي له ولورثته من بعده، وليس لعرق ظالم حق».

إلى أن قال -أعني الأمير -عليه السلام-:

وأرض أجلى عنها أهلها الكافرون قبل أن يوجف عليهم بخيل أو ركاب أو يقاتلوا، مثل فدك، فهذه لإمام المسلمين ينفق منها على نفسه وأسبابه، ويضع منها ما يرتفع -أي تحصل معه الكفاية- حيث شاء، كما قد كانت لرسول الله -صلى الله عليه وآله وسلم-. انتهى.

القاضي زيد في الشرح: ولا خلاف في أن الأرض المغنومة إذا قسمت بين الغانمين أنها تصير ملكاً لهم ويلزمهم فيها العشر أو نصف العشر، وإنما الخلاف من وجه آخر: وهو أن الإمام إذا فتح بلدة من بلاد الكفر بالغلبة ثم أراد تقريرها في أيدي أهلها على خراج يؤدونه أو مقاسمة فيها، هل له ذلك من غير إذن الغانمين أم لا؟.

وفيه: وأرض أسلم عليها أهلها طوعاً فهي لهم ويلزمهم فيها العشر، كأرض الحجاز واليمن، وهذا لا خلاف فيه، والإجماع آكد الدلائل.

وفيه: وأرض أحياها رجل مسلم فهي له ولورثته من بعده، ويلزمهم فيها العشر، ولا خلاف فيه أيضاً، وذلك لقول -صلى الله عليه وآله وسلم- «من أحيا أرضاً فهي له ولورثته من بعده، وليس لعرق ظالم حق».

وفيه: قال أبو العباس: وإنما يلزم العشر إذا لم يكن سقيها من ماء الخراج، بأن يكون أحياها باستنباط عين منها نفسها، أو بيئر، أو قناة، أو سقاها بماء السماء، فيلزم فيها العشر بالإجماع.

وفيه: وأرض صولح عليها أهلها وهم في منعة فيؤخذ منهم لبيت المال ما صولحوا عليه، كأهل نجران، ولا خلاف في جواز المصالحة مع المشركين على

مال، وأنه يؤخذ منهم ما وقعت المصالحة عليه، كما فعل النبي -صلى الله عليه وآله وسلم- مع أهل نجران.

وفيه: ولا خلاف بأن مال الخراج ومال الصلح فيّ لا صدقة.

وفيه: ولا خلاف أن من تحجر أرضاً وأراد عمارتها فإنه أولى بها من غيره.

وفيه: قال محمد بن عبد الله -رضي الله عنهما- في سيرته: يؤخذ خراج الأرض والجزية في كل سنة مرة، ولا خلاف فيه.

وفيه: وحكى علي بن العباس إجماع أهل البيت -عليهم السلام- على أن الخراج لا يصح إلا إذا زرعت خيفة أن تضرب بآفة، فوجب رد المأخوذ منه.

وفيه: ولا خلاف أن للإمام أن يدفع الأرض التي أحياها المسلم إلى مسلم آخر إذا عطلها الأول احتياطاً -يعني نظراً لمصلحة الفقر،تمت-. انتهى.

المؤيد بالله -عليه السلام- في شرح التجريد [2/ 117]: اعلم أن أحكامها تختلف:

فمنها أرض افتتحها المسلمون عنوة واقتسموها بينهم: فهي لهم ملك ولا يلزمهم فيها إلا العشر.

وأرض أسلم عليها أهلها طوعاً: فليس عليهم فيها إلا العشر.

وأرض أحياها رجل مسلم فهي له ولا يلزمه فيها أيضاً إلا العشر، وهذا منصوص عليه في الأحكام، والأصل فيها: أن الأرضين التي سبيلها ما ذكرنا صارت ملكاً للمسلمين من غير أن تعلق بها حق لأحد، فلا يلزمهم فيها إلا العشر أو نصف العشر، لقوله -صلى الله عليه وآله وسلم-: «فيما سقت السماء العشر، وما سقت الدوالي نصف العشر»، على أن هذه الجملة لا خلاف فيها بين المسلمين، وإنما الخلاف في أرض الفتوح؛ أنها تكون ملكاً للغانمين بنفس الغلبة، أو بأن يقسمها الإمام فيما بينهم إذا رأى ذلك صلاحاً. انتهى.

باب القول في مقدار ما يؤخذ من أرض الخراج

[1194]- **مجموع زيد بن علي -رضي الله عنهما-** [197]: حدثني زيد بن علي، عن أبيه، عن جده، عن علي -عليهم السلام-، أنه كان يجعل على أرض الخراج على كل جريب من زرع البر الغليظ درهمين وثلثي درهم، وصاعاً من حنطة.

وعلى كل جريب البر الوسط درهمين.

وعلى كل جريب البر الرقيق درهماً.

وعلى كل جريب من النخل والشجر عشرة دراهم.

وعلى كل جريب القصب والكرم عشرة دراهم.

وعلى المياسير من أهل الذمة ثمانية وأربعين درهماً.

وعلى الأوساط أربعة وعشرين درهماً.

وعلى الفقراء اثني عشر درهماً. انتهى.

الهادي -صلوات الله عليه- في الأحكام [2/ 509]: فأما أرض السواد: فقد روي عن أمير المؤمنين علي بن أبي طالب -عليه السلام- أنه لما ولي بعث رجلاً من الأنصار على أربعة رساتيق من رساتيق المدائن، وعلى البهقباذات[22]، ونهر شير، ونهر الملك، ونهر جوير، وأمره أن يضع على كل جريب زرع غليظ درهماً ونصفاً.

---

(22) قال ياقوت الحموي 1/ 516: بِهْقُباذ - بالكسر ثم السكون وضم القاف وباء موحدة والف وذال معجمة-: اسم لثلاث كور ببغداد من أموال سقي الفرات منسوبة إلى قباد ابن فيروز والد أنو شروان بن قباد العادل، منها:

بهقباذ الأعلى سقيه من الفرات وهو ستة طساسيج: طسوج خطرنية، وطسوج النهرين، وطسوج عين التمر، والفلوجتان العليا والسفلى، وطسوج بابل.

والبهقباذ الأوسط: وهي أربعة طساسيج: طسوج سوراً، وطسوج باورسماً، والجبة، والبداة وطسوج نهر الملك.

والبهقباذ الأسفل خمسة طساسيج: الكوفة، وفرات بادقلي، والسيلحين، وطسوج الحيرة، وطسوج نستر، وطسوج هرمزجرد.

وعلى كل جريب زرع وسط درهماً.

وعلى كل جريب زرع رقيق ثلثي درهم.

وأمره أن يضع على كل جريب من النخل عشرة دراهم

وعلى كل جريب الرطبة وهو القصب عشرة دراهم.

وعلى كل جريب الكرم وجريب البساتين التي تجمع النخل والشجر على كل جريب عشرة دراهم.

وأمره أن يلقي كل نخل شاذ عن القرى لمارة الطريق.

وأمره أن يضع على الدهاقين الذين يركبون البراذين ويتختمون بالذهب على كل رجل منهم ثمانية وأربعين درهماً.

وأمره أن يضع على أوساطهم التجار منهم أربعة وعشرين درهماً.

وعلى سفلتهم وفقرائهم اثني عشر درهماً، ففعل ذلك وجبي من تلك الأربعة رساتيق: ثمانية عشر ألف ألف درهم وستين ألفاً ونيفاً. انتهى.

الأمير الحسين -عليه السلام- في الشفاء [1/ 547]: وروى الهادي إلى الحق -عليه السلام-، عن أمير المؤمنين علي -عليه السلام- أنه أمر عامله أن يضع على كل جريب زرع غليظ درهماً ونصفاً.

وعلى كل جريب زرع رقيق ثلثي درهم.

وأمره أن يضع على كل جريب من النخل عشرة دراهم.

وعلى كل جريب من القصب عشرة دراهم.

وعلى كل جريب بستان الذي يجمع النخل والشجر عشرة دراهم.

وأمره أن يلقي كل نخل شاذ عن القرى لمارة الطريق. انتهى.

باب القول في زكاة أموال التجارة

المؤيد بالله -عليه السلام- في شرح التجريد[2/ 135]: كل مال للتجارة إذا بلغت قيمته النصاب، وحال عليه الحول، وجب فيه ربع عشر قيمته؛ ثياباً كانت الأموال، أو ماشية، أو مأكولاً، أو غير ذلك، وهذه الجملة منصوص عليها في الأحكام والمنتخب، وهو قول عامة الفقهاء، وحكي الخلاف فيه عن مالك، وصاحب الظاهر.

والأصل في ذلك: قول الله -تعالى-: ﴿خُذۡ مِنۡ أَمۡوَٰلِهِمۡ صَدَقَةً﴾، وقوله -تعالى-: ﴿ يَٰٓأَيُّهَا ٱلَّذِينَ ءَامَنُوٓاْ أَنفِقُواْ مِن طَيِّبَٰتِ مَا كَسَبۡتُمۡ وَمِمَّآ أَخۡرَجۡنَا لَكُم مِّنَ ٱلۡأَرۡضِۖ﴾[البقرة:267]، فاقتضى ذلك إخراج الزكاة من جميع الأموال سواء كانت للتجارة أو غيرها إلا ما خصه الدليل.

[1195]- وروى زيد بن علي يرفعه إلى علي -عليه السلام- قال: (عفى رسول الله -صلى الله عليه وآله وسلم- عن الإبل العوامل تكون في المصر، وعن الغنم تكون في المصر، وعن الدور والرقيق والخيل، وكذا وكذا ما لم يرد به تجارة، حتى عد الياقوت والزمرد والكسوة وغير ذلك). انتهى.

الجامع الكافي[1/ 101]: قال الحسن -عليه السلام- ومحمد: الزكاة واجبة في أموال التجارة.

وقال الحسن -عليه السلام-، في رواية ابن صباح عنه-، وهو قول محمد: وإذا اشترى رجل عروضاً للتجارة براً أو رقيقاً أو خيلاً أو حمير أو دوراً أو غير ذلك بمائتي درهم أو أكثر ولا مال له غيره فحال عليه الحول وقيمته مائتا درهم فصاعداً فليزكه على قدر قيمته عند الحول، وإن كانت قيمته عند الحول أقل من مائتي درهم فلا زكاة فيه. انتهى.

الإمام المهدي -عليه السلام- في البحر [3/ 155]: مسألة: العترة وأكثر

الفقهاء وتصير للتجارة بنيته لها عند ابتداء ملكه بالاختيار، فلا تغني النية وحدها، كالسوم، وكالسفر لا تكفي نيته في القصر. انتهى.

الأمير الحسين -عليه السلام- **في الشفاء** [1/ 553]: وأما العبيد الذين يمسكون للخدمة والتصرف في التجارة، وكذلك الدور والحوانيت التي تكون مساكن أو متاجر، وكذلك الخيل والبغال والحمير إذا كانت للركوب فقط، فلا زكاة فيها.

قال القاضي زيد: وهو مما لا خلاف فيه.

وكذلك إذا اجتمع عنده من ألبان أنعامه وسمنها ووبرها ما يبلغ قيمته نصاب، ولم يبغه للتجارة فلا زكاة عليه في شيء من ذلك.

قال القاضي زيد: وهو مما لا خلاف فيه. انتهى.

القاضي زيد بن محمد في الشرح: ولا خلاف أن الحمير إذا كانت لمجرد النتاج فلا زكاة فيها.

وفيه: والعبيد الذين يمسكون للخدمة والتصرف في التجارة لا زكاة عليه في قيمتهم، وكذلك الدور والحوانيت التي هي مساكن أو متاجر، وكذلك الخيل والبغال والحمير التي تكون للركوب لا زكاة في شيء منها، نص على بعضه في الأحكام، وعلى بعضه في المنتخب، وهو مجمع عليه.

والأصل في ذلك: خبر زيد بن علي -عليه السلام-: (عفا إلى آخره، ونحوه.

وفيه: ولو أن رجلاً اجتمع عنده في وبر أنعامه وأصواف أغنامه وألبانها ما قيمته يبلغ قيمة النصاب لم تجب عليه الزكاة، ولا خلاف أن هذه الأشياء لا زكاة فيها على من يتملكها لمجرد الملك والقنية.

وفيه: قال القاسم -عليه السلام-: لا يزكي عن مال المضاربة إلا بأمر رب المال، فإن أخرجها من غير أمره كان ضامناً، وهذا مما لا خلاف فيه. انتهى.

المؤيد بالله -عليه السلام- في شرح التجريد [2/ 137]: أيما رجل اتخذ دوراً أو حوانيت يسكنها ويتجر فيها فليس عليه في قيمة شيء منها زكاة، وكذلك إن اتخذ عبيداً يستخدمهم في التجارة أو غيرها، أو ماشية يركبها أو يحمل عليها أموال تجارته أو غيرها، فلا زكاة في قيمة شيء منها، قد نص الهادي في الأحكام على أن لا زكاة في الدور والخدم ما لم تكن التجارة، ونص في المنتخب على أن لا زكاة فيما يستعمل في التجارة من العبيد والحوانيت وغير ذلك إذا لم تكن هي أنفسها للتجارة.

واستدل بما رواه زيد بن علي -عليه السلام-، عن أبيه، عن جده، عن علي -عليهم السلام-، قال: (عفا رسول الله -صلى الله عليه وآله وسلم- عن الإبل العوامل تكون في المصر، وعن الغنم تكون في المصر، وعن الدور والرقيق والخيل والخدم والبراذين والكسوة والياقوت والزمرد ما لم يرد به تجارة).

ويدل على ذلك: ما روي عن النبي -صلى الله عليه وآله وسلم-: «ليس على المسلم في عبده وفرسه صدقة»، على أن المسألة لا خلاف فيها، بل معلوم من دين المسلمين أنهم لم يقوموا كسوتهم ودورهم للتزكية. انتهى.

وفيه: فإن اتخذوا الدور والحوانيت، وكذلك العبيد والماشية ليستغلها أو ليتجر بها نفسها لزمة الزكاة في قيمتها، وهذا منصوص عليه في المنتخب.

أما ما كان للتجارة منها: فقد مضى الكلام فيه.

وأما ما كان للاستغلال: فالأصل فيه: قول الله -تعالى-: ﴿خُذْ مِنْ أَمْوَالِهِمْ صَدَقَةً تُطَهِّرُهُمْ وَتُزَكِّيهِم بِهَا﴾[التوبة:103] وهذا عام في جميع الأموال إلا ما خص الدليل منها، وقد علمنا أن المستغلات من جملة الأموال؛ فوجب أن تلزم الزكاة فيها بظاهر الآية، إلى أن قال -أعني المؤيد بالله -عليه السلام-، ما لفظه:

فإن ادعي في المسألة خلاف الإجماع.

قيل لهم: أكثر ما فيها أنه لا يحفظ عن الفقهاء مثل قولنا؛ إذ ليس بمحفوظ عنهم التخصيص على خلاف قولنا، ومثل هذا لا يمكن أن يدعي فيه خلاف الإجماع على أن يحيى بن الحسين -عليه السلام- لم يكن ممن يدعي مخالفة الإجماع، فيجوز أن يكون وقع إليه في ذلك من الرواية ما لم يقع إلينا. انتهى.

باب القول في زكاة الحلي

الجامع الكافي [3/ 23]: قال القاسم -عليه السلام-: قد اختلف في زكاة الحلي والمنطقة والسيف المحلى وأشباهه:

فقال أبو حنيفة وغيره من أهل العراق: يزكيه، ورووا أحاديث.

وقال غيرهم من أهل المدينة مالك وأصحابه: لا زكاة فيه.

وأحب إلينا أن يزكى؛ لأنه مال، وقد أُمر رسول الله -صلى الله عليه وآله وسلم- فيقل له: ﴿خُذْ مِنْ أَمْوَٰلِهِمْ صَدَقَةً تُطَهِّرُهُمْ وَتُزَكِّيهِم بِهَا﴾[التوبة:103]. انتهى.

[1196]- **أمالي أحمد بن عيسى -رضي الله عنهما- [العلوم:1/ 267]**: عثمان بن أبي شيبة، عن جرير، عن مغيرة، عن إبراهيم، قال: جاءت امرأة عبد الله إلى النبي -صلى الله عليه وآله وسلم- فقالت: إن لي حلياً، وإن عبد الله خفيف ذات اليد، وإن في حجري بني أخ لي كَلّاً؛ فيجزيني أن أجعل زكاة حليي فيهم؟. قال: «نعم».

حدثنا محمد بن راشد، عن إسماعيل بن أبان، عن غياث، عن جعفر، عن أبيه، قال: إذا أراد الرجل أن يزكي ماله وله سيف أو مصحف أو خاتم، قال: يجمعه ثم يزكه كله. انتهى.

هذا الإسناد، والذي قبله رجالهما من ثقات محدثي الشيعة.

وجرير هو ابن عبد الحميد، ومغيرة: هو ابن مقسم الضبي، وإبراهيم: هو ابن يزيد النخعي، وإسماعيل هو ابن أبان الوراق، وغياث: هو ابن إبراهيم الكوفي، وجميعهم قد مر الكلام عليهم.

المؤيد بالله -عليه السلام- في شرح التجريد [2/21]: والزكاة واجبة في الحلي والمراكب وأواني الذهب والفضة، وهذا منصوص عليه في الأحكام والمنتخب، وهو مذهب زيد بن علي -عليه السلام-، وروي أيضاً عن الناصر، وروي عنه أنه لا زكاة في الحلي، إلى أن قال -يعني المؤيد بالله -عليه السلام-:

والدليل على ذلك: قول الله -تعالى-: ﴿خُذْ مِنْ أَمْوَالِهِمْ صَدَقَةً﴾[التوبة:103] وهذا عام في جميع الأموال، فوجب أن يكون الحلي داخلاً فيها. انتهى.

باب القول في زكاة أموال العبد والمدبر وأم الولد والمكاتب على من تلزم

المؤيد بالله -عليه السلام- في شرح التجريد [2/32]: وأموال العبد زكاتها على مولاه، يخرجها مما في يده أو من غير ذلك، وكذلك مال المدبر وأم الولد، وهذا منصوص عليه في الأحكام.

والوجه فيه: ما ثبت من أن المملوك لا يملك شيئاً، وأن ماله يكون لسيده، فوجب أن يكون سبيل ما في يده سبيل ما في يد الوكيل؛ في أن زكاته تجب على مالكه إن شاء أخرجها منه أو من غيره، وحكم المدبر وأم الولد حكم العبد لبقاء الملك عليها، ولأنهما لا يملكان. انتهى.

وفيه [2/32]: قال المؤيد بالله -عليه السلام-: وأما المكاتب فماله موقوف إلى أن يعتق أو يرجع في الرق؛ فإن عتق لزمته الزكاة لما مضى من السنين، وإن عاد في الرق لزم مولاه، وهذا منصوص عليه في الأحكام.

والدليل على ذلك: قوله الله -تعالى-: ﴿وَٱلَّذِينَ يَكۡنِزُونَ ٱلذَّهَبَ وَٱلۡفِضَّةَ وَلَا يُنفِقُونَهَا فِي سَبِيلِ ٱللَّهِ فَبَشِّرۡهُم بِعَذَابٍ أَلِيمٍ ٣٤﴾ [التوبة:34]، وقوله -تعالى-: ﴿خُذۡ مِنۡ أَمۡوَٰلِهِمۡ صَدَقَةً﴾[التوبة:103] وقوله: ﴿أَنفِقُواْ مِن طَيِّبَٰتِ مَا كَسَبۡتُمۡ﴾[البقرة:267].

[1197]- وقول النبي -صلى الله عليه وآله وسلم-: «في الرقة ربع العشر، وفي أربعين شاةً شاةٌ، وفي خمس من الإبل شاة»، فكل ذلك يوجب الزكاة في الأموال سواء كانت للمكاتب أو غيره. انتهى.

باب القول في تعجيل الزكاة

[1198]- **الهادي -عليه السلام- في الأحكام** [1/ 164]: قال يحيى بن الحسين -صلوات الله عليه-: ثم يقال لمن قال إنهم مؤتمنون عليها، وأنهم يخرجونها دون الإمام؛ ما حجتك في ذلك؟ أوجدنا بذلك حجة من كتاب الله المبين، أو أثراً مجمعاً عليه لا اختلاف فيه عن رسول الله رب العالمين، أو حجة في ذلك من المعقول يرضى بها ويفهمها ذوو العقول، كما أوجدناك في قبض ذلك منهم آية محكمة من الكتاب، وهي قول الله -تعالى-: ﴿خُذۡ مِنۡ أَمۡوَٰلِهِمۡ صَدَقَةً﴾، وكما أوجدناك من أثر رسول الله -صلى الله عليه وآله وسلم- في قبض ذلك وأخذه من أقرب الناس به العباس عمه.

وقد نروي وتروون أن رسول الله -صلى الله عليه وآله وسلم- تعجل من العباس زكاة ماله قبل وقت وجوب الزكاة عليه. انتهى.

[1199]- **الجامع الكافي** [3/ 142]: قال محمد في المسائل: ولا يضر إن تعجل الزكاة قبل محلها، قد تعجل رسول الله -صلى الله عليه وآله وسلم- من العباس زكاة عام لعام مقبل.

قال: ومن لم ير تعجيلها، قال ذلك للنبي -صلى الله عليه وآله وسلم- خاصاً،

ومن ير تعجليها قال: فعله النبي -صلى الله عليه وآله وسلم- ولم ينه عنه، وبهذا قال أبو حنفية وأصحابه. انتهى.

المؤيد بالله -عليه السلام- في شرح التجريد [2/ 159]: وتعجيل الزكاة جائزة.

نبه قول يحيى بن الحسين -عليه السلام- في الأحكام [بقوله]: إن ذلك مروي عن رسول الله -صلى الله عليه وآله وسلم- في العباس، وذكر أبو العباس -رضي الله عنه- في النصوص: أن القاسم -عليه السلام- قال في مسائل علي بن العباس الحسني: لا بأس بتعجيل الزكاة.

قال أبو العباس: تجويزه تقديمها قبل الحول إيجابه إياها موسعاً، وتجويز تعجليها مذهب أكثر الفقهاء، ويخالف فيه مالك. انتهى.

باب القول في السلطان الجائر إذا أخذ الزكاة

أمالي أحمد بن عيسى -رضي الله عنهما- [العلوم:1/ 201]: حدثنا محمد، قال: سألت أحمد بن عيسى عن رجل له مال مما يجب فيه الصدقة؛ قلت: رجل له إبل أو بقر أو غنم أمكنه أن لا يعطي هذا السلطان شيئاً.

قال: فلا يعطه، قلت: فإن أخذوا منه، فرأى أنه يجزيه. قلت: فإن أمكنه أن لا يعطيهم شيئاً فيمن يصرفه؟، قال حيث سمى الله: ﴿ ۞ إِنَّمَا ٱلصَّدَقَٰتُ لِلۡفُقَرَآءِ وَٱلۡمَسَٰكِينِ ﴾[التوبة:60] وذكر الآية أو بعضها، قال: في أي صنف من هؤلاء وضعه أجزأه إذا لم يكن يجد -يعني إلا صنفا واحداً-.

قال محمد: وسألته من يعطي؟، قال: من أهل العفاف، من أهل الموافقة، قال: وإن أعطاها غيرهم أجزأه.

قال أبو جعفر: أراه ذهب إلى أن الإمام إذا أعطى عم.

قال محمد: سألت أحمد بن عيسى، عن الحروث والزروع مثل ذلك أيضاً إذا أمكنه أن لا يدفع إليهم فرأى أن يخرجه أيضاً في الفقراء والمساكين.

قلت: وإن كان الذي في يده الزرع محتاجاً غارماً عليه دين لم ينفقه في سرف يجوز له أن يصرفه في دينه.

قال: نعم، وأحب مع ذلك أن ينيل غيره.

قلت: يخرج من ذلك ما لو كان إمام عدل أخذه منه.

قال: نعم.

قلت: ولا يلتفت إلى ما يأخذه هؤلاء.

قال: لا.

قلت: وكذلك الجواب في جزية اليهود والنصارى تكون للرجل في ضيعته يمكنه أن لا يعطيهم.

فرأى أحمد أنه يصرفها في مثل ذلك.

قال محمد: قلت لأحمد، وإن كان له قرابة محاويج يعطيهم أيضاً منه.

قال: نعم. انتهى.

المؤيد بالله -عليه السلام- في شرح التجريد [2/ 28]: وما يأخذ السلطان الجائر لا يسقط الزكاة الواجبة، وهذا منصوص عليه في الأحكام، إذا أخذ السلطان الجائر زكاة رجل نظر فيه؛ فإن أعطاه طوعاً ليفرقها في أهلها، وعلم أنه يضعها فيهم، أجزت؛ لأن المتغلب إذ ذاك يجري مجرى الوكيل، ولا خلاف أن وكيل رب المال إذا فرق الزكاة أجزت عنه، وقد نص على ذلك يحيى بن الحسين في زكاة الفطر حيث يقول: فإن لم يجد المخرِجُ لها مستحقاً في بلده وعرفه في غير بلده وجه بها إليه، ومن يوجه ربُّ المال يكون وكيلاً، ولم يشترط فيه أن يكون براً

أو فاجراً، فلذلك قلنا: إن المتغلب الجائر إذا أخذ الزكاة بإذن ربها ووضعها موضعها أجزت عنده.

فأما إذا أخذها بإذن أهلها ولم يضعها في مستحقها، أو أخذها كرهاً من أصحابه لم يجز عن رب المال؛ لأن الإجزاء حينئذ يتعلق بالولاية، والله تعالى لم يجعل للظالم هذه الولاية؛ بدلالة قوله -تعالى- لإبراهيم -عليه السلام-: ﴿قَالَ إِنِّي جَاعِلُكَ لِلنَّاسِ إِمَامًا قَالَ وَمِن ذُرِّيَّتِي قَالَ لَا يَنَالُ عَهْدِي الظَّالِمِينَ ﴿١٢٤﴾﴾[البقرة:124]. انتهى.

وقال الإمام نجم آل الرسول، القاسم بن إبراهيم -صلوات الله عليه-، في جوابه على مسائل ولده الإمام محمد بن القاسم -صلوات الله عليه-، ما لفظه [2/ 633]:

وأما العشر فما أخرجت الأرض على من ملك من مسلم فلازم، وترك ذلك والتقصير فيه على صاحبه محرم، وما أخذ من ذلك من لا يستأهل الأخذ فهو واجب العشر على صاحبه، فيما بقي في يديه، ولا يزكى ما أخذ السلطان.

وقد قال بعض القائلين: عليه العشر في الجميع.

وكيف يجب العشر فيما لم يملك، وما قد اغتصب عليه وأخذ من يديه، وإنما جعل الله العشر فيما يملكون. انتهى.

القاضي زيد في الشرح: وإذا أخذ السلطان الجائر الزكاة برضى رب المال وعلم أنه وضعها في مستحقها أجزت، وإن علم أن لم يضعها فيهم لم تجزه، على موجب قول يحيى -عليه السلام-؛ لأنه قال -فيمن لا يجد في بلده من يستحق زكاة الفطر-: وجه بها إلى حيث يجده؛ ولم يشترط في الوكيل الذي يوجهه معها أن يكون في نفسه براً أو فاجراً، إذا علم أنه وضعها في مستحقها، وكذا الجائر إذا لم يكرهه وأخذها باختياره، ووضعها في مستحقها، جرى مجراه، ذكره الأخوان، ولا خلاف فيه. انتهى.

باب القول فيمن أخرج زكاة آخر بغير إذن وهل تزكى أموال الربا، وفيمن أمهر امرأة إبلاً لا بأعيانها ثم وفاها سائمة بعد الحول، على من تكون الزكاة؟

القاضي زيد في الشرح: وإذا كان لرجل مال عند رجل فأخرج من عنده المال زكاته بغير أمره لم تجزه عن الزكاة، وكان ضامناً لما أخرجه، نص عليه القاسم -عليه السلام-، وإليه ذهب المؤيد بالله، ولا يعرف فيه خلاف.

وفيه: قال أحمد بن يحيى -رضي الله عنهما-: من جمع مالاً من جهة الربا لا زكاة عليه فيه، إلا في أصل المال الذي ملكه، فأما ما حصل من جهة الربا فإنه يرد إلى من أخذه منه، فإن لم يعرف من أخذه منه فهو لبيت المال، ذكره في المفرد، وهو مما لا خلاف فيه.

وفيه: قال أبو العباس في الشرح: فإن تزوج امرأة على إبل لا بأعيانها ثم وفاها سائمة بعد الحول، فزكاتها عليه لا عليها، وهو مما لا خلاف فيه.

وذلك: أن الزكاة لا تجب في المواشي إلا إذا كانت سائمة، وما يكون في الذمة لا تكون سائمة، لأن السائم اسم للأعيان التي ترعى في البراري والصحاري دون التي في الذمة. انتهى.

باب القول في ضم الذهب إلى الفضة والعكس

المؤيد بالله -عليه السلام- **في شرح التجريد** [2/50]: ومن كان عنده ذهب قاصر عن النصاب أو فضة مثله متى ضم أحدهما إلى صاحبه تم النصاب؛ وجب أن يضم ضماً يحصل معه النصاب، ويخرج عنه الزكاة، وكذلك القول في الحلي الذي يكون بعضه ذهباً وبعضه فضة.

القول بوجوب الضم: منصوص عليه في الأحكام والمنتخب.

وتفصيل الضم وتفسيره منصوص على الأحكام.

والقول بالضم هو قول زيد بن علي، والقاسم بن إبراهيم، والناصر -رضي الله عنهما-.

والحجة فيه: قول الله -تعالى-: ﴿ ۞ وَٱلَّذِينَ يَكۡنِزُونَ ٱلذَّهَبَ وَٱلۡفِضَّةَ وَلَا يُنفِقُونَهَا فِي سَبِيلِ ٱللَّهِ فَبَشِّرۡهُم بِعَذَابٍ أَلِيمٖ ٣٤ ﴾ [التوبة:34].

[1200]- وقال -صلى الله عليه وآله وسلم-: «كل مال أديت زكاته فليس بكنز».

فلما توعد الله سبحانه وتعالى الذين يكنزون، وبين -صلى الله عليه وآله وسلم- أن التزكية هي التي تخرج المال من أن يكون كنزاً؛ دل مجموع ذلك على أن تزكيتهما في حال الاجتماع واجب، إذا الواو في قوله الذهب والفضة للجمع، ويدل عليه عموم قوله -تعالى-: ﴿خُذۡ مِنۡ أَمۡوَٰلِهِمۡ صَدَقَةٗ﴾[التوبة:103]، وقوله ﴿أَنفِقُواْ مِن طَيِّبَٰتِ مَا كَسَبۡتُمۡ﴾[البقرة:267]. انتهى.

وفيه: يبين ذلك أنه لا خلاف أنه لو كان مع الرجل مال للتجارة وجب أن يضمه إلى الذهب والفضة، ويكمل به النصاب.

وأيضاً: لا خلاف في أن أموال التجارة يضم بعضها إلى بعض، وإن كانت أجناسها مختلفة، فنقيس عليها الذهب والفضة بعلتين:

أحدهما: أن المأخوذ منها في جميع الأحوال ربع العشر، فكل مال يكون المأخوذ منه في جميع الأحوال ربع العشر يجب أن يضم منها الأجناس المختلفة بعضها إلى بعض.

وشرطنا في العلة جميع الأحوال؛ لأن الغنم يؤخذ منه في الأول ربع العشر، إلا أن ذلك يتغير إذا كثر الغنم.

والعلة الثانية: أنه مال يبتغي النماء به على سبيل الاستفاضة، فوجب أن

يكون مثل أموال التجارة في الضم.

الجامع الكافي: قال أحمد والقاسم والحسن ومحمد [3/ 68]: فيمن أخرجت أرضه أنواعاً من الطعام؛ مثل حنطة وشعير وتمر وزبيب، وكل نوع منها لا يبلغ خمسة أوساق: أنه لا زكاة في شيء من ذلك، ولا يضم بعض ذلك إلى بعض.

قال القاسم: وليس ذلك عندنا كالذهب والفضة، وبين ذلك فرق. انتهى.

باب القول فيما يؤخذ من أهل الذمة وبني تغلب

قد مرت رواية المجموع وأحكام الهادي -عليه السلام- عن علي -عليه السلام- تفصيل ما يؤخذ من أهل الذمة في باب القول في مقدار ما يؤخذ على أرض الخراج.

القاضي زيد في الشرح: ما يؤخذ من أهل الذمة سوى بني تغلب ينقسم:

فمنه: ما يؤخذ من رؤوسهم، ومنه: ما يؤخذ من أموالهم، نص عليه في الجامعين.

ولا خلاف في إيجاب الجزية على هؤلاء على الجملة.

والأصل فيه: قوله -تعالى-: ﴿حَتَّىٰ يُعْطُواْ ٱلْجِزْيَةَ﴾[التوبة:29].

وفيه: وتؤخذ الجزية ممن يقاتل، ويقتل إذا لم يقبل الجزية، دون غيرهم من النساء والصبيان والمماليك، وهو قول أبي حنيفة والشافعي، ولا خلاف فيه؛ لأن الجزية بدل عن القتل، وهؤلاء ليسوا من أهل القتل والمقاتلة؛ للنهي عن قتلهم. انتهى.

المؤيد بالله -عليه السلام- في شرح التجريد [2/ 141]: يؤخذ من أهل الذمة نصف عشر ما يأتون به من أموالهم، ويتجرون فيه على المسلمين في أرض الإسلام، إذا أتوا من بلد شاسع إلى بلد شاسع، فأما من اتجر منهم في مصره فلا يؤخذ منه شيء سوى الجزية، وهذا منصوص عليه في الأحكام والمنتخب.

قال الهادي إلى الحق -عليه السلام-: وعلى ذلك وقعت المصالحة. انتهى.

[1201]- **وفيه** [2/ 141]: فأما المقدار المأخوذ منهم فالأصل فيه: ما روى زيد بن علي، عن أبيه، عن جده، عن علي -عليهم السلام-، أنه كان يجعل على المياسير من أهل الذمة ثمانية وأربعين درهماً، وعلى الأوساط أربعة وعشرين درهماً، وعلى الفقراء اثني عشر درهماً. انتهى.

وفيه أيضاً: ولا تؤخذ الجزية من نسائهم ولا من صبيانهم ولا من مماليكهم، وهذا منصوص عليه في المنتخب.

واستدل يحيى -عليه السلام- على أن لا جزية على النساء والولدان بأن قال: إن الجزية جُعلت بدلاً من القتل، بقوله -تعالى-: ﴿قَٰتِلُواْ ٱلَّذِينَ لَا يُؤۡمِنُونَ بِٱللَّهِ وَلَا بِٱلۡيَوۡمِ ٱلۡأٓخِرِ﴾[التوبة29] إلى قوله: ﴿حَتَّىٰ يُعۡطُواْ ٱلۡجِزۡيَةَ عَن يَدٖ﴾[التوبة:29] فلما لم يكن النساء من أهل القتال، وكان النبي -صلى الله عليه وآله وسلم- نهى، عن قتلهن، وكذلك الولدان؛ عُلم أن لا جزية عليهم.

قال أبو العباس -رحمه الله-: اعتلاله يوجب أن لا جزية على الشيخ الهرم، والزَّمِنِ إذا لم يطيقوا القتال، وذكر أنه مروي عن محمد بن عبد الله -صلوات الله عليه- في سيره، وهذا قوي إذا الإجماع حاصل أن لا جزية على النساء؛ والعلة فيه أنهن لسن من أهل القتال، فكل من لم يكن من أهل القتال فلا جزية عليه. انتهى.

[1202]- **الهادي -عليه السلام- في المنتخب**[90]: إنما جعلت فدية من القتل، وأما النساء فمنع رسول الله -صلى الله عليه وآله وسلم- من قتلهن لأنهن ضعفاء، ولا امتناع عنهن ولا سلاح فيهن. انتهى.

[ما يؤخذ من نصارى بني تغلب]

نعم، وأما ما يؤخذ من نصارى بني تغلب:

[1203]- **فقال الهادي -عليه السلام- في المنتخب** [90]: هم قوم كانوا

يقولون تؤخذ منهم الجزية وسألوا أن تضاعف عليهم الصدقة فأجيبوا إلى ذلك، وشرط عليهم أن لا يدخلوا أولادهم في دينهم، وعوهدوا على ذلك، فأوجب عليهم رسول الله -صلى الله عليه وآله وسلم- في أموالهم كلها ضعفا ما يجب على المسلمين من الزكاة، في المائتي درهم قفلة عشرة، وفي عشرين مثقالاً من الذهب مثقال، وفي خمس من الإبل شاتان، وفي عشرين من الغنم شاة، وفي خمسة عشر من البقر تبيع أو تبيعة، وفي الطعام ما كان يؤخذ منهم العشر أخذ منهم الخمس، وما كان يؤخذ فيه نصف العشر أخذ منه العشر، فهذا جملة ما يؤخذ منهم وما يجب عليهم. انتهى.

وقال -عليه السلام- في الأحكام [1/ 180]: بنو تغلب هؤلاء كانوا قد ضجوا من الجزية، وأنفوا منها وسألوا أن تضاعف عليهم الصدقة فأجيبوا إلى ذلك، وشرط عليهم أن لا يصبغوا أولادهم، ومعنى قولنا أن لا يصبغوا أولادهم أن لا يدخلوهم في ملتهم، ثم قد صبغوا أولادهم، وخالفوا شرطهم، ولو أظهر الله إمام الحق لرأيتُ أن يدعوهم إلى الإسلام، فإن أبوا أن يدخلوا فيه قتل مقاتلتهم، وسبى ذراريهم، واصطفى أموالهم؛ لأنهم قد نقضوا ما عوهدوا عليه.

[1204]- وكذلك كان يروى عن أمير المؤمنين علي بن أبي طالب -صلوات الله عليه- أنه كان يقول: (لإن أمكن الله وطأتي لأقتلن رجالهم، ولأسبين ذراريهم، ولآخذن أموالهم؛ لأنهم قد نقضوا عهدهم، وخالفوا شرطهم؛ بإدخالهم لأولادهم في دينهم). انتهى.

المؤيد بالله -عليه السلام- في شرح التجريد [2/ 145]: ويؤخذ من بني تغلب نصارى الجزيرة ضعف ما يؤخذ من المسلمين من زكاتهم إلى آخر الفصل، وجميع ذلك منصوص عليه في الأحكام والمنتخب.

وذكر يحيى بن الحسين -عليه السلام- فيها أن ذلك مما وقعت عليه المصالحة معهم بدلاً من الجزية. انتهى.

باب القول في مصرف الزكاة

القرآن الكريم: قال الله -تعالى-: ﴿ إِنَّمَا ٱلصَّدَقَٰتُ لِلۡفُقَرَآءِ وَٱلۡمَسَٰكِينِ وَٱلۡعَٰمِلِينَ عَلَيۡهَا وَٱلۡمُؤَلَّفَةِ قُلُوبُهُمۡ وَفِي ٱلرِّقَابِ وَٱلۡغَٰرِمِينَ وَفِي سَبِيلِ ٱللَّهِ وَٱبۡنِ ٱلسَّبِيلِۖ فَرِيضَةٗ مِّنَ ٱللَّهِۗ وَٱللَّهُ عَلِيمٌ حَكِيمٞ ٦٠ ﴾[التوبة:60].

الهادي -عليه السلام- في الأحكام [1/ 165]: **فأما الفقراء**: فهم الذين لا يملكون إلا المنزل والخادم وثياب الأبدان فهؤلاء هم الفقراء.

وأما المساكين: الذين يجب لهم أن يأخذوا من الصدقة فهم ذوو الحاجة والفاقة والاضطرار إلى أخذها:

والعاملون عليها: فهم الجباة لها، المستوفون لكيلها، وأخذها من أيدي أربابها.

والمؤلفة قلوبهم: فهم أهل الدنيا المائلون إليها، الذين لا يتبعون المحقين إلا عليها، ولا غناء بالمسلمين عنهم ولا عن تألفهم؛ إما لتقو بهم على عدوهم، وإما تخذيلاً وصداً عن معاونة أضدادهم، كما فعل رسول الله -صلى الله عليه وآله وسلم-، ويجب على الإمام أن يتألفهم لذلك وعليه، وينيلهم بعض ما يرغبون فيه.

أما الرقاب: فهم المكاتبون الذين يكاتبهم مواليهم على شيء معلوم، فيجب على الإمام أن يعينهم في ذلك بقدر ما يرى، وعلى قدر ضعف حيلتهم وقوتها.

وأما الغارمون: فهم الذين قد لزمتهم الديون من غير سرف ولا سفه ولا إنفاق في معصية، فيجب على الإمام أن يقضي عنهم ما عليهم من ديون، ويعطيهم من بعد ذلك ما يقيمهم ويحييهم، ويقوتهم ويكفيهم.

وأما السبيل: فهو أن يصرف جزء السبيل في التقوية للمجاهدين، والاستعداد بالقوة للظالمين، مما يتقوى به من الخيل والسلاح والآلات عليهم،

وذلك ما أمر -سبحانه- به فيهم، فقال: ﴿وَأَعِدُّواْ لَهُم مَّا ٱسْتَطَعْتُم مِّن قُوَّةٍ وَمِن رِّبَاطِ ٱلْخَيْلِ تُرْهِبُونَ بِهِۦ عَدُوَّ ٱللَّهِ وَعَدُوَّكُمْ﴾ [الأنفال:60].

وأما ابن السبيل: فهو مار الطريق المسافر الضعيف، فيعان بما يقيته ويكفيه من قليل أو كثير، يدفع إليه الإمام مما له في يده ما يقوم به في كرائه ونفقته، وما يكون إن كان عارياً في كسوته، حتى ينتهي ويصل إلى بلده. انتهى.

القاضي زيد في الشرح: لا خلاف في وضع الصدقات في الأصناف الثمانية، غير المؤلفة قلوبهم، فقد اختلف فيهم، واختلف أيضاً في جواز وضعها في صنف واحد.

وفيه: والعاملون عليها هم السعاة في جمعها، ولا خلاف أن سهماً من الصدقات يصرف إليهم وإنما الخلاف في جواز استحقاقهم هذا السهم.

[1205]- وفيه: روى محمد بن القاسم -عليه السلام-، عن رسول الله -صلى الله عليه وآله وسلم- أنه منع بني هاشم من تولي عمالتها لما سئل عن ذلك؟ فقال: «إنها غسالة أوساخ الناس»، وهو قول الحنفية.

وفيه: ولا خلاف أن سهم سبيل الله يصرف في المجاهدين، وإنما الخلاف أنهم يستحقونه مع الغنى أم لا؟.

وفيه: ولا خلاف أن من كان له مال فاغتصبه السلطان أو أخذه اللصوص وقطاع الطريق وحالوا بينه وبينه، حتى لا يتمكن منه، ولا مال له سواه حلت له الصدقة.

وفيه: وكل ما استغنى صنف من هذه الأصناف رجعت حصته إلى غيره من الأصناف المحتاجين، على ما يراه الإمام، وهذا لا خلاف فيه.

وفيه: ويجوز دفع الصدقات إلى ولي اليتيم لينفقها عليه إذا كان مؤتمناً، على ما ذكره أبو العباس، وبه قال المؤيد بالله، ولا خلاف فيه. انتهى.

الجامع الكافي [3/ 159]: قال محمد: قال أبو جعفر محمد بن علي، ومحمد بن عبد الله بن الحسن، وقاسم بن إبراهيم -عليهم السلام-، وغيرهم من علماء أهل البيت -عليهم السلام-: للإمام من إعطاء المؤلفة قلوبهم ما كان لرسول الله -صلى الله عليه وآله وسلم- إذا كان ذلك حياطة للإسلام، ووقت في ذلك محمد بن عبد الله عشرة آلاف درهم.

قال محمد: ولو أن رجلاً قام اليوم فاحتاج إلى أن يتألف على أمره كان له أن يتألف كما تألف رسول الله -صلى الله عليه وآله وسلم-.

[1206]- وقال في السيرة: وقال قوم قد سقطوا من الآية بذهابه -صلى الله عليه وآله وسلم-، وبذلك كان علي -عليه السلام- يعمل، لم يفضل أحداً على أحد في العطاء، ولم يتألف أحداً من بيت المال، وبذلك سار في طلحة والزبير حيث قسم ما في بيت المال قسمة بينهم بالسوية.

وبلغنا عن محمد بن عبد الله: أنه كان يرى أن يتألف الرجلَ من المسلمين إذا رأى ذلك صلاحاً للدين والإسلام. انتهى.

باب القول في بني هاشم هل تحل لهم الصدقة؟

[1207]- **صحيفة علي بن موسى الرضا** [463]: بسنده عن أبيه، عن آبائه، عن علي -عليهم السلام-، قال: قال رسول الله -صلى الله عليه وآله وسلم- «إنا أهل بيت لا تحل لنا الصدقة، وأمرنا بإسباغ الوضوء، وأن لا ننزي حماراً على عتيقة». انتهى.

الجامع الكافي [1/ 162]: قال أحمد والقاسم والحسن ومحمد: لا تحل الصدقة لنبي هاشم الذين جعل الله لهم الخمس.

قال القاسم -عليه السلام-: لا تحل لهم الصدقة؛ لما أكرم الله به نبيه -صلى الله عليه وآله وسلم- من الخمس، ولما جاء في ذلك عن رسول الله -صلى الله

عليه وآله وسلم- من التشديد على نفسه وعليهم.

قال محمد: وسمعت عبد العظيم بن عبد الله الحسني يجيز لبني هاشم أخذ الصدقة إذا منعوا الخمس.

وقال: لا تحل لهم إذا أعطوا الخمس.

قال أحمد ومحمد: لا تحل لهم الصدقة الفريضة والتطوع.

قال محمد: وكذلك مواليهم لا تحل لهم الصدقة إلا من ضرورة.

[1208]- وروى محمد، عن أبي رافع أنه أراد من رسول الله -صلى الله عليه وآله وسلم- أن يستعمله على بعض الصدقة، فقال: «يا أبا رافع، إن الصدقة لا تحل لمحمد ولا لآل محمد» فقال: إنما أنا مولاك، فقال: «مولى القوم منهم». انتهى.

القاضي زيد في الشرح: حكي علي بن العباس إجماع أهل البيت -عليهم السلام- على أن الصدقة المسبلة تحل لغني بني هاشم وفقيرهم، ولا خلاف أنه يجوز أن يوقف عليهم العقار والضياع، وذلك متوارث خلفاً عن سلف، ولا خلاف أن لهم الشرب من المياه المسبلة. انتهى.

الهادي -عليه السلام- في الأحكام [1/ 167]: حدثني أبي، عن أبيه أنه سئل في الصدقة لبني هاشم، فقال: لا تحل الصدقة لهم؛ لما أكرم الله به نبيه -صلى الله عليه وآله وسلم- من الخمس الذي جعله فيهم، ولما جاء في ذلك من التشديد عنه -صلى الله عليه وآله وسلم- على نفسه وعليهم. انتهى.

أمالي أحمد بن عيسى -رضي الله عنهما- [العلوم:2/ 303]: قال محمد: سألت أحمد بن عيسى عما روي في بني هاشم: أنهم لا تحل لهم الصدقة، قلت: تكون هذه الزكاة التي يخرجها الناس من أموالهم من الصدقة التي لا تحل لهم؟

قال: نعم.

قلت: لا تحل لهم الصدقة وإن منعوا الخمس.

قال: نعم، وإن منعوا الخمس، ليس منعهم ما أحل الله لهم يجوز لهم أخذ ما حرم عليهم، إلا من ضرورة بمنزلة الميتة.

وفيه: أخبرنا جعفر، عن القاسم بن إبراهيم، قال: لا تحل الصدقة لبني هاشم؛ لما أكرم الله به نبيه -صلى الله عليه وآله وسلم- من الخمس الذي جعله الله فيهم، وما جاء فيه في ذلك من التشديد عنه -صلى الله عليه وآله وسلم- على نفسه وعليهم. انتهى.

[1209]- **القاضي زيد في الشرح**: وروى محمد بن القاسم -عليه السلام-، عن رسول الله -صلى الله عليه وآله وسلم- أنه منع بني هاشم من تولي عمالتها لما سئل عن ذلك، فقال: «إنها غسالة أوساخ الناس».

وفيه: قال السيد أبو طالب: والأظهر أن تحريم الصدقة الواجبة على بني هاشم مجمع عليه، وقد روي عن أبي حنيفة رواية شاذة: أنها تحل لهم، ولا خلاف أن بني أمية تحل لهم الصدقة، وأمية هو ابن عبد شمس. انتهى.

[كلام الإمام محمد بن القاسم الرسي في تحريم الزكاة لآل محمد]

الإمام محمد بن القاسم بن إبراهيم -عليه السلام- في كتاب [الشرح والتبيين](23): قال الإمام محمد بن القاسم بن إبراهيم -صلوات الله عليهم-: واعلموا هداكم الله وأرشدكم، وصرف عنا وعنكم شرور أنفسنا وسددنا وسددكم، أن مِن فرضِ الله الواجب عليكم، الذي إن عصيتم الله في إخراجه

(23) في الأصل: كتاب دعائم الإيمان، وليس هذا النص فيه، وإنما هو في كتاب الشرح والتبيين، المطبوع ضمن مجموع كتب ورسائل الإمام محمد بن القاسم الرسي -رضي الله عنهما- (صـ70).

كنتم عند الله عصاة مسخوطين، وكنتم عنده سبحانه غير مؤمنين، وهو إخراج زكاة ما ملككم الله من أموالكم، ومن مواشيكم، وإخراج عشورها التي أخرج لكم من أثمار أرضكم.

الله الله في إخراج ما فرض الله عليكم من عشور غلاتكم وزكاتكم، ولا تدفعوا ذلك إلا إلى يد الفقير والمسكين من إخوانكم، ولا تدفعوه إلى أحد يخدعكم عنه، ويأكله هو وولده وعياله كما يفعل الرجل الخداع الذي تعرفونه، ولا يدفع رجل زكاته وعشره إلى أحد يخدعه عنه، ولكن من يد صاحب العشر والزكاة والصدقة إلى يد محتاج فقير، أو من يد من هو موثوق به في دينه، فإن أنتم لم تفعلوا -رحمكم الله- في ترك إخراج عشوركم وزكاتكم، كنتم عند الله خونة كافرين، ولا تكونوا عنده سبحانه من المؤمنين.

واعلموا ثم علموا، وافهموا ثم افهموا: أن العشور والزكوات لا تحل لأحد من أهل بيت محمد، ولا ولد فاطمة، ولا آل علي -عليهم السلام-، وأنها عليهم محرمة، لا يجهل أحد ذلك من أهل الإسلام كلهم، ولا تجهله الشيعة، فمن بَرَّ أحداً من آل محمد -عليهم السلام- بدينار أو درهم، أو ثوب، أو أقل أو أكثر، أو برهم من كفارة يمين أو من زكاة أو من عشر أو صدقة، أو صرف إلى برهم شيئاً، أو وصية من حجة أوصى بها مريض من حجة مات ببلده، وقد كان وجب عليه الحج من بلده فتغافل عن فريضة الله وعطلها حتى هجم عليه موته وأجله، وقد فرط في حج بيت ربه فأوصى بحجة يحج عنه بالنفقة التي أوصى بها، فالواجب عليه أو على من صارت وصيته إليه؛ أن يحج بتلك الحجة من البلد الذي مات فيه، وقد قصر من الحج فيما أوجب الله عليه، لا يجوز لأحد أن يجوِّز للوصي وقد مات الميت الذي قصر في حجة الإسلام بطبرستان فيقول للوصي الجاهل القليل الورع العمي: اصرف بعض هذه الحجة الموصى بها أن يحج الحاج عن الميت من طبرستان، ويأمر الوصي بجهله وقلة ورعه ودينه أن يدفع بعض

هذه النفقة ليبر به أحداً من آل محمد -عليهم السلام-، ويأخذ بعض النفقة فيحج بها من الكوفة أو المدينة مدينة الرسول -صلى الله عليه وآله وسلم- وعلى أهل بيته، ولا يحل أن يجعل شيئاً من هذه الحجة التي أوصى بها الميت أن يحج بها عنه من بلده الذي مات فيه فجعل الحجة من المدينة والكوفة، وهذا حرام ممن أشار به على الوصي، ولا يحل ما نقص من هذه النفقة في الحج عن الميت من بلده الذي مات فيه فيجعل براً لآل محمد -عليهم السلام-؛ لأن هذا عليه حرام غير حلال من خلط هذا النقصان الذي نقص من النفقة الذي أوصى بها الميت في الحج عنه من بلده، والموضع الذي قبض فيه عن أداء فرض الله عليه، حتى هجم عليه موته، فمن نقص هذه النفقة وصير منها شيئاً في بر آل محمد وولد فاطمة -عليهم السلام- فقد فعل ما حرم الله ذو الجلال والإكرام، وأهدى من هذه النفقة التي خان الله فيها من ظنه، ووسع هذا من لا ورع له ولا دين ولا معرفة بالله ولا يقين، وحرام على جميع آل محمد -عليهم السلام- الغني والفقير منهم أن يقبل من هذا درهماً واحداً، كبيراً أو صغيراً، ولا حبة من فضة، ولا بقيراط، ومن فعل هذا من أحد من آل محمد فعل ما لا يحل له، لأن هذا محرم عليهم كتحريم لحم الخنزير والدم والميتة، لأن النفقة التي أوصى بها الميت يحج بها لا يحل أن يخان الله فيها، فيجعل حجة مدينة أو كوفية، فالله الله احذروا قول جاهل عمي، يجرّيكم على خيانة هذه النفقة فينقصها، ويجعلها نفقة لمن يحج من الكوفة والمدينة؛ فتهلكوا، واسألوا أهل بيت نبيكم فيما اشتبه عليكم من أمر دينكم، وأن لا يقبل أحدكم قول بعض في هذا و مثله، ولكن ليرجع وليسأل فيما اشتبه عليه من هذا ومثله من جعلهم الله معدنه وموضعه من أهل الذكر، يقول -عز وجل-: ﴿ فَسۡـَٔلُوٓاْ أَهۡلَ ٱلذِّكۡرِ إِن كُنتُمۡ لَا تَعۡلَمُونَ ٤٣ ﴾[النحل:43]، فافهموا يرحمكم الله هذا الموضع.

ثم افهموا وأنتم وجميع من له دين وورع ويقين ممن يتبع فلا ينبغي أن يسأل

كتاب الزكاة

بعضكم بعضاً، وإنما ينبغي أن تسألوا من يعلمكم من آل نبيكم، ومن هو عالم منهم بفهم ما يحل وما يحرم، وما جعله الله موئلاً، ولا يتخذ بعضكم بعضاً أرباباً من دون الله والله بصير بالعباد.

هذا قولي وبالله توفيقي وعليه توكلت وهو حسبي ونعم الوكيل، وصلى الله على خاتم النبيين، وعلى أهل بيته وسلم، والحمد الله رب العالمين. انتهى.

باب القول في صدقة بني هاشم، هل تحل من بعضهم لبعض؟

[1210]- الجامع الكافي [1/ 162]: روى محمد بإسناده عن علي -عليه السلام- أنه قال: نحن أهل البيت لا تحل لنا الصدقة، إلا صدقة بعضنا على بعض (24).

[1211]- وعن حجر المدري أنه قال في صدقة رسول الله -صلى الله عليه وآله وسلم- أن يأكل أهله منها بالمعروف غير المنكر.

ثم قال محمد: هذا الأثر موافق لرواية أبي جعفر -عليه السلام-، عن رسول الله -صلى الله عليه وآله وسلم-: «لا تحل الصدقة لآل محمد، إلا صدقة الماء، أو صدقة بعضهم على بعض».

وعن علي بن الحسين: أن كان يشرب من ماء الصدقة. انتهى.

---

(24) أخرج أبو جعفر محمد بن الحسن الطوسي في تهذيب الأحكام، ومحمد بن يعقوب الكليني في الكافي، واللفظ للطوسي، فقال: الحسين بن سعيد، عن القاسم بن محمد، عن حماد بن عثمان، عن إسماعيل بن الفضل الهاشمي، قال: سألت أبا عبد الله -عليه السلام- عن الصدقة التي حرمت على بني هاشم، ما هي؟ فقال: هي الزكاة، فقلت: فتحل صدقة بعضنا لبعض؟ قال: نعم.

سعد بن عبد الله، عن موسى بن الحسن، عن محمد بن عبد الحميد، عن الفضل بن صالح، عن أبي أسامة زيد الشحام، عن أبي عبد الله -عليه السلام-، قال: سألته عن الصدقة التي حرمت عليهم، فقال: هي الزكاة المفروضة، ولم تحرم علينا صدقة بعضنا على بعض. انتهى. تمت من حاشية على الأصل.

[ترجمة حجر بن قيس]

قلت: وحجر هو ابن قيس الهمداني:

قال في الجداول: حجر الحجوري بن قيس الهمداني، المدري اليماني، عن علي، وابن عباس، وزيد بن ثابت، وعنه طاووس، وآخرون، عداده في ثقات محدثي الشيعة، احتج به الأربعة إلا الترمذي. انتهى.

الأمير الحسين -عليه السلام- في الشفاء [1/ 575]: وأما زكاة بعضهم لبعض: فذكر الناصر لدين الله أحمد بن الهادي في جوابه للقاسم بن محمد بن القاضي، وقد سأله عن زكاة الطالبيين؛ هل تجوز لبعضهم من بعض أو لا؟.

فأجابه الناصر لدين الله بما لفظه: الذي سمعنا من آبائنا -صلوات الله عليهم- أن صدقات آل رسول الله -صلى الله عليه وآله وسلم- تجوز لهم ولضعفائهم وفقرائهم ومساكينهم دون كل أحد.

قال: وهو عندي كذلك والله الموفق للصواب.

وذكر في بعض نسخ الوافي عن أبي العباس الحسني -عليه السلام- أنه يجوز صدقات آل محمد -صلى الله عليه وآله وسلم- بعضهم لبعض، وذكر مثله عن زيد بن علي، ومحمد بن يحيى الهادي -عليهم السلام-، حمله القاضي زيد على صدقات النفل، وكلامهم يدل بحقيقته على خلاف حمله، وهو جواز صرف زكوات بعضهم لبعض، ومثله نص القاسم بن علي في كتاب التفريع، والأولى عندنا تحريم الزكاة أجمع على بني هاشم، سوا كانت الزكاة منهم، أو من غيرهم، لعموم الأخبار، وهو يجب إجراؤها على عمومها، إلا بمخصص، ولا مخصص لما هنا، فوجب إجراؤه على عمومه.

قال الأمير صلاح وهو المتمم للشفاء في حاشية على ما ذكره الأمير الحسين من دعوى عدم المخصص، ما لفظه: وأقول: إن العمومات التي تقدمت

مخصوصة بما رواه سادات آل أبي طالب عن زين العابدين، عن العباس بن عبد المطلب، أنه قال: يا رسول الله، إنك حرمت علينا صدقات الناس، فهل يحل صدقات بعضنا لبعض، فقال: «نعم».

وهذا الحديث يشهد بما ذكره زيد بن علي، وأحمد بن يحيى، ومحمد بن يحيى، وأبو العباس الحسني، وهو الذي رواه أحمد بن يحيى، عن آبائه، وهو قول حي الإمام المتوكل على الله المطهر بن يحيى -قدس الله روحه-، وولده محمد بن المطهر، وقد روى ذلك لي الثقة عن حي الإمام الناصر للحق شرف الدين طود العترة، وأنه فعله، ولا أدري هل ذلك منه متقدم على هذا القول، أو متأخر. انتهى.

[1212]- **الحاكم في معرفة أصول الحديث**: حدثنا أبو محمد الحسن بن محمد بن يحيى بن الحسن بن جعفر بن عبيد الله بن الحسين بن علي بن الحسين بن علي بن أبي طالب -ابن أخي طاهر العقيقي-، حدثنا أبو محمد إسماعيل بن محمد بن إسحاق بن جعفر بن محمد، قال: حدثني علي بن جعفر بن محمد، عن الحسين بن زيد، عن عمه عمر بن علي بن الحسين، عن أبيه، أن العباس قال يا رسول الله، إنك حرمت علينا صدقات الناس، فهل تحل لنا صدقات بعضنا لبعض، قال: «نعم».

قال الحاكم: قال الحسين: فرأيت مشيخة أهل بيتي يشربون من الماء إذا كان في المسجد، إذا كان لبعض بني هاشم، ويكرهونه ما لم يكن لبني هاشم. انتهى.

الرجال:

[ترجمة الحاكم النيسابوري صاحب المستدرك]

أما الحاكم: فهو أبو عبد الله، صاحب المستدرك على الصحيحين.

قال في الجداول: محمد بن عبد الله بن محمد الضبي، النيسابوري الحافظ، أبو عبد الله الحاكم، المعروف بابن البيع صاحب المستدرك، روى عن خلائق عظيمة تزيد علي ألفي شيخ، وتفقه على أبي الوليد النيسابوري، وعنه أمم، منهم

البيهقي، وروى عنه كتبه جميعها بين سماع، وأجازه أبو بكر بن خلف وعلي بن الحسن الواحدي، وروى عنه أبو يعلى الحافظ.

قال الأسنوي: كان فقيهاً حافظاً ثقة حجة، إلا أنه كان يميل إلى التشيع، وأثنى عليه عبد الغافر غاية الثناء.

وقال أبو إسماعيل الأنصاري: هو إمام ثقة في الحديث، رافضي خبيث.

عده مولانا صارم الدين في الشيعة وأثنى عليه، توفي ثاني صفر سنة خمس وأربعمائة. انتهى.

خرج له من أئمتنا الإمام المرشد بالله -عليه السلام-.

قلت: وكذلك ابن حابس عده من رجال الشيعة، وذكر ما تكلموا به فيه، وكذلك المهدي بن الهادي اليوسفي -رحمه الله- عده من ثقات محدثي الشيعة، ذكره في كتابه الإقبال.

[ترجمة الحسن بن محمد -ابن أخي النسابة أبي طاهر-]

وأما الحسن بن محمد:

فقال في الجداول: الحسن بن محمد بن يحيى بن الحسن بن جعفر بن عبيد الله بن الحسين بن علي بن الحسين - ابن أخي أبي الطاهر النسابة-، روى كتاب جده يحيى بن الحسن العقيقي، وعن إسماعيل بن محمد بن إسحاق بن جعفر، وروى عنه شيخ الشرف العبيدلي النسابة، والأخوان المؤيد بالله وأبو طالب، وقد تكلم عليه الذهبي لما روى «حديث علي خير البشر»، واغتاظ منه بعد أن قال: إن سنده كالشمس، فانظر إلى هذا الناصبي المخذول خذله الله يوم لقاه، توفي الحسن سنة ثمان وخمسين وثلاثمائة، عن ثمان وتسعين سنة. انتهى بتصرف يسير غير مخل.

خرج له المؤيد بالله، وأبو طالب، ومحمد بن منصور، الجرجاني -رضي الله عنهم-.

[ترجمة إسماعيل بن محمد، وعمر بن علي بن الحسين]:

وأما إسماعيل بن محمد:

فقال في الجداول: إسماعيل بن محمد بن إسحاق بن جعفر الصادق، عن أبيه، وعلي بن جعفر، وعنه: أحمد بن عبد الرحيم الضبعي، والحسن بن محمد بن يحيى الحسيني، والحسين بن علي بن عمر.

قال الناصر: وقد لقيته أنا وأخي وسمعنا منه الحديث، عن مشايخه، عن جعفر بن محمد، وإبراهيم بن محمد الطبري. انتهى.

خرج له المرشد بالله وصاحب المحيط وأبو الغنائم النرسي - رضي الله عنهم -.

وأما علي بن جعفر الصادق، والحسين بن زيد بن علي: فقد تقدم الكلام عليهما.

وأما عمر بن علي بن الحسين:

فقال في الجداول: عمر بن علي بن الحسين بن علي بن أبي طالب، عن أبيه، وعنه ابناه علي ومحمد، كان فاضلاً سيداً نبيلاً، توفي بعد الخمسين.

قال في الخلاصة: وثقه ابن حبان، احتج به مسلم والترمذي والنسائي. انتهى.

خرج له المؤيد بالله وأبو طالب - رضي الله عنهما - ومحمد بن منصور - رضي الله عنه -.

وأما زين العابدين - صلوات الله عليه -:

فكفى بلقبه توثيقاً، فضلاً عن جلالته، وعظم قدره - صلوات الله عليه -.

[رسالة الإمام المؤيد بالله محمد بن القاسم في حكم زكاة الهاشمي للهاشمي]:

إذا عرفت ما تقدم من الروايات الصحيحة عن النبي -صلى الله عليه وآله وسلم-، وعن كثير من العترة، فاعلم أنا نورد رسالة للإمام المؤيد بالله محمد[25] بن القاسم بن محمد -عليهم السلام- تضمنت تحريم الصدقة على آل محمد -عليهم السلام- وجوازها من بعضهم لبعض، وليس كل ما روي فيها على شرطنا، وإنما على شرطنا مما روي فيها ما وافق ما تقدم، أما ما حكاه فيها عن أحد من العترة -عليهم السلام- فهو على شرطنا، وقد استحسنا إيرادها بلفظها لما اشتملت عليه من الفوائد العظيمة، والمناقشات المستقيمة، وهذه الرسالة هي جواب عن سؤال سأله بعض العترة الأماثل، فبلغت الرسالة السيد العلامة، علامة آل محمد داود بن الهادي[26] بن أحمد بن المهدي بن أمير المؤمنين عز

---

(25) هو الإمام المؤيد بالله أبو علي محمد بن الإمام المنصور بالله القاسم بن محمد علي بن محمد بن علي بن الرشيد بن أحمد بن الأمير الحسين الأملحي بن علي بن يحيى بن محمد بن يوسف الأشل بن القاسم بن الإمام الداعي إلى الله يوسف بن الإمام المنصور بالله يحيى بن الإمام الناصر أحمد بن الإمام الهادي إلى الحق يحيى بن الحسين عليهم السلام، أحد عظماء الإسلام ، ونجوم الآل الكرام ، من الأئمة الدعاة القائمين المجاهد، ولد سنة (990)هـ، وأخذ على والده الإمام القاسم وغيره من علماء وقته، حتى برع في فنون العلم، وبويع إماماً بعد وفاة والده سنة 1029هـ، وكان ورعاً زاهداً، عادلاً، وأخباره كثيرة، وكانت عاصمته مدينة شهارة، وفي عهده كان جلاء الأتراك عن اليمن ، فقد كاتبوه على استمرار الصلح الذي عقد مع والده فوافق على ذلك، وما أن انتهت فترة الصلح في شهر محرم سنة 1036هـ حتى أخذ يحارب الأتراك دون هوادة،، وساعده في ذلك إخوته الحسين، والحسن، وأحمد، حتى أخرجوهم من كافة أرجاء اليمن، وتحقق بذلك الاستقلال عن الحكم العثماني، توفي بشهارة سنة (1054)هـ، ودفن بالقرب من جامعها وعليه قبة شرقي قبة والده، وله الكثير من المؤلفات والرسائل.

(26) السيد العلامة الكبير، داود بن أحمد بن الهادي بن أحمد المهدي بن الإمام عز الدين بن الحسن -عليهم السلام-. مولده -عليه السلام- عام (980)هـ، وكان من فضلاء أهل البيت وعلمائهم، ومشيختهم وذوي الأقدار فيهم لا يتصدر أحد في مجلس هو فيه، لكمال فضله وعلمه؛ وكان حليفاً للقرآن؛ له شرح على: (الأساس) وشرح على: (الكافل)، وبقي إلى زمن المؤيد بالله، وارتحل لزيارته إلى شهارة، وتوفي هنالك سنة (1035)هـ، وقبر في (وادي أقر)، وعمر عليه قبة مشهورة مزورة.

الدين بن الحسن -عليهم السلام-، فأرسل بها الإمام المؤيد بالله -عليه السلام- إلى السيد داود -رحمة الله عليه-، وعليها خط الإمام -عليه السلام- بيده الكريمة ولفظه: كتبت هذه برسم الوالد صارم الدين أطال الله بقاءه، وحرس علاه، وقد أجزت له رواية ما اشتملت عليه من الأقوال، وتضمنته من الأحاديث النبوية، على قائلها أفضل الصلاة والسلام، ولا أشترط عليه إلا ما هو أولى به وأقمن من إصلاح لفظ مائل، أو معنى شائل، والله سبحانه أسأل أن يوفقنا معاً إلى ما فيه رضاه بحق محمد وآله. انتهى.

وهذا لفظ الرسالة:

بسم الله الرحمن الرحيم

﴿إِنْ أُرِيدُ إِلَّا ٱلْإِصْلَٰحَ مَا ٱسْتَطَعْتُ ۚ وَمَا تَوْفِيقِىٓ إِلَّا بِٱللَّهِ ۚ عَلَيْهِ تَوَكَّلْتُ وَإِلَيْهِ أُنِيبُ ﴿٨٨﴾﴾[هود:88].

سألت أرشدنا الله وإياك إلى سواء السبيل، فقلت: إنه روي عن والدنا أمير المؤمنين المنصور بالله رب العالمين[27] -قدس الله روحه- آمين: جواز صرف الزكاة إلى الهاشمي من كل أحد هاشمي وغيره، مع أنه في أول دعوته -رحمه الله- يقول بتحريمها على الهاشمي من هاشمي وغيره، قلتَ: فهل الرواية في

(27) أمير المؤمنين المنصور بالله القاسم بن محمد بن علي بن الرشيد بن أحمد بن الحسين بن علي بن يحيى بن محمد بن يوسف الأشل بن القاسم بن يوسف بن يحيى بن أحمد بن الهادي إلى الحق يحيى بن الحسين -عليهم السلام-، ولد -عليه السلام- سنة (967)هـ، وكان في العلم مما لا يفتقر إلى بيان، علم الأمة وهاديها، ومعلن الشريعة الغراء وحاميها، ومن نظر في مصنفاته وجواباته ورسائله علم صحة ذلك. كان ابتداء دعوته في صفر سنة ست وألف؛ وله مع الأتراك: معارك عظيمة، وزلزل زلزالاً عظيماً، وصبر صبر الأنبياء الهادين، ومن طالع سيرته احتار من شدته وصبره في ذات الله، ولم يزل يتردد من (الظاهر) إلى (برط) إلى (حيدان) إلى (شهارة)، مع أمور من الأروام صعاب إلى أن كان الصلح بينه، وبينهم وفي خلال ذلك مكث على الدرس والتدريس. له من المؤلفات: (الاعتصام) و(الأساس)،و(الإرشاد)، وغير ذلك، توفي -عليه السلام- ثاني عشر شهر ربيع الأول سنة تسع وعشرين وألف وكراماته كثيرة قد دونها الحفاظ، وقبره في شهارة جوار مسجده مشهور مزور.

الجواز صحيحة عنه؟، وهل عثر على دليل للجواز، أو اجتهاد؟، وما وجه الجواز؟ وما نختاره نحن في ذلك؟.

الجواب والله الهادي إلى سبيل مرضاته:

أما صرف الزكاة إلى الهاشمي من غير هاشمي؛ فإنهم وإن شملهم عموم قوله-تبارك اسمه-: ﴿إِنَّمَا ٱلصَّدَقَٰتُ لِلۡفُقَرَآءِ وَٱلۡمَسَٰكِينِ﴾[التوبة:60] الآية، وقوله -صلى الله عليه وآله وسلم-: «أمرت أن آخذها من أغنيائكم وأردها في فقرائكم» وغير ذلك؛ مخرجون عن ذلك العموم بالأخبار الصحيحة المتواترة والمتلقاه بالقبول في هذا الباب.

فمن ذلك: ما رواه الإمام المهدي لدين الله(28) أمير المؤمنين محمد بن أمير المؤمنين المطهر بن يحيى -عليهم السلام- في المنهاج الجلي شرح مجموع زيد بن علي -رضي الله عنهما- يرفعه: أن فتية من بني هاشم طلبوا من رسول الله -صلى الله عليه وآله وسلم- أن يستعملهم على الصدقات ليأخذوا منها ما ينكحون به، فقال لهم -صلى الله عليه وآله وسلم- «هذه الصدقة إنما هي أوساخ الناس، وإنها لا تحل لمحمد ولا لآل محمد».

---

(28) الإمام المهدي لدين الله محمد بن أمير المؤمنين المتوكل على الله المطهر بن يحيى بن القاسم بن المطهر بن محمد بن المطهر بن علي بن الناصر بن الهادي إلى الحق يحيى بن الحسين -عليهم السلام-، ولد -عليه السلام- سنة (660)هـ، ونشأ على ما نشأ عليه سلفه الأخيار، وآبائه الأئمة الأطهار، من طلب العلم الشريف؛ وكان قرآءته في الفقه، وسماع الحديث على: والده الإمام المطر؛ وأخذ عن: الأمير المؤيد؛ وعن: محمد بن يحيى بن أحمد حنش؛ وعن الفقيه: محمد بن عبد الله الكوفي، و عن السيد العلامة صلاح بن إبراهيم بن تاج الدين، وغيرهم؛ وعنه: ولده الواثق بالله، وأحمد بن حميد بن سعيد، وجار الله بن أحمد الينبعي؛ وغيرهم. هو الأمام الأفضل، والطراز المكلل، كان ممن جاز الفضائل بتمامها في ضمن رسوخ أصولها وسمو أعلامها، كان منوراً في العلوم، بالغاً فيه درجة الاجتهاد، له من المؤلفات: (عقود العقيان في الناسخ المنسوخ من القرآن)، و(المنهاج الجلي)، و(السراج الوهاج في حصر مسائل المنهاج)، و(المجموع المهدوي)، وغير ذلك، دعا سنة (701)هـ وتمكنت بسطته حتى افتتح (عدن)، وكان بينه وبين سلاطين اليمن الوقعات المشهورة وافتتح (صنعاء)؛ ولم يزل مجاهداً، صابراً، محتسباً، مدرساً في كتب الأئمة، وغيرها، إلى أن توفاه الله في شهر الحجة سنة (728)هـ، وقبره في الجامع الكبير بصنعاء.

وفي بعض الأخبار «غسالة أوساخ أيدي الناس».

ومن ذلك: ما رواه والدنا أمير المؤمنين -قدس روحه- في كتابه الجامع المسمى بالاعتصام -وهو لنا سماع بقراءتنا عليه أعاد الله من بركاته-:

من ذلك: ما رفعه من طريق أمالي فقيه آل رسول الله -صلى الله عليه وآله وسلم- أحمد بن عيسى بن زيد -عليهم السلام- بالإسناد المتصل إلى أبي مريم قال: قلت للحسن بن علي، ألا تحدثني بحديث سمعته من أبيك - يعني رسول الله -صلى الله عليه وآله وسلم- قال: بلى، أخذ رسول الله -صلى الله عليه وآله وسلم- بيدي حتى مررنا بحريم نخل - وأنا يومئذ غلام-، فوجدت تمرة عند نخلة فجمزت(29) حتى أخذتها، فألقيتها في فيّ، فجاء رسول الله -صلى الله عليه وآله وسلم- حتى أدخل إصبعه في فيّ فأخرجها بلعابها، ثم قال: «إنا آل محمد لا تحل لنا الصدقة».

وروى الوالد -قدس الله روحه-: أيضاً من طريق الأئمة الثلاثة المؤيد بالله أحمد بن الحسين الهاروني في شرح التجريد، والمتوكل على الله أحمد بن سليمان في أصول الأحكام، والأمير الناصر لدين الله الحسين بن محمد بن بدر الدين في كتابه شفاء الأوام، بالإسناد إلى أبي الجوزاء السعدي، قال: قلت للحسين بن علي(30)، ما تحفظ من رسول الله -صلى الله عليه وآله وسلم-؟.

قال: أذكر أني أخذت تمرة من تمر الصدقة فجعلتها في فيّ، فأخرجها رسول الله -صلى الله عليه وآله وسلم- بلعابها فألقاها في التمر، فقال رجل: يا رسول الله؛ ما كان عليك بهذه التمرة لهذا الصبي، فقال: «إنا آل محمد لا تحل لنا الصدقة».

وروى أيضاً -قدس الله روحه- من طريق المؤيد بالله -عليه السلام- بإسناده، عن عبد الرحمن بن أبي ليلى قال: قال علي -عليه السلام-: (إن الله حرم الصدقة

---

(29) الجمز: عَدْوٌ دون الحظر وفوق العنق. تمت قاموس.

(30) صوابه: الحسن، وهو الذي في الأمالي وشرح التجريد، ولكن أثبتناه هكذا بحسب الأصل المنقول منه. تمت مؤلف، من هامش الأصل.

على رسول الله -صلى الله عليه وآله وسلم- فعوضه سهماً من الخمس عوضاً مما حرم عليه، وحرمها على أهل بيته خاصة دون أمته، فضرب لهم مع رسول الله -صلى الله عليه وآله وسلم- سهماً عوضاً عما حرم عليهم).

وروى من هذا الطريق أيضاً بالإسناد إلى عبد الله بن عبيد الله بن عباس، قال: دخلنا على ابن عباس فقال: ما اختصنا رسول الله -صلى الله عليه وآله وسلم- بشيء دون الناس إلا بثلاث: إسباغ الوضوء، وأن لا نأكل الصدقة، وأن لا ننزي الحمير على الخيل.

وروى أيضاً من طريق الأمير الحسين في الشفاء، عن القاسم بن إبراهيم -عليه السلام-: أن الحسن تناول تمرة فقال له النبي -صلى الله عليه وآله وسلم- «كخٍ كخٍ»، فألقاها من فيه ثم قال: «إنا آل محمد لا تحل لنا الصدقة».

وروى أيضاً من طريق الشفاء عنه -صلى الله عليه وآله وسلم- أنه قال: «إنها أوساخ الناس فلا تحل لآل محمد».

وروى الوالد -قدس الله روحه- أيضاً: عن الحسن بن القاسم، ومحمد بن منصور، والهادي -عليه السلام-، وصاحب الجامع الكافي: أنهم رووا كلهم جميعاً عن القاسم بن إبراهيم -عليه السلام- في سياق ذكر بني هاشم أنه قال: لا تحل لهم الصدقة؛ لما أكرم الله به نبيه -صلى الله عليه وآله وسلم- من الخمس، ولما جاء في ذلك عن رسول الله -صلى الله عليه وآله وسلم- من التشديد على نفسه وعليهم.

وروى أيضاً -قدس الله روحه- من طريق المؤيد بالله -عليه السلام- بإسناده أن النبي -صلى الله عليه وآله وسلم- قال لأبي رافع: «إن الصدقة لا تحل لآل محمد، ومولى القوم منهم».

وروى من طريق الجامع الكافي: روى محمد -يعني ابن منصور-، عن أبي رافع، أنه أراد من رسول الله -صلى الله عليه وآله وسلم- أن يستعمله على بعض

الصدقة، فقال: «يا أبا رافع إن الصدقة لا تحل لمحمد ولا لآل محمد»، فقال: إنما أنا مولاك، فقال: «مولى القوم منهم».

وروى الوالد -قدس الله روحه-: من طريق الشيخ الإمام العلامة الحافظ أحمد بن علي بن العسقلاني الشهير بابن حجر، أنه روى في كتابه بلوغ المرام عن المطلب بن ربيعة بن الحارث -رضي الله عنه- قال: قال رسول الله -صلى الله عليه وآله وسلم- : «إن الصدقة لا تنبغي لآل محمد، إنما هي أوساخ الناس».

قال: وفي رواية: «وإنها لا تحل لمحمد ولا لآل محمد».

قال ابن حجر: رواه مسلم وأخرجه أحمد من دون زيادة «إنها لا تحل لمحمد ولا لآل محمد».

فهذا بعض ما رواه -قدس الله روحه- في هذه المسألة في كتابه، وقد أوسع في الرواية في ذلك، فكيف يمكن تجويز صحة ذلك عنه، وهل هذا إلا إفك ممن رواه، بل لم يروَ جوازه عن أحد من أئمة آل محمد -صلى الله عليه وآله وسلم-، بل ولا عن غيرهم، بل روى الإجماع على تحريم ذلك، السيد الإمام الناطق بالحق، أمير المؤمنين أبو طالب الكبير يحيى بن الحسين الهاروني، والسيد الأمير الخطير أبو طالب الصغير، الحسين بن بدر الدين، والحاكم، -رحمهم الله- جميعاً، ولأئمتنا -عليهم السلام- في ذلك التشديد العظيم، وقد أحببنا أن تبرك بذكر شيء مما ذكره جدنا وإمامنا، بل إمام هذه العصابة، الهادي إلى الحق يحيى بن الحسين بن القاسم بن إبراهيم -عليهم السلام- في التشديد في ذلك والتهديد.

قال -عليه السلام- في كتاب الأحكام بعد كلام في ذلك:

لو أن رجلاً من آل رسول الله -صلى الله عليه وآله وسلم- ارتفق، وأكل واستنفق من الصدقات، وهو بتحريمها عليه جاهل، وجب عليه قضاء ذلك ورده، وجعله حيث جعله الله من أهله، وإن كان فعله واجترأ عليه وهو عالم بتحريم الله عليه، وجب عليه رده، وإخلاص التوبة من ذلك إلى ربه .. إلى آخر

كلامه -عليه السلام-، وهو طويل.

وروى عنه -عليه السلام- صاحب مجموعه ما لفظه:

وسألتَ عن العشر؛ هل يجوز لآل الرسول -صلى الله عليه وآله وسلم-؟

فالقول في ذلك: أنه لا يجوز لهم أكله ولا استحلاله، ولا الانتفاع بشيء منه، إلا أن يشتري بأكلأ الثمن وأوفاه، فتكون حاله كحال غيره من أموال المسلمين، التي يحرم على المسلمين استحلالها، وأكلها، وتحل لهم إذا اشتروها بالأثمان منهم، وكذلك للأئمة أن يشتروا الأعشار من جباتها وعمالها بأعلى ما يباع في سوقهم، وتحتاط في ذلك على أنفسها لهم، وكذلك في الأعلاف من التبنان والقضبان، لا تأخذ منه شيئاً إلا بثمن فوق ما يبتاعونه في السوق، يحاسبون في ذلك العمال، ويوفونهم الأثمان في كل حال، فعلى هذا تجوز الأعشار للأئمة، ولجميع آل رسول الله -صلى الله عليه وآله وسلم-، إذا شروها شراء قاطعاً، كما يجوز لهم أكل مال اليتيم إذا اشتروها شراء منقطعاً، فأما إن أكله أحد من آل الرسول لا يؤدي له ثمناً، ويعتقده حلالاً، فمن فعل ذلك فهو على غير دين الإسلام، وعلى شرائع غير دين محمد -عليه السلام-.

بل قولنا: إنا نبرأ إلى الله ممن استحل العشر من آل رسول الله -صلى الله عليه وآله وسلم-، وقال إنه حلال من غير آل رسول الله -صلى الله عليه وآله وسلم-، بل لو أن رجلاً ألجئ إلى أكل العشور استحلالاً له أو إلى الميتة إذا كان مضطراً، رأينا له أن يأكل الميتة، قبل أن يستبيح ويستحل شيئاً من العشر.

ثم أقول: والذي نفس يحيى بيده، لو اضطررت إلى أن آكل جفنة مملوءة خبزاً ولحماً من العشور، وأنا له مستحل مستبيح لم أشتره بشيء، ولم أدفع فيه نقدي، أو أن آكل من الميتة قبل أن آكل من لحم العشور خبزه، لأن الله سبحانه قد أطلق لي أكل الميتة عند الضرورة وخوف الهلكة، ولم يطلق لي استباحة العشر ولا استحلاله في حالة ما. انتهى كلام الهادي -عليه السلام-.

فهذا الذي ذكرناه مذهب والدنا -قدس الله روحه-، ومذهبنا في هذه المسألة

كما مر مذهب آبائنا وأجدادنا الذين هم حجج الله على خلقه.

وأما مذهبه -عليه السلام- في جواز صرف زكاة بعض بني هاشم لبعض، فكنا لا نزال نسآئله ونراجعه -عليه السلام- في ذلك نحن وغيرنا، فكان يقول ما معناه:

أما الحجة على جواز صرف زكاة بني هاشم بعضهم في بعض فقد ذكر ذلك الإمام المتوكل على الله المطهر بن يحيى -عليه السلام- في كتابه درة الغواص في أحكام الخلاص، قال -عليه السلام-: إنه إجماع العترة -عليهم السلام-.

وروى هو -قدس الله روحه- في كتابه الاعتصام بعض أدلة ذلك:

فمنها: ما رواه من طريق الجامع الكافي بإسناده عن علي -عليه السلام- أنه قال: (نحن أهل البيت لا تحل لنا الصدقة، إلا صدقة بعضنا على بعض).

وروى من هذه الطريق أيضاً، عن حجر المدري أنه قال في صدقة رسول الله -صلى الله عليه وآله وسلم-: أن يأكل أهله منها بالمعروف وغير المنكر، ثم قال محمد: هذا الأثر موافق لرواية أبي جعفر -عليه السلام-، عن رسول الله -صلى الله عليه وآله وسلم-: «لا تحل الصدقة لأهل محمد، إلا صدقة الماء، أو صدقة بعضهم على بعض».

وروى -قدس الله روحه- من طريق الأمير صلاح الدين الدين متمم كتاب الشفاء: روى سادات آل أبي طالب، عن زين العابدين -عليه السلام-، عن العباس بن عبد المطلب أنه قال: يا رسول الله إنك حرمت علينا صدقات الناس، فهل تحل صدقات بعضنا لبعض؟ فقال: «نعم».

وروى -عليه السلام- من طريق الحاكم في كتابه معرفة أصول الحديث، قال الحاكم: حدثنا أبو محمد الحسن بن محمد بن يحيى بن الحسن بن جعفر بن عبد الله بن الحسين بن علي بن الحسين بن علي بن أبي طالب -ابن أخي طاهر العقيقي-، حدثنا أبو محمد إسماعيل بن محمد بن إسحاق بن جعفر بن محمد، قال: حدثني

علي بن جعفر بن محمد، قال حدثني علي بن الحسين بن زيد، عن عمه عمر بن علي بن الحسين، عن أبيه، أن العباس بن عبد المطلب قال: يا رسول الله إنك حرمت علينا صدقات الناس، فهل تحل صدقة بعضنا لبعض؟ قال: «نعم».

قال الحاكم: قال الحسين فرأيت مشيخة أهل بيتي يشربون من الماء في المسجد إذا كان لبعض بني هاشم، ويكرهونه ما لم يكن لبني هاشم.

وروى -عليه السلام- من طريق المؤيد بالله -عليه السلام- بإسناده عن النبي -صلى الله عليه وآله وسلم- أنه تصدق على أرامل بني عبد المطلب(31).

[قال عليه السلام]: فأنا أقفو أثره -عليه السلام- وأحتاط، وكان يشدد في ذلك على أولاده وعماله، حتى إذا كان في أول هذه السنة التي قبضه الله سبحانه إليه فيها وفد عليه مرتزقة أشراف جبل غربان حرسه الله تعالى يطلبون منه بعض النفقات، ولم يبق شيء يقوم بذلك إلا زكواتهم فأمر بصرفها من بعضهم في بعض، وأنفذناه عن أمره -عليه السلام-، ولا ندري أكان ذلك رجوعاً عما كان سبق له من الاجتهاد، [أم بنية القرض](32)، فهذا ما يصح عنه -عليه السلام- في هذه المسألة.

نعم، وأما الذي نختاره نحن: فالجواز للأدلة المتقدمة، ولإجماع العترة -عليهم السلام- على ذلك، وهم سفينة النجاة، وأمان أهل الأرض وقرناء الكتاب.

روى إجماعهم على ذلك الناصر بن الهادي -رضي الله عنهما-، رواه عنه الأمير الحسين -عليه السلام- في كتابيه الشفاء والتقرير.

وقال -عليه السلام-: أنه ذكر ذلك في جوابه للقاسم بن محمد بن القاضي،

---

(31) في أصل هذا الكتاب: [لكن الهادي -عليه السلام- لم يذكرها ولم يجوز ذلك عليه السلام]، والذي في المخطوطة في جواب الإمام المؤيد بالله -عليه السلام- هو ما وضعناه في الأصل بين قوسين، وهو أيضاً في مجموع فتاوي الإمام المؤيد بالله المطبوع كما أثبتناه ص(151).

(32) ما بين القوسين من المخطوطة، وفي الأصل: [أو قرضاً].

فقال ما لفظه: الذي سمعنا من آبائنا -صلوات الله عليهم- أن صدقات آل رسول الله -صلى الله عليه وآله وسلم- تجوز لهم ولضعفائهم وفقرائهم ومساكينهم دون كل أحد.

قال: وهو عندي كذلك، فذكر لفظ آبائه -عليهم السلام- وهم الهادي والقاسم، وقد أشار الهادي -عليه السلام- فيما رواه عنه صاحب المجموع في الكلام الذي قدمناه عنه آنفاً حيث قال: نبرأ إلى الله ممن استحل العشر من آل رسول الله -صلى الله عليه وآله وسلم- وقال إنه حلال له من غير آل رسول الله -صلى الله عليه وآله وسلم-، فمفهوم هذا أنه يحل من بعضهم لبعض.

وقد رواه ابن أصفهان عنه -عليه السلام- ونسبه إلى هذا الموضع، ورواه أيضاً صاحب حواشي الإفادة ونسبه إلى هذا الموضع أيضاً، وهو الظاهر من مذهب زيد بن علي، والمرتضى بن الهادي، وأبي العباس الحسني، وهو مذهب الأمير الحسين صاحب الشفاء والتقرير، ومذهب الإمام القاسم بن علي العياني، وولده الحسين، والإمام المطهر، وولده محمد بن المطهر، على جميعهم السلام، وقد روى الإمام المطهر إجماع العترة كما سبق، وهو مذهب الإمامية قاطبة.

ولنذكر كتاباً كتبه بعض سادات علماء آل محمد إلى أحد قراباته ذكره في صدر الكتاب، وهو السيد العلامة إبراهيم بن محمد الوزير -مصنف كتاب الهداية في الفروع، والفصول اللؤلؤية في أصول الفقه، وكتاب علوم الحديث وغيرها-، قال في جواب كتابه ما لفظه:

وبعد، فذكر الولد أحمد بما هَمّ به -أبقاه الله- من صرف المقيضة وسكردانة(33) إلى السيد المقام الشريف عز الدين محمد بن يحيى، وأنه داخل في الخاطر الكريم شيء من ذلك، وتعلم بسلامتك أنا نعتقد أن صرف زكاة بني

---

(33) هما موضعان.

هاشم إلى بني هاشم من أفضل القرب إلى الله، وقد حكي الإمام المطهر بن يحيى أنه إجماع أهل البيت -عليهم السلام-، ورواه عن السلسلة الذهبية، الأئمة الاثني عشر، وعن زيد بن علي، وابني الهادي، وحكاه صاحب المجموع عن الهادي -عليه السلام-، والقاسم بن علي، وابنه، وغيرهم، نصوا على ذلك في مصنفاتهم وغيرها، ومن اقتفى آثارهم، وعمل بمذهبهم فقد اقتفى الصواب، وعمل بمقتضى السنة والكتاب، وهذا السيد من صالحي العترة، ومن عيون الأسرة، ونقلة الكتاب العزيز، وهو أولى وأقدم من غيره، فلا يدخل في الخاطر شك من ذلك، ولا أرى لمثلكم -متع الله بحياتكم- السلوك في غير هذه المسالك، جعل الله ذلك مقروناً باليمن والبركة، والكتاب لا يحتاج إلى جواب، وإنما القصد التعريف بمذهب السلف من الآباء الطاهرين -أعاد الله من بركاتهم-، انتهى كلام السيد -رحمه الله-(34).

وهذا القول هو الذي نصره الإمام شرف الدين -عليه السلام-، وهو مروي عن الإمام الناصر لدين الله الحسن بن علي بن داود المؤيدي أعاد الله من بركاتهم جميعاً.

ويؤيده من النظر: أن الألف واللام في الناس من قوله «غسالة أوساخ الناس» لا تخلو: إما أن تكون للجنس أو للعهد:

إن كانت للجنس: فالمتكلم لا يدخل في عموم لفظ الناس عند أكثر الأصوليين.

أو للعهد: فيكون قوله «لا تحل الصدقة» أي الصدقة المحرمة وهي صدقة من عداهم. والله أعلم.

---

(34) قال السيد داود بن الهادي رحمه الله: وروى في حواشي الفصول: وروى صاحب كتاب علوم الحديث، حديث العباس في جواز ذلك عن زهاء مائتي رجل وامرأة من الصحابة والتابعين وتابعيهم، منهم ثلاثة وعشرون من أهل البيت -عليهم السلام-، منهم الأربعة المعصومون. تمت من خط السيد داود -رحمه الله-. تمت من حاشية على الأصل.

نعم، واطلعنا بعد رقم هذا على موضوع للإمام المنصور بالله محمد بن علي السراجي[35] -عليه السلام- جعل فيه لبعض أشراف ينبع من أولاد الهادي -عليه السلام- نصف زكاتهم، وفيه أنه يقول: بصرفها من بعضهم في بعض.

نعم، وأما الاحتياط في الدين، والذي تقضي به التقوى[36]، فهو تجنب ذلك لما ورد فيه من التشديد، وأن الأصل في العمومات بقاء عمومه.

ويجوز أن يحمل ما ورد من بعضهم من بعض على صدقات النفل، كما تؤول به كلام الناصر الأطروش -عليه السلام[37]-، والله -سبحانه- يقول: ﴿ٱلَّذِينَ يَسۡتَمِعُونَ ٱلۡقَوۡلَ فَيَتَّبِعُونَ أَحۡسَنَهُۥٓۚ أُوْلَٰٓئِكَ ٱلَّذِينَ هَدَىٰهُمُ ٱللَّهُۖ وَأُوْلَٰٓئِكَ هُمۡ أُوْلُواْ ٱلۡأَلۡبَٰبِ ١٨﴾[الزُّمَر:18]، والنبي -صلى الله عليه وآله وسلم- يقول فيما روى عنه سبطه الحسن بن علي -عليه السلام-: «دع ما يريبك إلى ما لا يريبك»، ولغناهم عنها شرعاً بما نبه عليه الشارع في قوله: (وعوضهم عنها سهماً من الخمس)، ولتنزيهه -صلى الله عليه وآله وسلم- لهم عن غسالة أوساخ أيدي الناس، ولشبههم في حق بعضهم بعضاً بالآباء والأبناء، فإنها حرمت على الأصول والفصول مخافة أن لا ينتفع بذلك الصارف في ابنه أو أبيه أو ذوي أقربيه.

انتهت الرسالة بلفظها.

قال السيد العلامة داود بن الهادي -رحمه الله-: وهذا من الإمام -عليه السلام- من باب التحري وطريق الزهد، وترك ما لا بأس به حذراً مما به البأس، وإلا فقد صرح بأنه يقول بجوازه.

---

(35) في المخطوط: عبد الله بن محمد السراجي، وهو غلط، والصحيح ما في الأصل.

(36) في الأصل: الفتوى، وما أثبتناه من المخطوط.

(37) لم يسبق ذكر للإمام الناصر الأطروش، ولعل الصواب في العبارة أن تكون بلفظ: كما تأول به الناصر للحق، والناصر للحق هو الأمير الحسين بن محمد -عليه السلام-، كما تقدم، والله أعلم. تمت مؤلف، من هامش الأصل.

وأما قوله: لغناهم عنه شرعاً بما نبه عليه الشارع من قوله (وعوضهم عنها سهماً من الخمس، فإن سهمهم من الخمس حقير مع كثرتهم، وتغلب الناس عليه منذ أخذه عمر بن الخطاب لما دفعه إليه علي في وقت لينتفع به المسلمون ويرده لهم، فلم يفعل بعد ذلك، وقد عرف ذلك العباس -عليه السلام-.

وأما كون الواجب من بعضهم غسالة؛ فمع الحاجة لا غضاضة في غسالة بعضهم لبعض. انتهى.

باب القول في الفقير، وكم يعطى من الزكاة؟

[1213]- **مجموع زيد بن علي -رضي الله عنهما-** [193]: حدثني زيد بن علي، عن أبيه، عن جده، عن علي -عليهم السلام-، قال: (لا يأخذ الزكاة من له خمسون درهماً، ولا يعطاها من له خمسون درهماً). انتهى.

الجامع الكافي [1/ 160]: وقال الحسن -عليه السلام-: يروي عن أبي جعفر محمد بن علي -عليه السلام- أنه قال: لا يعطي رجل واحد من الزكاة أكثر من مائتي درهم.

ويروى عن جعفر بن محمد -عليه السلام- أنه قال: لا يعطي أكثر من خمسين درهماً، ولا يعطي من له خمسون درهماً.

قال الحسن -عليه السلام-: فقول محمد بن علي -عليه السلام- فيه سعة ورخصة، وقول جعفر صواب.

وقال الحسن ومحمد: يعطي الفقير من الزكاة خمسون درهماً، ولا يعطي منها من له خمسون درهماً.

وروى محمد بإسناده عن علي -عليه السلام- مثل ذلك. انتهى.

الهادي -عليه السلام- في الأحكام [1/ 169]: قال يحيى بن الحسين -صلوات الله عليه-: لا يأخذ من الصدقة من كان في ملكه ما تجب فيه الصدقة

من أي الأصناف كان، طعاماً أو نقداً أو ماشية أو عرضاً، إذا كان مستغنياً عن ذلك العرض، ويأخذ من الصدقة من كانت له غلة لا تجب عليه فيها صدقة، وذلك أن تكون أقل من الخمسة الأوسق، فله أن يأخذ من الزكاة، فإن جاءت غلته بخمسة أوسق فكان يخشى أن تفني غلته، أو كان يوقن أنها لا تكفيه وعياله سنتهم، فلا يأخذ من الزكاة شيئاً. انتهى.

الجامع الكافي [3/ 148]: قال أحمد في رواية ابنه عنه: لا أرى سبيل الصدقات في جميع الوجوه إلا واحداً، ولا أرى الرواية الصحيحة الموافقة للإجماع والكتاب إلا على أن الصدقة لا تحل لغني، ورأيتهم مجمعين على أن من كان له مسكن يسكنه، وخادم يخدمه، ومتاع بيت لا غنى به عنه؛ فالصدقة له حلال، ولا يجوز له أن يأخذ من الصدقة ما يجب في هذه الحال في مثله الصدقة، ولا يعطي من الصدقة من كان في يديه من طعام ما يجب فيه الصدقة، ويبلغ خمسة أوساق، فإذا لم يكن في يديه ما يبلغ خمسة أوساق من صنف واحد أعطي من الصدقة.

قلت: وكلام أحمد بن عيسى هذا في الأمالي بلفظه.

[1214]- وقال القاسم -عليه السلام-: روي عن النبي -صلى الله عليه وآله وسلم- أنه قال: «من سأل وله ما يغنيه جاءت خدوشاً في وجهه يوم القيامة»، قالوا: يا رسول الله، وما غناه؟.

قال: «خمسون درهماً أو قيمتها من الذهب».

وقيل للقاسم -عليه السلام-: إنهم يقولون من له خمسون درهماً أو قيمتها من الذهب لا تحل له الزكاة.

فقال: يعني به المسألة، وقد روي ذلك، عن علي -عليه السلام-. انتهى.

ومثله عن القاسم في الأمالي.

[1215]- وفيه: وقال الحسن بن يحيى -عليه السلام-: روي عن النبي -

صلى الله عليه وآله وسلم- أنه قال: «لا تحل الصدقة لغني، ولا لذي مرة سوي»، يعني إذا كان صحيحاً قوياً، ومن لم يكن له خمسون درهماً يحول عليها الحول حل له أخذ الزكاة.

[1216]- وقال محمد: ذكر عن النبي -صلى الله عليه وآله وسلم- أنه قال: «من سأل عن غنى جاء يوم القيامة وفي وجهه كدوح أو خدوش أو شين» قيل: يا رسول، وماذا يغنيه؟

قال: «خمسون درهماً أو قمتها من الذهب». انتهى.

قلت: ومثل كلام أحمد بن عيسى، والقاسم بن إبراهيم، ومحمد بن منصور -رضي الله عنهم- في أمالي أحمد بن عيسى -رضي الله عنهما-.

الهادي -عليه السلام- في الأحكام [1/ 170]: قال يحيى بن الحسين -صلوات الله عليه-: لا يجوز لفقير ولا محتاج أن يأخذ من الصدقة ما يجب في مثله الصدقة، ولكن يأخذ ما دون ذلك بيسير أو كثير على قدر حاجته، وكثرة عياله، وإن كان فرداً برأسه أخذ خمسين درهماً، أو قيمتها من سائر الأشياء، وإن كان ذا عيال فأخذ نقداً ذهباً أخذ تسعة عشر مثقالاً، وإن أخذ فضة أخذ مائتي درهم إلا خمسة دراهم، وإن أخذ مكيلاً أخذ خمسة أوسق إلا ثلث وسق، وإن أخذ إبلاً أخذ منها أربعاً، وإن أخذ بقراً أخذ منها تسعاً وعشرين بقرة، وإن أخذ غنماً أخذ تسعاً وثلاثين شاة، وإن أخذ شيئاً من ثمار عضاة الأرض من رمانها أو تفاحها أو غير ذلك من ثمارها أخذ ما يساوي مائتي درهم إلا خمسة دراهم. انتهى.

باب القول فيمن لا تحل له الصدقة والمسألة

[1217]- **مجموع زيد بن علي -رضي الله عنهما-** [200]: حدثني زيد بن علي، عن أبيه، عن جده، عن علي -عليهم السلام-، قال: قال رسول الله -صلى الله عليه وآله وسلم-: «كفى بالمرء إثماً أن يضيع من يعول، أو يكون عيالاً على الناس».

وقال -صلى الله عليه وآله وسلم-: «لا تحل الصدقة لغني، ولا لقوي، ولا

لذي مرة سوي».

[1218]- حدثني زيد بن علي، عن أبيه، عن جده، عن علي -عليهم السلام-، عن رسول الله -صلى الله عليه وآله وسلم-: أنه أتاه رجل يسأله صدقة، فقال -صلى الله عليه وآله وسلم-: «لا تحل الصدقة إلا لثلاثة: لذي دم مفظع، أو لذي غرم موجع، أو لذي فقر مدقع».

قال أمير المؤمنين -عليه السلام-: فذكر أنه أحد الثلاثة فأعطاه درهماً.

[1219]- أبو طالب -عليه السلام- في الأمالي [242]: وبه: قال: حدثنا أبو أحمد علي بن الحسين الديباجي البغدادي، قال: حدثنا أبو الحسين علي بن عبد الرحمن بن عيسى بن ماتي، قال: حدثنا محمد بن منصور، قال: حدثنا أحمد بن عيسى، عن حسين بن علوان، عن أبي خالد، عن زيد بن علي، عن آبائه، عن علي -عليهم السلام-، قال: قال رسول الله -صلى الله عليه وآله وسلم-: «كفى بالمرء إثماً أن يضيع من يعول، أو يكون عيالاً على المؤمنين»، وقال: «لا تحل الصدقة لغني، ولا لقوي، ولا لذي مرة سوي، [من الناس]».

قال السيد أبو طالب الحسني: المراد به [عندنا] التصدق من الناس. انتهى.

[1220]- أمالي أحمد بن عيسى -رضي الله عنهما- [العلوم: 1/ 265]: حدثنا محمد، حدثني أحمد بن عيسى، عن حسين، عن أبي خالد، عن زيد، عن آبائه، عن علي -عليهم السلام- قال: قال رسول الله -صلى الله عليه وآله وسلم-: «كفى بالمرء إثماً أن يضيع من يقوت، أو يكون عيالاً على المؤمنين»، وقال: «لا تحل الصدقة لغني، ولا لقوي، ولا لذي مرة سوي».

قال محمد: لا تحل الصدقة لقوي إذا وجد ما يحل له اكتسابه، وإذا لم يجد ما يحل له اكتسابه صلح له أن يأخذ الصدقة.

[1221]- حدثني أحمد بن عيسى، عن حسين، عن أبي خالد، عن زيد، عن

آبائه، عن علي -عليهم السلام- أنه أتاه رجل يسأله صدقة، فقال علي: (لا تحل الصدقة إلا لثلاثة: لذي دم مفظع، أو لذي غرم موجع، أو لذي دين مدقع)، فذكر أنه أحد الثلاثة، فأعطاه ديناراً.

[1222]- أخبرني جعفر، عن قاسم بن إبراهيم، قال: قال رسول الله -صلى الله عليه وآله وسلم-: «لا تحل الصدقة لغني، ولا لذي مرة سوي» عنا به -عليه السلام- المسألة لا تحل لهما.

[1223]- وروى عبد الله بن مسعود، عن النبي -صلى الله عليه وآله وسلم- قال: «من له ما يغنيه كان خدوشاً في وجهه يوم القيامة»، قالوا: يا رسول الله، وما غناه؟ قال: «خمسون درهماً، أو قيمتها من الذهب».

[1224]- وروي عن النبي -صلى الله عليه وآله وسلم-، أن رجلاً من بني هلال سأله، فقال: يا رسول الله إني كنت تحملت حمالة، فقال له رسول الله -صلى الله عليه وآله وسلم-:«إن المسألة لا تحل إلا لثلاثة: رجل تحمل حمالة فحلت له المسألة حتى يصيبها، ورجل أصابته جائحة فذهب ماله فحلت له المسألة، ورجل أصابته فاقة شديدة حتى يقول ذوو الحجى من قومه قد حلت له المسألة».

وذكر عن النبي -صلى الله عليه وآله وسلم- أنه قال: «لا تحل المسألة إلا لذي فقر مدقع، أو دم موجع، أو غرم مفظع»، فهذا عندي يعني ما قال رسول الله -صلى الله عليه وآله وسلم-: «لا تحل الصدقة لغني، ولا لذي مرة سوي». انتهى.

ومثله في الجامع الكافي كما قد مر في الباب الذي قبل هذا الباب.

باب القول في المخالف والقريب ونحوهما هل يعطون الزكاة أم لا؟

الجامع الكافي [3/ 158]: قال الحسن بن يحيى: أجمع آل رسول الله -صلى الله عليه وآله وسلم- على أن يتعمدوا بالزكاة أهل المعرفة والحق والموافقة، ولا

يتعمدوا بها أهل الخلاف والعداوة، وكذلك الصدقات والكفارات والفطر ونحو ذلك. انتهى.

القاضي زيد في الشرح: ودفعها إلى الكفار لا يجوز بالإجماع، والتشبيه كفر بالإجماع.

وفيه: ولا خلاف أن دفعها إلى الآباء والأمهات لا يجوز، وإن علوا، ولا إلى الأولاد وإن سفلوا، سواء وجبت زكاة هؤلاء على المزكي أم لم تجب، ويدخل في ذلك أولاد البنات، وإن صاروا من ذي الأرحام.

وفيه: ولا خلاف أن دفعها إلى مماليكه ومدبره وأمهات أولاده لا يجوز. انتهى.

الأمير الحسين -عليه السلام- في الشفاء [1/ 577]: وأجمعت الأمة على أن الزكاة لا يجوز صرفها إلى الكفار.

وفيه [1/ 578]: والإجماع منعقد بين أهل الإسلام على أن دفع الزكاة إلى الآباء وإن علوا، أو إلى الأمهات وإن علوا، أو إلى الأولاد وأولادهم وإن سفلوا لا يجوز، ولا يجوز صرفها عند آبائنا -عليهم السلام- إلى الأقارب الذين يجب نفقتهم على المخرج للزكاة إليهم؛ لأنه يكون منتفعاً بها من حيث أسقط بدفعها إليهم ما يجب عليه من نفقتهم، وذلك لا يجوز.

وأما الأقارب الذين لا تجب نفقتهم فهم بذلك أولى من غيرهم. انتهى.

المؤيد بالله -عليه السلام- في شرح التجريد [2/ 85]: أما الأبوان والأولاد والمملوك والمدبر وأم الولد فلا خلاف أنه لا يجوز للرجل أن يعطيهم شيئاً من زكاته.

وأما سائر من تلزمه نفقتهم؛ فالوجه في أنهم لا يعطون من الزكاة شيئاً: أنه لا خلاف في الأبوين والولد أنهم لا يعطون، فكذلك سائر من ذكرنا، لعلة لزومه

نفقاتهم، وكل من لزمته نفقته لا يجوز أن يعطيه شيئاً من زكاته، لأنه يكون مخففاً عن نفسه ومنتفعاً بها، ولا يجوز للإنسان أن يجعل زكاته نفعاً لنفسه. انتهى.

الجامع الكافي [3/ 158]: قال الحسن: ينبغي أن يخص بها أهل الدين، والإخوان من أهل الموافقة، فإن لم يصب موافقاً لدينه فليعزلها من ماله حتى يجد موافقاً فيدفعها إليه.

وقال محمد: ولا تبرِّ الناصب إلا أن تخاف شره وظلمه وعداوته، فإن رسول الله -صلى الله عليه وآله وسلم- قال: «يكرم الفاسق مخافة شره». انتهى.

تفسير آيات قرآنية

قوله تعالى: ﴿وَيَمْنَعُونَ الْمَاعُونَ ۝٧﴾[الماعون:7].

الجامع الكافي [3/ 185]: قال القاسم -عليه السلام- فيما روى داود عنه في قوله -عز وجل-: ﴿وَيَمْنَعُونَ الْمَاعُونَ ۝٧﴾[الماعون:7] قال: قال علي بن أبي طالب -عليه السلام-: وهو الزكاة المفروضة.

وقال القاسم -عليه السلام-: وهو مع ذلك فيما أرى ما يتعاون الناس به ويترافقون، مما ليس في بذله بهم إضرار، مثل ما ذكر من آنية الرفق بالدلو، والنار، والقدر، والفاس، وأشباه ذلك.

[1225]- وقال محمد: بلغنا عن النبي -صلى الله عليه وآله وسلم- أنه قال في قوله تعالى: ﴿وَيَمْنَعُونَ الْمَاعُونَ ۝٧﴾[الماعون:7] قال: «هو الزكاة».

وروى بإسناده عن علي وابن الحنفية -رضي الله عنهما- وابن عباس وأبي بكر وابن عمر والحسن البصري وقتادة، أنهم قالوا: الماعون الزكاة. انتهى.

القاسم بن إبراهيم -عليه السلام- في تفسيره [مجموع كتب ورسائل الإمام القاسم (3/ 83)]:

قال القاسم بن إبراهيم -رضي الله عنهما- ﴿وَيَمْنَعُونَ ٱلْمَاعُونَ ۝٧﴾ [الماعون:7] : وهو ما جعل الله فيه العون [من المرافق] كلها، التي يجب العون فيها لأهلها، من مفروض واجب الزكوات، وما ليس فيه كثير مؤونة من المعونات؛ مثل نار تقتبس، أو رحى أو دلو يلتمس، وليس في بذله إضرار بأهله، وكل ذلك وما أشبهه فماعون يتعاون به ويبتذله بينهم المؤمنون، ومانعه بمنعه له من طالبه فمانعون، وهم كلهم بمنعهم لغيرهم فذامون، وما ذكر الله سبحانه من قوله ﴿فَوَيْلٌ لِّلْمُصَلِّينَ ۝٤﴾ فقول لمن كان قبله من ذكره بمنع الماعون، موصول في الذم والتقبيح، وما يعرف من التقبيح فصغيره صغيرة، وكبيره كبيرة، وكله عند الله فمسخوط غير رضي، وخلق دنيء من أهله غير زكي، يجب مجانبته، ولا تحل مقاربته إلا العذر فيه بين، وأمر فيه نير، والحمد الله مقبح القبائح، والمنان على جميع خلقه بالنصائح، الذي أمر بالتبارِّ والإحسان، ونهى عن التظالم والعدوان. انتهى.

قوله تعالى: ﴿فِيٓ أَمْوَٰلِهِمْ حَقٌّ مَّعْلُومٌ ۝٢٤﴾[المعارج:24].

الجامع الكافي [3/ 168]: قال الحسن بن يحيى -عليه السلام-: وسألتَ عن مواساة الإخوان بالمال، أفريضة أم فضل؟

فالفرض في مالك الزكاة، فإن لم يكن لك مال تجب فيه الزكاة فالمواساة فضيلة، وبر الإخوان ما أمكنك، وذلك فضل بعد تأدية الزكاة، فإذا جاءت حالة الضرورة من الأخ المسلم فكان محتاجاً، لا يجد ما يستره للصلاة، ولا ما يسد به جوعته، كانت المواساة -في هذه الحال على من أمكنه ذلك- فريضة، لا يسعه -إذا علم بحاله- أن يشبع ويجوع، ولا أن يلبس ويعرى، لأنا سمعنا عن النبي -صلى الله عليه وآله وسلم- أنه قال: «ما آمن بي؛ من بات شبعاناً وجاره جائع»، وقد أمر الله بالتعاون على البر التقوى، فقال: ﴿وَتَعَاوَنُواْ عَلَى ٱلْبِرِّ وَٱلتَّقْوَىٰ وَلَا تَعَاوَنُواْ عَلَى ٱلْإِثْمِ وَٱلْعُدْوَٰنِ﴾[المائدة:2] الآية.

وقال الحسن -عليه السلام- -فيما روى ابن صباح عنه-، وهو قول محمد: وليس على من كان له مال لم يبلغ ما يكون فيه العشر صدقةٌ تؤخذ منه، كفرض الصدقات التي في الكتاب، ولكن للمسلم على المسلم حقوق أمر بها رسول الله -صلى الله عليه وآله وسلم-، أن يواسي أخاه المسلم، وجاره القريب، وقرابته المحتاجين مما رزقه الله، ما لم يكن ذلك يضر به ولا بعياله، أن يواسي من ذلك ما يسد به الفورة، ويستر به العورة، ويبدأ في ذلك بالقرابة، ثم الجار القريب الموافق ثم سائر المسلمين.

[1226]- وروى محمد بإسناد عن النبي -صلى الله عليه وآله وسلم- قال: «أيما أهل عرصة هلك فيهم امرؤٌ جائعاً برئت منهم ذمة الله».

[1227]- وفي حديث آخر: «أيما أهل عرصة ظل في ناديهم امرؤ من المسلمين جائعاً برئت منهم ذمة الله».

[1228]- وروى محمد عن النبي -صلى الله عليه وآله وسلم- أنه قال: «برئ من الشح من أدى الزكاة، وقرى الضيف، وأعطى في النائبة».

[1229]- وعن علي -عليه السلام- قال: (من أدى زكاة ماله فقد وقي شح نفسه). انتهى.

محمد بن القاسم بن إبراهيم -عليهم السلام- في كتاب دعائم الإيمان

[الشرح والتبيين/ مجموع رسائل الإمام محمد بن القاسم (صـ52)]:

قال الإمام الأعظم محمد بن القاسم بن إبراهيم -صلوات الله عليهم-: ومن عظيم ما يرضي الله عن المؤمنين أن يكونوا لما رزقهم من رزقه لإخوانهم مواسين، وأن لا يكونوا بأموالهم أشحاء باخلين، وقد ذكر الله في مواضع كثيرة، وآيات عدة أن من صفات عباده المتقين، أن يكونوا مما رزقهم منفقين، فقال في سورة البقرة وهو يخبر عما في الإنفاق من المؤمنين: ﴿وَمِمَّا رَزَقْنَٰهُمْ يُنفِقُونَ﴾ ما

يكونون به عنده مرضيين، وقرن الإنفاق من رزقه مع الإيمان به، فقال -سبحانه- في صفات عباده المؤمنين: ﴿ٱلَّذِينَ يُؤۡمِنُونَ بِٱلۡغَيۡبِ وَيُقِيمُونَ ٱلصَّلَوٰةَ وَمِمَّا رَزَقۡنَٰهُمۡ يُنفِقُونَ ٣ وَٱلَّذِينَ يُؤۡمِنُونَ بِمَآ أُنزِلَ إِلَيۡكَ وَمَآ أُنزِلَ مِن قَبۡلِكَ وَبِٱلۡأٓخِرَةِ هُمۡ يُوقِنُونَ ٤ أُوْلَٰٓئِكَ عَلَىٰ هُدٗى مِّن رَّبِّهِمۡۖ وَأُوْلَٰٓئِكَ هُمُ ٱلۡمُفۡلِحُونَ ٥﴾[البقرة:3-5].

وقال -سبحانه- في هذه السورة مكرراً لماله من الرضا في بذل المال، وما للمؤمنين إليه من القربة: ﴿۞لَّيۡسَ ٱلۡبِرَّ أَن تُوَلُّواْ وُجُوهَكُمۡ قِبَلَ ٱلۡمَشۡرِقِ وَٱلۡمَغۡرِبِ وَلَٰكِنَّ ٱلۡبِرَّ مَنۡ ءَامَنَ بِٱللَّهِ وَٱلۡيَوۡمِ ٱلۡأٓخِرِ وَٱلۡمَلَٰٓئِكَةِ وَٱلۡكِتَٰبِ وَٱلنَّبِيِّـۧنَ وَءَاتَى ٱلۡمَالَ عَلَىٰ حُبِّهِۦ ذَوِي ٱلۡقُرۡبَىٰ وَٱلۡيَتَٰمَىٰ وَٱلۡمَسَٰكِينَ وَٱبۡنَ ٱلسَّبِيلِ وَٱلسَّآئِلِينَ وَفِي ٱلرِّقَابِ وَأَقَامَ ٱلصَّلَوٰةَ وَءَاتَى ٱلزَّكَوٰةَ وَٱلۡمُوفُونَ بِعَهۡدِهِمۡ إِذَا عَٰهَدُواْۖ وَٱلصَّٰبِرِينَ فِي ٱلۡبَأۡسَآءِ وَٱلضَّرَّآءِ وَحِينَ ٱلۡبَأۡسِۗ﴾[البقرة:177].

ثم قال -سبحانه- فيمن وصف فيه هذه الصفات من المؤمنين: ﴿أُوْلَٰٓئِكَ ٱلَّذِينَ صَدَقُواْۖ وَأُوْلَٰٓئِكَ هُمُ ٱلۡمُتَّقُونَ ١٧٧﴾[البقرة:177]، فقرن الله سبحانه إيتاء المؤمنين المال -وهو بذلهم له على حبه- مع الإيمان به، والإيمان باليوم الآخر -وهو يوم القيامة-، والإيمان بملائكته وكتبه ورسله، ثم قرن ذكر إيتاء المال بهذه الفرائض فقال: ﴿وَءَاتَى ٱلۡمَالَ عَلَىٰ حُبِّهِۦ﴾، ثم ذكر ما ذكر بعدُ من صفات المؤمنين، حتى بلغت الصفات هذه الآية المفروضة.

وقال في هذه السورة بعينها، وهو يرغب في الإنفاق عبادَه المؤمنين: ﴿وَأَنفِقُواْ فِي سَبِيلِ ٱللَّهِ وَلَا تُلۡقُواْ بِأَيۡدِيكُمۡ إِلَى ٱلتَّهۡلُكَةِ وَأَحۡسِنُوٓاْۚ إِنَّ ٱللَّهَ يُحِبُّ ٱلۡمُحۡسِنِينَ ١٩٥﴾ [البقرة:195] وأخبر أن البخل بالإنفاق إلقاء بأيديهم إلى التهلكة، فافهموا رحمكم الله.

وقال -سبحانه- مكرراً لما في الإنفاق من مرضاته: ﴿يَسۡـَٔلُونَكَ مَاذَا يُنفِقُونَۖ قُلۡ مَآ أَنفَقۡتُم مِّنۡ خَيۡرٖ فَلِلۡوَٰلِدَيۡنِ وَٱلۡأَقۡرَبِينَ وَٱلۡيَتَٰمَىٰ وَٱلۡمَسَٰكِينِ وَٱبۡنِ

ٱلسَّبِيلِۗ وَمَا تَفۡعَلُواْ مِنۡ خَيۡرٖ فَإِنَّ ٱللَّهَ بِهِۦ عَلِيمٞ ﴿٢١٥﴾ ﴾[البقرة:215].

وقال في هذه السورة نفسها مكرراً ومردداً لما في الإنفاق مما رزق المؤمنين لمن آمن به إليه من القربة إليه: ﴿ يَٰٓأَيُّهَا ٱلَّذِينَ ءَامَنُوٓاْ أَنفِقُواْ مِمَّا رَزَقۡنَٰكُم مِّن قَبۡلِ أَن يَأۡتِيَ يَوۡمٞ لَّا بَيۡعٞ فِيهِ وَلَا خُلَّةٞ وَلَا شَفَٰعَةٞۗ وَٱلۡكَٰفِرُونَ هُمُ ٱلظَّٰلِمُونَ ﴿٢٥٤﴾ ﴾ [البقرة:254] خبراً منه سبحانه على أن من بخل أو أمسك عن الإنفاق مما رزقه الله فقد ظلم نفسه وكفر، ومن فعل هذا فليس من أهل التقوى والبر.

وقال في هذه السورة مردداً ومكرراً لما له في الإنفاق من الرضا والمحبة: ﴿ ٱلَّذِينَ يُنفِقُونَ أَمۡوَٰلَهُمۡ فِي سَبِيلِ ٱللَّهِ ثُمَّ لَا يُتۡبِعُونَ مَآ أَنفَقُواْ مَنّٗا وَلَآ أَذٗى لَّهُمۡ أَجۡرُهُمۡ عِندَ رَبِّهِمۡ وَلَا خَوۡفٌ عَلَيۡهِمۡ وَلَا هُمۡ يَحۡزَنُونَ ﴿٢٦٢﴾ ﴾[البقرة:262].

وقال في هذه السورة مردداً لما في إنفاق المؤمن بالليل والنهار من الرضى والقربة: ﴿ ٱلَّذِينَ يُنفِقُونَ أَمۡوَٰلَهُم بِٱلَّيۡلِ وَٱلنَّهَارِ سِرّٗا وَعَلَانِيَةٗ فَلَهُمۡ أَجۡرُهُمۡ عِندَ رَبِّهِمۡ وَلَا خَوۡفٌ عَلَيۡهِمۡ وَلَا هُمۡ يَحۡزَنُونَ ﴿٢٧٤﴾ ﴾ [البقرة:274].

وقال –سبحانه–: ﴿وَمَثَلُ ٱلَّذِينَ يُنفِقُونَ أَمۡوَٰلَهُمُ ٱبۡتِغَآءَ مَرۡضَاتِ ٱللَّهِ وَتَثۡبِيتٗا مِّنۡ أَنفُسِهِمۡ﴾[البقرة:265] والتثبيت –والله أعلم–: الإنفاق بالنية في القربة إلى الله وابتغاء مرضات الله، ﴿كَمَثَلِ جَنَّةِۭ بِرَبۡوَةٍ أَصَابَهَا وَابِلٞ﴾، والوابل: فهو المطر الغزير الشديد، ﴿فَـَٔاتَتۡ أُكُلَهَا ضِعۡفَيۡنِ فَإِن لَّمۡ يُصِبۡهَا وَابِلٞ فَطَلّٞۗ ﴾ [البقرة:265]، والطل: النَّدَى بالليل، فهو يقوم في زكاء الثمار، مقام الوابل من الأمطار، ﴿وَٱللَّهُ بِمَا تَعۡمَلُونَ بَصِيرٌ ﴿٢٦٥﴾ ﴾.

ثم قال –سبحانه– مرغباً للمؤمنين في الإنفاق: ﴿وَمَا تُنفِقُواْ مِنۡ خَيۡرٖ يُوَفَّ إِلَيۡكُمۡ وَأَنتُمۡ لَا تُظۡلَمُونَ ﴿٢٧٢﴾ ﴾[البقرة:272].

وقال في سورة آل عمران وهو يخبر عباده بما في الإنفاق من أموالهم من تمام الإيمان ﴿ ٱلصَّٰبِرِينَ وَٱلصَّٰدِقِينَ وَٱلۡقَٰنِتِينَ وَٱلۡمُنفِقِينَ وَٱلۡمُسۡتَغۡفِرِينَ

بِٱلۡأَسۡحَارِ ﴿١٧﴾ [آل عمران:17].

فهذه صفة الله للمؤمنين الأتقياء الأبرار، وصفهم سبحانه بالصبر والقنوت، والقنوت: فهو الدعاء لله من المؤمنين، وهو قانت خاشع قائم، ثم وصفهم بالسخاء والإنفاق لأموالهم وترك البخل، لما في البخل من سخط ربهم، ووصفهم بالاستغفار مع التوبة، وهو تمام الاستغفار من ذنوبهم.

وقال -سبحانه-: ﴿لَن تَنَالُواْ ٱلۡبِرَّ حَتَّىٰ تُنفِقُواْ مِمَّا تُحِبُّونَۚ وَمَا تُنفِقُواْ مِن شَيۡءٖ فَإِنَّ ٱللَّهَ بِهِۦ عَلِيمٞ ﴿٩٢﴾﴾ [آل عمران:92].

وقال -سبحانه- في من بخل بالإنفاق الذي هو تمام الإيمان: ﴿فَمِنكُم مَّن يَبۡخَلُۖ وَمَن يَبۡخَلۡ فَإِنَّمَا يَبۡخَلُ عَن نَّفۡسِهِۦۚ وَٱللَّهُ ٱلۡغَنِيُّ وَأَنتُمُ ٱلۡفُقَرَآءُۚ وَإِن تَتَوَلَّوۡاْ يَسۡتَبۡدِلۡ قَوۡمًا غَيۡرَكُمۡ ثُمَّ لَا يَكُونُوٓاْ أَمۡثَٰلَكُم ﴿٣٨﴾﴾ [محمد:38].

وقال -سبحانه- في الثناء على الأنصار، وذكرهم بما فعلوا مما رضيه من عباده المؤمنين الأبرار، ومواساتهم لإخوانهم من المهاجرين، حين علموا أنهم إلى مواساتهم محتاجون: ﴿وَٱلَّذِينَ تَبَوَّءُو ٱلدَّارَ وَٱلۡإِيمَٰنَ مِن قَبۡلِهِمۡ يُحِبُّونَ مَنۡ هَاجَرَ إِلَيۡهِمۡ وَلَا يَجِدُونَ فِي صُدُورِهِمۡ حَاجَةٗ مِّمَّآ أُوتُواْ وَيُؤۡثِرُونَ عَلَىٰٓ أَنفُسِهِمۡ وَلَوۡ كَانَ بِهِمۡ خَصَاصَةٞۚ وَمَن يُوقَ شُحَّ نَفۡسِهِۦ فَأُوْلَٰٓئِكَ هُمُ ٱلۡمُفۡلِحُونَ ﴿٩﴾﴾ [الحشر:9-10].

ولقد ذكر في الخبر، وصح فيما جاء من الأثر: أن الأنصار كانوا بلغوا من مواساة إخوانهم المهاجرين في أموالهم، وما لهم من المساكن والديار؛ أن كانوا يُسكنونهم أفضل مساكنهم، وكان يكون للرجل من الأنصار في داره المنزلان والمسكنان فينزل المهاجر في خير المنزلين من داره، وكانوا إذا جاء ثمر ضياعهم وحوائطهم قسم الرجل من الأنصار حائطه الذي فيه ثمر نخله قسمين، فأطعم أخاه في الدين من المهاجرين خير النصفين وأجودهما وأطيبهما تمراً، فأثنى الله

بذلك في كتابه عليهم، وذكر فعلهم في هذا، ورضاه ومحبته لذلك منهم فقال: ﴿وَيُؤْثِرُونَ عَلَىٰٓ أَنفُسِهِمْ وَلَوْ كَانَ بِهِمْ خَصَاصَةٌ﴾[الحشر:9] يخبر -سبحانه- أنه قد كان يفعل ما يحب الله من أثرتهم لإخوانهم في الدين من المهاجرين مَن به خصاصة، والخصاصة: الفقر والحاجة من الأنصار الكرام المتكرمين، فكانوا - أرشدكم الله- بهذا الخلق مستوصين، وبهذا أمر الله المؤمنين في كتابه الناطق المبين فقال: ﴿يَٰٓأَيُّهَا ٱلَّذِينَ ءَامَنُوٓاْ أَنفِقُواْ مِن طَيِّبَٰتِ مَا كَسَبْتُمْ وَمِمَّآ أَخْرَجْنَا لَكُم مِّنَ ٱلْأَرْضِ وَلَا تَيَمَّمُواْ ٱلْخَبِيثَ مِنْهُ تُنفِقُونَ وَلَسْتُم بِـَٔاخِذِيهِ إِلَّآ أَن تُغْمِضُواْ فِيهِ وَٱعْلَمُوٓاْ أَنَّ ٱللَّهَ غَنِيٌّ حَمِيدٌ ﴿٢٦٧﴾﴾ [البقرة:267]، يقول -تعالى-: أنفقوا من طيبات ما كسبتم: يعني من خير أموالكم وأزكاها وأطيبها، ولا تنفقوا مما تبغضون من حرامها وخبيثها، ولو أعطيتم ذلك لم تأخذوه من غيركم، إلا أن تغمضوا فيه: إلا أن تتكارهوا عليه، فافهموا ثم افهموا رحمكم الله.

ثم أخبر سبحانه أن الذي يمنعهم وامتنعوا من مواساة إخوانهم وترك القليل الذي لا يجدون فقده ولا مسه من أموالهم أن الشيطان يخوفهم ويعدهم الفقر، ويأمر بالفحشاء والسوء من البخل، والله سبحانه يعدهم إذا أنفقوا مغفرة منه وفضلاً والله واسع عليه.

والبخل فلا يرضاه الله للمؤمنين، ولا رضيه رسول رب العالمين.

[1230]- لقد بلغني وصح عندي، ورواه أبي -رضي الله عنه-: أن أصحاب النبي -صلى الله عليه وعلى المتقين من آله- قالوا: يا رسول الله، هل يكون المؤمن جباناً؟ فقال -صلى الله عليه وآله وسلم-: «ربما كان»، قالوا: يا رسول الله، هل يكون المؤمن بخيلاً؟ فقال -صلى الله عليه وآله وسلم-: «لا، لا يكون المؤمن بخيلاً».

[1231]- وقال رسول الله -صلى الله عليه وآله وسلم- لقوم من الأنصار،

يقال لهم بنو سلمة: «يا بني سلمة مَن سيدكم»، قالوا: يا رسول الله، سيدنا الجدُّ بن قيس على بخل فيه، فقال رسول الله -صلى الله عليه وآله وسلم- «وأي داء أدوى من البخل، وأي داء أدوى من البخل» يردد هذا القول ثلاث مرات.

[1232]- وروي لنا عن بعض آل محمد -صلى الله عليه وآله وسلم-، عن أسلافه، عن علي -رضي الله عنه- قال: قال رسول الله -صلى الله عليه وآله وسلم-: «يا علي كن شجاعاً، فإن الله يحب الشجاع، يا علي كن سخياً فإن الله يحب السخي، يا علي كن غيوراً فإن الله يحب الغيور»، والغيور -هداكم الله-: الذي يغار على حرمته وامرأته يحجبها، ويشدد لغيرته عليها، خوفاً من زلتها وعثرتها، إذا خرجت من بيته، فقد تلوت عليكم ما يكون من أي القرآن، وأمر الله عباده المؤمنين بالإنفاق، وأن لا يكونوا بما رزقهم الله أشحاء باخلين، وبأن يكونوا لإخوانهم مواسين، ولخلتهم وفقرهم وبرهم وصلتهم متعاهدين، فكونوا بما أوصاكم الله من هذا مستوصين، فإني بما أوصيتكم به، وذكرتكم من أمر الله لكم من الناصحين، فإن الله يخلف لكم ما أنفقتم وهو خير الرازقين، قال الله -تعالى-: ﴿وَمَآ أَنفَقْتُم مِّن شَيْءٍ فَهُوَ يُخْلِفُهُۥ وَهُوَ خَيْرُ ٱلرَّٰزِقِينَ ﴿٣٩﴾﴾ [سبأ:39]، فهذا باب كبير من تمام الإيمان، إن حافظتم عليه رشدتم، وإن بخلتم على أنفسكم بالتقرب إلى الله به غويتم وهلكتم. انتهى الكلام الإمام الأعظم محمد بن القاسم بن إبراهيم -صلوات الله عليهم-.

قوله تعالى: ﴿وآتوا حقه يوم حصاده﴾

الهادي -عليه السلام- في الأحكام [1/ 161]: قال يحيى بن الحسين -صلوات الله عليه-: في رجل زرع أرضاً فلما حصدها باع ثمرها من رجل آخر جزافاً وهو في سنبله، ثم أتى المصدق فوجده قد باعه، فإنه يأخذ ما يجب فيه منه، ويرجع المشتري على البائع بقيمة ما أخذ المصدق من ذلك.

وقد قال غيرنا: إنه يجزيه أنه يأخذ من البائع قيمة ما يجب له في ذلك الزرع، ولا يأخذ من المشتري شيئاً، ولسنا نرى ذلك؛ لأنه يجب على صاحب الزرع أن يخرج

عشر زرعه منه لا من غيره، فإذا أخطأ رد عن خطأه، ولم نسوغ ما لا يسوغ؛ لأن الثمرة التي أوجب فيها ما أوجب قائمة بعينها في يد هذا المشتري الذي اشترىٰ ما لا يجوز له أن يشتريه، فعليه أن يرده إلىٰ أصحابه ويرجع بقيمته علىٰ من باعه إياه، ولو جاز أن يؤخذ من البائع عشر ما أخرجت أرضه نقداً لجاز أن يؤخذ عشر الحنطة من التمر، وعشر التمر من الحنطة، وأن يؤخذ من ذلك فيه نقداً ذهباً وفضة، وهذا خلاف قول الله -سبحانه- حين يقول: ﴿وَءَاتُواْ حَقَّهُۥ يَوۡمَ حَصَادِهِۦ﴾ [الأنعام:141]، لأنه أراد بقوله حقه يوم حصاده: أخرجوا منه ما يجب فيه.

[1233]- وفي ذلك ما قال رسول الله -صلىٰ الله عليه وآله وسلم-: «الحنطة من الحنطة، والتمر من التمر، والخف من الخف، والظلف من الظلف». انتهىٰ.

وفي الأحكام أيضاً: قال يحيىٰ بن الحسين -صلوات الله عليه-:

وإنما أحببنا لمن عدم الإمام أن يخرج زكاة تلك الثمرة رطبة علىٰ حالها، وسلمها عند وقت جودتها إلىٰ أربابها، لأن يكون قد أخرج زكاة كل شيء منه، وبذلك جاءت السنة. انتهىٰ.

الجامع الكافي [3/ 188]: قال القاسم -عليه السلام- -فيما حدثنا علي، عن ابن هارون، عن ابن سهل، عن عثمان بن محمد، عن القومسي عنه، قال: معنىٰ قوله -عز وجل-: ﴿وَءَاتُواْ حَقَّهُۥ يَوۡمَ حَصَادِهِۦ﴾ [الأنعام:141]: أعطوا فيه ما يلزم من زكاته.

وقال الحسن -عليه السلام- في قوله: ﴿وَءَاتُواْ حَقَّهُۥ يَوۡمَ حَصَادِهِۦ﴾ [الأنعام:141]، قال: إذا حضر المساكين الطعام يوم يحصدون في البيدر فليطعموا منه ولا يُردوا.

وقال الحسن أيضاً -فيما أخبرنا حسين، عن أحمد بن يزيد-، عنه، في قوله: ﴿وَءَاتُواْ حَقَّهُۥ يَوۡمَ حَصَادِهِۦ﴾ [الأنعام:141] قال: يتصدق الرجل يوم يحصد زرعه قدر قبضة وقبضتين.

وروى محمد بأسانيده، عن ابن الحنفية وسعيد بن جبير وأبي الشعثاء وطاووس والضحاك، في قوله: ﴿وَءَاتُواْ حَقَّهُۥ يَوۡمَ حَصَادِهِۦ﴾[الأنعام:141] قالوا: هي الزكاة المفروضة، يعنون العشر ونصف العشر.

وعن أبي جعفر محمد بن علي، وإبراهيم النخعي، ومجاهد، والربيع بن أنس، قالوا: هذا سوى الزكاة، قال بعضهم: القبضة أو القبضات.

وعن أبي جعفر، وإبراهيم، والسدي، قالوا: نسختها آية الزكاة المفروضة، والعشر ونصف العشر. انتهى.

باب صدقة الفطر

[1234]- **مجموع زيد بن علي -رضي الله عنهما-** [197]: حدثني زيد بن علي، عن أبيه، عن جده، عن علي -عليهم السلام-، قال: قال رسول الله -صلى الله عليه وآله وسلم-: «صدقة الفطر على المرء المسلم يخرجها عن نفسه، وعن من هو في عياله؛ صغيراً كان أو كبيراً، ذكراً أو أنثى، حراً كان أو عبداً، نصف صاع من بر، أو صاع من تمر، أو صاع من شعير». انتهى.

[1235]- **أمالي أحمد بن عيسى -رضي الله عنهما-** [**العلوم**:1/ 305]: حدثنا محمد، قال: حدثني أحمد بن عيسى، عن حسين بن علوان، عن أبي خالد، عن زيد، عن آبائه، عن علي -عليهم السلام- قال: قال رسول الله: «صدقة الفطر على من كان من عيالك؛ صغيراً أو كبيراً أو مملوكاً، لكل اثنين صاع، وقد يجزي نصف صاع».

قال أبو جعفر: يعني عن واحد نصف صاع.

[1236]- وحدثنا محمد، عن أبي الطاهر، قال حدثني أبو ضمرة، عن جعفر، عن أبيه، عن النبي -صلى الله عليه وآله وسلم- قال: «صدقة الفطر على كل صغير أو كبير، حر أو عبد، وعلى مَن تمونون». انتهى.

في هذا الإسناد أبو ضمرة: وهو أنس بن عياض الليثي، وقد مر الكلام عليه، وهو من رجال الشيعة -رضي الله عنه-.

[1237]- **الجامع الكافي** [3/ 172]: وروى محمد، عن النبي -صلى الله عليه وآله وسلم- أنه قال: «صدقة الفطر على كل صغير وكبير، حر أو عبد، وعلى من تمونون».

[1238]- وعن علي -عليه السلام- قال: (زكاة الفطر على من جرت عليه نفقته). انتهى.

[1239]- **أمالي أحمد بن عيسى -رضي الله عنهما- [العلوم**:1/ 268]: حدثنا عباد، عن حاتم بن إسماعيل، عن جعفر بن محمد، عن أبيه، قال: فرض رسول الله -صلى الله عليه وآله وسلم- على كل صغير وكبير، حر أو عبد ممن تمونون، صاعاً من تمر، أو صاعاً من زبيب، أو صاعاً من شعير على كل إنسان. انتهى.

رجال هذا الإسناد من ثقات محدثي الشيعة، وقد مر الكلام عليهم.

الهادي -عليه السلام- في الأحكام [1/ 183]: قال يحيى بن الحسين -صلوات الله عليه-: زكاة الفطر تجب على كل عيل من عيال من كان من المسلمين يجد السبيل إليها، وهي شيء جعله رسول الله -صلى الله عليه وآله وسلم- وفرضه على المسلمين، وأمرهم بأدائه في يوم فطرهم، شكراً لله على ما من به عليهم من تبليغهم، لاستتمام ما فرض الله عليهم من صومهم، وتزكية لما تقدم في شهرهم من عملهم، ونظراً منه -صلى الله عليه وآله وسلم- لفقرائهم وأغنيائهم في مثل ذلك اليوم العظيم، والعيد الشريف الكريم، فأراد -صلى الله عليه وآله وسلم- أن يصيب الأغنياء من المسلمين، في ذلك اليوم أجراً عند رب العالمين، بما يطعمون من الطعام، ويوسعون به على ضعفة الأنام، وأراد أن يتسع

الفقراء في ذلك اليوم في فطرة الأغنياء، كما يتسع أهل الأموال في فضل أموالهم، ففسح -صلى الله عليه وآله وسلم- بذلك للمساكين والمعسرين، حتى نالوا في ذلك اليوم من السعة منال المتوسعين، رحمة منه -صلى الله عليه وآله وسلم- للعباد، وإصلاحاً بذلك في البلاد. انتهى.

[1240]- المؤيد بالله -عليه السلام- في شرح التجريد [2/ 87]: وروى محمد بن منصور بإسناده، عن حاتم بن إسماعيل، عن جعفر بن محمد، عن أبيه، قال: فرض رسول الله -صلى الله عليه وآله وسلم- على كل صغير أو كبير، حر أو عبد ممن تمونون، صاعاً من تمر، أو صاعاً من زبيب، أو صاعاً من شعير، على كل إنسان.

[1241]- وروى زيد بن علي، عن أبيه، عن جده، عن علي -عليهم السلام-، قال: قال رسول الله -صلى الله عليه وآله وسلم-: «صدقة الفطر على المرء المسلم يخرجها عن نفسه وعمن هو في عياله، صغيراً كان أو كبيراً، ذكراً أو أنثى، حراً أو عبداً». انتهى.

[1242]- وفيه: والأصل فيه حديث زيد بن علي، عن أبيه، عن جده، عن علي -عليهم السلام-، قال: قال رسول الله -صلى الله عليه وآله وسلم-: «صدقة الفطر على الرجل المسلم يخرجها عن نفسه وعمن هو في عياله، صغيراً كان أو كبيراً، حراً أو عبداً، ذكراً أو أنثى».

[1243]- وحديث جعفر، عن أبيه، قال: فرض رسول الله -صلى الله عليه وآله وسلم- صدقة الفطر على كل صغير وكبير، وحر وعبد، ذكر أو أنثى ممن تمونون. انتهى.

القاضي زيد في الشرح: لا خلاف في وجوبها على المسلم على الجملة.

وفيه: والمستحب أن يخرجها مما يأكله ويقتاته، إلا أن يعدل منه إلى ما هو

أعلى منه، ولا خلاف أنه إذا أخرج مما يأكله فإنه يجزي، وكذلك إذا عدل من الأدنى إلى الأعلى فإنه يجوز بالإجماع، والأحب أن لا يعدل إلى الأدنى لأنه أدخل في المواساة، والأخذ بالأفضل، ولا خلاف فيه.

وفيه: ولا خلاف في جواز إخراجها في أول النهار يوم العيد.

وفيه: فإن مضى عنه يوم الفطر وهو لا يلزمه صدقة الفطر لإعدامه ثم أيسر في اليوم الثاني لم يلزمه إخراجها، وهذا لا خلاف فيه، وإنما الخلاف فيمن أيسر يوم الفطر.

وفيه: ولا يجب إخراجها، عن الجنين، وهو قول أبي حنيفة، ولا خلاف فيه. انتهى.

باب القول في زكاة الفطر في أي وقت تخرج وإلى كم تؤخر؟

أمالي أحمد بن عيسى -رضي الله عنهما- [العلوم:1/ 307]: وحدثنا محمد، قال: حدثنا عباد، عن علي بن عابس، عن عبيد الله بن الوليد، عن أبي جعفر محمد بن علي -عليه السلام- قال: (إذا أخرجت صدقة الفطر قبل الخروج فهي فطرتك، وإن أخرجتها بعد فهي صدقة). انتهى.

عباد بن يعقوب، وعلي بن عابس: من ثقات محدثي الشيعة، وقد تكلمنا عليهما.

[ترجمة عبيد الله بن الوليد]:

وعبيد الله بن الوليد:

هو عبيد الله بن الوليد الوصافي -بفتح الواو وتشديد الصاد المهملة آخره فاء-، أبو إسماعيل الكوفي، أحد الأثبات، ضعفه المائلون عن العترة بلا مستند، ولعل ذنبه مودته لآل محمد -عليهم السلام-، روى عنه الثوري، وعلي بن غراب، ووكيع، وعيسى بن يونس بن أبي إسحاق السبيعي، وأبو معاوية هشيم

بن بشير، وجميعهم من ثقات محدثي الشيعة.

قال علامة العصر -رحمه الله-: ضعفه جماعة، وما أدري ما وجه ذلك، وقد روى عنه الثقات. انتهى.

الهادي -عليه السلام- في الأحكام [1/ 184]: قال يحيى بن الحسين -صلوات الله عليه-: تجب الزكاة مع وجوب الإفطار، وهي في أول ساعة من أول يوم من شوال، وهو يوم الفطر، ويستحب أن يصيب المؤدون لها شيئاً عند إخراجهم لها قبل أن يخرجوها، ولو شربوا ماء، ثم يخرجونها قبل صلاة عيدهم(38)، وهذا فأحسن أوقاتها عندي وليس يضيق على من خلفها إلى وسط يومه وإلى آخره، غير أنا نستحب له أن يعجل إخراجها إلى من جعلت له، لينال فيها فقراء المسلمين من الاتساع في ذلك اليوم ما ينال الأغنياء المزكون؛ لأنه يوم سعة وعيد، وسرور للعبيد، ولا ينبغي لأحد أن يؤخرها عن يوم العيد، ولا أن يحبسها عن أصحابها الذين حكم الرسول -صلى الله عليه وآله وسلم- لهم بها، إلا أن لا يجد المخرجُ لها أهلاً ولا مستحقاً قربه، فيحبسها حتى يأتي لها أهل، أو يعلم لها مستحقاً بغير بلده، فيوجه بها إليه، ولا يبطئ بعد الإمكان بها عليه، فإن

---

(38) أخرج المرشد بالله وأبو طالب عن ابن عباس قال: فرض رسول الله -صلى الله عليه وآله وسلم- صدقة الفطر طهرة للصائم من اللغو والرفث، وطعمة للمساكين، فمن أداها قبل الصلاة فهي زكاة مقبولة، ومن أداها بعد الصلاة فهي صدقة من الصدقات.

وأخرج محمد في الأمالي عن الزهري قال: أمر رسول الله -صلى الله عليه وآله وسلم- بإخراج صدقة الفطر قبل الصلاة.

وأخرج المؤيد بالله في الشرح، ومحمد في الأمالي عن ابن عمر قال: فرض رسول الله -صلى الله عليه وآله وسلم- صدقة الفطر وقال: ((أغنوهم في هذا اليوم)).

وأخرج أبو طالب عن ابن عمر قال: أمرنا رسول الله -صلى الله عليه وآله وسلم- بزكاة الفطر أن تؤدى قبل خروج الناس إلى الصلاة.

وأخرج في الجامع الكافي عن النبي -صلى الله عليه وآله وسلم- أنه أمر بإخراج صدقة الفطر قبل الصلاة.

وأخرج أيضاً عن ابن عمر قال: كان النبي -صلى الله عليه وآله وسلم- لا يغدو يوم الفطر حتى حتى يغدي أصحابه من صدقة الفطر. تمت مؤلف. من هامش الأصل.

لم يمكنه رسول يرسله لها، ولم يتهيأ من يستأهلها، فهو في فسحة من أمرها إلى أن يتهيأ ذلك فيها، لأن الله -تبارك وتعالى- يقول: ﴿لَا يُكَلِّفُ ٱللَّهُ نَفْسًا إِلَّا وُسْعَهَا ۚ لَهَا مَا كَسَبَتْ وَعَلَيْهَا مَا ٱكْتَسَبَتْ ۗ﴾[البقرة:286]. انتهى.

باب القول في إخراج زكاة الفطر عن الأموات

[1244]- **أبو طالب -عليه السلام- في الأمالي** [203]: وبه قال: أخبرنا علي بن الحسين الديباجي البغدادي، عن أبي الحسين علي بن عبد الرحمن بن عيسى بن ماتي، عن محمد بن منصور، عن محمد بن راشد، عن إسماعيل بن أبان، عن غياث، عن جعفر بن محمد، عن أبيه: أن الحسن والحسين ابني علي كانا يؤديان زكاة الفطر عن علي -عليه السلام- حتى ماتا، وكان علي بن الحسين وأبو جعفر يؤديان عن أبويهما. انتهى.

رجال هذا الإسناد قد تقدم الكلام عليهم جميعاً، وهم من ثقات محدثي الشيعة -رضي الله عنهم-.

[1245]- **أمالي أحمد بن عيسى -رضي الله عنهما- [العلوم**:1/ 308]: وحدثنا محمد، قال: حدثنا محمد بن راشد، عن إسماعيل بن أبان، عن غياث، عن جعفر، عن أبيه: أن الحسن بن علي والحسين كانا يؤديان زكاة الفطر عن علي حتى ماتا، وكان علي بن الحسين وأبو جعفر يؤديانها عن أبيهما حتى ماتا.

قال جعفر: وأنا أؤديها عن أبي.

وحدثنا محمد، قال: حدثنا أبو الطاهر، عن جعفر بن محمد: أنه كان يعطي صدقة الفطر عن أبيه يعني بعد وفاته. انتهى.

الجامع الكافي [1/ 163]: قال محمد: حدثني أبو الطاهر العلوي، عن جعفر بن محمد -عليه السلام- أنه كان يعطي صدقة الفطر عن أبيه بعد وفاته.

قال أبو الطاهر: وأنا أعطي صدقة الفطر عن أبي.

قال محمد: أخبرنا محمد بن راشد، عن إسماعيل بن أبان، عن غياث، عن جعفر، عن أبيه: أن الحسن والحسين -رضي الله عنهما- كانا يؤديان زكاة الفطر عن علي -صلى الله عليه- حتى ماتا، وكان علي بن الحسين وأبو جعفر -رضي الله عنهما- يؤديانها عن آبائهما حتى ماتا.

قال جعفر وأنا أؤديها عن أبي. انتهى.

باب القول في فضل الصدقة والضيافة واصطناع المعروف

[1246]- **مجموع زيد بن علي -رضي الله عنهما- [199]**: حدثني زيد بن علي، عن أبيه، عن جده، عن علي -عليهم السلام-، قال: قال رسول الله -صلى الله عليه وآله وسلم-: «ما من صدقة أعظم أجراً عند الله -عز وجل- من صدقة على ذي رحم، أو أخ مسلم»، قالوا: وكيف الصدقة عليهم؟.

قال: «صلاتكم إياهم بمنزلة الصدقة عند الله -عز وجل-».

[1247]- حدثني زيد بن علي، عن أبيه، عن جده، عن علي -عليهم السلام- قال: (لأن أشتري بدرهم صاعاً من طعام فأجمع عليه نفراً من إخواني أحب إلي من أن أخرج إلى سوقكم هذا فاشتري رقبة فأعتقها).

[1248]- حدثني زيد بن علي، عن أبيه، عن جده، عن علي -عليهم السلام-، قال: قال رسول الله -صلى الله عليه وآله وسلم-: «إن صدقة السر تطفئ غضب الرب تعالى، وإن الصدقة لتطفئ الخطيئة كما يطفئ الماء النار، فإذا تصدق أحدكم بيمينه فليخفها من شماله، فإنها تقع بيمين الرب تبارك وتعالى، وكلتا يدي ربي سبحانه وتعالى يمين، فيربيها كما يربي أحدكم فلوَّه أو فصيله حتى تصير اللقمة مثل أحد». انتهى.

[1249]- **أبو طالب -عليه السلام- في الأمالي [428]**: حدثنا أبو العباس أحمد بن إبراهيم الحسني -رحمه الله- إملاء، قال: حدثنا محمد بن بلال، قال:

حدثنا محمد بن عبيد، قال: حدثنا محمد بن جِبلة، قال: حدثنا محمد بن بكر، عن أبي الجارود، قال: حدثني يحيى بن زيد بن علي، قال: حدثني أبي، عن آبائه، عن علي -عليهم السلام- قال: قال رسول الله -صلى الله عليه وآله وسلم-: «إن الله في آخر ساعة تبقى من الليل يأمر بباب من أبواب السماء فيفتح، ثم ينادي ملك يسمع ما بين الخافقين إلا الأنس والجن: ألا هل من مستغفر فيغفر له؟، هل من تائب فيتاب عليه؟، هل من داع بخير فيستجاب له؟، هل من سائل فيعطى سؤله؟، هل من راغب فيعطي رغبته؟ يا صاحب الخير هلم، يا صاحب الشر أقصر، اللهم أعط منفق مال خلفاً، اللهم أعط ممسك مال تلفاً، فإذا كانت ليلة الجمعة فتح من أول الليل إلى آخره». انتهى.

رجال هذه الإسناد من ثقات محدثي الشيعة، وقد تكلمنا عليهم.

[1250]- **أمالي أحمد بن عيسى -رضي الله عنهما-** [**العلوم**:1/ 208]: حدثنا محمد، قال: حدثنا أحمد بن عيسى، عن حسين، عن أبي خالد، عن زيد، عن آبائه، عن علي -عليهم السلام- قال: قال رسول الله -صلى الله عليه وآله وسلم-: «ما من صدقة أعظم عند الله أجراً من صدقة على رحم أو أخ مسلم»، قالوا: كيف الصدقة عليهم؟ قال: «صِلاتكم إياهم بمنزلة الصدقة عند الله».

حدثنا محمد، قال: حدثني أحمد بن عيسى، عن حسين، عن أبي خالد، قال سمعت أبا جعفر يقول: إن الأشياء تضاعف يوم الجمعة، وإني لأحب أن أكثر فيه من الصدقة.

[1251]- وفيه: حدثنا محمد، قال: حدثني أحمد بن عيسى، عن حسين، عن أبي خالد، عن زيد، عن آبائه، عن علي -عليهم السلام- قال: قال رسول الله -صلى الله عليه وآله وسلم-: «إن صدقة السر تطفئ غضب الرب، وإن الصدقة لتطفئ الخطيئة كما يطفئ الماء النار، فإذا تصدق أحدكم فليخفها من شماله(39)

(39) لم يوجد في الأمالي لفظ: بيمينه، كما في رواية المجموع. تمت مؤلف، من هامش الأصل.

فإنما تقع في يمين الرب -جل وعز-، وكلتا يدي ربي يمين، فيربيها كما يربي أحدكم فلوه أو فصيله حتى يجعل اللقمة مثل جبل أحد».

قال أبو جعفر: قلنا لأحمد بن عيسى: ما معنى قوله: إن الصدقة تقع بيمين الرب؟، قال: بقبول الله.

[1252]- وفيه: حدثنا محمد، قال: حدثنا عبد الله بن موسى، عن أبيه، عن جده، قال: قال رسول الله -صلى الله عليه وآله وسلم-: «إذا مات العبد انقطع عمله فلم يتبعه إلا ثلاثة: صدقة جارية، أو ولد صالح يستغفر له بعده، أو علم علّمه عُمل به بعده فهو يكتب له». انتهى.

[1253]- **مجموع زيد بن علي -رضي الله عنهما-** [261]: حدثني زيد بن علي، عن أبيه، عن جده، عن علي -عليهم السلام- قال: (لا يتبع الميت بعد موته شيء من عمله إلا الصدقة الجارية، فإنها تكتب له بعد وفاته).

[1254]- **أبو طالب -عليه السلام- في الأمالي** [361]: وبه قال أخبرنا أبو أحمد علي بن الحسين الديباجي البغدادي، قال: حدثنا أبو الحسين علي بن عبد الرحمن بن عيسى بن ماتي، قال: حدثنا محمد بن منصور، قال: حدثني أحمد بن عيسى، عن حسين بن علوان، عن أبي خالد، عن زيد بن علي، عن أبيه، عن آبائه، عن علي -عليهم السلام- قال: قال رسول الله -صلى الله عليه وآله وسلم-: «إن صدقة السر تطفي غضب الرب، وإن الصدقة لتطفئ الخطيئة كما يطفئ الماء النار». انتهى.

رجال هذا الإسناد قد تقدم الكلام عليهم جميعاً.

[1255]- **وفيه** [200]: وبه قال أخبرنا أبو العباس أحمد بن إبراهيم الحسني -رحمه الله-، قال أخبرنا علي بن داود بن نصر، قال: حدثنا أحمد بن محمد بن سلام، قال: حدثنا عباد بن يعقوب، قال: حدثنا عيسى بن عبد الله العلوي، قال: حدثنا أبي، عن أبيه، عن جده، عن علي -عليهم السلام- قال: قال رسول الله -صلى الله

عليه وآله وسلم-: «بادروا بالصدقة فإن البلاء لا ينحط(40) إليها». انتهى.

في هذا الإسناد شيخ أبي العباس الحسني -رضي الله عنه-:

[ترجمة علي بن داود شيخ أبي العباس الحسني]:

وهو علي بن داود بن نصر:

قال في الجداول:

علي بن داود بن نصر، عن أحمد بن محمد بن سلام، ومحمد بن عبد العزيز، وعبد الله بن صالح، وعنه أبو العباس الحسني. انتهى.

خرج له أبو طالب، وصاحب المحيط وغيرهما.

والذي يظهر أنه من رجال الشيعة، فقد اعتمد عليه أبو العباس الحسني -رحمه الله-، يؤيد هذا أن أهل الجرح والتعديل لم يتعرضوا له بذكر في مصنفاتهم كالذهبي وابن حجر والمزي والخزرجي ونحوهم، فهذا مما يؤكد أنه من رجال الزيدية، والله أعلم، مع أن هذا الحديث قد أخرجه الطبراني في الأوسط وسنورد سنده وليس على شرطنا كل الإسناد، وإنما الغرض من إيراده التقوية لما رواه علي بن داود:

قال الطبراني: حدثنا محمد بن عبد الله الحضرمي، قال: حدثنا حمزة بن أحمد بن عبد الله بن محمد بن عمر بن علي بن أبي طالب، حدثني عمي عيسى بن عبد الله، عن أبيه، عن جده، عن علي بن أبي طالب قال: قال رسول الله -صلى الله عليه وآله وسلم-: «باكروا بالصدقة فإن البلاء لا يتخطاها». انتهى.

وهذا الحديث هو الذي أشرنا إليه في كتاب الجنائز من كتابنا هذا في ترجمة حمزة بن أحمد، فليراجع ذلك.

---

(40) في نسخة: لا يتخطى. تمت من هامش الأصل.

نعم، وأما عباد بن يعقوب، وأحمد بن محمد بن سلام، وبقية رجال الإسناد، فقد مر الكلام عليهم.

[1256]- **مجموع زيد بن علي -رضي الله عنهما-** [261]: حدثني زيد بن علي، عن أبيه، عن جده، عن علي -عليهم السلام-، قال: (من تكرمة الرجل لأخيه أن يقبل بره، وأن يتحفه بما عنده، ولا يتكلف له).

[1257]- قال: وقال علي -عليه السلام- سمعت رسول الله -صلى الله عليه وآله وسلم- يقول: «لا أحب المتكلفين».

[1258]- وفيه: حدثني زيد بن علي، عن أبيه، عن جده، عن علي -عليهم السلام-، قال: قال رسول الله -صلى الله عليه وآله وسلم-: «لو دعيت إلى كراع لأجبت، ولو أهدي لي ذراع لقبلت».

[1259]- وفيه: حدثني زيد بن علي، عن أبيه، عن جده، عن علي -عليهم السلام-، قال: (لأن أخرج إلى سوقكم فأشتري صاعاً من طعام، وذراعاً من لحم، ثم أدعو نفراً من إخواني أحب إلي من أن أعتق رقبة).

[1260]- وفيه: حدثني زيد بن علي، عن أبيه، عن جده، عن علي -عليهم السلام-، قال: (إذا دعى أحدَكم أخوه فليأكل من طعامه، وليشرب من شرابه، ولا يسأل عن شيء). انتهى.

[1261]- صحيفة علي بن موسى الرضا -رضي الله عنهما-: عن أبيه، عن آبائه، عن علي -عليهم السلام- قال: قال رسول الله -صلى الله عليه وآله وسلم-: «لا تزال أمتي بخير ما تحابوا، وأدوا الأمانة، واجتنبوا الحرام، وأقروا الضيف، وأقاموا الصلاة، وآتوا الزكاة، فإن لم يفعلوا ذلك ابتلوا بالسنين والقحط».

[1262]- وفيها: عن أبيه، عن آبائه، عن علي -عليهم السلام- قال: قال رسول الله -صلى الله عليه وآله وسلم-: «اصنع المعروف إلى أهله وإلى من ليس

من أهله، فإن تصب أهله فهو له أهل، وإن لم تصب أهله فأنت من أهله».

[1263]- وفيها: عن أبيه، عن آبائه، عن علي -عليهم السلام- قال: قال رسول الله -صلى الله عليه وآله وسلم-: «رأس العقل بعد الدين التودد إلى الناس، واصطناع الخير إلى كل بر وفاجر». انتهى.

[1264]- أبو طالب -عليه السلام- في الأمالي [443]: وبه قال أخبرنا أبو العباس أحمد بن إبراهيم الحسني -رحمه الله-، قال أخبرنا أبو زيد عيسى بن محمد العلوي، قال: حدثنا محمد بن منصور، قال: حدثنا عبد الله بن داهر، عن عمرو بن جميع، عن عبد الله بن الحسن بن الحسن، عن أبيه، عن جده، -صلوات الله عليه- قال: قال رسول الله -صلى الله عليه وآله وسلم-: «إن من واجب المغفرة إدخالك السرور على أخيك المسلم». انتهى.

رجال هذا الإسناد من ثقات محدثي الشيعة وقد مر الكلام عليهم.

وهذا الحديث أخرجه الهادي إلى الحق -عليه السلام- في الأحكام كما يأتي في كتاب الزهد والإرشاد من كتابنا هذا.

[1265]- وفي أمالي أبي طالب -عليه السلام- [444]: وبه قال أخبرنا أبو أحمد عبد الله بن عدي الحافظ، قال: أخبرنا محمد بن محمد بن الأشعث الكوفي، قال: حدثنا موسى بن إسماعيل بن موسى بن جعفر، قال: حدثني أبي إسماعيل بن موسى بن جعفر، عن أبيه، عن جده جعفر بن محمد، عن أبيه، عن جده علي بن الحسين، عن أبيه، عن جده علي بن أبي طالب -صلوات الله عليهم- قال: قال رسول الله -صلى الله عليه وآله وسلم-: «أثبت الأعمال ثلاثة: إنصاف الناس من نفسك، ومواساة الأخ في الله، وذكر الله على كل حال». انتهى.

رجال هذا الإسناد قد مر الكلام عليهم جميعاً.

[1266]- مجموع زيد بن علي -رضي الله عنهما- [271]: حدثني زيد بن علي، عن أبيه، عن جده، عن علي -عليهم السلام-، قال: (بر الوالدين، وصلة

الرحم، واصطناع المعروف، زيادة في الرزق، وعمارة في الديار، وأهل المعروف في الدنيا هم أهل المعروف في الآخرة).

[1267]- وفيه: حدثني زيد بن علي، عن أبيه، عن جده، عن علي -عليهم السلام-، قال:«للمسلم على أخيه ست خصال: يعرف اسمه، واسم أبيه، ومنزله، ويسأل عنه إذا غاب، ويعوده إذا مرض، ويجيبه إذا دعاه، ويشمته إذا عطس». انتهى.

[1268]- **الهادي -عليه السلام- في الأحكام** [2/ 293]: حدثني أبي، عن أبيه يرفعه إلى النبي -صلى الله عليه وآله وسلم- أنه قال: «إذا وضعت موائد آل محمد حفت بهم الملائكة يقدسون الله وستغفرون لهم ولمن أكل من طعامهم». انتهى.

قال في الاعتصام: وهو في أصول الأحكام وفي البحر. انتهى.

قلت: وهو في شرح التجريد كما يأتي في باب الأطعمة إن شاء الله.

[1269]- **وفي الأحكام أيضاً** [2/ 356]: قال يحيى بن الحسين -صلوات الله عليه-: بلغنا عن الحسن بن علي -رضي الله عنهما- أنه قال: قال رسول الله -صلى الله عليه وآله وسلم-: «ما آمن بالله؟»، قالوا: من يا رسول الله؟ قال: «من بات شبعان وجاره جائع وهو يشعر». انتهى.

وسنورد ما ورد في هذا الباب وغيره من الآداب ومكارم الأخلاق فيما بعد إن شاء الله.

كتاب الخمس

كتاب الخمس

المؤيد بالله -عليه السلام- في شرح التجريد [2/195]: كل مال يجب فيه الخمس يجب في قليله وكثيره حين يملك، ولا اعتبار فيه بالمقدار، ولا بحول الحول، ويجب الخمس في كل ما يغنم من أموال أهل البغي، وهذا كله منصوص عليه في الأحكام.

ونص في المنتخب على أن الخمس إذا وجب في الشيء وجب في قليله وكثيره.

والأصل في ذلك: قول الله -تعالى-: ﴿ ۞ وَٱعْلَمُوٓاْ أَنَّمَا غَنِمْتُم مِّن شَيْءٍ فَأَنَّ لِلَّهِ خُمُسَهُۥ وَلِلرَّسُولِ﴾ [الأنفال:41]، ففيه دلالة على أن الغنائم فيها الخمس، وفيه دلالة أنه يجب في القليل والكثير، وأنه يجب حين يملك الخمس؛ لأن الاسم يتناول كل مقسوم، ويتناول قليله وكثيره، ولا يملك إلا والخمس غير ملك للغانم، بقوله ﴿فَأَنَّ لِلَّهِ خُمُسَهُۥ﴾، فدل ذلك على وجوب تخميس الغنائم، وأن لا اعتبار بالمقدار ولا بالحول. انتهى.

وفيه [2/199]: قال: يجب الخمس في كل ما يخرج من البحر؛ من الدر، والياقوت، واللؤلؤ، ومن كل ما يخرج من المعادن؛ نحو الفيروزج، ونحو الذهب، والكحل، والمغرة، والزئبق، والشب(41)، والزرنيخ، ونحو الفصوص والزمرد، جميع ذلك منصوص عليه في المنتخب.

ونص في الأحكام على إيجاب الخمس في الدر واللؤلؤ، وما يخرج من معادن الذهب والفضة.

والأصل في ذلك: الحديث المشهور، عن النبي -صلى الله عليه وآله وسلم- أنه قال: «في الركاز الخمس»، وقد ثبت أن الركاز اسم للمعدن، كما أنه اسم

---

(41) في نسخة الأصل: الزيتون والشيح، وما أثبتناه من شرح التجريد، وهو الصواب، لأن الزيتون والشيح ليسا من المعادن، بل هما مما أنبتت الأرض.

للمال المدفون. انتهى.

الجامع الكافي [3/ 198]: قال محمد: والركاز: هو الكنز العادي من ضرب الأعاجم من الذهب والفضة، يصيبه الرجل في ملكه أو ملك غيره، فأربعة أخماسه لمن وجده، وخمس للإمام، هذا في كتاب الزكاة. انتهى.

وفيه -أي في الجامع الكافي-[3/ 195]: روى محمد عن علي -عليه السلام- ، وعن ابن عمر، والحسن البصري، وابن أبي ليلى، وأبي يوسف، والشافعي، أنهم قالوا: في اللؤلؤ والعنبر الخمس.

قال محمد: والناس على أن الخمس يجب فيما خرج من معادن الذهب والفضة قل ذلك أو كثر. انتهى.

[1270]- **أمالي أحمد بن عيسى -رضي الله عنهما- [العلوم**:1/ 297]: حدثنا محمد، قال: حدثنا أحمد بن عيسى، عن حسين، عن أبي خالد، عن زيد، عن آبائه، عن علي -عليهم السلام- قال: قال رسول الله -صلى الله عليه وآله وسلم-: «العجماء جبار، والبير جبار، والهدم جبار، والمعدن جبار، وفي الركاز الخمس». انتهى.

[1271]- **المؤيد بالله -عليه السلام- في شرح التجريد** [2 / 94]: وروى محمد بن منصور، عن أحمد بن عيسى، عن حسين بن علوان، عن أبي خالد، عن زيد، عن آبائه، عن علي -عليهم السلام- قال: قال رسول الله -صلى الله عليه وآله وسلم-: «في الركاز الخمس». انتهى.

الجامع الكافي [3/ 193]: وقال محمد: أجمع أهل العلم على أن الخمس يجب في جميع ما غنمه المسلمون من أموال المشركين بالسيف عنوة. انتهى.

القاضي زيد في الشرح: الخمس واجب في كل ما يغنم، ولا خلاف فيه على الجملة.

وفيه: وما يغنم من أموال أهل الحرب فإنه يخمس، ولا خلاف فيه.

وفيه: وكذا ما يوجد من الركاز وهي كنوز الجاهلية، وهذا مما لا خلاف فيه إلا ما يحكي عن الشافعي، وأحد قوليه أنه إن وجده في دار نفسه فإنه يكون له ولا خمس عليه.

وفيه: قال القاسم -عليه السلام-: فيمن دخل دار الحرب من المسلمين فوجد فيها الطعام والعلف، أن ذلك مما سهل فيه، فيجوز له تناوله من غير إخراج الخمس.

قال السيد أبو طالب: وهذا مما لا خلاف فيه. انتهى.

[1272]- **مجموع زيد بن علي -رضي الله عنهما-** [360]: حدثني زيد بن علي، عن أبيه، عن جده، عن علي -عليهم السلام-: أنه خمس ما حواه عسكر أهل النهروان وأهل البصرة ولم يعترض ما سوى ذلك. انتهى.

الجامع الكافي [3/ 193]: قال محمد: واختلفوا في الفيء:

فقال بعضهم: يخمس الفيء كما تخمس الغنيمة؛ واحتجوا في بذلك بقوله -عز وجل-: ﴿مَّآ أَفَآءَ ٱللَّهُ عَلَىٰ رَسُولِهِۦ مِنۡ أَهۡلِ ٱلۡقُرَىٰ فَلِلَّهِ وَلِلرَّسُولِ وَلِذِي ٱلۡقُرۡبَىٰ﴾[الحشر:7]، الآية فأوجب فيه ما أوجب في الغنيمة.

[1273]- وروى بإسناده أن النبي -صلى الله عليه وآله وسلم- افتتح خيبر عنوة فقسمها بين المسلمين وخمّسها. انتهى.

باب القول في قسمة الخمس

الهادي -عليه السلام- في الأحكام [2/ 362]: قال يحيى بن الحسين -صلوات الله عليه-:

يؤمر بالخمس فيقسم على ستة أجزاء؛ فجزء لله، وجزء لرسوله، وجزء لقربا رسوله، وجزء لليتامى، وجزء لبني السبيل، وجزء للمساكين.

وفي ذلك ما يقول الله -سبحانه-: ﴿وَٱعۡلَمُوٓاْ أَنَّمَا غَنِمۡتُم مِّن شَيۡءٖ فَأَنَّ لِلَّهِ خُمُسَهُۥ وَلِلرَّسُولِ وَلِذِي ٱلۡقُرۡبَىٰ وَٱلۡيَتَٰمَىٰ وَٱلۡمَسَٰكِينِ وَٱبۡنِ ٱلسَّبِيلِ﴾

[الأنفال:41].

فأما السهم الذي لله: فيصرفه الإمام في أموار الله وما يقرب إليه مما يصلح عباده؛ من إصلاح طرقهم، وحفر بيارهم، ومؤنة قبلتهم، وبناء ما خرب من مساجدهم، وإحياء ما مات من مصالحهم، وغير ذلك مما يجتهد فيه برأيه مما يوفقه الله فيه لما لا يوفق له غيره.

وأما السهم الذي لرسول الله -صلى الله عليه وآله وسلم-: فهو للإمام الحق ينفق منه على عياله، وعلى خيله، وعلى غلمانه، ويصرفه فيما ينفع المسلمين ويوفر أموالهم.

وأما سهم قربا رسول الله -صلى الله عليه وآله وسلم-: فهو لمن جعله الله فيهم، وهم الذين حرم الله عليهم الصدقات، وعوضهم إياه بدلاً منها، وهم أربعة بطون: آل علي، وآل جعفر، وآل عقيل، وآل العباس، ويقسم بينهم ذلك قسماً سواء، الذكر فيه والأنثى، لا يزول عنهم أبداً، لأن الله -عز وجل- إنما أعطاهم ذلك لقرباهم من رسول الله -صلى الله عليه وآله وسلم- ومجاهدتهم معه، واجتهادهم له، ولا يزول عنهم حتى تزول القرابة، والقرابة فلا تزول أبداً عنهم، ولا تخرج إلى غيرهم منهم، وهذه الأربعة بطون فهم الذين قسم عليهم رسول الله -صلى الله عليه وآله وسلم- الخمس.

وقد روي لنا أنه أعطى في الخمس بني المطلب، وبلغنا عن جبير بن مطعم قال: لما قسم رسول الله -صلى الله عليه وآله وسلم- سهم ذوي القربى بين بني هاشم وبين بني المطلب أتيته أنا وعثمان، فقلنا: يا رسول الله هؤلاء بنو هاشم لا ينكر فضلهم لمكانك الذي وضعك الله به منهم، أرأيت إخواننا من بني المطلب أعطيتهم ومنعتنا، وإنما نحن وهم منك بمنزلة واحدة، فقال النبي -صلى الله عليه وآله وسلم-: «إنهم لن يفارقونا في جاهلية ولا إسلام، إنما بنو هاشم وبنو المطلب كهاتين -ثم شبك بين أصابعه-».

فلذلك قلنا: إنه لا يجوز أن يقسم على غيرهم هؤلاء الأربعة بطون؛ لأن رسول الله -صلى الله عليه وآله وسلم- لم يذكر أنه قسم لغيرهم، إلا أن يكون بني المطلب، فقد يمكن أن يكون قسم لبني المطلب عطاء منه -صلى الله عليه وآله وسلم- لهم وهبة وشكراً على ما كان من قديم فعلهم، وصبرهم معه واجتهادهم، لا على أنه سهم لهم فيه، والإمام في ذلك موفق ينظر فيه بنور الله وتسديده.

قال يحيى بن الحسين -صلوات الله عليه-: وإنما يجب ما ذكر الله من سدس خمس الغنيمة لمن سماه الله من قربا آل الرسول؛ وهم هؤلاء الأربعة بطون الذين سميناهم، إذا كانوا للحق كلهم تابعين، ولإمام المسلمين ناصرين، سامعين مطيعين، مواسين صابرين، موالين للحق والمحقين، معادين للباطل والمبطلين، فأما من كان من هؤلاء كلهم غير متبع ولا مجتهد، وكان عانداً عن الصدق، منحرفاً عن إمام الحق، فلا حق له في ذلك، ولا نصيب له مع أولئك، إلا أن يتوب إلى الله من خطيئته، ويظهر للإمام ما أحدث من توبته، فيكون له إن كان منه ذلك أسوة غيره من الرجال، في حكم الله سبحانه وفي المال.

وأما سهم اليتامى وسهم المساكين وسهم ابن السبيل: فإن يتامى آل رسول الله -صلى الله عليه وآله وسلم- ومساكينهم وابن سبيلهم أولى بذلك من غيرهم، فإذا لم يكن في آل رسوله -صلى الله عليه وآله وسلم- يتيم ولا مسكين ولا ابن سبيل رد ذلك على أقرب أبناء المهاجرين إلى رسول الله -صلى الله عليه وآله وسلم-، فكلما استغنى قوم أقرب إلى رسول الله -صلى الله عليه وآله وسلم- من قوم، رُدّ في قوم سواهم ممن هو أقرب إلى رسول الله -صلى الله عليه وآله وسلم-، فإذا استغنى أبناء المهاجرين من الأقرب فالأقرب من رسول رب العالمين رُدّ ذلك في الأنصار على قدر ما كان من منازل أوليهم واجتهادهم مع رسول الله -صلى الله عليه وآله وسلم-، يبدأ منهم بأكثرهم اجتهاداً في الجهاد، والنصيحة لله ولرسوله وللإسلام، فإذا استغنى عن ذلك الأنصار رجع في سائر المسلمين من العرب وغيرهم، وكان ليتاماهم ومساكينهم وابن سبيلهم، ومن

عَنَدَ من أبناء المهاجرين والأنصار وسائر المسلمين عن الحق والمحقين، فناصب أو خالف أو خذل إمام المؤمنين، لم يكن له في شيء من ذلك حق، كما لم يكن لمخالف آل رسول الله -صلى الله عليه وآله وسلم- في ذلك حق ولا في غيره.

قال يحيى بن الحسين -صلوات الله عليه-: وإنما قلنا: إن يتامى آل رسول الله -صلى الله عليه وآله وسلم- ومساكينهم وأبناء سبيلهم أولى بما جعل الله لليتامى والمساكين وابن السبيل في الخمس من غيرهم؛ لأن يتامى غيرهم ومساكينهم وابن سبيلهم يأخذون مما يجبى من الأعشار والصدقات وهم لا يأخذون، وينالون من ذلك ما لا ينالون، فلذلك جعلناهم بسهام الخمس أولى من غيرهم، ما كانوا إليه محتاجين، وكان فيهم مَن ذكر الله من اليتامى والمساكين وابن السبيل.

وفي ذلك: ما بلغنا عن علي بن الحسين بن علي -عليهم السلام- أنه كان يقول -في قول الله تبارك وتعالى-: ﴿وَاعْلَمُوا أَنَّمَا غَنِمْتُم مِّن شَيْءٍ فَأَنَّ لِلَّهِ خُمُسَهُ وَلِلرَّسُولِ وَلِذِي الْقُرْبَىٰ وَالْيَتَامَىٰ وَالْمَسَاكِينِ وَابْنِ السَّبِيلِ﴾ [الأنفال:41]-: هم يتامانا ومساكيننا وابن سبيلنا.

وقلنا: إنهم إذا استغنوا عن ذلك رجع إلى الأقرب فالأقرب من أبناء المهاجرين: تفضيلاً لمن فضل الله من قربا رسوله والمهاجرين، وكذلك جعلنا ذلك من بعد أولئك للأنصار؛ لقدر اجتهادهم وسبقهم، وكذلك يجب على إمام المسلمين أن يعرف لذوي العناء في الإسلام موضع عنائهم، فإن ذلك أنفع في الدين، وأرجع على المسلمين.

قال يحيى بن الحسين -عليه السلام-: وإن احتاج الإمام إلى صرف الخمس كله في مصالح المسلمين فله أن يصرفه في ذلك ولا يقسمه.

كما فعل رسول الله -صلى الله عليه وآله وسلم- يوم حنين.

وكما فعل أمير المؤمنين -عليه السلام- في حرب صفين، أخذ الخمس

واستحل منه أهله.

وإنما يكون ذلك للإمام عند حاجته وضرورته، لا في وقت مقدرته وسعته، وإن كان المساكين أولى بذلك كله صرف إليهم، وكذلك أبناء السبيل.

ومن الحجة فيما قلنا به -في سهم اليتامى والمساكين من الغنيمة التي أفاء الله على المؤمنين المجاهدين- من قولنا: أنه من بعد آل رسول الله -صلى الله عليه وآله وسلم- لأبناء المهاجرين، ثم الأنصار من بعد استغناء المهاجرين، ثم هو من بعد استغناء الأنصار عنه لمن جاء بعدهم من المؤمنين والمسلمين عامة: قول الله -تبارك وتعالى-: ﴿مَّآ أَفَآءَ ٱللَّهُ عَلَىٰ رَسُولِهِۦ مِنۡ أَهۡلِ ٱلۡقُرَىٰ فَلِلَّهِ وَلِلرَّسُولِ وَلِذِي ٱلۡقُرۡبَىٰ وَٱلۡيَتَٰمَىٰ وَٱلۡمَسَٰكِينِ وَٱبۡنِ ٱلسَّبِيلِ كَيۡ لَا يَكُونَ دُولَةَۢ بَيۡنَ ٱلۡأَغۡنِيَآءِ مِنكُمۡۚ وَمَآ ءَاتَىٰكُمُ ٱلرَّسُولُ فَخُذُوهُ وَمَا نَهَىٰكُمۡ عَنۡهُ فَٱنتَهُواْۚ وَٱتَّقُواْ ٱللَّهَۖ إِنَّ ٱللَّهَ شَدِيدُ ٱلۡعِقَابِ ٧ لِلۡفُقَرَآءِ ٱلۡمُهَٰجِرِينَ﴾ إلى قوله: ﴿رَبَّنَآ إِنَّكَ رَءُوفٞ رَّحِيمٌ ١٠﴾ [الحشر:7-8-9-10]. انتهى كلام الهادي -صلوات الله عليه-.

الجامع الكافي [3/ 206]: قال أحمد ومحمد -وهو قول الحسن -عليه السلام-: وقرابة النبي -صلى الله عليه وآله وسلم- الذين لهم الخمس ولا تحل لهم الصدقة: هم آل علي، وآل جعفر، وآل عقيل، وآل عباس.

وفيه [3/ 207]: وقال الحسن بن يحيى -عليه السلام- -فيما حدثنا محمد بن جعفر، عن ابن شاذان عنه-: وروينا عن زيد بن علي -رضي الله عنهما- أن الخمس لذي القربى الذين أسلموا مع رسول الله -صلى الله عليه وآله وسلم- من بني عبد المطلب، الذين حرم عليهم الصدقة، وجعل لهم الخمس عوضاً من الصدقة.

وفيه [3/ 207] -بعد أن حكي لمحمد كلاماً، إلى أن قال -يعني محمداً-: أجمع أهل العلم على أن آل علي، وآل جعفر، وآل عقيل، وآل عباس داخلون في الخمس بقرابتهم من رسول الله -صلى الله عليه وآله وسلم-، وأن الصدقة محرمة

عليهم. انتهى.

القاضي زيد في الشرح: أجمع المسلمون على أن المراد بالقربى في قوله -تعالى-: ﴿وَلِذِى ٱلْقُرْبَىٰ﴾ قربى رسول الله -صلى الله عليه وآله وسلم-، وإنما اختلفوا في ثبوت سهمهم بعد النبي -صلى الله عليه وآله وسلم-:

فعند أمير المؤمنين -عليه السلام- أنه باق، وهو إجماع أهل البيت -عليهم السلام-. انتهى.

المؤيد بالله -عليه السلام- **في شرح التجريد** [2/ 210]: فإن قيل: إن الله -تعالى- قال: ﴿وَلِذِى ٱلْقُرْبَىٰ﴾ ولم ينسب القربى إلى أحد، واحتمل أن يكون المراد به قربى الرسول -صلى الله عليه وآله وسلم-، واحتمل أن المراد به قربى الإمام، واحتمل أن يكون قربى الغانمين، فلا متعلق لكم بظاهره.

قيل له: هذا كلام فاسد؛ لأن المسلمين قد أجمعوا على أن المراد به قربى رسول الله -صلى الله عليه وآله وسلم- ولم يختلفوا فيه، وإنما اختلفوا في سهمهم بعد النبي -صلى الله عليه وآله وسلم-؛ فادعى قوم أنه بطل بموت رسول الله -صلى الله عليه وآله وسلم-، وقال قوم: هو باق كما كان.

واختلفوا في الوجه الذي أخذوا به: فقال قوم: أخذوه بالفقر، وقال قوم: بل استحلوه وأخذوه مع الغنى والفقر. انتهى.

[1274]- الجامع الكافي [3/ 212]: قال محمد -بعد أن حكى كلاماً كثيراً-: حدثنا محمد بن علي بن خلف، قال: أخبرنا حسين الأشقر، عن إسرائيل، عن حكيم بن جبير، عن سعيد بن جبير، عن ابن عباس، قال: أعطانا أبو بكر الخمس إمارته، ثم أعطنا عمر شطراً من إمارته، ثم دهمه الناس، فقال: توسعوا به علي حتى أقضيكموه، فلما ولي عثمان أتينا فسألناه، فقال: هذا شيء قد قبضه عمر، فما أرى رده. انتهى.

الرجال:

أما محمد بن علي بن خلف العطار، وحسين الأشقر، وإسرائيل بن يونس بن أبي إسحاق السبيعي: فقد تقدم الكلام عليهم وهم من ثقات محدثي الشيعة - رضي الله عنهم -.

[ترجمة حكيم بن جبير الأسدي]:

وأما حكيم بن جبير:

فقال في الجداول: حكيم بن جبير الأسدي، أو الثقفي، مولاهم، عن أبي جحيفة، وعلقمة، وجميع، وابن الطفيل، ومحمد بن عبد الرحمن، وجماعة، وعنه السفيانان، وزائدة، وشعبة.

قال الذهبي: شيعي يَقِلُّ، روى حديث أمره - صلى الله عليه وآله وسلم - لعلي بقتال الناكثين إلخ ونحوه، ضعفه أحمد وغيره، ولم يأتوا بحجة. انتهى.

خرج له محمد بن منصور والمرشد بالله وغيرهما.

قلت: ذكره في الإقبال - للسيد العلامة المهدي بن الهادي اليوسفي المشهور بمهدي النوعة-؛ من عيون الشيعة وثقاتهم.

وأما **سعيد بن جبير**: فقد تقدم الكلام عليه، وهو من الشيعة الأخيار - رضي الله عنه -.

المؤيد بالله - عليه السلام - في **شرح التجريد** [2/ 217]: فأما قول من يقول: إن سهم ذوي القربى كان ثابتاً في حياة رسول الله - صلى الله عليه وآله وسلم - ثم بطل بموته، فقول واه، وذلك أنهم أعطوه للقرابة، والقرابة باقية، فلا معنى لإبطال السهم مع بقاء المعنى المقتضي له، وهو القرابة، على أنه لا شك مما جعل شرفاً لرسول الله - صلى الله عليه وآله وسلم - فيجب أن يكون باقياً(42) بعد

---

(42) في نسخة: ثابتاً. تمت من هامش الأصل.

موته، قياساً على سائر ما تشرف به من المنع من تزويج أزواجه، وتعظيم أهل بيته، وتحريم الصدقة عليهم، والعلة أنه تشريف للنبي -صلى الله عليه وآله وسلم- لا مانع من تأبيده، على أن المسألة إجماع أهل البيت -عليهم السلام-، وقول أمير المؤمنين، وما كان كذلك فإنه عندنا حجة لا يجوز خلافه. انتهى.

[1275]- **الجامع الكافي** [3/ 215]: أخبرنا محمد بن عبيد، وعباد، عن إبراهيم بن أبي يحيى، عن جعفر بن محمد، عن أبيه أن الحسن والحسين وعبد الله بن عباس، وعبد الله بن جعفر، سألوا علياً حقهم من الخمس، فقال: هو لكم فإن شئتم أعطيتكموه، وإن شئتم أن تتركوه أتقوى به على حرب معاوية فعلتم، فتركوه. انتهى.

القائل أخبرنا: هو محمد بن منصور، ورجال هذا الإسناد قد تقدم الكلام عليهم، وهم من ثقات محدثي الشيعة.

[1276]- **وفي الجامع الكافي أيضاً** [3/ 213]: أخبرنا محمد بن عمر، عن يحيى بن آدم، قال: أخبرنا الحكم بن ظهير، قال: أخبرنا محمد بن عبد الرحمن بن أبي ليلى، عن عيسى بن عبد الرحمن، عن عبد الرحمن بن أبي ليلى، قال: دخل علي وفاطمة والعباس وأسامة على رسول الله -صلى الله عليه وآله وسلم- فسأله العباس فأعطاه، وسألته فاطمة فأعطاها، وسأله أسامة فأعطاه، وسأله علي صلى الله عليه، فقال: يا رسول الله ولِّني سهم ذي القربى من الخمس، فأقسمه في حياتك فلا ينازعنيه أحد بعدك، قال: فولاه إياه، فكان علي -عليه السلام- يقسمه في حياة رسول الله -صلى الله عليه وآله وسلم-، وفي ولاية أبي بكر وعمر، حتى كان آخر ولاية عمر فبعث عمر إلى علي -عليه السلام-: إن هذا نصيبكم من الخمس، فبعث إليه علي: إنا أغنياء عنه هذه السنة.

قال: فقتل عمر، وولي عثمان، فطلبه علي -عليه السلام-، فقال: إني وجدت عمر لم يعطكموه آخر سنة، قال: فمنعهم إياه. انتهى.

الرجال:

[ترجمة محمد بن عمر]:

أما محمد بن عمر:

فقال في الجداول: محمد بن عمر بن الوليد الكندي، أبو جعفر الكوفي، عن يحيى بن آدم، ووكيع، وغيرهما، وعنه الترمذي، وابن ماجة، ومحمد بن منصور.

قال النسائي لا بأس به.

وقال الذهبي صدوق.

وثقة ابن حبان، توفي سنة ست وخمسين ومائتين. انتهى.

خرج له المؤيد بالله، وأبو طالب، والمرشد بالله، وأبو عبد الله العلوي -عليهم السلام-، وهو عندي من ثقات محدثي الشيعة.

وأما يحيى بن آدم، والحكم بن ظهير: فقد تقدم الكلام عليهما، وهما من ثقات محدثي الشيعة -رضي الله عنهما-.

[ترجمة محمد وعيسى ابني عبد الرحمن بن أبي ليلى]:

وأما محمد بن عبد الرحمن بن أبي ليلى:

فقال في الجداول: محمد بن عبد الرحمن بن أبي ليلى الأنصاري، أبو عبد الرحمن الكوفي، قاضي الكوفة، أحد الأعلام، عن الشعبي، وعطاء، ونافع، وابن إسحاق، والحكم، وسالم، وخلق، وعنه شعبة، والسفيانان، ووكيع، وأبو نعيم، وإسرائيل.

قال في التذكرة: مناقبه كثيرة، وفيه قال أبو يوسف: ما ولي القضاء أحد أفقه في دين الله، ولا أقرأ لكتاب الله، ولا أقوم حقاً، ولا أعف عن الأموال من ابن أبي ليلى.

قال القاسم بن عبد العزيز: هو ممن اشتهر بالأخذ عن زيد بن علي، وكان صاحب رسالته، وذكر في المقاتل: أنه من المبايعين له، توفي سنة ثمان وأربعين ومائة، احتج به الأربعة، وعداده في ثقات محدثي الشيعة. انتهى.

خرج له الناصر، والمؤيد بالله، وأبو طالب، والمرشد بالله، ومحمد بن منصور -رضي الله عنهم-.

وأما عيسى:

فقال في الجداول: عيسى بن عبد الرحمن بن أبي ليلى، عن أبيه، وزرِّ بن حبيش، وجماعة، وعنه أخوه محمد، وابنه عبد الله، وإسحاق بن فروة، وثقه ابن معين، واحتج به الأربعة إلا النسائي. انتهى.

خرج له أبو طالب، والمرشد بالله، ومحمد -رضي الله عنهم-.

قلت: وذكره السيد العلامة المهدي بن الهادي اليوسفي المشهور بمهدي النوعة -رحمه الله- في الإقبال من عيون الشيعة وثقاتهم -رضي الله عنه-.

وأما عبد الرحمن بن أبي ليلى: فقد مر الكلام عليه، وهو من ثقات محدثي الشيعة -رضي الله عنه-.

[1277]- **المؤيد بالله -عليه السلام- في شرح التجريد** [2/211]: ويدل على ذلك: ما أخبرنا به أبو الحسين بن إسماعيل -رضي الله عنه-، قال: حدثنا الناصر للحق الحسن بن علي، عن محمد بن منصور، عن محمد بن عمر بن الوليد الكندي، قال: حدثنا يحيى بن آدم، قال: حدثنا الحكم بن ظهير، عن بشير بن عاصم، عن عثمان أبي اليقظان، عن عبد الرحمن بن أبي ليلى، قال: سألت علياً -عليه السلام- فقلت: يا أمير المؤمنين، أخبرنا كيف كان صنع أبي بكر وعمر من الخمس؟

فقال: أما أبو بكر فلم يكن في ولايته أخماس، وأما عمر فلم يزل يدفعه إلي كل مخموس(43)، حتى كان خمس السوس وجندي سابور، فقال -وأنا عنده-:

---

(43) في نسخة الأصل: الخمس، وما أثبتناه من شرح التجريد المطبوع.

هذا نصيبكم أهل البيت من الخمس، وقد أخل ببعض المسلمين واشتدت حاجتهم [إليه، أفتطيب أنفسكم عنه؟](44)، قال: فقلت: نعم، قال: فوثب العباس بن عبد المطلب، وقال: لا لا تغمز في الذي لنا (45)، قال: فقلت: ألسنا أحق من رفق بالمؤمنين وشفع أمير المؤمنين؟ قال: فقبضه إليه، والله ما قضاناه، ولا قدرت عليه في ولاية عثمان، ثم أنشأ علي -عليه السلام- يتحدث، فقال: (إن الله حرم الصدقة على رسوله -صلى الله عليه وآله وسلم- فعوضه [الله] سهماً من الخمس عوضاً مما حرم عليه، وحرمها على أهل بيته خاصة فضرب لهم مع رسول الله -صلى الله عليه وآله وسلم- سهماً عوضاً مما حرم عليهم.

[1278]- وأخبرنا أبو الحسين [علي] بن إسماعيل -رضي الله عنه-، قال: حدثنا الناصر للحق الحسن بن علي -عليه السلام-، قال: حدثنا محمد بن منصور، عن محمد بن عمر، عن يحيى بن آدم، عن علي بن هاشم، عن أبيه، عن حسين بن ميمون، عن عبد الله بن عبد الله مولى بني هاشم، عن عبد الرحمن بن أبي ليلى، عن علي -عليه السلام- قال: ولاني عمر حقنا من الخمس فقسمته، حتى كان آخر سني عُمر، فأتاه مال كثير، فقال: يا علي هذا حقك -أو حقكم- قد عزلناه لكم، فخذه فاقسمه حيث تقسمه، قال: فقلت: إن بنا عنه غني وبالمسلمين إليه حاجة، فاردده عليهم، قال فقال العباس: لقد نزعت عنا اليوم شيئاً لا يرجع إلينا.

قال: فقال علي -عليه السلام-: (ما دعاني إليه أحد حتى قمت مقامي هذا). انتهى.

الرجال:

أما أبو الحسين علي بن إسماعيل، والناصر للحق -عليه السلام-، ومحمد بن منصور، ومحمد بن عمر بن الوليد الكندي، ويحيى بن آدم، والحكم بن ظهير، وعلي بن هاشم بن البريد، ووالده، وعبد الرحمن بن أبي ليلى، فقد مر الكلام عليهم، وجميعهم من ثقات محدثي الشيعة -رضي الله عنهم-.

_____

(44) ما بين القوسين زيادة من شرح التجريد.
(45) في شرح التجريد المطبوع: (لا أنعمن بالذي لنا).

[ترجمة بشر بن عاصم، وحسين بن ميمون، وعبد الله بن عبد الله، وعثمان بن عمير]:

وأما بشير بن عاصم:

فالصواب بشر بن عاصم.

وهو بشر بن عاصم بن سفيان بن عبد الله بن ربيعة بن الحارث بن عبد المطلب الهاشمي، أحد رجال الشيعة وثقاتهم، عن أبيه، وسعيد بن المسيب، وأبي اليقظان، وعنه الحكم بن ظهير، وابن جريج، وغيرهما.

ذكر في الإقبال للسيد العلامة المهدي بن الهادي اليوسفي -رحمه الله- أن جميع بني هاشم ومواليهم وشيعتهم من ثقات الشيعة وعيونهم، توفي سنة أربع وعشرين ومائة.

أخرج له المؤيد بالله وأبو عبد الله العلوي.

وأما حسين بن ميمون:

فهو الحسين بن ميمون الخِنْدِفي - بكسر أوله والمهملة وفاء- نسبة إلى خِنْدِف، موضع بجرجان، ذكره في لب اللباب، عن أبي الجنوب، وعبد الله بن عبد الله قاضي الري، وغيرهما، وعنه هاشم بن البريد، وعبد الرحمن بن الغسيل، وغيرهما، تكلم فيه الخصوم وجرحوه بسبب روايته لهذا الحديث.

قال في التهذيب: قال أبو زرعة شيخ.

وقال أبو حاتم: ليس بقوي في الحديث يكتب حديثه.

وذكره ابن حبان في الثقات، وقال: ربما أخطأ، له عندهما حديث واحد في تولية علي قسم الخمس.

قلت: وقال البخاري: لا يتابع عليه، ذكر ذلك في التاريخ، وذكره في الضعفاء. انتهى.

قلت: هو عندي من ثقات محدثي الشيعة، وقد اعتمده أئمتنا، وخرجوا له كالمؤيد بالله وأبي عبد الله العلوي، وحديثه قد توبع عليه، فقد رواه غيره كما مر من تولية رسول الله -صلى الله عليه وآله وسلم- لعلي -عليه السلام- نصيب بني هاشم من الخمس وقسمته بينهم.

وأما عبد الله بن عبد الله:

فقال في الجداول: عبد الله بن عبد الله الهاشمي، مولاهم الرازي، الكوفي القاضي، عن جابر بن سمرة، وابن أبي ليلى، وابن جبير، وجدته، وعنه الأعمش، وحجاج، والحكم بن عتيبة، ومحمد بن أبي ليلى، وغيرهم.

وثقه الأعمش وحجاج والعجلي وأحمد، وقال النسائي: ليس به بأس.

توفي بعد المائة، احتج به الأربعة إلا النسائي. انتهى.

أخرج له المؤيد بالله، وأبو عبد الله العلوي، وهو عندي من ثقات محدثي الشيعة، وقد وثقه الأعمش وحجاج بن أرطأة، وهما من ثقات محدثي الشيعة كما مر ذلك عن الجداول.

وأما أبو اليقظان: فهو عثمان بن عمير(46):

قال في الجداول: عثمان بن عمير المكي، أبو اليقظان الكوفي، عن ابن أبي ليلى، وزاذان، وعدي بن ثابت، ومالك، وعنه الأعمش، وشريك، وحجاج، وأبو الجارود، والثوري، خرج مع النفس الرضية، فأغاض النواصب، وتكلموا عليه، وعداده في ثقات محدثي الشيعة، احتج به الأربعة. انتهى.

أخرج له محمد والمؤيد بالله وأبو عبد الله العلوي.

[1279]- **الجامع الكافي** [3/ 212 -213]: وروى محمد بأسانيده، عن عبد الله بن عبد الله قاضي الري، عن عبد الرحمن بن أبي ليلى، قال: سمعت علياً

---

(46) تقدمت ترجمته في باب زكاة اليتيم من هذا الجزء الحديث رقم (1116).

يقول: ولاني رسول الله -صلى الله عليه وآله وسلم- الحق الذي لنا من الخمس، فقسمته في حياته، ثم ولانيه أبو بكر فقسمته في حياته، ثم ولانيه عمر فقسمته في حياته، حتى كان آخر سنة من سني عمر، فأتاه مال كثير فقال: يا علي هذا حقكم قد عرفناه لكم، فخذه فاقسمه حيث كنت تقسمه، فقلت: إن بنا عنه غني وبالمسلمين إليه حاجة، فأردده عليهم.

فقال العباس: لقد نزعت منا شيئاً لا يرجع إلينا.

قال علي: فما دعاني إليه أحد حتى قمت مقامي هذا.

[1280]- وفيه: قال محمد: أخبرنا محمد بن عمر، عن يحيى بن آدم، قال: وأخبرنا الحكم بن ظهير، عن بشر بن عاصم، عن عثمان أبي اليقظان، عن عبد الرحمن بن أبي ليلى، قال: لقيت علياً -عليه السلام- فسألته، قلت: أخبرني كيف كان صنيع أبي بكر وعمر في نصيبكم من الخمس؟

قال: أما أبو بكر فلم يكن في ولايته أخماس، وأما عمر فلم يزل يدفعه إلي في كل خمس، حتى كان خمس السوس وجندي سابور، فقال وأنا عنده: هذا نصيبكم أهل البيت من الخمس، وقد أخل ببعض المسلمين واشتدت حاجتهم، فقلت: نعم، فوثب العباس فقال: لا تغتمز في الذي لنا يا عمر.

قال علي -عليه السلام-: فقلت: أنا أحق من أرفق بالمسلمين.

قال: فقبضه إليه فو الله ما قضاناه، ولا قدرت عليه في ولاية عثمان. انتهى.

باب القول في ذكر فدك

[1281]- **الجامع الكافي** [3/ 217]: قال محمد: حدثنا عباد بن يعقوب، عن حسين بن زيد، عن جعفر بن محمد -رضي الله عنهما-: أن فدك كانت لرسول الله -صلى الله عليه وآله وسلم- وكانت مما أفاء الله على رسوله بغير قتال، قال الله -عز وجل-﴿فَمَآ أَوۡجَفۡتُمۡ عَلَيۡهِ مِنۡ خَيۡلٖ وَلَا رِكَابٖ﴾،فلما نزلت﴿ وَءَاتِ ذَا ٱلۡقُرۡبَىٰ

﴿حَقَّهُۥ﴾ دعا رسول الله -صلى الله عليه وآله وسلم- فاطمة فأعطاها إياها، فلما قبض رسول الله -صلى الله عليه وآله وسلم-، وأبو بكر، وعمر، وولي عثمان أقطعها مروان، فلما ولي مروان جعل ثلثيها لعبد الملك، وثلثاً لسليمان، فلما ولي عبد الملك جعل ثلثيه لعبد العزيز، وثلثاً لسليمان، فلما ولي سليمان جعل ثلثه لعمر بن عبد العزيز، فلما مات عبد العزيز صارت -يعني جميعها لعمر بن عبد العزيز- فردها على ولد فاطمة -عليها السلام-.

فقالوا له: أنقمت على أبي بكر وعمر؟!.

قال: فعزلها، فكان يزرعها، فكانت غلتها يومئذ ستة آلاف دينار.

قال: وزاد عليها مثلها، وكان يرسل بها فيقسمها في ولد الحسن والحسين -رضي الله عنهما- خاصة للصغير والكبير.

وروى محمد بإسناده عن أبي سعيد قال: لما نزلت: ﴿وَءَاتِ ذَا ٱلْقُرْبَىٰ حَقَّهُۥ﴾ دعا رسول الله -صلى الله عليه وآله وسلم- فاطمة فأعطاها فدك. انتهى.

رجال هذا الإسناد قد مر الكلام عليهم وهم من ثقات محدثي الشيعة.

المؤيد بالله -عليه السلام- في شرح التجريد [2/ 118]: والأصل في هذا ما صح بالأخبار المتواترة: أن فدك لما أجلي عنها أهلها من غير أن يوجف عليهم بخيل ولا ركاب صارت لرسول الله -صلى الله عليه وآله وسلم-. انتهى.

القاسم بن محمد -عليه السلام- في الاعتصام: لا يختلف آل محمد صلى الله عليه وعليهم أجمعين أن فدكاً مما أفاء الله على رسوله من غير إيجاف عليها بخيل ولا ركاب، وكانت لرسول الله -صلى الله عليه وآله وسلم- مِلكاً، وأن النبي -صلى الله عليه وآله وسلم- أنحلها فاطمة -عليه السلام-. انتهى.

علي بن الحسين الزيدي -رحمه الله- في المحيط بالإمامة: قالت الشيعة أهل البيت بأجمعهم: أن الفدك كانت لفاطمة -عليه السلام-، وأن أبا بكر أخرجه

من يدها، وأخطأ في ذلك. انتهى.

[1282]- وفيه: أيضاً أخبرنا السيد الإمام أبو طالب يحيى بن الحسين بن هارون الحسني -عليه السلام-، قال: أخبرنا السيد أبو العباس الحسني -رضي الله عنه-، قال: أخبرنا علي بن الحسن، قال: أخبرنا محمد بن عبد العزيز، قال: أخبرنا حسن بن حسين العرني، قال: حدثني الحسين بن زيد بن علي، عن عبد الله بن الحسن: أنه أخرج وكيل فاطمة من فدك وطلبها بالبينة بعد شهر من موت الرسول -صلى الله عليه وآله وسلم-، فلما ورد وكيلُ فاطمة، وقال: أخرجني صاحب أبي بكر صارت فاطمة -عليها السلام- إلى أبي بكر، ومعها أم أيمن ونسوة من قومها.

فقالت: فدك بيدي أعطاني رسول الله -صلى الله عليه وآله وسلم- وتعرض صاحبك لوكيلي.

فقال: يا بنت محمد أنت عندنا مصدقة، إلا أن عليك البينة.

فقالت: يشهد لي علي بن أبي طالب وأم أيمن.

فقال: هاتي، فشهد أمير المؤمنين وأم أيمن، فكتب لها صحيفة وختمها، فأخذتها فاطمة، فاستقبلها عمر، وقال: يا بنت محمد هاتي الصحيفة، فأخذها ونظر فيها وتفل فيها وخرقها.

وروى أبو العباس الحسني -رضي الله عنه- هذا الخبر، عن الحسين بن زيد بن علي -رضي الله عنهما-. انتهى.

الرجال:

أما صاحب المحيط علي بن الحسين الزيدي، وهو القائل أخبرنا، وأبو طالب، وأبو العباس الحسني -رضي الله عنهم-، فقد تقدم الكلام عليهم جميعاً.

[ترجمة علي بن الحسن البجلي]:

وأما علي بن الحسن:

شيخ أبي العباس الحسني، فهو البجلي.

قال في الجداول: علي بن الحسن بن سليمان البجلي، عن محمد بن عبد العزيز، وأحمد بن محمد بن سلام، ومحمد بن شجاع، وعنه أبو العباس الحسني. انتهى.

خرج له المؤيد بالله، وأبو طالب، وصاحب المحيط، وأبو العباس الحسني، عداده من ثقات محدثي الشيعة ورجالهم، لم يذكره المخالفون في رجالهم.

وأما محمد بن عبد العزيز، وحسن بن حسين العرني: فقد مر الكلام عليهما، وهما من ثقات محدثي الشيعة -رضي الله عنهما-.

وفي نهج البلاغة: قال أمير المؤمنين علي بن أبي طالب -صلوات الله عليه-:
بلى كانت في أيدينا فدك من كل ما أظلته السماء، فشحت عليها نفوس قوم، وسخت عليها نفوس قوم آخرين، ونعم الحكم الله. انتهى.

[1283]- **أبو العباس الحسني** -رحمه الله- **في المصابيح** [265]: وأخبرنا علي بن الحسين بإسناده، عن عبد الله بن الحسن -رضي الله عنهما-: أنه أخرج وكيل فاطمة من فدك وطلبها البينة بعد شهر من موت الرسول -صلى الله عليه وآله وسلم-، فلما ورد وكيل فاطمة، قال: أخرجني صاحب أبي بكر.

سارت فاطمة -عليها السلام- ومعها أم أيمن ونسوة من قومها إلى أبي بكر، فقالت: فدك بيدي أعطانيها رسول الله -صلى الله عليه وآله وسلم-، وتعرض صاحبك لوكيلي.

فقال: يا ابنة محمد أنت عندنا مصدقة، إلا أن عليك البينة.

فقالت: يشهد لي علي بن أبي طالب، وأم أيمن.

فقال: هاتي، فشهد أمير المؤمنين وأم أيمن، فكتب لها صحيفة وختمها، فأخذتها فاطمة، فاستقبلها عمر، فقال: يا ابنة محمد، هلم الصحيفة؛ ونظر فيها وتفل فيها ومزقها. انتهى.

رجال هذا الإسناد هم رجال صاحب المحيط الذين تكلمنا عليهم آنفاً.

وعلي بن الحسين: الصواب علي بن الحسن كما مر الكلام عليه.

واعلم أن مصابيح أبي العباس الحسني -رحمه الله- محذوفة الأسانيد، ولم أدر من المسبب لذلك، وهو خطأ واضح ولم يظهر أن ذلك من المؤلف -رحمه الله-، لأن المؤيد بالله -عليه السلام- ذكر في خطبة شرح التجريد عن أبي العباس الحسني -رحمه الله- المصنف للمصابيح أنه قال: لكل دين فرسان، وفرسان هذا الدين أصحاب الأسانيد. انتهى.

وفي الخطبة أيضاً: قال الناصر للحق الحسن بن علي -عليه السلام-: الأسانيد سلاح المؤمن، وكل حديث لا سند فيه فهو خل وبقل. انتهى.

وفي الخطبة أيضاً: عن أبي جعفر محمد بن علي الباقر -عليه السلام- أنه قال: من طلب العلم بلا أسانيد فهو حاطب ليل.

وقال في تفسير قوله -تعالى-: ﴿وَإِنَّهُۥ لَذِكۡرٞ لَّكَ وَلِقَوۡمِكَۖ﴾ [الزُّخرُف:44] : هو حدثني أبي، عن أبيه، عن جده. انتهى.

فظهر مما ذكر أن في حذف الأسانيد خللاً كبيراً، لا سيما إذا كان ذلك في مؤلفات المحدثين القدماء، أما إذا حذف الإسناد وعزى الحديث إلى الكتاب المأخوذ منه ذلك الحديث فهو غير مخل، كما هي عادة المتأخرين في تآليفهم، فإنهم يذكرون الحديث بغير إسناد ويقولون: أخرجه فلان، أو نحو ذلك، والله الهادي للصواب.

أبو جعفر الهوسمي -رحمه الله- في شرح الإبانة: بعد أن ذكر فدك، قال:

ثم إنه -عليه السلام- جعلها لفاطمة -عليها السلام- وتواترت الأخبار بذلك، فلو كانت للمسلمين وأمسكنا لها لم تحل لفاطمة من غير إذنهم.

فأما ما روي أن أبا بكر أخذها من فاطمة.

فلم يكن لإنكاره كونها لرسول الله -صلى الله عليه وآله وسلم-، لكنه أنكر

صحة الهبة ونفاها عن ملك رسول الله -صلى الله عليه وآله وسلم-، ثم قال لها: لا ميراث لك فيها؛ لأن النبي -صلى الله عليه وآله وسلم- قال: «نحن معاشر الأنبياء لا نورث ما تركناه صدقة»(47)، وفعله عندنا خطأ، وهذا الخبر غير ثابت، عن رسول الله -صلى الله عليه وآله وسلم- لأنه مخالف لكتاب الله حيث يقول: ﴿وَوَرِثَ سُلَيْمَٰنُ دَاوُۥدَ﴾، وحيث يقول: ﴿يَرِثُنِى وَيَرِثُ مِنْ ءَالِ يَعْقُوبَ﴾[مريم:6]، والنبي -صلى الله عليه وآله وسلم- لا يخالف قولُه قول الله سبحانه، فقد أخطأ أبو بكر في قضيته تلك حيث رد شهادة أمير المؤمنين مع علمه بأنه معصوم لا يكذب.

والثاني: أخطأ في روايته عنه -عليه السلام- ما يخالف نص كتاب الله، لكنه وافقنا بأن قال: كانت لرسول الله -صلى الله عليه وآله وسلم- ملكاً حقيقة. انتهى.

---

(47) قلت: قد ردت خبر أبي بكر فاطمة -عليها السلام- فيكون مفترى، ثم إن البينة على أبي بكر، لأن اليد لها، والظاهر معها، والعجب لمن قال: وحكم أبي بكر في فدك صحيح، مع هذا، ومع كونه حكماً وهو خصم، ومع كونه متعدياً بأخذ ما ليس له ولاية فيه، فقد خرج عن قانون الشرع والعقل، وكيف يصح الفرع والأصل مختل، مع إقرار القائل بوجود الإمام -أعني علياً -عليه السلام- وأن الولاية له، فتمتنع الحسبة من المتغلب عليه، فلا قوة إلا بالله. انتهى من خط سيدي العلامة أمير الدين بن الحسين الحوثي رحمه الله. تمت من حاشية على الأصل.
وقوله: (مع إقرار القائل): في هذا إشارة إلى الإمام يحيى بن حمزة والإمام المهدي أحمد بن يحيى -رضي الله عنهما-، فأما الإمام يحيى فقد صح عنه الرجوع صريحاً عن هذا القول، وقد أوضحت ذلك في لوامع الأنوار، وحاشية الأساس، ونقلت نص كلامه المنقول من كتابه، وأما الإمام المهدي فقد نقلت مدحه لعمر بن عبد العزيز برد فدك والعوالي على أولاد فاطمة -عليهم السلام-، وهو يقتضي الرجوع، لأنه لا يصح أن يمدح على نقض حكم صحيح، وهذا هو الذي يقتضيه علمهما، وإمامتهما، فإن القول بالتصحيح في غاية البطلان، والله ولي التوفيق. انتهى عن خط السيد العلامة مجد الدين بن محمد بن منصور المؤيدي فسح الله في أجله.
قلت: والأئمة من أهل البيت -عليهم السلام- يستنكرون فعل أبي بكر من انتزاعه لفدك من يد فاطمة -عليها السلام-، وأبطلوا الحديث الذي رواه، وعارضوه بكتاب الله. تمت مؤلف. من هامش النسخة الأصل.

المتوكل على الله أحمد بن سليمان -عليه السلام- في أصول الأحكام [1/ 342]: وفي الأخبار المتواترة: أن فدكاً لما أجلي عنها أهلها من غير أن يوجف عليهم بخيل ولا ركاب صارت لرسول الله -صلى الله عليه وآله وسلم- . انتهى.

كتاب الصيام

كتاب الصيام

باب القول في فضل الصيام

[1284]- **مجموع زيد بن علي -رضي الله عنهما-** [144]: حدثني زيد بن علي، عن أبيه، عن جده، عن علي -عليهم السلام-، قال: (لما كان أول ليلة من شهر رمضان قام رسول الله -صلى الله عليه وآله وسلم- فحمد الله وأثنى عليه ثم قال: «أيها الناس إن الله قد كفاكم عدوكم من الجن ووعدكم الإجابة، وقال ﴿ٱدۡعُونِيٓ أَسۡتَجِبۡ لَكُمۡۚ﴾، ألا وقد وكل الله -عز وجل- بكل شيطان مريد سبعة أملاك، فليس بمحمول حتى ينقضي شهر رمضان، وأبواب الجنة مفتحة من أول ليلة منه إلى آخر ليلة، ألا وإن الدعاء فيه متقبل.

فلما كان أول ليلة من العشر الأواخر شمر، وشد المئزر، وبرز من بيته، واعتكف العشر الأواخر، وأحيا الليل، وكان يغتسل بين العشائين -صلى الله عليه وآله وسلم-.

قال: وسألت الإمام أبا الحسين زيد بن علي -عليه السلام- ما معنى شد المئزر؟

فقال: كان يعتزل النساء فيهن. انتهى.

[1285]- **أبو طالب -عليه السلام- في الأمالي** [370]: وبه قال: أخبرنا أبو الحسين علي بن إسماعيل الفقيه -رحمه الله-، قال: أخبرنا الناصر للحق الحسن بن علي -عليه السلام-، قال: أخبرنا محمد بن منصور، عن حسين بن نصر، عن خالد، عن حصين بن المخارق، عن جعفر بن محمد، عن أبيه، عن جده، عن علي -صلوات الله عليهم- قال: قال رسول الله -صلى الله عليه وآله وسلم-: «وكل الله -عز وجل- ملائكته بالدعاء للصائمين».

[1286]- وقال رسول الله -صلى الله عليه وآله وسلم-: «أخبرني جبريل -

عليه السلام-، عن ربي قال: ما أمرت أحداً من الملائكة بالدعاء لأحد من خلقي إلا وأنا استجيب له». انتهى.

رجال هذا الإسناد قد تقدم الكلام عليهم جميعاً، وهم من ثقات محدثي الشيعة -رضي الله عنهم-، وخالد هو ابن عيسى العكلي.

[1287]- **أمالي أحمد بن عيسى -رضي الله عنهما-** [**العلوم**:1/ 317]: حدثنا أبو جعفر محمد بن منصور، قال: حدثنا أحمد بن عيسى، عن حسين، عن أبي خالد، عن زيد، عن آبائه، عن علي -عليهم السلام-، قال: (صعد رسول الله -صلى الله عليه وآله وسلم- المنبر فقال: «يا أيها الناس إن جبريل استقبلني ثم قال: يا محمد من أدرك شهر رمضان فلم يغفر له فمات فدخل النار فأبعده الله، قل آمين فقلت آمين». انتهى.

[1288]- **مجموع زيد بن علي -رضي الله عنهما-** [144]: حدثني زيد بن علي، عن أبيه، عن جده، عن علي -عليهم السلام-، قال: قال رسول الله -صلى الله عليه وآله وسلم-: «للصائم فرحتان؛ فرحة عند فطره، وفرحة يوم القيامة، ينادي المنادي: أين الظامية أكبادهم؟، وعزتي لأروينهم اليوم». انتهى.

[1289]- **أبو طالب -عليه السلام- في الأمالي** [370]: وبه، قال: حدثنا أبو أحمد علي بن الحسين الديباجي ببغداد، قال: حدثنا أبو الحسين علي بن عبد الرحمن بن عيسى بن ماتي، قال: حدثنا محمد بن منصور، قال: حدثني أحمد بن عيسى، عن حسين، عن أبي خالد، عن زيد بن علي، عن أبيه، عن جده، عن علي -عليهم السلام-، قال: صعد رسول الله -صلى الله عليه وآله وسلم- المنبر فقال: «يأيها الناس إن جبريل أتاني فاستقبلني، ثم قال: يا محمد، من أدرك شهر رمضان فلم يغفر له فمات فدخل النار فأبعده الله، قل: آمين، فقلت: آمين». انتهى.

رجال هذا الإسناد من ثقات محدثي الشيعة، وقد مر الكلام عليهم.

[1290]- **أمالي أحمد بن عيسى -رضي الله عنهما- [العلوم:1/ 317 - 318]**: حدثنا محمد، قال: حدثني أحمد بن عيسى، عن حسين، عن أبي خالد، عن زيد، عن آبائه، عن علي -عليهم السلام- قال: لما كان أول ليلة من شهر رمضان قام رسول الله -صلى الله عليه وآله وسلم- فحمد الله وأثنى عليه ثم قال: «يأيها الناس قد كفاكم الله عدوكم من الجن ووعدكم الإجابة، وقال: ﴿ٱدۡعُونِيٓ أَسۡتَجِبۡ لَكُمۡۚ﴾، ألا وقد وكل الله بكل شيطان مريد سبعة ملائكة فليس بمحلول حتى ينقضي شهر رمضان هذا، ألا وأبواب السماء مفتحة من أول ليلة منه إلى آخر ليلة منه، ألا والدعاء فيه مقبول».

حتى إذا كان أول ليلة من العشر، قام فحمد الله وأثنى عليه ثم قال: «يأيها الناس قد كفاكم الله عدوكم من الجن ووعدكم الإجابة وقال ادعوني استجب لكم، ألا وقد وكل الله بكل شيطان مريد سبعة أملاك فليس بمحلول حتى ينقضي شهركم هذا، ألا وأن أبواب السماء مفتحة من أول ليلة منه إلى آخر ليلة منه، ألا وإن الدعاء مقبول».

قال: ثم إن رسول الله -صلى الله عليه وآله وسلم- شمر وشد المئزر، وبرز من بيته، واعتكفهن وأحيا الليل، وكان يغتسل كل ليلة بين العشائين).

فقلنا له: ما معنى شد المئزر؟ فقال: كان يعتزل النساء فيهن. انتهى.

[1291]- **مجموع زيد بن علي -عليه السلام-** [144]: حدثني زيد بن علي، عن أبيه، عن أيه، عن جده، عن علي -عليهم السلام- قال: قال رسول الله -صلى الله عليه وآله وسلم-: «لخلوف فم الصائم عند الله أطيب من رائحة المسك عند الله -عز وجل-، يقول الله -عز وجل-: الصوم لي وأنا أجزي به». انتهى.

[1292]- **أبو طالب -عليه السلام- في الأمالي** [370]: وبه قال أخبرنا أبو الحسين علي بن إسماعيل الفقيه -رحمه الله-، قال: حدثنا الناصر للحق الحسن بن

علي -رضي الله عنه-، قال: حدثنا محمد بن منصور، عن حسين بن نصر، عن خالد بن عيسى، عن حصين، عن جعفر بن محمد، عن أبيه، عن جده، عن علي -عليهم السلام- قال: قال رسول الله -صلى الله عليه وآله وسلم-: «من أصبح صائماً فشُتم فقال: إني صائم، سلام عليكم، قال الرب جل وعز: استجار عبدي بالصوم من عبدي، أجيروه من ناري، وادخلوه جنتي». انتهى.

رجال هذا الإسناد قد مر الكلام عليهم جميعاً.

[1293]- **أمالي أحمد بن عيسى -رضي الله عنهما-** [**العلوم**:1/ 318]: حدثنا محمد، قال: حدثنا أبو الطاهر، قال: حدثني أبي، عن أبيه قال: أوصى أمير المؤمنين الحسن ابنه؛ فقال:

أوصيك يا حسن وجميع ولدي بتقوى الله ربكم.

والله ألله في صيام شهر رمضان فإن صيامه جنة من النار. انتهى.

[1294]- **أبو طالب -عليه السلام- في الأمالي**: وبه، قال: حدثنا أبو أحمد علي بن الحسين بن علي الديباجي البغدادي، قال: حدثنا أبو الحسين علي بن عبد الرحمن بن عيسى بن ماتي، قال: حدثنا محمد بن منصور، قال: حدثني أحمد بن عيسى، عن حسين، عن أبي خالد، عن زيد بن علي، عن أبيه، عن جده، عن علي -عليهم السلام- قال: (لما كانت أولى ليلة من شره رمضان قام رسول الله -صلى الله عليه وآله وسلم- فحمد الله وأثنى عليه، ثم قال: «يا أيها الناس قد كفاكم الله عدوكم من الجن، ووعدكم الإجابة، وقال ادعوني استجب لكم، ألا وقد وكل الله بكل شيطان مريد سبعة من ملائكته، فليس بمحلول حتى ينقضي شهر رمضان، ألا وأبواب السماء مفتحة من أولي ليلة منه إلى أخرى ليلة، ألا والدعاء فيه مقبول».

حتى إذا كان أولي ليلة من العشر قام فحمد الله وأثنى عليه، ثم قال:

«يا أيها الناس قد كفاكم الله عدوكم من الجن، ووعدكم الإجابة، وقال

ادعوني استجب لكم، ألا وقد وكل بكل شيطان سبعة أملاك فليس بمحلول حتى ينقضي شركم هذا، ألا وإن أبواب السماء مفتحة لأولى ليلة منه إلى أخرى ليلة، ألا والدعاء مقبول».

ثم قال: إن رسول الله -صلى الله عليه وآله وسلم- شد المئزر، وبرز من بيته، واعتكفهن، وأحيا الليل، وكان يغتسل كل ليلة بين العشائين).

فقلنا له: ما معنى شد المئزر؟ قال: كان يعتزل النساء فيهن». انتهى.

رجال هذا الإسناد قد تقدم الكلام عليهم جميعاً.

[1295]- **المرشد بالله -عليه السلام- في الأمالي** [1/ 366]: وبه قال أخبرنا القاضي أبو القاسم علي بن المحسن بن علي التنوخي بقراءتي عليه، قال: أخبرنا أبو محمد سهل بن أحمد بن عبد الله الديباجي، قال: حدثنا أبو علي محمد بن محمد الأشعث الكوفي بمصر، قال: حدثني موسى بن إسماعيل بن موسى بن جعفر بن محمد، قال: حدثنا أبي، عن أبيه، عن جده جعفر، عن أبيه، عن جده علي بن حسين، عن أبيه، عن علي -عليهم السلام- قال: قال رسول الله -صلى الله عليه وآله وسلم-: «وكل الله ملائكة بالدعاء للصائمين». انتهى.

الرجال:

[ترجمة الإمام المرشد بالله -عليه السلام-]

قد مر ذكر المرشد بالله -عليه السلام- في غير موضع، ولكن لم نتكلم عليه فإليك الكلام عليه:

قال في الجداول: يحيى بن الحسين الجرجاني بن إسماعيل بن زيد بن الحسن بن جعفر بن محمد بن عبد الرحمن الشجري بن القاسم بن الحسن بن زيد بن الحسن بن علي بن أبي طالب، الإمام المرشد، أبو الحسن، المحدث، حدث عن أمم ذكروا في هذا الكتاب، وعنه المظفر بن عبد الرحيم الحمدوني، والشيخ أبو

العباس أحمد بن الحسن بن القاسم، والشيخ الإمام إسماعيل بن علي القزاز، وعلي بن الحسين مؤلف المحيط.

قال المنصور بالله: كان للمرشد بالله أماليين: أحدهما يوم الخميس وتعرف بالخميسيات، والثاني: كتاب الأنوار أملاه يوم الاثنين.

قال محيي الدين في الخميسية، ما لفظه: لقد جمع -يعني الإمام- في هذه الأمالي محاسن أخبار رسول الله -صلى الله عليه وآله وسلم- وعيونها، ورواها بإسانيد صحيحة عند علماء هذا الشأن، وذكر الحكم عليها بالصحة في مقدمتها، ويكفي ذلك الكتاب شرفاً تلقي العترة له بالقبول، وأيضاً فهو من أعظم معتمداتهم ومرجوعاتهم، ومن بحث وأخذ عرف، ومن جهل شيئاً عاداه. انتهى من السفينة للإمام أحمد بن هاشم.

قام ودعا إلى الله في أيام المستظهر، وكان عودته في الجيل والري وجرجان، ولا زال ساعياً في مرضاة الحي القيوم حتى لحق بالله سنة تسع وتسعين وأربعمائة، في خامس عشر بيع آخر، مولد -عليه السلام- سنة اثنتا عشرة وأربعمائة. انتهى.

[ترجمة علي بن المحسن التنوخي]

وأما شيخ المرشد بالله -عليه السلام-:

فقال في الجداول: على بن المحسن بن علي بن أبي الغنائم، أبو القاسم التنوخي البغدادي، عن أبيه، وعلي بن محمد لؤلؤ، وأبي حفص الزيات، وخلائق، وعنه المرشد، وأبو الغنائم محمد بن علي.

قال الخطيب: صدوق.

وقال ابن خيرون: رأيه الرفض والاعتزال.

وقال الذهبي: سماعاته صحيحة، ومحله الصدق والستر.

وقال ابن سعد الدين - هو أحمد بن سعد الدين المسوري -رحمه الله- في أوساط رجال الزيدية: وكان التشيع دينه، ودين أبيه وجده علي بن محمد الأكبر، توفي سنة أربعة وأربعين وأربعمائة. انتهى.

خرج له المرشد بالله وأبو الغنائم النرسي.

وأما سهل بن أحمد الديباجي:

فقال في الجداول سهل بن أحمد الديباجي، عن محمد بن محمد بن الأشعث، وعنه أبو القاسم التنوخي، رموه بالرفض. انتهى.

قلت: هي عادتهم في وصم المحبين لآل محمد -عليه السلام-.

خرج له المرشد بالله -عليه السلام-.

وأما بقية رجال الإسناد، فقد مر الكلام عليهم.

[1296]- **أبو طالب** -عليه السلام- **في الأمالي** [379]: وبه قال: أخبرنا أبي -رحمه الله- تعالى، قال: أخبرنا عبد الله بن أحمد بن سلام، قال: أخبرنا أبي، قال: حدثنا محمد بن منصور، قال: حدثنا أحمد بن صبيح، عن حسين بن علوان، عن جعفر بن محمد، عن أبيه، عن آبائه -صلوات الله عليهم- قال: قال رسول الله -صلى الله عليه وآله وسلم-: «نوم الصائم عبادة ونفسه تسبيح».

رجال هذا الإسناد قد تقدم الكلام عليهم، وهم من ثقات محدثي الشيعة -رضي الله عنهم-.

[1297]- **المرشد بالله** -عليه السلام- **في الأمالي** [1/ 373]: وبه، قال: حدثنا القاضي أبو القاسم علي بن المحسن بن علي التنوخي بقراءتي عليه، قال: أخبرنا أبو محمد سهل بن أحمد بن عبد الله بن سهل الديباجي، قال: حدثنا أبو علي محمد بن محمد بن الأشعث، قال: حدثني موسى بن إسماعيل بن موسى بن جعفر بن محمد، قال: حدثنا أبي، عن أبيه، عن جده جعفر، عن أبيه، عن جده علي بن حسين، عن

أبيه، عن علي -عليهم السلام- قال: قال رسول الله -صلى الله عليه وآله وسلم-: «نوم الصائم عبادة ونفسه تسبيح». انتهى.

رجال هذا الإسناد قد مر الكلام عليهم.

[1298]- **أبو طالب عليه في الأمالي:** وبه قال أخبرنا أبو أحمد علي بن الحسين الديباجي ببغداد، قال: حدثنا أبو الحسين علي بن عبد الرحمن بن عيسى بن زيد بن ماتي، قال: حدثنا محمد بن منصور، قال: حدثني أحمد بن عيسى، عن حسين بن علوان، عن أبي خالد، عن زيد بن علي، عن أبيه، عن آبائه، عن علي -عليهم السلام- قال: كان رسول الله -صلى الله عليه وآله وسلم- يصوم شعبان وشهر رمضان يصلهما، وينهي الناس عن أن يصلوهما، ويقول: «هما شهرا الله، وهما كفارة لما قبلهما وما بعدهما من الذنوب». انتهى.

[1299]- **أمالي أحمد بن عيسى -رضي الله عنهما- [العلوم:1/ 343]:** حدثنا محمد، قال: حدثني أحمد بن عيسى، عن حسين، عن أبي خالد، عن زيد، عن آبائه، عن علي -عليهم السلام- قال: قال رسول الله -صلى الله عليه وآله وسلم-: «للصائم فرحتان؛ فرحة عند فطره، وفرحة يوم القيامة، ولخلوف فم الصائم أطيب عند الله من ريح المسك». انتهى.

رجال هذا الإسناد قد مر الكلام عليهم.

[1300]- **المرشد بالله -عليه السلام- في الأمالي:** وبه قال: أخبرنا القاضي أبو القاسم علي بن المحسن بن علي التنوخي بقراءتي عليه، قال: أخبرنا أبو محمد سهل بن أحمد بن عبد الله بن سهل الديباجي، قال: حدثنا محمد بن محمد بن الأشعث الكوفي بمصر، قال: حدثنا موسى بن إسماعيل بن موسى بن جعفر بن محمد، قال: حدثنا أبي، عن أبيه، عن جده جعفر، عن أبيه، عن جده علي بن حسين، عن أبيه، عن علي -عليه السلام- قال: قال رسول الله -صلى الله عليه وآله وسلم-: «لكل شيء زكاة وزكاة الأجسام الصيام». انتهى.

رجال هذا الإسناد قد تقدم الكلام عليهم جميعاً.

[1301]- الهادي -عليه السلام- في الأحكام [1/ 198]: قال يحيى بن الحسين -صلوات الله عليه-:

بلغنا عن زيد بن علي، عن آبائه، عن علي أمير المؤمنين -صلوات الله عليه- قال صعد رسول الله -صلى الله عليه وآله وسلم- المنبر فقال: «يا أيها الناس: إن جبريل آتاني فاستقبلني فقال يا محمد من أدرك شهر رمضان فلم يغفر له فمات فدخل النار، فلعنه الله، قل: آمين فقلت آمين.

ثم قال: من لحق إماماً عادلاً فلم يغفر له فلعنه الله قل آمين فقلت آمين.

ثم قال: من لحق والدية فلم يغفر له فلعنه الله قل آمين فقلت آمين». انتهى.

[1302]- المرشد بالله -عليه السلام- في الأمالي [1/ 364]: وبه قال أخبرنا القاضي أبو القاسم علي بن المحسن بن علي التنوخي بقراءتي عليه، قال: أخبرنا أبو محمد سهل بن أحمد بن عبد الله بن سهل الديباجي، قال: حدثنا أبو علي محمد بن محمد بن الأشعث الكوفي بمصر، قال: حدثني موسى بن إسماعيل بن موسى بن جعفر بن محمد، قال: حدثني أبي، عن أبيه، عن جده جعفر بن محمد، عن أبيه، عن جده علي بن حسين، عن أبيه، عن علي -عليهم السلام- قال: قيل: يا رسول الله، ما الذي يباعد الشيطان منا؟ قال: «الصوم، ويسود وجهه، ويكسر ظهره، والحب في الله، والمواظبة على العلم الصالح يقطع دابره، والاستغفار يقطع وتينه». انتهى.

رجال هذا الإسناد قد تقدم الكلام عليهم جميعاً.

[1303]- الهادي -عليه السلام- في الأحكام [1/ 198]: وبلغنا عن زيد بن علي -صلوات الله عليه-، عن آبائه، عن علي بن أبي طالب -صلوات الله عليه- قال: قال رسول الله -صلى الله عليه وآله وسلم-: «للصائم فرحتان: فرحة عند فطره، وفرحة يوم القيامة، ينادي مناد: أين الظامية أكبادهم؟، وعزتي

وجلالي لأروينهم اليوم». انتهى.

[1304]- **المرشد بالله -عليه السلام- في الأمالي** [1/ 378]: وبه قال أخبرنا القاضي أبو القاسم التنوخي بقراءتي عليه، قال: أخبرنا أبو محمد سهل بن أحمد بن عبد الله بن سهل الديباجي، قال: حدثنا أبو علي محمد بن محمد بن الأشعث الكوفي، قال: حدثني موسى بن إسماعيل بن موسى بن جعفر بن محمد، قال: حدثني أبي، عن أبيه، عن جده جعفر، عن أبيه، عن جده علي بن حسين، عن أبيه، عن علي -عليهم السلام- قال: قال رسول الله -صلى الله عليه وآله وسلم-: «ما من عبد يصبح صائماً فيشتم فيقول: سلام عليكم إني صائم، إلا قال الله -عز وجل-: استجار عبيد من عبدي بالصيام فأدخلوه الجنة». انتهى.

رجال هذا الإسناد قد تقدم الكلام عليهم جميعاً.

[1305]- **الهادي -عليه السلام- في الأحكام** [1/ 198]: قال يحيى بن الحسين رحمة الله عليه: ويروى عن أمير المؤمنين -عليه السلام- أنه كان إذا جاء شهر رمضان خطب الناس فقال: (إن هذا الشهر المبارك الذي افترض الله صيامه ولم يفترض قيامه قد أتاكم، ألا أن الصوم ليس من الطعام والشراب وحدهما، ولكن من اللغو والكذب والباطل). انتهى.

[1306]- **المرشد بالله -عليه السلام- في الأمالي** [1/ 358]: وبه قال: أخبرنا القاضي أبو القاسم علي بن المحسن بن علي التنوخي بقراءتي عليه، قال: حدثنا أبو محمد سهل بن أحمد بن سهل الديباجي، قال: حدثنا أبو علي محمد بن محمد بن الأشعث الكوفي بمصر، قال: حدثنا موسى بن إسماعيل بن موسى بن جعفر، قال: حدثنا أبي، عن أبيه، عن جده جعفر، عن أبيه، عن جده علي بن الحسين، عن أبيه، عن علي بن أبي طالب -عليهم السلام- قال: قال رسول الله -صلى الله عليه وآله وسلم-: «شعبان شهري، وشهر رمضان شهركم، وهو ربيع الفقراء وإنما جعل الله هذه الأضحية ليشبع فيه مساكينكم من اللحم، فأطعموهم». انتهى.

[1307]- **وفيها أيضاً** [1/ 380]: بهذه الإسناد عن الحسين بن علي -عليه

السلام- أن علياً -عليه السلام- كان يقول: (لا تقولوا رمضان، فإنكم لا تدرون ما رمضان؟، فمن قاله فليتصدق كفارة، ولكن قولوا كما قال الله -عز وجل-: شهر رمضان). انتهى.

رجال هذا الإسناد، قد تقدم الكلام عليهم.

باب القول في الشهادة على رؤية الهلال

[1308]- **مجموع زيد بن علي** -رضي الله عنهما- [150]: حدثني زيد بن علي، عن أبيه، عن جده، عن علي -عليهم السلام-: أن قوماً جاؤوا فشهدوا أنهم صاموا لرؤية الهلال وأنهم قد أتموا ثلاثين، فقال علي -عليه السلام-: (إنا لم نصم إلا ثمانية وعشرين يوماً، فدعا بهم، ودعا بالمصحف، فأنشدهم بالله وبما فيه من القرآن العظيم ما كذبوا، ثم أمر الناس فأفطروا، وأمرهم بقضاء يوم، وأمر الناس أن يخرجوا من الغد إلى مصلاهم، وذلك أنهم شهدوا بعد الزوال. انتهى.

[1309]- **الجامع الكافي** [3/ 221]: قال الحسن بن يحيى -عليه السلام-: روي عن النبي -صلى الله عليه وآله وسلم- أنه قال: «صوموا لرؤيته، وأفطروا لرؤيته، فإن غم عليكم فعدوا شعبان ثلاثين يوماً، وصوموا الحادي وثلاثين».

قال الحسن ومحمد: والشهر يكون ثلاثين يوماً ويكون تسعة وعشرين يوماً، ذكر ذلك عن النبي -صلى الله عليه وآله وسلم-.

قال محمد: وذكر أنهم صاموا على عهد علي -عليه السلام- ثمانية وعشرين يوماً فأمرهم علي فقضوا يوماً. انتهى.

مجموع زيد بن علي -رضي الله عنهما- [150]: حدثني زيد بن علي، عن أبيه، عن جده، عن علي -عليهم السلام-، قال: (إذا رأيتم الهلال من أول النهار فأفطروا، وإذا رأيتموه من آخر النهار فأتموا الصيام إلى الليل). انتهى.

الهادي -عليه السلام- **في الأحكام** [1/ 193]: فإن كان في السماء علة من

سحاب أو غبار أو ضباب، أو غير ذلك من الأسباب، أوفيت أيام الصيام ثلاثين يوماً.

[1310]- وكذلك يروي عن رسول الله -صلى الله عليه وآله وسلم- أنه قال: «صوموا لرؤيته، وأفطروا لرؤيته، فإن غُمّ عليكم فعدوا ثلاثين يوماً»: يريد -صلى الله عليه وآله وسلم- عدواً من يوم رأيتموه وصح عندكم أنه قد أهل فيه.

[1311]- وقد روي عن النبي -صلى الله عليه وآله وسلم- أنه قال: «الشهر هكذا وهكذا وهكذا» ثم قال: «وهكذا قد يكون وهكذا وهكذا - ثم نقص من أصابعه واحدة-»، وأشار في الأولى بكفيه جميعاً -ثلاث مرات-، وأشار في الثانية بكفيه -ثلاث مرات-، ونقص في الثالثة أصبعاً، فدل ذلك منه -صلى الله عليه وآله وسلم- أن الشهر قد يكون مرة ثلاثين يوماً سواء، ومرة تسعة وعشرين يوماً. انتهى.

القاضي زيد في الشرح: ولا خلاف أن الهلال إذا ثبت إهلاله بالرؤية والمشاهدة وجب الصوم، وذلك لقوله -صلى الله عليه وآله وسلم-: «صوموا لرؤيته وأفطروا لرؤيته»؛ ولأن المشاهدة توجب علماً ضرورياً.

ولا خلاف أيضاً أن هلاله إذا ثبت بالأخبار المتواترة برؤيته وجب الصوم؛ لأن الأخبار المتواترة توجب العلم كالمشاهدة.

ولا خلاف أن هلال شوال إذا ثبت إهلاله بالشهادة، أو بالأخبار المتواترة، برؤيته وجب الإفطار.

وفيه: ولا خلاف بين المسلمين أن وجوب الصوم والإفطار متعلق بتقدم الرؤية عليه، وإنما خالف فيه نفر منسوبون إلى الشيعة -وهم جهال- فقالوا: إن الهلال إذا رؤي عشية يوم فذلك يوم من الشهر الجديد، ومن سبيل الإنسان أن يكون صائماً فيه إذا كان هلال رمضان، أو مفطراً فيه إن كان هلال شوال، وهذا خارج عن إجماع المسلمين، وليس يحفظ عن أحد من السلف، وإنما ألقى هذا

المذهب إليهم قوم من الباطنية ليفسدوا على الناس صومهم وفطرهم. انتهى.

المؤيد بالله -عليه السلام- في **شرح التجريد** [2/ 231]: فصل : ذهب بعض الجهال من الشيعة: إلى أنه لا اعتبار بالرؤية، وأن الهلال إذا رؤي عشية كان ذلك اليوم من الشهر الجديد.

وقالوا -في قوله -صلى الله عليه وآله وسلم-: «صوموا لرؤيته وأفطروا لرؤيته»-: إن الصوم والإفطار يجب أن يتقدما على الرؤية، كما أن القائل إذا قال: تسلح للحرب؛ يجب أن يكون التسلح قبل الحرب، وإذا قال: تطهر للصلاة؛ يجب أن يكون التطهر قبل الصلاة، وهذا قول خارج عن إجماع المسلمين، وليس يحفظ عن أحد من السلف. انتهى.

الهادي -عليه السلام- في **الأحكام** [1/ 219]: قال يحيى بن الحسين -صلوات الله عليه-: إذا شهد شاهدان على رؤية الهلال في الصوم والإفطار جازت شهادتهما، وقبل قولهما إذا كانا عدلين تقيين، ورعين ثقتين.

[1312]- وكذلك بلغنا عن رسول الله -صلى الله عليه وآله وسلم- أن أهل المدينة أصبحوا صياماً في آخر يوم من شهر رمضان، فشهد بعضهم عند رسول الله -صلى الله عليه وآله وسلم- أنهم رأوا الهلال بالأمس، فأمر رسول الله -صلى الله عليه وآله وسلم- الناس أن يفطروا، وأن يعودوا إلى صلاتهم.

[1313]- وبلغنا عن أمير المؤمنين علي بن أبي طالب -عليه السلام- أنه قال: (إذا شهد رجلان ذوا عدل أنهما رأيا الهلال فصوموا وافطروا).

وقال يحيى بن الحسين -صلوات الله عليه-: وإن رأى الهلال رجل واحد جاز له فيما بينه وبين الله أن يصوم إن كان رأى هلال شهر رمضان، وأن يفطر إن كان رأى هلال شوال، ولا ينبغي أن يبدي ذلك للناس لما فيه من الشنعة واختلاف القالة فيه. انتهى.

الجامع الكافي [3/ 123]: قال محمد: ولا يجوز أن يقبل على رؤية الهلال -يعني في أول الشهر أو آخره- أقل من شهادة ذوي عدل.

[1314]- وروى محمد: بإسناد عن الحارث، عن علي -عليه السلام-، قال: (إذا شهد رجلان ذوا عدل على رؤية الهلال فصوموا وأفطروا). انتهى.

باب القول فيما يقال من الذكر عند رؤية الهلال

[1315]- **أمالي أحمد بن عيسى -رضي الله عنهما- [العلوم**:1/ 317]: حدثنا محمد، قال: حدثنا إسماعيل بن موسى، عن شريك، عن أبي إسحاق، عن الحارث، عن علي -عليه السلام- قال: (كان إذا رأى الهلال قال: اللهم إني أسألك خير هذا الشهر فتحه ونصره ونوره ورزقه، وأعوذ بك من شره وشر ما بعده). انتهى.

رجال هذا الإسناد من ثقات محدثي الشيعة، وقد مر الكلام عليهم جميعاً.

[1316]- **الهادي -عليه السلام- في الأحكام** [1/ 220]: ويروى عن أمير المؤمنين علي بن أبي طالب -رحمة الله عليه- أنه كان يقول إذا رأى الهلال: (اللهم إني أسألك خير هذا الشهر فتحه ونصره ونوره ورزقه، وأعوذ بك من شره وشر ما بعده).

[1317]- وبلغنا عنه أنه كان يقول إذا رأى هلال شهر رمضان: (اللهم رب هلال شهر رمضان أدخله علينا بإسلام وأمن وإيمان، وصحة من السقم، وسلامة من الشغل عن الصلاة والصيام). انتهى.

[1318]- **محمد بن منصور المرادي -رحمه الله- في الذكر** [211]: حدثنا محمد، قال: حدثنا محمد بن عبيد، قال: حدثنا علي بن عابس، عن أبي إسحاق، عن الحارث، عن علي -كرم الله وجهه- أنه كان إذا رأى الهلال قال : (اللهم إني أسألك خير هذا الشهر، وبركته ونوره، وهداه ونصره، وفتحه ورزقه، وأعوذ

بك من شر ما قبله وبعده). انتهى.

رجال هذا الإسناد من ثقات محدثي الشيعة، وقد مر الكلام عليهم إلا علي بن عابس، فإليك الكلام عليه.

[ترجمة علي بن عابس]:

قال في الجداول: علي بن عابس الأسدي، الأزرق الكوفي الملائي، عن أبي إسحاق، ومسلم الملائي، وعطاء، وكثير النواء، وغيرهم، وعنه عباد بن يعقوب، ومحمد بن أبان، وإسماعيل بن زكريا، وغيرهم.

قال مولانا صارم الدين: روى حديث أبي سعيد في فدك فأنكرته الناصبة وقدحت فيه لذلك، وقد رواه أئمتنا، احتج به الترمذي، وعداده في ثقات محدثي الشيعة. انتهى.

خرج له أبو طالب ومحمد.

باب القول في صوم يوم الشك

الهادي -عليه السلام- في الأحكام [1/ 200]: قال يحيى بن الحسين -صلوات الله عليه-: الذي رأينا عليه أشياخنا ومن سمعنا عنه من أسلافنا أنهم كانوا يصومون يوم الشك.

[1319]- وفي ذلك ما حدثني أبي، عن أبيه، عن علي بن أبي طالب أمير المؤمنين -رحمة الله عليه- أنه قال: (لأن أصوم يوماً من شعبان أحب إلي من أن أفطر يوماً من رمضان).

وفيه: فأما ما يزخرفه كثير من الناس في ترك صيامه؛ فذلك ما لا يصح ولا يجوز القول به، لبعده من الاحتياط والصواب، وقربه من التفريط في الصوم والارتياب، بل الصحيح من ذلك ما لا يشك فيه من أنصف من أن صوم يوم الشك والاحتياط فيه أفضل وأقرب إلى الله وأسلم.

حدثني أبي، عن أبيه أنه سئل، عن صوم يوم الشك، فقال: حسن لا بأس بصومه، وقد بلغنا عن علي بن أبي طالب -رحمة الله عليه- أنه قال: (لأن أصوم يوماً من شعبان أحب إلي من أن أفطر يوماً من رمضان). انتهى.

[1320]- **أمالي أحمد بن عيسى -رضي الله عنهما-** [**العلوم**:1/ 323]: حدثنا محمد، قال: حدثني جعفر، عن قاسم في صوم اليوم الذي يشك فيه من رمضان، قال: لا بأس أن تصومه، وقد قال علي بن أبي طالب -عليه السلام- -فيما ذكر عنه-: (لأن أصوم يوماً من شعبان أحب إلي من أفطر يوماً من رمضان). انتهى.

جعفر: هو ابن محمد بن شعبة النيروسي، قد مر الكلام عليه.

وقاسم: هو الإمام القاسم بن إبراهيم -صلوات الله عليه-.

الجامع الكافي [3/ 125]: قال القاسم -عليه السلام-: لا بأس أن يصوم الذي يشك فيه من رمضان، وقد قال علي -عليه السلام- فيما ذكر عنه: (لأن أصوم يوماً من شعبان أحب إلي من أن أفطر يوماً من رمضان). انتهى.

المؤيد بالله -عليه السلام- في شرح التجريد[2/ 235]: ومن المعتمد في هذا الباب ما اشتهر، عن أمير المؤمنين -عليه السلام- من قوله: (لأن أصوم يوماً من شعبان أحب إلي من أفطر يوماً من رمضان).

وفيه [2/ 236]: فإن قيل: منعنا من قصد يوم الجمعة بالصيام؛ لأنه يوم عظيم الحرمة، فلم يؤمن أن يعتقد وجوب صومه، فكذلك يجب أن يكون صوم يوم الشك ممنوعاً منه، لئلا يعتقد فيه الإيجاب.

قيل له: إنما ساغ ذلك يوم الجمعة، لأنه لم يتعلق به احتياط للفرض، وصوم يوم الشك قد تعلق به الاحتياط للفرض، فوجب أن يكون الاحتياط الذي ذكرناه أولى من الاحتياط الذي ذكرتموه، لأنه يمكن أن يثبت غير واجب، ولا يمكن مع إفطاره إن كان من رمضان إزالة الإفطار فيه، على أن المسألة إجماع

أهل البيت -عليهم السلام-، ومشهور عن علي -عليه السلام-، وما كان من المسائل هذه سبيله لم نستجز خلافه. انتهى.

القاضي زيد في الشرح: وصوم يوم الشك أولى من إفطاره، وما روي من النهي في ذلك؛ لا يلزمنا، إذ لا خلاف في استحبابه على الجملة، وإنما الخلاف في صومه على وجه دون وجه، لأن أباحنيفة يستحبه إذا كان بنية من شعبان، والشافعي يستحبه إذا كان الشهر كله أو صادف شهراً كان يصومه، فإذا كان هذا هكذا فكل محتاج إلى تأويل، فنحن نقول: هو نهي عن صومه بنية الفرض، فإن صومه على هذا الوجه غير جائز.

قال المؤيد بالله: على أن المسألة إجماع أهل البيت -عليهم السلام-، ومشهور عن علي -عليه السلام-، وما كان من المسائل هذا سبيلها لم نستجز خلافه. انتهى.

محمد بن يحيى المرتضى -عليه السلام- **في الفقه**: وسألت عما روي عن رسول الله -صلى الله عليه وآله وسلم- من قوله: «صوموا لرؤيته وافطروا لرؤيته».

قال محمد بن يحيى -عليه السلام-: ذلك عنه صحيح.

فأما ما روي عنه -عليه السلام- أنه قال: «لا تصلوا رمضان بيوم من شعبان»:

فهذا الحديث لا نعرفه، ولا نرويه عنه -صلى الله عليه وآله وسلم-، بل كان يصوم شعبان ورمضان يصلهما، فهذا دليل على إبطال الحديث، وإنما روي عن أمير المؤمنين علي بن أبي طالب -صلوات الله عليه- أنه قال: (لأن أصوم يوماً من شعبان أحب إلي من أفطر يوماً من رمضان) أراد بذلك -صلى الله عليه- عند وقوع الشك من سحاب يعرض، فعارضه بعض المعاندين فروى عن رسول الله -صلى الله عليه وآله وسلم-: لأن أفطر يوماً من رمضان أحب إلي من أن أصوم يوماً من شعبان، وهذا الحديث محال عن رسول الله -صلى الله عليه وآله وسلم- مكذوب عليه فيه، كان -صلى الله عليه وآله وسلم- أعرف بالله وأتقى له، من أن يفطر يوماً من رمضان أو يأمر به، ولو خير أن يصوم شهراً ويفطر من رمضان

يوماً لاختار -صلى الله عليه وآله وسلم- صيام شهر.

فأما الإفطار على الرؤية فإذا نُظِرَ أفطر، وإن لم ينظر أكمل ثلاثين يوماً: لأن الشهر يكون تسعة وعشرين وثلاثين، فلما وقع الشك فيه أكملت الأيام إلى منتهى عددها وما لا يكون بعده زيادة(48). انتهى.

باب القول في السحور وفضله

[1321]- **مجموع زيد بن علي -رضي الله عنهما-** [145]: حدثني زيد بن علي، عن أبيه، عن جده، عن علي -عليهم السلام-، قال: قال رسول الله -صلى

---

(48) وفي كتاب الفقه أيضاً للإمام المرتضى محمد بن يحيى بن الحسين بن القاسم بن إبراهيم -صلوات الله عليهم-:

وسألت من أين روت العامة أن صيام يوم الشك لا يجوز، وأن على من صامه في قولهم: (عتق رقبة)؟.

قال محمد بن يحيى -عليه السلام-: يروي هذا الحديث من عمي قلبه، وغوي رشده، وإنما روى هذه الرواية بعض المضادين لأمير المؤمنين -عليه السلام- عندما روى عن رسول الله -صلى الله عليه وآله وسلم- حيث قال: ((لأن أصوم يوماً من شعبان، أحب إلي من أن أفطر يوماً من رمضان)) أراد بذلك -صلى الله عليه وآله وسلم- أنه إذا وقع الشك في الهلال والاختلاف، وتراكم السحاب، أن الصوم أحوط في الدين، وأفضل عند رب العالمين، فلما روى ذلك أمير المؤمنين -عليه السلام- ضادوه في روايته، وعارضوه في ما جاء به من صحيح مقالته، فرووا بزعمهم أن رسول الله -صلى الله عليه وآله وسلم- قال: ((لأن أفطر يوماً من رمضان أحب إلي من أن أصوم يوماً من شعبان))، وكذبوا في ذلك وقالوا غير الحق، وقد كان -صلى الله عليه وآله وسلم- [أعرف بالله من أن يقول هذا، أو يخبر، وكيف وقد كان]، يصوم شعبان كله ورمضان يواصل بينهما؟!.

وإنما روى هذه الرواية ضال مضاد للحق، فاتبعه على ذلك الأخسرون حتى اتخذوه ديناً، وردوا الباطل يقيناً، ولا يقول بمقالتهم ذو علم وتمييز، بل الحيطة والحق في ما روى أمير المؤمنين -صلوات الله عليه-، والنبي -صلى الله عليه وآله وسلم- يقول: ((المؤمن وقاف عند الشبهات)).

والذي يقول به الهادي إلى الحق وجميع أسلافنا صلوات الله عليهم ونقول به نحن فقول أمير المؤمنين علي بن أبي طالب -صلوات الله عليه-. انتهى. تمت مؤلف. من هامش الأصل، والذي بين القوسين زيادة من كتاب الإيضاح للمرتضى -عليه السلام-، غير موجود في أصل الحاشية.

الله عليه وآله وسلم-: «إن الله وملائكته يصلون على المستغفرين بالأسحار والمتسحرين، فليتسحر أحدكم ولو بجرعة من ماء، فإن في ذلك بركة، لا يزال الرجل المتسحر من تلك البركة شبعاناً رياناً يومه، وهو فصل ما بين صومكم وصوم النصارى أكلة السحر». انتهى.

[1322]- **أمالي أحمد بن عيسى -رضي الله عنهما-** [**العلوم**:1/ 319]: حدثنا محمد، قال: حدثني أحمد بن عيسى، عن حسين، عن أبي خالد، عن زيد، عن آبائه، عن علي -عليهم السلام- قال: قال رسول الله -صلى الله عليه وآله وسلم-: «إن الله وملائكته يصلون على المستغفرين بالأسحار والمتسحرين فليتسحر أحدكم ولو بجرعة من ماء». انتهى.

[1323]- **أبو طالب -عليه السلام- في الأمالي** [387]: وبه قال أخبرنا أبو الحسين علي بن إسماعيل الفقيه -رحمه الله- قال أخبرنا الناصر للحق الحسن بن علي -رضي الله عنهما-، قال: حدثنا محمد بن منصور، قال: حدثنا أحمد بن عيسى، عن حسين، عن أبي خالد، عن زيد بن علي، عن أبيه، عن جده، عن علي -عليهم السلام-، قال: قال رسول الله -صلى الله عليه وآله وسلم-: «إن الله وملائكته يصلون على النبي يأيها الذين آمنوا صلوا عليه وسلموا تسليما ويصلون على المستغفرين والمتسحرين بالأسحار فليتسحر أحدكم ولو بجرعة من ماء». انتهى.

رجال هذا الإسناد قد تقدم الكلام عليهم جميعاً.

[1324]- **المرشد بالله -عليه السلام- في الأمالي** [2/ 40]: وبه قال أخبرنا القاضي أبو القاسم التنوخي، قال: حدثنا أبو محمد الديباجي، قال: حدثنا أبو علي محمد بن الأشعث الكوفي بمصر، قال: حدثنا موسى بن إسماعيل بن موسى بن جعفر بن محمد، قال: حدثنا أبي، عن أبيه، عن جده، جعفر، عن أبيه، عن جده، علي بن حسين، عن أبيه، عن علي -عليهم السلام- قال: قال رسول الله -صلى الله عليه وآله وسلم-: «إن الله وملائكته يصلون على المتسحرين». انتهى.

رجال هذا الإسناد قد تقدم الكلام عليهم جميعاً.

أبو محمد الديباجي: هو سهل بن أحمد بن عبد الله بن سهل الديباجي -رضي الله عنه-.

[1325]- **أبو طالب -عليه السلام- في الأمالي** [390]: وبه، قال: حدثنا أبو عبد الله أحمد بن محمد البغدادي الآبنوسي، قال: حدثنا أبو القاسم عبد العزيز بن إسحاق بن جعفر، قال: حدثني علي بن محمد النخعي الكوفي، قال: حدثني سليمان بن إبراهيم بن عبيد المحاربي، قال: حدثني نصر بن مزاحم المنقري، قال: حدثني إبراهيم بن الزبرقان التيمي، قال: حدثني أبو خالد الواسطي، قال: حدثني زيد بن علي، عن أبيه، عن جده، عن علي -صلوات الله عليهم- قال: قال رسول الله -صلى الله عليه وآله وسلم-: «إن الله وملائكته يصلون على المستغفرين بالأسحار وعلى المتسحرين، فليتسحر أحدكم ولو بجرعة من ماء، فإن ذلك بركة لا يزال الرجل المتسحر من تلك شبعاناً رياناً يومه، وفصل ما بين صومكم وصوم النصارى أكلة السحور». انتهى.

رجال هذا الإسناد قد تقدم الكلام عليهم جميعاً، وهم من ثقات محدثي الشيعة -رضي الله عنهم-.

الهادي -عليه السلام- في الأحكام [1/210]: قال يحيى بن الحسين -صلوات الله عليه-: وقت السحور ما لم يدخل الشك في أول الفجر، وينبغي للمسلمين أن يحتاطوا في دينهم، وأن لا يقاربوا أشياء من الشك في أمرهم، وأن لا يقاربوا الشبهات، ويتبعوا العلامات النيرات، ومن تسحر في فسحة من أمره كان أفضل له في دينه.

فأما ما يقال من تأخير السحور: فإنما معنى تأخيره إلى آخر الليل، ومن يتسحر في الثلث الآخر فقد أخره، وينبغي له أن يتقي دخول الفجر بجهده، والسحور فيه فضل، وفي ذلك ما بلغنا عن رسول الله -صلى الله عليه وآله وسلم- أنه قال: «إن الله وملائكته يصلون على المستغفرين بالأسحار

والمتسحرين، فليتسحر أحدكم ولو بجرعة من ماء». انتهى.

الجامع الكافي [3/234]: قال القاسم -عليه السلام- -وهو معنى قول الحسن ومحمد-: آخر وقت السحر أن يتبين الخيط الأبيض من الخيط الأسود؛ والخيط الأبيض: هو الفجر، والفجر: هو البياض المعترض، وإنما قيل الخيط لاختياطه، وهو اعتراضه.

قال محمد: يستحب لمن أراد السحور أن يتعجل بالسحور قليلاً في وقت يوقن أنه يفرغ من سحوره قبل طلوع الفجر، لأنه قد كان بعض آل رسول الله -صلى الله عليه وآله وسلم- يغلس بصلاة الفجر جداً، قرأ بعضهم في الفريضة البقرة وآل عمران فلما قضوا الصلاة رأى بعضهم النجوم، فإذا طلع الفجر حرم على الصائم الطعام وحلت صلاة الفريضة، قال الله -عز وجل-: ﴿وَكُلُوا۟ وَٱشْرَبُوا۟ حَتَّىٰ يَتَبَيَّنَ لَكُمُ ٱلْخَيْطُ ٱلْأَبْيَضُ مِنَ ٱلْخَيْطِ ٱلْأَسْوَدِ مِنَ ٱلْفَجْرِ﴾ [البقرة:187]، وفسره رسول الله -صلى الله عليه وآله وسلم- فقال: «بياض النهار من سواد الليل»، فجعل طلوع الفجر نهاراً.

[1326]- وروى محمد بإسناده، عن علي -عليه السلام- أنه خرج إلى مجلس له بعدما صلى الفجر فقال: (هذا حين يتبين لكم الخيط الأبيض من الخيط الأسود من الفجر).

وروى محمد بإسناده عن النبي -صلى الله عليه وآله وسلم- أنه قال: «تسحروا فإن السحور بركة».

وعنه -عليه السلام- قال: (إن الله وملائكته يصلون على المستغفرين بالأسحار والمتسحرين، فليتسحر أحدكم ولو بجرعة من ماء). انتهى.

باب القول في وقت الإفطار

[1327]- **مجموع زيد بن علي -رضي الله عنهما-** [145]: حدثني زيد بن علي، عن أبيه، عن جده، عن علي -عليهم السلام-، قال: (ثلاث من أخلاق الأنبياء -صلاة الله وسلامه عليهم-: تعجيل الإفطار، وتأخير السحور، ووضع الكف على الكف تحت السرة). انتهى.

[1328]- **أمالي أحمد بن عيسى -رضي الله عنهما-** [**العلوم**:1/ 320]: حدثنا محمد، قال: حدثني أحمد بن عيسى، عن حسين، عن أبي خالد، عن أبي جعفر، عن آبائه، عن علي -عليهم السلام- قال: اعتكف رسول الله -صلى الله عليه وآله وسلم- العشر الأواخر من شهر رمضان فلما نادى بلال للمغرب أتي رسول الله -صلى الله عليه وآله وسلم- بكتف جزور مشوية، وأمر بلالاً فكفه هنيهة، فأكل وأكلنا، ثم دعا بلبن إبل فمذق له، فشرب وشربنا، ثم دعا بماء فغسل يده من غمر اللحم ومضمض فاه.

حدثنا محمد، قال: أخبرني جعفر، عن قاسم بن إبراهيم قال: وقت الإفطار أن يغشى الليل ويذهب النهار، ويبدو نجم في أفق من آفاق السماء، لأن الله -تعالى- يقول: ﴿فَلَمَّا جَنَّ عَلَيۡهِ ٱلَّيۡلُ رَءَا كَوۡكَبٗاۖ﴾[الأنعام:76]. انتهى.

جعفر: هو ابن محمد بن شعبة النيروسي، قد تقدم، وحديث الكتف المشوية قد مر في الوضوء.

الجامع الكافي [3/ 232]: وقال القاسم أيضاً - في ما أخبرنا علي، عن محمد، عن أحمد، عن عثمان، عن القومسي عنه قال-: سألته عن وقت المغرب إذا غابت الشمس، أو يؤخر إلى اشتباك النجوم.

فقال: فعل أهل البيت إلى أن تستبين النجوم -أو كلمة تشبه الاشتباك-.

وقال الحسن -عليه السلام-: وسئل عن بيان الليل من النهار، ومغيب الشمس، ومتى يحل الإفطار؟.

فقال: إذا رأيت ثلاثة كواكب ونظرت إلى المشرق قد أظلم فهو علامة مغيب الشمس، وذلك عندنا الليل، لأن الله -عز وجل- يقول: ﴿فَلَمَّا جَنَّ عَلَيْهِ ٱلَّيْلُ رَءَا كَوْكَبًا﴾ [الأنعام:76] فعلامة الليل الكواكب الخفية.

وقال محمد: ويفطر الصائم إذا غابت الشمس وأيقن خروج النهار ودخول الليل، ولا بأس أن يفطر قبل أن يصلي إذا أيقن دخول الوقت.

[1329]- وروى محمد بإسناده عن النبي -صلى الله عليه وآله وسلم- قال: «إذا أقبل الليل وأدبر النهار وغابت الشمس فقد أفطرت».

[1330]- وعن النبي -صلى الله عليه وآله وسلم- أنه كان لا يصلي حتى يفطر ولو على شربة من ماء.

[1331]- وعنه -صلى الله عليه وآله وسلم- أنه قال: «ليفطر أحدكم على تمر، فإن لم يجد فليفطر على ماء فإن الماء طهور».

[1332]- وعن علي -عليه السلام- قال: اعتكف رسول الله -صلى الله عليه وآله وسلم- العشر الأواخر، فلما نادى بلال بالمغرب، أتي رسول الله -صلى الله عليه وآله وسلم- بكتف جزور مشوية، فأمر بلالاً فكف هنيهة فأكل وأكلنا معه، ثم دعا بلبن إبل فمذق له فشرب وشربنا، ثم دعا بماء فغسل يده من غمر اللحم، ومضمض فاه.

وعن علي -عليه السلام- قال: (ثلاث من أخلاق الأنبياء: تعجيل الإفطار، وتأخير السحور، ووضع الكف على الكف تحت السرة).

وعن أبي الجارود قال: شهدت أبا جعفر -عليه السلام- في مسجد رسول الله -صلى الله عليه وآله وسلم- في رمضان لما أذن المؤذن للمغرب دعاء بالماء فشرب وشربنا.

وعن إبراهيم بن عبد الله أنه كان إذا أفطر شرب الماء قبل أن يصلي المغرب.

قال محمد: سمعت محمد بن علي بن جعفر -عليه السلام- يذكر عن جعفر بن محمد، وعن جماعة من أهله: أنهم كانوا يخرجون في شهر رمضان إلى المسجد لوقت المغرب مع كل واحدٍ[49] منهم تمرة أو تمرتان، فإذا أذن المؤذن أكلوا قبل أن يصلوا. انتهى.

الهادي -عليه السلام- في الأحكام [1/ 201]: قال يحيى بن الحسين -صلوات الله عليه-: وقت الإفطار عندنا وعند كل من كان ذا احتياط في دينه، ومعرفة بصحيح فعل نبيه -صلى الله عليه وآله وسلم-، فهو غشيان الليل للصائم، وغشيانه له فهو أن يجن عليه، وعلامة دخوله، وحقيقة وقوعه، أن يرى كوكباً من كواكب الليل التي لا ترى إلا فيه، كما قال الله -سبحانه-: ﴿**فَلَمَّا جَنَّ عَلَيْهِ ٱلَّيْلُ رَءَا كَوْكَبًا**﴾[الأنعام:76] .

فأما ما يرويه من قل تمييزه، وجهل وقت ليله من الرواية، فلا يصدق بها -ولو رويت- عن بعض العلماء، فكيف بالرسول المصطفى -صلى الله عليه وآله وسلم-، وهي أنهم زعموا أن رسول الله -صلى الله عليه وآله وسلم- أمرهم أن يفطروا قبل غشيان الليل لهم، وهجومه عليهم، فأفطر كثير من الناس بهذه الرواية والشمس ساطع نورها في مغربها، لم يمت شعاعها، ولم يتغير لون مغربها، فأبطلوا بذلك صوم يومهم، ولبسوا الحق على أنفسهم وخلطوا على المسلمين برواياتهم.

حدثني أبي، عن أبيه أنه سئل عن وقت الإفطار؟

فقال: وقته أن يغشى الليل، ويذهب النهار، ويبدو نجم في أفق من آفاق السماء، لأن الله -سبحانه- يقول: ﴿**فَلَمَّا جَنَّ عَلَيْهِ ٱلَّيْلُ رَءَا كَوْكَبًا**﴾[الأنعام:76]. انتهى.

---

(49) في نسخة: رجل.

باب القول فيما يستحب من الذكر عند الإفطار

[1333]- **مجموع زيد بن علي -رضي الله عنهما-** [145]: حدثني زيد بن علي، عن أبيه، عن جده، عن علي -عليهم السلام-، قال كان رسول الله -صلى الله عليه وآله وسلم- إذا أفطر قال: «اللهم لك صمنا وعلى رزقك أفطرنا فتقبله منا». انتهى.

[1334]- **أبو طالب -عليه السلام- في الأمالي** [279]: وبه، قال: حدثنا أبو أحمد علي بن الحسين الديباجي ببغداد، قال: حدثنا أبوالحسين علي بن عبد الرحمن بن عيسى بن ماتي، عن محمد بن منصور، عن حسين بن علوان، عن أبي خالد، عن زيد بن علي، عن آبائه، عن علي -عليهم السلام- قال كان رسول الله -صلى الله عليه وآله وسلم- إذا أفطر قال: «اللهم لك صمنا وعلى رزقك أفطرنا فتقبله منا». انتهى.

رجال هذا الإسناد قد تقدم الكلام عليهم وهم من ثقات محدثي الشيعة -رضي الله عنهم-.

[1335]- **المرشد بالله -عليه السلام- في الأمالي** [1/ 384]: وبه قال: أخبرنا القاضي أبو القاسم علي بن المحسن بن علي التنوخي بقراءتي عليه، قال: أخبرنا أبو محمد سهل بن أحمد بن عبد الله بن سهل الديباجي، قال: حدثنا أبو علي محمد بن محمد بن الأشعث الكوفي بمصر، قال: حدثني موسى بن إسماعيل بن موسى بن جعفر بن محمد، قال: حدثنا أبي، عن أبيه، عن جده، جعفر، عن أبيه، عن جده، علي بن حسين، عن أبيه، عن علي -عليهم السلام- قال: كان رسول الله -صلى الله عليه وآله وسلم- إذا أفطر قال: «اللهم لك صمنا وعلى رزقك أفطرنا فتقبله منا، ذهب الظمأ، وامتلأت(50) العروق، وبقي الأجر إن شاء الله». انتهى.

---

(50) في نسخة: وابتلت.

رجال هذا الإسناد قد تقدم الكلام عليهم جميعاً وهم من ثقات محدثي الشيعة -رضي الله عنهم-.

[1336]- **الجامع الكافي** [3/ 234]: وعن النبي -صلى الله عليه وآله وسلم- أنه كان إذا أفطر قال: «اللهم لك صمنا وعلى رزقك أفطرنا فتقبله منا».

وعن النبي -صلى الله عليه وآله وسلم- قال: «من فطر صائماً كان له مثل أجره». انتهى.

[1337]- **المرشد بالله -عليه السلام- في الأمالي** [2/ 18]: وبه قال: أخبرنا القاضي أبو القاسم علي بن المحسن بن علي التنوخي بقراءتي عليه، قال: أخبرنا أبو محمد سهل بن أحمد بن عبد الله بن سهل الديباجي، قال: حدثنا أبو علي محمد بن محمد بن الأشعث، قال: حدثني موسى بن إسماعيل بن موسى بن جعفر بن محمد، قال: حدثنا أبي، عن أبيه، عن جده، جعفر، عن أبيه، عن جده، علي بن حسين، عن أبيه، عن علي -عليهم السلام- قال: كان رسول الله -صلى الله عليه وآله وسلم- إذا أكل عند قوم قال: «أفطر عندكم الصائمون، وأكل طعامكم الأبرار، وصلت عليكم الملائكة الأخيار». انتهى.

رجال هذا الإسناد قد مر الكلام عليهم.

باب القول في أفضل ما يبدأ به الصائم عند الإفطار

قد مر حديث الجامع الكافي: «ليفطر أحدكم على تمر، فإن لم يجد فليفطر على ماء، فإن الماء طهور»، في باب القول في وقت الإفطار.

[1338]- **المرشد بالله -عليه السلام- في الأمالي** [2/ 131]: وبه قال: أخبرنا عبد العزيز، قال: أخبرنا عمر بن محمد، قال: حدثنا عمر بن الحسن بن علي بن مالك الأشناني، قال: أخبرنا محمد بن زكريا المروروذي، قال: حدثنا موسى بن إبراهيم المروزي الأعور، قال: حدثني موسى بن جعفر بن محمد، عن

أبيه جعفر بن محمد، عن أبيه محمد بن علي، عن أبيه علي بن الحسين، عن أبيه، عن علي -عليهم السلام- قال: قال رسول الله -صلى الله عليه وآله وسلم-: «أفضل ما يبدأ به الصائم من فطره الحلوى أو الماء». انتهى.

هذا سند صحيح، رجاله جميعاً من ثقات محدثي الشيعة -رضي الله عنهم-، وسيأتي الكلام عليهم في الجزء الرابع من كتابنا هذا في آخر كتاب المناقب إن شاء الله.

باب القول فيما ينبغي للصائم اعتزاله

[1339]- **الهادي -عليه السلام- في الأحكام** [1/ 199]: قال يحيى بن الحسين -صلوات الله عليه-:

ينبغي للصائم وغير الصائم أن يتعزل ويتقي ويتجنب الكذب، وشهادةَ الزور، وشهادةُ الزور فهي أكبرُ الكذب، وهو الكذب الذي قال فيه رسول الله -صلى الله عليه وآله وسلم-: «الكذب مجانب للإيمان»، فسر ذلك وميزه.

وفيهما وفي غيرهما من الكذب ما يقول الله -سبحانه-: ﴿إِنَّمَا يَفْتَرِي ٱلْكَذِبَ ٱلَّذِينَ لَا يُؤْمِنُونَ بِـَٔايَٰتِ ٱللَّهِ﴾[النحل:105]، والكذب منازل بعضها دون بعض، وكله فينبغي للصائم أن يعتزله في صيامه، ولغير الصائم أن يتجنبه، ويتحرز منه المسلم في قعوده وقيامه.

ولا ينبغي للصائم اللفظ بالفحش، والنظر إلى ما لا يجوز له النظر إليه، وأن لا يسمع ما لا يجوز له سماعه من ضرب معزفة أو طنبور أو غير ذلك من الملاهي والمزامير التي هي حرام على الصائم وغيره من الأنام.

وعليه أن لا يمشي إلى ما لا ينبغي له المشي إليه، وأن لا يكثر جماعة من لا يجوز له تكثيرها، وأن يتحفظ على نفسه في قيامه وقعوده، ولا يهملها في شيء من أسبابه.

وأن يتحفظ عند تمضمضه واستنشاقه، ويحذر أن يدخل في فيه أو في خياشيمه شيء، ولا يصل إلى جوفه ويدخل في حلقومه من ماء طهوره.

وينبغي له أن يتحرز ويتيقظ في نهاره من النسيان مخافة أن ينسى الصائم فيصيب ما لا يجوز له إصابته من الشراب والطعام. انتهى.

الجامع الكافي[3/ 238]: قال أحمد -عليه السلام-: وسئل عن الكذبة والنظرة متعمداً هل يفطران الصائم؟

قال لا.

قال محمد: ينبغي للصائم أن يحفظ لسانه وسمعه وبصره، وأن لا يحول من هذا بشيء(51) فيما لا يرضى الله -عز وجل-، وقد ذكر أن الغيبة تفطر الصائم، وتنقض الوضوء، وتحبط العمل، ويذكر أن الكذب والنميمة أيضاً يفطران الصائم، وينقضان الوضوء، وليس هذا مما يجب فيه قضاء، ولكن يخاف عليه أن يذهب أجره.

[1340]- وقال رسول الله -صلى الله عليه وآله وسلم-: «الغيبة أشد من الزنا»، قيل: يا رسول الله، وكيف الغيبة أشد من الزنا؟، قال: «إن الرجل يزني فيتوب، فيتوب الله عليه، وإن صاحب الغيبة لا يغفر له حتى يكون صاحبه هو الذي يغفر له». انتهى.

باب القول في الحجامة والحمام والقبلة والاكتحال للصائم

[1341]- **صحيفة علي بن موسى الرضى -رضي الله عنهما-**: عن أبيه، عن آبائه، عن علي -عليهم السلام-: (ثلاث لا يعرض أحدكم نفسه عليهن وهو صائم: الحجامة، والحمام، والمرأة الحسناء). انتهى.

[1342]- **المرشد بالله -عليه السلام- في الأمالي** [2/ 161]: وبه قال: أخبرنا أبو القاسم التنوخي بقراءتي عليه، قال: أخبرنا أبو محمد سهل بن أحمد بن عبد الله بن سهل الديباجي، قال: حدثنا أبو علي محمد بن محمد بن الأشعث

---

(51) في المطبوع: وأن يحول من هذا شيء، وفي نسخة: بشيء.

الكوفي بمصر، قال: حدثني موسى بن إسماعيل بن موسى بن جعفر بن محمد، قال: حدثنا أبي، عن أبيه، عن جده جعفر بن محمد، عن أبيه، عن جده علي بن الحسين، عن أبيه، عن علي -عليهم السلام- قال: قال رسول الله -صلى الله عليه وآله وسلم-: «ثلاث لا يعرض أحدكم نفسه لهن وهو صائم: الحجامة، والحمام، والمرأة الحسناء». انتهى.

رجال هذا الإسناد قد مر الكلام عليهم.

[1343]- **الجامع الكافي** [3/ 242]: قال الحسن ومحمد: بلغنا عن النبي -صلى الله عليه وآله وسلم- أنه احتجم وهو صائم. انتهى.

الهادي -عليه السلام- **في الأحكام** [1/ 203]: قال يحيى بن الحسين -عليه السلام-:

لا بأس بالحجامة للصائم إذا أمن على نفسه ضعفاً، ووثق مع ذلك بقوتها عليها، وإن خاف منها ضعفاً لم يجز له التعزير بنفسه.

حدثني أبي، عن أبيه أنه سئل عن الحجامة للصائم، فقال: لا بأس بالحجامة للصائم إذا لم يخش على نفسه منها ضرراً. انتهى.

مجموع زيد بن علي -رضي الله عنهما- [146]: قال زيد بن علي -رضي الله عنهما-: لا تفطر الصائم الحجامةُ ولا الكحلُ، وأكره الحجامة مخافة الضعف. انتهى.

[1344]- **أمالي أحمد بن عيسى** -رضي الله عنهما- [**العلوم**:1/ 327]: حدثنا محمد، قال: حدثنا علي بن منذر، عن محمد بن فضيل، وحدثنا يزيد بن أبي زياد، عن مقسم، عن ابن عباس، قال: احتجم رسول الله -صلى الله عليه وآله وسلم- وهو صائم. انتهى.

رجال هذا الإسناد من ثقات محدثي الشيعة، وقد مر الكلام عليهم، إلا مقسماً، فإليك الكلام عليه:

قال في التهذيب(52): مقسم بن بُجرة، [ويقال: ابن بَجَرَة، على مثال شجرة]، ويقال ابن نجدة، أبو القاسم، ويقال أبو العباس، مولى عبد الله بن الحارث بن نوفل، ويقال له مولى ابن عباس للزومه له. انتهى.

وفي الجداول:

عن ابن عباس، وعائشة، وأم سلمة.

وعنه الحكم بن عتيبة، ويزيد بن أبي زياد، وقتادة، ومحمد بن أبي ليلى.

قال أبو حاتم: [صالح الحديث] لا بأس به.انتهى.

قلت: ضعفه بعضهم، وهو عندي من ثقات محدثي الشيعة(53)، كان من خواص ابن عباس، ومن موالي بني هاشم، وقد نص السيد العلامة المهدي بن الهادي اليوسفي -رحمه الله- في الإقبال على أن بني هاشم ومواليهم من ثقات الشيعة وعيونهم، ولعل سبب تضعيفه اختصاصه بابن عباس -رضي الله عنه-، توفي سنة إحدى ومائة.

الجامع الكافي [3/ 237]: قال القاسم وأحمد -رضي الله عنهما-: فيما روى محمد بن فرات، عن محمد، عنه: لا بأس بالقبلة والمباشرة للصائم.

قال القاسم: ما لم يكن في ذلك اهتياج أو حركة، فإن كان فيه شيء من ذلك لم يحل له أن يقربها.

وقال الحسن -عليه السلام-: فيما أخبرنا زيد، عن ابن وليد، عن الصيدلاني عنه: إن كان الصائم شاباً فلا أحب له، وإن كان شيخاً يضبط نفسه فلا بأس.

---

(52) تهذيب الكمال في أسماء الرجال للمزي (28/ 461).

(53) قال العجلي في الثقات (59): مكي تابعي ثقة، وقال ابن شاهين في ثقاته: قال أحمد بن صالح: مقسم ثقة ثبت لا شك فيه، وقال الذهبي في الميزان: صدوق من مشاهير التابعين، ضعفه ابن حزم، وقد وثقه غير واحد، وقال الدار قطني (10/ 289): ثقة، وقال ابن حجر في التقريب: صدوق وكان يرسل.

وقال الحسن أيضاً: فيما أخبرنا حسين وزيد، عن زيد، عن أحمد عنه: تكره القبلة والمباشرة للصائم خوف الفتنة أو غلبة الشهوة وليس بحرام.

قال محمد: كرهت القبلة والمباشرة للصائم لشهوة، وذكر عن ابن عباس أنه كرهها للشاب مخافة غيرها، وأرجو أن لا يجب عليه القضاء.

[1345]- بلغنا عن النبي -صلى الله عليه وآله وسلم- أنه كان يقبل وهو صائم، وقد كرهها علي -عليه السلام- لغير النبي -صلى الله عليه وآله وسلم- مخافة حدث. انتهى.

[1346]- **أمالي أحمد بن عيسى -رضي الله عنهما-** [**العلوم**:1/ 330]: وحدثنا محمد، قال: حدثنا أحمد بن عيسى، عن حسين، عن أبي خالد، عن زيد، عن آبائه، عن علي -عليهم السلام- قال: (يكتحل الصائم ولا يَسْتَعِطْ).

وفيها: قال محمد: سألت أحمد بن عيسى، عن الكحل للصائم؟

فقال: جائز، أنا أكتحل بالليل والنهار، وأتأول قول النبي -صلى الله عليه وآله وسلم-، قال رسول الله -صلى الله عليه وآله وسلم-: «خير كحالكم الإثمد، يجلو البصر، وينبت الشعر، ويقطع الدمعة». انتهى.

الهادي -عليه السلام- في الأحكام [1/ 203]: قال يحيى بن الحسين -صلوات الله عليه-: لا بأس بالكحل، لأنه ليس مما يفطر، وليس بغذاء، وإنما هو دواء طاهر، لا يدخل الجوف، ولا ينال الحلق.

حدثني أبي، عن أبيه، أنه قال: لا بأس بالكحل للصائم. انتهى.

[1347]- **الجامع الكافي** [3/ 257]: قال أحمد -عليه السلام-: جائز للصائم أن يكتحل بالنهار في رمضان، وأنا أتأول قول النبي -صلى الله عليه وآله وسلم- يعني «خير كحالكم الإثمد يجلو البصر، وينبت الشعر، ويقطع الدمعة». انتهى.

باب القول فيما يستحب للصائم أن يفعله

الهادي -عليه السلام- في الأحكام [1/ 200]: قال يحيى بن الحسين -صلوات الله عليه-:

أستحِبُّ للصائم أن يقرأ في غدَوَاته القرآن؛ فإنه أفضل عبادات الرحمن، ويكثر في سائر نهاره التسبيح والاستغفار، ويقرأ في آخر عشية ما أمكن أيضاً من القرآن، ويسبح الله ويكبره، ويسأله قبول ما افترض عليه من صومه، فإذا غابت الشمس أخذ مسواكه فسوك به فاه، ويحذر أن يدخل في فيه شيء من خِلاف ريقه، وما جمعه السواك من ريقه بصقه، ثم يغسل فاه، ويتحرز من الماء إن كان وقت الإفطار لم يأت، فإذا رأى النجوم قال: الله أكبر الله أكبر الحمد لله **﴿ٱلَّذِي جَعَلَ فِي ٱلسَّمَآءِ بُرُوجٗا وَجَعَلَ فِيهَا سِرَٰجٗا وَقَمَرٗا مُّنِيرٗا ٦١﴾**[الفرقان:61]، زينها بمصابيح زينة للناظرين، وجعلها علامة لليل عند رب العالمين، ومنتهى صوم من صام لله سبحانه من الصائمين.

فإذا أراد أن يفطر قال: اللهم إنك أمرتنا بصيام النهار فصمناه، وأطلقت لنا إفطار الليل فأفطرناه؛ فلك صمنا، وفرضك أَدَّيْنَا، ورضاك طلبنا، وعلى رزقك أفطرنا، فتقبل صومنا، واغفر ذنوبنا، وبلغنا صيام شهرنا كله، إنك قريب مجيب.

فإذا وضع في إفطاره، قال: باسم الله، وبالله، أفطرت على رزق الله، شاكراً له عليه، حامداً له فيه.

فإذا فرغ من طعامه، قال: الحمد لله رب العالمين، الرحمن الرحيم على ما رزقنا من حلال رزقه، وأطعمنا من طيبات ما أخرج لنا في أرضه، اللهم أجعلنا لذلك من الشاكرين، ولك عليه من الحامدين، يا رب العالمين. انتهى.

[1348]- **أبو طالب -عليه السلام- في الأمالي [375]**: وبه قال: أخبرنا أبو الحسين يحيى بن الحسين بن محمد بن عبيد الله الحسني -رحمه الله-، قال: أخبرنا أبو أحمد عبد الله بن أحمد، قال: حدثنا أبي، قال: حدثنا بكار بن أحمد، قال: حدثنا حسن بن حسين، قال: حدثنا بشار بن وداع، عن عمرو بن شمر،

عن جابر بن يزيد الجعفي، عن أبي جعفر محمد بن علي، عن أبيه، عن جده، عن علي -عليهم السلام- قال: قال رسول الله -صلى الله عليه وآله وسلم-: «من هجم عليه شهر رمضان صحيحاً سليماً؛ فصام يومه، وصلى ورداً من ليله، وحفظ فرجه ولسانه، وكف يده، وغض بصره، وحافظ على صلواته مجموعة، وشهد جمعه، ثم بكر إلى عيده حتى يشهده، فقد استكمل الأجر، وصام الشهر، وأدرك ليلة القدر، وانصرف بجائزة الرب -عز وجل-». انتهى.

أبو الحسين يحيى بن الحسين الحسني، وأبو أحمد عبد الله بن أحمد بن سلام، ووالده أحمد بن محمد بن سلام، قد مر الكلام عليهم، وهم من ثقات محدثي الشيعة.

[ترجمة بكار بن أحمد، وبشار بن ذراع]:

وأما بكار بن أحمد:

فقال في الجداول: بكار بن أحمد الأودي، الهمداني، عن حسن بن حسين العرني، ونصر بن مزاحم.

وعنه: يحيى بن الحسن العقيقي، وأحمد بن سلام، وعدة.

روى عن جماعة من الشيعة وعنه كذلك. انتهى.

قلت: كان في النفس منه شيء فبحثت عنه وظهر أنه من رجال الشيعة وعيونهم.

وأما حسن بن حسين: فهو العرني، قد مر الكلام، وهو من ثقات محدثي الشيعة.

وأما بشار بن ذراع:

فالصواب: بشار بن ذراع، عن عمرو بن شمر وغيره.

وعنه حسن حسين العرني وغيره.

روى في فضائل الآل فمقتوه لذلك، عداده عندي من ثقات محدثي الشيعة.

وأما جابر بن يزيد الجعفي: فقد مر الكلام عليه، وعلى عمرو بن شمر الكوفي: وهما من ثقات محدثي الشيعة.

باب القول في الصائم يأكل ناسياً، أو يذرع القيء، هل ينتقض صيامه؟

[1349]- **مجموع زيد بن علي** -رضي الله عنهما- [145]: حدثني زيد بن علي، عن أبيه، عن جده، عن علي -عليهم السلام- قال: (من أكل ناسياً لم ينتقض صيامه، فإنما ذلك رزق رزقه الله -عز وجل- إياه).

[1350]- حدثني زيد بن علي، عن أبيه، عن جده، عن علي -عليهم السلام-، قال: (إذا ذرع الصائمَ القيءُ لم ينتقض صيامه، وإن استقاء أفطر وعليه القضاء). انتهى.

الجامع الكافي [3/ 248]: قال أحمد -عليه السلام- والحسن ومحمد: إذا أكل الصائم في شهر رمضان وشرب ناسياً فليتم صومه ولا قضاء عليه ولا كفارة.

قال محمد: وكذلك إذا جامع ناسياً، روي ذلك عن علي -عليه السلام-، وهو قول أهل الكوفة.

وروي ذلك عن مجاهد والشعبي وإبراهيم وحسن بن صالح وأبي حنيفة.

وقال القاسم -عليه السلام- في صائم أكل أو شرب ناسياً-: ذُكر عن علي -عليه السلام- وغيره أنه لا قضاء عليه، وأكثر ما في ذلك أن يقضيه.

وقال القاسم - في رواية داود عنه-: وإذا جامع ناسياً أو ذكر فعليه القضاء والكفارة التي جاءت عن النبي -صلى الله عليه وآله وسلم-.

وفيه: قال محمد: وإن تقيأ متعمداً ناسياً لصومه فلا قضاء عليه.

قال محمد: ذكر عن علي -عليه السلام- أنه قال: (إذا قاء قضي)، ولعله -عليه السلام- احتاط مخافة أن يكون رجع منه شيء إلى جوفه.

[1351]- وروي عن النبي -صلى الله عليه وآله وسلم- أنه قال: «لا يفطر الصائم من قيء ولا احتلام ولا احتجام».

وذكر عن أبي جعفر محمد بن علي -عليه السلام- قال: الفطر مما دخل وليس مما خرج. انتهى.

الهادي -عليه السلام- في الأحكام [1/ 204]: قال يحيى بن الحسين -صلوات الله عليه-:

أكثر ما يجب على من أكل أو شرب ناسياً قضاء يوم مكان يومه، وقد روي عن أمير المؤمنين علي بن أبي طالب -عليه السلام- أنه قال: (لا قضاء عليه)، ولو صح لنا ذلك لم نتعده.

فأما من جامع ناسياً، فقد قيل: إن عليه الكفارة التي على المتعمد، وليس ذلك عندنا كذلك.

والقول عندي في ذلك: أنه لا شيء عليه أكثر من الاستغفار، وقضاء يوم مكانه. انتهى.

أمالي أحمد بن عيسى -رضي الله عنهما- [العلوم:1/ 331]: وحدثنا محمد، قال: حدثني جعفر، عن قاسم بن إبراهيم -في صائم أكل أو شرب ناسياً-: ذكر عن علي -عليه السلام-، وعن غيره: أنه كان لا يرى على من طعم وشرب ناسياً قضاء، وأكثر ما في ذلك أن يقضيه. انتهى.

باب القول في الوصال في الصيام وصوم الدهر

[1352]- **أمالي أحمد بن عيسى -رضي الله عنهما- [العلوم**:1/ 325]: حدثنا محمد، قال: حدثنا أحمد بن عيسى، عن حسين، عن أبي خالد، عن زيد، عن آبائه، عن علي -عليهم السلام-، قال: (لا وصال في صيام، ولا صمت يوم إلى الليل). انتهى.

[1353]- **مجموع زيد بن علي -رضي الله عنهما-** [148]: حدثني زيد بن علي، عن أبيه، عن جده، عن علي -عليهم السلام-، قال: (لا وصال في صيام، ولا صمت يوماً إلى الليل). انتهى.

[1354]- **أمالي أحمد بن عيسى -رضي الله عنهما-** [**العلوم**:1/ 326]: حدثنا محمد، قال: حدثني أحمد بن عيسى، عن حسين، عن أبي خالد، عن أبي جعفر، قال: كان رسول الله -صلى الله عليه وآله وسلم- يصوم شعبان وشهر رمضان ويصلهما، وينهى الناس أن يصلوهما، ويقول: هما شهرا الله، وهما كفارة لما قبلهما وما بعدهما من الذنوب. انتهى.

[1355]- **أبو طالب -عليه السلام- في الأمالي** [374]: وبه، قال: حدثنا علي بن الحسين بن علي الديباجي ببغداد، قال: حدثنا أبو الحسين علي بن عبد الرحمن بن عيسى بن زيد بن ماتي، قال: حدثنا محمد بن منصور، قال: حدثنا أحمد بن عيسى، قال: حدثني الحسين بن علوان، عن أبي خالد، عن زيد بن علي، عن أبيه، عن جده، عن علي -صلوات الله عليهم- قال: كان رسول الله -صلى الله عليه وآله وسلم- يصوم شعبان وشهر رمضان يفصل بينهما بيوم. انتهى.

رجال هذا الإسناد قد مر الكلام عليهم.

[1356]- **أمالي أحمد بن عيسى -رضي الله عنهما-** [**العلوم**:1/ 326]: حدثنا محمد، قال: حدثني أحمد بن عيسى، عن حسين، عن أبي خالد، عن زيد، عن آبائه، عن علي -عليهم السلام- قال: كان رسول الله -صلى الله عليه وآله وسلم- يصوم شعبان ورمضان يفصل بينهما بيوم.

[1357]- **وفيها** [1/ 326]: حدثنا محمد، قال: حدثنا علي ومحمد ابنا أحمد بن عيسى، عن أبيهما، قال: كان رسول الله -صلى الله عليه وآله وسلم- يصوم رجب وشعبان ورمضان لا يفصل بينها بيوم.

وهو رأي أحمد بن عيسى يفعله، قال لي أحمد بن عيسى: أنا أصوم هذه

الثلاثة الأشهر - يعني رجب وشعبان ورمضان -، ويصلها.

محمد هو ابن منصور، الجامع للأمالي، وعلي ومحمد أبناء أحمد بن عيسى قد مر الكلام عليهما.

الجامع الكافي [3/ 226-227]: قال أحمد ومحمد: جائز أن يصوم الرجل رجباً وشعبان فيصلهما ولا يفصل بينهما بيوم.

قال محمد: وكان أحمد يفعل ذلك، وروي أن رسول الله - صلى الله عليه وآله وسلم - كان يفعله.

وقال القاسم - عليه السلام -: ويستحب للرجل أن يفصل بين شعبان ورمضان في الصوم بإفطار. انتهى.

أمالي أحمد بن عيسى - رضي الله عنهما - [العلوم: 1/ 326]: حدثنا محمد، عن جعفر، عن قاسم بن إبراهيم قال: يستحب للرجل أن يفصل بين شعبان ورمضان في الصوم بإفطار.

وقال في صوم الدهر: لا بأس به إذا أفطر في العيدين وأيام التشريق، ومن أفطر في هذه الأيام لم يصم الدهر، وقد جاء عن رسول الله - صلى الله عليه وآله وسلم - أنه قال: «لا صام ولا أفطر من صام الدهر». انتهى.

جعفر هو النيروسي، قد تقدم الكلام عليه.

[1358]- **مجموع زيد بن علي** - رضي الله عنهما - 148]: حدثني زيد بن علي، عن أبيه، عن جده، عن علي - عليهم السلام -، قال: نهى رسول الله - صلى الله عليه وآله وسلم - عن صوم الدهر. انتهى.

[1359]- **الهادي** - عليه السلام - **في الأحكام** [1/ 224]: ولا ينبغي لأحد أن يواصل بين يومين في الصيام، ولا أن يصمت يوماً إلى الليل في اعتكاف ولا في غيره، وفي ذلك ما بلغنا عن أمير المؤمنين علي بن أبي طالب - عليه السلام - أنه قال: (لا وصال في صيام، ولا صمت يوم إلى الليل).

[1360]- **وفيها**: وأما صوم رسول الله -صلى الله عليه وآله وسلم- فقد روي عنه أنه كان يصوم حتى يقال لا يفطر، ويفطر حتى يقال لا يصوم، وكان أكثر صومه من الشهور شعبان، وكان يقول: شعبان شهري، ورجب شهرك يا علي، ورمضان شهر الله. انتهى.

[1361]- **الجامع الكافي** [3/ 267]: قال القاسم -عليه السلام-: لا بأس بصوم الدهر إذا أفطر العيدين وأيام التشريق، ومن أفطر في هذه الأيام فلم يصم الدهر، وقد جاء عن النبي -صلى الله عليه وآله وسلم- أنه قال: «لا صام ولا أفطر من صام الدهر».

[1362]- وقال الحسن -عليه السلام-: روي عن النبي -صلى الله عليه وآله وسلم- أنه كان يصوم حتى يقال لا يفطر.

[1363]- وروي عنه -عليه السلام-: أنه صام صوم داود يصوم يوماً ويفطر يوماً. انتهى.

الهادي -عليه السلام- **في الأحكام** [1/ 202]: حدثني أبي، عن أبيه: أنه سئل في صوم الدهر؛ فقال: لا بأس بذلك إذا أفطر في العيدين وأيام التشريق، ومن أفطر في هذه الأيام فلم يصم الدهر، وقد جاء عن رسول الله -صلى الله عليه وآله وسلم- أنه قال: «لا صام ولا أفطر من صام الدهر»، وقد يكون هذا من رسول الله -صلى الله عليه وآله وسلم- إرشاداً ونظراً وتخفيفاً وتيسيراً ليس على التحريم. انتهى.

باب القول فيمن رخص له الإفطار في شهر رمضان

[1364]- **مجموع زيد بن علي** -رضي الله عنهما- [147]: حدثني زيد بن علي، عن أبيه، عن جده، عن علي -عليهم السلام-، قال: (لما أنزل الله -عز وجل- فريضة شهر رمضان أتت النبي -صلى الله عليه وآله وسلم- امرأة حبلى فقالت: يا رسول الله إني امرأة حبلى، وهذا شهر رمضان مفروض -وهي تخاف

على ما في بطنها إن صامت- فقال لها رسول الله -صلى الله عليه وآله وسلم-: «انطلقي فأفطري فإذا أطقتِ فصومي».

وأتته امرأة ترضع فقالت: يا رسول الله، هذا شهر رمضان مفروض -وهي تخاف إن صامت أن ينقطع لبنها فيهلك ولدها-، فقال لها رسول الله -صلى الله عليه وآله وسلم-: «انطلقي فأفطري فإذا أطقت فصومي».

وأتاه صاحب العطش، فقال: يا رسول الله، إن هذا شهر رمضان مفروض ولا أصبر عن الماء ساعة -ويخاف على نفسه إن صام-، فقال -صلى الله عليه وآله وسلم-: «انطلق فأفطر فإذا أطقتَ فصم».

وأتاه شيخ كبير يتوكأ بين رجلين، فقال: يا رسول الله هذا شهر رمضان مفروض ولا أطيق الصيام، فقال -صلى الله عليه وآله وسلم-: «اذهب فأطعم عن كل يوم نصف صاع للمساكين». انتهى.

[1365]- الهادي -عليه السلام- في الأحكام [1/ 214]: وفي ذلك ما بلغنا عن رسول الله -صلى الله عليه وآله وسلم- أنه لما نزل عليه فرض صيام شهر رمضان أتته امرأة حامل، فقالت: يا رسول الله، إني امرأة حامل، وهذا شهر رمضان مفروض، وأنا أخاف على ما في بطني إن صمتُ، فقال -صلى الله عليه وآله وسلم-: «انطلقي فأفطري فإذا أطقت فصومي».

وأتته امرأة مرضع فقالت: يا رسول الله، هذا شهر مفروض، وأنا أخاف إن صمت أن ينقطع لبني فيهلك ولدي، فقال لها: «انطلقي فأفطري، فإذا أطقت فصومي».

وأما صاحب العطش، فأتى رسول الله -صلى الله عليه وآله وسلم- فقال: يا رسول الله، هذا شهر مفروض ولا أصبر عن الماء ساعة واحدة، وأخاف على نفسي إن صمت، فقال: «انطلق فأفطر فإذا أطقت فصم».

وأتاه شيخ كبير يتوكأ بين رجلين، فقال: يا رسول الله، هذا شهر رمضان مفروض ولا أطيق الصيام، فقال: «اذهب فأطعم عن كل يوم نصف صاع مسكيناً».

ويقال: إنه أمرهم بعد ذلك أن يصوموا اليوم واليومين، وأن يفطروا اليوم واليومين.

قال يحيى بن الحسين -رضي الله عنه-: ينبغي أن يكون أمره -صلى الله عليه وآله وسلم- بصيام اليوم واليومين من يطيق صيامهما، فأما من لم يطق فلا صوم عليه، ولو وجب على من لا يطيق الصوم أصلاً صيام يوم أو يومين لوجب عليه صيام الشهر كله؛ لأن المعنى في تكليف اليسير مما لا يطاق كالمعنى في تكليف كثيره، وقد قال الله -تبارك وتعالى-: ﴿لَا يُكَلِّفُ اللَّهُ نَفْسًا إِلَّا وُسْعَهَا﴾ [البقرة:233]، وقال: ﴿لَا يُكَلِّفُ اللَّهُ نَفْسًا إِلَّا مَا آتَاهَا﴾ [الطلاق:7].

[1366]- وفي ذلك ما يروى عن رسول الله -صلى الله عليه وآله وسلم- من قوله: «إذا أطاق الغلام صيام ثلاثة أيام وجب عليه صيام الشهر كله». انتهى.

أمالي أحمد بن عيسى -رضي الله عنهما- [العلوم:1/ 321]: حدثنا محمد، قال: حدثني أحمد بن عيسى، عن حسين، عن أبي خالد، عن زيد، عن آبائه، عن علي -عليهم السلام- قال: لما أنزل الله فريضة شهر رمضان أتت النبي -صلى الله عليه وآله وسلم- امرأة حبلى، فقالت: يا رسول الله، إني امرأة حبلى وهذا شهر رمضان مفروض -وهي تخاف على ما في بطنها إن صامت-، فقال لها رسول الله -صلى الله عليه وآله وسلم-: «انطلقي فأفطري فإذا أطقت فصومي».

وأتته امرأة ترضع، فقالت: يا رسول الله، هذا شهر رمضان مفروض -وهي تخاف إن صامت أن ينقطع لبنها فيهلك ولدها-، فقال لها رسول الله -صلى الله عليه وآله وسلم-: «انطلقي فأفطري فإذا أطقت فصومي».

وأتاه صاحب العطش، فقال: يا رسول الله، هذا شهر رمضان مفترض ولا

أصبر عن الماء ساعة، - ويخاف على نفسه إن صام -، فقال: «انطلق فأفطر، فإذا أطقت فصم».

وأتاه شيخ كبير يتوكأ بين رجلين، فقال: يا رسول الله هذا شهر رمضان مفروض ولا أطيق الصيام فقال: «اذهب فأطعم عن كل يوم نصف صاع للمساكين»، ثم أمرهم بعدُ أن يصوموا اليوم والاثنين، ويفطروا اليوم والاثنين. انتهى.

المؤيد بالله -عليه السلام- في شرح التجريد [2/302]: وجعل الإطعام نصف صاع لما في حديث زيد بن علي، عن أبيه، عن جده، عن علي -عليهم السلام-: أن شيخاً كبيراً أتى النبي -صلى الله عليه وآله وسلم- فقال: يا رسول الله، هذا شهر مفروض، ولا أطيق الصيام، فقال: «اذهب فأطعم(54) عن كل يوم نصف صاع للمساكين».

وفيه: والأصل فيه حديث رواه زيد بن علي، عن أبيه، عن جده، عن علي -عليهم السلام-، قال: لما أنزل الله فريضة شهر رمضان أتى النبي -صلى الله عليه وآله وسلم- صاحبُ العطش فقال: يا رسول الله، هذا شهر مفروض(55) ولا أصبر عن الماء ساعة واحدة، فقال: «انطلق فأفطر فإذا أطقت فصم».

وأتاه شيخ كبير بين رجلين، فقال: يا رسول الله، هذا شهر مفترض ولا أطيق الصيام، قال: «اذهب(56) فأطعم عن كل يوم نصف صاعا للمساكين». انتهى.

[1367]- الجامع الكافي [3/ 299-300]: قال الحسن ومحمد: والحامل إذا خافت على نفسها أو على ما في بطنها إن صامت، والمرضع إذا خافت على ولدها إن صامت أن ينقطع لبنها أفطرتا، فإذا أطاقتا قضيتا ما أفطرتا، ولا كفارة عليهما

---

(54) في نسخة: وأطعم. تمت من هامش الأصل.
(55) في نسخة: مفترض. تمت من هامش الأصل.
(56) في نسخة: انطلق. تمت من هامش الأصل.

ولا إطعام.

وروى محمد عن النبي -صلى الله عليه وآله وسلم- نحو ذلك.

وفيه: قال الحسن ومحمد: وإذا أصاب الرجل العطش، ولم يصبر على الماء، وخاف على نفسه؛ أفطر، فإذا أطاق الصوم قضى ما أفطر.

وروى محمد عن النبي -صلى الله عليه وآله وسلم- نحو ذلك.

قال محمد: والشيخ والعجوز الكبيران إذا لم يستطيعا أن يواصلا الصيام، صاما ما أطاقا، وأفطر ما لم يطيقا، وقضيا بعد ذلك ما أفطر، وليس عليهما إطعام لما أفطرا.

وروى محمد عن النبي -صلى الله عليه وآله وسلم- نحو ذلك. انتهى.

باب القول فيمن جامع في نهار شهر رمضان

[1368]- **مجموع زيد بن علي -رضي الله عنهما-** [149]: حدثني زيد بن علي، عن أبيه، عن جده، عن علي -عليهم السلام-، قال: جاء رجل إلى رسول الله -صلى الله عليه وآله وسلم- في شهر رمضان، فقال: يا رسول الله إني قد هلكت، فقال -صلى الله عليه وآله وسلم-: «وما ذاك؟»، قال: باشرت أهلي فغلبتني شهوتي حتى فعلت، فقال -صلى الله عليه وآله وسلم-: «هل تجد عتقاً»، قال: لا، والله ما ملكت مخلوقاً قط، قال -صلى الله عليه وآله وسلم-: «فصم شهرين متتابعين»، قال: لا، والله لا أطيقه، قال -صلى الله عليه وآله وسلم-: «فانطلق، فأطعم ستين مسكيناً»، قال: لا، والله لا أقوى عليه، قال: فأمر له رسول الله -صلى الله عليه وآله وسلم- بخمسة عشر صاعاً لكل مسكين مد.

فقال: يا رسول الله، والذي بعثك بالحق نبياً ما بين لابتيها أهل بيت أحوج إليه منا، قال -صلى الله عليه وآله وسلم-: «فانطلق وكله أنت وعيالك». انتهى.

[1369]- **أمالي أحمد بن عيسى -رضي الله عنهما- [العلوم:1/ 321]**: وحدثنا محمد، قال: حدثني أحمد بن عيسى، عن حسين، عن أبي خالد، عن زيد،

عن آبائه، عن علي -عليهم السلام- قال: (جاء رجل إلى رسول الله -صلى الله عليه وآله وسلم- في شهر رمضان، فقال: يا رسول الله إني قد هلكت، فقال: «وما ذاك؟»، قال: باشرت أهلي فغلبتني شهوتي حتى وصلت، فقال: «هل تجد عتقاً»، قال: لا، والله ما ملكت مملوكاً قط، قال: «فصم شهرين متتابعين»، قال: لا، والله ما أطيقه، قال: «اذهب فأطعم ستين مسكيناً»، قال: لا، والله ما أقوى عليه، قال: فأمر له رسول الله -صلى الله عليه وآله وسلم- بخمسة عشر صاعاً لكل مسكين مد.

قال: يا رسول الله، والذي بعثك ما بين لابتيها من أهل بيت أحق منا.

قال: فانطلق فكله أنت وعيالك، قال أبو جعفر: يقال هذا لا يصلح لأحد بعده. انتهى.

الهادي -عليه السلام- في الأحكام [1/ 204]: حدثني أبي، عن أبيه، في الصائم يواقع أهله في شهر رمضان متعمداً.

قال: عليه يوم مكان يومه، ويستغفر الله ويتوب إليه من كبير ذنبه، وما جاء به من عظيم جرمه. انتهى.

أمالي أحمد بن عيسى -رضي الله عنهما- [العلوم:1/ 322]: وحدثنا محمد، قال: أخبرني جعفر، عن قاسم بن إبراهيم -في الصائم يجامع في شهر رمضان: عليه عتق رقبة، أو صيام شهرين متتابعين، أو إطعام ستين مسكيناً. انتهى.

الجامع الكافي [3/ 251]: وقال الحسن -عليه السلام- في رواية ابن صباح عنه-، وهو قول محمد: إذا جامع الرجل في شهر رمضان نهاراً متعمداً فعليه كفارة مغلظة؛ عتق رقبة، فإن لم يجد عتق رقبة فصيام شهرين متتابعين، فإن لم يستطع الصيام فإطعام ستين مسكيناً، لكل مسكين نصف صاع.

[1370]- وكذلك بلغنا عن النبي -صلى الله عليه وآله وسلم- أنه أمر رجلاً وطئ امرأته في شهر رمضان أن يعتق رقبة.

[1371]- وروي أن رجلاً جاء إلى النبي -صلى الله عليه وآله وسلم- فقال: يا رسول الله، إني أتيت أهلي، قال: «فهل تجد عتقاً»، قال: لا، قال: «فصم شهرين»، قال: ما أطيق، قال: «فأطعم ستين مسكيناً»، قال: ما أقدر عليه، فأمر له رسول الله -صلى الله عليه وآله وسلم- بخمسة عشر صاعاً، فقال: «اذهب فأطعم ستين مسكيناً، لكل مسكين مد».

قال: والذي بعثك بالحق ما بين لابتيها أهل بيت أحوج منا.

قال: «فانطلق فكله أنت وعيالك».

قال محمد: لا تصلح هذه لأحد بعده. انتهى.

الهادي -عليه السلام- في الأحكام [1/ 211]:

باب القول فيمن قَبَّل أو لمس فأمنى

قال يحيى بن الحسين -عليه السلام-: لا ينبغي لأحد أن يتعرض لذلك وإن فعله مخطئ؛ فعليه قضاء يوم مكان يومه الذي أخطأ فيه، وكذلك إن ضمها إليه لشهوة فأمنى؛ وجب عليه التوبة من ذلك والقضاء.

من جامع مرأته فعليه قضاء يوم مكان يومه، والتوبة إلى الله من فعله وجرأته، فإن أقلع وإلا استتيب فإن تاب وإلا قتل لما كان من جرأته على خالقه.

وقد قيل: إن عليه في ذلك كفارة، فجعلوا في المني إذا جاء لجماع أو غيره بدنة، أو عتق رقبة، وفي المذي بقرة، وفي الودي شاة.

وقيل في ذلك صيام شهرين متتابعين، والتوبة عندنا مجزية له عن ذلك، لأنا لم نجد عليه في كتاب الله ولا في السنة عن رسول الله -صلى الله عليه وآله وسلم- كفارة، ولو كان ذلك لذكره الله، كما ذكر كفارة الظهار، وكفارة الحج، وكفارة اليمين، ومن أحب أن يتطوع ويكفر؛ فذلك إليه، وهو أجر له، كما قال -سبحانه-: ﴿فَمَن تَطَوَّعَ خَيۡرٗا فَهُوَ خَيۡرٞ لَّهُۥۚ﴾[البقرة:184] وهذه الكفارات عندنا فإنما

تلزم في الحج، والعتقُ والصيامُ يلزمان في الظهار، وفي قتل المؤمن خطأ. انتهى.

باب القول في الصائم يصبح جنباً

[1372]- **مجموع زيد بن علي** -رضي الله عنهما- [147]: حدثني زيد بن علي، عن أبيه، عن جده، عن علي -عليهم السلام-، قال: خرج رسول الله -صلى الله عليه وآله وسلم- ورأسه يقطر، فصلى بنا الفجر في شهر رمضان، وكانت ليلة أم سلمة -رضي الله عنها- فأتيتها فسألتها، فقالت: نعم، كان ذلك لجماع من غير احتلام، فأتم رسول الله -صلى الله عليه وآله وسلم- صوم ذلك اليوم ولم يقضه. انتهى.

[1373]- **أمالي أحمد بن عيسى** -رضي الله عنهما- [العلوم:1/327]: وحدثنا محمد، قال: حدثني أحمد بن عيسى، عن حسين، عن أبي خالد، عن زيد، عن آبائه، عن علي -عليهم السلام- قال: (خرج رسول الله -صلى الله عليه وآله وسلم- في شهر رمضان ورأسه يقطر، وصلى بنا الفجر وكانت ليلة أم سلمة، فأتيتها فسألتها، فقالت: نعم إن كان لجماعاً من غير احتلام، فأتم رسول الله -صلى الله عليه وآله وسلم- ذلك اليوم ولم يقضه.

حدثنا محمد، قال: حدثنا جعفر، عن قاسم بن إبراهيم -في الرجل يصبح جنباً-: يجزيه صومه ذلك اليوم، وقد ذكر مثل ذلك عن النبي -صلى الله عليه وآله وسلم-. انتهى.

الهادي -عليه السلام- في الأحكام [1/206]: باب القول في الصائم يصبح جنباً في شهر رمضان.

قال يحيى بن الحسين -عليه السلام-: لا بأس بذلك؛ لأن الله تبارك وتعالى إنما كلف العباد الميسور من أمرهم، ولم يكلفهم المعسور من شأنهم، فإذا أصبح جنباً فاغتسل فلا شيء عليه.

وقد روي في ذلك عن رسول الله -صلى الله عليه وآله وسلم- أنه خرج في

شهر رمضان ورأسه يقطر، فصلى بالناس الصبح، وكانت ليلة أم سلمة، فأُتِيَتْ فَسُئلت، فقالت: نعم، إنه كان جماعاً من غير احتلام، فأتمّ رسول الله -صلى الله عليه وآله وسلم- ذلك اليوم ولم يقضه.

حدثني أبي، عن أبيه، في الرجل يصبح جنباً؛ أنه قال: لا بأس بذلك، يجزيه صومه، وقد ذكر ذلك عن رسول الله -صلى الله عليه وآله وسلم-. انتهى.

المؤيد بالله -عليه السلام- في شرح التجريد [2/ 185]: ويدل على صحته[57] الحديث الذي استدل به يحيى -عليه السلام-، وهو ما رواه زيد بن علي، عن أبيه، عن جده، عن علي -عليهم السلام-، قال: خرج رسول الله -صلى الله عليه وآله وسلم- ورأسه يقطر، فصلى بنا الفجر في شهر رمضان وكانت ليلة أم سلمة، فأتيتها فسألتها، فقالت: نعم، كان جماعاً من غير احتلام، فأتم صومه ذلك اليوم ولم يقضه. انتهى.

الجامع الكافي [3/ 254]: قال القاسم ومحمد والحسن -في رواية ابن صباح والصيدلاني عنه-: وإذا أصبح الرجل جنباً في شهر رمضان أتم صيامه وأجزأه ولا قضاء عليه.

قال القاسم ومحمد: وقد روي نحو ذلك عن النبي -صلى الله عليه وآله وسلم-. انتهى.

باب القول في الحائض هل تقضي الصوم والصلاة أم لا؟

[1374]- **مجموع زيد بن علي -رضي الله عنهما-** [146]: حدثني زيد بن علي، عن أبيه، عن جده، عن علي -عليهم السلام-، قال المستحاضة تقضي الصوم ولا تقضي الصلاة. انتهى.

[1375]- **أمالي أحمد بن عيسى -رضي الله عنهما-** [**العلوم**:1/ 326]:

---

(57) في الأصل: صحة، والتصويب من النسخة المطبوعة، كما ذكره المحقق في الحاشية هناك.

حدثنا محمد، قال: حدثنا أحمد بن عيسى، عن حسين، عن أبي خالد، عن أبي جعفر، قال: كان أزواج النبي -صلى الله عليه وآله وسلم- أمهات المؤمنين يرين ما يرى النساء، فيقضين الصوم ولا يقضين الصلاة، وقد كانت أمنا فاطمة -رضي الله عنها- ابنة رسول الله -صلى الله عليه وآله وسلم- ترى ما يرى النساء فتقضي الصوم ولا تقضي الصلاة.

[1376]- حدثنا محمد، قال: حدثني أحمد بن عيسى، عن حسين، عن أبي خالد، عن زيد، عن آبائه، عن علي -عليهم السلام- قال: قال رسول الله -صلى الله عليه وآله وسلم-: «لا تقضي المستحاضة الصوم».

قال أبو جعفر: أجمع علماء أمة محمد -صلى الله عليه وآله وسلم- أن الحائض والنفساء في شهر رمضان مفطرة أكلت أو لم تأكل، وعليها القضاء. انتهى.

الهادي -عليه السلام- في الإحكام [1/ 207]: ومما وافق قولنا في ذلك من الروايات الصحيحة، عن النبي -صلى الله عليه وآله وسلم- أنه لم يأمر أحداً من نسائه بقضاء الصلاة كما أمرهن بقضاء الصوم.

وكذلك وعلى ذلك رأينا جميع مشايخ آل رسول الله -صلى الله عليه وآله وسلم- وعلماءهم، ولم نسمع بأحد منهم أوجب على حائض قضاء صلاتها، يوجبون عليها قضاء صيام ما أفطرت من أيامها.

حدثني أبي، عن أبيه، أنه قال: الحائض تقضي الصوم ولا تقضي الصلاة.

قال يحيى بن الحسين -رضي الله عنه-: بلغنا عن أبي جعفر محمد بن علي بن الحسين -صلوات الله عليه- أنه قال: كان أزواج النبي -صلى الله عليه وآله وسلم- أمهات المؤمنين يرين ما يرى النساء فيقضين الصوم ولا يقضين الصلاة، وقد كانت فاطمة ابنة رسول الله -صلى الله عليه وآله وسلم- ترى ما يرى النساء فتقضي الصوم ولا تقضي الصلاة.

[1377]- وبلغنا عن زيد بن علي -رحمة الله عليه-، عن آبائه، عن علي بن

أبي طالب -عليه السلام- أنه قال: قال رسول الله -صلى الله عليه وآله وسلم-: «تقضي المستحاضة الصوم».

قال يحيى بن الحسين -رضي الله عنه-: معنى هذا الحديث أنها تقضي ما أفطرت في وقت حيضها، والأيام التي كانت يكون فيها طمثها، فإذا ذهبت تلك الأيام التي كانت تحيض في مثلها، وتعلم أنها وقت لأقرائها، تطهرت المستحاضة وصلت وصامت وأتاها زوجها، واستثفرت للصلاة واحتسبت إن كان الدم غالباً عليها. انتهى.

المؤيد بالله -عليه السلام- في **شرح التجريد** [2/322]: وقلنا ذلك في الحائض والنفساء لما ذكره يحيى -عليه السلام-، عن أبي جعفر محمد بن علي -رضي الله عنهما- أنه قال: كان أزواج النبي -صلى الله عليه وآله وسلم- يرين ما يرين النساء فيقضين الصوم ولا يقضين الصلاة، وقد كانت فاطمة بنت رسول الله -صلى الله عليه وآله وسلم- ترى النساء فتقضي الصوم ولا تقضي الصلاة. انتهى.

الجامع الكافي [3/273]: قال محمد: أجمع علماء أمة محمد -صلى الله عليه وآله وسلم- على أن الحائض والنفساء في شهر رمضان مفطرة أكلت أو لم تأكل، وعليها قضاء أيام حيضها، لا اختلاف في ذلك، وذلك السنة من النبي -صلى الله عليه وآله وسلم-.

وفيه [2/295]: قال القاسم -عليه السلام-: ولا تقضي الحائض ما تركت من صلاتها في أيام حيضها أو نفاسها، وإنما تقضي الصوم؛ لأن الطمث مرض أمرضها فتقضي الصوم كما يقضي المريض.

قال محمد: قوله مرض من أمراضها ليس له وجه، وإنما هذا حكم الله وسنة رسول الله -صلى الله عليه وآله وسلم- أن الحائض والنفساء يقضيان الصوم ولا يقضيان الصلاة، وهذا إجماع علماء أمة محمد -صلى الله عليه وآله وسلم-.

وفيه [2/295]: وروى محمد، عن أبي الجارود، قال: قلت لأبي جعفر -عليه

السلام-: إن المغيرة يقول: إن العبد الصالح قال: ما بال الصيام يقضي ولا تقضي الصلاة؟

فقال أبو جعفر -عليه السلام-: كذب والله المغيرة على رسول الله -صلى الله عليه وآله وسلم- وأزواجه وبناته وعلينا وعلى نسائنا، والله ما صلاها نساء النبي -صلى الله عليه وآله وسلم- ولا بناته ولا نساؤنا. انتهى.

باب القول في قضاء صيام شهر رمضان وهل يتابع أو يفرق؟

[1378]- مجموع زيد بن علي -رضي الله عنهما- [148]: حدثني زيد بن علي، عن أبيه، عن جده، عن علي -عليهم السلام-، قال -في المريض والمسافر يفطران في شهر رمضان ثم يقضيان-:

قال -عليه السلام-: يتابعان بين القضاء وإن فرقا أجزأهما. انتهى.

الجامع الكافي [3/ 290]: قال محمد والحسن فيما أخبرنا زيد، عن أحمد، عنه: وقد ذكر عن علي -عليه السلام- أنه قال: (إن صام متتابعاً فهو أفضل، وإن فرق أجزأه). انتهى.

أمالي أحمد بن عيسى -رضي الله عنهما- [العلوم:1/ 341]: حدثنا محمد، قال: أخبرني جعفر، عن قاسم بن إبراهيم - في قضاء رمضان -: يقضيه كما أفطره؛ إن أفطره متصلاً قضاه متصلاً، وإن أفطره متفرقاً قضاه متفرقاً.

قال أبو جعفر (يعني محمد بن منصور): جائز أن يفرق قضاء رمضان من غير علة، أفطره متتابعاً أو متفرقاً، وسمعنا عن علي بن أبي طالب أنه قال: (اقض رمضان متتابعاً وإن فرقته أجزأك). انتهى.

القاضي زيد في الشرح: ومن أفطر لعذر فعليه القضاء لزواله، كالمسافر إذا قدم، والمريض إذا صح، والحامل والمرضع إذا زال المانع، وكذلك من يفطر لغلبة العطش، وكذلك الحائض والنفسا إذا طهرتا، وهذه الجملة لا خلاف فيها. انتهى.

باب القول في الصيا م في السفر ومن أفطر لعذر

الهادي -عليه السلام- في الأحكام [1/ 205]: حدثني أبي، عن أبيه أنه سئل عن الصوم في السفر فقال: نحن نقول إن الصوم في السفر أفضل.

قيل له: فحديث رسول الله -صلى الله عليه وآله وسلم- الذي قال: «ليس من البر الصيام في السفر»، فقال: يعني بذلك التطوع وليس بالفريضة.

قال يحيى بن الحسين -صلوات الله عليه-: هذا الحديث إن كان قد صح، عن رسول الله -صلى الله عليه وآله وسلم- فإنما أراد به ما قال جدي رحمة الله عليه من صيام التطوع لا الفريضة، وكيف يقول ذلك في الفريضة وهو يسمع -صلى الله عليه وآله وسلم- قول الله -سبحانه-: ﴿وَأَن تَصُومُواْ خَيۡرٞ لَّكُمۡۖ إِن كُنتُمۡ تَعۡلَمُونَ ١٨٤﴾ [البقرة:184]، هذا ما لا يقول به عاقل ولا يثبته ذو علم عليه. انتهى.

أمالي أحمد بن عيسى -رضي الله عنهما- [العلوم:1/ 333]: حدثنا محمد، قال: أخبرني جعفر، عن قاسم بن إبراهيم، قال: إن صام لم آمره بالقضاء، وإن أفطر فله، ونحن نقول الصوم في السفر أفضل.

فقيل له: فحديث النبي -صلى الله عليه وآله وسلم- الذي روي عنه «ليس من البر الصوم في السفر».

قال: يعني بذلك التطوع وليس بالفريضة. انتهى.

الجامع الكافي [3/ 275]: قال القاسم -عليه السلام-: الصوم في السفر أفضل، فإن صام لم نأمره بالقضاء، وإن أفطر فله، وإنما الإفطار في السفر رخصة من الله لعباده ويسر، لأن الله -سبحانه- يقول: ﴿وَمَن كَانَ مَرِيضًا أَوۡ عَلَىٰ سَفَرٖ فَعِدَّةٞ مِّنۡ أَيَّامٍ أُخَرَۗ يُرِيدُ ٱللَّهُ بِكُمُ ٱلۡيُسۡرَ وَلَا يُرِيدُ بِكُمُ ٱلۡعُسۡرَ﴾ [البقرة:185]، فإذا سافر وضعف أفطر.

قيل له: فحديث النبي -صلى الله عليه وآله وسلم-: «ليس من البر الصيام في السفر».

قال: يعني بذلك التطوع وليس بالفريضة.

وفي الجامع الكافي أيضاً [3/ 277]: ولم يختلف أحمد والقاسم ومحمد: أن المسافر جائز له الصوم والإفطار، وإنما اختلفوا في الأفضل:

فقال أحمد: الإفطار أفضل.

وقال القاسم -عليه السلام-: الصوم أفضل، وهو قول أبي حنيفة وأصحابه.

وأما محمد: فلم يفصل.

وأجمعوا على أنه إذا أفطر لزمه عدة من أيام أخر.

وأجمعوا أنه إن صام أجزأ عنه ولا قضاء عليه. انتهى.

القاضي زيد -رحمه الله- في الشرح: الترخيص في الإفطار يجوز عند حالين: أحدهما السفر، والآخر إذا خشي من الصوم ضرراً، لمرض ونحوه، لا خلاف في جواز الإفطار عند هاتين الحالتين.

والأصل في جواز الإفطار عندهما: قوله -تعالى-: ﴿فَمَن كَانَ مِنكُم مَّرِيضًا أَوْ عَلَىٰ سَفَرٍ فَعِدَّةٌ مِّنْ أَيَّامٍ أُخَرَ﴾[البقرة:184]، يعني فأفطر فقضاها في أيام أخر.

وروي عن النبي -صلى الله عليه وآله وسلم- أنه قال:«إن الله وضع عن المسافر الصوم، وعن الحامل والمرضع».

وفيه: وإنما يجوز للمسافر الإفطار عند وجوب القصر، ولا خلاف في ذلك.

وفيه: والحامل والمرضع إذا خافتا على الجنين والمرضع، وكذلك من لا يصبر على العطش من الرجال والنساء؛ يجب عليهم الإفطار، وكل هؤلاء إن لم يخشوا على أنفسهم أي التلف وخشوا زيادة الضرر فإن صاموا أجزأ وإن لم يصوموا جاز:

قال أبو طالب: ولا خلاف بين العلماء في جواز في جواز الإفطار لهؤلاء، وإنما

الخلاف في الفدية.

وفيه: كل مخاطب بالصوم إذا تركه لعذر أو لغير عذر وجب عليه القضاء.

قال أبو طالب: قولنا كل مخاطب فعلى الجملة والتفصيل يختلف، ولا خلاف في ذلك على الجملة.

والأصل فيه: قوله تعالى: ﴿فَعِدَّةٌ مِّنْ أَيَّامٍ أُخَرَ﴾.

وفيه: ولا خلاف في وجوب القضاء على من شهد الشهر وهو مغمى عليه.

وفيه: قال محمد بن القاسم -عليه السلام-، عن أبيه، فيما حكى عنه أبو العباس: من أفطر سنين كثيرة من رمضان ولم يضبطها يقضي متحرياً.

قال أبو طالب: ولا خلاف فيه. انتهى.

باب القول في الرجل يصبح ثم عزم على الصوم إلى كم يكون له الخيار؟

[1379]- **مجموع زيد بن علي** -رضي الله عنهما- [149]: حدثني زيد بن علي، عن أبيه، عن جده، عن علي -عليهم السلام-، قال: (إذا أصبح الرجل ولم يفرض الصوم فهو بالخيار إلى أن تزول الشمس، فإذا زالت الشمس فلا خيار له، وإذا أصبح وهو ينوي الصيام ثم أفطر فعليه القضاء). انتهى.

[1380]- **أمالي أحمد بن عيسى** -رضي الله عنهما- [العلوم:1/ 340]: حدثنا محمد، قال أحمد بن عيسى، عن حسين، عن أبي خالد، عن زيد، عن آبائه، عن علي -عليهم السلام- قال: (إذا أصبح الرجل ولم يفرض الصيام فهو بالخيار إلى زوال الشمس، فإذا زالت فلا خيار له). انتهى.

الجامع الكافي [3/ 296]: قال محمد: فيمن دخل في صوم تطوعاً ثم أفطر من غير علة قولين:

أحدهما: عليه القضاء.

والآخر: يستحب له القضاء، وليس بواجب عليه، وإن أفطر من عذر فلا قضاء عليه، هذا معنى قوله.

وأما لفظه: فإنه قال: إذا نوى الصيام من الليل تطوعاً فهو بالخيار إلى طلوع الفجر؛ فإن طلع الفجر وهو على نيته ثم أفطر فنحب له القضاء، وإن نوى الصيام بعد طلوع الفجر فهو بالخيار إلى زوال الشمس؛ فإن زالت وهو على نيته فلا خيار له، وروي مثل ذلك عن علي -عليه السلام-، فإن أفطر فنحب له القضاء.

وفيه [3/ 298]: وعن ضميرة، عن علي -عليه السلام- قال: (من أصبح صائماً فأفطر فعليه قضاء ذلك اليوم). انتهى.

[1381]- المرشد بالله -عليه السلام- في الأمالي [1/ 370]: وبه قال أخبرنا القاضي أبو القاسم علي بن المحسن بن علي التنوخي بقراءتي عليه، قال: أخبرنا أبو محمد سهل بن أحمد بن عبد الله بن سهل الديباجي، قال: حدثنا أبو علي محمد بن محمد بن الأشعث الكوفي، قال: حدثني موسى بن إسماعيل بن موسى بن جعفر بن محمد، قال: حدثني أبي، عن أبيه، عن جده جعفر، عن أبيه، عن جده علي بن الحسين، عن أبيه، عن علي -عليهم السلام- قال: قال رسول الله -صلى الله عليه وآله وسلم-: «ما على رجل إذا تكلف له أخوه المسلم طعامه فدعاه وهو صائم فأمره أن يفطر، ما لم يكن صيامه في ذلك فريضة أو نذراً سماه، وما لم يمل النهار».

وبإسناده قال: قال رسول الله -صلى الله عليه وآله وسلم-: «فطرك لأخيك المسلم، وإدخالك السرور عليه أعظم أجراً من صيامك». انتهى.

رجال هذا الإسناد قد مر الكلام عليهم، وهم من ثقات محدثي الشيعة.

الهادي -عليه السلام- في الأحكام [1/ 247]: حدثني أبي، عن أبيه، أنه قال - في رجل أصبح وقد نوى أن يصوم تطوعاً ثم أصبح مفطراً -، فقال: ليس

عليه الإعادة، إلا أن يكون قد أوجبه وتكلم وبه، وليس يجب ذلك بالضمائر والنيات دون القول الظاهر.

قال يحيى بن الحسين -صلوات الله عليه-: يريد بقوله لا يلزم النية دون الكلام؛ إذا كان ذلك نذراً أو أمراً أوجبه لله إيجاباً يحتاج فيه إلى الكلام. انتهى.

باب القول في الرجل يصبح صائماً ثم ينام ولم يصل ثم استيقظ ثم نام حتى دخل وقت الصلاة الأخرى

[1382]- **أمالي أحمد بن عيسى -رضي الله عنهما- [العلوم:1/ 340]**: حدثنا محمد، قال: حدثنا أحمد بن عيسى، عن حسين، عن أبي خالد، عن زيد، عن آبائه، عن علي -عليهم السلام- قال: (أيما رجل أصبح صائماً ثم نام قبل الصلاة الأخرى فأصابه جنابة فاستيقظ ثم عاود النوم ولم يقض الصلاة الأولى حتى دخل وقت الأخرى فعليه تمام ذلك اليوم وقضاؤه).

قال محمد: من نام في شهر رمضان فأصابته جنابة فلا شيء عليه. انتهى.

قلت وبالله التوفيق: وما ذكره محمد بن منصور -رحمه الله- فهو المعمول عليه وهو المطابق للأدلة الصحيحة، ولم أدرِ ما وجه هذا الأثر عن علي -عليه السلام-، ولعله وجب عليه القضاء بسبب التفريط في الصلاة الأولى، وعدم المبالاة بها، فيكون عاصياً بذلك، ومع العصيان فصيامه غير مقبول، وقد قال الله: ﴿إِنَّمَا يَتَقَبَّلُ ٱللَّهُ مِنَ ٱلْمُتَّقِينَ﴾[المائدة:27] والله أعلم.

واعلم أني لم أجد لهذا الحديث شاهداً ففي النفس من ثبوته عن علي -عليه السلام- شيء، أما سنده فصحيح.

باب القول في النهي عن التلفظ برمضان غير مضاف إليه شهر وفي تعزير المفطر متعمداً

[1383]- **المرشد بالله -عليه السلام- في الأمالي [1/ 380]**: وبه قال: أخبرنا القاضي أبو القاسم علي بن المحسن بن علي التنوخي بقراءتي عليه، قال: أخبرنا أبو محمد سهل بن أحمد بن عبد الله بن سهل الديباجي، قال: حدثنا أبو علي محمد بن محمد بن الأشعث الكوفي بمصر، قال: حدثني موسى بن إسماعيل بن موسى بن جعفر بن محمد، قال: حدثنا أبي، عن أبيه، عن جده جعفر، عن أبيه، عن جده علي بن حسين، عن أبيه، أن علياً -عليه السلام- كان يقول: (لا تقولوا رمضان فإنكم لا تدرون ما رمضان، فمن قاله فليتصدق وليصم كفارة، ولكن قولوا كما قال الله -عز وجل-: ﴿شَهْرُ رَمَضَانَ﴾).

وفيها: بهذا الإسناد عن جعفر، عن أبيه، أن علياً -عليه السلام- أتي برجل مفطر في شهر رمضان نهاراً من غير علة فضربه تسع وثلاثين سوطاً لحق شهر رمضان حيث أفطر. انتهى.

رجال هذا الإسناد من ثقات محدثي الشيعة وقد مر الكلام عليهم.

باب القول في صيام الكفارات والنذور

القاضي زيد في الشرح: وكفارة الظهار صيام شهرين متتابعين إذا لم يتمكن من عتق الرقبة، وكذلك القتل إذا قتل مؤمناً ولم يتمكن من الرقبة، ولا خلاف في ذلك.

والأصل في كفارة الظهار: قوله -تعالى-: ﴿وَالَّذِينَ يُظَاهِرُونَ مِن نِّسَآئِهِمْ﴾ [المجادلة:3] إلخ.

وفي كفارة القتل: قوله -تعالى-: ﴿وَمَن قَتَلَ مُؤْمِنًا خَطَئًا﴾ [النساء:92] إلخ.

وفيه: ولا خلاف أن الإفطار إذا كان لغير عذر فإنه يجب الاستئناف.

ولا خلاف أن المرأة إذا كان عليها صوم شهرين متتابعين فحاضت جاز لها البناء، إلا أن أبا حنيفة يقول: إنها تقضي ما فاتها من الصوم متصلاً بصومها من الشهرين، فإذا لم تفعل استأنفت.

وفيه: وإذا قَدَرَ المُظاهر على الرقبة بعد الفراغ من الإطعام والصوم أجزأه ما قد فعله بلا خلاف.

وفيه: ولا خلاف أن الصوم لا يجب بالنية.

ولا خلاف أن النذور تتعلق بالقول دون النية.

والأصل في ذلك: قوله -تعالى-: ﴿وَأَوْفُوا۟ بِعَهْدِ ٱللَّهِ إِذَا عَـٰهَدتُّمْ﴾ [النحل:91].

وفيه: ولو أن رجلاً أوجب على نفسه صيام شهر كامل أو شهرين متتابعات، وجب عليه أن يصوم كما أوجب، نص عليه في الأحكام، وهذا مما لا خلاف فيه، لقوله -تعالى-: ﴿أَوْفُوا۟ بِٱلْعُقُودِ﴾[المائدة:1]، وقوله تعالى: ﴿وَأَوْفُوا۟ بِعَهْدِ ٱللَّهِ إِذَا عَـٰهَدتُّمْ﴾[النحل:91].

فإن فَرَّق لغير عذر وجب علي الاستئناف بالإجماع، وإن كان لعذر لا يرجى زواله جاز البناء، ولا خلاف فيه.

وفيه: فإن قال: لله عليّ صوم شهر كذا، أو أضافه إلى شهر مخصوص وجب أن يصوم متتابعاً متجاوراً، إلا أنه إن أفطر يوماً منه يجزئه قضاء يوم مكانه، ومثله ذكر المؤيد بالله، وهو قول أبي حنيفة، ذكره أبو الحسن الكرخي في المختصر، ولا يعرف فيه خلاف.

وفيه: ولو قال: لله عليّ أن أصوم يوم يُقدم فلان، فلا يختلفون في أنه إذا قدم

ليلاً فلا شيء، وذلك لأن النذر لا يدخل الليل فيه أصلاً، لأنه لو قال: لله علي أن أصوم هذه الليلة لا يلزمه شيء، وهذا مما لا خلاف فيه.

وفيه: لو قال: لله عليّ أن أصوم ثلاث أيام بلياليها، وجب عليه صيام ثلاثة أيام فقط، وذلك لأن النذر إنما يجب به ما تناوله، وهذا النذر إنما تناول الصوم، والصوم من أحكام النهار، فلا يلزمه ما ليس بصوم، كما لو قال: لله عليّ أن أصوم هذه الليلة.

قال السيد أبو طالب: وهذا مما لا نعرف فيه خلافاً.

وفيه: وإن أوجب على نفسه صوم خميس أو غيره ففاته صيام تلك الأيام وجب علي أن يقضي ما فاته.

قال أبو طالب: ووجوب قضاء ما يفوت من ذلك لا خلاف فيه.

وفيه: وإذ قال: إذا جاء يوم الخميس فلله عليّ أن أصومه، فإنه لا خلاف في أنه لا يجوز تقديمه. انتهى.

باب القول فيما يفسد الصيام وما لا يفسده

قد مر بعض الأدلة المقتضية لما يفسد الصيام وما لا يفسده، وفي هذا الباب مسائل مؤكدة لما تقدم.

القاضي زيد -رحمه الله- **في الشرح**: وإذا أكل أو جامع في نهار شهر رمضان عامداً فسد صومه وعليه القضاء، ولا خلاف فيه.

وفيه: وأجمعوا على أن القُبلة إذا لم يكن معها إنزال لم يفسد صومه.

وفيه: وإن طلع الفجر وهو مخالط ولبث على حاله من الجماع فسد صومه، وهو قول أبي حنيفة وأصحابه والشافعي، ولا خلاف فيه.

وفيه: ولا يفسده القيء مبتدراً، ولا خلاف فيه.

وفيه: ولا تفسده المضمضة والاستنشاق ولا رش الماء على البدن، ولا بَلُّ الثوب عليه من عطش، نص عليه القاسم -عليه السلام-.

قال السيد أبو طالب: وعلى هذا الغوص في الماء لا يفسده إذا لم ينزل الماء إلى خياشمه وجوفه، وهذا مما لا خلاف فيه.

وفيه: ولو أن صائمة جومعت وهي نائمة فعلمت فطاوعت فسد صوم الرجل والمرأة جميعاً، وهذا مما لا خلاف فيه.

وفيه: قال السيد أبو طالب: ولا خلاف أن ابتلاع الريق لا يفسد الصوم قليلاً كان أو كثيراً.

وفيه: قال أبو العباس: فيمن احتلم في نهار شهر رمضان لا يفسد صومه، وهذا مما لا خلاف فيه. انتهى.

باب القول في الغلام متى يجب عليه الصيام

قد مرت رواية عن النبي -صلى الله عليه وآله وسلم- عند الهادي -عليه السلام-: «إذا أطاق الغلام صيام ثلاثة أيام وجب عليه صيام الشهر كله»، في باب القول فيمن رخص له الإفطار.

الجامع الكافي [3/ 230]: قال محمد: ويجب على الغلام الصيام إذا أدرك أو بلغ خمس عشرة سنة، ويلزم الجارية الفرض إذا حاضت أو بلغت خمس عشرة سنة، ولكن ينبغي للغلام والجارية إذا أطاق الصيام أن يصوما ما أطاقا من ذلك، وإن لم يدركا ولم يبلغا خمس عشرة سنة.

[1384]- وذكر عن النبي -صلى الله عليه وآله وسلم-: «إذا أطاق الغلام صيام ثلاثة أيام وجب عليه الصيام». انتهى.

[1385]- أمالي أحمد بن عيسى -رضي الله عنهما- [العلوم:3/ 95]: أخبرنا محمد، قال: حدثني أحمد بن عيسى، عن حسين، عن أبي خالد، عن زيد، عن

آبائه، عن علي -عليهم السلام- قال: (إذا بلغ الغلام اثني عشرة سنة جرى عليه وله فيما بينه وبين الله، وإذا طلعت العانة وجبت عليه الحدود).

[1386]- وفيها [3/ 94]: بهذا الإسناد، عن علي -عليهم السلام- قال: قال رسول الله -صلى الله عليه وآله وسلم-: «رفع القلم عن ثلاثة: النائم حتى يستيقظ، وعن المجنون حتى يفيق، وعن الصبي حتى يبلغ».

[1387]- **مجموع زيد بن علي -رضي الله عنهما-** [222]: حدثني زيد بن علي، عن أبيه، عن جده، عن علي -عليهم السلام-، قال إذا بلغ الغلام اثني عشرة سنة جرى عليه وله فيما بينه وبين الله، وإذا طلعت العانة، وجبت عليه الحدود).

باب القول فيما يستحب ويكره من الصيام

صيام عاشوراء

الهادي -عليه السلام- في الأحكام [1/ 202]: قال يحيى بن الحسين -صلوات الله عليه-: لا بأس بصيام يوم عاشوراء، وصيامه حسن.

[1388]- وقد روي عن رسول الله -صلى الله عليه وآله وسلم- أنه خص بالأمر بصيامه بني سليم وحباهم بذلك. انتهى.

الجامع الكافي [3/ 266]: قال القاسم والحسن ومحمد: ويوم عاشوراء هو اليوم العاشر من المحرم.

قال القاسم -عليه السلام-: لا اختلاف في ذلك، وصومه حسن جميل، وجاء فيه فضل كثير، ولا حرج على من ترك صومه.

[1389]- قال الحسن -عليه السلام-: روي عن النبي -صلى الله عليه وآله وسلم- أنه كان يكثر صومه.

[1390]- وقال محمد: بلغنا عن علي -عليه السلام-، أنه كان يأمر بصومه، وذكر فيه فضلاً كثيراً(58).

وروي عنه: أنه تيب فيه على قوم يونس.

[1391]- وعن ابن عباس أن النبي -صلى الله عليه وآله وسلم- قدم المدينة واليهود يصومون عاشوراء فقال: «ما هذا»، فقالوا: نجى الله فيه موسى وأغرق فيه فرعون، فقال النبي -صلى الله عليه وآله وسلم-: «أنا أولى بموسى منكم»، فصامه وأمر أصحابه أن يصوموه. انتهى.

القاضي زيد في الشرح: ويستحب صوم يوم عاشوراء، نص عليه القاسم ويحيى -رضي الله عنهما-، وهذا مما لا خلاف فيه، إلا ما يحكى عن الإمامية من كراهية الصوم فيه، لأنه يوم حزن ومصيبة، لاتفاق قتل الحسين بن علي -رضي

---

(58) عن ابن عباس قال: ذكر لرسول الله -صلى الله عليه وآله وسلم- عاشوراء، وقيل: إنه يوم تصومه اليهود وتعظمه، فقال رسول الله -صلى الله عليه وآله وسلم- ((إن عشنا خالفناهم وصمنا اليوم التاسع))، قال: وقبض رسول الله -صلى الله عليه وآله وسلم- قبل ذلك. أخرجه المرشد بالله.
وعن ابن عباس أيضاً قال: ما علمت النبي -صلى الله عليه وآله وسلم- صام يوماً يتحرى فضله على الأيام إلا هذا اليوم -يعني يوم عاشوراء-.
وعن أبي قتادة قال: قال رسول الله -صلى الله عليه وآله وسلم- في صوم يوم عاشوراء كفارة سنة.
وعن أبي هريرة قال: قال رسول الله -صلى الله عليه وآله وسلم- ((إن يوم عاشوراء كانت الأنبياء تصومه، فصوموه)).
وعن أبي قتادة، قال: قال رسول الله -صلى الله عليه وآله وسلم- ((صوم عرفة كفارة سنتين قبله وبعده، وصوم عاشوراء كفارة سنة)).
وعن ابن عباس، قال: قال رسول الله -صلى الله عليه وآله وسلم- ((ليس ليوم فضل على يوم في الصيام إلا شهر رمضان وعاشوراء)).
وعن عبد الله بن جراد قال: قال رسول الله -صلى الله عليه وآله وسلم- ((صيام يوم عاشوراء يعادل صيام سنة، وهو صيام يوم الصبر)).
وعن أمير المؤمنين علي بن أبي طالب -عليه السلام-: (أنه كان يصوم عاشوراء ويأمر به، ويخبر أن رسول الله -صلى الله عليه وآله وسلم- كان يصومه). أخرج هذه الأحاديث الإمام المرشد بالله -عليه السلام- في الأمالي. تمت من هامش الأصل عن المؤلف.

الله عنهما- فيه؛ ولا وجه له، وقتله متأخر عن وفاة النبي -صلى الله عليه وآله وسلم-، ولا يتغير بعده حكم الشرع. انتهى.

[1392]- **المرشد بالله -عليه السلام- في الأمالي** [1/ 114]: وبه قال: أخبرنا القاضي أبو القاسم علي بن المحسن بن علي التنوخي بقراءتي عليه، قال: أخبرنا أبو محمد سهل بن أحمد بن عبد الله بن سهل الديباجي، قال: حدثنا أبو علي محمد بن محمد بن الأشعث الكوفي بمصر، قال: حدثني موسى بن إسماعيل بن موسى بن جعفر بن محمد، قال: حدثني أبي، عن أبيه، عن جده جعفر بن محمد، عن أبيه، عن جده علي بن الحسين، عن أبيه، (59) قال: كان علي بن أبي طالب -عليه السلام- يقول: «صوموا يوم عاشوراء التاسع والعاشر احتياطاً، فإنه كفارة السنة التي قبله، فإن لم يعلم أحدكم حتى يأكل فليتم صومه». انتهى.

رجال هذا الإسناد من ثقات محدثي الشيعة، وقد مر الكلام عليهم.

الترغيب في قراءة الصمد يوم عاشوراء ألف مرة:

[1393]- **أمالي أحمد بن عيسى -رضي الله عنهما- [العلوم**:1/ 345]: حدثنا محمد، قال: حدثنا عبد الله بن داهر الرازي، قال: حدثني أبي، عن سعد بن ظريف، عن الأصبغ بن نباته، عن علي بن أبي طالب كرم الله وجهه قال: (من قرأ يوم عاشوراء ألف مرة: ﴿قُلْ هُوَ ٱللَّهُ أَحَدٌ ①﴾[الإخلاص:1] نظر الرحمن إليه، ومن نظر الرحمن إليه لم يعذبه). انتهى.

وهو في كتاب الذكر لمحمد بن منصور المرادي -رحمه الله-، الجامع لأمالي أحمد بن عيسى بهذا الإسناد والمتن.

ومحمد: في أول الإسناد هو ابن منصور.

(59) في الأصل زيادة: عن علي بن أبي طالب -عليهم السلام-، وليست في المطبوع، وسياق السند لا يحتاجها.

وعبد الله بن داهر ووالده: قد مر الكلام عليهما.

وسعد بن طريف والأصبغ بن نباتة: سيأتي الكلام عليهما، وجميعهم من ثقات محدثي الشيعة.

صيام الأيام البيض:

[1394]- **مجموع زيد بن علي -رضي الله عنهما-** [149]: حدثني زيد بن علي، عن أبيه، عن جده، عن علي -عليهم السلام-، قال: (صوم ثلاثة أيام من كل شهر يذهبن ببلابل الصدر، غلّه وحسده). انتهى.

الهادي -عليه السلام- في الأحكام [1/ 203]: قال يحيى بن الحسين -صلوات الله عليه-: وصوم أيام البيض فيه فضل كبير، وقد جاء فيها من الذكر والخير ما يرغب في صومها، وهي يوم ثلاثة عشر من كل شهر، ويوم أربعة عشر، ويوم خمسة عشر، وما أحب إفطارها لمن قدر على صومها.

حدثني أبي، عن أبيه أنه قال: وقد جاء من الفضل في صوم أيام البيض فضل كبير، وليس ذلك مما يجب كوجوب الواجب.

[1395]- **وفيه:** وبلغنا عنه -عليه السلام- -يعني علياً -عليه السلام- أنه قال: (صيام ثلاثة أيام في كل شهر صيام الدهر، وهن يذهبن وحر الصدر) فقيل له: وما وحر الصدر؟ فقال: (إثمه وغِلُّه). انتهى.

الجامع الكافي [3/ 269]: وقال القاسم -عليه السلام-: صوم أيام البيض حسن جميل، وجاء فيه فضل كبير، وليس من ذلك ما يجب وجوب الواجب.

[1396]- وقال الحسن -عليه السلام-: كان آخر صوم رسول الله -صلى الله عليه وآله وسلم- ثلاثة أيام في كل شهر.

[1397]- وروي عن علي أنه قال: (ألا أدلكم على صوم الدهر، صيام ثلاثة أيام من كل شهر، لأن الله -عز وجل- يقول: ﴿مَن جَآءَ بِٱلْحَسَنَةِ فَلَهُۥ عَشْرُ

﴿أَمۡثَالِهَاۖ﴾[الأنعام:160]، والصوم صوم الأربعاء بين الخميسين في كل شهر).

[1398]- وروي عن النبي -صلى الله عليه وآله وسلم- أنه كان يصوم الغرر؛ ثلاثة عشر، وأربعة عشر، وخمسة عشر. انتهى.

[1399]- **وفيه** [3/ 270]: روي عن علي -عليه السلام- قال: (صوم ثلاثة أيام من كل شهر يذهبن وحر الصدر)، قيل: وما وحر الصدر؟ قال: (إثمه وغله). انتهى.

[1400]- **المرشد بالله -عليه السلام- في الأمالي** [1/ 361]: وبه قال: أخبرنا أبو محمد سهل بن أحمد بن عبد الله بن سهل الديباجي، قال: حدثنا أبو علي محمد بن محمد، قال: حدثني أبي، عن أبيه، عن جده جعفر بن محمد، عن أبيه، عن جده علي بن الحسين، عن أبيه، عن علي -عليهم السلام- قال: قال رسول الله -صلى الله عليه وآله وسلم- «دخلت الجنة فرأيت أكثر أهلها الذين يصومون الأيام البيض».

[1401]- وبهذا الإسناد عن علي -عليه السلام- قال: قال رسول الله -صلى الله عليه وآله وسلم-: «من صام ثلاثة أيام من الشهر فقيل له: أنت صائم الشهر كله؟، قال: نعم، فقد صدق، وقرأ: **﴿مَن جَآءَ بِٱلۡحَسَنَةِ فَلَهُۥ عَشۡرُ أَمۡثَالِهَاۖ﴾** [الأنعام:160]». انتهى.

رجال هذا الإسناد قد مرّ الكلام عليهم.

القاضي زيد في الشرح: ويستحب صوم أيام البيض؛ وهو الثالث عشر، والرابع عشر، والخامس عشر، نص عليه القاسم ويحيى -رضي الله عنهما-، ولا خلاف فيه. انتهى.

صيام يوم عرفة:

الجامع الكافي [3/ 267]: قال القاسم -عليه السلام-: صيام يوم عرفة حسن جميل، وجاء فيه فضل كثير، وأن صيامه كفارة سنة.

وروى داود عن القاسم -عليه السلام- نحو ذلك، إلا أنه قال: صوم عرفة في غير عرفة.

[1402]- وقال الحسن -عليه السلام-: روي عن النبي -صلى الله عليه وآله وسلم- أنه كان يكثر صوم يوم عرفة في الحضر.

[1403]- وروى محمد عن النبي -صلى الله عليه وآله وسلم- «من صام يوم عرفة كان كفارة سنتين سنة لما مضى وسنة لما يستقبل». انتهى.

الهادي -عليه السلام- **في الأحكام [1/ 202]**: حدثني أبي، عن أبيه أنه سئل عن صوم يوم عاشوراء، وأي يوم هو؟ وعن صوم يوم عرفة؟

فقال: حسن جميل صومهما، ولا حرج على من ترك أن يصوم فيهما، وقد جاء فضل كبير، فيمن صام يوم عرفة كان له كفارة سنة، ويوم عاشوراء فهو يوم عاشر، لا اختلاف فيه. انتهى.

صيام الست(60) الصبر:

[1404]- **المرشد بالله** -عليه السلام- **في الأمالي**: وبه قال: أخبرنا أبو القاسم علي بن الحسين بن علي التنوخي بقراءتي، قال: أخبرنا أبو محمد سهل بن أحمد بن عبد الله بن سهل الديباجي، قال: حدثنا أبو علي محمد بن محمد بن الأشعث، قال: حدثني موسى بن إسماعيل بن موسى بن جعفر بن محمد، قال: حدثني أبي، عن أبيه، عن جده جعفر بن محمد قال: كان أبي يصوم ستة أيام بعد

---

(60) عن أبي أيوب الأنصاري، قال: قال رسول الله -صلى الله عليه وآله وسلم-: ((من صام رمضان ثم أتبعه ستاً من شوال فكأنما صام الدهر))، أخرجه أبو طالب في الأمالي.
وعن ثوبان قال: قال رسول الله -صلى الله عليه وآله وسلم-: ((من صام رمضات وأتبعه بست من شوال فإن ذلك صيام سنة))، أخرجه المرشد بالله في الأمالي.
وعن جابر بن عبد الله الأنصاري قال: سمعت رسول الله -صلى الله عليه وآله وسلم- يقول: ((من صام رمضان وستاً من شوال، فكأنما صام السنة كلها))، أخرجه المرشد بالله أيضاً في الأمالي.

شهر رمضان ويقول: بلغني أن من صامها فقد صام تمام السنة. انتهى.

رجال هذا الإسناد من ثقات محدثي الشيعة، وقد مر الكلام عليهم.

[1405]- **الجامع الكافي** [3/ 273]: وروى محمد بإسناده عن النبي -صلى الله عليه وآله وسلم- أنه قال: «من صام شهر رمضان ثم أتبعه بستة أيام من شوال فكأنما صام الدهر». انتهى.

صيام رجب وشعبان والاثنين والخميس (61) والأربعاء وغيرهم:

الجامع الكافي [3/ 271]: قال القاسم -عليه السلام-: صوم رجب وشعبان وأيام البيض والاثنين والخميس حسن جميل، وجاء فيه فضل كثير، وليس من ذلك ما يجب وجوب الواجب.

[1406]- وذكر عن النبي -صلى الله عليه وآله وسلم- أنه كان يصوم حتى يقال: لا يفطر، ويفطر حتى يقال: لا يصوم، وكان أكثر صومه من الشهور شعبان، وكان يسمى شهر النبي -صلى الله عليه وآله وسلم-، وكان يكثر الصوم في رجب.

[1407]- **وفيه** [3/ 272]: وقال الحسن -عليه السلام-: وروي عن النبي -صلى الله عليه وآله وسلم- أنه كان يصوم الاثنين والخميس والسبت والأحد، فلما كبر سنه صام ثلاثة أيام من الشهر.

[1408]- **أمالي أحمد بن عيسى** -رضي الله عنهما- [العلوم:1/ 325]: حدثنا محمد، قال: حدثنا علي بن أحمد بن عيسى، عن أبيه، أنه سئل عن الصوم في كل شهر؛ أي أيام أحب إليك؟.

---

(61) عن أبي أمامة -رضي الله عنه- قال: سمعت رسول الله -صلى الله عليه وآله وسلم- يقول: ((من صام يوم الأربعاء والخميس والجمعة بنى الله له بيتاً في الجنة، يرى ظاهره من باطنه، وباطنه من ظاهره))، أخرجه المرشد بالله في الأمالي.

قال: صوم أول خميس من الشهر، ثم الأربعاء الذي بعده، ثم الخميس في الجمعة الذي بعده.

قال أحمد بن عيسى: وكان عمر بن علي يقول: أحب تعجيل البر.

قال أحمد بن عيسى: أما أنا فلا أدع صوم الأيام البيض، وقد لزمته وربما صمت الغرر من الشهر.

حدثنا محمد، قال: حدثنا جعفر، عن قاسم بن إبراهيم قال: صوم أيام البيض ورجب وشعبان والاثنين والخميس حسن جميل، وقد جاء فيه فضل كبير، وكذلك يوم عاشوراء، ويوم عرفة جاء أن من صام يوم عرفة كان له كفارة سنة.

قال: ويوم عاشوراء يوم عاشر من المحرم لا اختلاف فيه.

قال أبو جعفر: وصوم أربعاء بين خميسين؛ أول خميس في الشهر، وأربعاء في وسط الشهر، وخميس في آخره، وأيام البيض -ثلاث عشرة، وأربع عشرة، وخمس عشرة-، قال: وأيام البيض هي عندي أيام الغرر، ويوم عاشوراء يوم عاشر من المحرم. انتهى.

الهادي -عليه السلام- في **الأحكام** [1/ 203]: حدثني أبي، عن أبيه أنه قال في صوم أيام البيض ورجب وشعبان والاثنين والخميس قال: صوم ذلك كله حسن جميل، وقد جاء من الفضل في صوم البيض فضل كبير، وليس ذلك مما يجب كوجوب الواجب. انتهى.

وفيه [1/ 202]: وكذلك صيام الدهر لمن أطاقه، ولم يضر بجسمه ولا ببدنه، لأن الله سبحانه لم يرد من عباده المعسور، وإنما أراد منهم الميسور، وذلك قوله -سبحانه-: ﴿يُرِيدُ ٱللَّهُ بِكُمُ ٱلْيُسْرَ وَلَا يُرِيدُ بِكُمُ ٱلْعُسْرَ﴾[البقرة:185] فمن قوي على صيامه صامه، ويفطر يوم الفطر، ويوم الأضحى، وأيام التشريق.

[1409]- لأن رسول الله -صلى الله عليه وآله وسلم- نهى عن صيام هذه الأيام، وقال: «هي أيام أكل وشرب»، ومن أفطر هذه الأيام لم يصم الدهر.

وفيه: حدثني أبي، عن أبيه أن سئل عن صوم الدهر، فقال: لا بأس بذلك، إذا أفطر العيدين وأيام التشريق، ومن أفطر في هذه الأيام لم يصم الدهر.

وقد جاء عن رسول الله -صلى الله عليه وآله وسلم- أنه قال: «لا صام ولا أفطر من صام الدهر»، وقد يكون هذا من رسول الله -صلى الله عليه وآله وسلم- إرشاداً ونظراً وتخفيفاً وتيسيراً ليس على التحريم. انتهى.

مجموع زيد بن علي -رضي الله عنهما- [148]: حدثني زيد بن علي، عن أبيه، عن جده، عن علي -عليهم السلام-، قال: (نهى رسول الله -صلى الله عليه وآله وسلم- عن صوم الدهر). انتهى.

الجامع الكافي [3/ 268]: وقال الحسن -عليه السلام-: روي عن النبي -صلى الله عليه وآله وسلم- أنه كان يصوم حتى يقال لا يفطر.

وروي عنه -عليه السلام- أنه صام صوم داود؛ يصوم يوماً ويفطر يوماً. انتهى.

الهادي -عليه السلام- **في الأحكام** [1/ 209]: قال يحيى بن الحسين -صلوات الله عليه-:

وأما صوم رسول الله -صلى الله عليه وآله وسلم- فقد روي عنه: أنه كان يصوم حتى يقال: لا يفطر، ويفطر حتى لا يقال: لا يصوم، وكان أكثر صومه من الشهور شعبان، وكان يقول: «شعبان شهري، ورجب شهرك يا علي، ورمضان شهر الله». انتهى.

النهي عن صيام العيدين وأيام التشريق:

قد مرت رواية الهادي -عليه السلام- عن النبي -صلى الله عليه وآله وسلم- في النهي عن صيام هذه الأيام في الباب الذي قبل هذا.

[1410]- **المرشد بالله -عليه السلام- في الأمالي** [2/ 106]: وبه قال: أخبرنا أبو بكر محمد بن علي بن محمد بن علي بن أحمد بن الحسين الجوزذاني المقري بقرآءتي عليه بأصفهان، قال: أخبرنا أبو مسلم عبد الرحمن بن محمد بن إبراهيم بن محمد بن شهدل المديني، قال: أخبرنا أبو العباس أحمد بن محمد بن سعيد بن عبد الرحمن بن عقدة، قال: أخبرنا أحمد بن سعيد أبو عبد الله، قال: حدثنا أبي، قال: حدثنا حصين بن المخارق السلولي، عن موسى بن جعفر، ومحمد بن سليمان بن عبد الله، ومسلم، ويحيى بن عبد الله، والحسن بن زيد، وعبد الله بن محمد بن عمر، عن آبائهم، عن علي بن أبي طالب -عليهم السلام-، أن رسول الله -صلى الله عليه وآله وسلم- بعث منادياً في أيام التشريق: «إنها أيام أكل وشرب فلا تصوموها».

[1410]- وبهذا الإسناد، عن حصين بن مخارق، عن يحيى بن عبد الله بن الحسن، عن آبائه -عليهم السلام-، أنه سئل النبي -صلى الله عليه وآله وسلم- عن السائحين؟ فقال: «هم الصائمون».

وبه، عن محمد بن علي، والإمام زيد بن علي -عليهم السلام- مثله. انتهى.

هذا سند صحيح رجاله جميعاً من ثقات محدثي الشيعة، وسيأتي الكلام عليهم إن شاء الله في كتاب الزهد والإرشاد إلى مكارم الأخلاق، آخر كتابنا هذا.

الجامع الكافي [3/ 269]: قال محمد: لا يجوز صوم العيدين وأيام التشريق.

[1411]- وروى محمد عن النبي -صلى الله عليه وآله وسلم- أنه أمر علياً -عليه السلام- أن ينادي بمنى أيام التشريق: «إنها أيام أكل وشرب فلا يصمها أحد». انتهى.

الهادي -عليه السلام- في الأحكام [1/ 222]: قال يحيى بن الحسين -صلوات الله عليه-: ولو أن رجلاً أوجب على نفسه أن يعتكف لله شهر إن تخلص من مرض هو فيه، وأوجب على نفسه أن يصومه ساعة يخرج من مرضه، ويطيق ما فرض من اعتكافه على نفسه، فخرج من علته وقد دهمه شهر رمضان،

وأطاق الاعتكاف في آخر شهر رمضان، فليبدأ بفرض الله الذي افترضه عليه، فإذا قضى شهر رمضان فليفطر العيد، لأنه يوم نهى رسول الله -صلى الله عليه وآله وسلم- عن صومه. انتهى.

[1412]- **المرشد بالله -عليه السلام- في الأمالي** [2/ 97]: وبه قال: أخبرنا القاضي أبو القاسم علي بن المحسن بن علي التنوخي بقراءتي عليه، قال: أخبرنا أبو محمد سهل بن أحمد بن عبد الله بن سهل الديباجي، قال: حدثنا أبو علي محمد بن محمد الأشعث الكوفي بمصر، قال: حدثني موسى بن إسماعيل بن موسى بن جعفر بن محمد، قال: حدثني أبي، عن أبيه، عن جده جعفر، أن علياً -عليه السلام- سئل عن رجل قال لامرأته: أنت طالق إن لم أصم يوم الأضحى.

فقال -عليه السلام-: إن صام فقد أخطأ السنة وخالفها، والله ولي عقوبته ومغفرته، ولم تطلق امرأته، فقال: ينبغي للإمام أن يؤدبه بشيء من ضرب. انتهى.

رجال هذا الإسناد قد مر الكلام عليهم.

تنبيه: وأما صوم يوم الجمعة:

فقد مر الكلام فيه في باب صلاة الجمعة، وقد أوردنا ما ظفرنا به من الروايات هنالك.

وفي شرح القاضي زيد: ولا يكره صوم يوم الجمعة إن وافق صوماً يصومه ذلك الصائم، ولا خلاف في ذلك. انتهى.

وفي الجامع الكافي [3/ 273]: قال الحسن -عليه السلام-: فيما أخبرني أبي، عن ابن العطار، عن أبيه عنه: لا بأس بإفراد صوم يوم الجمعة وحده.

[1413]- وروى محمد بإسناده عن علي -عليه السلام- قال: (لا تعمدن صوم يوم الجمعة، إلا أن يوافق ذلك صومك). انتهى.

وأما صوم شهر الله المحرم:

[1414]- **فقد قال المرتضى محمد بن يحيى -رضي الله عنهما- في كتاب الفقه** [مجموع المرتضى (1/ 152)]: وسألت عن الحديث الذي روي عنه -صلى الله عليه وآله وسلم- أنه سئل؛ أي الصوم أفضل بعد شهر رمضان؟. فقال:«شهر الله المحرم».

قال محمد بن يحيى -عليه السلام-: لسنا نثبت عنه -صلى الله عليه وآله وسلم- في شهر المحرم خبراً في الصوم، إلا ما كان في عاشوراء لبني أسلم.

وقد كان عليه وعلى آله السلام يصوم شعبان ويلح به، وكان يصوم رجب وشعبان ورمضان، وكان يأمر علياً -عليه السلام- بصوم رجب، ويقول له: «يا علي رجب شهرك، وشعبان شهري، ورمضان شهر الله».

وقلت: لم سميت الشهور رجب وشعبان ورمضان وشوال، وإنما سميت لتعرف بأسمائها، ولولا هذه الأسماء ما عرف رمضان من شعبان، ولا شوال من ذي القعدة، وكذلك الرجال وجميع الأشياء، إنما سميت ليعرف بعضها بعضاً، فجعلت للتعارف. انتهى.

فصل:

وندب لمن صام تطوعاً الإفطار إذا دعاه أخوه المسلم إلى الطعام، وذلك لما مر من رواية المرشد بالله -عليه السلام- عن رسول الله -صلى الله عليه وآله وسلم- أنه قال: «فطرك لأخيك المسلم وإدخالك السرور عليه أعظم أجراً من صيامك ». انتهى.

[1415]- **وقال الهادي -عليه السلام- في الأحكام** [1/ 225]: وبلغنا عن رسول الله -صلى الله عليه وآله وسلم- أن سلمان دخل عليه يوماً فدعاه إلى الطعام فقال: يا رسول الله -صلى الله عليه وآله وسلم- إني صائم، فقال: «يا

سلمان يوم مكان يوم، ولك بذلك حسنة بإدخالك السرور على أخيك». انتهى.

[1416]- **أمالي أحمد بن عيسى -رضي الله عنهما- [العلوم**:1/ 347]: حدثنا محمد، قال: حدثنا محمد بن راشد، عن عامر بن كثير، عن أبي خالد، عن أبي هاشم، عن زاذان، عن سلمان، قال: دخلت على رسول الله -صلى الله عليه وآله وسلم- فدعاني إلى الطعام، فقلت: يا رسول الله، إني صائم، فقال: «يوم مكان يوم، ولك مع ذلك حسنة بإدخالك السرور على أخيك». انتهى.

رجال هذا الإسناد من ثقات الشيعة وقد تكلمنا عليهم إلا عامر بن كثير.

فقال في الجداول:

عامر بن كثير السراج، عن مسكين السمان، وأبي خالد، وعنه عباد، ومحمد بن راشد، خرج مع النفس الرضية، وبايع يحيى بن عبد الله، وعداده في الشيعة. انتهى.

خرج له محمد بن منصور.

[1417]- **الجامع الكافي** [3/ 298]: وروى محمد بإسناده، عن سلمان قال: دعاني رسول الله -صلى الله عليه وآله وسلم- إلى طعام، فقلت: إني صائم، فقال: «يا سلمان، يوماً مكان يوم، ولك حسنة بإدخالك السرور على أخيك المسلم». انتهى.

وقد مرت رواية المرشد بالله -عليه السلام-، عن علي -عليه السلام- قال: قال رسول الله -صلى الله عليه وآله وسلم-: «ما على رجل إذا تكلف له أخوه المسلم طعامه فدعاه إلى الطعام، فدعاه وهو صائم، فأمره أن يفطر ما لم يكن صيامه في ذلك اليوم فريضة، أو نذراً سماه، وما لم يمل النهار». انتهى.

خاتمة الكتاب للصيام

[1418]- **قال الهادي -عليه السلام- في الأحكام** [1/ 193]: قال -سبحانه-: ﴿ يَسْـَٔلُونَكَ عَنِ ٱلْأَهِلَّةِ ۖ قُلْ هِىَ مَوَٰقِيتُ لِلنَّاسِ

وَٱلْحَجِّ ﴾[البقرة:189] ويقول جل جلاله، عن أن يحوية قول أو يناله: مواقيت لأحكامهم، وما جعل الله عليهم من فرائضهم، من صومهم وزكاتهم وحجهم، وغير ذلك من أسبابهم، فافترض الله سبحانه الصوم على أمة محمد -صلى الله عليه وآله وسلم- في أول مرة على ما كان افترض على من كان قبلهم، لا يأكلون ولا يشربون في نهار، ولا ينكحون فيه نساءهم، حتى ينسلخ عنهم وينقضي فيه صومهم، لا يأتونهن ليلاً ولا نهاراً، فأقاموا بذلك يصومون النهار، ويأكلون وقت الإفطار إلا أن يناموا، فإن ناموا لم يجز لهم أكل ولا شرب، حتى يكون من الغد عند دخول الليل.

حتى [إذا] (62) كان من أمر الأنصاري ما كان، وهو رجل يقال له أبو قيس؛ واسمه صرمة بن أنس، فعمل في بعض حوائط المدينة فأصاب مداً من تمر، فأتى به امرأته وهم صيام، فأبدلته [له] (63) بمد دقيق فعصدته له، فنام - لما به من الوهن والتعب - قبل أن تفرغ امرأته من طعامه، ثم جاءت به حين فرغت فأيقظته ليأكل، فكره أن يعصي الله ورسوله، فطوى تلك الليلة مع ما تقدم من يومه، ثم أصبح صائماً من غده، فمر برسول الله -صلى الله عليه وآله وسلم- فرآه مجهوداً، فقال له: «قد أصحبت يا أبا قيس طليحاً»، فأخبره بما كان من خبره، فسكت -صلى الله عليه وآله وسلم- عنه.

وكان عمر بن الخطاب في رجال من أصحابه قد أصابوا نساءهم في شهر رمضان، فخافوا أن يذكر أمر أبي قيس في شيء من القرآن فيذكروا معه، فقام عمر في أولئك الناس، فقالوا: استغفر لنا يا رسول الله، فإنا قد واقعنا النساء، فقال رسول الله -صلى الله عليه وآله وسلم- لعمر: «ما كنت جديراً بذلك يا عمر».

فأنزل الله في أبي قيس وعمر وأصحابه ما أنزل، ونسخ أمر الصيام الأول،

---

(62) ما بين القوسين ليس في نسخة الأحكام المطبوعة.

(63) ما بين القوسين زيادة في النسخة المطبوعة.

فقال -جل جلاله، وعظم عن كل شأنه-: ﴿أُحِلَّ لَكُمْ لَيْلَةَ ٱلصِّيَامِ ٱلرَّفَثُ إِلَىٰ نِسَآئِكُمْۚ هُنَّ لِبَاسٌ لَّكُمْ وَأَنتُمْ لِبَاسٌ لَّهُنَّۗ عَلِمَ ٱللَّهُ أَنَّكُمْ كُنتُمْ تَخْتَانُونَ أَنفُسَكُمْ فَتَابَ عَلَيْكُمْ وَعَفَا عَنكُمْۖ فَٱلْـَٰٔنَ بَٰشِرُوهُنَّ وَٱبْتَغُواْ مَا كَتَبَ ٱللَّهُ لَكُمْۚ وَكُلُواْ وَٱشْرَبُواْ حَتَّىٰ يَتَبَيَّنَ لَكُمُ ٱلْخَيْطُ ٱلْأَبْيَضُ مِنَ ٱلْخَيْطِ ٱلْأَسْوَدِ مِنَ ٱلْفَجْرِۖ ثُمَّ أَتِمُّواْ ٱلصِّيَامَ إِلَى ٱلَّيْلِۚ﴾ [البقرة187] فأطلق لهم -سبحانه- الأكل والشرب في الليل كله، قبل النوم وبعده، حتى يتبين الخيط الأبيض من الخيط الأسود.

والخيط الأبيض: فهو عمود الصبح ونوره.

والخيط الأسود: فهو الليل وظلمته.

يقول: ﴿وَكُلُواْ وَٱشْرَبُواْ﴾ حتى يخرج الليل وإظلامه(64)، ويدخل النهار وإسفاره.

ومعنى دخوله هنا: فهو قربُهُ وغشيانه، ودنوه وإتيانه، فللناس أن يأكلوا ويشربوا حتى يخافوا هجوم الصباح، فإذا قرب دنو الصباح وجب عليهم أن يكفوا، وعن المأكول والمشروب يمتنعوا، وأجاز لهم سبحانه غشيان نسائهم متى أحبوا من ليلهم حتى يخافوا هجوم صبحهم فإذا خافوا ذلك اعتز لوهن، وكَفُّوا عن مجامعتهن وإتيانهنّ. انتهى.

باب الاعتكاف وشروط الاعتكاف

أعلم أن شروط الاعتكاف خمسة:

الأول: النية، وذلك لما مر من رواية أبي طالب والناصر -عليه السلام-، عن علي -عليه السلام- قال: قال رسول الله -صلى الله عليه وآله وسلم-: «لا قول ولا عمل ولا نية»، ولما في سلسلة الإبريز والإكسير العزيز، من رواية ذرية سيد المرسلين، عن أبيهم خاتم المرسلين -صلى الله عليه وآله وسلم- قال: «الأعمال بالنيات»، وقد مرّ.

---

(64) في النسخة المطبوعة: وظلامه.

الثاني: الصوم:

[1419]- **صحيفة علي بن موسى الرضى -رضي الله عنهما-**: عن أبيه، عن آبائه، عن علي -عليهم السلام- قال: قال رسول الله -صلى الله عليه وآله وسلم-: «لا اعتكاف إلا بصوم». انتهى.

[1420]- **مجموع زيد بن علي -رضي الله عنهما-** [150]: حدثني زيد بن علي، عن أبيه، عن جده، عن علي -عليهم السلام-، قال: (لا اعتكاف إلا بصوم). انتهى.

القاضي زيد في الشرح: واعتبار الصوم رأي أهل البيت -عليهم السلام-، وهو قول أبي حنيفة وأصحابه ومالك. انتهى.

الجامع الكافي [3/ 307]: قال القاسم ومحمد: لا اعتكاف إلا بصوم.

وروى محمد مثل ذلك عن علي، وابن عباس، وعائشة. انتهى.

الثالث: اللبث في أي مسجد:

القاضي زيد في الشرح: ولا يصح الاعتكاف إلا في المساجد، وهذا مما لا خلاف فيه. انتهى.

وقد تقدمت الروايات عن النبي -صلى الله عليه وآله وسلم-: (أنه كان يعتكف العشر الأواخر من شهر رمضان، ويشد المئزر)، في أول كتاب الصيام، ومن المعلوم أنه لم يعتكف إلا في المسجد.

الرابع: ترك الوطء:

القاضي زيد في الشرح: ولا يصح الاعتكاف إلا بترك غشيان النساء، ولا خلاف فيه، لقوله -تعالى-: ﴿وَلَا تُبَٰشِرُوهُنَّ وَأَنتُمۡ عَٰكِفُونَ فِي ٱلۡمَسَٰجِدِۗ﴾ [البقرة:187]. انتهى.

الخامس: كونه مقدوراً:

فلو نوى اعتكاف شهر قد مضى لم يصح، قال -تعالى-: ﴿لَا يُكَلِّفُ ٱللَّهُ نَفۡسًا إِلَّا وُسۡعَهَاۚ﴾[البقرة:280]، وما مضى ليس من وسعه، إلا أنه نص في التاج المذهب أنه إذا نذر باعتكاف شهر قد مضى أنه لم يصح، وعليه كفارة يمين، سواء كان عالماً بمضيه أم جاهلاً، وهو المقرر للمذهب.

باب القول في الوقت الذي يبتدئ فيه الاعتكاف وما يتجنب ويفعل حاله وفي النذر به

الهادي -عليه السلام- في الأحكام [1/ 221]: والاعتكاف: هو أن ينوي الرجل ويعتقد اعتكاف أيام بعينها، أو يلفظ بذلك، فيقول: لله علي أن أعتكف كذا وكذا يوماً؛ فإن أوجب على نفسه بعقد نيته أو بلفظ يلفظ به فليدخل المسجد في أول ذلك الوقت الذي عقد على نفسه، ثم يصوم تلك الأيام التي نوى، فإنه لا اعتكاف إلا بصوم، ثم ليتحرز من كل رفث أو كذب أو خصومة أو جدال، أو غير ذلك من فاحش المقال، وليكثر في اعتكافه من قراءة القرآن، والذكر والاستغفار، والتسبيح للرحمن، ولا يخرج من مسجده إلا لما ذكرنا من قضاء حاجته، أو عيادة أحد من المسلمين، أو اتباع جنائز المؤمنين، وإن احتاج أن يأمر أهله وينهاهم وقف عليهم فأمرهم ونهاهم قائماً ولم يجلس، وعاد إلى مسجده. انتهى.

[1421]- **مجموع زيد بن علي -رضي الله عنهما-** [151]: حدثني زيد بن علي، عن أبيه، عن جده، عن علي -عليهم السلام-، قال: (إذا اعتكف الرجل فلا يرفث، ولا يجهل، ولا يقاتل، ولا يساب، ولا يماري، ويعود المريض، ويشهد الجنازة، ويأتي الجمعة، ولا يأتي أهله إلا لغائط أو لحاجة، فيأمرهم بها وهو قائم لا يجلس). انتهى.

[1422]- **المؤيد بالله -عليه السلام- في شرح التجريد** [2/ 330]: وروى أيضاً زيد بن علي، عن أبيه، عن جده، عن علي -عليهم السلام-، قال: (إذا اعتكف الرجل فلا يرفث، ولا يجهل، ولا يقاتل، ولا يساب، ولا يماري، ويعود المريض، ويشيع الجنازة، ويأتي الجمعة، ولا يأتي أهله إلا لغائط أو لحاجة، فيأمرهم بها وهو قائم لا يجلس). انتهى.

[1423]- **الجامع الكافي** [3/ 310]: وقال محمد - فيما حدثنا علي، عن ابن وليد، عن سعدان، عنه-: وإذا غابت الشمس من آخر يوم من اعتكافه فقد حل له أن يأتي أهله، وقد كان علي -عليه السلام- يحب أن يأتي أهله ويرجع من الليل ليكون نحو الوداع.

[1424]- وروى محمد بإسناده عن عاصم، عن علي -عليه السلام- قال: (المعتكف لا يرفث، ولا يجهل، ولا يقاتل، ولا يساب، ولا يماري، وله أن يعود المريض، ويشهد الجنازة، ويأتي الجمعة، ولا يأتي أهله إلا لحاجة، فيأمرهم وهو قائم لا يجلس). انتهى.

القاضي زيد في الشرح: والاعتكاف يلزم بالنذر بالإجماع.

وفيه: لا يجوز للمعتكف أن يخرج من مسجد اعتكافه إلا لحاجة لا بد منها، قال أبو طالب: وهذه الجملة لا خلاف فيها، وإنما الخلاف في تفاصيل الحاجة.

وفيه: ولا خلاف في جواز الخروج له لقضاء الحاجة التي هي كالبول والغائط.

وفيه: ويجوز للمعتكف أن يتزوج، ويزوج، ويشهد على التزويج، وإن تزوج لم يدخل بأهله، وهذا مما لا خلاف فيه.

وفيه: ولا خلاف في إباحة الكلام إذا لم يكن محظوراً.

وفيه: والاعتكاف ضربان:

أحدهما: أن يدخل الإنسان فيه بنيته.

والثاني: أن يوجبه على نفسه، ولا خلاف أنه ينقسم إلى هذين القسمين.

ولا خلاف في أن النذر لا ينعقد بالقول دون النية، وأنه يكون على ما يتلفظ به؛ من إطلاق أو تعيين، وذلك لأن الصوم والصلاة وسائر العبادات طريق إيجابها القول، لأنها لا تجب بالنية بالإجماع.

وفيه: وإذا أوجب على نفسه اعتكاف يوم معين أو أيام معينة؛ لزمه أن يعتكف ذلك اليوم أو تلك الأيام، لا خلاف فيه.

وفيه: ومن أوجب على نفسه اعتكاف جمعة بعينها فعليه أن يعتكف فيها لا خلاف فيه، فإن فات ذلك فعليه القضاء، ولا خلاف فيه في الجملة.

وأما إذا لم ينو جمعة بعينها اعتكف أي جمعة شاء، ولا خلاف فيه.

وفيه: ومن أوجب على نفسه صوم عاشوراء، أو يوم عرفة في سنة بعينها ففاته صيامها، فإنه يقضي يوماً مكانه، ولا يلزمه أن ينتظر عاشوراء ويوم عرفة للسنة الأخرى.

قال أبو طالب: والأظهر أنه إجماع، والإجماع حجة.

وفيه: وإن أوجب اعتكاف شهر رمضان بعينه ففاته، فإنه يلزمه أن يعتكف شهراً آخر غير شهر رمضان، لأن يحيى -عليه السلام- نص على من أوجب اعتكاف يوم النحر قضى يوماً آخر.

قال أبو طالب: ولا خلاف فيه.

وفيه: وإذا أوجبت المرأة على نفسها اعتكاف أيام ثم حاضت قبل مضي تلك الأيام خرجت من المسجد إلى أن تطهر وتغتسل، فإذا اغتسلت عادت وبنت على

اعتكافها، نص عليه في الأحكام، ولا خلاف في الجملة أنها تخرج من الاعتكاف، وأنها تعود إذا طهرت.

وفيه: والعبد والأمة إذا أوجبا على أنفسهما اعتكافاً لزمهما ذلك، ولسيدهما منعهما منه، وكذلك المدبر وأم الولد، ولا يستحب له منعهم، وكذلك المرأة على أصل يحيى -عليه السلام-، لأنه نص على أنها إذا أحرمت بغير إذن زوجها لا بحجة الإسلام فله منعها منه، وهذا مما لا خلاف فيه.

وإذا منعهم فلا خلاف في لزوم القضاء إذا أمكنهم، وذلك إما بحصول الإذن من المولى، أو العتق، أو بينونة المرأة من الزوج. انتهى.

باب القول في الترغيب في اعتكاف العشر الأواخر من شهر رمضان

[1425]- **أبو طالب -عليه السلام- في الأمالي** [380]: وبه، قال: حدثنا أبو أحمد علي بن الحسين بن علي الديباجي البغدادي، قال: حدثنا أبو الحسين علي بن عبد الرحمن بن عيسى بن ماتي، قال: حدثنا محمد بن منصور، قال: حدثنا جعفر بن محمد التميمي، عن الحسين بن علوان، عن جعفر بن محمد، عن أبيه -رضي الله عنهما- قال: قال رسول الله -صلى الله عليه وآله وسلم-: «من اعتكف العشر الأواخر من شهر رمضان كان عدل حجتين وعمرتين». انتهى.

[1426]- **أمالي أحمد بن عيسى -رضي الله عنهما- [العلوم:1/ 346]**: حدثنا محمد، قال: حدثنا جعفر بن محمد التميمي، قال: حدثنا حسين بن علوان، عن جعفر بن محمد، عن أبيه قال: قال رسول الله -صلى الله عليه وآله وسلم-: «من اعتكف العشر الأواخر من شهر رمضان كان بعدل حجتين وعمرتين». انتهى.

وفي هذا الإسناد:

جعفر بن محمد التميمي:

عداده عندي من ثقات محدثي الشيعة، يروي عن حسين بن علوان، وعنه المرادي، ولم أقف له على تاريخ وفاة.

أما بقية رجال الإسناد فقد مر الكلام عليهم.

[1427]- **الجامع الكافي** [3/ 319]: وروى محمد بإسانيده، عن النبي -صلى الله عليه وآله وسلم- أنه اعتكف العشر الأواخر من رمضان حتى توفاه الله، وأحيا الليل، وشد المئزر، وشمر عن الساق.

[1428]- وعن النبي -صلى الله عليه وآله وسلم- أنه قال: «من اعتكف العشر الأواخر من رمضان عدلت حجتين وعمرتين». انتهى.

فصل:

ويستحب للمعتكف في العشر الأواخر من شهر رمضان:

أن يغتسل بين العشائين؛ وذلك لما تقدم من رواية مجموع الإمام الأعظم زيد بن علي، وأمالي أحمد بن عيسى، وأمالي أبي طالب -عليهم السلام-، عن علي -عليه السلام-، قال: كان رسول الله -صلى الله عليه وآله وسلم- في العشر الأواخر يشد المئزر، ويبرز من بيته، ويحيي الليل، وكان يغتسل بين العشائين.

فقلنا له: ما معنى شد المئزر؟ قال: كان يعتزل النساء. انتهى.

وقد تقدمت هذه الروايات في باب القول في فضل الصيام، بإسانيد صحيحة.

باب القول في ليالي القدر

[1429]- **الجامع الكافي** [3/ 304]: قال القاسم -عليه السلام-: ذكر عن النبي -صلى الله عليه وآله وسلم- أنه قال: «اطلبوا ليلة القدر في العشر الأواخرح وهي ليلة ثلاث وعشرين، أو سبع وعشرين إن شاء الله».

قال: وليلة القدر من أول الليل إلى آخره في الفضل وعظم المنزلة واحد، لأنه قال -سبحانه-: ﴿لَيْلَةُ الْقَدْرِ خَيْرٌ مِّنْ أَلْفِ شَهْرٍ ﴿٣﴾﴾ [القدر:3] فذكرها كلها.

وروى محمد في ليلة القدر أحاديث عدة في ذكرها طول. انتهى.

المؤيد بالله -عليه السلام- في شرح التجريد [2/ 337]: قال القاسم -عليه السلام-: ليلة القدر من أولها إلى آخرها في الفضل سواء، وهي ليلة ثلاث وعشرين، أو سبع وعشرين من شهر رمضان، وهذا منصوص عليه في مسائل النيروسي.

وذلك قول الله -تعالى-: ﴿إِنَّآ أَنزَلۡنَٰهُ فِي لَيۡلَةِ ٱلۡقَدۡرِ ١﴾[القدر:1]الآية. انتهى.

[1430]- **الإمام زيد بن علي -رضي الله عنهما-**: في التفسير الغريب [288]: أخبرنا أبو جعفر، قال: حدثنا علي بن أحمد، قال: حدثنا عطا بن السايب، عن أبي خالد الواسطي، عن الإمام الشهيد أبي الحسين زيد بن علي -عليه وعلى آبائه الصلاة والسلام- في قوله -تعالى-: ﴿فِيهَا يُفۡرَقُ كُلُّ أَمۡرٍ حَكِيمٍ ٤﴾[الدخان:4]، معناه: يقضي أو يدبر في الليلة المباركة هي ليلة القدر يقضي فيها أمر السنة من الأرزاق وغير ذلك إلى مثلها من السنة الأخرى. انتهى.

أبو جعفر: هو محمد بن منصور المرادي.

وعلي بن أحمد: هو علي بن أحمد بن عيسى بن زيد بن علي.

وعطاء: هو ابن السايب وقد مر الكلام عليهم، وجميعهم من ثقات محدثي الشيعة.

وما قيل: أن عطاء بن السائب اختلط؛ فهو ضعيف، لأنا لم نجد مستنداً صحيحاً على اختلاطه، وإنما تفرد بحكاية الاختلاط أعداء آل محمد، ولا ضير؛ فإن العدو لا يألوا في عدوه، فعطاء بن السايب من ثقات محدثي الشيعة، وحديثه مقبول، ولو صُدِّقَ ما قيل في شيعة آل محمد -عليه السلام- من جرح الخصوم لبطل أكثر السنة، فلا قوة إلا بالله.

كتاب الحج

كتاب الحج

باب القول في فضل الحج

[1431]- **مجموع زيد بن علي -رضي الله عنهما-** [156]: حدثني زيد بن علي، عن أبيه، عن جده، عن علي -عليهم السلام-، قال: قال رسول الله -صلى الله عليه وآله وسلم-: «من أراد الدنيا والآخرة فليؤم هذا البيت، فما أتاه عبد يسأل الله دنيا إلا أعطاه الله منها، ولا يسأله آخرة إلا ادخر له منها.

ألا أيها الناس: عليكم بالحج والعمرة فتابعوا بينهما، فإنهما يغسلان الذنوب كما يغسل الماء الدرن على الثوب، وينفيان الفقر كما تنفي النار خبث الحديد». انتهى.

[1432]- **أمالي أحمد بن عيسى -رضي الله عنهما-** [**العلوم**:2/ 350]: حدثنا محمد، قال: حدثني أحمد بن عيسى، عن حسين، عن أبي خالد، عن زيد، عن آبائه، عن علي -عليهم السلام- قال: قال رسول الله -صلى الله عليه وآله وسلم-: «لا تزال أمتي يكف عنها ما لم يظهروا خصالاً: [عملاً بالربا، وإظهار الرشا، وقطع الأرحام، وترك الصلاة في جماعة]، وترك هذا البيت أن يؤم، فإذا ترك أن يؤم لم يناظروا». انتهى.

[1433]- **أبو طالب -عليه السلام- في الأمالي** [393]: وبه قال: أخبرنا علي بن الحسين بن علي الديباجي، قال: حدثنا أبو الحسين علي بن عبد الرحمن بن عيسى بن ماتي، قال: حدثنا محمد بن منصور، قال: حدثني أحمد بن عيسى، عن حسين، عن أبي خالد، عن زيد بن علي، عن أبيه، عن جده، عن علي -عليهم السلام-، قال: قال رسول الله -صلى الله عليه وآله وسلم-: «من أراد دنيا أو آخرة فليؤم هذا البيت، ما أتاه عبد فسأل الله دنيا إلا أعطاه الله منها، أو يسأله آخرة إلا ادخر له منها.

أيها الناس: عليكم بالحج والعمرة فتابعوا بينهما، فإنهما يغسلان الذنوب كما

يغسل الماء الدرن وينفيان الفقر كما تنفي النار خبث الحديد». انتهى.

[1434]- **مجموع زيد بن علي** -رضي الله عنهما- [156]: حدثني زيد بن علي، عن أبيه، عن جده، عن علي -عليهم السلام-، قال سمعت رسول الله -صلى الله عليه وآله وسلم- يقول: «تحت ظل العرش يوم لا ظل إلا ظله رجل خرج من بيته حاجاً أو معتمراً إلى بيت الله الحرام». انتهى.

[1435]- **أمالي أحمد بن عيسى** -رضي الله عنهما- [العلوم:2/351]: حدثنا محمد، قال: حدثنا أحمد بن عيسى، عن حسين، عن أبي خالد، عن زيد، عن آبائه، عن علي -عليهم السلام- قال: قال رسول الله -صلى الله عليه وآله وسلم-: «من أراد دنيا أو آخرة فليؤم هذا البيت، ما أتاه عبد سأل الله الدنيا إلا أعطاه الله منها، أو سأله آخرة إلا ادخر له[65] منها.

أيها الناس: عليكم بالحج والعمرة فتابعوا بينهما فإنهما يغسلان الذنوب كما يغسل الماء الدرن وينفيان الفقر كما تنفي النار خبث الحديد». انتهى.

[1436]- **المؤيد بالله** -عليه السلام- في **شرح التجريد** [2/346]: وأخبرنا أبو الحسين بن إسماعيل، قال: حدثنا الناصر -عليه السلام-، قال: حدثنا محمد بن منصور، قال: حدثنا أحمد بن عيسى، عن حسين بن علوان، عن أبي خالد، عن زيد بن علي، عن آبائه، عن علي -عليهم السلام- قال: قال رسول الله -صلى الله عليه وآله وسلم-: «من أراد دنيا وآخرة فليؤم هذا البيت، عليكم بالحج والعمرة فتابعوا بينهما». انتهى.

[1437]- **مجموع زيد بن علي** -رضي الله عنهما- [156]: حدثني زيد بن علي، عن أبيه، عن جده، عن علي -عليهم السلام-، قال: لما كان عشية عرفة ورسول الله -صلى الله عليه وآله وسلم- واقف، أقبل على الناس بوجهه فقال:

---

(65) في نسخة الأمالي المطبوعة: إلا ذخر له.

«مرحباً بوفد الله -ثلاث مرات- الذين إذا سألوا الله أعطاهم، ويخلف عليهم نفقاتهم في الدنيا، ويجعل لهم في الآخرة مكان كل درهم ألفاً، ألا أبشركم»، قالوا: بلى يا رسول الله، قال: «فإنه إذا كان في هذه العشية هبط الله سبحانه وتعالى إلى سماء الدنيا ثم أمر ملائكته فيهبطون إلى الأرض، فلو طرحت إبرة لم تسقط إلا على رأس ملك، ثم يقول سبحانه وتعالى: يا ملائكتي انظروا إلى عبادي شعثاً غبراً قد جاءوني من أطراف الأرض، هل تسمعون ما قالوا؟، قالوا: يسألونك أي رب المغفرة، قال: أشهدكم أني قد غفرت لهم -ثلاث مرات-، فأفيضوا من موقفكم مغفوراً لكم ما قد سلف».

قال زيد بن علي -رضي الله عنهما-: إن الله -عز وجل- أعظم من أن يزول، ولكن هبوطه نظره سبحانه وتعالى إلى الشيء. انتهى.

[1438]- **أمالي أحمد بن عيسى -رضي الله عنهما-** [**العلوم**:2/ 351]: وحدثنا محمد، قال: حدثني أحمد بن عيسى، عن حسين، عن أبي خالد، عن زيد، عن آبائه، عن علي -عليهم السلام- قال سمعت رسول الله -صلى الله عليه وآله وسلم- يقول: «تحت ظل العرش يوم لا ظل إلا ظله رجل خرج حاجاً أو معتمراً إلى بيت الله -عز وجل-». انتهى.

[1439]- **مجموع زيد بن علي -رضي الله عنهما-** [157]: حدثني زيد بن علي، عن أبيه، عن جده، عن علي -عليهم السلام- قال: لما كان يوم النفر أصيب رجل من أصحاب رسول الله -صلى الله عليه وآله وسلم- فغسله وكفنه وصلى عليه، ثم أقبل علينا بوجهه الكريم فقال:«هذا المطهر يلقى الله -عز وجل- بلا ذنب له يتبعه». انتهى.

[1440]- **أمالي أحمد بن عيسى -رضي الله عنهما-** [**العلوم**:2/ 352]: حدثنا محمد، قال: حدثني أحمد بن عيسى، عن حسين، عن أبي خالد، عن زيد، عن آبائه، عن علي -عليهم السلام- أنه قال: لما كان عشية عرفة ورسول الله -

صلى الله عليه وآله وسلم- واقف، أقبل على الناس بوجهه فقال: «مرحباً بوفد الله -ثلاث مرات- الذين إذا سألوا الله أُعطوا، ويخلف لهم نفقاتهم في الدنيا، ويجعل لهم عند الله مكان كل درهم ألفاً، ألا أبشركم؟»، قالوا: بلى يا رسول الله، قال: «فإنه إذا كان في هذه العشية هبط الله إلى سماء الدنيا، ثم أمر ملائكته فهبطوا إلى الأرض، فلو طرحت إبرة لم تسقط إلا على ملك، ثم يقول: يا ملائكتي، انظروا إلى عبادي شعثاً غبراً قد جاءوني من أطراف الأرض، هل تسمعون ما يسألون؟ قالوا: يسألونك أي رب المغفرة؛ قال: فأشهدكم إني قد غفرت لهم -ثلاث مرات-، فأفيضوا من موفقكم هذا مغفوراً لكم ما سلف».

وقال رسول الله -صلى الله عليه وآله وسلم-: «إن الله أعظم من أن يزول من مكانه، ولكن هبوطه نظره إلى الشيء».

[1441]- وحدثنا محمد، قال: حدثني أحمد بن عيسى، عن حسين، عن أبي خالد، عن زيد، عن آبائه، عن علي -عليهم السلام- قال: لما كان يوم النفر أصيب رجل من أصحاب النبي -صلى الله عليه وآله وسلم- فغلسه وكفنه، وصلى عليه، ثم أقبل علينا بوجهه فقال: «هذا المطهر يلقى الله بلا ذنب له يتبعه».

[1442]- وحدثنا محمد، قال: حدثني أحمد بن عيسى، عن حسين، عن أبي خالد، عن محمد بن عمر، عن أبيه، عن علي -عليهم السلام- قال: «أكثروا من الطواف؛ فإن لكل عبد منكم بكل قدم حسنة، والحسنة عشرة أمثالها». انتهى.

[صفة حج إبراهيم الخليل -عليه السلام-]

الهادي -عليه السلام- في الأحكام [1/ 226]: قال يحيى بن الحسين -صلوات الله عليه-:

إن الله -تباركت أسماؤه، وجل ثناؤه- افترض على خلقه ما افترض عليهم من حجهم، وأمرهم فيه بأداء مناسكهم، فوجب عليهم ما أوجب ربهم، وكان ذلك فرضاً على جميع العالمين، واجباً على جميع المؤمنين، وفي ذلك ما يقول رب

العالمين: ﴿وَلِلَّهِ عَلَى ٱلنَّاسِ حِجُّ ٱلْبَيْتِ مَنِ ٱسْتَطَاعَ إِلَيْهِ سَبِيلًا ۚ وَمَن كَفَرَ فَإِنَّ ٱللَّهَ غَنِىٌّ عَنِ ٱلْعَٰلَمِينَ ﴿٩٧﴾﴾[آل عمران:97]، وقال -سبحانه-: ﴿وَأَتِمُّوا۟ ٱلْحَجَّ وَٱلْعُمْرَةَ لِلَّهِ﴾[البقرة:196]، يقول -تبارك وتعالى-: قوموا بما افترض عليكم منه، وأدوا ما دخلتم فيه منهما، وقوموا بما افترض الله على من دخل فيهما، من جميع مناسكهما.

وفي ذلك ما قال الله -تبارك وتعالى- لنبيه إبراهيم الأواه الحليم: ﴿وَأَذِّن فِى ٱلنَّاسِ بِٱلْحَجِّ يَأْتُوكَ رِجَالًا وَعَلَىٰ كُلِّ ضَامِرٍ يَأْتِينَ مِن كُلِّ فَجٍّ عَمِيقٍ ﴿٢٧﴾﴾[الحج:27].

فأمره -صلى الله عليه- ربُّه -جل ذكره- بالحج إلى بيته الحرام، فحج كما أمره الله، كما حج أبواه آدم -صلى الله عليهما-، فحج إبراهيم -عليه السلام- بأهله والمؤمنين حتى انتهى إلى بيت رب العالمين، فأمره الله -سبحانه- بالأذان بالحج فأذن، ودعا إلى الله فأسمع، فأجابه إلى ذلك من آمن بالله واتبع أمره، واجتمعوا إلى إبراهيم -صلى الله عليه- فخرج بمن معه متوجهاً إلى منى.

فيقال: إن إبليس اعترض له عند جمرة العقبة؛ فرماه بسبعة أحجار يكبر مع كل حجر تكبيرة.

ثم اعترض له عند الجمرة الثانية؛ ففعل به ما فعل عند الجمرة الأولى.

ثم اعترض له عند الجمرة الثالثة فرماه كما رماه عند الثانية، فأيس من إجابته له، وقبوله لقوله.

فيقال: إنه صده وضلله عن طريق عرفة، فأتى -صلى الله عليه- ذا المجاز فوقف به فلم يعرفه، إذ لم يرَ فيه من النعت ما نعت له، فسار عنه وتركه، فسمي ذلك المكان -لمجاز إبراهيم به-: ذا المجاز.

فلما أتى إبراهيم -صلى الله عليه- الموضع الذي أمر بإتيانه عرفه بما فيه من العلامات التي نعتت له، فقال -صلى الله عليه-: قد عرفت هذا المكان، فسمي عرفات.

فنزل بها حتى صلى الظهر والعصر معاً، ثم وقف بالناس، وجعل إسماعيل -صلوات الله عليه- إماماً فوقف مستقبلاً للبيت حتى غربت الشمس، ثم دفع بالناس، فصلى المغرب والعشاء الآخرة بالمزدلفة.

ويقال -والله أعلم-: أنها إنما سميت مزدلفة لازدلاف الناس منها إلى منى.

وإنما سمي موضعها جمعاً: لأنه جمع بين الصلاتين بها.

ثم نهض -صلى الله عليه- حين طلع الفجر فوقف على الضِّرْبِ الذي يقال له قزح، ووقف الناس حوله، وهو المشعر الحرام الذي أمر الله بذكره عنده.

ثم أفاض قبل طلوع الشمس فرمي جمرة العقبة بسبع حصيات، ثم نزل منى فذبح وحلق، وصنع ما يصنع الحاج، وأرى الناس مناسكهم، فاستمر عليه الناس المؤمنون معه وبعده.

وكان الحج فرضاً على من وجد إليه سبيلاً، والسبيل: فهو الزاد، والراحلة، والأمان على النفس.

ثم قال -سبحانه، وتعالى عن كل شأن شأنه- في الدلالة على وقت الحج: ﴿ٱلْحَجُّ أَشْهُرٌ مَّعْلُومَٰتٌ﴾[البقرة:197] فكانت أشهر الحج شوالاً وذا القعدة والعشر من أول ذي الحجة.

ثم قال -سبحانه-: ﴿فَمَن فَرَضَ فِيهِنَّ ٱلْحَجَّ فَلَا رَفَثَ وَلَا فُسُوقَ وَلَا جِدَالَ فِى ٱلْحَجِّ﴾ [البقرة:197]، ومعنى قوله: فرض: هو أوجب بالإحرام ودخل. انتهى.

[1443]- **أبو طالب -عليه السلام- في الأمالي:** وبه قال: أخبرنا أبو عبد الله أحمد بن محمد البغدادي، قال: أخبرنا أبو القاسم عبد العزيز بن إسحاق الكوفي، قال: حدثنا علي بن محمد النخعي، قال: حدثنا نصر بن مزاحم المنقري، قال: حدثنا إبراهيم بن الزبرقان التيمي، قال: حدثنا أبو خالد الواسطي، قال: حدثني

زيد بن علي، عن أبيه، عن جده، عن علي -عليهم السلام-، قال سمعت رسول الله -صلى الله عليه وآله وسلم- يقول: «سبعة تحت ظل العرش يوم لا ظل إلى ظله» إلى أن قال: «ورجل خرج حاجاً أو معتمراً». انتهى.

ومثله في مجموع الإمام الأعظم زيد بن علي -رضي الله عنهما-، وأحكام الإمام الهادي -عليه السلام-، وسيأتي الحديث بطوله من هذه الكتب المشار إليها في باب القول في الترغيب في طاعة الله -عز وجل- في كتاب الزهد والإرشاد إلى مكارم الأخلاق آخر كتابنا هذا.

[1444]- **صحيفة علي بن موسى الرضا -رضي الله عنهما-**: عن أبيه، عن جده، عن آبائه، عن علي بن أبي طالب -عليهم السلام- قال: قال رسول -صلى الله عليه وآله وسلم-: «أفضل الأعمال عند الله إيمان لا شك فيه، وحج مبرور.

وأول من يدخل الجنة: شهيد، وعبد مملوك أحسن عبادة ربه، ونصح لسيده، ورجل عفيف متعفف ذو عيال.

وأول من يدخل النار: إمام مسلط لم يعدل، وذو ثروة من المال لم يقض حقه، وفقير فخور». انتهى.

[1445]- **أبو طالب -عليه السلام- في الأمالي** [416]: وبه، قال: حدثنا أبو الحسين يحيى بن الحسين بن محمد بن عبيد الله الحسني -رحمه الله-، قال: حدثنا أبو الحسن علي بن محمد بن مهرويه القزويني، قال: حدثنا أبو أحمد داود بن سليمان بن يوسف الغازي، قال: حدثنا علي بن موسى الرضى، قال: حدثني أبي موسى بن جعفر، عن أبيه جعفر بن محمد، عن أبيه محمد بن علي، عن أبيه علي بن الحسين، عن أبيه الحسين بن علي، عن أبيه علي بن أبي طالب -صلوات الله عليهم- قال: قال رسول الله -صلى الله عليه وآله وسلم-: «أفضل الأعمال عند الله إيمان لا شك فيه، وغزو لا غلول فيه، وحج مبرور.

وأول من يدخل الجنة شهيد، وعبد مملوك أحسن عبادة ربه، ونصح لسيده، ورجل عفيف متعفف ذو عيال.

وأول من يدخل النار: أمير مسلط لم يعدل، وذو ثروة من المال لم يعط من المال حقه، وفقير كفور». انتهى.

رجال هذا الإسناد قد مر الكلام عليهم، وهم من ثقات محدثي الشيعة.

باب القول فيما يوجب الحج

[1446]- **مجموع زيد بن علي -رضي الله عنهما-** [157]: حدثني زيد بن علي، عن أبيه، عن جده، عنه علي -عليهم السلام- في قول الله -عز وجل-: ﴿وَلِلَّهِ عَلَى ٱلنَّاسِ حِجُّ ٱلْبَيْتِ مَنِ ٱسْتَطَاعَ إِلَيْهِ سَبِيلًاۚ﴾[آل عمران:97]، قال -عليه السلام-: (الزاد والراحلة).

وقال -عليه السلام-: (لما نزلت هذه الآية قام رجل إلى النبي -صلى الله عليه وآله وسلم- فقال: يا رسول الله؛ الحج واجب علينا في كل سنة أو مرة واحدة في الدهر؟

فقال النبي -صلى الله عليه وآله وسلم-: «بل مرة واحدة، ولو قلتُ في كل سنة لوجب».

قال: يا رسول الله، فالعمرة واجبة مثل الحج؟

قال: «لا، ولكن إن اعتمرت خيراً لك». انتهى.

[1447]- **أمالي أحمد بن عيسى -رضي الله عنهما-** [**العلوم**:2/ 353]: حدثنا محمد، قال: حدثني أحمد بن عيسى، عن حسين، عن أبيه خالد، عن زيد في قول الله -عز وجل-: ﴿وَلِلَّهِ عَلَى ٱلنَّاسِ حِجُّ ٱلْبَيْتِ مَنِ ٱسْتَطَاعَ إِلَيْهِ سَبِيلًاۚ﴾ [آل عمران:97] قال: زاد ومحمل(66).

[1448]- حدثنا محمد، قال: أخبرني جعفر، عن قاسم بن إبراهيم في قول

---

(66) هكذا في الأصل، وفي رأب الصدع (1/ 672)، والذي في العلوم: زاداً ومحملاً.

الله: ﴿وَلِلَّهِ عَلَى ٱلنَّاسِ حِجُّ ٱلْبَيْتِ مَنِ ٱسْتَطَاعَ إِلَيْهِ سَبِيلًا﴾[آل عمران:97]، قال: الاستطاعة: الزاد والراحلة وأمن السبيل.

وقوله: ﴿وَمَن كَفَرَ فَإِنَّ ٱللَّهَ غَنِيٌّ عَنِ ٱلْعَٰلَمِينَ ﴿٩٧﴾﴾: فالكفر به: هو الترك بعد الاستطاعة، ومن ذلك إنكاره وجحوده. انتهى.

[1449]- **علي بن بلال -رحمه الله- في شرح الأحكام** [إعلام الأعلام (صـ169)]: أخبرنا السيد أبو العباس -رحمه الله-، قال: أخبرنا أبو زيد العلوي، قال: حدثنا محمد بن منصور، قال: حدثنا أحمد بن عيسى، عن الحسين -هو ابن علوان-، عن أبي خالد، عن زيد بن علي: في قول الله -تعالى-: ﴿وَلِلَّهِ عَلَى ٱلنَّاسِ حِجُّ ٱلْبَيْتِ مَنِ ٱسْتَطَاعَ إِلَيْهِ سَبِيلًا﴾[آل عمران:97] قال: زاد وحمل. انتهى.

الرجال:

[ترجمة علي بن بلال]:

في هذا الإسناد ولي آل محمد علي بن بلال -رحمه الله-، المصنف لشرح الأحكام وقد مر ذكره، ولم نتكلم عليه، فإليك الكلام عليه:

قال القاضي العلامة، حواري آل محمد، أحمد بن صالح بن أبي الرجال -رحمه الله-، في كتابه المسمى مطلع البدور ومجمع البحور [3/ 218 – رقم (864)]، ما نصه:

العلامة الفقيه، أبو الحسن، علي بن بلال -رحمه الله-، هو العلامة المحقق، صاحب التصانيف، فضله في المذهب يلحق بسادته الهارونين، وله عدة كتب في المذهب، منها: الوافر -بالراء المهملة بعد الألف-، في مذهب الناصر، كتاب جليل، وله كتاب الوافي على مذهب الهادي -عليه السلام-، فلا يذهب عنك أن الوافر غير الوافي، وكلاهما له، فالوافر -بالراء-، على مذهب الناصر، والوافي على مذهب

الهادي، وله كتاب الموجز الصغير؛ وأظنه الذي نقل عنه بعض شيوخنا مسألة الهدية وقبول الناصر لها حيناً ورده لها حيناً، فإنها نقلت من كتاب ابن بلال.

ثم قال القاضي أحمد -رحمه الله- بعد أن أورد قصة الهدية، ما لفظه:

وهو -رحمه الله- الذي تمم المصابيح كتاب أبي العباس أحمد بن إبراهيم الحسني -عليهم السلام-؛ لأنه نُقل إلى جوار الله وهو في ترجمة يحيى بن زيد، قال ابن بلال ما لفظه:

كان الشريف أبو العباس الحسني -رضي الله عنه- ابتدأ هذا الكتاب فذكر جملة أسامي الأئمة في أول ما يريد ذكر خروجهم، فلما بلغ إلى خروج يحيى بن زيد إلى خراسان حالت المنية بينه وبين إتمامه؛ فسألني بعض الأصحاب إتمامه، فأجبت إلى ملتمسهم محتسباً للأجر، وأتيت بأسمائهم على حسب ما رتبه هو، ولم أقدم أحدهم على الآخر.

قال يوسف حاجي الزيدي: دفن ابن بلال في قرية [وارقوبه خاله رز] (67). انتهى. بلفظه وحروفه.

وقال القاضي العلامة أحمد بن عبد الله الجندري -رحمه الله- في تراجمه لرجال شرح الأزهار، ما لفظه:

علي بن بلال الآملي الزيدي، مولى السيدين الأخوين المؤيد بالله وأبي طالب، كان هذا الشيخ من المتبحرين المبرزين في فنون عديدة، حافظاً للسنة مجتهداً، محصلاً للمذهب، ومُلأت كتب الأصحاب بذكره، وهو الذي يعرف بصاحب

---

(67) ما بين القوسين من نسخة مطلع البدور المطبوع، وقال المحقق في الحاشية: كذا الأصول، ولعلها: خارج زد، وأَبَرْقُوه – بفتح أوله وثانيه، وسكون الراء، وضم القاف والراء ساكنة وهاء محضة، هكذا ضبطه أبو سعد، ويكتبها بعضهم: أبرقويه، وأهل فارس يسمونها: وركوه، ومعناه: فوق الجبل-: وهو بلد مشهور بأرض فارس، من كورة إصطخر قرب يزد. (مقدمة المصابيح).

الوافي، وله مصنفات نفيسة، منها الوافي في الفقه، وقد أكثر الرواية منه في شرح الأزهار، ومنها شرح الأحكام؛ من أَجَلِّ الكتب، مسند الأحاديث، وفيه ما يكشف عن معرفته وحفظه للأسانيد، وإطلاعه على علم الحديث، وقد نقل منه سيدي أحمد بن يوسف زبارة في تتمة الاعتصام بأسانيده.

ومن مؤلفاته: تتمة المصابيح الذي ألفه السيد أبو العباس الحسني من خروج يحيى بن زيد إلى أبي عبد الله الداعي، وذكر فيه المتفق على إمامتهم والمختلف فيهم، ولم يؤرخوا له وفاة ولا لابن أصفهاني. انتهى.

ابن أبي الرجال أحمد بن صالح في مطلع البدور ومجمع البحور -في سياق ترجمة الحسين بن علي المصري أخي الناصر -عليه السلام- [2/ 277- رقم (478)]- ما لفظه: وفي الحاصر لفقه الإمام الناصر في كتاب المناسك:

[1450]- حدثني الحسين بن علي أخي، وأحمد بن محمد ابن عمي، قالا: حدثنا علي بن الحسن -يعنيان أبي -رحمه الله-، قال: حدثنا علي بن عبد الله بن الحسين، عن موسى بن جعفر في قوله -تعالى-: ﴿وَلِلَّهِ عَلَى ٱلنَّاسِ حِجُّ ٱلْبَيْتِ مَنِ ٱسْتَطَاعَ إِلَيْهِ سَبِيلًاۚ﴾[آل عمران:97]: فهذا لمن له مال يستوفه(68) من أجل تجارة فلا يسعه، فإن مات على ذلك فقد ترك شريعة من شرائع الإسلام إذا ترك الحج وهو واجد ما يحج به، وإن دعاه قوم إلى أن يحج فاستحيي من ذلك، فلا يفعل، فإنه لا يسعه إلا أن يخرج، ولو كان على حمار أبتر أجدع، ومن ذلك قوله -تعالى-: ﴿وَمَن كَفَرَ﴾ يعني من ترك الحج وهو يقدر عليه. انتهى.

القائل حدثني في أول الإسناد: هو الناصر -عليه السلام-، وأخو الناصر الحسين بن علي، وابن عمه أحمد بن محمد بن جعفر العلوي المحمدي، قد مر الكلام عليهما، وكذلك والد الناصر علي بن الحسن بن علي قد مر الكلام عليه.

---

(68) الذي في نسخة المطلع المطبوع: (فسوَّفه من أجل تجارة)، ولعلها أوضح.

[ترجمة السيد الإمام علي بن عبيد الله بن الحسين]:

وأما علي بن عبد الله بن الحسين:

فالصواب: علي بن عبيد الله بن الحسين بن علي بن الحسين بن علي بن أبي طالب -عليهم السلام-، كان أحد فضلاء العترة، ذكر الحسن بن صلاح الداعي -رحمه الله- في الأنوار البالغة شرح أبيات الدامغة ما ملخصه:

أن نصر بن شبيب قدم المدينة حاجاً فسأل، عن بقايا أهل البيت فذكر له على بن عبيد الله بن الحسين إلى أن قال:

فأما علي بن عبيد الله فإنه كان مشغولاً بالعبادة والخلوة والاعتزال لا يصل إليه أحد ولا يأذن له. انتهى بتصرف.

وذكر السيد العلامة مجد الدين بن محمد المؤيدي -رحمه الله- في التحف الفاطمية شرح الزلف الإمامية: أن علي بن عبيد الله بن الحسين بن علي بن أبي طالب -عليهم السلام- ممن بايع الإمام محمد بن إبراهيم بن إسماعيل بن إبراهيم بن الحسن بن الحسن بن علي بن أبي طالب -عليهم السلام- ذكره في صفح (48) (69).

[1451]- **المؤيد بالله -عليه السلام- في شرح التجريد** [2/ 343]: وروى زيد بن علي، عن أبيه، عن جده، عن علي -عليهم السلام-، في قول الله -تعالى-: ﴿وَلِلَّهِ عَلَى ٱلنَّاسِ حِجُّ ٱلْبَيْتِ مَنِ ٱسْتَطَاعَ إِلَيْهِ سَبِيلًاۚ﴾[آل عمران:97] قال: السبيل: الزاد والراحلة. انتهى.

الجامع الكافي [3/ 325]: قال القاسم والحسن ومحمد -عليهم السلام- في قوله -سبحانه-: ﴿وَلِلَّهِ عَلَى ٱلنَّاسِ حِجُّ ٱلْبَيْتِ مَنِ ٱسْتَطَاعَ إِلَيْهِ سَبِيلًاۚ﴾[آل

(69) التحف (85) الطبعة الثالثة.

عمران:97] قالوا: السبيل الزاد والراحلة.

قال القاسم -عليه السلام-: وأمن السبيل.

وقال الحسن ومحمد: مع صحة البدن، وما يكفي عياله إلى أن يرجع إليهم.

وفيه [3/ 323]: قال محمد: أخبرني جعفر، عن القاسم -عليه السلام- في قول الله -عز وجل-: ﴿وَلِلَّهِ عَلَى ٱلنَّاسِ حِجُّ ٱلْبَيْتِ مَنِ ٱسْتَطَاعَ إِلَيْهِ سَبِيلًا ۚ وَمَن كَفَرَ فَإِنَّ ٱللَّهَ غَنِيٌّ عَنِ ٱلْعَٰلَمِينَ ﴿٩٧﴾﴾[آل عمران:97] قال: الكفر به هو الترك بعد الاستطاعة، ومن ذلك أيضاً إنكاره وجحوده.

قال محمد: وأخبرني القومسي، قال: سألت القاسم -عليه السلام- عمن ترك الحج وهو مؤسر؟ فقال: إن أخره وكان(70) مجمعاً على الحج فليس كالتارك له.

[1452]- وفيه [3/ 324]: وروى محمد بأسانيده عن النبي -صلى الله عليه وآله وسلم- أنه قال: «كتب عليكم الحج»، فقام رجل من بني أسد، فقال: أكل عام يا رسول الله؟ فقال: «لا، ولكن مرة واحدة»، ثم قال: «والذي نفسي بيده لو قلت نعم، لوجبت، ولو وجبت لم تطيقوها، ولو تركتموها لكفرتم» وقال: «اسكتوا عني ما سكت عنكم، فإنما هلك من كان قبلكم بكثرة سؤالهم، واختلافهم على أنبيائهم»، فأنزل الله -عز وجل-: ﴿يَٰٓأَيُّهَا ٱلَّذِينَ ءَامَنُوا۟ لَا تَسْـَٔلُوا۟ عَنْ أَشْيَآءَ إِن تُبْدَ لَكُمْ تَسُؤْكُمْ﴾[المائدة:101]. (71) انتهى.

(70) هكذا في النسخة المطبوعة، أما في الأصل: (وهو مجمعاً) والصواب ما أثبتناه.

(71) أخرج الترمذي عن علي -عليه السلام- قال: لما نزلت ﴿وَلِلَّهِ عَلَى ٱلنَّاسِ حِجُّ ٱلْبَيْتِ مَنِ ٱسْتَطَاعَ إِلَيْهِ سَبِيلًا ۚ﴾ قالوا: يا رسول الله، أفي كل عام؟، فسكت، قالوا: يا رسول الله: أفي كل عام؟ قال: ((لا، ولو قلت نعم، لوجبت))، فأنزل الله تعالى {يا أيها الذين آمنوا لا تسألوا عن أشياء إن تبد لكم تسؤكم} الآية.

وعن علي -عليه السلام- قال: قال رسول الله -صلى الله عليه وآله وسلم-: ((من ملك زاداً وراحلة يبلغه إلى بيت الله الحرام ولم يحج، فلا عليه أن يموت يهودياً أو نصرانياً، وذلك أن الله تعالى يقول ﴿وَلِلَّهِ عَلَى ٱلنَّاسِ حِجُّ ٱلْبَيْتِ مَنِ ٱسْتَطَاعَ إِلَيْهِ سَبِيلًا ۚ﴾. أخرجه الترمذي.

=

القاضي زيد في الشرح: لا خلاف أن أمن الطريق شرط في وجوبه.

قال أصحابنا: المراد به أن يكون الغالب من حال الطريق السلامة، لأن أدنى الخوف لا يزول.

والأصل فيه: قوله -تعالى-: ﴿وَلَا تُلْقُوا بِأَيْدِيكُمْ إِلَى التَّهْلُكَةِ﴾[البقرة:195]. انتهى.

المتوكل على الله أحمد بن سليمان -عليه السلام- في أصول الأحكام:

[1453]- خبر: وعن زيد بن علي، عن آبائه -عليهم السلام- في قول الله -تعالى-: ﴿وَلِلَّهِ عَلَى النَّاسِ حِجُّ الْبَيْتِ مَنِ اسْتَطَاعَ إِلَيْهِ سَبِيلًا﴾[آل عمران:97]، قال: السبيل: الزاد والراحلة. انتهى.

باب القول في حج الصبي والأعرابي والعبد

[1454]- **مجموع زيد بن علي -رضي الله عنهما-** [167]: حدثني زيد بن علي، عن أبيه، عن جده، عن علي -عليهم السلام-، قال: إذا حج الأعرابي أجزأه ما دام أعرابياً، فإذا هاجر فعليه حجة الإسلام، وإذا حج الصبي أجزأه مادام صبياً، فإذا بلغ فعليه حجة الإسلام، وإذا حج العبد أجزأه مادام عبداً، فإذا أعتق فعليه حجة الإسلام. انتهى.

وعن أبي هريرة قال: خطبنا رسول الله -صلى الله عليه وآله وسلم- فقال: ((أيها الناس: فرض عليكم الحج، فحجوا))، فقال رجل: أفي كل عام يا رسول الله؟، فسكت، حتى قالها ثلاثاً، ثم قال: ((ذروني ما تركتكم، ولو قلت نعم، لوجبت، ولما استطعتم، وإنما أهلك من كان قبلكم كثرة سؤالهم، واختلافهم على أنبيائهم، إذا أمرتكم بشيء فأتوا منه ما استطعتم، وإذا نهيتكم عن شيء فاجتنبوه)). أخرجه مسلم والنسائي.

وعن ابن عمر قال: جاء رجل إلى رسول الله -صلى الله عليه وآله وسلم- فقال: ما يوجب الحج؟ قال: ((الزاد والراحلة)). أخرجه الترمذي.

وعن أنس عن النبي -صلى الله عليه وآله وسلم- في قوله تعالى: ﴿وَلِلَّهِ عَلَى النَّاسِ حِجُّ الْبَيْتِ مَنِ اسْتَطَاعَ إِلَيْهِ سَبِيلًا﴾، قال: قيل يا رسول الله، ما السبيل؟ قال: ((الزاد والراحلة)). أخرجه الدار قطني والحاكم والبيهقي.

وعن ابن عمر أن رجلاً قال لرسول الله -صلى الله عليه وآله وسلم- ما السبيل؟ قال: ((الزاد والراحلة)). أخرجه ابن ماجه. تمت من حاشية على الأصل.

كتاب الحج

[1455]- **المؤيد بالله** -عليه السلام- في شرح التجريد [2/ 342]: أما الصبي والعبد:

فما روي عن ابن عباس، عن النبي -صلى الله عليه وآله وسلم- أنه قال: «أيما صبي حج ثم أدرك الحج فعليه أن يحج حجة أخرى، وأيما عبد حج ثم عتق فعليه أن يحج حجة أخرى».

وروى زيد بن علي، عن أبيه، عن جده، عن علي -عليهم السلام-، نحوه. انتهى.

[1456]- **أمالي أحمد بن عيسى** -رضي الله عنهما- [العلوم:2/ 382]: حدثنا محمد، حدثنا محمد بن علي بن جعفر العريضي، عن محمد بن جعفر، عن جعفر، عن أبيه قال: مر رسول الله -صلى الله عليه وآله وسلم- بظعن من العرب، فأدخلت امرأة يدها في هودج فأخرجت صبياً فرفعت بعضده وقالت: يا رسول الله، ألهذا حج؟، قال: «نعم، ولك أجر».

قال محمد: له حج الصبي، فأما إذا أدرك فعليه الحج، وكذلك المملوك إذا حج وهو مملوك ثم أعتق فاستطاع فعليه الحج، وكذلك المكاتب والمدبر وأم الولد في هذه المنزلة، واختلف في الأعرابي كان بعضهم ينكر إعادة الحج للأعرابي. انتهى.

الجامع الكافي [3/ 335]: قال الحسن -عليه السلام- فيما روى ابن صباح عنه- وهو قول محمد: وإذا حج الصبي والمملوك ثم أدرك الصبي، وأعتق المملوك وملكا مالاً فعليهما أن يحجا حجة الإسلام، ولا يعتد الصبي بحجه في الصِّبا، ولا المملوك في حجه في الرق.

قال محمد: وكذلك حكم المكاتب والمدبر وأم الولد، وإذا حج الصبي فله حج الصبا.

[1457]- روى محمد بإسناد عن النبي -صلى الله عليه وآله وسلم-: «أيما

غلام حج به أهله فبلغ فعليه الحج، فإن مات فقد قضى حجه، وأيما عبد حج به أهله ثم عتق فعليه الحج، فإن مات فقد قضى حجته».

وفيه [3/337]: قال -يعني محمداً-: كان من مضى من آل رسول الله -صلى الله عليه وآله وسلم- يرون أن يصلي عن الصبي ركعتي الطواف إذا كان لا يعقل الصلاة.

[1458]- وفيه [3/338]: وروى محمد بإسناده: عن النبي -صلى الله عليه وآله وسلم- أنه مر في حجة الوداع بامرأة فأدخلت يدها في هودجها فأخرجت صبياً، فرفعت بعضده، وقالت: يا رسول الله، ألهذا حج؟ قال: «نعم، ولك أجر».

وعن جعفر -عليه السلام- قال: حججت مع علي بن الحسين ومعي أبي فكانوا إذا كان الإحرام جردونا من القمص، وتركونا في الأُزُر، فإذا قدموا مكة بعثوا بنا مع الغلمان فطافوا بنا وصلوا. انتهى.

باب القول في الحج عن الميت والحي

[1459]- **مجموع زيد بن علي** -رضي الله عنهما- [167]: حدثني زيد بن علي، عن أبيه، عن جده، عن علي -عليهم السلام-، أن رسول الله -صلى الله عليه وآله وسلم- سمع رجلاً يلبي عن شبرمة، فقال له رسول الله -صلى الله عليه وآله وسلم-: «ومن شبرمة؟» فقال: أخ لي، فقال له النبي -صلى الله عليه وآله وسلم-: «إن كنت حججت فَلَبِّ عن شبرمة، وإن كنت لم تحج فَلَبِّ عن نفسك».

[1460]- حدثني زيد بن علي، عن أبيه، عن جده، عن علي -عليهم السلام-، قال: (من أوصى بحجة كانت ثلاث حجج؛ عن الموصي، وعن الموصى إليه، وعن الحاج). انتهى.

الجامع الكافي [3/339]: قال أحمد والقاسم والحسن ومحمد: ولا بأس بالحج عن الميت في الفرض والتطوع.

قال محمد: ولا بأس بالحج عن الحي في التطوع.

قال القاسم ومحمد: ولا يجوز أن يحج عن الحي الفريضة، إلا أن يكون لا يستطيع الحج، ولا يثبت على الراحلة، ولا في المحمل، لكبر أو زمانة.

قال محمد: فيكون قد يئس أن يطيق ذلك فلا بأس أن يحج عنه.

قال محمد: والرجل والمرأة في ذلك سواء.

بلغنا أن امرأة سألت النبي -صلى الله عليه وآله وسلم- فقالت: إن أبي شيخ كبير لا يستمسك على الرحل، وقد أدركته فريضة الحج أفأحج عنه؟، قال: «نعم، حجي عن أبيك»، فأذن لها -عليه السلام- أن تحج عن أبيها وهو حي.

وروي عن أبي جعفر -عليه السلام-: أن شيخاً أتى علياً فقال: إني فرطت في الحج حتى كبرت، فلا أستطيع الخروج، فقال له علي -عليه السلام-: (جهز رجلاً يحج عنك).

وقال الحسن بن يحيى: أجمع آل رسول الله -صلى الله عليه وآله وسلم- على أن الحج عن الميت جائز، والوصية به جائزة، وقال بذلك أيضاً عامة العلماء سواهم.

قال الحسن: وأما ما ذكرت من قولهم: إنه لا حج للميت؛ فإنا روينا عن النبي -صلى الله عليه وآله وسلم-، وعن علي -عليه السلام-، أنهما أطلقا الحج عن الميت، وعمن ضعف عن السعي أن يحج عنه، والكتاب يدل على ما جاءت به الآثار، وصحت به الأخبار، عن نبينا -صلى الله عليه وآله وسلم- أنه أمر أن يحج عن الميت، وأن ذلك واصل إليه.

قال الله -عز وجل- فيما قص علينا: ﴿مِنۢ بَعۡدِ وَصِيَّةٖ يُوصِي بِهَآ أَوۡ دَيۡنٍۗ﴾ [النساء:11] فأوجب إنفاذ ما أوصى به الموصي في ثلث من ماله من جميع وجوه البر التي تنال بالمال، من حج، أو إطعام، أو تحرير رقاب، أو إطعام مساكين، أو كسوتهم فلما لم يخص الله معنى واحداً - إذ لم يكن منها شيء محظوراً من هذه

المعاني التي تدرك بالمال- كان مباحاً للموصي أن يقصد ما شاء من هذه الوجوه، فمن ادعى أن الله -عز وجل- حد للموصي حداً، أو وَقَّت له وقتاً فيما أمر به من الوصية، فليأت بالبرهان.

وقال محمد -فيما أخبرنا القاضي، عن علي، عنه-: وقول آل رسول الله -صلى الله عليه وآله وسلم- يحج الرجل عن المرأة، والمرأة عن الرجل، ولا يحج العبد عن أحد. انتهى.

أمالي أحمد بن عيسى -رضي الله عنهما- [العلوم:2/ 380]: قال محمد: سألت أحمد بن عيسى عن الرجل يموت ولم يحج حجة الإسلام، وقد خلف مالاً، يلزم الوارث يحج عنه؟ قال: لا، إلا أن يوصي بذلك. انتهى.

الجامع الكافي [3/ 346]: قال القاسم -عليه السلام- -فيما روى داود عنه؛ وسئل عن رجل مؤسر ولم يوص أن يحج عنه-: قال إذا حج عنه من غير ماله فلا بأس بذلك، لأن المال قد صار لورثته بعد موته، فإن حج عنه ولد(72)، أو قريب، أو صديق، فلا بأس به، وقد جاء في ذلك من الحديث عن النبي -صلى الله عليه وآله وسلم-: «أرأيت إن كان على أبيك دين أكنت قاضيه».

---

(72) أخرج محمد بن الحسن الطوسي في تهذيب الأحكام، ما لفظه:

موسى بن القاسم، عن صفوان بن يحيى، عن عبد الله بن مسكان، عن عمار بن عمير، قال: قلت لأبي عبد الله -عليه السلام-: بلغني عنك أنك قلت: لو أن رجلاً مات ولم يحج حجة الإسلام، فأحج عنه بعض أهله، أجزأ ذلك عنه؟

فقال: أشهد على أبي -عليه السلام- أنه حدثني عن رسول الله -صلى الله عليه وآله وسلم- أنه أتاه رجل فقال: يا رسول الله، إن أبي مات ولم يحج حجة الإسلام، فقال: حج عنه فإن ذلك يجزي عنه. انتهى.

وفيه أيضاً: عن موسى بن القاسم، عن صفوان، عن معاوية بن عمار، قال: سألت أبا عبد الله -عليه السلام-، عن رجل ولم يكن له مال ولم يحج حجة الإسلام، فأحج عنه بعض إخونه، هل يجزي ذلك عنه؟ أو هل هي ناقصة؟، قال -عليه السلام-: بل هي حجة تامة. انتهى، من هامش الأصل.

وقال محمد: وحدثني محمد بن جعفر بن محمد بن زيد، عن عبيد الله بن علي، عن أبيه، عن موسى -عليه السلام- [مثله]، قال: إن كانت فريضة فمن صلب المال.

وعن الحسن البصري مثله.

وقال في المسائل: وبلغنا عن ابن عباس، والحسن البصري، وعن جماعة ممن مضى من آل رسول الله -صلى الله عليه وآله وسلم- وغيرهم، أنهم قالوا: إذا أوصى أن يحج عنه فإن كانت فريضة فمن صلب المال، وإن كانت تطوعاً فمن الثلث.

قال محمد: وهو الصواب عندنا.

ومما يقوي هذا: قول النبي -صلى الله عليه وآله وسلم- حين سئل عن رجل مات ولم يحج؟.

فقال: «دين الله أحق أن يقضى من دين الناس». انتهى.

وفيه [3/ 343]: قال القاسم -عليه السلام-: فرض الحج زائل عن الشيخ الكبير والعجوز، اللذين لا يثبتان على الدابة ولا الراحلة، ولا يقدر أن يسافر بهما في محمل، لأنهما غير مستطيعين للحج، وإنما فرض الله تعالى الحج على من استطاع إليه سبيلاً، فإن حجا عن أنفسهما أو حج عنهما أحد فحسن جميل، لما جاء من حديث الخثعمية التي استفت رسول الله -صلى الله عليه وآله وسلم- أن تحج عن أبيها؛ فأمرها بذلك.

قال محمد: ما أحسن ما قال القاسم -عليه السلام- في هذه المسألة. انتهى.

باب القول في فروض الحج التي لا بدل لها

[1461]- **مجموع زيد بن علي -رضي الله عنهما-** [160]: حدثني زيد بن علي، عن أبيه، عن جده، عن علي -عليهم السلام-، قال: (الحج عرفات، والعمرة الطواف بالبيت). انتهى.

المؤيد بالله في شرح التجريد [2/ 352]: مسألة: قال: وفروض الحج التي لا بدل لها: الإحرام، والوقوف بعرفة، وطواف الزيارة، نص في الأحكام على أن الدخول في الحج هو الإحرام، فلا يكون داخلاً فيه بغير الإحرام.

ونص في الأحكام والمنتخب على أن من فاته طواف الزيارة وخرج لزمه الرجوع له، وأنه في حكم المحصر حتى يرجع ويطوف، وهذه النصوص تفيد هذه الجملة التي ذكرناها، وهذه الجملة لا خلاف فيها، لأنه لا خلاف أن من قضى نسكه غير محرم لا يكون حاجاً.

وكذلك لا خلاف أن من فاته الوقوف بعرفة بطل حجه، وأنه لا يجبر بغيره، إلا شيئاً يحكى عن بعض الإمامية أن الوقوف بالمشعر يجزي، والإجماع يحجهم، وكذلك قول النبي -صلى الله عليه وآله وسلم-: «الحج عرفة» (73). انتهى.

_____

(73) عن عبد الرحمن بن يعمر الديلي قال: سمعت رسول الله -صلى الله عليه وآله وسلم- يقول: ((الحج عرفات، الحج عرفات، فمن أدرك ليلة جمع قبل أن يطلع الفجر فقد أدرك.

أيام منى ثلاثة أيام، فمن تعجل في يومين فلا إثم عليه، ومن تأخر فلا إثم عليه))، أخرجه أبو داود والنسائي والترمذي والبيهقي.

وعن عروة بن مضرس أنه حج على عهد رسول الله -صلى الله عليه وآله وسلم- فأدرك الناس وهم بجمع، فانطلق إلى عرفات ليلاً، فأفاض منها ثم رجع إلى جمع، فأتى رسول الله -صلى الله عليه وآله وسلم- فقال: يا رسول الله، أتعبت نفسي، وأنضيت راحلتي، فهل لي من حج؟.

فقال رسول الله -صلى الله عليه وآله وسلم-: ((من صلى معنا في الغداة، ووقف معنا حتى نفيض، وأتى عرفات قبل ذلك ليلاً أو نهاراً، فقد تم حجه، وقضى تفثه))، اخرجه أبو داود والترمذي وصححه، والنسائي وابن ماجة والبيهقي واللفظ له، والدار قطني والحاكم، هكذا ذكره في الروض النضير.

والذي في تخريج ابن بهران: عن عبد الرحمن بن يعمر الديلي: أن ناساً من أهل نجد أتوا رسول الله -صلى الله عليه وآله وسلم- وهو بعرفة، فأمر منادياً ينادي: ((الحج عرفة، من جاء ليلة جمع قبل طلوع الفجر، فقد أدرك الحج.

أيام منى ثلاثة أيام، فمن تعجل في يومين فلا إثم عليه، ومن تأخر فلا إثم عليه))، هذه الرواية للترمذي والنسائي.

وفي رواية أبي داود قال: أتيت النبي -صلى الله عليه وآله وسلم- وهو بعرفة، فجاء ناس من أهل =

القاضي زيد في الشرح: فروض الحج التي لا جبران لها: الإحرام، والوقوف بعرفة، وطواف الزيارة:

أما الإحرام؛ فلا خلاف أنه من فروض الحج التي لا يصح إلا بها.

وكذلك الوقوف بعرفة؛ إلا ما يحكي عن الإمامية أنهم قالوا: إن الوقوف بالمشعر يجزي عن الوقوف بعرفة، ولا خلاف في أن من ترك طواف الزيارة فعليه أن يأتي به، وأنه إن عاد إلى بدله لزمه أن يرجع حتى يأتي به، ولا يتم حجه من دونه، ولا يجبر تركه بالدم، قال الله -تعالى-: ﴿وَلْيَطَّوَّفُوا بِالْبَيْتِ الْعَتِيقِ ۝٢٩﴾ [الحج:29] والمراد به طواف الزيارة.

ولا خلاف أيضاً أن الحج لا يفوت بفواته لقوله: «الحج عرفات». انتهى.

المؤيد بالله -عليه السلام- في شرح التجريد [2/ 354]: وكذلك لا خلاف أن طواف الزيارة لا يجبر بدم وأن الإتيان به واجب ويدل على ذلك قول الله -تعالى-: ﴿ثُمَّ لْيَقْضُوا تَفَثَهُمْ وَلْيُوفُوا نُذُورَهُمْ وَلْيَطَّوَّفُوا بِالْبَيْتِ الْعَتِيقِ ۝٢٩﴾[الحج:29]. انتهى.

الجامع الكافي [3/ 350]: قال محمد: فيما أنبأنا زيد، عن أحمد الحيري، عن ابن عبد الجبار -وهو قول القاسم-: فروض الحج ثلاثة أشياء:

الإحرام: وهو عقد التلبية.

والوقوف بعرفة.

نجد، فأمروا رجلاً فنادى رسول الله -صلى الله عليه وآله وسلم- كيف الحج؟

فأمر رسول الله -صلى الله عليه وآله وسلم- رجلاً فنادى: ((الحج يوم عرفة، ومن جاء قبل صلاة الصبح من ليلة جمع يتم حجه))، وفي روايات أخر، وليس في شيء منها: ((ومن فاته عرفة فقد فاته الحج))، لكنها تتضمن معنى ذلك، وسيأتي حديث عروة بن مضرس. انتهى تخريج بحر لابن بهران. تمت من هامش الأصل.

والطواف الواجب يوم النحر.

فإن ترك عقد التلبية فلم يُلَبِّ حتى انقضى الحج فلا حج له.

قال القاسم ومحمد: إن فاته الوقوف بعرفات يوم عرفة بعد الزوال أو ليلة النحر حتى طلع الفجر فقد فاته الحج.

وفيه [3/ 432]: قال الحسن بن يحيى -عليه السلام-: أجمع آل رسول الله -صلى الله عليه وآله وسلم- على وجوب طواف الزيارة وهو طواف النساء، والذي ليس معه سعي، وأن النساء لا تحل للحاج حتى يطوفه. انتهى.

[1462]- **علي بن بلال في شرح الإحكام** [إعلام الأعلام (207)]: أخبرنا السيد أبو العباس الحسني -رحمه الله-، قال: أخبرنا عبد العزيز، قال: حدثني علي بن محمد، قال: حدثني المحاربي، قال: حدثني نصر بن مزاحم، قال: حدثني إبراهيم بن الزبرقان، قال: حدثني أبو خالد، قال: حدثني زيد بن علي، عن أبيه، عن جده، عن علي -صلوات الله عليهم- قال: «الحج عرفات والعمرة الطواف بالبيت».

وفيه: قال القاسم -عليه السلام-: إذا أدرك صلاة الفجر بجمع فقد أدرك الحج. انتهى.

[1463]- **الجامع الكافي** [3/ 438]: وروى محمد أن أسماء ولدت محمد بن أبي بكر فأمرها رسول الله -صلى الله عليه وآله وسلم- أن تقضي المناسك كلها إلا الطواف بالبيت.

[1464]- قال محمد: بلغنا، عن علي -صلوات الله عليه- فيمن ترك الطواف الواجب يرجع ولو من خراسان. انتهى.

مجموع زيد بن علي -رضي الله عنهما- [162]: وقال زيد -عليه السلام-: فروض الحج ثلاثة: الإحرام والوقوف وطواف الزيارة يوم النحر. انتهى.

باب القول في المواقيت

[1465]- مجموع زيد بن علي -رضي الله عنهما- [158]: حدثني زيد بن علي، عن أبيه، عن جده، عن علي -عليهم السلام-، قال: (ميقات من حج من المدينة أو اعتمر ذو الحليفة، فمن شاء استمتع بثيابه وأهله حتى يبلغ ذا الحليفة.

وميقات من حج أو اعتمر من أهل العراق العقيق، فمن شاء استمتع بثيابه وأهله حتى يبلغ العقيق.

وميقات من حج أو اعتمر من أهل الشام الجحفة، فمن شاء استمتع بثيابه وأهله حتى يبلغ الجحفة.

وميقات من حج من أهل اليمن أو اعتمر يلملم، فمن شاء استمتع بثيابه وأهله حتى يبلغ يلملم.

وميقات من حج أو اعتمر من أهل نجد قرن المنازل، فمن شاء استمتع بثيابه وأهله حتى يبلغ قرن المنازل.

وميقات من كان دون المواقيت من أهله داره.

[1466]- حدثني زيد بن علي، عن أبيه، عن جده، عن علي -عليهم السلام-، قال: (من تمام الحج والعمرة أن تهل بهما من دويرة أهله). انتهى.

أمالي أحمد بن عيسى -رضي الله عنهما- [العلوم:2/ 354]: حدثنا محمد، قال: حدثني جعفر، عن قاسم بن إبراهيم: في المواقيت للإحرام الآفاق، ذكر عن رسول الله -صلى الله عليه وآله وسلم- أنه وَقَّت لأهل المدينة ذا الحليفة، ولأهل الشام الجحفة، ولأهل اليمن يلملم، ولأهل نجد قرناً، ولأهل العراق العقيق بذات عرق.

حدثنا محمد، قال: حدثني جعفر، عن قاسم -في الرجل يحرم من مسجد ذي الحليفة-: أما أهل البيت والأكثر من العلماء يقولون: يلبي إذا استوت به البيداء،

و أما غيرهم إذا استوت به راحلته، ومن أهل المدينة من يلبي إذا صلى في مسجد ذي الحليفة، ومنهم من يلبي إذا خرج من فناء المسجد.

حدثنا محمد، قال: حدثني جعفر قال: سألت قاسم بن إبراهيم ما معنى قول علي: (من تمام الحج أن تحرم من دويرة أهلك)، قال: إذا كان من دون الميقات فمن دويرة أهله.

قال أبو جعفر: كذلك هو عندي.

حدثنا محمد، قال: أخبرني جعفر قال: سألت قاسم بن إبراهيم، متى يلبي المحرم إذا أحرم بالشجرة؟

قال: إذا استوت به البيداء.

قال محمد: يلبي إذا أحرم بالشجرة إذا خرج من المسجد، واستوت به البيداء، وكذلك سمعنا. انتهى.

الهادي -عليه السلام- في الأحكام [2/ 228]: ثم وَقَّت رسول الله -صلى الله عليه وآله وسلم- لأهل الآفاق في الإحرام مواقيتهم؛ فوقت لأهل المدنية ذا الحليفة، ولأهل الشام الجحفة، ولأهل العراق ذات عرق، ولأهل نجد قرناً، ولأهل اليمن يلملم، وقال: «هي مواقيت لأهلهن، ولمن أتى عليهن من غير أهلهن». انتهى.

المؤيد بالله -عليه السلام- في شرح التجريد [2/ 364]: قال: والمواقيت التي وقتها رسول الله -صلى الله عليه وآله وسلم- خمسة، وهي مواقيت لأهل الآفاق: وقت لأهل المدينة ذا الحليفة، ولأهل الشام الجحفة، ولأهل العراق ذات عرق، ولأهل نجد قرناً، ولأهل اليمن يلملم، فهذه مواقيت لأهلهن، ولمن أتى عليهن من غير أهلهن، ومن كان منزلُه أقرب إلى مكة من هذه المواقيت أحرم من منزله، جميعه منصوص عليه في الأحكام، إلا ما ذكرناه من ذكر حكم من يكون منزله أقرب إلى مكة من هذه المواقيت فإنه منصوص عليه في المنتخب. انتهى.

أبو طالب -عليه السلام- في التحرير [صـ120]: المواقيت التي وقتها رسول الله -صلى الله عليه وآله وسلم- للإحرام وقال إنها مواقيت لأهلها ولمن ورد عليها من غير أهلها خمسة وقت لأهل المدينة ذو الحليفة ولأهل الشام الجحفة ولأهل نجد قرن المنازل ولأهل اليمن يلملم ولأهل العراق عرق. انتهى.

الجامع الكافي [3/ 351]: قال القاسم ومحمد في المنسك: بلغنا عن النبي -صلى الله عليه وآله وسلم- أنه وقت لأهل المدينة ذا الحليفة، ولأهل نجد قرن -كذا في الأصل-، ولأهل اليمن يلملم، ولأهل العراق ذات عرق.

قال محمد: وقال رسول الله -صلى الله عليه وآله وسلم-: «هن مواقيت لأهلهن ولمن أتى عليهن من غير أهلهن».

وروى داود عن القاسم -عليه السلام- أنه قال: لم يجئ عن النبي -صلى الله عليه وآله وسلم- أثر لأهل العراق، ونحن نقول: العقيق بذات عرق.

[1467]- وروى محمد بإسناد، عن جابر، قال: وقت رسول الله -صلى الله عليه وآله وسلم- للإحرام من خمسة أمكنة: وقت لأهل العراق ذات عرق، ولأهل المدينة ذا الحليفة، ولأهل الشام الجحفة، ولأهل اليمن يلملم، ولأهل نجد والطائف قرن -كذا في الأصل-).

وفيه [3/ 352]: وقال الحسن بن يحيى -عليه السلام-: إذا خرج رجل من منزله وهو لا يريد الحج ثم وقع في قبله إرادة الحج فله أن يعتقد الحج من أي موضع أراد، حتى ينتهي إلى المواقيت التي وقتها رسول الله -صلى الله عليه وآله وسلم- فيحرم منها.

وفيه [3/ 353]: قال القاسم ومحمد: ومن كان منزله أقرب إلى مكة فليحرم من منزله.

وسئل القاسم -عليه السلام- -عن معنى قول علي -عليه السلام-: (من تمام

الحج أن تحرم من دويرة أهلك) - قال: إذا كان من دون الميقات فمن دويرة أهله.

قال محمد: وكذلك هو عندي.

وفيه [3/ 352]: وقال الحسن -فيما أخبرنا محمد، عن زيد، عن أحمد عنه -، وهو قول محمد. وينبغي أن يهل أهل كل بلد من ميقاتهم.

قال محمد: وهو الذي سمعنا عن رسول الله -صلى الله عليه وآله وسلم-، وعن علماء آل رسول الله -صلى الله عليه وآله وسلم-، -يعني ولا نحب له أن يحرم من دون الميقات-.

قال الحسن ومحمد: فإن أحرم من دون الميقات فجائز. انتهى.

باب القول في وقت الحج

المؤيد بالله -عليه السلام- في شرح التجريد [2/ 361]: لا ينبغي للحاج أن يهل بالحج في غير أشهره، وأشهر الحج: شوال، وذو القعدة، والعشر الأول من ذي الحجة، ومن أهل بالحج في غير هذه الأشهر فقد أخطأ، ولزمه ما دخل فيه، وهذا كله منصوص علي في الأحكام.

ما ذهبنا إليه من أن أشهر الحج شوال وذو القعدة والعشر الأول من ذي الحجة:

فقد رواه أبو العباس الحسني -رحمه الله- بإسناده في النصوص عن علي -عليه السلام-، [و] لا خلاف فيه بين الفقهاء إلا في اليوم العاشر من ذي الحجة.

فمن الناس من ذهب إلى أنه ليس من أشهر الحج، وجعل آخرها التاسع من ذي الحجة.

والصحيح ما ذهبنا إليه: لأنه لا خلاف أن ليلة النحر يجوز الوقوف فيها، والوقوف معظم الحج بالإجماع، وطواف الزيارة وقته يوم النحر، فصح بذلك أن اليوم العاشر من شهر ذي الحجة معدود في أشهر الحج. انتهى.

الجامع الكافي [3/ 357]: وروى -يعني محمداً- عن ابن عباس، قال: ليس

من السنة أن تحرم بالحج في غير أشهر الحج. انتهى.

القاضي زيد في الشرح: ومن أحرم للحج قبل أشهر الحج، فقد أساء وتعدى، ولا خلاف فيه.

والأصل في ذلك: قول الله -تعالى-: ﴿ٱلْحَجُّ أَشْهُرٌ مَّعْلُومَٰتٌ﴾[البقرة:197] والمراد به أن أعمال الحج سبيلها أن تكون في أشهر معلومات، فتقدم الإحرام عليها منهي عنه، واختلفوا في انعقاد الإحرام الواقع في غيرها. انتهى.

الهادي -عليه السلام- في الأحكام [1/ 256]: قال يحيى بن الحسين -صلوات الله عليه-: لا ينبغي لمسلم أن يخالف تأديب الله -سبحانه وتعالى-، ولا تأديب رسول الله -صلى الله عليه وآله وسلم- في أن يهل بالحج في غير أشهر الحج، ولا أن يعقد بالإحرام في غير وقته، ووقت الإحرام بالحج فهو أشهر الحج، وذلك قول الله -تبارك وتعالى-: ﴿ٱلْحَجُّ أَشْهُرٌ مَّعْلُومَٰتٌ فَمَن فَرَضَ فِيهِنَّ ٱلْحَجَّ فَلَا رَفَثَ وَلَا فُسُوقَ وَلَا جِدَالَ فِي ٱلْحَجِّ﴾[البقرة:197]، وأشهر الحج: فهي شوال، وذو القعدة، وعشر من ذي الحجة، وهو الوقت الذي جعله الله وقتاً لحج عباده إلى بيته الحرام، ولا ينبغي لهم أن يتقدموه، بل يجب عليهم أن ينتظروه، فمن أحرم من قبله فقد أخطأ على نفسه، وأساء وخالف على ما أمر به وتعدى، ويجب عليه ما أوجب على نفسه، وإن كان قد خالف في ذلك تأديب ربه. انتهى.

باب القول في العمل عند الخروج من المنزل

الجامع الكافي [3/ 378]: قال محمد: إذا أردت التوجه حاجاً أو معتمراً فصل في منزلك ركعتين أو أربعاً، واقصد في المسألة إلى الله في سلامة دينك(74).

(74) وأخرج نحوه محمد بن يعقوب الكليني أحد علماء الإمامية (1/ 134)، والصدوق فيمن لا يحضره الفقيه (2/ 177)، ومحمد بن الحسن الطوسي في تهذيب الأحكام (5/ 49)، من طريق الكليني عن علي بن إبراهيم عن أبيه عن النوفلي عن السكوني عن أبي عبد الله -عليه السلام- عن آبائه -عليهم السلام-، قال: قال رسول الله -صلى الله عليه وآله وسلم-: ((ما استخلف =

[1468]- وروى محمد بإسناد عن علي -عليه السلام- قال: (من السنة إذا أراد الرجل أن يسافر صلى في بيته ركعتين قبل أن يخرج، وإذا قدم صلى ركعتين(75)».

قال محمد: فإذا توجهت فقل: بسم الله، وفي سبيل الله، وما شاء الله، لا قوة إلا بالله على ما استقبل من سفري هذا. وذكر الدعاء بطوله. انتهى.

رجل على أهله خليفة أفضل من ركعتين يركعهما إذا أراد الخروج إلى سفره، ويقول: ((اللهم إني أستودعك نفسي وأهلي ومالي وذريتي وآخرتي وخاتمة عملي)) إلا أعطاه الله ما سأل)). انتهى. تمت من حاشية على الأصل.

(75) عن علي -عليه السلام- قال: كان رسول الله -صلى الله عليه وآله وسلم- إذا قدم من سفر صلى ركعتين. أخرجه الطبراني في الأوسط.

وعن المطعم بن المقداد أن النبي -صلى الله عليه وآله وسلم- قال: ((ما خلف أحد عند أهله أفضل من ركعتين يركعهما عندهم حين يريد السفر))، أخرجه الطبراني.

وعن فضالة بن عبيد قال: كان رسول الله -صلى الله عليه وآله وسلم- إذا نزل منزلاً في سفر أو دخل بيته لم يجلس حتى يصلي ركعتين. أخرجه الطبراني في الكبير.

وعن جابر بن عبد الله رضي الله عنهما، قال: كنت مع رسول الله -صلى الله عليه وآله وسلم- في سفر فلما قدمن المدينة قال لي: ((ادخل المسجد فصل ركعتين)). أخرجه البخاري ومسلم.

وعن ابن مسعود رضي الله عنه، قال: جاء رجل إلى رسول الله -صلى الله عليه وآله وسلم- فقال: يا رسول الله، إني أريد أن أخرج إلى البحرين في تجارة، فقال -صلى الله عليه وآله وسلم-: ((قم صل ركعتين))، أخرجه الطبراني في الكبير.

قال في مجمع الزوائد: ورجاله موثوقون.

ويستحب عند الخروج للسفر: أن يقرأ الدعاء المأثور:

فعن ابن عمر أن رسول الله -صلى الله عليه وآله وسلم- كان إذا استوى على بعيره خارجاً إلى السفر: كبر ثلاثاً ثم قال: ((سبحان الذي سخر لنا هذا وما كنا له مقرنين وإنا إلى ربنا لمنقلبون، اللهم إني أسألك في سفرنا هذا البر والتقوى، ومن العمل الصالح ما ترضى، اللهم هون علينا سفرنا هذا، واطوِ عنا بعده، اللهم أنت الصاحب في السفر، والخليفة في الأهل، اللهم إني أعوذ بك من وعثاء السفر، وكآبة المنظر، وسوء المنقلب في المال والأهل والولد))، وإذا رجع قالهن، وزاد فيهن: ((آيبون تائبون لربنا حامدون))، أخرجه مسلم وأبو داوود والترمذي والنسائي. تمت من حاشية على الأصل.

باب القول في أنواع الحج

[1469]- **مجموع زيد بن علي -رضي الله عنهما-** [158]: حدثني زيد بن علي، عن أبيه، عن جده، عن علي -عليهم السلام-، قال: (من شاء ممن لم يحج تمتع بالعمرة إلى الحج، ومن شاء قرنهما جميعاً، ومن شاء أفرد). انتهى.

أمالي أحمد بن عيسى -رضي الله عنهما- [العلوم:2/ 374]: حدثنا محمد، حدثنا عبد الله، قال: سألت قاسم بن إبراهيم - عن إفراد الحج والإقران والتمتع، أيهما أحب إليك؟-.

فقال: الإفراد.

قال محمد: الذي سمعنا عمن مضى من آل الرسول الله -صلى الله عليه وآله وسلم- أنهم كانوا يختارون التمتع على الإفراد، والإقران أفضل ذلك عندنا مع السياق، وكذلك سمعنا أن النبي -صلى الله عليه وآله وسلم- حج قارناً وساق الهدي.

قال محمد: من اشترى هدياً مما قد وقف به فقد ساق، وهذا قول العلماء.

وفيها: قال محمد سمعت رجلاً يسأل محمد بن علي بن جعفر عن الإقران والتمتع أيهما أفضل؟.

قال: التمتع.

قال محمد: سألت إسماعيل بن موسى بن جعفر أي شيء سمعت من أبيك في متعة الحج؟

قال: لا ترد ما سمعت منه، لكن حججت معه فذكر كذا وكذا حجة - أحسبه قال: سبعة عشرة حجة- كلها يدخل متمتعاً.

جعفر، عن قاسم في التمتع والإقران والإفراد أعجب إلي لمن قد حج التمتع. انتهى.

أما جعفر: فهو ابن محمد النيروسي وقد تقدم.

[ترجمة عبد الله بن منصور القومسي]:

وأما عبد الله: فهو ابن منصور القومسي

قال في الجداول: عبد الله بن منصور القومسي، عن القاسم بن إبراهيم كثيراً، وأحمد بن محمد بن محمد بن أمير، وعنه الناصر للحق، والمرادي.

وأما المنصور بالله فقال: عبد الله بن يحيى القومسي الذي أكثر الناصر عنه الرواية. انتهى.

أخرج له الناصر للحق -عليه السلام-، ومحمد بن منصور المرادي.

وقال ابن أبي الرجال -رحمه الله- في مطلع البدور، في ترجمة علي بن جهشيار، وأنه من أصحاب القاسم بن إبراهيم -عليه السلام-، ثم ذكر نبذة من أصحاب القاسم -عليه السلام- إلى أن قال:

ومنهم: عبد الله بن يحيى القومسي العلوي الذي أكثر الناصر للحق الرواية عنه. انتهى.

الجامع الكافي [3/ 331]: قال أحمد بن عيسى: ما أدركت أحد من أهلنا ومشائخنا يحج إلا متمتعاً، وحج أحمد بن عيسى -عليه السلام- متمتعاً.

وقال القاسم -عليه السلام-: التمتع أعجب إلي من الإفراد والقران لمن قد حج.

وفي رواية داود عنه: والإفراد أحب إلي لمن لم يحج، وأما من حج فالتمتع.

وقال الحسن بن يحيى -عليه السلام-: أجمع آل رسول الله -صلى الله عليه وآله وسلم- على أن التمتع أحب إليهم من التجريد.

وقال الحسن -عليه السلام- -فيما أخبرنا زيد، عن زيد، عن أحمد عنه-: روينا عن جعفر بن محمد -عليه السلام- أنه قال: أفضل الحج القران لمن ساق، ثم التمتع، ثم الإفراد.

قال الحسن أيضاً - فيما روى ابن صباح عنه-، وهو قول محمد: القران أفضل الحج لمن ساق الهدي.

قال محمد: وكذلك حج النبي -صلى الله عليه وآله وسلم- قارناً وساق الهدي.

قال الحسن ومحمد: وليس القران بفريضة، قال الله -سبحانه-: ﴿وَلِلَّهِ عَلَى ٱلنَّاسِ حِجُّ ٱلْبَيْتِ مَنِ ٱسْتَطَاعَ إِلَيْهِ سَبِيلًا﴾[آل عمران:97]، ولم يقل قارناً ولا متمتعاً.

وقال: ﴿فَمَن تَمَتَّعَ بِٱلْعُمْرَةِ إِلَى ٱلْحَجِّ فَمَا ٱسْتَيْسَرَ مِنَ ٱلْهَدْيِ﴾، ففعل ذلك عندنا واسع، وأما ما أجمع عليه أهل البيت فهو التمتع فيكون قد جمع الله له الحج والعمرة.

وقال علي بن أبي طالب - صلى الله عليه -: (هما واجبان، لأن الله -عز وجل- يقول: ﴿وَأَتِمُّوا۟ ٱلْحَجَّ وَٱلْعُمْرَةَ لِلَّهِ﴾[البقرة:196].

وقال محمد: أحب إلينا لمن قرن العمرة والحج أن يسوق بدنة من حيث يحرم، وإن لم يمكنه السياق فالتمتع بالعمرة إلى الحج أحب إلينا من الإفراد، وعلى ذلك مضى علماء آل رسول الله -صلى الله عليه وآله وسلم- كانوا يختارون التمتع على الإفراد.

قال محمد: سمعت محمد بن علي بن جعفر -عليه السلام- وقد سئل عن الإفراد والتمتع أيهما أفضل؟ قال: التمتع.

قال محمد: وسألت إسماعيل بن موسى بن جعفر، قلت: أي شيء سمعت من أبيك في متعة الحج؟

فقال: حججت معه، فذكر كذا وكذا حجة، -أحسبه قال: سبع عشرة حجة-، كلها يدخل متمتعاً.

وروى محمد بإسناد عن أبي جعفر -عليه السلام- قال: لو حججت مائة

حجة ما حججت إلا متمتعاً.

وفيه: وعن طلحة بياع السابري قال: قلت لعبد الله بن الحسن: إني لم أحج قط فكيف أصنع؟ فأمرني بالتمتع إلى الحج. انتهى.

الهادي -عليه السلام- في الأحكام [1/ 260]: قال يحيى بن الحسين -صلوات الله عليه-: أفضل ذلك لمن لم يحج الإفراد، ولمن حج فإن أحب حاج أن يدخل متمتعاً فذلك له وكل حسن، ولولا أن التمتع فيه النقصان لما أوجب الله فيه على فاعله الكفارة، ومن أطاق أن يقرن ويسوق معه بدنة، فذلك فضل كبير، وهو أفضلها للحج.

حدثني أبي، عن أبيه أنه سئل عن الإقران والتمتع والإفراد في الحج، أي ذلك أحب إليك؟

فقال: لولا أن التمتع فيه النقصان، لما أمر الله فيه بكفارة، بقوله: ﴿فَمَن تَمَتَّعَ بِٱلۡعُمۡرَةِ إِلَى ٱلۡحَجِّ فَمَا ٱسۡتَيۡسَرَ مِنَ ٱلۡهَدۡيِۚ﴾[البقرة196]، فأمر الله فيه بالكفارة، وكان يرى الإفراد.

حدثني أبي، عن أبيه في التمتع والإقران والإفراد، فقال: الإفراد أحب إلي لمن لم يحج، ومن تمتع فذلك له، ومن قرن فعليه بدنة يسوقها من الموضع الذي أهَلّ منه، وهو أفضلها. انتهى.

باب صفة الحج والدخول فيه

الإحرام

الهادي -عليه السلام- في الأحكام [1/ 228]: قال يحيى بن الحسين -صلوات الله عليه-: إذا أردت إن شاء الله فرض الحج على نفسك، والدخول فيه بفعلك، فليكن ذلك في أشهر الحج، فأتِ ذا الحليفة، وهو الموضع الذي يدعى الشجرة الموضع الذي أحرم فيه رسول الله -صلى الله عليه وآله وسلم-، فاغتسل

لما تريد من فرض الحج على نفسك، وفرضُك له فهو الدخول فيه، والدخول فيه فهو الإهلال به، والإهلال به فهو الإحرام له، وذلك قول الله -تبارك وتعالى-: ﴿ٱلْحَجُّ أَشْهُرٌ مَّعْلُومَٰتٌ ۚ فَمَن فَرَضَ فِيهِنَّ ٱلْحَجَّ فَلَا رَفَثَ وَلَا فُسُوقَ وَلَا جِدَالَ فِى ٱلْحَجِّ ﴾ [البقرة:197]، فإذا اغتسلت وكنت في وقت صلاة فريضة فصل ما أوجب الله عليك منها، فإذا سلمت فقل:

اللهم إني أريد الحج رغبة مني فيما رغبت فيه منه، ولطلب ثوابك، وتحرياً لرضاك، فيسره لي، وبلغني فيه أملي، في ديناي وآخرتي، واغفر لي ذنبي، وامح عني سيئاتي، وقني شر سفري، واخلفني بأحسن الخلافة في ولدي وأهلي ومالي، ومَحِلِّي حيث حبستني، أحرم لك بالحج شعري وبشري ولحمي ودمي وما أقلت الأرض مني، ونطق لك به لساني، وعقد لك عليه قلبي.

ثم يقول: لبيك اللهم لبيك، لبيك لا شريك له لبيك، إن الحمد والنعمة لك والملك، لا شريك لك، لبيك ذا المعارج لبيك، وضعت لعظمتك السموات كنفيها، وسبحت لك الأرض ومن عليها، إياك قصدنا بأعمالنا، ولك أحرمنا بحجنا، فلا تخيب عندك آمالنا، ولا تقطع منك رجاءنا.

ثم ينهض خارجاً نحو مكة، وكذلك إن كنت قد صليت ما عليك من الفريضة، فصل في المسجد ركعتين، ثم قل من القول ما ذكرت.

ثم سر حتى تستوي بك البيداء، وأنت تسبح في طريقك وتهلل وتكبر، وتقرأ القرآن، وتستغفر الله، وتخلص لربك النية، وتتوب إلى الله سبحانه من الخطيئة، وتحذر الرفث والفسوق والجدال والكذب، فإنه من الفسوق. انتهى.

المؤيد بالله -عليه السلام- في شرح التجريد [2/ 366]: قال: ومن انتهى إلى بعض هذه المواقيت وأراد الإحرام اغتسل.

قال القاسم -عليه السلام-: والغسل سنة، ولو كان جنباً أو محدثاً فلم يجد

الماء أجزأه تيمم واحد لصلاته وإحرامه، ثم لبس ثوبه رداء ومئزراً، والمرأة تلبس القميص والسراويل والمقنعة، جميع ذلك منصوص عليه في الأحكام في مواضع متفرقة. انتهى.

زيد بن علي -رضي الله عنهما- في المنسك: إذا توجهت إلى مكة إن شاء الله -تعالى-: فعليك بتقوى الله -تعالى-، وذكره كثيراً، وقلة الكلام إلا في خير، فإن من تمام الحج والعمرة أن يحفظ الرجل نفسه، كما قال الله -تعالى-، فإنه قال: ﴿فَلَا رَفَثَ وَلَا فُسُوقَ وَلَا جِدَالَ فِي ٱلْحَجِّ﴾[البقرة197]، والرفث: هو الجماع، والفسوق: وهو الكذب، والجدال: وهو من قول الرجل: لا والله، بلى والله، والمفاخرة، فعليك بورع يحجزك عن معاصي الله -تعالى-، وحلم تملك به غضبك، وحسن الصحبة لمن صبحك، ولا قوة إلا بالله.

فإذا أتيت العقيق إن شاء الله تعالى فانتف إبطك، وقلم أظفارك، واطلُ(76) عانتك، ولا يضرك بأيها بدأت، ثم اغتسل، والبس ثوبيك، وليكن فراغك من ذلك كله عند زوال الشمس، فإن ذلك من السنة، فإذا صليت الظهر وأنت تريد الإحرام حين تنصرف من الظهر تقول:

اللهم إني أريد الحج فيسره لي -وإن لم تكن حجة فعمرة-، وقل:

أحرم لك بالحج شعري وبشري ولحمي ودمي، من السناء والطيب، أبتغي بذلك وجهك الكريم، والدار الآخرة، ومحلي حيث حبستني بقدرتك التي قدرت علي. انتهى.

أمالي أحمد بن عيسى -رضي الله عنهما- [العلوم:2/ 356]: حدثنا محمد، قال: حدثنا عباد بن يعقوب، قال: أنبأنا يحيى بن سالم الفراء، عن أبي الجارود، عن أبي جعفر قال: إذا أردت مكة -إن شاء الله- فعليك بتقوى الله، وذكر الله، وقلة الكلام إلا بخير، فإنه من تمام الحج والعمرة، وأن يحفظ الرجل نفسه نحواً مما قال

---

(76) بالشيء الذي يزيل الشعر. تمت.

الله: ﴿فَلَا رَفَثَ وَلَا فُسُوقَ وَلَا جِدَالَ فِي الْحَجِّ﴾[البقرة:197]والرفث:هو الجماع، والفسوق: هو الفاحشة، قول الرجل: لا والله وبلى والله، والجدال في الحج هو الفاحشة، وعليك بورع يحجزك عن معاصي الله، وحلم تملك به غضبك، ولا قوة إلا بالله.

فإذا أتيت العقيق فانتف من إبطك، وقلم أظفارك، واطل عانتك، ولا يضرك بأي ذلك بدأت.

فإذا أردت أن تحرم اغتسلت، والبس ثوبيك، ولا يضرك ليلاً أحرمت أو نهاراً، ولا تحرم إلا في دبر صلاة فريضة كانت أو نافلة، غير أن ذلك أحب إلي أن تحرم في دبر صلاة الظهر، فاغتسل والبس ثوبي إحرامك، ثم ائت المسجد فصل فيه ثم قل في دبر صلاتك:

«اللهم إني أريد التمتع بالعمرة إلى الحج فيسره لي، وأعني عليه، وتقبله مني، اللهم فإن حبستني فأنا حِلٌّ حيث حبستني، لقدرتك الذي قدرت عليّ». انتهى.

الرجال:

أما محمد: فهو ابن منصور.

وأما عباد: فهو ابن يعقوب، وقد تقدم الكلام عليهما.

[ترجمة يحيى بن سالم الفراء]:

وأما يحيى بن سالم الفراء:

فقال في الجداول: يحيى بن سالم الفراءء الكوفي، روى منسك الحج عن أبي الجارود، والباقر، وعن إسرائيل، وصباح المزني، وعنه عباد، وابن إدريس، وإسماعيل بن إسحاق، زعم الذهبي أن الدراقطني ضعفه. انتهى.

أخرج له أبو طالب، والمرشد بالله، ومحمد بن منصور -رضي الله عنهم-.

قلت: وتضعيف الدارقطني لا عبرة به، فهو من ثقات محدثي الشيعة، ولكن

عادة الخصوم وصم من اقتفى أثر آل محمد -عليهم السلام-، واقتبس من أنوارهم.

وأما أبو الجارود: فقد مرّ.

باب القول في أي وقت يلبي، وصفه التلبية، والزيادة فيها

زيد بن علي -رضي الله عنهما- في المنسك: ثم لبه، وقل:

لبيك اللهم لبيك، لبيك لا شريك لبيك، إن الحمد والنعمة والملك لا شريك لك، إن شئت أجزأك، وإن شئت ألحقت: لبيك ذا المعارج لبيك، لبيك داع إلى دار السلام لبيك، لبيك غفار الذنوب لبيك، لبيك بحجة تمامها وأجرها عليك، لبيك مرهوب ومرغوب إليك، لبيك لبيك لبيك تبدأ والمعاد إليك، لبيك لبيك تستغني ونفتقر إليك، لبيك لبيك أهل التلبية لبيك، لبيك ذا الجلال والإكرام لبيك، لبيك ذا النعماء والفضل الحسن الجميل.

وقد تجزيك التلبية الأولى ويكون هذا الأخير فيما بينك وبين نفسك من غير إظهاره، كراهية الشهرة.

تقول ذلك في دبر كل صلاة مكتوبة وتطوع، وحين ينهض بك بعيرك، وإن علوت أكمة، أو هبطت وادياً، أو لقيت راكباً، وبالأسحار، وأكثر من التلبية ما استطعت، واجهر بها ما استطعت، فإنها إجهار، وأكثر من: ياذا المعارج، فإن رسول الله -صلى الله عليه وآله وسلم- كان يكثر ذكرها، ويقول: لبيك يا ذا المعارج لبيك.

ولا يضرك بليل أحرمت أو بنهار، ولا تحرم إلا في دبر صلاة، فريضة كانت أو تطوعاً، وأحب إلي أن تحرم في دبر صلاة الظهر. انتهى.

أمالي أحمد بن عيسى -رضي الله عنهما- [العلوم:2/ 357]: حدثنا محمد، قال: حدثنا عباد بن يعقوب، قال: أنبأنا يحيى بن سالم الفراء، عن أبي الجارود، عن أبي جعفر:

فإذا كنت ماشياً واستوى بك بعيرك على البيداء، قلت:

لبيك اللهم لبيك، لبيك لا شريك لا لك لبيك، إن الحمد والنعمة لك، والملك لا شريك لك. انتهى.

الهادي -عليه السلام- في الأحكام [1/ 229]: قال يحيى بن الحسين -صلوات الله عليه-:

فإذا استويت بظهر البيداء ابتدأت التلبية، ورفعت بها صوتك رفعاً حسناً متوسطاً، يسمع من أمامك ومن وراءك، تقول:

لبيك اللهم لبيك، لبيك لا شريك لك لبيك، إن الحمد والنعمة لك والملك، لا شريك لك، لبيك ذا المعارج لبيك، لبيك لا يذل من واليت، ولا يعز من عاديت، تباركت ربنا وتعاليت. انتهى.

[1470]- **مجموع زيد بن علي -رضي الله عنهما-** [159]: حدثني زيد بن علي، عن أبيه، عن جده، عن علي -عليهم السلام-، أن تلبية النبي -صلى الله عليه وآله وسلم-: «لبيك اللهم لبيك، لبيك لا شريك لك لبيك، إن الحمد والنعمة لك والملك، لا شريك لك».

قال زيد بن علي -رضي الله عنهما-: إن شئت اقتصرت على ذلك، وإن شئت زدت عليه، كل ذلك حسن. انتهى.

[1471]- **علي بن بلال في شرح الأحكام** [إعلام الأعلام (صـ178)]: وأخبرنا السيد أبو العباس -رحمه الله-، قال: أخبرنا عبد العزيز بن إسحاق، قال: حدثني علي بن محمد النخعي، قال: حدثنا المحاربي، قال: حدثنا نصر بن مزاحم، قال: حدثنا إبراهيم بن الزبرقان، قال: حدثني أبو خالد، قال: حدثني زيد بن علي، عن أبيه، عن جده، عن علي بن أبي طالب -عليهم السلام- أنه قال: تلبية النبي -صلى الله عليه وآله وسلم-: «ليك اللهم لبيك، لبيك لا شريك لك».

قال زيد بن علي: إن شئت اقتصرت وإن شئت زدت عليه كل ذلك حسن. انتهى.

رجال هذا الإسناد قد مر الكلام عليهم.

الجامع الكافي [3/ 359]: قال الحسن: أجمع آل رسول الله -صلى الله عليه وآله وسلم- على أنه جائز أن يزيد في التلبية غير الأربع التي رويت: (لبيك اللهم لبيك، لبيك لا شريك لك لبيك، إن الحمد والنعمة لك والملك، لا شريك لك)، وأمروا بالزيادة، ولم ينكروا ما زاد على الأربع، وأن الأربع تجزي من لزمها. انتهى.

باب القول فيما يجب على المحرم توقيه

[1472]- **مجموع زيد بن علي -رضي الله عنهما-** [162]: حدثني زيد بن علي، عن أبيه، عن جده، عن علي -عليهم السلام-، قال: (لا يلبس المحرم قميصاً، ولا سراويل، ولا خفين، ولا عمامة، ولا قلنسوة، ولا ثوباً مصبوغاً بورس ولا زعفران).

قال: (وإن لم يجد المحرم نعلين لبس خفين مقطوعين أسفل من الكعبين، وإن لم يجد إزاراً لبس سراويل، فإن لم يجد رداء ووجد قميصاً ارتدى به ولم يتدرعه).

[1472]- حدثني زيد بن علي، عن أبيه، عن جده، عن علي -عليهم السلام-، قال: (تلبس المرأة المحرمة ما شاءت من الثياب غير ما صبغ بطيب، وتلبس الخفين والسراويل والجبة).

[1473]- حدثني زيد بن علي، عن أبيه، عن جده، عن علي -عليهم السلام-، قال: (إحرام الرجل في رأسه، وإحرام المرأة في وجهها). انتهى.

[1474]- **علي بن بلال في شرح الإحكام** [إعلام الأعلام (صـ238)]: أخبرنا السيد أبو العباس الحسني -رحمه الله-، قال: أخبرنا عبد العزيز بن إسحاق، قال: حدثنا علي بن محمد النخعي، قال: حدثنا المحاربي، قال: حدثنا

نصر بن مزاحم المنقري، قال: حدثنا إبراهيم بن الزبرقان، قال: حدثني أبو خالد، قال: حدثني زيد بن علي، عن أبيه، عن جده، عن علي بن أبي طالب -عليهم السلام- قال: (تلبس المرأة المحرمة من الثياب ما شاءت غير ما صبغ بطيب، وتلبس الخفين والجبة والسراويل).

وبهذا الإسناد عن علي -عليه السلام- قال: (إحرام الرجل في رأسه، وإحرام المرأة في وجهها). انتهى.

المؤيد بالله -عليه السلام- في شرح التجريد [2/ 445]: يجب على المحرم أن يتوقى الرفث والفسوق والجدال:

والرفث: هو الجماع، واللفظ بالقبيح.

والفسوق: هو الفسق.

والجدال: وهو المجادلة بالباطل، وجميعه منصوص عليه في الأحكام والمنتخب.

وذلك لقوله -تعالى-: ﴿فَمَن فَرَضَ فِيهِنَّ ٱلۡحَجَّ فَلَا رَفَثَ وَلَا فُسُوقَ وَلَا جِدَالَ فِي ٱلۡحَجِّۗ﴾[البقرة:197]. انتهى.

الهادي -عليه السلام- في الأحكام [1/ 230]: قال يحيى بن الحسين -صلوات الله عليه-:

يجب عليه أن يتوقى ما نهاه الله عنه من الرفث والفسوق والجدال:

والرفث: فهو الدنو من النساء، وذلك قول الله -تعالى-: ﴿أُحِلَّ لَكُمۡ لَيۡلَةَ ٱلصِّيَامِ ٱلرَّفَثُ إِلَىٰ نِسَآئِكُمۡۚ﴾[البقرة:187]، ومن الرفث أيضاً: الفراء على الناس، واللفظ بالقبيح مما يستشنعه أهل الخير.

والفسوق: فهو الفسق، والتجني، والكذب، والظلم، والتعدي، والتجبر على

عباد الله، والغشم، والطعن على أولياء الله، والإدخال للشيء من المرافق على عدو من أعداء الله، والتحامل بالقبيح على ذي الرحم، وكثرة المخاصمة والمجادلة، ولا يقتل صيداً، ولا يعين عليه، ولا يشير إليه، ولا يمس طيباً، ولا يلبس ثوباً مصبوغاً، ولا يدنو من النساء، ولا يلبس قميصاً بعد اغتساله لإحرامه، ولا يجز من شعره شعرة، ولا يتداوي بدواء فيه طيب، ولا يكتحل، ولا يقتل من قمل ثوبه شيئاً، وإن أراد تحويل قملة من مكان إلى مكان فعل ذلك، فإن قتلها تصدق بشيء من طعام، ولا يتزوج ولا يزوج، ولا يأكل لحم صيد صيد له ولا لغيره، وما أشبه ذلك.

والجدال: الذي نهى الله عنه فهو المجادلة بالباطل ليدحض به الحق، ومن المجادلة شدة المخاصمة التي تخرج إلى الفاحشة، التي لا يملك صباحها نفسه معها.

اعلم أنه ليس يتقي في الإحرام لبس الثياب، ولا مجامعة النساء، ولا مس الطيب فقط، ولكن يتقي هذا وغيره من كل ما ذكرت لك، وفسرت من جميع معاني الرفث، وجميع معاني الفسوق، وجميع معاني الجدال. انتهى.

الجامع الكافي [3/ 470]: قال القاسم -عليه السلام- في قوله -عز وجل-: ﴿فَلَا رَفَثَ وَلَا فُسُوقَ وَلَا جِدَالَ فِي الْحَجِّ﴾[البقرة:197]، قال:

الرفث: مجامعة النساء وغير ذلك من العبث والخنى.

والفسوق: هو الكذب والفجور.

والجدال: هو المنازعة والخصومة في كل باطل ومظلمة. انتهى.

[1475]- **أمالي أحمد بن عيسى -رضي الله عنهما-** [**العلوم**:2/ 384]: حسين بن نصر، عن خالد، عن حصين، عن جعفر، عن أبيه، عن علي قال: (لا يَنْكِحُ المحرم، ولا يُنْكِحُ، فإن نكح وهو محرم فنكاحه باطل). انتهى.

رجال هذا الإسناد قد مر الكلام عليهم، وهم من ثقات محدثي الشيعة.

[1476]- وفيها: محمد بن جميل، قال: حدثنا أبو ضمرة، عن جعفر، عن أبيه، أن علياً كان يقول: (المحرم لا يَنْكِحُ، ولا يُنْكِحُ، فإن نكح فنكاحه باطل). انتهى.

رجال هذا الإسناد قد مر الكلام عليهم جميعاً، وهم من ثقات محدثي الشيعة.

وأبو ضمرة: هو أنس بن عياض الليثي، كذلك قد تقدم الكلام عليه.

[1480]- وفيها: حدثنا محمد، حدثنا أبو طاهر، قال: حدثني أبو ضمرة، عن جعفر، عن أبيه، أن علياً كان يقول: (لا يَنْكِحُ المحرم، ولا يُنْكِح، فإن نكح فنكاحه باطل).

[1481]- وفيها: أخبرنا محمد، قال: حدثنا محمد بن عبيد، عن محمد بن ميمون، عن جعفر، عن أبيه أن علياً كان يقول: (لا يخطب المحرم ولا يَنْكِح، فإن نكح فنكاحه باطل). انتهى.

رجال هذا الإسناد قد مر الكلام عليهم.

الجامع الكافي [3/ 471]: قال القاسم ومحمد: ولا يزوج المحرم نفسه ولا غيره.

قال محمد: ولا يخطب، فأما الشهادة فلا شيء عليه فيها، ذكر عن النبي -صلى الله عليه وآله وسلم- أنه قال: «لا يَنكِح المحرم ولا يُنكِح، ولا يخطب على أحد».

وعن علي -عليه السلام- قال: (لا ينكح المحروم ولا ينكح، فإن نكح فنكاحه باطل».

قال محمد: ولا أعلم بين علماء آل رسول الله -صلى الله عليه وآله وسلم- اختلافاً أن المحرم لا يتزوج ولا يزوج. انتهى.

[1482]- **المؤيد بالله -عليه السلام- في شرح التجريد** [2/ 449]: وروى أبو بكر بن أبي شيبة، عن حاتم بن إسماعيل، عن جعفر بن محمد، عن أبيه، أن علياً -عليه السلام- وعمر قالا: (لا ينكح المحرم ولا ينكح، فإن نكح فنكاحه باطل). انتهى.

أبو بكر بن أبي شيبة، وحاتم بن إسماعيل: من ثقات محدثي الشيعة، وقد مر الكلام عليهما.

[1483]- **مجموع زيد بن علي -رضي الله عنهما-** [165]: حدثني زيد بن علي، عن أبيه، عن جده، عن علي -عليهم السلام-، قال: (لا يدهن المحرم ولا يتطيب، فإن أصابه شقاق دهنه مما يأكل).

[1484]- حدثني زيد بن علي، عن أبيه، عن جده، عن علي -عليهم السلام-، قال: (لا ينزع المحرم ضرسه ولا ظفره إلا أن يؤذياه، وإذا اشتكى عينه اكتحل بالصَّبِرِ ليس فيه زعفران). انتهى.

[1485]- **علي بن بلال في شرح الإحكام** [إعلام أعلام (صـ232)]: أخبرنا السيد أبو العباس الحسني -رحمه الله-، قال: أخبرنا عبد العزيز بن إسحاق، قال: حدثنا علي بن محمد النخعي، قال: حدثنا سليمان بن إبراهيم المحاربي، قال: حدثني نصر بن مزاحم، قال: حدثني إبراهيم الزبرقان، قال: حدثني أبو خالد، عن زيد بن علي، عن أبيه، عن جده، عن علي -عليهم السلام-، قال: (لا ينزع المحرم ضرسه ولا ظفره إلا أن يؤذيه، فإن اشتكى عينه اكتحل بالصبر الذي ليس فيه زعفران). انتهى.

باب القول في الحجامة للمحرم والظلال له

[1486]- **أمالي أحمد بن عيسى -رضي الله عنهما-** [**العلوم**:2/ 375]: أخبرنا علي بن حسن بن علي بن عمر بن علي بن حسين، عن علي بن جعفر، عن أخيه موسى بن جعفر، قال: احتجم رسول الله -صلى الله عليه وآله وسلم-

كتاب الحج

وهو محرم بلحي جمل، حجمه خراش بن أمية الخزاعي بقرن مضبب بفضة، فقال رسول الله -صلى الله عليه وآله وسلم- حين فرغ: «عظمت أمانة رجل قام على أوداج رسول الله -صلى الله عليه وآله وسلم- بحديدة».

قال محمد: لحي جمل: موضع يقال لها لحي جمل.

قال محمد: سألت عبد الله بن موسى عن المحرم يحتجم؟

فقال: يحتجم ويكفر، وذكر غير عبد الله من أهل بيته أن النبي -صلى الله عليه وآله وسلم- احتجم وفدى. انتهى.

رجال هذا الإسناد قد مر الكلام عليهم.

وعلي بن الحسين: هو والد الناصر للحق الحسن بن علي -رضي الله عنهما-.

[1487]- **مجموع زيد بن علي -رضي الله عنهما-** [166]: حدثني زيد بن علي، عن أبيه، عن جده، عن علي -عليهم السلام-، قال: (يحتجم المحرم إن شاء). انتهى.

[1488]- **أمالي أحمد بن عيسى -رضي الله عنهما-** [العلوم:2/375]: حدثنا محمد، حدثنا علي بن منذر، عن محمد بن فضيل، عن يزيد بن أبي زياد، عن مقسم، عن ابن عباس، قال: (احتجم رسول الله -صلى الله عليه وآله وسلم- وهو محرم). انتهى.

رجال هذا الإسناد قد مر الكلام عليهم، وهم من ثقات محدثي الشيعة.

[1489]- **علي بن بلال في شرح الأحكام** [إعلام الأعلام (صـ243)]: أخبرنا السيد أبو العباس -رحمه الله-، قال: أخبرنا أبو زيد العلوي، قال: حدثنا محمد بن منصور، قال: حدثنا علي بن الحسن بن عمر بن علي بن الحسين، عن علي بن جعفر، عن أخيه موسى بن جعفر، قال: احتجم النبي -صلى الله عليه وآله وسلم- بحي الجمل، حجمه خراش بن أمية الخزاعي بقرن مضبب بفضة، فقال رسول الله -صلى الله عليه وآله وسلم-: «عظمت أمانة رجل قام على

أوداج النبي -صلى الله عليه وآله وسلم- بحديدة». انتهى.

قوله علي بن الحسن بن عمر: الصواب: بن علي بن الحسن بن علي بن عمر عما مر في رواية محمد بن منصور.

[1490]- الهادي -عليه السلام- في الأحكام [1/ 261]: وقد بلغنا عن رسول الله -صلى الله عليه وآله وسلم- أنه احتجم وهو محرم بلحي جمل، حجمه خراش بن أمية الخزاعي بقرن مضبب بفضة، فقال رسول الله -صلى الله عليه وآله وسلم- حين فرغ: «عظمت أمانة رجل قام على أدواج رسول الله -صلى الله عليه وآله وسلم- بحديدة».

حدثني أبي، عن أبيه في الحجامة للمحرم أنه قال: لا بأس بها. انتهى.

وقال الهادي -عليه السلام- أيضاً في المنتخب [111]: قال السائل له -محمد بن سليمان الكوفي -رضي الله عنه- قلت: فهل يحتجم المحرم؟

قال: نعم، إذا احتاج إلى ذلك، ولا يقطع شعراً، فقد احتجم رسول الله -صلى الله عليه وآله وسلم- وهو محرم. انتهى.

الجامع الكافي [3/ 499]: قال محمد سألت عبد الله بن موسى، عن الحجامة للمحرم.

فكرهها، وقال: إن احتجم فليكفر، وكل شيء ينقصه -يعني يتوقاه-.

وقال القاسم ومحمد: لا بأس بالحجامة للمحرم، ولا كفارة عليه.

قال محمد: وكذلك إن احتجم في ظهر قدميه، أو ساقيه، أوفي موضع من جسده، فلا كفارة عليه.

روي عن ابن عباس، عن النبي -صلى الله عليه وآله وسلم- أنه احتجم وهو محرم، ولم يذكر فيه فدية، وقد ذكر عن النبي -صلى الله عليه وآله وسلم- أنه احتجم وقد أولم. انتهى.

وفي الجامع الكافي أيضاً [3/ 483]: قال أحمد والقاسم والحسن -في رواية

الصيدلاني عنه-، وهو قول محمد: جائز أن يظلل المحرم ولا كفارة عليه.

وقال القاسم -عليه السلام-: ما رأيت أهل بيت النبي -صلى الله عليه وآله وسلم- يختلفون في إجازة التظلل للمحرم إذا لم يصب رأسه، وقد يستحب له إذا استغنى -وإن لم يكن فيه ما يدفع به أذى- أن يُضْحِيَ ولا يظلل.

[1491]- **وقال الحسن بن يحيى -عليه السلام-**: فيما أخبرنا زيد، عن ابن وليد، عن جعفر الصيدلاني عنه، وسئل عن الظل للمحرم؟

فذكر عن علي بن الحسين، ومحمد بن علي، وزيد بن علي، وجعفر بن محمد -عليهم السلام- أنهم كانوا يظللون، وكان النبي -صلى الله عليه وآله وسلم- تحت خيمة الأدم. انتهى.

الهادي -عليه السلام- في الأحكام [1/ 260]: قال يحيى بن الحسين -صلوات الله عليه-: لا بأس أن يظلل المحرمون على أنفسهم بما يسترون به بين الشمس وبينهم، وليس ظلال المحامل والعماريات، إلا دون ظلال المظال والمنازل المسقفات، ولو حرم عليه استظلاله في محمله، لحرم عليه استظلاله في منزله، لأن الاستظلال كله سواء بسقف كان أو بخبى.

حدثني أبي، عن أبيه أنه سئل عن المظلة للمحرم فوق المحمل.

فقال: ما رايت أحداً من أهل بيت النبي -صلى الله عليه وآله وسلم- يختلفون في التظلل للمحرم، وأنه جائز إذا لم يصب رأسه، وقد يستحب له إذا استغنى عنه ولم يكن فيه ما يدفع به عنه أذى أن يضحي ولا يظلل، وليس ظل المظلة على المحمل بأكثر من ظل الأخبية وسقوف البيوت، التي قد أجمعوا أنه لا بأس به. انتهى.

باب القول في حرم مكة

[1492]- **الجامع الكافي** [3/ 473]: روى محمد بإسناد عن النبي -صلى الله عليه وآله وسلم- أنه خطب يوم فتح مكة فقال: «إن الله حرم مكة يوم خلق

السموات والأرض، لن(77) تحل لأحد قبلي، ولا تحل لأحد بعدي، ولم تحل إلا ساعة من نهار، لا يخضد(78) -أو لا يعضد- شجرها، -أو قال شوكها-، ولا ينفر صيدها، ولا يختلى خلاها، ولا يرفع لقطتها إلا المنشد»، قال العباس: إن أهل مكة لا صبر لهم عن الإذخر فإنه متاع ضواعنهم أو قينهم، وغاشية بيوتهم، فقال النبي -صلى الله عليه وآله وسلم-: «إلا الإذخر»، لم يأذن لهم في غيره(79). انتهى.

الهادي -عليه السلام- **في الأحكام**: ولا يجوز له أن يقطع الشجر الأخضر إلا أن يكون شيئاً يأكله، أو يعلفه راحلته. انتهى.

باب القول في المحرم يجامع أو يقبل فيمني

[1489]- **مجموع زيد بن علي** -رضي الله عنهما- [165]: حدثني زيد بن علي، عن أبيه، عن جده، عن علي -عليهم السلام-، قال: (إذا واقع الرجل امرأته وهما محرمان تفرقا حتى يقضيا نسكهما، وعليهما الحج من قابل، فلا ينتهيان إلى ذلك المكان الذي أصابهما الحدث فيه إلا وهما محرمان، فإذا انتهيا إليه تفرقا حتى يقضيا نسكهما، وينحر كل واحد منهما هدياً). انتهى.

الجامع الكافي [3/ 537]: قال: إذا جامع امرأته في الفرج قبل الوقوف بعرفة وهما محرمان، فقد بطل إحرامهما، وفسد حجهما، وعليهما أن يمضيا في الحج الفاسد فيعملا فيه جميع ما يجب عليهما عمله في الحج الصحيح، ويجتنبا فيه كل ما يجب عليهما اجتنابه في الحج الصحيح، ويفترقا عن الموضع الذي أصابا فيه الحدث، فلا يجتمعا حتى يقضيا حجهما الفاسد، وعلى كل واحد منهما أن ينحر بدنة لما فعلا، فإن لم يمكنه بدنة فبقرة، فإن لم يمكنه بقرة فشاة، وعليهما الحج من قابل، ولا ينتهيا إلى الموضع الذي أصابا فيه الحدث إلا وهما محرمان، ثم ليتفرقا منه فلا يجتمعا في بيت،

---

(77) كذا في الأصل.

(78) في النسخة المطبوعة: لا يحصد، والصواب ما في الأصل.

(79) أخرجه البخاري ومسلم وغيهما بروايات متعددة عن ابن عباس -رضي الله عنهما-. تمت من هامش الأصل.

ولا في محمل، ولا في فسطاط، ولا خبى، حتى يقضيا حجهما).

وروى محمد بإسناد عن علي -عليه السلام- وابن عباس ومجاهد وسعيد بن المسيب نحو ذلك.

وروى محمد بإسناده عن علي -عليه السلام- وابن عباس وأبي جعفر وعبد الله بن الحسن -رضي الله عنهما-، وسعيد بن جبير وعطاء وطاووس، والحسن والشعبي والحكم وشريك وأبي حنيفة وأصحابه، أنهم قالوا: إذا قَبَّل المحرم امرأته أهراق دماً. انتهى.

الهادي -عليه السلام- في الأحكام [1/ 251]: وإن جامع المحرم أهله فقد أبطل إحرامه، وأفسد عليه حجه، وعليه أن ينحر بدنة بمنى كفارة لما أتى، ويمضي في حجه ذلك الباطل، وعليه الحج من قابل، وعليه أن يحج بالمرأة التي أفسد عليها حجها، وإن كانت طاوعته فيما نال منها فعليها من الكفارة مثل ما كان عليه، بدنة تنحرها، وإن كان غلبها على نفسها وقسرها، ولم تطاوعه على ما نال منها، فلا كفارة في ذلك عليها، فإذا حجا في السنة المستقبلة، وصارا إلى الموضع الذي أفسدا فيه إحرامهما؛ وجب الافتراق من ذلك الموضع عليهما، والافتراق فليس هو الترك من الرجل لمرأته، ولا التخلية في سفره عن حرمته، وإنما معنى الافتراق أن لا يركب معها في محمل، ولا يخلو معها في بيت، ولا بأس أن يكون على بعيره، وتكون على بعيرها، وتكون قاطرة إليه، أو يكون قاطراً إليه. انتهى.

باب القول في المحرم يلبس قميصاً ناسياً

الهادي -عليه السلام- في الأحكام [1/ 250]: قال يحيى بن الحسين -صلوات الله عليه-: إذا لبس المحرم قميصاً ناسياً، أو أحرم فيه جاهلاً؛ فإنه ينبغي له أن يشقه من قبل صدره حتى يخرج منه، وكذلك بلغنا عن رسول الله -صلى الله عليه وآله وسلم- أنه فعل حين نسي. انتهى.

وقال الإمام المهدي -عليه السلام- في البحر: مسألة: محمد بن الحنفية

والحسن البصري والنخعي والشعبي ثم العترة: فإن نسي فتقمص شقه وأخرجه من جهة رجليه. انتهى.

[1493]- **أمالي أحمد بن عيسى -رضي الله عنهما-** [**العلوم**:2/ 372]: حدثنا محمد، قال: حدثنا أبو كريب، عن حفص، عن جعفر، عن أبيه، عن علي -عليه السلام- قال: (إذا اغتسل للإحرام ثم لبس قميصه أعاد الغسل).

حدثني عبد الله بن منصور القومسي، قال سألت قاسم بن إبراهيم عن المحرم يحرم في قميصه.

قال: يرميه عنه، فإن لبسه بعد إحرامه لزمه ذلك.

قال محمد: إذا نسي الرجل فأحرم في قميصه فليشقه من قبل لبنته(80) وليخرج منه، ولا ينزعه من قبل رأسه، ولا كفارة عليه. انتهى.

قوله: ولا كفارة عليه؛ نص في البحر عن الهادي -عليه السلام- مثل ذلك.

نعم، أبو كريب: هو محمد بن العلى الهمداني الكوفي.

وحفص: هو ابن غياث، قد مر الكلام عليهما، وعلى عبد الله بن منصور القومسي.

باب القول في المحرم يحلق رأسه مع الأذى

[1494]- **مجموع زيد بن علي -رضي الله عنهما-** [165]: حدثني زيد بن علي، عن أبيه، عن جده، عن علي -عليهم السلام-، فيمن أصابه أذى من رأسه فحلق؛ يصوم ثلاثة أيام، وإن شاء أطعمه ستة مساكين؛ لكل مسكين نصف صاع، وإن شاء ذبح نسكاً). انتهى.

[1494]- **الجامع الكافي** [3/ 495]: روى محمد بإسناد، عن كعب بن عجرة، قال: خرجت مع النبي -صلى الله عليه وآله وسلم- من الحديبية وعليّ وفرة من شعر قد قملت، وأكلني الصيبان، فرآني رسول الله -صلى الله عليه وآله

(80) هي رقعة تعمل موضع الجيب للقميص والجبة. تمت نهاية، من هامش الأصل.

وسلم- فقال: «احلق»، ففعلت، فقال: «ألك هدي»، قلت: ما أجد، قال: «صم ثلاثة أيام، أو أطعم ستة مساكين، لكل مسكين نصف صاع»، قال: ففيّ نزلت هذه الآية: ﴿فَمَن كَانَ مِنكُم مَّرِيضًا أَوْ بِهِۦٓ أَذًى مِّن رَّأْسِهِۦ فَفِدْيَةٌ مِّن صِيَامٍ أَوْ صَدَقَةٍ أَوْ نُسُكٍ﴾ [البقرة:196] ثم كانت للمسلمين عامة. انتهى.

الهادي -عليه السلام- في الأحكام [1/ 267]: حدثني أبي، عن أبيه: في محرم ينتف من رأسه ثلاث شعرات أو شعرتين.

فقال: ما قلّ من ذلك فصدقة تجزيء عنه، وأما من أخذ من رأسه فأكثر حتى يبين في رأسه الأثر، فما جعل الله من الفدية من صيام ﴿أَوْ صَدَقَةٍ أَوْ نُسُكٍ﴾. انتهى.

باب القول فيما للمحرم قتله من الدواب وغيرها

[1495]- مجموع زيد بن علي -رضي الله عنهما- [166]: حدثني زيد بن علي، عن أبيه، عن جده، عن علي -عليهم السلام-، قال يقتل المحرم من الحيات الأسود والأفعى، والعقرب، والكلب العقور، ويرمي الغراب، ويقتل من قاتله). انتهى.

الجامع الكافي [3/ 501]: قال القاسم -عليه السلام-: ولا يقتل المحرم من الدواب كلها ما لم يضر به، إلا ما ذكر من الكلب العقور والغراب والحداة.

قال: والثعلب عقور، وقد قال بعضهم فيه شاة.

وروى محمد بإسناد عن ابن عباس وابن عمر، عن النبي -صلى الله عليه وآله وسلم- أنه قال: «خمس من الدواب يقتلهن المحرم في الحل والحرم؛ الفارة، والعقرب، والحدأة، والكلب العقور، والغراب».

وفي حديث آخر: أنه جعل الحية موضع الغراب.

وعن علي -عليه السلام- وأبي جعفر وغيرهم، قالوا: يرمي الغراب رمياً. انتهى.

الهادي -عليه السلام- في الأحكام [1/ 231]: قال يحيى بن الحسين -صلوات الله عليه-: لا بأس أن يقتل المحرم الحدأة والغراب والفارة والحية والعقرب والسبع العادي إذا عدا عليه، والكلب العقور إن ألحمه نفسه، وخشي المحرم عقره،

والبرغوث، والكتان، والبق، والدبر، وكل دابة عظم بلاؤها، وخشي على المسلمين ضررها، فلا بأس في قتل المحرم لها، واستئصاله لشافتها. انتهى.

باب القول في المحرم يموت، وفيمن بعث بهديه وواعدهم يوماً يقلدونه

وقد مرت رواية الجامع الكافي في المحرم يموت في كتاب الجنائز.

[1496]- **الهادي -عليه السلام- في الأحكام** [1/ 250]: قال: وإن مات قبل إحلاله مما كان فيه من إحرامه لم يغط رأسه، ولم يحنط بشيء من الطيب، وكذلك بلغنا عن رسول الله -صلى الله عليه وآله وسلم- في محرم وقصته ناقته، فقتلته، فأمر رسول الله -صلى الله عليه وآله وسلم- أن يغسل ولا يغطى رأسه، وقال: «إنه يبعث يوم القيامة ملبياً».

أمالي أحمد بن عيسى -رضي الله عنهما- [العلوم:2/ 400]: قال محمد: سألت أحمد بن عيسى، عن المحرم يموت يغطى رأسه؟.

فقال: لا، وذكره عن النبي -صلى الله عليه وآله وسلم-، إلا أن عائشة كانت ترى ذلك فمال الناس إلى قولها، وكانت تحب أن تأمر وتنهي. انتهى.

وقد تقدم حديث مجموع زيد بن علي -رضي الله عنهما-، عن علي -عليه السلام-، قال: (لما كان يوم النفر أصيب رجل من أصحاب رسول الله -صلى الله عليه وآله وسلم- الخ)، في أول كتاب الحج من كتابنا هذا، وقد ذكر السياغي في الروض النضير أن هذا الرجل هو الذي وقصته ناقته، وأن المراد بيوم النفر هو النفر من عرفات.

الهادي -عليه السلام- في الأحكام [1/ 281]: قال يحيى بن الحسين -صلوات الله عليه-: وأيما قارن أو متمتع أو مفرد بعث ببدنته وواعدهم أن يقلدوها في يوم معروف؛ فإنه إذا كان ذلك اليوم في الوقت الذي أمر بتقليدها فيه فقد وجب عليه الإحرام بتقليدهم لبدنته بذلك، وكذلك روي عن رسول الله -صلى الله عليه وآله وسلم-. انتهى.

[1497]- **الجامع الكافي** [3/ 367 - 368]: قال محمد: وذكر عن النبي - صلى الله عليه وآله وسلم- أنه كان جالساً مع أصحابه فشق قميصه - صلى الله عليه وآله وسلم-، فسئل عن ذلك؟

فقال: «إني كنت وعدتهم أن يقلدوا الهدي في هذا اليوم، وإني نسيت».

[1498]- وقال محمد: أخبرنا محمد بن عبيد، قال: أخبرنا علي بن غراب، عن جعفر، عن أبيه -رضي الله عنهما-: أن علياً -صلى الله عليه- وعمر وابن عباس وابن عمر، كانوا يبعثون بهديهم، فإذا قلدوا أمسكوا عما يمسك عنه المحرم، غير أنهم لا يلبون ويواعدون يوماً تنحر فيه بدنهم فيحلون.

قال محمد: حدثنا عباد بن يعقوب، عن السري بن عبد الله، عن جعفر، عن أبيه -رضي الله عنهما- قال: كان علي -عليه السلام- وعمر وابن عباس يقولون: إذا بعث الرجل ببدنة لتنسك عنه، أمسك عما يمسك عنه المحرم، غير أنه لا يلبي.

قال جعفر -عليه السلام-: يواعدهم يوماً يشعرون فيه، فإذا كان ذلك اليوم أمسك عما يمسك عنه المحرم.

قال محمد: هذا مذهب أهل البيت كلهم. انتهى.

محمد بن عبيد، وعلي بن غراب، وعباد بن يعقوب: من ثقات محدثي الشيعة، وقد مر الكلام عليهم.

وأما السري بن عبد الله فسيأتي الكلام عليه إن شاء الله، وهو من ثقات محدثي الشيعة.

باب القول في المرأة إذا حاضت وهي محرمة أو قبل ما تلبس من الثياب

[1499]- **مجموع زيد بن علي** -رضي الله عنهما- [166]: حدثنا زيد بن علي، عن أبيه عن جده عن علي -رضي الله عنهما-، قال - في الحائض-: (أنها تُعَرِّف وتنسك مع الناس المناسك كلها، وتأتي المشعر الحرام، وترمي الجمار، وسعى بين الصفا والمروة، ولا تطوف بالبيت حتى تطهر). انتهى.

الهادي -عليه السلام- في الأحكام [1/253]: قال يحيى بن الحسين -صلوات الله عليه-: الحائض تحرم كما يحرم غيرها، غير أنها لا تصلي، ولكن تطهر وتغتسل إن شاءت وتحتشي وتستثفر، وتلبس ثياباً نظيفة، ثم تهل بالحج وتحرم، وتفعل كما يفعل الحاج، فإن طهرت قبل دخول مكة اغتسلت لطهرها، ولبست ثياب إحرامها ودخلت، فقضت ما يقضيه من النساء مثلها؛ من الطواف والسعي، فإذا دخلت مكة وهي في طمثها لم تدخل المسجد، حتى تطهر من حيضها، فإن طهرت قضت مناسكها، وسواء عليها إذا كانت مفردة بالحج، طافت قبل خروجها إلى عرفة أو بعد رجوعها منها، لا يضيق من ذلك شيئاً عليها، ولا على غيرها.

قال يحيى بن الحسين -صلوات الله عليه-: وإذا دخلت المعتمرة بعمرة فلم تطهر حتى جاء وقت الخروج إلى الحج، فإنها ترفض تلك العمرة؛ ورفضها لها أن تنوي أنها قد رفضتها وتفرغت منها لغيرها، ثم تغتسل وتلبس ثوباً نظيفاً من الأقذار، نقياً من دنس الآثار، ثم تهل بالحج من مكة، وتمضي إلى منى وعرفة فتؤدي ما يؤدي الحاج من فروض حجه، وتقوم بما يقوم به من جميع أمره؛ من الوقوف بعرفات، والرمي للجمرات، فإذا طهرت بمكة دخلت فطافت طوافها لحجها، وسعت بين الصفاء والمروة، ثم عادت فطافت طواف النساء وهو الذي يدعا طواف الزيارة، ثم قد حلت وحل لها كل شيء كان حراماً عليها، وعليها دم تهريقه بمنى لما كان منها من رفضها لعمرتها، وعليها أن تقضي تلك العمرة التي رفضتها، تحرم لها من أقرب المواقيت إلى مكة، وإن شاءت من مسجد عائشة، وإن شاءت من الشجرة، وإن شاءت من الجعرانة ثم تطوف بها وتسعى وتقصر من شعرها من بعد ما كان من تقصيرها منه لحجها تقصيراً ثانياً لعمرتها، تقصر منه في كل مرة مقياس أنملة. انتهى.

[1500]- الجامع الكافي [3/574]: روى محمد بإسناده عن جابر أن أسماء بنت عميس نفست بذي الحليفة، فأمرها رسول الله -صلى الله عليه وآله وسلم- أن تغتسل وتهل.

وعن أبي جعفر، قال: أمرها رسول الله -صلى الله عليه وآله وسلم- أن تقضي

المناسك كلها إلا الطواف بالبيت.

[1501]-وروى محمد بأسانيده، عن مجاهد وأبي جعفر -عليه السلام- وغيرهما دخل حديث بعضهم في بعض: أن عائشة قدمت في حجة الوداع حائضاً فلم تطهر حتى أدركها الحج، فأمرها رسول الله -صلى الله عليه وآله وسلم- أن تجعلها حجة، فلما كان ليلة النفر، -وقال بعضهم: فلما نزل رسول الله -صلى الله عليه وآله وسلم- البطحاء يوم النفر-، قالت: يا رسول الله، أترجعون وترجع نساؤك بحجة وعمرة، وأرجع بحجة، قال: (فأخرجي إلى التنعيم فاعتمري، فخرجت مع أخيها عبد الرحمن فلبت وطافت لها وسعت وقصرت)، وأقام رسول الله -صلى الله عليه وآله وسلم- بالبطحاء ينتظرها، ثم كره أن يقتدى بإناخته فأناخ بالعقبة حتى رجعت إليه. انتهى.

الهادي -عليه السلام- في الأحكام [1/ 259]: قال يحيى بن الحسين -صلوات الله عليه-: تلبس المرأة القميص والجبة والسراويل والمقنعة والبرد والرداء، وما أحبت من سوى ذلك من الأشياء، ولا يكون لباسها في ثوب مصبوغ بزعفران، ولا ورس، ولا غيره مما كان مشبعاً في صبغه، ظاهر الزينة في لونه، ولا تنتقب ولا تتبرقع لأن إحرام المرأة في وجهها، ولا بأس أن ترخي الثوب على وجهها إرخاء لتستتر به، فتسدله عليها سدلاً، ولا تلبس الحلي للزينة، وتتجنب ما يتجنبه المحرم كله، ولا ينبغي لها أن تزاحم الرجال في طوافها وسعيها، ولا تطلب استلام الحجر في الزحام بيدها، فالإشارة من بعيد تجزيها، وليس عليها في طوافها وسعيها هرولة ولا أن ترتفع فوق الصفاء والمروة، والوقوف في أسفلهما في الازدحام أجر لها، والتوقي لملاكزت الرجال أزكى لحجها. انتهى.

باب القول في جزاء الصيد

[1502]- **مجموع زيد بن علي -رضي الله عنهما-** [163]: حدثني زيد بن علي، عن أبيه، عن جده، عن -عليهم السلام-، قال: (لا يقتل المحرم الصيد،

ولا يشير إليه، ولا يدل عليه، ولا يتبعه).

[1503]-حدثني زيد بن علي، عن أبيه، عن جده، عن علي -عليهم السلام-، قال: (في النعامة بدنة، وفي البقرة الوحشية بدنة، وفي حمار الوحش بدنة، وفي الظبي شاة، وفي الضبع شاة، وفي الجرادة قبضة من طعام).

[1504]-حدثنا زيد بن علي، عن أبيه، عن جده، عن علي -عليهم السلام-، قال لما كان في ولاية عمر أقبل قوم من أهل الشام محرمين، فأصابوا بيض نعام فأوطأوا وكسروا وأخذوا.

قال: فأتوا عمر في ولايته فهم بهم، وانتهرهم.

ثم قال اتبعوني حتى أتي علياً قال فأتوا علياً وهو في أرض له وبيده مسحاة، يقلع بها الأرض، فضرب عمر بيده عضده، قال: ما أخطأ من سماك أبا تراب.

قال: فقصّ القوم على علي بن أبي طالب القصة.

قال فقال علي -عليه السلام-: انطلقوا إلى نوق أبكار فأطرقوها فحلها، فما نتج فانحروه لله عز وجل، فقال عمر: (يا أبا الحسن، إن من البيض ما يمذق).

قال: فقال -عليه السلام-: (ومن النوق ما يزلق). انتهى.

[1505]-**أمالي أحمد بن عيسى -رضي الله عنهما- [العلوم**:2/ 384]: حدثنا محمد، قال: أخبرني جعفر، عن قاسم بن إبراهيم، في حمار وحش يصيبه المحرم.

يذكر عن علي -عليه السلام- أنه قال: (فيه بدنة)، وقال غيره: (فيه بقرة).

وفي ظبي أصابه المحرم؛ يذكر عن علي رحمة الله عليه أنه قال -في ظبي أصابه المحرم- (شاة مسنة).

ويذكر عن علي -عليه السلام- أنه قال: (في الضبع شاة).

وفي اليربوع أو الضب يصيبه المحرم قالوا: إن فيه عناقاً.

وفي الثعلب يصيبه المحرم؛ قال: الثعلب كلب عقور، وقد قال بعضهم: إن فيه شاة.

وفي النعامة يصيبها المحرم؛ قال: يذكر عن علي -عليه السلام-: أن فيها بدنة.

وفي بقرة الوحش يصيبها المحرم، قال: فيها بقرة.

وفي حمامة يصيبها المحرم، قال: فيها، وفي حمام الحرم شاة شاة.

وفي فرخ طير يصيبه المحرم؛ قال: قد ذكر عن علي -عليه السلام- أنه قال: (في كل فرخ ولد شاة).

وفي بيض النعام يصيبه المحرم؛ قال: قد ذكر عن علي -عليه السلام- أنه قال -في بيض النعامة-: (عدة البيض فحولة تضرب في أبكار فما نتج منهن أهدي إلى الكعبة)، فقيل: إن فيها ما يخدج، فقال: (إن في البيض ما يفسد).

وقد ذكر عن غيره أن فيه قيمته. انتهى.

الهادي -عليه السلام- في الأحكام [1/ 273]: قال يحيى بن الحسين -صلوات الله عليه-: في اليعقوب والحجلة والدبسي والقمري والرخمة شاة شاة، وكذلك روي عن أمير المؤمنين علي بن أبي طالب -عليه السلام-.

وذكر عنه أنه جعل في اليربوع والضب عناقاً من المعز، لقول الله: ﴿فَجَزَآءٌ مِّثْلُ مَا قَتَلَ مِنَ ٱلنَّعَمِ﴾[المائدة:95] وأوجبنا عليه قيمته لحرمة الحرم.

قال يحيى بن الحسين -رضي الله عنه-: فأما بيض النعام إذا كسره المحرم وأوطأه راحلته؛ فقد ذكر فيه عن أمير المؤمنين علي بن أبي طالب ما قد ذكر من القلاص اللواتي يضربن فما نتج منهن أهدي ولده، ولا أدري كيف هذا الخبر يصح أم لا؟

وقد ذكر عن رسول الله -صلى الله عليه وآله وسلم- أنه جعل في ذلك صيام

يوم عن كل بيضة، أو إطعام مسكين، وهذا إن شاء الله فأرجو أن يكون صحيحاً عنه -صلى الله عليه وآله وسلم-، لأنه أقرب إلى العدل والرحمة، والإحسان من الله والتوسعة. انتهى.

[1506]-**علي بن بلال في شرح الأحكام** [إعلام الأعلام (ص-247)]: أخبرنا أبو العباس الحسني، قال: أخبرنا علي بن محمد والحسين بن أحمد، قالا: حدثنا الحسين بن علي بن الحسن، قال: حدثنا زيد بن الحسين، عن ابن أبي أويس، عن ابن ضميرة، عن أبيه، عن جده، عن علي -عليه السلام- أنه كان يقول -في النفر يصيبون الصيد وهم محرمون-: (فعلى كل واحد جزاؤه كاملاً). انتهى.

رجال هذا الإسناد من ثقات محدثي الشيعة، وقد مر الكلام عليهم.

الجامع الكافي [3/503]: قال القاسم -عليه السلام-: في بقرة وحش يصيبها المحرم، قال: فيها بقرة.

وفي النعامة، يذكر عن علي: أن فيها بدنة.

وفي حمار وحش، ذكر عن علي -عليه السلام- أنه قال: (فيه بدنة).

وقال غيره: بقرة.

وذكر عن علي -عليه السلام- أنه قال: (في الظبي شاة مسنة، وفي الضبع شاة).

وقالوا في اليربوع والضب عناق.

قال القاسم: وفي الحمامة وفي حمام الحرم شاة شاة، وفي فراخ الطير ذكر عن علي -عليه السلام- أنه قال: (في كل فرخ ولد شاة، وفي القطا والهدهد والعصفور وأنواع الطير صغارها وكبارها يصيبه المحرم)، قالوا: إن في ذلك قيمته.

قال القاسم: وأفضل ما في هذا كله، وفي الحيوان الذي نهي المحرم عن إصابته، وإذا أصابه أن يحكم في تقديره وتمثيله بمثله من النعم، كما قال الله -عز

وجل-: ﴿فَجَزَآءٌ مِّثْلُ مَا قَتَلَ مِنَ ٱلنَّعَمِ يَحْكُمُ بِهِۦ ذَوَا عَدْلٍ مِّنكُمْ هَدْيَۢا بَٰلِغَ ٱلْكَعْبَةِ أَوْ كَفَّٰرَةٌ طَعَامُ مَسَٰكِينَ أَوْ عَدْلُ ذَٰلِكَ صِيَامًا﴾[المائدة:95].

قال محمد: وإذا أصاب المحرم نعامة فذكر عن علي وعمر وعثمان وزيد بن ثابت أنهم يحكموا في نعامة ببدنة.

وروى محمد ذلك أيضاً عن ابن عباس وأبي جعفر وزيد بن علي -عليهم السلام- وإبراهيم ومجاهد.

وإذا قتل بقرة وحش أو حمار وحش فذكر عن علي -عليه السلام- أنه يجب عليه في كل واحدة بدنة.

وإذا أصاب ظبياً أو شبهه فعليه شاة مسنة ذكر ذلك، عن علي -عليه السلام-.

قال محمد: في دون الضبع وأشباهه شاة شاة، ذكر ذلك عن علي -عليه السلام-.

وروي عن النبي -صلى الله عليه وآله وسلم-، وعن علي -عليه السلام-، وعمر وجابر وعطاء، قالوا: في الضبع كبش، وإذا أصاب يربوعاً أو ضباً ففيه عناق، ذكر ذلك عن علي -عليه السلام-.

قال محمد: وفي الطير والحمام -يعني المزجلة والرواعب ونحوها- وفي حمام الحمر والقمري والهدهد والحجل واليعاقيب وأشباه ذلك، ذكر عن علي -عليه السلام- أنه عليه في كل واحدة شاة.

قال محمد: وروي عن علي -عليه السلام- في بيض النعامة يصيبه المحرم: (ترسل الفحل على إبلك، فإذا تبين حملها سميت عدد ما أصابت من البيض.

فقلت: هذا هدي وليس عليك ضمانها فما صلح من ذلك كما صلح، وما فسد منها فليس عليك كما أن البيض منه ما يصلح ومنه ما يفسد.

وروي أن علياً -عليه السلام- سئل عن بيض النعام؟، فقال فيه رسول الله -

صلى الله عليه وآله وسلم-: «قد سمعتم ما قال علي، ولكن هلم إلى الرخصة، عليك في كل بيضة صوم يوم أو إطعام مسكين».

وفيه: وقال القاسم -عليه السلام- في بيض النعام يصيبه المحرم: يذكر عن علي -عليه السلام- أنه قال في بيض النعام: (عدة البيض تضرب في أبكار فما نتج منهن أهدي إلى الكعبة).

فقيل له: إن فيها ما يخدج، فقال: (إن في البيض ما يفسد).

وقال القاسم -عليه السلام- ومحمد في فرخ الطير أصابه المحرم: يذكر عن علي -عليه السلام- قال: «في كل فرخ ولد شاة». انتهى.

المؤيد بالله -عليه السلام- في **شرح التجريد** [2/ 455].: أخبرنا أبو الحسين بن إسماعيل، أخبرنا الناصر، أخبرنا الحسن بن يحيى بن الحسين بن زيد بن علي، حدثنا إبراهيم بن محمد، عن محمد بن فضيل، عن يزيد بن أبي زياد، عن عبد الله بن الحارث، عن أبيه قال: خرجت مع علي وعثمان حتى إذا كنا بمكة بمكان كذا أو كذا قربت المائدة وعليها يعاقيب وحجل، فلما رأى علي -عليه السلام- ذلك قام وقام معه أناس.

فقيل لعثمان: ما قام هذا إلا كراهة لطعامك، فأرسل إليه فقال: ما كرهت من هذا فو الله ما أشرنا ولا أمرنا ولا صدنا.

فقال علي -عليه السلام-: ﴿أُحِلَّ لَكُمْ صَيْدُ ٱلْبَحْرِ﴾، إلى قوله: ﴿وَحُرِّمَ عَلَيْكُمْ صَيْدُ ٱلْبَرِّ مَا دُمْتُمْ حُرُمًا﴾ [المائدة:96]. انتهى.

رجال هذا الإسناد قد مر الكلام عليهم وهم من ثقات محدثي الشيعة.

أما عبد الله بن الحارث بن نوفل بن عبد المطلب ووالده : فسيأتي الكلام عليهما إن شاء الله تعالى في كتاب المناقب.

باب القول فيما يقال عند دخول الحرم

الهادي -عليه السلام- في الأحكام [1/232]: قال يحيى بن الحسين - صلوات الله عليه-:

فإذا انتهى المحرم قرب الحرم فيستحب له أن ينزل فيغتسل، ثم يدخل الحرم، فإذا وضعت دابته أو راحلته قوائمها في طرف الحرم قال: «اللهم إن هذا حرمك وأمنك، والموضع الذي اخترته لنبيك، وافترضت على خلقك الحج إليه، وقد أتيناك راغبين فيما رغبتنا فيه، راجين منك الثواب عليه، فلك الحمد على حسن البلاغ، وإياك نسأله حسن الصحابة في المرجع، فلا تخيب عندك دعاءنا، ولا تقطع منك رجاءنا، واغفر لنا وارحمنا، وتقبل منا سعينا، واشكر فعلنا، وآتنا بالحسنة إحساناً، وبالسيئة غفراناً، يا أرحم الراحمين، يا رب العالمين». انتهى.

الجامع الكافي [3/380]: قال محمد: وإذا دنوت من الحرم فاغتسل إن أمكنك، وإلا فتوضئ وإن لم يتيسر الوضوء فلا بأس، فإذا وضعت رجلك في الحرم أو وضع بعيرك خفه في الحرم إن كنت راكباً فقل: «بسم الله، ولا قوة إلا بالله، اللهم هذا الحرم حرمك، والعبد عبدك، وقلتَ من دخله كان آمناً، اللهم فحرم بدني على النار».

وليكن فيما تدعو به عند مسجد الفتح: يا صريخ المستصرخين، يا مجيب المضطرين، اكشف همي وغمي وكربي، كما كشفت عن نبيك همه وغمه، وكفيته عدوه في هذا المكان. انتهى.

ما يقال من الذكر عن رؤية الكعبة

الجامع الكافي [3/380]: قال محمد: فإذا دخلت مكة وعاينت أبياتها فإن كنت لم تغتسل عند دخول الحرم فاغتسل إذا دخلت مكة إن أمكنك، وإلا فلا يضرك، وأحرز متاعك ثم ائت المسجد الحرام، وأنت على طهر، فإذا عاينت البيت فاقطع التلبية إن كنت متمتعاً، ثم قف على باب المسجد مستقبل القبلة فكبر الله وأحمده وهلله وقل: «اللهم هذا البيت بيتك، فعظمه وشرفه وكرمه، وزد من عظمه وكرمه وشرفه إيماناً وتكريماً ممن حجه واعتمره».

ثم ادخل من أي أبواب المسجد شئت إذا قدمت، وقد كان يستحب أن يدخل من باب بني شيبة، ويستحب أن تدخل المسجد الحرام حافياً، عليك السكينة والوقار والخشوع، فإذا أتيت إلى باب المسجد الحرام فقف، وقل:

السلام عليك أيها النبي ورحمة الله وبركاته، بسم الله، وبالله، ومن الله، وما شاء، والسلام على أنبياء الله ورسله، والسلام على رسول الله -صلى الله عليه وآله وسلم-، والسلام على أبينا إبراهيم، والحمد الله رب العالمين.

فإذا دخلت المسجد فاستقبلت البيت فارفع يديك وقل: الله أكبر، لا إله إلا الله، والله أكبر، ولله الحمد، وكذلك فافعل بالركن اليماني.

باب القول في الطواف بالبيت وما يقال فيه من الذكر والاستلام، والصلاة خلف المقام

[1507]- **مجموع زيد بن علي -رضي الله عنهما-** [159]: حدثني زيد بن علي، عن أبيه، عن جده، عن علي -عليهم السلام-، قال: (أول مناسك الحج، أول ما يدخل مكة يأتي الكعبة يتمسح بالحجر الأسود، ويكبر ويذكر الله تعالى ويطوف، فإذا انتهى إلى الحجر الأسود فذلك شوط، فليطف كذلك سبع مرات، فإن استطاع أن يتمسح بالحجر في كلهن فعل، وإن لم يجد إلى ذلك سبيلاً مسح ذلك في أولهن وفي آخرهن، فإذا قضى طوافه فليأت مقام إبراهيم -صلى الله عليه وعلى نبينا وعلى آلهما وسلم-، فليصل ركعتين، وأربع سجدات، ثم ليسلم، ثم ليتمسح بالحجر الأسود بعد التسليم حين يريد الخروج إلى الصفا والمروة). انتهى.

[1508]- **المؤيد بالله -عليه السلام- في شرح التجريد** [2/ 390]: وروى زيد بن علي، عن أبيه، عن جده، عن علي -عليهم السلام-، قال: (أول ما يدخل مكة يأتي الكعبة فيتمسح بالحجر الأسود، ويكبر ويذكر الله ويطوف، فإذا انتهى إلى الحجر الأسود، فذلك شوط، فليطف كذلك سبع مرات).

ولا خلاف أن الطواف يبدأ من الحجر الأسود وإلى جانب الباب، ثم الحِجر، وعلى ذلك فعل الخلف والسلف. انتهى.

زيد بن علي -رضي الله عنهما- في المنسك: إذا استقبلت الحجر فإذا دخلت المسجد الحرام فاستقبل الركن الذي فيه الحجر الأسود، فادع الله تعالى واثنِ عليه بما هو أهله، وصل على النبي وأهل بيته -صلى الله عليه وآله وسلم-، وقل: اللهم تصديقاً بكتابك، وبسنة نبيك -صلى الله عليه وآله وسلم-.

ثم استلم الحجر الأسود وقبِّله إن ستطعت على أن تؤدي ولا تؤذي، وإن استقبلته استقبالاً أجزأك، فإذا استلمت الحجر فقل: أشهد أن لا إله إلا الله وحده لا شريك له، وأشهد أن محمداً عبده ورسوله -صلى الله عليه وآله وسلم-، آمنت بالله، وكفرت بالطاغوت، وكفرت بعبادة الشياطين، وبعبادة كل ند يدعى من دون الله.

فإن لم تستطع أن تقبله فاستلمه بيدك اليمنى ثم قبلها ثم قل: اللهم البيت بيتك، والعبد عبدك، وهذا مقام العائذ بك من النار.

وتخير لنفسك من الدعاء ما أحببت ثم تستلم الركن اليماني والحجر الأسود ما استطعت، فافعل ذلك سبع مرات إن قدرت، وإلا فافتح بالحجر الأسود واختم به، فإنه لا بد لك من ذلك. انتهى.

أمالي أحمد بن عيسى -رضي الله عنهما- [العلوم:2/ 358]: حدثنا محمد، قال: حدثنا عباد بن يعقوب، قال أنبأنا يحيى بن سالم الفراء، عن أبي الجارود، عن أبي جعفر: فإذا دخلت المسجد الحرام إن شاء الله فاستقبل الركن الذي فيه الحجر الأسود فادع الله عز زوجل واثن عليه بما هو أهله، وصل على النبي -صلى الله عليه وآله وسلم- وأهل بيته، وقل:

تصديقاً بكتابك وسنة نبيك محمد -صلى الله عليه وآله وسلم-، فإن استطعت أن تقبل الحجر فقبله وإلا فاستلمه بيدك اليمنى ثم قبلها، فإن لم تستطع أن تستلمه

وزحمت عليه فافتتح به واختم، فإن استملته في كل طواف فهو أفضل واستلم الركن اليماني والحجر الأسو،د افعل ذلك سبع مرات إن قدرت عليه، وإلا فافتح بالحجر الأسود واختم به، فإنه لا بد لك من ذلك واستقبله. انتهى.

الهادي -عليه السلام- في الأحكام [1/ 232]: قال يحيى بن الحسين -صلوات الله عليه-: فإذا انتهى المحرم إن شاء الله إلى الكعبة ورآها فليقطع التلبية إن كان معتمراً مصيره إلى الكعبة، ولا يلبي بعد ذلك حتى يهل بالحج، ولكنه يطوف البيت سبعة أشواط يرمل في ثلاثة أشواط، ويمشي الأربعة الباقية، ويقول في طوافه حين يبتدئه، ويكون ابتداؤه من الحجر الأسود.

بسم الله الرحمن الرحيم؛ ولا حول ولا قوة إلا بالله العلي العظيم.

فإذا جاء باب الكعبة قال، وهو مقبل بوجهه إليها: «اللهم هذا البيت بيتك، والحرم حرمك، والعبد عبدك، وهذا مقام العائذ بك من النار اللهم فأعذني من عذابك، واختصني بالأجزل من ثوابك، ووالدي وما ولد والمسلمين والمسلمات، يا جبار الأرضين والسموات».

ثم يمضي في طوافه ويقول: رب اغفر وارحم وتجاوز عما تعلم إنك أنت الأعز الأكرم.

يردد هذا القول حتى ينتهي إلى الحجر الأسود، فإذا انتهى إليه استلمه وقال: اللهم إيماناً بك، وتصديقاً بكتابك، واتباعاً لأمرك، واقتداء بنسة نبيك محمد صلى الله عليه وآله الطيبين الأخيار، الصادين الأبرار، اللهم اغفر لي ذنوبي وكفر عني سيئاتي، وأعني على طاعتك إنك سميع الدعاء).

ثم يمضي حتى يواجه الباب ثانية ثم يقول ما قال أولاً ويفعل في طوافه كما فعل في أوله ويستلم الأركان كلها، وما لم يقدر عليه منها أشار إليه بيده، ويقول عند استلامه للأركان:

﴿رَبَّنَآ ءَاتِنَا فِي ٱلدُّنۡيَا حَسَنَةٗ وَفِي ٱلۡأٓخِرَةِ حَسَنَةٗ وَقِنَا عَذَابَ ٱلنَّارِ ٢٠١﴾[البقرة:201].

فإذا فرغ من السبعة الأشواط وقف بين الحجر الأسود والباب ثم دعاء فقال: اللهم أنت الحق، وأنت الإله الذي لا إله غيرك، إياك نعبد وإياك نستعين، وأنت ولينا في الدنيا والآخرة، فاغفر لنا ذنوبنا، وتجاوز عن سيئاتنا، وتقبل سعينا، ويسر ما تعسر علينا من أمرنا، ووفقنا لطاعتك، واجعلنا من أوليائك الفائزين، يا رب العالمين. انتهى.

[1508]- **أمالي أحمد بن عيسى -رضي الله عنهما- [العلوم:2/ 370]**: حدثنا عباد، عن يحيى بن سالم، عن أبي الجارود، عن أبي جعفر قال: قال رسول الله -صلى الله عليه وآله وسلم- ما أشاء أن ألقى جبريل مستلماً هذا الحجر ضاحكاً في وجهي يقول: يا محمد، قل: يا واحد، يا أحد، يا حليم، يا جبار، يا قريب، يا بعيد، اردد عليّ نعماءك التي أنعمت عليّ. انتهى.

[1509]-**الجامع الكافي** [3/ 387]: وروى محمد عن علي -عليه السلام- أنه كان يقول إذا استلم الحجر: (اللهم إيماناً بك، وتصديقاً بكتابك، واتباعاً لسنة نبيك). انتهى.

القاضي زيد في الشرح: ويبتدئ بالطواف من الحجر الأسود حتى يأتي باب الكعبة، ثم يأتي الحِجر، ثم يأتي الركن اليماني، ثم يعود إلى الحَجَر فيكون ذلك شوطاً، وهذا مما لا خلاف فيه، وعليه عمل المسلمين كلهم، توارثه خلف عن سلف.

وفيه: قال أبو العباس الحسني: وإذا انتهى إلى مؤخر الكعبة، وهو المستجار دون الركن اليماني بقليل بسط في الشوط السابع على البيت يديه، وألصق بطنه وخديه، وقال:

(اللهم البيت بيتك، والحرم حرمك، والعبد عبدك، وهذا مقام العائذ بك من النار)، ولا خلاف في استحباب الدنو من البيت.

وأما الدعاء: فإنه تبرك بقُرْبِهِ، والتمسح به والدعاء من حيث هو مسنون إجماعاً. انتهى.

الجامع الكافي [3/387]: قال محمد: ثم يقول في الشوط السابع عند المستجار: ابسط يديك على البيت، وألزق خدك وبطنك بالبيت، ثم قل:

(اللهم هذا البيت بيتك، والعبد عبدك، وهذا مقام العائذ بك من النار، اللهم من قبلك الروح والفرج والعفو والعافية والمعافاة في الدنيا والآخرة.

اللهم إن عملي ضعيف فضاعفه لي، واغفر لي ما اطلعت عليه مني، وخفي على خلقك، أستجير بالله من النار)، وتصلي على محمد وآله وتدعو بما تيسر. انتهى.

الرمل في الثلاثة الأشواط:

الجامع الكافي [3/383]: قال القاسم -عليه السلام- ومحمد: ويرمل القارن والمفرد والمتمتع في طوافهم عند الدخول.

قال محمد: ويسعى في الأربعة.

وقال القاسم -عليه السلام- في رواية داود عنه: والرمل بالبيت في الثلاثة الأشواط من التذلل لله عز وجل، والإجلال له، لأن المشركين وقفوا للنبي -صلى الله عليه وآله وسلم- في عمرة القضاء فكان يمشي بين الركنين إذا توارى عنهم فليس يترك على حال.

[1510]- وروى محمد بإسناده عن ابن عباس أنه قال: قد رمل رسول الله -صلى الله عليه وآله وسلم- وليست بسنة، ولكنه قدم والمشركون على جبل قيقعان.

[1511]- وعن ابن عباس أيضاً: أن المشركين كانوا عند دار الندوة مما يلي الحجر، فتحدثوا أن به وبأصحابه جُهداً شديداً، فأمرهم، فرملوا بالبيت، واضطبع واضطبعوا ليريهم أنه لم يصبه جهد، فكانوا إذا بلغوا الركن اليماني مشوا إلى الحجر الأسود.

وعن أبي الطفيل أن رسول الله -صلى الله عليه وآله وسلم- رمل من الحَجَر إلى الحِجْر.

وعن أبي جعفر -عليه السلام- قال: إن رمل فحسن، وإن لم يرمل فلا بأس.

وقال: قد رمل رسول الله -صلى الله عليه وآله وسلم- ولم ينه عنه.

وروى محمد، عن النبي -صلى الله عليه وآله وسلم- أنه اضطبع هو وأصحابه ثلاثة أشواط فرملوا ومشوا أربعة.

وقال القاسم -عليه السلام-: وليس على النساء أن يرملن في طوافهن.

قال محمد: ولا بين الصفاء والمروة، وروى مثل ذلك عن ابن عباس. انتهى.

القاضي زيد في الشرح: قال القاسم -عليه السلام-: الرمل فوق المشي دون السعي، وذلك لأن الرمل في المشي هو الحمز والإسراع، وهو مستحب في الطواف، ولا خلاف فيه، إلا ما يحكى عن ابن عباس أنه ليس بسنة، وحكي رجوعه عنه. انتهى.

الهادي -عليه السلام- في الأحكام [1/ 232]: قال يحيى بن الحسين -صلوات الله عليه-: إذا انتهى المحرم إن شاء الله إلى الكعبة وراءها فليقطع التلبية إن كان معتمراً عند مصيره إلى الكعبة، ولا يلب بعد ذلك حتى يهل بالحج، ولكنه يطوف بالبيت سبعة أشواط يرمل في ثلاثة أشواط ويمشي الأربعة الباقية. انتهى.

الكلام في الطواف وهل يصلي لكل أسبوع ركعتين:

الجامع الكافي [3/ 445]: قال القاسم -عليه السلام- ومحمد: ولا بأس بالكلام في الطواف بما لم يكن رفثاً أو فحشاً.

قال القاسم -عليه السلام-: وكذلك لا بأس بالشرب في الطواف، والإمساك عن ذلك أحسن.

قال محمد: ذكر عن ابن عباس وأبي جعفر محمد بن علي -عليه السلام- وغيرهما أنهم كانوا يتكلمون في الطواف الواجب والتطوع، ولكن الفضل في الصمت، والإقبالِ على ذكر الله عز وجل، وقراءةِ القرآن في الطواف والتسبيحِ وذكرِ الله، وكل ذلك جائز حسن، وإن قرأ في طوافه فمرت به سجدة عزيمة

فيومئ إيماء إلى الكعبة.

وروي عن ابن عباس قال: الطواف بالبيت صلاة، إلا أن الله أحل لكم فيه الكلام إلا بخير (81). انتهى.

وفي الجامع الكافي [3/ 443]: قال القاسم -عليه السلام- والحسن -عليه السلام-: فيما حدثنا زيد، عن زيد، عن أحمد عنه، وهو قول محمد: جائز أن يطوف أسبوعين أو ثلاثة أو أكثر، ويصلي عند فراغه من أسابيعه كلها لكل أسبوع ركعتين.

وروى محمد بأسانيده عن أبي جعفر وعبد الله بن الحسن -رضي الله عنهما- نحو ذلك. انتهى.

باب القول فيمن طاف ثمانية أشواط ما يصنع، وفي أي وقت يكره الطواف فيه

[1512]- مجموع زيد بن علي -رضي الله عنهما- [159]: حدثني زيد بن علي، عن أبيه، عن جده، عن علي -عليهم السلام-: في الرجل ينسى فيطوف ثمانية؛ فليزد عليها ستة حتى تكون أربعة عشر، ويصلي أربع ركعات. انتهى.

الجامع الكافي [3/ 440-441]: قال القاسم -عليه السلام- وسئل عن الطواف بعد الصبح حتى تطلع الشمس، وبعد العصر حتى تغرب الشمس-، فقال: كان الحسن والحسين -رضي الله عنهما- وعبد الله بن عباس يطوفون بعدهما ويصلون.

---

(81) عن ابن عباس، أن رسول الله -صلى الله عليه وآله وسلم- قال: ((الطواف بالبيت مثل الصلاة، إلا أنكم تتكلمون فيه، فمن تكلم فيه فلا يتكلم إلا بخير))، هذه رواية الترمذي، قال: وروي موقوفاً عليه.
وأخرج النسائي عن طاووس عن رجل أدرك النبي -صلى الله عليه وآله وسلم- أن النبي -صلى الله عليه وآله وسلم- قال: ((الطواف بالبيت صلاة فأقلوا الكلام)).
وعن ابن عمر قال: ((أقلوا الكلام في الطواف فإنما أنتم في صلاة))، أخرجه النسائي أيضاً، هكذا ذكره ابن بهران في تخريجه على البحر. تمت من حاشية على الأصل.

وقال محمد: ذكر عن غير واحد من علماء آل رسول الله -صلى الله عليه وآله وسلم- أنهم طافوا بعد العصر أسبوعين، أحدهما واجب فصلى للطواف الواجب ركعتين، وأخّر ركعتي التطوع حتى صلى المغرب.

وعن محمد بن علي -رضي الله عنهما-: أنه صلاهما بعد الركعتين بعد المغرب.

[1513]- وفيه أيضاً: وعن الحسن والحسين -رضي الله عنهما- وابن عباس، وابن عمر، وأبي الطفيل، وأبي جعفر، وجعفر، وعبد الله بن الحسن -عليهم السلام-: أنهم كانوا يطوفون بعد العصر ويصلون. انتهى.

الهادي -عليه السلام- في الأحكام [1/ 268]: **قال يحيى بن الحسين -صلوات الله عليه-**: لا بأس بأن يطوف الرجل بعد العصر، وبعد طلوع الفجر، وطلوع الشمس، ولا يكره الطواف ولا الصلاة له في وقت، إلا في الأوقات الثلاثة التي نهى النبي -صلى الله عليه وآله وسلم- عنها، ولا بأس أن يطوف الرجل بعض طوافه، ثم يعرض له عارض فيقطع الطواف، ثم يعود فيبني على ما مضى من طوافه.

حدثني أبي، عن أبيه: في الرجل يطوف أسبوعين أو ثلاثة، كم يصلي لها؟

قال: يصلي لكل أسبوع منها إذا فرغ ركعتين.

حدثني أبي، عن أبيه: في الرجل يطوف بعد الصبح، أو بعد العصر إلى غروب الشمس.

قال: قد كان الحسن والحسين وعبد الله بن عباس -رضي الله عنهم- يطوفون بعدهما ويصلون.

حدثني أبي، عن أبيه: في الرجل يفرق بين طوافه وسعيه.

فقال: لا بأس بذلك إن كان تفريقه ذلك لعلة مانعة، حتى يكون ذلك في آخر يومه، أو من غده، وإن أبطأ عن ذلك فتركه حتى تكثر أيامه، فيستحب له أن يهريق دماً، وقد وسع في هذا غيرنا، ولسنا نقول به. انتهى.

باب القول في ركعتي الطواف وما يقرأ فيهما

قد تقدم حديث المجموع عن علي -عليه السلام- قال: (فإذا قضى طوافه فليأت مقام إبراهيم -صلى الله عليه وعلى نبياً وآلهما وسلم- فليصل ركعتين وأربع سجدات، ثم ليسلم، ثم ليتمسح بالحجر الأسود بعد التسليم حين يريد الخروج إلى الصفا والمروة).

زيد بن علي -رضي الله عنهما- في المنسك: ثم ائت مقام إبراهيم -صلى الله عليه وآله وسلم- بعد ما تفرغ من طوافك تصلي عنده ركعتين، واستقبله تتخذه إماماً، واقرأ فيهما قل هو الله أحد، وقل يا أيها الكافرون. انتهى.

[1514]- أمالي أحمد بن عيسى -رضي الله عنهما- [العلوم:2/ 359]:
وحدثنا محمد، قال: حدثنا عباد بن يعقوب، قال أنبأنا يحيى بن سالم الفراء، عن أبي الجارود، عن أبي جعفر، قال: فإذا فرغت من طوافك فائت مقام إبراهيم فصل عنده ركعتين، واتخذه إماماً، واقرأ فيهما قل هو الله أحد، وقل يا أيها الكافرون، ثم ائت الحجر الأسود فقبله واستلمه، وليكن آخر عهدك استلامه، فإنه لا بد من ذلك. انتهى.

الهادي -عليه السلام- في الأحكام [1/ 233]: قال يحيى بن الحسين -صلوات الله عليه-: ثم يأتي مقام إبراهيم -صلى الله عليه- فيصلي وراءه ركعتين يقرأ في الأولى بالحمد وقل يا أيها الكافرون، وإن شاء قرأ في الأولى بقل هو الله أحد وفي الثانية بقل يا أيها الكافرون، وإن شاء قرأ غيرهما من سور مفصل القرآن، غير أنا نحب له أن يقرأ بصغار السور، لأن يتنفذ ولا يحبس غيره، ولا يضر بمن يطلب مثل طلبته، ثم ينهض فيستقبل الكعبة ثم يقول: اللهم ربنا فاغفر لنا ذنوبنا، وزك لنا أعمالنا، ولا تردنا خائبين. انتهى.

الجامع الكافي [3/ 389]: قال محمد: وإذا طاف أسبوعاً فليصل ركعتين عند مقام إبراهيم، أو حيث تيسرت من المسجد خلف المقام، فإن أعجلته حاجة عن

أن يصليهما هناك جاز أن يصليهما في رحله، وإن صلى الفريضة أجزته، ولو صلى ركعتي الطواف في الحجر أو في البيت لجاز، ويقرأ فيهما في الأولى بالحمد وقل يا أيها الكافرون، وفي الثانية بالحمد وقل وهو الله أحد.

وفيه: وعن النبي -صلى الله عليه وآله وسلم- أنه لما طاف انتهى إلى المقام فقرأ: ﴿وَٱتَّخِذُواْ مِن مَّقَامِ إِبۡرَٰهِـۧمَ مُصَلًّىۖ﴾[البقرة:125]،فصلى خلفه ركعتين فقرأ فيهما قل يا أيها الكافرون وقل هو الله أحد. انتهى.

[1515]- **المؤيد بالله -عليه السلام- في شرح التجريد** [2/ 393]: وفي حديث زيد بن علي، عن أبيه، عن جده، عن علي -عليهم السلام-، قال: إذا قضى طوافه فليأت مقام إبراهيم -عليه السلام- فليصل ركعتين. انتهى.

الشرب من ماء زمزم والاطلاع عليها:

الهادي -عليه السلام- في الأحكام [1/ 234]: قال يحيى بن الحسين -صلوات الله عليه-:

ثم يدخل إن أحب زمزم فإن ذلك بركة وخير، فيشرب من مائها، ويطلع في جوفها، ويقول:

اللهم إنك أنت أظهرتها وسقيتها نبيك إسماعيل، رحمة منك به يا جليل، وجعلت فيها من البركة ما أنت أهله، فأسألك أن تبارك لي فيما شربت منها، وتجعله لي دواء وشفاء، تنفعني به من كل داء، وتسلمني به من كل ردى، إنك سميع الدعاء، مستجيب من عبادك لمن تشاء. انتهى.

الجامع الكافي [3/ 395]: قال محمد -في قول العباس: اللهم لا أحلها لمغتسل، وهي لشارب حِلٌّ وبَلٌّ- قال: معناه لا أحلها لمغتسل يعني من جنابة، فأما الغسل منها على التبرك بها فلا بأس به، وقد صب رسول الله -صلى الله عليه وآله وسلم- على نفسه دلواً من مائها.

[1516]- وروى محمد بإسناد أن رسول الله -صلى الله عليه وآله وسلم-

أتى زمزم فقال: لولا أن تُغلبوا عليها لنزعت معكم، ثم تناول الدلو فشرب من مائها، وهو قائم.

وعن عطاء قال: اشرب من ماء زمزم فإنه من السنة. انتهى.

باب القول في السعي بين الصفا والمروة، وما يقال فيه من الذكر

[1517]- **مجموع زيد بن علي -رضي الله عنهما-** [160]: حدثني زيد بن علي، عن أبيه، عن جده، عن علي -عليهم السلام-، في قول الله -عز وجل-: ﴿ ۞ إِنَّ ٱلصَّفَا وَٱلۡمَرۡوَةَ مِن شَعَآئِرِ ٱللَّهِۖ فَمَنۡ حَجَّ ٱلۡبَيۡتَ أَوِ ٱعۡتَمَرَ فَلَا جُنَاحَ عَلَيۡهِ أَن يَطَّوَّفَ بِهِمَاۚ ﴾[البقرة:158]، قال -عليه السلام-: (كان عليهما أصنام فتحرج المسلمون من الطواف بينهما لأجل الأصنام، فأنزل الله -عز وجل- لئلا يكون عليهم حرج في الطواف من أجل الأصنام).

[1518]- حدثني زيد بن علي، عن أبيه، عن جده، عن علي -عليهم السلام-، قال: (يبدأ بالصفا ويختم بالمروة، فإذا انتهى إلى بطن الوادي سعى حتى يجاوزه، فإن كانت به علة لا يقدر أن يمشي ركب). انتهى.

[1519]- **علي بن بلال في شرح الأحكام** [إعلام الأعلام (صـ247)]: وأخبرنا السيد أبو العباس الحسني -رحمه الله-، قال: حدثنا عبد العزيز بن إسحاق، قال: حدثنا علي بن محمد النخعي، قال: حدثنا سليمان بن إبراهيم المحاربي، [قال: حدثنا نصر بن مزاحم المنقري، قال: حدثنا إبراهيم] بن الزبرقان، قال: حدثنا أبو خالد الواسطي، عن زيد بن علي، عن أبيه، عن جده، عن علي -صلوات الله عليه- قال: (كان يبدأ بالصفا ويختم بالمروة، فإذا انتهى إلى بطن الوادي سعى حتى يجاوزه، فإن كانت به علة لا يقدر أن يمشي ركب). انتهى.

رجال هذا الإسناد قد مر الكلام عليهم جميعاً، والإسناد مضطرب كما ترى

وقد أصلحناه تظنينا اعتماداً على بقية أسانيده من هذه الطريق.

الهادي -عليه السلام- في الأحكام [1/ 234]: قال يحيى بن الحسين - صلوات الله عليه-:

ثم يخرج إلى الصفا من بين الاسطوانتين المكتوب فيهما، فإذا استوى على الصفا فليستقبل القبلة بوجهه ثم ليقل:

بسم الله، وبالله، والحمد الله، وصلى الله على محمد رسول الله، ثم يقرأ الحمد، والمعوذتين، وقل هو الله أحد، وآية الكرسي، وآخر الحشر، ثم ليقل:

لا إله إلا الله وحده لا شريك له، نصر عبده، وهزم الأحزاب وحده، لا شريك له، وأشهد أن لا إله إلا الله وحده حقاً لا شريك له، وأشهد أن محمداً عبده ورسوله -صلى الله عليه وآله وسلم-، اللهم اغفر لي ذنبي، وتجاوز عن خطيئتي، ولا تردني خائباً، يا أكرم الأكرمين، واجعلني في الآخرة من الفائزين.

ثم لينزل عن الصفاء ويمضي حتى إذا كان عند الميل الأخضر المعلق في جدار المسجد هرول حتى يحاذي المنصوب في أول السراجين، ثم يمضي حتى ينتهي إلى المروة، ويقول في طريقه: رب اغفر وارحم، وتجاوز عما تعلم، إنك أنت الأعز الأكرم، يردد هذا القول وغيره من الذكر الحسن لله والدعاء، حتى يفرغ من سعيه، فإذا انتهى إلى المروة فليرقَ عليها حتى يواجه الكعبة ثم ليدع بما دعى على الصفا، ويقول ما قاله على الصفا وما حضره من سوى ذلك، ثم يرجع ويفعل ما فعل أولاً في طريقه حتى ينتهي إلى الصفا، ثم على ذلك الفعال فليكن فعله حتى يستوفي سبعة أشواط، ثم ينصرف ويقصر من شعره المعتمر، ولا يحلق رأسه إذا كان في أشهر الحج، وكان عازماً على الحج، ثم قد حل له كل شيء، وجاز له ما يجوز للحلال من النساء والطيب والثياب. انتهى.

زيد بن علي -رضي الله عنهما- في المنسك: ثم اخرج من باب الصفا حتى تأتيه فتصعد عليه، ثم استقبل الركن الذي فيه الحجر الأسود، واثبت عليه، فكبر الله تعالى سبعاً، وهلل سبعاً، وأحمده سبعاً، وقل: لا إله إلا الله وحده ولا شريك له،

له الملك وله الحمد، يحيى ويميت، بيده الخير، وهو على كل شيء قدير. -ثلاث مرات.

وصل على النبي وأهل بيته -صلى الله عليه وآله وسلم-، وتخير لنفسك من الدعاء، واستغفر لذنبك، ثم انحدر من الصفا، فإذا بلغت من الوادي حين تأخذ من الهبوط فاسع فيه حتى تجاوزه، وقل وأنت تسعى: اللهم اغفر وارحم، وأنت الأعز الأكرم.

ثم ائت المروة فاصعد عليها فاستقبل البيت فادع الله تعالى واثن عليه، وصل على النبي وأهل بيته -صلى الله عليه وآله وسلم-، وقل كما قلت على الصفا، فإذا مررت بالوادي فاسع فيه، مثل ما فعلت أول مرة، ثم طف بينهما سبعة أشواط آخرهن المروة، ثم ارجع إلى رحلك فقص من شعرك، وخذ من مقدمه ومؤخره ومن جانبيه ووسطه، وخذ من شاربك، وقلم أظفارك ولا تستأصلها، وأبق لحجتك إن شاء الله تعالى، فإذا فعلت ذلك فقد أحللت من كل شيء يحل منه المحرم، فطف بالبيت ما شئت تطوعاً بينك وبين التروية. انتهى.

أمالي أحمد بن عيسى -رضي الله عنهما- [العلوم:2/ 359]: حدثنا محمد، قال: حدثنا عباد بن يعقوب، قال: أنبأنا يحيى بن سالم الفراء، عن أبي الجارود، وعن أبي جعفر: ثم اخرج إلى الصفا فاصعد عليه، واستقبل الركن الذي فيه الحجر الأسود، فادع الله واثنِ عليه، وصل على النبي -صلى الله عليه وآله وسلم-، وتخير لنفسك من الدعاء، واستغفر لذنبك، وانحدر من الصفا، فإذا بلغت الوادي حيث تأخذ في الهبوط فاسعَ فيه حتى تجاوزه، وقل وأنت تسعى: اللهم اغفر وارحم وتجاوز عما تعلم إنك أنت الأعز الأكرم.

ثم ائت المروة فاصعد عليها فاستقبل البيت، وادع الله، واثنِ عليه، وصل على النبي -صلى الله عليه وآله وسلم- وعلى أهل بيته، وقل مثل ما قلت على الصفا، ثم انحدر منها إلى الصفا، فإذا مررت بالوادي حين تأخذ في الهبوط فاسع فيه حتى تجاوزه، وقل كما قلت في أول مرة، طف سبعة أشواط تفتتح بالصفا، وتختم بالمروة، ثم ارجع إلى رحلك، وقصر من رأسك، تأخذ من مقدمه، ومن مؤخره، وجانبيه،

ووسطه، وخذ من شاربك، وقلم أظفارك ولا تستأصلها، وأبق منها لحجتك إن شاء الله، فإذا فعلت ذلك إن شاء الله فقد أحللتَ من كل شيء يحل منه المحرم، فطف ما شئت تطوعاً وأنت حلال ما بينك وبين يوم التروية إن شاء الله. انتهى.

القاضي زيد في الشرح: ويخرج إلى الصفا من بين الاسطوانتين المكتوب فيهما، فإذا استوي عليه؛ استقبل الكعبة بوجهه، ويدعو بما حضره، ويسبح الله تعالى، ويهلله، ويصلي على النبي -صلى الله عليه وآله وسلم-، ولا خلاف في أن شيئاً من الأذكار والأدعية وسور القرآن في هذه البقاع الشريفة لا يتعين، حتى لا يجوز غيره، فإن ذلك ليس بواجب، بل هو من الهيئات، فلكل واحد أن يتخير ما يؤدي اجتهاده إلى أنه أقرب إلى الخضوع والخشوع، وطلب المغفرة، وأنجح للحاجة، وأليق بالموضع والمكان والحال. انتهى.

المؤيد بالله -عليه السلام- في شرح التجريد [2/ 396]: وروى زيد بن علي، عن أبيه، عن جده، عن علي -عليهم السلام-، أن النبي -صلى الله عليه وآله وسلم- سعى في بطن المسيل، إذا طاف بين الصفا والمروة)، ولا خلاف أن السعي بينهما سبعة يبدأ بالصفا ويختم بالمروة. انتهى.

الجامع الكافي [3/ 390]: قال محمد: وإذا أردت أن تخرج إلى الصفا فاستلم الحجر قبل أن تخرج إلى الصفا إن استطعت، وإلا فقف حياله، وارفع يديك، وهلل، وكبر، ثم اخرج إلى الصفا، قف عليه مستقبل البيت، حيث تراه، وارفع يديك، وكبر الله وهلله، تقول: الله أكبر، الله أكبر، أنجز وعده، ونصر عبده، وهزم الأحزاب وحده، فله الحمد، وسل الله حوائجك من أمر آخرتك ودنياك، ويكون تكبيرك ودعاؤك بين الصفاء والمروة بين الجهر والمخافتة، ويكون إلى الهجر أقرب، ولا تتطوع بين الصفاء والمروة، ثم انحدر من الصفا نحو المروة، فإذا انتهيت إلى باب صغير عن يمينك وأنت متوجه إلى المروة في الوادي وبحذاه علم عن يسارك، ثم امش على رِسلك حتى تنتهي إلى المروة فتقف عليها مستقبل البيت، وتقول وتفعل نحواً مما قلت وفعلت على الصفا.

وليس على النساء أن يرملن حول البيت، ولا بين الصفا والمروة، كما يفعل الرجال.

وتقول في سعيك: رب اغفر وارحم، وتجاوز عما تعلم، إنك أنت العزيز الأكرم.

فإذا سعيت سبعة أشواط تفتتح بالصفا وتختم بالمروة، وهو أن تقف على الصفا أربع مرات، وعلى المروة أربع مرات، وتصعد إلى الصفا حتى تنظر إلى البيت وتستقبل الركن الذي فيه الحجر الأسود، واحمد الله تعالى واثنِ عليه، واذكر من آلآئه وبلآئه وحسن ما صنع إليك ما قدرت على ذكره، وتدعو بما حضرك، وعلى المروة مثل ذلك، ثم تقول إذا جاوزت المسعى: يا ذا المن والفضل، والجود والكرم والنعماء، اغفر لي ذنوبي، إنه لا يغفر الذنوب إلا أنت.

فإذا فعلت ذلك فإن كنت مفرداً أو قارناً -يعني فلا تزل ملبياً حتى ترمي جمرة العقبة-، وإن كنت متمتعاً فاقصر من شعرك، وقص أظفارك، ثم قد حللت من عمرتك، وقضيت ما عليك فيها، وحل لك كل شيء يحل للحلال من النساء والطيب وغير ذلك. انتهى.

باب القول في الوقوف بعرفة، وما يقال فيها من الذكر، وجمع العصرين بأذان واحد وإقامتين، والتلبية فيها

[1520]- **مجموع زيد بن علي -رضي الله عنهما-** [160]: حدثني زيد بن علي، عن أبيه، عن جده، عن علي -عليهم السلام-، قال: (يوم عرفة: يوم التاسع، يخطب الإمام الناس يومئذ بعد الزوال، ويصلي الظهر والعصر يومئذ بأذان وإقامتين، ويجمع بينهما بعد الزوال).

قال: ثم يعرف الناس بعد العصر حتى تغيب الشمس، ثم يفيضون.

[1521]- حدثني زيد بن علي، عن أبيه، عن جده، عن أمير المؤمنين -عليهم السلام- قال: (من فاته الموقف بعرفة مع الناس فأتاها ليلاً ثم أدرك الناس في جمع قبل انصراف الناس فقد أدرك الحج).

[1522]- حدثني زيد بن علي، عن أبيه، عن جده، عن أمير المؤمنين -عليه السلام- قال: (الحج عرفات، والعمرة الطواف بالبيت). انتهى.

[1523]- **علي بن بلال في شرح الأحكام** [إعلام الأعلام (صـ247)]: أخبرنا أبو العباس الحسني -رحمه الله-، قال: أخبرنا عبد العزيز بن إسحاق، قال: حدثنا علي بن محمد النخعي، قال: حدثنا سليمان بن إبراهيم، قال: حدثنا نصر بن مزاحم، قال: حدثني إبراهيم بن الزبرقان، قال: حدثني أبو خالد، قال: حدثني زيد بن علي، عن أبيه، عن جده، عن علي -عليهم السلام-، قال: (عرفة يوم التاسع، يخطب الإمام الناس يومئذ بعد الزوال، ويصلي الظهر والعصر يومئذ بإذان واحد وإقامتين، ويجمع بينهما عند النزول، ثم يعرف الناسُ بعد العصر حتى تغيب الشمس).

[1524]- أخبرنا السيد أبو العباس الحسني -رحمه الله-، قال: أخبرنا عبد العزيز بن إسحاق، قال: حدثني علي بن محمد، قال: حدثني المحاربي، قال: حدثني نصر بن مزاحم، قال: حدثني إبراهيم بن الزبرقان، قال: حدثني أبو خالد، قال: حدثني زيد بن علي، عن أبيه، عن جده، عن علي -صلوات الله عليهم-، قال: (الحج عرفات، والعمرة والطواف بالبيت). انتهى.

رجال هذا الإسناد قد مر الكلام عليهم.

زيد بن علي -رضي الله عنهما- **في المنسك**: ثم اغد إلى عرفات، فإذا زالت الشمس يوم عرفة فاغتسل، واقطع التلبية(82)، وعليك بالتكبير والتهليل

---

(82) قال السيد الإمام الحجة، مجدالدين بن محمد بن منصور المؤيدي -عليه السلام والرحمة والرضوان-:

يحمل هذا – أي قطع التلبية- على التقية، وأنه أراد بقطعها إن خاف أذية المخالفين، والموجب لهذا الحمل تظاهر الروايات عن أهل البيت-عليهم السلام- وغيرهم بأن الرسول -صلى الله عليه وآله وسلم- استمر على التلبية إلى أن رمى جمرة العقبة، وإنما نهى عن التلبية بعرفة معاوية لعنه الله، وقطعها قطع الله دابره، معارضة لأمير المؤمنين -صلوات الله عليه-، كما صرح بذلك ابن =

والتسبيح والثناء على الله -عز وجل-، وصل على محمد وأهل بيته -صلى الله عليه وآله وسلم-، واستغفر لنفسك وتخير لنفسك من الدعاء ما شئت، ولا تسأله مأثماً، ثم صل الظهر مع الإمام، وإن شئت جمعت بين الظهر والعصر بأذان وإقامتين، ثم ائت الموقف واستقبل البيت، فكبر الله تعالى، وهلله، وأحمده، وصل على النبي وأهل بيته -صلى الله عليه وآله وسلم-، واجتهد في الدعاء، فإنه يوم مسألة، ولا تدع حاجة تريدها عاجلة ولا آجلة إلا دعوت الله بها.

وليكن من قولك وأنت واقف:

رب المشعر الحرام، اغفر لي وارحمني.

وقل: اللهم فك رقبتي من النار، وأوسع علي من الرزق الحلال، وأدرأ عني

عباس -رضي الله عنهما-، قال في الجامع الكافي: قال ابن عباس: لعن الله معاوية، كان علي يأمر بالتلبية يوم عرفة، فنهى عنها معاوية لذلك، وأذهب نوره.

وأخرج النسائي عن سعيد بن جبير، قال: كنت مع ابن عباس بعرفات، فقال: ما لي لا أسمع الناس يلبون؟ قال: يخافون معاوية، فخرج ابن عباس من فسطاطه، فقال: لبيك اللهم لبيك، فإنهم قد تركوا التلبية لبغض علي.

وفي الجامع الكافي: وروى محمد بإسناده عن ابن عباس أن قال بعرفة: مالي لا أسمع الناس يلبون؟ ثم قال: قد علمت من ترك التلبية في هذا، فعل الله به وفعل، ثم قام وأخذ بعضادتي الباب، ثم لبى ولبى الناس حتى ارتجت عرفات بالتلبية، وغير ذلك كثير.

ويدل على أنهم كانوا يخافون من ذلك: قوله يخافون ...الخ.

وتوارث ذلك الجبابرة وأتباعهم إلى الآن، فلا تسمع في عرفات من آخر النهار التلبية إلا قليلاً، وعهد الباقر في أيام الأموية، ومحال أن يكون الباقر -عليه السلام- لا يعلم هذا السنة المعلومة، والله ولي التوفيق. انتهى من حاشية على الأصل قال فيها: انتهى، نقلاً عن خطه حفظه الله.

قلت: وقوله وعهد الباقر ... الخ، قد يقال هذه الحاشية وضعت هنا على كلام زيد، والحاشية تفيد أنه كلام الباقر -عليه السلام-.

والجواب: بأن الحاشية هذه وضعها أيده الله على كلام الباقر الآتي، واستحسنت تقديمها هنا على كلام زيد، لأن منسك الباقر وزيد من واد واحد، لأن محمد بن منصور قال في أمالي أحمد بن عيسى: حدثنا عباد، عن يحيى بن سالم، قال: عرضت هذا الكتاب -أي منسك أبي جعفر- على حسين بن علي بن حسين أخي أبي جعفر، قال: كان علي بن الحسين ينسك بهذا الكتاب من أوله إلى ها هنا. تمت من حاشية على الأصل من خط المؤلف.

شر فسقة الجن والأنس.

وقف في ميسرة الجبل، واستقبل البيت ساعة في المكان، ثم تقدم أمام ذلك شيئاً، ثم تقدم، ثم تقف تصنع ذلك حتى تغيب الشمس. انتهى.

أمالي أحمد بن عيسى -رضي الله عنهما- [العلوم:2/ 360]: حدثنا محمد، قال: حدثنا عباد بن يعقوب، قال: أنبأنا يحيى بن سالم الفراء، عن أبي الجارود، عن أبي جعفر: فإذا أردت أن تخرج إلى منى يوم التروية فاصنع كما صنعت يوم أحرمت بالعقيق، ثم اغتسل والبس ثوبيك، ثم صل في مسجد الحرام، وقل في دبر صلاتك مثل الذي قلت في دبر صلاتك بالعقيق، ثم لب حين ينهض بك بعيرك، ويستوي بك قائماً، وإن كنت ماشياً فلب من عند الحجر الأسود كما لبيت من العقيق، تقول: لبيك بحجة تمامها عليك.

وليكن رواحك يوم التروية حين تصلي الظهر، فإنه أمثل، وإن مكثت إلى صلاة العصر فلا يضرك، فإذا أتيت منى مكثت بها حتى تصلي الفجر، ثم اغد إلى عرفات، فإذا زالت الشمس يوم عرفة، فاغتسل، واقطع التلبية، وعليك بالتهليل، والتكبير، والتسبيحن والثناء على الله، والصلاة على النبي -صلى الله عليه وآله وسلم-، واستغفر لذنبك، وتخير لنفسك من الدعاء، ثم صل الظهر، ثم امكث ساعة إلى أن يتحمل الناس، ثم صل العصر، وإن شئت جمعتهما جميعاً، ثم ائت الموقف فاستقبل البيت، فكبر الله، وهلله، واحمده، وصل على النبي -صلى الله عليه وآله وسلم-، وتخير لنفسك من الدعاء، فإنه يوم مسألة ودعاء، ولا تترك حاجة أردتها عاجلة أو آجلة إلا دعوت بها، وليكن من قولك وأنت واقف:

رب المشعر الحرام، افعل بي، وافعل بي، اللهم فأنقدني من النار، وأوسع عليّ من الرزق الحلال، وأدرأ عني فسقة الجن والأنس.

وقف في ميسرة الجبل مستقبل البيت، وقف ساعة في المكان، ثم تقدم شيئاً أمام ذلك. انتهى.

الهادي -عليه السلام- في الأحكام [1/ 235]: قال يحيى بن الحسين -صلوات الله عليه-:

وإذا كان يوم التروية فليهل بالحج من المسجد الحرام، وليفعل وليقل ما فعل وقال في ابتداء إحرامه أولاً، ثم ينهض حاجاً ملبياً، ثم يستقيم إلى منى، فإن أمكنه صلى بها الظهر والعصر معاً، وإن لم يمكنه الخروج إلا في بعض الليل فليخرج متى أمكنه كل ذلك واسع بعد أن يدرك صلاة الفجر بمنى، فأما الإمام إذا كان إماماً فينبغي له أن يخرج من مكة نصف النهار عند زوال الشمس، حتى يصلي الظهر والعصر بمنى، ويقيم بها حتى يصلي العشاء والعتمة والصبح، ثم يتوجه إلى عرفة، وكذلك ذكر عن النبي -صلى الله عليه وآله وسلم- أنه صلى بها خمس صلوات آخرهن صلاة الفجر يوم عرفة.

وفيه [1/ 236]: قال يحيى بن الحسين -صلوات الله عليه-:

من أراد العمرة أهلّ في أول ما يصير إلى ميقاته بالعمرة مفرداً يقول:

اللهم إني أريد العمرة متمتعاً بها إلى الحج، فيسرها لي.

ثم يقول ما يقول في إحرام الحج، وإن أراد الإفراد بالحج قال عند وقت إحرامه:

اللهم إني أريد الحج فيسره لي.

ويقول ما شرحناه أولاً من القول، ويقول: لبيك اللهم لبيك بحجة تمامها وأجرها عليك.

فإذا دخل مكة فلا يقطع التلبية حتى يرمي جمرة العقبة من بعد رجوعه من يوم النحر من عرفة، وذلك رأي أهل البيت جميعاً لا يختلفون في ذلك، وإن أحب أن يبدأ حين يدخل مكة فيطوف لحجه ويسعى فليفعل، ثم يثبت على إحرامه، حتى إذا كان يوم التروية أو ليلة عرفة، فليتوجه إلى منى، فإذا أتاها نهاراً أقام بها حتى يصلي الصبح من يوم عرفة، وإن أتاها ليلاً فكذلك، وإن أتاها في

آخر الليل عرس بها ساعة، فإذا صلى الصبح سار إلى عرفة.

قال يحيى بن الحسين -صلوات الله عليه-: فإذا انتهى الحاج إلى عرفة نزل بها، وأقام حتى يصلي الظهر والعصر، فإذا صلى الظهر والعصر ارتحل فوقف في أي عرفة شاء، ويحرص أن يدنو من موقف النبي -صلى الله عليه وآله وسلم- بين الجبال، فإن لم يقدر على ذلك الموضع لكثرة الزحام، فيقف بأي عرفة شاء ما خلا بطن عرنة، فإن رسول الله -صلى الله عليه وآله وسلم- قال: «عرفة كلها موقف ما خلا بطن عرنة».

قال: فإذا وقف ذكر الله سبحانه وتعالى، عن كل شأن شأنه، ويسبحه ويحمده، ويخلص النية له، ويقول: اللهم أنت ربنا ورب آبائنا الأولين، إياك قصدنا، ولك استجبنا، وعليك توكلنا، وإياك رجونا، وفيك سألنا، فأعطنا سؤلنا، وتجاوز عن سيئاتنا، واهد قلوبنا، وثبتنا على الهدى، وآتنا تقوانا، ولا تكلنا إلى أنفسنا، وتقبل حجنا، ولا تردنا خائبين، واقلبنا لثوابك مستوجبين، آمنين لعذابك، ناجين من سخطك، يا إله السموات والأرضين، اللهم لك الحمد على نعمائك، ولك الحمد على آلائك، ولك الحمد على ما أوليتنا وأبليتنا وأعطيتنا، فأمتعنا بنعمائك، ولا تزل عنا ما عودتنا من فضلك وآلائك، يا إله العالمين.

وتدعو بما أحببت من الدعاء سوى ذلك لنفسه ولوالديه، ويسأل الله ما أحب أن يسأله من الرزق وغير ذلك من مراده، فإنه سميع الدعاء، قريب الإجابة، رحيم كريم. انتهى.

الهادي -عليه السلام- في المنتخب [120]: فإن رسول الله -صلى الله عليه وآله وسلم- قال: «عرفة كلها موقف ما خلا بطن عرنة». انتهى.

القاضي زيد في الشرح: وإذا كان يوم التروية سار ملبياً إلى منى، ويستحب له أن يصلي الظهر والعصر بمنى، والمغرب والعشاء ليلة عرفة، ويبيت بها، فإذا أصبح يوم عرفة صلى صلاة الصبح، نص عليه في الأحكام، ولا خلاف فيه؛

لحديث جعفر بن محمد -رضي الله عنهما-، عن أبيه، عن جابر قال: فلما كان يوم التروية توجهوا إلى منى، وركب رسول الله -صلى الله عليه وآله وسلم- فصلى بها الظهر والعصر والمغرب والعشاء والصبح، ثم مكث قليلاً، ثم سار)، ولأن عمل المسلمين على هذا أجمع، وهذه الجملة لا خلاف فيها. انتهى.

[صفة حج النبي -صلى الله عليه وآله وسلم- من رواية جابر]:

وفي الأسانيد اليحيوية للقاضي العلامة عبد الله بن محمد بن حمزة بن أبي النجم -رحمه الله-، ما لفظه [76]:

فأما حج محمد -صلى الله عليه وآله وسلم- فقد رواه يحيى بن الحسين متفرقاً على حسب ما أملاه من المسائل في مناسك الحج، فأحببت أن أسرد الحديث على نسقه في صفة حج رسول الله -صلى الله عليه وآله وسلم-:

[1526]- حدثنا القاضي الأجل ركن الدين عطية بن محمد بن حمزة بن أبي النجم أيده الله بقرآتي عليه، عن والده -رضي الله عنه-، بإسناده إلى جعفر بن محمد، عن أبيه، قال:

دخلنا على جابر بن عبد الله فسأل عن القوم حتى انتهى إلي، فقلت: أنا محمد بن علي بن الحسين، فأهوى بيده إلى ذؤابتي فنزع زري الأعلى، ثم نزع زري الأسفل، ثم وضع كفه بين ثديي، وأنا يومئذ غلام شاب، فقال: مرحباً بابن أخي، سل عما شئت، فسأله يومئذ -وهو أعمى- وجاء وقت الصلاة فقام في نساجة ملتحفاً بها، كلما وضعها على منكبيه رجع طرفاها إليه من صغرها، ورداؤه إلى جنبه موضع على المشجب، فقلت: أخبرني عن حجة رسول الله -صلى الله عليه وآله وسلم-؟ فعقد بيده تسعاً، فقال:

إن رسول الله -صلى الله عليه وآله وسلم- مكث تسع سنين لم يحج، ثم أذن في العاشر فقدم المدينة بشر كثير كلهم يلتمس أن يأتم برسول الله -صلى الله عليه وآله وسلم-، ويعمل مثل عمله، فخرجنا معه حتى أتينا ذا الحليفة، فولدت

أسماء بنت عميس محمد بن أبي بكر، فأرسلت إليه كيف أصنع؟

فقال: «اغتسلي واستثفري بثوب وأحرمي».

فصلى رسول الله -صلى الله عليه وآله وسلم- في المسجد، ثم ركب ناقته القصوى حتى استوت به ناحية في البيداء، نظرت مد بصري من بين يديه من [راكب و]ماشٍ(83)، وعن يمينه مثل ذلك، وعن يساره مثل ذلك، ومن خلفه مثل ذلك، ورسول الله -صلى الله عليه وآله وسلم- بين أظهرنا يتنزل عليه القرآن، وهو يعرف تأويله، وما عمل من شيء عملناه، فأهللنا بالتوحيد: لبيك اللهم لبيك، لا شريك لك لبيك، إن الحمد والنعمة لك والملك، لا شريك، وأهلّ الناس بهذا الذي يهلون به اليوم، فلم يرد عليهم رسول الله -صلى الله عليه وآله وسلم- شيئاً منه، ولزم رسول الله -صلى الله عليه وآله وسلم- تلبيته.

قال جابر: ولسنا ننوي إلا الحج، ولسنا نعرف العمرة، وأتينا البيت، فاستلم الركن ورمل ثلاثاً، ومشى أربعاً، ثم صعد إلى مقام إبراهيم فقرأ: ﴿وَٱتَّخِذُواْ مِن مَّقَامِ إِبْرَٰهِـۧمَ مُصَلًّى﴾[البقرة:125] فجعل المقام بينه وبين البيت.

قال جعفر بن محمد: وكان أبي يقول ولا أعمله ذكره إلا عن النبي -صلى الله عليه وآله وسلم-

قال: كان يقرأ في الركعتين بقل: يا أيها الكافرون وقل هو الله أحد، ثم رجع إلى الركن فاستلم، ثم رجع من الباب إلى الصفا، فلما أتا الصفا قرأ ﴿ ۞ إِنَّ ٱلصَّفَا وَٱلْمَرْوَةَ مِن شَعَآئِرِ ٱللَّهِ﴾[البقرة:158]، أبدأ بما بدأ الله به، فبدأ بالصفا، فصعد عليها حتى رأى البيت؛ فوحد الله وكبره، وقال: لا إله إلا الله وحده ولا شريك له، له الملك وله الحمد يحي ويميت وهو على كل شيء قدير، لا إله إلا الله أنجز وعده، ونصر عبده، وهزم الأحزاب وحده.

(83) ما بين القوسين ليس في المطبوع.

ثم دعا بين ذلك وقال مثل هذا ثلاث مرات، ثم نزل إلى المروة حتى إذا أنصبت قدماه، فرمل في بطن الوادي حتى إذا صعدنا مشى، حتى أتى المروة، ففعل على المروة مثل ما فعل على الصفا، حتى إذا كان آخر طوافه على المروة قال: لو استقبلت من أمري ما استدبرت منه لم أسق الهدي، ثم جعلتها عمرة، فمن كان منكم ليس معه هدي فليحل، وليجعلها عمرة.

فقام سراقة بن خثعم، فقال: يا رسول الله، ألعامنا هذا أم للأبد؟

فشبك رسول الله -صلى الله عليه وآله وسلم- بين أصابعه في الأخرى، وقال: دخلت العمرة في الحج هكذا -مرتين- لأبد الأبد.

فقدم علي -عليه السلام- من اليمن ببدن النبي -صلى الله عليه وآله وسلم- فوجد فاطمة ممن أحل، ولبست ثياباً صبغاً، واكتحلت، فأنكر ذلك عليها علي -عليه السلام- فقالت: أبي أمرني بهذا، فذهب إلى رسول الله -صلى الله عليه وآله وسلم- محرشاً على فاطمة -عليهم السلام- للذي صنعت، مستفتياً لرسول الله -صلى الله عليه وآله وسلم- فيما ذكرت عنه، وأنكر عليها، فأخبره، فقال: صدقت، صدقت، ماذا قلت حين فرضت الحج؟

قال: قلت اللهم إني أهل بما أهل به رسول الله.

قال: فإن معي الهدي فلا تحلَّنَّ.

قال: وكان جماعة الهدي الذي قدم به علي من اليمن والذي أتى به النبي -صلى الله عليه وآله وسلم- مائة بدنة.

قال: فحل الناس كلهم وقصروا، إلا النبي -صلى الله عليه وآله وسلم- ومن كان معه هدي، فلما كان يوم التروية، وجهوا إلى منى، فأهلوا بالحج، ووكد رسول الله -صلى الله عليه وآله وسلم- فصلى الظهر والعصر والمغرب والعشاء والصبح، ثم مكث قليلاً حتى طلعت الشمس، ثم ركب فأمر بقبة من شعر فضربت له، فسار رسول الله -صلى الله عليه وآله وسلم- ولم تشك قريش أنه واقف عند المشعر الحرام، كما كانت قريش تصنع في الجاهلية، فجاء رسول الله -

صلى الله عليه وآله وسلم- حتى أتى عرفة فوجد القبة قد ضربت له، فنزل بها، حتى إذا زاغت الشمس أمر بالقصوى فرُحِّلَت فركب حتى أتى بطن الوادي، فخطب الناس فقال: «إن دماؤكم وأموالكم عليكم حرام كحرمة يومكم هذا، في شهركم هذا، في بلدك هذا.

ألا إن كل شيء من أمر الجاهلية تحت قدمي موضوع.

ودماء الجاهلية موضوع، وأول دم أضعه دم ربيعة بن الحارث - وكان مسترضعاً في بني سعد فقتلته هذيل-.

وربا الجاهلية موضوع، وأول ربا أضع ربا العباس بن عبد المطلب فإنه موضوع كله.

واتقوا الله في النساء فإنكم أخذتموهن بأمانات الله، واستحللتم فروجهن بكلمة الله، ولكم عليهن أن لا يوطئن فرشكم أحداً تكرهونه، فإن فعلن ذلك فاضربوهن ضرباً غير مبرح، ولهن عليكم رزقهن وكسوتهن بالمعروف.

وقد تركت فيكم ما إن تمسكتم به لن تضلوا من بعدي، إن اعتصمتم به؛ كتاب الله؛ وأنتم مسئولون عنه، فما أنتم قائلون؟

قالوا: نشهد أنك قد بلغت وأديت ونصحت.

فقال -بإصبعه السبابة فرفعها إلى السماء وبطنها إلى الناس-: اللهم اشهد، اللهم شهد، ثلاثاً.

ثم أذن بلال وأقام، فقام فصلى الظهر، ثم أقام فصلى العصر، ولم يصل بينهما.

ثم ركب رسول الله -صلى الله عليه وآله وسلم- حتى أتى الموقف فجعل بطن ناقته القصوى إلى الصخرات، وجعل جبل المشاة بين يديه، واستقبل القبلة، فلم يزل واقفاً حتى غربت الشمس وذهبت الصفرة قليلاً، ثم غاب القرص، وأردف أسامة بن زيد خلفه، ودفع رسول الله -صلى الله عليه وآله وسلم- قد شنق القصوى بالزمام حتى إن رأسها ليصيب مورك رحله، ويقول

بيده اليمنى: «أيها الناس: السكينة السكينة».

وكلما أتى على جبل من الجبال أرخا لها حتى تصعد، حتى أتى المزدلفة، فصلى بها المغرب والعشاء بأذان واحد وإقامتين، ولم يسبح بينهما.

ثم اضطجع رسول الله -صلى الله عليه وآله وسلم-، حتى إذا طلع الفجر حين تبين له الصبح صلى بأذان واحد وإقامة.

ثم ركب القصوى حتى أتى المشعر الحرام فقام عليه، واستقبل القبلة فدعى.

ثم دفع قبل أن تطلع الشمس، وأردف الفضل بن عباس -وكان حسن الشعر أبيض-، فلما أن دفع -صلى الله عليه وآله وسلم- مر بالظُّعْن فطفق ينظر إليهن، فوضع رسول الله -صلى الله عليه وآله وسلم- يده على وجه الفضل، فحول الفضل وجهه من الشق الآخر، فحول رسول الله -صلى الله عليه وآله وسلم- يده من الشق الآخر، حتى أتى محسر، فحرك قليلاً، ثم سلك الطريق الوسطى التي تخرجك إلى الجمرة الكبرى، حتى أتى الجمرة التي عند الشجرة فرماها بسبع حصيات يكبر مع كل حصاة، الحصاة منها مثل حصى الخذف، رمى من بطن الوادي.

ثم انصرف إلى المنحر فنحر ثلاثاً وستين بدنة بيده، ثم أعطي علياً فنحر ما بقي، وأشركه في هديه، ثم أمر ببضعة من كل بدنة فجعلت في قدر، فطبخت فأكلا من لحومها، وشربا من مرقها.

ثم أفاض رسول الله -صلى الله عليه وآله وسلم- إلى البيت، فصلى بمكة الظهر، فأتى بني عبد المطلب وهم يسقون على زمزم فقال: «انزعوا يا بني عبد المطلب، فلولا أن يغلبكم الناس على سقايتكم لنزعت معكم»، فناولوه دلواً فشرب. انتهى.

الجامع الكافي [3/ 397]: قال محمد: السنة على الإمام أن يصلي بمنى خمس صلوات، أولهن الظهر يوم التروية، وآخرهن صلاة الفجر يوم عرفة، وذلك

واسع على الناس، كذلك فعل رسول الله -صلى الله عليه وآله وسلم-، مضى معه قوم وتلاحق به آخرون، فلم يعب على أحد منهم.

فإذا صليت الفجر يوم عرفة فكبر حين تسلم تقول:

الله أكبر الله أكبر، لا إله إلا الله، والله أكبر الله ولله الحمد.

تقول هذا مرة واحدة، ثم تلبي بعد ما تكبر في دبر كل صلاة مكتوبة إلى آخر أيام التشريق، صلاة العصر.

ثم اغد مع الناس إلى عرفات، وإن أمكنك أن تحيي ليلة منى فافعل.

وفيه [3/ 398]: قال محمد في الحج: ويلبي بعرفة إن شاء، إنما نهى عن ذلك معاوية، فيما بلغنا.

[1527]- وروى محمد عن النبي -صلى الله عليه وآله وسلم- أنه لم يزل يلبي حتى رمى جمرة العقبة.

ثم ادن إلى الموقف، فتشاغل بالذكر والدعاء والتضرع، واقصد إلى الله بجميع حوائجك، ولا تَمَلَّ من المسألة في فكاك رقبتك من النار.

فإذا أفضت من عرفات فعُد إلى التلبية حتى ترمي جمرة العقبة. انتهى.

[1528]- **أمالي أحمد بن عيسى -رضي الله عنهما-** [**العلوم**:1/ 182]: حدثنا محمد بن منصور، قال: حدثنا محمد بن جميل، عن أبي ضمرة، عن جعفر، عن أبيه أن النبي -صلى الله عليه وآله وسلم- صلى الظهر والعصر بأذان واحد وإقامتين بعرفة لم يسبح بينهما، وصلى المغرب والعشاء بجمع بأذان واحد وإقامتين لم يسبح بينهما.

قال محمد بن منصور: لم يسبح بينهما؛ يعني لم يصل الركعتين.

[1529]- **وفي أمالي أحمد بن عيسى -رضي الله عنهما- أيضاً** [2/ 407]: عباد، عن مصعب، عن جعفر، عن أبيه أن النبي -صلى الله عليه وآله وسلم-

صلى بالناس يوم عرفة الظهر والعصر بأذان واحد وإقامتين، ولم يسبح بينهما، ثم وقف بعرفة حتى غابت الشمس، ثم دفع رسول الله -صلى الله عليه وآله وسلم- راحلته، ورديفه أسامة بن زيد، وهو يجبذ راحلته حتى إن ذفراها ليبلغ مورك الرحل، وهو يقول: «أيها الناس: عليكم بالسكينة».

فإذا أتى على جبل من جبالها أرخى زمامها فتذهب، حتى إذا استوت قائمة جبذ راحلته، حتى إن ذفراها ليبلغ مورك رحل رسول الله -صلى الله عليه وآله وسلم-، ثم فعل ذلك الثالثة، وهو يقول: «عليكم بالسكينة»، فلما نزل رسول الله -صلى الله عليه وآله وسلم- جُمعاً -وهي المزدلفة- صلى بهم المغرب والعشاء بأذان وإقامتين، ولم يسبح فيما بينهما، ثم صلى بهم رسول الله -صلى الله عليه وآله وسلم- الفجر، ثم وقف، فلما دفع رسول الله -صلى الله عليه وآله وسلم- راحلته أردف الفضل، فجعل ينظر إلى النساء -وكان رجلاً حساناً-، فجعل النبي -صلى الله عليه وآله وسلم- يضع يده على وجهه من قبل يمينه ومن قبل شماله إذا التفت، حتى إذا أتى على محسر دفع إلى بطن محسر، قال جعل رسول الله -صلى الله عليه وآله وسلم- يلبي حتى رمى الجمرة. انتهى.

الرجال:

أما عباد: فهو ابن يعقوب، قد مر الكلام عليه.

[ترجمة مصعب بن سلام التميمي]:

وأما مصعب: فهو ابن سلام.

قال في الجداول: مصعب بن سلّام -مثقل اللام-، التميمي الكوفي، عن الصادق، وابن جريج، ومحمد بن سوقة، وعنه أحمد، وزياد بن أيوب، وإبراهيم بن محمد بن ميمون.

قال ابن المديني: كان من الشيعة وضعفه.

وقال أبو حاتم: شيخ محله الصدق.

وقال يحيى: ليس به بأس.

وقال العجلي: ثقة، احتج به الترمذي. انتهى.

خرج له المرشد بالله، ومحمد بن منصور، وأبو الغنائم النرسي -رضي الله عنهم-.

قلت: عداده من ثقات محدثي الشيعة، وأحد أصحاب الصادق -عليه السلام-، ولا التفات إلى ما قيل فيه.

[1530]- **وفي أمالي أحمد بن عيسى أيضاً** [2/ 361]: وحدثنا محمد، قال: حدثنا عبد الله بن موسى، قال: حدثني أبي، عن أبيه، قال: لم يزل رسول الله -صلى الله عليه وآله وسلم- يلبي حتى رمى جمرة العقبة، قطع التلبية مع أول حصاة وكبر.

[1531]- وحدثنا محمد، قال: حدثنا علي بن منذر، عن محمد بن فضيل، قال: حدثنا محمد بن عبيد الله، عن عطاء، عن ابن عباس قال: أفاض رسول الله -صلى الله عليه وآله وسلم- من عرفات فحمل أسامة بن زيد خلفه حتى انتهى إلى جمع، فأنزله، فقال أسامة: ما زلت أسمع رسول الله -صلى الله عليه وآله وسلم- يلبي حتى نزلتُ، ثم أردف الفضل خلفه حتى انتهى إلى جمرة العقبة، ثم أنزله، فقال الفضل: ما زلت أسمع رسول الله -صلى الله عليه وآله وسلم- يلبي حتى رمى. انتهى.

الرجال:

أما عبد الله بن موسى: فهو عبد الله بن موسى بن عبد الله بن الحسن -عليهم السلام-، قد تقدم الكلام عليه وعلى أبيه وجده -صلوات الله عليهم-.

وأما علي بن منذر، ومحمد بن فضيل، ومحمد بن عبيد الله بن أبي رافع، فقد تقدم الكلام عليهم، وهم من ثقات محدثي الشيعة -رضي الله عنهم-.

[ترجمة عطاء بن السائب]:

وأما عطاء:

فإن كان ابن السايب فقد تقدم وهو من ثقات محدثي الشيعة -رضي الله عنه-.

وإن كان ابن أبي رباح، فإليك الكلام عليه:

قال في الجداول: عطاء بن أبي رباح القرشي، واسمه أسلم المكي، أبو محمد القرشي، مولاهم الجندي اليماني، عن ابن عباس، وابن عمر، وأبي سعيد وطائفة، وعنه عمرو بن دينار، ومالك، والليث، وخلق.

قال الباقر: خذوا من حديث عطاء ما استطعتم.

وثقه ابن معين، وأبو زرعة، وابن سعد.

توفي سنة سبع -أو خمس- عشرة ومائة، احتج به الجماعة. انتهى.

خرج له المؤيد بالله، وأبو طالب، والمرشد بالله -عليهم السلام-، ومحمد بن منصور -رضي الله عنه-.

[1531]- **علي بن بلال في شرح الأحكام** [إعلام الأعلام (ص 213)]: أخبرنا السيد أبو العباس -رحمه الله-، قال: أخبرنا أبو زيد العلوي، قال: حدثنا محمد بن منصور، قال: حدثنا علي بن منذر، قال: حدثنا محمد بن فضيل، قال: حدثنا محمد بن عبيد الله، عن عطاء، عن ابن عباس -رضي الله عنه- قال: أفاض رسول الله -صلى الله عليه وآله وسلم- من عرفات فحمل أسامة بن زيد خلفه حتى انتهى إلى جمع فأنزله، فقال أسامة: ما زلت أسمع رسول الله -صلى الله عليه وآله وسلم- يلبي حتى نزلت، ثم أردف الفضل خلفه حتى انتهى إلى جمرة العقبة ثم أنزله، فقال الفضل: ما زلت أسمع رسول الله -صلى الله عليه وآله وسلم- يلبي حتى رمى جمرة العقبة. انتهى.

رجال هذا الإسناد قد مر الكلام عليهم.

[1532]- أمالي أحمد بن عيسى -رضي الله عنهما- [العلوم:2/ 378]: جعفر، عن قاسم بن إبراهيم، قال: الحاج يقطع التلبية في أول ما يرمي جمرة العقبة يوم النحر، وهكذا روي عن رسول الله -صلى الله عليه وآله وسلم- أنه لم يزل يلبي حتى رمى جمرة العقبة. انتهى.

باب القول في الإفاضة إلى مزدلفة وجمع العشائين فيها والمرور بالمشعر الحرام

[1533]- مجموع زيد بن علي -رضي الله عنهما- [161]: حدثني زيد بن علي، عن أبيه، عن جده، عن علي -عليهم السلام-، قال: (لا يصلي الإمام المغرب والعشاء إلا بجمع حيث يخطب الناس، يصليهما بأذان واحد وإقامة واحدة، ثم يبيتون بها، فإذا صلى الفجر وقف بالناس عند المشعر الحرام حتى تكاد الشمس تطلع، ثم يفيضون وعليهم السكينة والوقار).

[1534]- حدثني زيد بن علي، عن أبيه، عن جده، عن أمير المؤمنين علي -عليهم السلام-، أن النبي -صلى الله عليه وآله وسلم- قدم النساء والصبيان وضعفة أهله في السحر، ثم أقام هو حتى وقف بعد الفجر. انتهى.

[1535]- علي بن بلال في شرح الأحكام [إعلام الأعلام صـ(221)]: قال القاسم -عليه السلام-: والوقوف عند المشعر الحرام فرض.

[1536]- وأخبرنا السيد أبو العباس الحسني -رحمه الله-، قال: أخبرنا عبد العزيز بن إسحاق، قال: حدثنا علي بن النخعي، قال: حدثنا سليمان بن إبراهيم المحاربي، قال: حدثنا نصر بن مزاحم، قال: حدثني إبراهيم بن الزبرقان، قال: حدثني أبو خالد، قال: حدثني زيد بن علي، عن أبيه، عن جده، عن علي -صلوات الله عليهم- قال: (لا يصلي المغرب والعشاء إلا بجمع، فيبيتون بها، فإذا صلى الفجر وفد بالناس عند المشعر الحرام، حتى تكاد تطلع الشمس، ثم يفيضون وعليهم السكينة والوقار). انتهى.

[1537]- المؤيد بالله -عليه السلام- في شرح التجريد [2/ 408]: وروى زيد بن علي، عن أبيه، عن جده، عن علي -عليهم السلام-، أنه جمع بينهما بجمع.

[1538]- وروى زيد بن علي، عن أبيه، عن جده، عن علي -عليهم السلام-، قال: (لا يصلي الإمام المغرب والعشاء إلا بجمع). انتهى.

زيد بن علي -رضي الله عنهما- في المنسك: وأفض على بركة الله تعالى، وتورع في المسير، واترك الوجيف الذي يصنعه كثير من الناس، فإنه بلغني أن رسول الله -صلى الله عليه وآله وسلم- كان يكف ناقته حتى يبلغ رأسها إلى الرحل، ويقول للناس: «عليكم بالسكينة والدعة»، وإن قدرت أن تنزل حتى تأتي أول الجبال عند الشجرات في ميسرة الطريق، فتمكث ساعة حتى يخف عنك كثير من الناس، فافعل، ولا تصلي المغرب حتى تأتي جمعاً فإذا أتيتها فصل المغرب والعشاء بأذان وإقامتين، وانزل بجمع في بطن الوادي عن يسار الطريق، قريب من المشعر، ولا تجاوز الجبل ليلة المزدلفة فإنه يكره، والمزدلفة جمع، وأصبح على طُهر بعد ما تصلي الفجر، وقف على المشعر الحرام قبل أن تطلع الشمس، ويشرق الجبل. انتهى.

أمالي أحمد بن عيسى [2/ 362]: وحدثنا محمد، قال: حدثنا عباد بن يعقوب، قال: أنبأنا يحيى بن سالم الفراء، عن أبي الجارود، عن أبي جعفر: ثم قف، ثم تقدم، ثم أقف، فاصنع ذلك حتى تجب الشمس، فإذا أوجبت فأفض على بركة الله، وتودع في السير، واترك الوجيف الذي يصنعه كثير من الناس بالحبال، والحبال أودية، ويقال: هي الجواد، فإن رسول الله -صلى الله عليه وآله وسلم- كان يكف رأس ناقته حتى يبلغ رأسها الرحل، ويقول للناس: «عليكم بالدعة»، بسنته السنة تتبع.

وإن قدرت أن تنزل حتى تأتي أول الحبال عند الشجرات، في ميسرة الطريق فتمكث ساعة، حتى يخف عنك كثير من الناس فافعل، ولا تصل المغرب حتى

تأتي جمعاً، فإذا أتيتها فصل المغرب والعشاء بأذان واحد وإقامتين، وانزل بجمع بطن الوادي، عن يمين الطريق قريباً من المشعر، ولا تجاوز الجبل ليلة مزدلفة، فإني أكره لك ذلك، والمزدلفة جمع، وأصبح على طهر بعد ما تصلي الفجر، وقف حتى تطلع الشمس، ويشرق لك الجبل، والجبل هو ثبير.

قال أبو جعفر: ليس الناس على هذا، الناس على الإفاضة قبل طلوع الشمس، لأن النبي -صلى الله عليه وآله وسلم- أفاض قبل طلوع الشمس، [وبه نأخذ]. انتهى.

الهادي -عليه السلام- في الأحكام [1/ 238]: فإذا توارت الشمس عنه بالحجاب فليفض من عرفة ملبياً، مقبلاً نحو مزدلفة، وعليه السكينة والوقار، والخشوع لله الجبار، والتكثير في طريقه من قراءة القرآن، والاستغفار، والدعاء، والتكبير، والتهليل، والإجلال لله الجليل، وإن حضره شيء فليتصدق منه على من يرى من الضعفة والمساكين، فإن أمكنه أن يكون ذلك اليوم صائماً، فليفعل، ولا يصلي المغرب والعتمة حتى يرد مزدلفة -وهي جمع- فينزل بها، ويحط رحله، ثم يجمع بها بين المغرب والعتمة، وللجمع بها سميت جمعاً.

قال يحيى بن الحسين -صلوات الله عليه-: فإذا انتهى إلى مزدلفة فلينزل بها، وليصل المغرب والعشاء الآخرة، وهي العتمة بأذان واحد وإقامتين، ثم ليبت بها حتى يطلع الفجر، فإذا طلع الفجر فليرتحل وليمض حتى يقف عند المشعر الحرام، ويذكر الله سبحانه، وجل عن كل شأن شأنه.

قال يحيى بن الحسين -صلوات الله عليه-: فإذا أتى المشعر الحرام فليقل: اللهم هذا المشعر الحرام الذي تعبدت عبادك بالذكر لك عنده، وأمرتهم به، فقلت: ﴿فَإِذَآ أَفَضۡتُم مِّنۡ عَرَفَٰتٖ فَٱذۡكُرُواْ ٱللَّهَ عِندَ ٱلۡمَشۡعَرِ ٱلۡحَرَامِۖ﴾ [البقرة:198]، ولا ذكر لك أذكرك به أعظم من توحيدك، والإقرار بعدلك في كل أمورك، والتصديق بوعدك ووعيدك، فأنت إلهي لا إله لي سواك، ولا أعبد غيرك، تعاليت عن شبه خلقك، وتقدست عن مماثلة عبيدك، فأنت الواحد الذي

ليس لك مثيل، ولا يعدلك عديل، لم يلد ولم يولد ولم يكن له كفواً أحد، الأول قبل كل شيء، والآخر بعد كل شيء، والمكون لكل كائن، خالق الأولين والآخرين، والباعث لكل الخلائق في يوم الدين، البريء عن أفعال العباد، المتعالي عن القضاء بالفساد، صادق الوعد والوعيد، الرحمن الرحيم بالعبيد، أسألك يا رب الأرباب، ويا معتق الرقاب، في يوم الحساب، أن تعتقني من النار، وتجعلني بقدرتك في خير دار، في جنات تجري من تحتها الأنهار، فإنك واحد قادر جبار.

ويقول: اللهم اغفر لي ولوالدي وما ولدا والمسلمين والمسلمات الأحياء منهم والأموات، اللهم لك الحمد كما ابتدأت الحمد، ولك الشكر وأنت ولي الشكر، ولك المن ياذا المن والإحسان، اللهم فأعطني سؤلي في ديناي وآخرتي، فإنك جواد كريم. انتهى.

الجامع الكافي [3/ 403]: قال القاسم -عليه السلام- -فيما حدثنا علي، عن ابن هارون، عن ابن سهل، عن عثمان بن محمد، عن القومسي عنه- قال: يجمع بين المغرب والعشاء الآخرة بالمزدلفة متى ما انتهى، ولا يصلها إلا بها، كما يجمع بين الظهر والعصر بعرفة.

[1539]- وفيه [3/ 404]: قال محمد: بلغنا عن النبي -صلى الله عليه وآله وسلم- أنه أفاض من عرفة حين غابت الشمس حتى أتى جمعاً، فصلى بها المغرب والعشاء بأذان وإقامتين، ثم بات بها، فلما أصبح وقف على قزح، فقال: «هذا قزح، وهو الموقف، وجمع كلها موقف، وارتفعوا عن بطن محسر»، فلما أتى محسراً قرع راحلته حتى جاوز الوادي.

قال محمد: وحد جمع الذي لا ينبغي أن يقصر عنه من حد مأزمي عرفات مما يلي جمعاً، إلى حد وادي محسر، -يعني أن محسراً ليس منها-.

[1540]- وروي عن النبي -صلى الله عليه وآله وسلم- أنه وقف بعرفة فقال: «هذا الموقف، وعرفة كلها موقف، وارتفعوا عن بطن عرنة، وجمع كلها موقف، وارتفعوا عن بطن محسر، ومنى كلها منحر، وشعاب مكة كلها منحر». انتهى.

أخذ الحصى من مزدلفة:

أمالي أحمد بن عيسى -رضي الله عنهما- [العلوم:2/ 364]: وحدثنا محمد، قال: حدثنا عباد بن يعقوب، قال: أنبأنا يحيى بن سالم الفراء، عن أبي الجارود، عن أبي جعفر: وخذ الحصى من المزدلفة إن شئت، أو رحلك بمنى، كل ذلك لا بأس به، وليكن كل حصاة قدر أنملة، حصى الحذف أو أصغر قليلاً. انتهى.

الجامع الكافي [3/ 416]: قال القاسم -عليه السلام- ومحمد: يستحب أن تؤخذ حصى الجمار من المزدلفة، وإن أخذه من غيرها فلا بأس.

وروى محمد نحو ذلك عن أبي جعفر محمد بن علي -رضي الله عنهما-.

وفيه: قال القاسم -عليه السلام- ومحمد: إن غسل الرجل حصى الجمار فحسن، وإن لم يغسله فلا بأس.

قال القاسم -عليه السلام-: ما لم يكن فيه قذر يتبين. انتهى.

أمالي أحمد بن عيسى -رضي الله عنهما- [العلوم:2/ 390]: وحدثنا محمد، حدثني أحمد بن عيسى، عن حسين، عن أبي خالد، عن أبي جعفر، قال: حصى الجمار قدر أنملة.

قال: وكان يحبُّ أن تؤخذ من المزدلفة.

أحمد بن عيسى، عن حسين، عن أبي خالد، قال: رأيت عبد الله بن الحسن يأخذ حصى الجمار من منى.

عبد الله قال: سألت قاسم بن إبراهيم، عن حصى الجمار، من أين تحمل؟ وهل تغسل؟.

فقال: يستحب حمله من المزدلفة، وإن أخذته من غيرها فلا بأس، وإن غسله فحسن، وإن لم يغسله فلا بأس، إذا لم يكن فيه قذر يتبين. انتهى.

وسيأتي كلام الإمام الهادي -عليه السلام- في غسل الحصى، وأن ذلك

مروي عن رسول الله -صلى الله عليه وآله وسلم-، فيما بعد في باب القول فيما يعمل الحاج في اليوم الثاني من النحر، فراجعه إن شئت.

المؤيد بالله -عليه السلام- في شرح التجريد [2/ 424]: وأخبرنا أبو الحسين بن إسماعيل، قال: حدثنا الناصر -عليه السلام-، قال: حدثنا محمد بن منصور، قال: حدثنا أحمد بن عيسى، عن حسين بن علوان، عن أبي خالد، عن أبي جعفر -عليه السلام- قال: حصى الجمار قدر أنملة، وكان يستحب أن تؤخذ من مزدلفة.

قال أبو خالد: رأيت عبد الله بن الحسن -رضي الله عنهما- يأخذ الحصى من منى. انتهى.

باب القول في الإفاضة ورمي الجمار وقطع التلبية

[1541]- **مجموع زيد بن علي -رضي الله عنهما-** [161]: حدثني زيد بن علي، عن أبيه، عن جده، عن علي -عليهم السلام-، قال: (أيام الرمي: يوم النحر وهو يوم العاشر، يرمي فيه جمرة العقبة بعد طلوع الشمس بسبع حصيات يكبر مع كل حصاة، ولا يرمي يومئذ من الجمار غيرها، وثلاثة أيام بعد يوم النحر: يوم حادي عشر، يوم ثاني عشر، ويوم ثالث عشر، يرمي فيهن الجمار الثلاث بعد الزوال، كل جمرة بسبع حصيات يكبر مع كل حصاة، ويقف عند الجمرتين الأولتين، ولا يقف عند جمرة العقبة.

[1542]- حدثني زيد بن علي، عن أبيه، عن جده، عن علي -عليهم السلام-، قال: أول المناسك يوم النحر رمي الجمرة ثم الذبح ثم الحلق ثم طواف الزيارة. انتهى.

[1543]- **علي بن بلال -رحمه الله- في شرح الأحكام** [إعلام الأعلام (صـ222)]: أخبرنا السيد أبو العباس الحسني -رحمه الله-، قال: أخبرنا عبد

العزيز بن إسحاق، قال: حدثنا علي بن محمد، قال: حدثنا المحاربي، قال: حدثني نصر بن مزاحم، قال: حدثني إبراهيم بن الزبرقان، قال: حدثني أبو خالد، قال: حدثني زيد بن علي، عن أبيه، عن جده، عن علي -عليهم السلام-، قال: (أيام الرمي يوم النحر: وهو يوم العاشر، ترمي فيه جمرة العقبة بعد طلوع الشمس، بسبع حصيات، يكبر مع كل حصاة، ولا يرمي من الجمار يومئذ غيرها، وثلاثة أيام بعد يوم النحر: يوم حادي عشر، ويوم ثاني عشر، ويوم ثالث عشر، يرمي فيهن الثلاث الجمار بعد الزوال؛ كل جمرة بسبع حصيات، فيكبر مع كل حصاة، ويقف عند الجمرتين الأولتين، ولا يقف عند جمرة العقبة.

[1544]- أخبرنا أبو العباس الحسني -رحمه الله-، قال أخبرنا علي بن محمد الروياني والحسين بن أحمد، قالا: أخبرنا الحسين بن علي بن الحسن، قال: حدثنا زيد بن الحسن، عن ابن أبي أويس، عن ابن ضميرة، عن أبيه، عن جده، عن علي -عليهم السلام-: (أنه كان يرمي جمرة العقبة، ويرمي راكباً وراجلاً). انتهى.

رجال هذا الإسناد والذي قبله مر الكلام عليهم، وهم من ثقات محدثي الشيعة -رضي الله عنهم-.

الهادي -عليه السلام- في الأحكام [1/ 239]: قال يحيى بن الحسين -صلوات الله عليه-: ثم ليسر راجعاً إلى منى، عليه الخشوع والوقار، ويتل في طريقه ما تيسر من القرآن، ويدع بما شاء أن يدعو به، ويذكر الله بما هو أهله، ويستغفر لذنوبه، ويتوب إليه من خطيئته، فإنه لا يغفر إلا للتائبين، ولا يقبل إلا من الراجعين.

فإذا انتهى إلى بطن محسر وهو الوادي الذي بين منى ومزدلفة فليسرع في سيره حتى يقطع بطن الوادي، فإنه يروى أن رسول الله -صلى الله عليه وآله وسلم- أسرع في ذلك الموضع، وليس الإسراع في ذلك الموضع بسنة واجبة، لأن رسول الله -صلى الله عليه وآله وسلم- إنما فعل ذلك لعلة كانت، وسبب حدث، ولو

ترك الإسراع في ذلك الموضع تارك، لم يبطل عليه حجه، ولم يفسد عليه أمره.

فإذا انتهى إلى منى، فليمض على حاله حتى يأتي جمرة العقبة من بطن منى فيرميها بسبع حصيات، يقول مع كل حصاة: لا إله إلا الله، والله أكبر كبيراً، والحمد الله كثيراً، وسبحان الله بكرة وأصيلاً، ثم ليقطع التلبية مع أول حصاة يرمي بها. انتهى.

زيد بن علي -رضي الله عنهما- في المنسك: ثم أفض على بركة الله تعالى حتى تأتي رحلك بمنى، ثم ائت الجمرة التي عند العقبة فارمها بسبع حصيات يكون بينك وبينها نحواً من خمسة أذرع، تكبر مع كل حصاة تكبيرة، وقل: اللهم ازجر عني الشيطان، اللهم تصديقاً بكتابك، وسنة نبيك -صلى الله عليه وآله وسلم-، اللهم اجعله حجاً مبروراً، وعملاً متقبلاً، وذنباً مغفوراً.

فإن شئت قلت ذلك مع كل حصاة، وإن شئت قلت حين تفرغ من رميك، حين تريد الانصراف، ولا تدع التكبير مع كل حصاة، وليكن حصاك بقدر أنملة، أو أصغر من ذلك قليلاً مثل حصاة الحذف، واجعل الحصى في يدك اليسرى وارم بيدك اليمنى. انتهى.

أمالي أحمد بن عيسى -رضي الله عنهما- [العلوم:2/ 363]: وحدثنا محمد، قال: حدثنا عباد بن يعقوب، قال: أنبأنا يحيى بن سالم الفراء، عن أبي الجارود، عن أبي جعفر -عليه السلام-: ثم أفض حتى تأتي منزلك بمنى ثم ائت الجمرة العظمى، فأرمها بسبع حصيات، كبر مع كل حصاة تكبيرة، تقول: الله أكبر الله أكبر، اللهم ادحر عني الشيطان، اللهم تصديق بكتابك، وسنة رسولك محمد -صلى الله عليه وآله وسلم-، اللهم اجعله حجاً مبرور، وعملاً مقبولاً، وذنباً مغفوراً، وسعياً مشكوراً.

وإن شئت قلت ذلك مع كل حصاة، وإن شئت قلته حين تفرغ من رميك في آخر الحصى حين تريد الانصراف، إلا التكبير تكبر مع كل حصاة، فإنه لا بد من ذلك. انتهى.

القاضي زيد في الشرح: ويرمي جمرة العقبة يوم النحر بسبع حصيات، ولاخلاف فيه، ولا خلاف أن الرمي بها يجب أن تكون متفرقة، والنبي -صلى الله عليه وآله وسلم- كان يرمي مفرقاً، وعلى هذا جرى عمل السلف. انتهى.

المؤيد بالله -عليه السلام- في شرح التجريد [2/ 409]: وقلنا: إنه إذا انتهى إلى منى أتى جمرة العقبة فرماها بسبع حصيات يهلل ويكبر، لأن النبي -صلى الله عليه وآله وسلم- فعل ذلك في حديث جابر وغيره، ولا خلاف في.

وقلنا: إنه يقطع التلبية مع أول حصاة يرمها؛ لأنه يروى عن النبي -صلى الله عليه وآله وسلم- على ما مضى القول فيه، ولأنه لا خلاف فيه، وإنما الخلاف في قطعها قبل ذلك. انتهى.

الجامع الكافي [3/ 410]: قال القاسم -عليه السلام-: إذا رمى الرجل الجمار، قال مع كل حصاة يرميها: الله أكبر، ثم يتقدم أمام الجمرتين الأولتين إذا رماهما ويدعو بما حضر من الدعاء، ويذكر الله -عز وجل-، فأما جمرة العقبة فيرميها، ويكبر مع كل حصاة، ثم ينصرف ولا يقف عندها ولا يدعو.

وفيه [3/ 412]: قال القاسم -عليه السلام- -فما أخبرنا علي، عن ابن هارون، عن ابن سهل، عن عثمان، عن القومسي عنه- قال: أفضل أوقات رمي الجمار زوال الشمس إلا يوم النحر، فإنه يرميها قبل الزوال، ولا يرمي الرجال إلا بعد طلوع الشمس، وقد رخص للنساء في الرمي قبل طلوع الشمس، فلا ترمى الجمار ليلاً.

وفيه [3/ 413]: قال القاسم -عليه السلام- ومحمد: ومن استطاع أن يرمي الجمار ماشياً فهو أفضل.

قال القاسم -عليه السلام-: وهو أشبه بأعمال الصالحين، ومن رماها راكباً أجزأه.

قال محمد: ولا بأس أن يرمي الجمار راكباً من غير علة، قد رمى العلماء

والصالحون ركباناً ومشاة، وروي عن النبي -صلى الله عليه وآله وسلم- أنه رمى جمرة العقبة راكباً على ناقته، وعن جعفر بن محمد -عليه السلام- أنه رمى راكباً. انتهى.

باب القول فيما يفعل بعد رمي جمرة العقبة من النحر والحلق والتقصير

قد مر حديث زيد بن علي، عن أبيه، عن جده، عن علي -عليهم السلام-، قال: (أول المناسك يوم النحر؛ رمي الجمرة، ثم الذبح، ثم الحلق، ثم طواف الزيارة). انتهى.

[1545]- **علي بن بلال -رحمه الله- في شرح الأحكام** [إعلام الأعلام صـ(225)]: أخبرنا أبو العباس -رحمه الله-، قال: أخبرنا علي بن محمد الروياني، والحسين بن أحمد البصري، قالا: أخبرنا الحسين بن علي بن الحسن، قال: حدثنا زيد بن الحسن، عن ابن أبي أويس، عن ابن ضميرة، عن أبيه، عن جده، عن علي -عليه السلام- أنه كان يقول: (من رمى الجمرة الكبرى -جمرة العقبة-، وحلق، ونحر، فقد حل له كل شيء حرم عليه إلا النساء والصيد والبيتوتة خارج منى. انتهى.

رجال هذا الإسناد قد مر الكلام عليهم جميعاً، وهم من ثقات محدثي الشيعة.

[1546]- **مجموع زيد بن علي -رضي الله عنهما-** [169]: حدثني زيد بن علي، عن أبيه، عن جده، عن علي -عليهم السلام-، أنه كان إذا ذبح نسكه استقبل القبلة ثم قال: «﴿وجهت وجهي للذي فطر السموات والأرض حنيفاً مسلماً وما أنا من المشركين إن صلاتي ونسكي ومحياي ومماتي لله رب العالمين لا شريك له وبذلك أمرت وأنا من المسلمين﴾، بسم الله، والله أكبر، اللهم منك وإليك، اللهم تقبل من علي»، وكان يكره أن ينخعها حتى تموت، وكان -عليه السلام- يطعم ثلثاً، ويأكل ثلثاً، ويدخر ثلثاً. انتهى.

[1547]- علي بن بلال -رحمه الله- في شرح الأحكام [إعلام الأعلام (ص223)]: أخبرنا السيد أبو العباس -رحمه الله-، قال: أخبرنا أبو زيد، قال: حدثنا محمد بن منصور، قال: حدثني أحمد بن عيسى، عن الحسين، عن أبي خالد، عن زيد بن علي، عن أبيه(84)، عن جده، عن علي -عليهم السلام-: أنه كان إذا ذبح نسكه استقبل القبلة وقال: «وجهت وجهي للذي فطر السموات والأرض عالم الغيب والشهادة حنيفاً مسلماً وما أنا من المشركين، إن صلاتي ونسكي ومحياي ومماتي لله رب العالمين، لا شريك وبذلك أمرت وأنا من المسلمين، اللهم منك ولك(85)، بسم الله وبالله، اللهم تقبل من علي»، وكان -صلوات الله عليه- يكره أن ينخعها حتى تموت، وكان يطعم ثلثاً، ويأكل ثلثاً، ويدخر ثلثاً. انتهى.

[1548]- أمالي أحمد بن عيسى -رضي الله عنهما- [العلوم:2/394]: حدثنا محمد، حدثني أحمد بن عيسى، عن حسين، عن أبي خالد، عن زيد، عن آبائه، عن علي -عليهم السلام-، أنه كان إذا ذبح نسكه استقبل القبلة ثم قال: «وجهت وجهي للذي فطر السموات والأرض، عالم الغيب والشهادة حنيفاً مسلماً وما أنا من المشركين، إن صلاتي ونسكي ومحياي ومماتي لله رب العالمين، لا شريك له وبذلك أمرت وأنا من المسلمين، اللهم منك وإليك، بسم الله، وبالله، اللهم تقبل من علي»، وكان يكره أن ينخعها حتى تموت، وكان يطعم ثلثاً، ويأكل ثلثاً، ويدخر ثلثاً في النسك.

قال محمد: يدخر ثلثاً وفي غيره، ولكن أحب إلينا أن لا يخرج من منى من النسك شيئاً، فإن فعل فليس نضيق عليه.

قال محمد: يقول هذا الكلام وهو قائم قبل أن يضجعها. انتهى.

الهادي -عليه السلام- في الأحكام [1/240]: ثم يأتي رحله فينحر إن كان

─────────────
(84) في نسخة: عن آبائه.
(85) في نسخة: وإليك.

معه فضل، أو يجب عليه هدي، فيذبح هديه أو ينحره، ويقول حين يضع الشفرة عليه: بسم الله، وبالله، وعلى ملة رسول الله -صلى الله عليه وآله وسلم-، لا إله إلا الله والله أكبر، ثم يذبح، ثم يقول: اللهم منك وإليك، فتقبل من عبدك ابن عبديك، ثم يأمر به فيصنع له منه فيأكل هو وإخوانه، ويأمر ببعضه فيتصدق به على المساكين، وأولى المساكين بصدقته من قرب من منزله ومن رحله من أهل الفاقة والحاجة، ثم يحلق رأسه أو يقصر، ويلبس ما أحب من الثياب، ويتطيب بما شاء من الطيب، وقد حل له كل شيء إلا النساء. انتهى.

زيد بن علي -رضي الله عنهما- في المنسك: فإذا فرغت فاشتر أضحيتك التي كان فيها تمتعك، فاشترها قبل رمي الجمرة وإن شئت بعده، واجعله كبشاً سميناً أقرن فحلاً، فإن لم تجد كبشاً فمن فحولة المعزى، وإلا فنعجنة من الضأن، فإن لم تجد فما أيسر عليك، ثم استقبل بها القبلة فاذبحها ثم قل حين توجهها إلى القبلة: إني وجهت وجهي للذي فطر السموات والأرض عالم الغيب والشهادة حنيفاً مسلماً وما أنا من المشركين، إن صلاتي ونسكي ومحياي ومماتي لله رب العالمين، لا شريك له وبذلك أمرت وأنا من المسلمين، اللهم منك ولك، بسم الله، والله أكبر، اللهم تقبل مني، ولا تنخعه حتى يموت، ثم كل وأطعم وتصدق، واهدِ منه إن شئت، واحلق رأسك بعد الذبح، واغتسل يوم النحر. انتهى.

أمالي أحمد بن عيسى -رضي الله عنهما- [العلوم:2/ 364]:وحدثنا محمد، قال: حدثنا عباد بن يعقوب، قال: أنبأنا يحيى بن سالم الفراء، عن أبي الجارود، عن أبي جعفر: فإذا فرغت من رمي الجمرة فارجع إلى رحلك فاشترِ أضحيتك، وهي هديك الذي كان فيها متعتك، فاجعله كبشاً سميناً أقرناً فحلاناً، فإن لم تجد كبشاًفالموجوّ(86) من الضأن والمعز ما تيسر.

قال أبو جعفر: الموجوّ(87): الخصي.

---

(86) في الأمالي المطبوع: فإن لم تجد فحلاً فالموجأ.

(87) في الأمالي المطبوع: الموجأ.

ثم استقبل القبلة فاذبحه، وقل حين توجه إلى القبلة: «إني وجهت وجهي للذي فطر السموات والأرض حنيفاً مسلماً وما أنا من المشركين، إن صلاتي ونسكي ومحياي ومماتي لله رب العالمين، لا شريك له وبذلك أمرت وأنا من المسلمين، اللهم منك ولك، بسم الله، اللهم تقبل عني، ثم مر عليه الشفرة، ولا تنخعه.

قال محمد: تنخعه: تفصل رأسه حتى يموت.

ثم كل منه وأطعم وتصدق واهد منه إن شئت، ثم احلق رأسك بعد الذبح، ولا صلاة بعد الفجر يوم النحر إلا المكتوبة. انتهى.

الجامع الكافي [3/ 423]: قال محمد في المنسك: وليكن هديك إن قدرت كبشاً سميناً، فاستقبل به القبلة فاذبحه، وقل حين توجه إلى القبلة: وجهت وجهي للذي فطر السموات والأرض حنيفاً مسلماً وما أنا من المشركين، إن صلاتي ونسكي ومحياي ومماتي لله رب العالمين، لا شريك له وبذلك أمرت وأنا من المسلمين، اللهم منك ولك، على ملة إبراهيم.

ثم ضع الشفرة ثم قل: بسم الله، والله أكبر، اللهم تقبل مني.

وروي نحو ذلك عن علي -عليه السلام-، وعن أبي جعفر -عليه السلام-، ويقول هذا الكلام وهو قائم قبل أن يضجعها.

بلغنا عن علي -عليه السلام- أنه كان يقول حين يضع الشفرة: بسم الله، وعلى ملة رسول الله، بسم والله أكبر، اللهم تقبل من عبدك علي. انتهى.

المؤيد بالله -عليه السلام- في **شرح التجريد** [2/ 409]: قال: ثم يعود إلى رحله، ثم ينحر أو يذبح ما يريد نحره أو ذبحه، والقارن ينحر ما كان ساقه، والمتمتع عليه أن يريق دماً بدنة أو بقرة أو شاة، وهذا منصوص عليه في الأحكام.

ووجه ذلك: ما في حديث جابر أن رسول الله -صلى الله عليه وآله وسلم-

انصرف إلى المنحر فنحر، ولا خلاف في ذلك، وعليه خلف المسلمين وسلفهم.

وقلنا: على المتمتع أن يريق دماً بدنة أو بقرة أو شاة لقوله -تعالى-: ﴿فَمَن تَمَتَّعَ بِٱلْعُمْرَةِ إِلَى ٱلْحَجِّ فَمَا ٱسْتَيْسَرَ مِنَ ٱلْهَدْيِ﴾[البقرة:196] واسم الهدي: يتناول البدنة والبقرة والشاة، فأيها أهدى فقد أجزأ، ولا خلاف في ذلك. انتهى.

القاضي زيد -رحمه الله- في الشرح: ويضحي إن إراد ذلك بما شاء من بدنة أو بقرة أو شاة، إن أحب ذلك ليس عليه دم، ونص عليه في الأحكام.

ولا خلاف بين جمهور الفقهاء أن المفرد لا دم عليه، وأن الذبح له سنة وتطوع، وذلك لخبر رسول الله -صلى الله عليه وآله وسلم- لما رمى انصرف إلى المنحر فنحر، وعليه خلف المسلمين وسلفهم، فإن ضحى أكل من أضحيته، ولا خلاف أن له أن يأكل من هدي التطوع، ويطعم منها شيئاً، ويتصدق بالباقي لقوله -تعالى-: ﴿فَكُلُوا۟ مِنْهَا وَأَطْعِمُوا۟ ٱلْقَانِعَ وَٱلْمُعْتَرَّ﴾[الحج:36] قال أبو طالب: ويجب أن يكون الاختيار في قدر ما يتناوله ويخرجه إليه، لأن الظاهر لم ينطق بالقدر. انتهى.

باب القول فيما يعمل الحاج في اليوم الثاني من يوم النحر

الهادي -عليه السلام- في الأحكام [1/ 241]: قال يحيى بن الحسين -صلوات الله عليه-:

فإذا كان اليوم الثاني من يوم النحر، وهو اليوم الذي يسمى يوم الروس، نهضي طاهراً متطهراً بعد زوال الشمس، ويحمل معه من رحله إحدى وعشرين حصاة، من الحصى الذي أخذه من مزدلفة، وليكن مغسولاً، فإن ذلك يروى عن رسول الله -صلى الله عليه وآله وسلم-، حتى يأتي الجمرة التي في وسط منى، وهي أقربهن إلى مسجد الخيف فيرميها بسبع حصيات من بطن الوادي يقول مع كل حصاة:

لا إله إلا الله، والله أكبر كبيراً، والحمد لله كثيراً، وسبحان الله بكرة وأصيلا.

ثم يستقبل القبلة، ويجعل الجمرة التي رماها من وراء ظهره، ثم يقول: «اللهم إيماناً بك، وتصديقاً بكتابك، واتباعاً لسنة نبيك محمد -صلى الله عليه وآله وسلم-، اللهم إني عبدك ابن عبديك، طالب منك ضارع إليك، فأعطني بفضلك إقالة عثرتي وغفران خطيئتي، وستر عورتي، والكفاية لكل ما أهمني، منك طلبت، وإليك قصدت، فلا تخيبني إنك أنت إلهي لا إله غيرك، بيدك ناصتي، وإليك رجعتي، فأحسن مثواي في آخرتي، وآمن يوم لقاك روعتي، فأعذني من عذابك، وأنلني ما أنت أهله من ثوابك، إنك لطيف كريم رؤوف رحيم.

ثم ليمض حتى ينتهي إلى الجمرة الوسطى فيرميها بسبع حصيات، يقول مع كل حصاة: لا إله إلا الله، والله أكبر كبيراً، والحمد لله كثيراً، وسبحان بكرة وأصيلاً.

ثم يستقبل الكعبة، ويجعل الجمرة من ورائه ثم يقول: اللهم اغفر لي الذنوب التي تهتك العصم، واغفر لي الذنوب التي تورث الندم(88)، واغفر لي الذنوب التي تغير النعم، واغفر لي الذنوب التي تحبس القسم، واغفر لي الذنوب التي تكشف الغطاء، واغفر لي الذنوب التي ترد الدعاء، واغفر لي الذنوب التي تحبس غيث السماء، واغفر لي الذنوب التي تدخل في الهوى، اللهم وفقني لما تحب وترضى، واعصمني من الزلل والخطأ، إنك أنت الواحد العلي الأعلى.

ثم يأتي جمرة العقبة فيرميها بسبع حصيات يقول مع كل حصاة منهن: لا إله إلا الله، والله أكبر كبيراً، والحمد لله كثيراً، وسبحان الله بكرة وأصيلا.

---

(88) عن عبد الله بن سنان، عن أبي عبد الله جعفر الصادق -عليه السلام-، قال:
الذنوب التي تغير النعم: البغي.
والذنوب التي تورث الندم: القتل.
والذنوب التي تنزل النقم: الظلم.
والذنوب التي تهتك الستر: شرب الخمر.
والذنوب التي تحبس الرزق: الزنا.
والذنوب التي تعجل الفناء: قطيعة الرحم.
والذنوب التي تظلم الهواء وتحبس الدعاء: عقوق الوالدين. انتهى، رواه الكليني في الكافي، المجلسي في البحار، والشيخ المفيد في الاختصاص. تمت من هامش الأصل.

ثم ينصرف ولا يقف عندها، ويقول في طريقه:

اللهم تولني فيمن توليت، وبارك لي فيما أعطيت، وعافني فيمن عافيت، وقني شر ما قضيت، إنك تقضي ولا يقضى عليك، تبارك ربنا وتعاليت، لا يذل من واليت، ولا يعز من عاديت، سبحانك لا إله إلا أنت، عز من نصرت، وذل من خذلت، وأصاب من وفقت، وجار عن رشده من رفضت، واهتدى من هديت، وسلم من الآفات من صحبت ورعيت، أسألك أن ترعاني وتصحبني في سفري ومقامي وفي كل أسبابي، يا إله الأولين ويا إله الآخرين.

ثم ينصرف إلى منزله. انتهى.

أمال أحمد بن عيسى -رضي الله عنهما- [2/ 366]: وحدثنا محمد، قال: حدثنا عباد، عن يحيى بن سالم، عن أبي الجارود، قال: فذكرت لأبي جعفر قول الناس في رمي الجمار عند زوال الشمس، فقال: يا أبا الجارود، أكل الناس يطيق أن يرمي عند زوال الشمس، لقد حج الناس عاماً من تلك الأعوام حتى بلغ الناس قريباً من بئر ميمون، أفكلهم رمى قبل زوال الشمس، ارم قبل الظهر وبعدها، وإن شئت ضحى، وإن شئت بالعشي، وابدأ بالجمرة الصغرى، في اليوم الثاني فارمها بسبع حصيات تكبر مع كل حصاة، وتقول: كما قلت يوم النحر حين رميت الجمرة العظمى.

قال أبو جعفر: ترمي قبل الظهر قبل زوال الشمس في أول يوم من رمي الجمار، وفي آخر يوم، وأما في يومين بين ذلك فلا ترمي إلا بعد الزوال.

تكبر مع كل حصاة، وتقول كما قلتَ يوم النحر حين رميت الجمرة العظمى، وقف وادع الله، وصل على النبي -صلى الله عليه وآله وسلم-، فإذا رميت الجمرة الصغرى، فانطلق نحو الثانية وارمها بسبع حصيات، تكبر مع كل حصاة، واستقبل البيت وادع الله جل وعز ساعة، وصل على النبي -صلى الله عليه وآله وسلم- وقل مثل ما قلت حين رميت الجمرة الصغرى، ثم تقف قريباً منها عند يسار الطريق فادع الله واثن عليه وصل على النبي -صلى الله عليه وآله وسلم-، وارم الجمار كل يوم ثلاثتهن ولا يضرك أي ساعة رميت الجمار ما بين

طلوع الشمس إلى غروبها، وأحب ذلك إلي عند الزوال، حتى إذا كان آخر أيام التشريق رميت الجمار كلها، وتصنع كما صنعت قبل ذلك، ثم صل الظهر، ثم انفر من منى إلى مكة، فطف بالبيت، وإن لم تطف بالبيت فلا يضرك إن كنت طفت به يوم النحر كما وصفت لك، وإن لم تكن طفت به فطفف أسبوعاً، فإنه لا بد من ذلك فقد قضيتم حجكم، ولا تبيتوا أيام التشريق إلا بمنى، وكبروا فيهن في دبر كل صلاة، أول التكبير صلاة الظهر يوم النحر إلى صلاة العصر يوم الرابع، ولا تكبر في العصر وهي آخر أيام التشريق.

قال محمد: روي عن علي بن أبي طالب -رضي الله عنه- من غير حديث أبي سعيد -أي عباد بن يعقوب-: إن أول التكبير من يوم عرفة صلاة الفجر إلى صلاة العصر من آخر أيام التشريق، وإذا كبرت فقل: «الله أكبر الله أكبر لا إله إلا الله والله أكبر الله أكبر ولله الحمد على ما هدنا، الله أكبر على ما رزقنا من بهيمة الأنعام» تقول في دبر كل صلاة، وليكن آخر عهدك بالبيت أن تستلم الركن الأسود تقول: «اللهم لا تجعله آخر العهد من بيتك الحرام». انتهى.

قلت: وقد مر تكبير التشريق ووقته وصفته في الجزء الأول من كتابنا هذا وأثبتنا هنالك ما ظفرنا به من الروايات الصحيحة على شرطنا فراجعه إن شئت.

باب القول فيما يفعل الحاج في اليوم الثالث من يوم النحر وهو النفر الأول

الهادي -عليه السلام- في الأحكام [1/ 242]: قال يحيى بن الحسين -صلوات الله عليه-:

قال الله -تبارك وتعالى-: ﴿فَمَن تَعَجَّلَ فِي يَوۡمَيۡنِ فَلَآ إِثۡمَ عَلَيۡهِ وَمَن تَأَخَّرَ فَلَآ إِثۡمَ عَلَيۡهِۖ لِمَنِ ٱتَّقَىٰۗ وَٱتَّقُواْ ٱللَّهَ وَٱعۡلَمُوٓاْ أَنَّكُمۡ إِلَيۡهِ تُحۡشَرُونَ ٢٠٣﴾ [البقرة:203]، فإذا عزم على النفر نفر من منى، فأتى الكعبة فطاف بها سبعة أشواط، وصلى ركعتين، ثم استقبل القبلة، ثم قال: «اللهم البيت بيتك، والحرم حرمك،

والعبد عبدك، وهذا مقام العائذ بك من النار.

اللهم اجعله سعياً مشكوراً، وحجاً مبروراً، وذنباً مغفوراً، وعملاً متقبلاً.

اللهم لا تجعله آخر العهد من بيتك الحرام، الذي جعلته قبلة لأهل الإسلام، وفرضت حجه على جميع الأنام.

اللهم اصحبنا في سفرنا، وكن لنا ولياً وحافظاً.

اللهم إنا نعوذ بك من كآبة السفر، وسوء المنقلب، وفاحش المنظر في أهلنا وأولادنا ومالنا، ومن اتصل بنا من ذوي أرحامنا وأهل عنايتنا.

اللهم لك الحمد على ما مننت به علينا من أدآء فرضك العظيم.

ولك الحمد على حسن الصحابة والبلاغ الجميل.

اللهم لا تشمت بنا الأعداء، ولا تسؤ فينا الأصدقاء، ولا تكلنا إلى أنفسنا، ربنا وهب لنا من أزواجنا وذرياتنا قرة أعين واجعلنا للمتقين إماماً، ربنا اصرف عنا عذاب جهنم إن عذابها كان غراماً، إنها ساءت مستقراً ومقاماً.

ثم يدخل زمزم فيشرب من مائها ويطلع فيها ويقول: «اللهم أنت أخرجتها، وجعلت الماء فيها، وأقررته وأسكنته في أرضها، تفضلاً منك على خلقك، ثم أسقيتهم منها ومننت عليهم بما جعلت من البركة فيها، فاسقنا بكأس محمد يوم الظمأ، واجعلنا من حزبك وحزبه، وأدخلنا في زمرته، وامنن علينا بشفاعته، وأسكنا في جواره، وامنن علينا في الآخرة بقربه، واحشرنا يوم الدين على ملته، إياك وحدنا، وإليك العدلَ في كل أفعالك نسبنا، وبجميع وعدك ووعيدك صدقنا، وسنة نبيك ابتعنا، وإياك على أدآء فرضك استعنا، فأعنا بعونك، وافتح لنا أبواب رحمتك، ووسع علينا في الأرزاق، وارفق علينا بأعظم الأرفاق.

ثم يسير إلى بلده إن شاء، فإن عزم على المقام إلى النفر الثاني أقام إن شاء الله.

انتهى.

القاضي زيد في الشرح: وإن أحب أن ينفر في اليوم الثاني ويعود إلى مكة فعل، فإنه النفر الأول نص عليه في الجامعين، ولا خلاف فيه.

والأصل فيه: قوله -تعالى-: ﴿فَمَن تَعَجَّلَ فِي يَوْمَيْنِ فَلَآ إِثْمَ عَلَيْهِ وَمَن تَأَخَّرَ فَلَآ إِثْمَ عَلَيْهِۚ لِمَنِ ٱتَّقَىٰۗ﴾ [البقرة:203]، ولا خلاف أن المراد به العود من منى بعد الرمي. انتهى.

الجامع الكافي [3/ 411]: قال محمد: فإذا كان من الغد وزالت الشمس فاغتسل إن أمكن، وإلا فالوضوء يجزيء، ثم ارم الجمار الثلاث كما رميت بالأمس، فإن أحببت أن تنفر من يومك مع الناس فانفر، وإن أردت النفر الأخير بتّ بمنى إلى الغد، فإذا ارتفع النهار قليلاً فارم الجمار الثلاث أيضاً بإحدي وعشرين حصاة، كما رميت قبل ذلك، فجميع الحصى سبعون حصاة، وقد قضيت ما عليك من الحج. انتهى.

باب القول فيما يفعل الحاج في اليوم الرابع من يوم النحر وهو النفر الأخير

الهادي -عليه السلام- في الأحكام [1/ 243]: قال يحيى بن الحسين -صلوات الله عليه-:

فإذا كان ذلك اليوم وهو اليوم الرابع من يوم النحر، وهو آخر يوم من أيام التشريق، فلينفر إذا ارتفع الضحى، ويرمي الجمار في ذلك الوقت، إن أحب التعجيل إلى مكة، وإن أحب رمي الجمار ونفر من بعد الزوال فإذا رمى الجمار فليفعل في رميها كما فعل أولاً، وليدع بما دعى في الأيام الخالية من الدعاء، يسير إلى مكة حتى يطوف طواف الوداع، ثم يصلي ركعتين، ثم يقف مستقبل القبلة فيدعو بما ذكرنا من الدعاء في النفر الأول.

ثم يدخل زمزم فيشرب من مائها سبع جرع، وتدعو بما فسرت لك من

الدعاء في دخوله إياها في النفر الأول، وإن كان له بمكة مقام أخر الوادع إلى يوم خروجه، ثم ودع ودعى بما فسرت لك إن شاء الله، فإن الوداع لا يكون إلا في يوم الرحيل، ويستحب للحاج عند وقت نفره من منى أن يتصدق بما حضره فيما بين منى ومكة، وأن يتصدق بما حضره أو أمكنه يوم خروجه من مكة وتوجهه إلى بلده. انتهى.

باب القول في الحلق والتقصير

الجامع الكافي [3/426]: قال القاسم -عليه السلام- ومحمد: وإذا طاف المتمتع لعمرته وسعى فليقصر ولا يحلق إلا بعد ما يرمي جمرة العقبة، وبعد أن يذبح يوم النحر.

[1549]- وروى محمد عن النبي -صلى الله عليه وآله وسلم- أنه قال: «اللهم اغفر للمحلقين» قالوا: يا رسول الله، وللمقصرين، قال: «اللهم اغفر للمحلقين»، قالوا: يا رسول الله وللمقصرين، قال: «وللمقصرين في الرابعة».

وعن ابن عباس قال: التفث: حلق الرأس، وقص الشارب، والأخذ من اللحية، وقص الأظفار، ونتف الإبط، وحلق العانة.

وقال القاسم -عليه السلام- في رواية داود عنه -وسئل كم تأخذ المرأة من شعرها إذا حلت-، قال: ما وقع عليه اسم التقصير من أمر وسط ليس فيه تقصير ولا إفراط.

قال محمد: التقصير: أن يأخذ المتمتع من جوانب رأسه من مقدمه ومن مؤخره وجانبيه.

وروي ذلك عن أبي جعفر وعبد الله بن الحسن -رضي الله عنهما-. انتهى.

[1550]- **مجموع زيد بن علي** -رضي الله عنهما- [164]: حدثني زيد بن علي، عن أبيه، عن جده، عن علي -عليهم السلام-، قال: قال رسول الله -صلى الله عليه وآله وسلم-: «اللهم اغفر للمحلقين -ثلاثاً-، اللهم اغفر للمقصرين

-مرة واحدة-». انتهى.

باب القول فيمن لَبَّد أو عَقَّص أو ظَفَّر هل يجب عليه الحلق

[1551]- **أمالي أحمد بن عيسى -رضي الله عنهما- [العلوم:2/ 389]**: حدثنا محمد، حدثني أبو الطاهر، قال: حدثني أبو ضمرة، عن جعفر، عن أبيه، أن علياً قال: (من لبد أو عقص أو عقد بسير وجب عليه الحلاق).

قال محمد: كان هذا شيء يفعل في الجاهلية، يكون لهم الجمام، فإذا أرادوا أن يحرموا، فكان الرجل يلبد شعره بصمغ أو بغيره، وبعضهم يعقده بسير، أو يعقصه حتى يلويه ثم يعقده، فنهي عن ذلك، فمن فعل من ذلك شيئاً في الإسلام فعليه أن يحلقه، وليس له أن يقصر، فإن لم يفعل من هذا شيئاً فإن شاء قصر في الحج، وإن شاء حلق.

قال: فأما العمرة في غير أشهر الحج فإذا أحل حلق رأسه. انتهى.

ومثله في الجامع الكافي.

وأبو الطاهر أحمد بن عيسى بن عبد الله، وأبو ضمرة أنس بن عياض الليثي، قد مر الكلام عليهما.

[1552]- **الجامع الكافي [3/ 428]**: وروى محمد بإسناد عن النبي -صلى الله عليه وآله وسلم- أنه دعا الحلاق، فأخذ شعره بيده، ثم قال بسم الله، فبدأ بالشق الأمين، فوزعه بين الناس، ثم بالأيسر فصنع مثل ذلك. انتهى.

باب القول فيمن قدم نسكاً وأخره بجهالة أو نسيان أو أخل بشرط

[1553]- **الجامع الكافي [3/ 428]**: روى محمد، عن النبي -صلى الله عليه وآله وسلم- أنه أتاه رجل، فقال:

أفضت قبل أن أحلق، قال: احلق أو قصر ولا حرج.

وقال محمد: لا تحلق رأسك حتى تذبح هديك، قال الله -عز وجل-: ﴿وَلَا تَحْلِقُوا رُءُوسَكُمْ حَتَّىٰ يَبْلُغَ الْهَدْيُ مَحِلَّهُ﴾[البقرة:196] .

فمن حلق قبل أن يذبح فلا شيء عليه.

روي عن النبي -صلى الله عليه وآله وسلم- أنه قال له رجل: حلقتُ قبل أن أذبح، قال: اذبح ولا حرج، فقال آخر: ذبحت قبل أن أرمي قال: ارم ولا حرج.

وقال القاسم -عليه السلام-: فيما روى داود عنه، وسئل عمن حلق قبل أن يذبح أو حلق أو ذبح قبل أن يرمي خطأ أو نسياناً، فقال: هذا قد جاء فيه عن النبي -صلى الله عليه وآله وسلم- من التوسع ما جاء فيه مما قد روته العلماء، حديث زيد: «لا حرج لا حرج».

وقال محمد في التفسير: قول أبي جعفر وزيد بن علي: من قدم نسكاً أو أخره بجهالة فلا شيء عليه، لقول النبي -صلى الله عليه وآله وسلم-: «لا حرج».

ومن فعله متعمداً من غير علة فعليه الكفارة. انتهى.

الهادي -عليه السلام- في الأحكام [1/ 265]: قال يحيى بن الحسين -صلوات الله عليه-:

ولا ينبغي أن ترمي الجمار إلا على طهور، لأنها مواقف كريمة شريفة، ومن رماها جاهلاً على غير طهور، لم يفسد ذلك عليه شيئاً من مناسكه، وأما رميهن قبل طلوع الفجر فلا يجوز إلا للنساء لضعفهن، ولم يرخص في ذلك لغيرهن.

فأما ما يروى من إرسال النبي -صلى الله عليه وآله وسلم- عبد الله بن العباس مع الحرم فقد قيل: إنه كان صبياً، وقد يحتمل أن يكن هن رمين قبل الفجر، ثم انصرف بهن عبد الله ابن عباس إلى منزلهن ثم عاد فرمي في وقت ما يجوز له الرمي من بعد طلوع الشمس.

وفيه [1/ 275]: قال يحيى بن الحسين -صلوات الله عليه-: وإن نسي

[ناس] طواف النساء فلم يطفه، فعليه الرجوع له من حيث كان، إلا أن يخاف على نفسه تلفاً، فينتظر أن يخرج مع الناس، ويكون حاله في ذلك حال المحصر، وكذلك روي، عن أمير المؤمنين علي بن أبي طالبي -عليه السلام- أنه قال: (يرجع من نسي طواف النساء ولو من خراسان).

قال يحيى بن الحسين -صلوات الله عليه- [1/ 276]: وإن جامع النساء قبل أن يرجع فيطوف ذلك الطواف كانت عليه في ذلك بدنة. انتهى.

باب القول في طواف الزيارة

[1554]- **مجموع زيد بن علي -صلوات الله عليهما-** [162]: حدثني زيد بن علي، عن أبيه، عن جده، عن علي -عليهم السلام-، في قول الله -عز وجل-: ﴿ثُمَّ لْيَقْضُوا تَفَثَهُمْ وَلْيُوفُوا نُذُورَهُمْ وَلْيَطَّوَّفُوا بِالْبَيْتِ الْعَتِيقِ ﴿٢٩﴾﴾ [الحج:29] قال: (هو طواف الزيارة، يوم النحر، وهو الطواف الواجب، فإذا طاف الرجل طواف الزيارة حل له الطيب والنساء، وإن قصر وذبح ولم يطف حل له الطيب والصيد واللباس، ولم يحل له النساء حتى يطوف بالبيت).

وقال زيد بن علي -رضي الله عنهما-: فروض الحج ثلاثة الإحرام والوقوف بعرفة وطواف الزيارة يوم النحر. انتهى.

[1555]- **علي بن بلال في شرح الأحكام** [إعلام الأعلام صـ(225)]: أخبرنا السيد أبو العباس الحسني، قال: أخبرنا عبد العزيز بن إسحاق، قال: حدثني علي بن محمد النخعي، قال: حدثني سليمان بن إبراهيم المحاربي، قال: حدثني نصر بن مزاحم، قال: حدثني إبراهيم بن الزبرقان، قال: حدثني أبو خالد، قال: حدثني زيد بن علي، عن أبيه، عن جده، عن علي -عليهم السلام-، في قوله -جل ثناؤه-: ﴿ثُمَّ لْيَقْضُوا تَفَثَهُمْ وَلْيُوفُوا نُذُورَهُمْ وَلْيَطَّوَّفُوا بِالْبَيْتِ الْعَتِيقِ ﴿٢٩﴾﴾ [الحج:29]، قال: (هو طواف الزيارة يحل له النساء

والطيب، وإن قصر وذبح حل له الطيب والصيد واللباس، ولم يحل له النساء حتىٰ يطوف بالبيت). انتهىٰ.

الهادي -عليه السلام- في الأحكام [1/ 240]: قال يحيىٰ بن الحسين -صلوات الله عليه-:

فإذا كان في آخر يومه -يعني -عليه السلام- يوم النحر- أو أي يوم من أيام منىٰ شاء أتىٰ الكعبة، فإن كان مفرداً أو كان لم يطف لحجه ولم يسع، طاف لحجه سبعة أشواط، وسعىٰ بين الصفاء والمروة سبعة أشواط، يفعل في كل طوافه وسيعه ما شرحنا لك في أول كلامنا هذا.

ثم يرجع إلىٰ الكعبة فيطوف بها طواف النساء سبعة أشواط، لا يرمل في شيء منها، ثم يصلي ركعيتن لطوافه خلف مقام إبراهيم -صلىٰ الله عليه-.

قال يحيى بن الحسين -رضي الله عنه-: وإن كان قد طاف لحجه، وسعىٰ قبل خروجه إلىٰ عرفة، طاف حين يرجع إلىٰ الكعبة من منىٰ في أي أيام منىٰ شاء، أو بعد نفره من منىٰ طواف النساء، وهو الذي يسميه الناس طواف الزيارة، وهو طواف الحج اللازم الذي قال فيه: ﴿ثُمَّ لْيَقْضُوا تَفَثَهُمْ وَلْيُوفُوا نُذُورَهُمْ وَلْيَطَّوَّفُوا بِالْبَيْتِ الْعَتِيقِ ﴿٢٩﴾﴾ [الحج:29]، ثم قد حل له النساء، وإن كانت زيارته في أيام منىٰ فدخل مكة ليلاً في أول الليل فيخرج من ليلته، وإن دخلها نهاراً فليخرج منها في يومه إن دخلها في أول الليل فأدركه الصباح بها، أو دخلها نهاراً فأدركه الليل بها، وجب عليه دم، فإذا كان اليوم الثاني رمىٰ الجمار. انتهىٰ.

زيد بن علي -صلوات الله عليهما- في المنسك: ولا تدع أن تروح إلىٰ البيت فإن أنت زرته كفاك غسلك الذي اغتسلت يوم النحر بعد الحلق، وإذا زرت البيت فطف به سبعة أطواف، وصل عند مقام إبراهيم -صلىٰ الله عليه وآله وسلم-، وطف بين الصفا والمروة، وقل في طوافك بالبيت وبين الصفاء والمروة

مثل ما قلت يوم قدمت مكة، ثم قد حل لك الطيب والثياب وكل شيء يحل للمحرم، غير أني أحب أن لا تقرب النساء حتى تطوف بالبيت أسبوعاً آخر، ولا تطف فيه بين الصفا والمروة، فإذا فعلت ذلك حل لك النساء والطيب والثياب وكل شيء.

وادخل البيت الحرام فصل بين العمودين ما استعطت على الرخامة الحمراء، فإن لم تقدر على دخول البيت فقد يجزيك من دخول البيت، وقل حين تدخل البيت: «اللهم إنك قلت: {ومن دخله كان آمناً} فأمني من عذابك يوم القيامة». انتهى.

المؤيد بالله -عليه السلام- في شرح التجريد [2/ 417]: وقلنا: إنه يطوف بعد ذلك طواف الزيارة، لقول -تعالى-: ﴿ثُمَّ لْيَقْضُوا تَفَثَهُمْ وَلْيُوفُوا نُذُورَهُمْ وَلْيَطَّوَّفُوا بِالْبَيْتِ الْعَتِيقِ ﴿٢٩﴾﴾[الحج:29]، ولا خلاف أن المراد به طواف النساء، ولا خلاف أيضاً في أنه فرض، لا يجبر بغيره، ولا خلاف أنه لا رمل فيه، ولا سعي بعده.

وقلنا: إنه يحل له النساء بعده؛ لأنه لا خلاف فيه، وفي أن جميع أحكام الإحرام تنقطع به، ومن أجل ذلك سمي طواف النساء.

[1556]- وروى زيد بن علي، عن أبيه، عن جده، عن علي -عليهم السلام-، في قوله: ﴿وَلْيَطَّوَّفُوا بِالْبَيْتِ الْعَتِيقِ ﴿٢٩﴾﴾[الحج:29]، قال: (هو طواف الزيارة، وهو الطواف الواجب، فإذا طاف الرجل طواف الزيارة حل له النساء). انتهى.

أمالي أحمد بن عيسى -رضي الله عنهما- [العلوم:2/ 365]: وحدثنا محمد، قال: حدثنا عباد بن يعقوب، قال: أنبأنا يحيى بن سالم الفراء، عن أبي الجارود، عن أبي جعفر:

ثم زر البيت بالعشي، وإن اشتغلتَ فلا يضرك متى زرتَه غير أنه ينبغي أن تغتسل إذا زرته بعد يوم النحر، فإن زرته يوم النحر كفاك غسلك الذي اغتسلت يوم النحر بعد الحلق، فإذا زرت البيت فطف به أسبوعاً، وصَلِّ عند مقام إبراهيم ركعتين، وطف بين الصفا والمروة لحجك، وقل في طوافك بالبيت وبين الصفا والمروة، وقل عليهما مثل الذي قلت أول يوم قدمت مكة، ثم أحل لك الطيب والنساء والثياب وكل شيء يحل منه المحرم.

وحدثنا محمد، قال: حدثنا عباد بن يعقوب، عن يحيى بن سالم، قال: قال أبو الجارود، حدثني عبد الله بن علي بن الحسين، قال: كنت أحج مع أبي علي بن الحسين فكان إذا رجع من الموقف إلى منى، فرمى الجمرة ثم ذبح وحلق وحَلّ من كل شيء إلا النساء والطيب حتى يأتي البيت، فإذا أتى البيت طاف به، وبالصفا والمروة وحل له النساء والطيب. انتهى.

الجامع الكافي[3/ 432]: قال الحسن بن يحيى -عليه السلام-: أجمع آل رسول الله -صلى الله عليه وآله وسلم- على وجوب طواف الزيارة، وهو طواف النساء، والذي ليس معه سعي، وأن النساء لا تحل للحاج حتى يطوفه.

[1557]- وروى محمد أن أسماء ولدت محمد بن أبي بكر فأمرها رسول الله -صلى الله عليه وآله وسلم- أن تقضي المناسك إلا الطواف بالبيت.

[1558]- وقال محمد: بلغنا عن علي -صلوات الله عليه- فيمن ترك الطواف الواجب: (يرجع ولو من خراسان). انتهى.

باب القول في طواف الوداع

[1559]- **مجموع زيد بن علي -صلوات الله عليهما-** [162]: حدثني زيد بن علي، عن أبيه، عن جده، عن علي -عليهم السلام-، قال: (من حج فيلكن آخر عهده بالبيت، إلا النساء الحُيَّض، فإن رسول الله -صلى الله عليه وآله وسلم- رخص لهن في ذلك). انتهى.

الجامع الكافي [3/ 451]: قال محمد في المنسك: يستحب للرجل إذا أحل بمنى أن يشتري صاعاً أو صاعين من تمر فيتصدق به عن إحرامه، لشعرة سقطت، أو دابة أو غير ذلك، ثم ائت مكة فإذا أردت أن تنفر من يومك، أو من ليلتك، أو بعد ذلك، فودع البيت بطواف تطوفه أسبوعاً، وتصلي ركعتين، ويكون ذلك بعد فراغك من جميع حوائجك وتقول: «اللهم لا تجعله آخر العهد من بيتك، آيبون، تائبون، عابدون، إلى ربنا راغبون».

فإذا فرغت من الطواف فاستلم الحجر الأسود، ثم ألصق بطنك بالبيت -يعني موضع الملتزم، وهو بين الحجر الأسود والباب- فضع يدك اليسرى على الحجر، وقدم الأخرى مما يلي باب البيت، فاحمد الله واثن عليه، وصل على النبي -صلى الله عليه وآله وسلم-، وادع بما حضرك.

[1560]- وفيه [3/ 452]: قال محمد: ومن رحل من منى فلم يودع البيت فلا شيء عليه، إنما عليه طواف الوادع إذا صار إلى مكة، يعني ثم يخرج منها، لقول النبي -صلى الله عليه وآله وسلم-: «من أراد أن يخرج من مكة فليكن آخر عهده بالبيت».

[1561]- وروي في هذا الحديث أن النبي -صلى الله عليه وآله وسلم- رخص للنساء الحيض أن ينفرن، وقال: «يجزيهن طواف الزيارة ولا يحبسن أصحابهن».

وروي عن علي بن الحسين -رضي الله عنهما- نحو ذلك.

وعن أبي جعفر محمد بن علي -رضي الله عنهما- قال: من خرج من منى ولم يطف للوداع فلا يضره. انتهى.

أمالي أحمد بن عيسى -رضي الله عنهما- [العلوم:2/ 368]: حدثنا محمد، قال: حدثنا عباد، عن يحيى بن سالم، عن أبي الجارود قال: قال أبو جعفر: كان علي بن الحسين إذا صدر من مكة ارتحل إلى أهله، قال: آيبون إن شاء الله، تائبون،

عابدون، إلى ربنا راغبون. انتهى.

باب القول في المتمتع وأحكامه

[1562]- **مجموع زيد بن علي -رضي الله عنهما-** [164]: حدثني زيد بن علي، عن أبيه، عن جده، عن علي -عليهم السلام- قال: (على القارن والمتمتع هدي، فإن لم يجدا صاما ثلاثة أيام في الحج آخرهن يوم عرفة، وسبعة أيام إذا رجع إلى أهله، ذلك لمن لم يكن أهله حاضري المسجد الحرام). انتهى.

القاضي زيد في الشرح: ولا خلاف في جواز التمتع، ولا خلاف أن صفته أن يأتي بالعمرة ثم يحل منها وينتفع بما هو محظور على المفرد والقارن، ثم يهل بالحج فيأتي بأعماله. انتهى.

الهادي -عليه السلام- في الأحكام [1/ 246]: قال يحيى بن الحسين -صلوات الله عليه-:

إذا أراد المعتمر أن يهل بعمرة فليغتسل، ويلبس ثوبي إحرامه، ثم ليصل ركعتين في ميقاته كما يفعل في إحرامه لحجه، ثم يقول: اللهم إني أريد العمرة متمتعاً بها إلى الحج فيسرها لي، والطف لي في أدائها عني، وبلغني فيها أملي، ومحلي حيث حبستني، أحرم لك بها شعري وبشري ولحمي ودمي وما أقلت الأرض مني.

ثم يقول: لبيك اللهم لبيك بعمرة، لا شريك لك، إن الحمد والنعمة لك والملك، لا شريك لك، لبيك ذا المعارج لبيك.

ثم ينهض في سفره قاصداً لوجهه، ويتوقى في سفره ما شرحت له، ويفعل ما أمرته بفعله، فإذا رأى الكعبة قطع التلبية، ثم طاف لعمرته سبعة أشواط، يرمل في ثلاثة منها، ويمشي في الأربعة الباقية.

ثم يخرج فيسعى بين الصفاء والمروة، ويقصر من شعره، ثم قد خرج من

إحرامه، وحل له ما يحل لغيره من النساء والطيب وغير ذلك.

فإذا كان يوم التروية أهل بالحج من المسجد الحرام، أو من حيث شاء من مكة، وخرج إلى منى ففعل كما يفعل الحاج. انتهى.

القاضي زيد في الشرح: والمتمتع إذا انتهى إلى الميقات أحرم لعمرته، ونوى أن إحرامه للعمرة متمتعاً بها إلى الحج، وينطق بذلك، ويقول: اللهم إني أريد العمرة فيسرها لي، ويذكر ذلك في تلبيته، ويفعل في إحرامه، ومسيره، وعند انتهائه إلى الحرم ما يفعل المفرد، ولا خلاف في هذه الجملة.

ثم يطوف ويسعى لعمرته كما يفعل المفرد، فإذا فرغ من ذلك قصر من شعره، وهذا مجمع عليه.

والمراد به أن يطوف سبعاً ويرمل فيه، ويسعى سبعاً، ويبتدئ بالحجر ويختم به، ويصلي بعد الطواف ركعتين، ويهرول في السعي، ويبتدئ بالصفا ويختم بالمروة، وهذا مما لا خلاف فيه.

فإذا كان يوم التروية أحرم للحج وأهل به من المسجد، أو من حيث شاء من مكة، وهذا مما لا خلاف فيه.

ثم يخرج إلى منى ويفعل في حجه جميع ما يفعله المفرد، ولا خلاف فيه.

وفيه: قوله -تعالى-: ﴿ذَٰلِكَ لِمَن لَّمْ يَكُنْ أَهْلُهُۥ حَاضِرِى ٱلْمَسْجِدِ ٱلْحَرَامِ﴾ [البقرة:196]، ولا خلاف في أن المراد به ليس هو المسجد فقط. انتهى.

المؤيد بالله -عليه السلام- في شرح التجريد [2/ 404]: وقلنا: إنه يطوف سبعة ويسعى سبعاً على ما ذكرنا، فالمراد به على ما ذكرنا من الرمل في الطواف، والركعتين بعده، والابتداء بالحجر الأسود والاختتام به، والهرولة في السعي، والابتداء بالصفا والاختتام بالمروة، كل ذلك لا خلاف فيه. انتهى.

متى يحل المتمتع إذا لم يسق معه هدياً

[1563]- **الجامع الكافي** [3/ 459]: وروى محمد، عن ابن عباس قال: قدم الناس حجاجاً مع رسول الله -صلى الله عليه وآله وسلم- فأمرهم فجعلوها عمرة، وقال: «لو استقبلت من أمري ما استدبرت لصنعت ذلك»، فحل الناس أجمون إلا من كان معه هدي.

[1564]- وعن جابر قال: قال رسول الله -صلى الله عليه وآله وسلم-: «لولا أني سقت الهدي لفعلت مثل الذي أمرتكم به، ولكن لا يحل مني حرام حتى يبلغ الهدي محله». انتهى.

[1565]- **أمالي أحمد بن عيسى -رضي الله عنهما- [العلوم**:2/ 368]: حدثنا محمد، قال: حدثنا عباد، عن يحيى بن سالم، عن أبي الجارود قال: قال أبو جعفر: وكان علي بن الحسين إذا صدر من مكة وارتحل إلى أهله، قال: آيبون إن شاء الله تائبون عابدون إلى ربنا راغبون.

قال: لما أتى النبي -صلى الله عليه وآله وسلم- ذا الحليفة أمر الناس فأهلوا بالحج، فلما قدموا قال: «اجعلوها عمرة»، ثم قال: «لو استقبلت من أمري ما استدبرت لصنعت مثل ما يصنعون».

قال: وكان علي باليمن فأقبل حتى إذا كان على يلملم لم يدر كيف لبى الناس، وكيف أمر رسول الله -صلى الله عليه وآله وسلم-، فلبى وقال: إهلال كإهلال النبي -صلى الله عليه وآله وسلم-، فلما قدم دخل البيت فإذا ريح طيبة ففزع من ذلك، وقال: مالك يا فاطمة؟.

فقالت: أمرني رسول الله -صلى الله عليه وآله وسلم- فأحللنا من حجنا، وجعلناها عمرة، فأتى النبي -صلى الله عليه وآله وسلم- فذكر ذلك له، فقال: «كيف قلت»، قال: قلت: إهلال كإهلال النبي -صلى الله عليه وآله وسلم-، قال: «فلا إذاً»، قال: فأمر له بثلث ما معه من البدن، قال: وكانت معه مائة بدنة.

انتهى.

صوم المتمتع الثلاثة الأيام

قد مر حديث الجموع، عن علي -عليه السلام- في المتمتع إذا لم يجد الهدي صام ثلاثة أيام في الحج آخرهن يوم عرفة، وسبعة إذا رجع إلى أهله.

[1566]- **الجامع الكافي** [3/ 590 - 592]: قال الحسن -عليه السلام- -فيما حدثنا محمد، عن زيد، عن أحمد عنه-: يروى عن علي -عليه السلام- أنه قال: (إن فَرّق المتمتع الصوم أجزأه، وإن تابع فهو أفضل).

وروى محمد بأسانيده عن حاتم، ومحمد بن ميمون، وعلي بن غراب، عن جعفر، عن أبيه -رضي الله عنهما-، عن علي بن أبي طالب، أنه كان يقول: (من فاته ثلاثة أيام في الحج تسحر ليلة الحصبة فصام ثلاثة أيام التشريق وسبعة إذا رجع). انتهى.

حاتم بن إسماعيل، ومحمد بن ميمون، وعلي بن غراب، من ثقات محدثي الشيعة، وقد مر الكلام عليهم.

[1567]- **المؤيد بالله -عليه السلام- في شرح التجريد** [2/ 572]: أخبرني أبو الحسين بن إيسماعيل، قال: حدثنا الناصر للحق، عن محمد بن منصور، عن محمد بن عبيد، عن محمد بن ميمون، عن جعفر بن محمد، عن أبيه، عن علياً -عليه السلام- كان يقول: (صيام ثلاثة أيام في الحج قبل التروية ويوم التروية ويوم عرفة، فإن فات تسحر ليلة الحصبة فصام ثلاثة أيام بعد وسبعة إذا رجع[89].

(89) أخرج عبد الرزاق وابن أبي شيبة وعبد بن حميد وابن جرير وابن أبي حاتم والبيهقي، عن علي -عليه السلام- (فصيام ثلاثة أيام في الحج، قال: قبل التروية بيوم، ويوم التروية، ويوم عرفة، قال: فإن فاته صيامهن صام أيام التشريق).

وأخرج البخاري وابن أبي شيبة والبيهقي والدار قطني، عن ابن عمر وعائشة، قالا: لم يرخص =

وروى ابن أبي شيبة، عن حاتم بن إسماعيل، عن جعفر، عن أبيه، عن علي -عليه السلام- مثله. انتهى.

رجال هذا الإسناد قد مر الكلام عليهم وهم من ثقات محدثي الشيعة.

باب القول في القارن وأحكامه

القاضي زيد في الشرح: ولا خلاف أن حكم المفرد والقارن سواء فيما يتعلق بالإحرام من الفرض والاستحباب والصحة والفساد.

وفيه: وعليه -يعني على القارن- سوق بدنة من موضع إحرامه، فإن القران لا يكون إلا بسوق بدنة، نص عليه القاسم ويحيى -رضي الله عنهما-.

وذكر القاسم -عليه السلام- أنه إجماع أهل البيت -عليهم السلام-. انتهى.

الهادي -عليه السلام- في الأحكام [1/ 244]:

باب القول في الإهلال بالعمرة والحج معاً إذا أراد صاحبهما أن يقرنهما

قال يحيى بن الحسين -صلوات الله عليه-: إذا أراد ذلك الحاج فليهيئ بدنة يسوقها معه، ولا نرى أن يقرن قارن إلا بسوق بدنة من الموضع الذي يحرم فيه، فإن لم يجد بدنة فلا يقرن، وذلك قول علماء آل رسول الله -صلى الله عليه وآله وسلم-.

وقد قال غيرنا بغير ذلك، ولسنا نلتفت إليه، ولا نتكل في ذلك عليه.

فإذا أعد البدنة فلينخها بميقاته، ثم ليغتسل، ويلبس ثوبي إحرامه، ثم

رسول الله -صلى الله عليه وآله وسلم- في أيام التشريق أن يصمن إلا للمتمتع لم يجد هدياً.

وأخرج مالك والشافعي عن عائشة، بلفظ: ((الصيام لمن تمتع بالعمرة إلى الحج لمن لم يجد هدياً، ما بين أن يهل بالحج إلى يوم عرفة، فإن لم يصم صام أيام منى))، انتهى روض. تمت من حاشية على الأصل.

يشعرُها(90) -يشَقُّ في شِقِّ سنامها الأيمن شقاً حتى يدميها-، ويقلدها فرد نعل، ويجللها بأي الأجلال كان، من صوف أو قطن أو كتان، ثم ليصل ركعتين، ثم ليقل: «اللهم إني أريد العمرة والحج معاً، قارناً لهما، طالباً في ذلك لثوابك، متحرياً لرضاك، فيسرهما لي، وبلغني فيهما أملي، في دنياي وآخرتي، واغفر لي ذنوبي، وامح عني سيئاتي، وقني شر سفري، واخلفني بأحسن الخلافة في ولدي وأهلي ومالي، ومحلي حيث حبستني، أحرم لك بالعمرة والحج معاً شعري وبشري ولحمي ودمي وما أقلته الأرض مني، ونطق لك بذلك لساني، وعقد لك عليه قلبي».

ثم يقول: «لبيك اللهم لبيك، لبيك بعمرة وحجة معاً، لبيك لا شريك لك لبيك، إن الحمد والنعمة لك والملك، لا شريك لك لبيك، لبيك ذا المعارج لبيك، وضعت لعظمتك السموات كنفيها، وسبحت لك الأرض ومن عليها، اللهم إياك قصدنا بعملنا، ولك أحرمنا بعمرتنا وحجنا، فلا تخيب آمالنا، ولا تقطع منك رجاءنا».

ثم يلبي وينهض ويسير، ويقطرها في قطاره، ويتوقي في طريقه ما شرحته له في أول الكتاب، ويتوقى ما نهيته عنه، ولا يركب بدنته، ولا يحمل عليها شيئاً، ولا يركبها له خادم إلا أن يضطر إلى ركوبها ضرورة شديدة، فيركبها ركوباً لا يعقرها ولا يتعبها، وإن رأى رجلاً ضعيفاً من المسلمين قد فدحه المشي فليحمله عليها، العقبة والعقبتين، والليلة بعد الليلة والليلتين، فإن في ذلك أجراً وخيراً، والبدنة فهي لله، والمضطر إلى ركوبها فعبد من عبيد الله.

فإذا انتهى إلى مكة فليطف بالبيت سبعة أشواط، ثم ليصل ركعتين، وينوي بذلك الطواف أنه طواف عمرته، ثم يخرج إلى الصفا، فليقف عليه، ويقول ما شرحته له من القول أولاً، ثم يأتي المروة فيقف عليها ويقول عليها ما فسرت لك

---

(90) سيأتي ما ورد في الإشعار والتقليد إن شاء الله. تمت مؤلف.

من القول أولاً، حتى يوفي سبعة أشواط بين الصفا والمروة، ولا يقصر من شعره.

ثم يرجع إن أحب أن يعجل ذلك فيطوف بالبيت سبعة أشواط لحجه، ثم ليصل ركعتين، ثم ليخرج أيضاً فيسعى بين الصفا والمروة سبعة أشواط لحجه، ثم يثبت على إحرامه، وبما أهل به على حاله، ولا يترك التلبية.

فإذا كان يوم التروية خرج إلى منى وعرفة، وفعل ما يفعل الحاج من الوقوف والإفاضة والرمي، ثم ينحر بدنته يوم النحر، ثم يحلق رأسه من بعد نحره، كما قال الله -سبحانه-: ﴿وَلَا تَحْلِقُوا رُءُوسَكُمْ حَتَّىٰ يَبْلُغَ الْهَدْيُ مَحِلَّهُ﴾[البقرة196]، ثم يمضي فيزور البيت، ويطوف طواف النساء، طوافاً فرداً واحداً، ثم قد أحل من إحرامه، وحل له كل شيء يحرم على المحرم، من النكاح وغيره، وهذا فقول جميع علماء آل رسول الله -صلى الله عليه وآله وسلم- لا يرون قرناً إلا بسوق بدنة، ولا يرون أنه يجزيه في العمرة والحج المقرونين أقل من طوافين وسعيين، طوافاً وسعياً لعمرته، وطوافاً وسعياً لحجته.

وقد قال غيرهم بغير ذلك، فقالوا: يجتزيء بطواف واحد وسعي لعمرته وحجته، وهذا عندنا فغير معمول به، ولسنا نجيزه، ولا نراه، ولا نرخص فيه، ولا نشاؤه. انتهى.

وفي الأحكام أيضاً[1/ 260]: **قال يحيى بن الحسين -صلوات الله عليه-**:

أفضل ذلك لمن لم يحج الإفرادُ، ولمن حج فإن أحب حاج أن يدخل متمتعاً فذلك له، وكل حسن، ولولا أن التمتع فيه النقصان لما أوجب الله فيه على فاعله الكفارة، ومن أطاق أن يقرن ويسوق معه بدنة فذلك فضل كبير، وهو أفضلها للحج. انتهى.

ومثله رواه عن جده القاسم بن إبراهيم -عليهم السلام-.

[1568]- **الجامع الكافي** [3/ 332]: قال محمد: حج النبي -صلى الله عليه

وآله وسلم- قارناً، وساق الهدي. انتهى.

باب القول في الهدي وأحكامه، عن كم تجزيء البدنة والبقرة والشاة

الهادي -عليه السلام- في الأحكام [1/ 253]: قال يحيى بن الحسين -صلوات الله عليه-:

تجزي البدنة عن عشرة، والبقرة عن سبعة من أهل البيت الواحد، والشاة عن واحد، وتجزي البدنة عن عشرة متمتعين من بيت واحد، فإن اشترك سبعة في بدنة، أو في بقرة فضلت منهم أو سرقت، فعليهم أن يبدلوا بدلها، فإن وجدوها من قبل أن ينحروا التي استخلفوها بعدها فلينحروا أيها شاؤوه، ولينتفعوا بثمن التي تركوا، لأنه إنما عليهم هدي، وليس عليهم هديان. انتهى.

[1568]- **الجامع الكافي** [3/ 567]: قال الحسن -عليه السلام- -فيما حدثنا محمد، عن زيد، عن أحمد عنه-: روي عن النبي -صلى الله عليه وآله وسلم-، وعن علي -عليه السلام-: أن الجزور والبقرة تجزئ عن سبعة.

وقال القاسم -عليه السلام- في قوله -تعالى-: ﴿فَمَا ٱسْتَيْسَرَ مِنَ ٱلْهَدْيِۚ﴾ [البقرة:196]، قال: هو ما تيسر وحضر، فإن تيسر بدنة فهي أفضل، وإن حضرت بقرة فهي أفضل -يعني من شاة- وحضورها إمكانها، وإلا فشاة.

قال القاسم -عليه السلام-: والبدنة تجزي عن عشرة -يعني من المضحين-، والبقرة عن سبعة من أهل البيت الواحد.

[1569]- وقال محمد: روى جابر أن النبي -صلى الله عليه وآله وسلم- أشرك بين سبعة شتى في بدنة عام الحديبية.

قال محمد: يعني بشتى من أهل البيت وغيرهم.

ويقال أيضاً معناه: متمتعين وقارنين، والرجال والنساء في ذلك بمنزلة واحدة.

[1570]- وروى محمد، عن علي -عليه السلام-، وابن مسعود، أنهما قالا: (الجزور عن سبعة، والبقرة عن سبعة). انتهى.

تعريف البدن:

[1571]- [الجامع الكافي (3/ 570)]: روى محمد بإسناد عن النبي -صلى الله عليه وآله وسلم- أنه عرف بالبدن التي ساقها من حجته.

وعن ابن الحنفية وغيره، أنهم قالوا: تعرف البدن.

وعن ابن عباس قال: إنما عرفت البدن مخافة السرق. انتهى.

تقليد الهدي وإشعاره وتجليله:

الهادي -عليه السلام- في الأحكام [1/ 244]: في باب القول في الإهلال بالعمرة والحج معاً:

قال -عليه السلام-: ثم ليغتسل -أي القارن- ويلبس ثوبي إحرامه، ثم يشعرها: يشَق في شِق سنامها الأيمن [شقاً] حتى يدميها، ويقلدها فرد نعل، ويجللها بأي الأجلال كان، من صوف أو قطن أو كتان. انتهى، وقد مر كلامه -عليه السلام- هذا.

[1572]- الجامع الكافي [3/ 577]: وروى محمد عن النبي -صلى الله عليه وآله وسلم- أنه قلد نعليه.

وذكر عن جعفر بن محمد -عليه السلام- قال: يقلدها بنعل قد صلى فيه.

[1573]- وروي عن ابن عباس، أن النبي -صلى الله عليه وآله وسلم- أشعر هديه في السنام الأيمن، وسلت عنه الدم.

[1574]- وروى محمد عن علي -عليه السلام- قال: أمرني رسول الله -صلى الله عليه وآله وسلم- أن أتصدق بجلال الهدي وجلودها في المنسك.

وقال محمد: أهل البيت يقولون الإشعار سنة، ولكن إن تركه تارك فليس عليه في قولهم فيه شيء.

قال محمد: الإشعار سنة لا نحب تركه، وقال قوم ليس بواجب.

قال محمد: وإنما تشعر البدنة لكي تعرف إن ضلت أو سرقت. انتهى.

الهدي إذا عطب أو ضل في الطريق ما يصنع صاحبه:

الهادي -عليه السلام- في الأحكام [1/ 278]: قال يحيى بن الحسين -صلوات الله عليه-: ولو أن رجلاً ساق هدياً فمرض عليه الهدي في طريقه، فخاف من تلفه فلا بأس أن يبيعه ويستبدل بثمنه هدياً غيره من ذلك المكان.

وفيه [1/ 278]: قال: وكل هدي لعمرة إذا بلغ الحرم ثم عطب فنحر في الحرم، فقد بلغ محله، ولا غرم على صاحبه، وكل هدي كان للحج فهو مضمون إلى يوم النحر، وعلى صاحبه غرمه إن تلف قبل ذلك اليوم. انتهى.

الجامع الكافي [3/ 580]: قال أحمد الخلال: قلت لمحمد رجل ساق بدنة فلما صارت في الحرم اعتلت فنحرها.

[1575]- قال: بلغنا أن النبي -صلى الله عليه وآله وسلم- صدّته(91) قريش فنحر الهدي في أول الحرم، وقال: «قد بلغ الهدي محله»، وأجزأه ذلك. انتهى.

[1576]- **مجموع زيد بن علي -رضي الله عنهما-** [168]: حدثني زيد بن علي، عن أبيه، عن جده، عن علي -عليهم السلام-، في رجل ضلت بدنته فأيس منها فاشتري مكانها مثلها، أو خيراً منها، ثم وجد الأولى، قال: (ينحرهما جميعاً). انتهى.

---

(91) في الأصل: أصدته. والتصويب من النسخة المطبوعة.

ركوب الهدي والانتفاع به وفي حكم ما ينتج منه:

[1578]- **مجموع زيد بن علي** -رضي الله عنهما- [169]: حدثني زيد بن علي، عن أبيه، عنه جده، عن علي -عليهم السلام- قال: (من اعتلّ ظِهر(92) عليه فليركب بدنته بالمعروف، ورأى النبي -صلى الله عليه وآله وسلم- رجالاً يمشون فأمرهم فركبوا هديه، ولستم براكبي سنة أهدى من سنة نبيكم -صلى الله عليه وآله وسلم-). انتهى.

[1579]- **علي بن بلال في شرح الأحكام** [إعلام الأعلام (صـ226]: أخبرنا السيد أبو العباس الحسني، قال: حدثنا عبد العزيز بن إسحاق الكوفي، قال: حدثنا علي بن محمد النخعي، قال: حدثنا سليمان بن إبراهيم المحاربي، قال: حدثنا نصر بن مزاحم، قال: حدثنا إبراهيم بن الزبرقان، قال: حدثني أبو خالد، قال: حدثني زيد بن علي، عن أبيه، عن جده، عن علي بن أبي طالب -عليه السلام- قال: (من اعتل عليه ظِهره فليركب بالمعروف) قال: (ورأى رسول الله -صلى الله عليه وآله وسلم- رجالاً يمشون فأمرهم فركبوا هديه، ولستم براكبي سنة أهدى من سنة نبيكم -صلى الله عليه وآله وسلم-). انتهى.

[1580]- **الجامع الكافي** [3/ 585]: قال القاسم -عليه السلام-: لا بأس بركوب البدنة إذا لم يكن في ركوبها إضرار بها، وقد ذكر عن النبي -صلى الله عليه وآله وسلم- أنه أمر بذلك.

[1581]- وروى محمد بإسناده، عن علي -عليه السلام-، وعن جابر، أن النبي -صلى الله عليه وآله وسلم- قال: «اركبها بالمعروف إذا ألجيت إليها حتى تجد ظهراً».

[1582]- وعن علي -عليه السلام- قال: (اركبها بالمعروف).

وفيه أيضاً [3/ 586]: قال محمد: وقول آل رسول الله -صلى الله عليه وآله

---

(92) الظِّهر -بالكسر-: البعير. تمت.

وسلم- أن الرجل يشرب من لبن البدنة ما فضُل عن ولدها، ولم يذكر عنهم أنه يتصدق بشيء. انتهى.

[1583]- **مجموع زيد بن علي -رضي الله عنهما-** [168]: حدثني زيد بن علي، عن أبيه، عن جده، عن علي -عليهم السلام-، في البدنة تنتج، قال: (لا يشرب من لبنها إلا فضلاً عن ولدها، فإذا بلغت، نحرهما جميعاً، فإن لم يجد ما يحمل عليه ولدها فليحمله على أمه التي ولدته، وعدله غير باغ ولا عاد ولا معتد). انتهى.

الهادي -عليه السلام- في الأحكام [1/ 277]: قال يحيى بن الحسين -صلوات الله عليه-: لو أن رجلاً ساق بدنة فنتجت في الطريق فهي وما نتجت هدي، ولا لسايقها أن يشرب من لبنها شيئاً، ولا يسقيه أحداً من خدمه وأعوانه، ولكن ما فضل عن ولدها فليتركه في ضرعها، وإن خشي عليه من تركه فيه، حلبه وتصدق به على المساكين، لأنها ولبنها لله رب العالمين.

قال: وإن شرب هو من لبنها، أو سقاه أحداً من خدمه فليتصدق بقيمة ما شرب منه أو سقاه، وكذلك البقرة والشاة يذبح أولادهما معهما. انتهى.

الأكل من الهدي وما يجوز من ذبائح الحاج وما لا يجوز:

[1584]- **مجموع زيد بن علي -رضي الله عنهما-** [168]: حدثني زيد بن علي، عن أبيه، عن جده، عن علي -عليهم السلام-، في قوله -تعالى-: ﴿وَٱلْبُدْنَ جَعَلْنَٰهَا لَكُم مِّن شَعَٰٓئِرِ ٱللَّهِ لَكُمْ فِيهَا خَيْرٌ فَٱذْكُرُوا۟ ٱسْمَ ٱللَّهِ عَلَيْهَا صَوَآفَّ﴾ [الحج:36] قال: معقولة على ثلاث، فإذا وجبت جنوبها أي فإذا نحرت ﴿فَكُلُوا۟ مِنْهَا وَأَطْعِمُوا۟ ٱلْقَانِعَ وَٱلْمُعْتَرَّ﴾[الحج:36] قال: القانع: الذي يسأل، والمعتر: الذي يتعرض ولا يسأل. انتهى.

[1585]- **الجامع الكافي** [3/ 587]: قال محمد: قد أهدى رسول الله -صلى الله عليه وآله وسلم- بدناً تطوعاً، فأكل منها.

وقال محمد: ويستحب أن يأكل ثلثاً، ويهدي ثلثاً، ويتصدق بثلث.

[1586]- وروي ذلك عن علي -صلى الله عليه- أنه كان يطعم ثلثاً، ويأكل ثلثاً، ويدخر ثلثاً.

قال محمد: ويستحب للمضحي أول ما يأكل أن يأكل من كبدها. انتهى.

الهادي -عليه السلام- في الأحكام [1/274]: قال يحيى بن الحسين -صلوات الله عليه-: يأكل الحاج من بدنته إذا كان قارناً، ويطعم من شاء من مسكين وغيره، وكذلك يفعل المتمتع بهديه، وكذلك يفعل المضحي بأضحيته.

فأما الجزاء في الصيد، والكفارة في لبس الثياب، وحلق الشعر، ومسّ الطيب وما أشبه ذلك فلا يأكل منه صاحبه شيئاً، ولا ينتفع منه بشيء، ولا يعطي لحماً ولا جلداً من يجزره له، لأنه في معنى الصدقة، لأن الله -سبحانه- يقول: ﴿فَفِدْيَةٌ مِّن صِيَامٍ أَوْ صَدَقَةٍ أَوْ نُسُكٍ﴾[البقرة:196]، فجعل النسك في مقام الصدقة، فجرى لذلك مجراها، ومن تصدق بشيء وأخرجه لله وحكم به صدقة، فلا يجوز له أن يرجع في شيء منها. انتهى.

موضع نحر الهدايا والدماء ووقتها ووقت الأضاحي:

الجامع الكافي [3/420]: قال محمد: كل هدي عن قران أو تطوع أو إحصار أو فساد حج فمحله يوم النحر بمنى، وكل هدي كان كفارة عن جزاء صيد، أو وجب بكفارة يمين، أو نذر فمحله مكة.

[1587]- وقال محمد: بلغنا عن النبي -صلى الله عليه وآله وسلم- أنه أتى المنحر فوقف ثم قال: «هذا المنحر، ومنى كلها منحر، وشعاب مكة كلها منحر، فانحروا في رحالكم».

وعن ابن عباس: أنه كان ينحر بمكة، وقال: (المنحر مكة، ولكن الله رفعها عن الدماء، فرفعت إلى منى، ومنى من مكة).

وفيه [3/421]: وقال محمد: في قوله -عز وجل-: ﴿فَفِدْيَةٌ مِّن صِيَامٍ أَوْ

صَدَقَةٍ أَوْ نُسُكٍ﴾[البقرة:196] فأما النسك: فبمنى، وأما الصدقة فبمكة إن أمكنه، وإلا فحيث أمكنه، وأما الصيام فحيث شاء.

وفيه [3/ 419]: قال القاسم -عليه السلام- -فيما روى داود عنه-، وهو قول الحسن بن يحيى -عليه السلام- -فيما أخبرنا زيد، عن أحمد، عنه-، وهو قول محمد في المسائل: وأيام الأضحى بمنى ثلاثة، يوم النحر ويومان بعده.

قال القاسم -عليه السلام- ومحمد: وكذلك الأمصار.

[1588]- وروى محمد عن علي -عليه السلام- أنه قال: (الأضحى ثلاثة أيام، أولها أفضلها).

وفيه [3/ 421]: قال محمد: وكل من رأيت من آل رسول الله -صلى الله عليه وآله وسلم- كانوا لا يضحون يوم النحر حتى تطلع الشمس، وهو وقت لها، وإذا ذبح رجل أضحيته يوم النحر بمنى، أو في مصر قبل طلوع الشمس فلا تجزيه، وليعد الذبح إذا طلعت الشمس. انتهى.

في الحاج يؤخر الذبح حتى تخرج أيام النحر:

الهادي -عليه السلام- في الأحكام [1/ 277]: قال يحيى بن الحسين -صلوات الله عليه-:

إذا أخر المتمتع ذبح هديه حتى تخرج أيام النحر فعليه أن يذبح هديه الذي كان عليه، وعليه أن يهريق دماً لتأخيره ذبح هديه حتى خرج ما خرج من وقته، وله أن يأكل من الأول هدي المتعة، وليس له أن يأكل من الآخر، لأنه كفارة، ولو أن قارناً أخر نحر هديه وجب عليه ما وجب على المتمتع من الفدية، وله أن يأكل من من الهدي، وليس له أن يأكل من الفدية. انتهى.

باب القول في الإحصار وأحكامه

مجموع زيد بن علي -رضي الله عنهما- [167]: قال أبو خالد -رحمه الله- سألت

زيد بن علي -رضي الله عنهما-، عن المحصر، فقال: من كل عدو حابس، أو مرض مانع، قال: يبعث بهدي ويواعدهم يوماً ينحرونه فيه، فإذا كان ذلك اليوم أحل، فإن كان محرماً بعمرة فعليه عمرة مكانها، وإن كانت حجة فعليه حجة مكانها. انتهى.

[1589]- **الجامع الكافي** [3/ 547]: قال محمد: ذكر أن رجلاً قدم على رسول الله -صلى الله عليه وآله وسلم- يوم النحر وهو مهل بالحج، فأمره النبي -صلى الله عليه وآله وسلم- أن يحل بعمرة، وأن يحج عاماً قابل.

قال محمد: ذكر عن جعفر بن محمد -عليه السلام- أن الحسين بن علي -عليه السلام- خرج معتمراً فمرض في الطريق فبلغ علياً -عليه السلام- وهو بالمدينة فخرج في طلبه فأدركه بالسقياء وهو مريض، فقال له: يا بني ما تشتكي، قال: أشتكي رأسي، فدعى علي -عليه السلام- ببدنة فنحرها وحلق رأسه، ورده إلى المدينة فلما برئ من وجعه اعتمر.

فقيل لجعفر: حيث برئ من وجعه قبل أن يخرج إلى العمرة حل له النساء.

قال: لا تحل له النساء حتى يطوف بالبيت ويسعى بين الصفا والمروة.

فقيل له: فما بال النبي -صلى الله عليه وآله وسلم- حيث رجع من المدينة حل له النساء، ولم يطف بالبيت.

قال: ليس هما سواء كان النبي -صلى الله عليه وآله وسلم- مصدوداً، وحسين محصوراً. انتهى.

الهادي -عليه السلام- في الأحكام [1/ 246]: قال يحيى بن الحسين -صلوات الله عليه-: إذا أحصر المحرم بمرض مانع له عن السفر، قاطع له عن السير، لا يقدر معه على ركوب ولا حركة، أو بعدو يخافه أمامه على نفسه، أو بحبس من ظالم له متعد عليه، لا يقوى على مدافعته، ولا يطيق التخلص من يديه؛ بعث بما استيسر له من الهدي، وواعد رسوله من أيام النحر ينحره عنه فيه،

ووقّت له وقتاً من ذلك اليوم في بكرة ذلك اليوم، أو في انتصافه، أو في آخره، فإذا كان بعد ذلك الوقت بقليل حلق المحصر رأسه، وأحل من أحرامه، وأحب له إن كان واعده بكرة ذلك النهار(93) أن يحلق نصف النهار، وإن كان واعده نصف النهار أن يحلق إذا دخل في الليل، فإن الحيطة في ذلك أصلح إن شاء الله تعالى، فإن هو تخلص من إحصاره حتى يأتي مكة، فإن لحق الحج حج، وانتفع بهديه، ولم يجب عليه نحره ولا ذبحه، وإن فاته الحج أهل بعمرة، وأهدى هدياً مع عمرته، فإن لم يجد هدياً صام عشرة أيام؛ ثلاثة قبل الحج، وسبعة بعد أيام التشريق، ثم أحل. انتهى.

باب القول فيمن أتى ميقاته عليلاً لا يعقل إحراماً

الهادي -عليه السلام- في الأحكام [1/250]: قال يحيى بن الحسين -صلوات الله عليه-:

من أتى ميقاته عليلاً في حال علته، لا يطيق معه الدخول في عمل حجته، فإنه ينبغي له أن يؤخر إحرامه إلى آخر المواقيت التي بينه وبين مكة، فإذا بلغ آخر مقيات بينه وبينها أحرم من قبل جوازه آخر مواقيتها، فإن لم يطق الإحرام ولم يعقل حدوده، ولم يفهم لعلته أموره، أهلّ بالحج له غيره، وأحرم عنه به، وإحرامه به عنه: أن يجرده من الثياب، ويفيض الماء عليه إن قدر على ذلك منه، ويقول: «اللهم إن عبدك فلاناً خرج قاصداً لحج بيتك الحرام، متبعاً في ذلك لسنة نبيك -صلى الله عليه وآله وسلم- فأدركه من المرض ما قد ترى، ثم قد جردناه من ثيابه، وقصدنا ما علمنا أنه قصده من إحرامه، وقد أحرم لك شعره، وبشره، ولحمه، ودمه»، ثم يلبي عنه، ويسير، ويجنبه ما يجنب المحرم من الطيب وغيره، فإن أضر به التجريد ألبس ما يحتاج إليه من الثياب، وكفر عنه، فإذا دخل

---

(93) في نسخة الأحكام: ذلك اليوم.

مكة وأفاق من علته، قضى ما يجب عليه من أعمال حجته، وإن طاوله ما كان أولاً به من علته، وضعف النحيزة(94)، [وآلمته الحركة والقعود](95)، طيف به في محفة(96) على رؤوس الرجال، ووجب له ما دخل فيه من إحرامه من حجه أو عمرته، ثم يمضي به إلى عرفة فيوقف بها، ويفاض به وقت الإفاضة منها، ثم يحضر به جمع ويبات به فيها، ويوقف به عند المشعر الحرام، ثم يسار به إلى الجمرة جمرة العقبة فيرمى عنه، ويحلق رأسه، ثم يرمي الجمار كلها عنه، ثم يرد إلى الكعبة فيطاف به طواف الزيارة، ثم قد أحل وصار كغيره ممن كان أحرم ثم أحلّ، له ما له وعليه وما عليه. انتهى.

باب القول في العمرة وأحكامها

هل العمرة للشهر الذي أهل بها فيه أم للشهر الذي أحل منها فيه:

الهادي -عليه السلام- في الأحكام [1/ 257]: قال يحيى بن الحسين -صلوات الله عليه-:

المجمع عليه عند آل رسول الله -صلى الله عليه وآله وسلم- أن العمرة للشهر الذي عقدت فيه وأهل بها، دون الشهر الذي يحل منها فيه. انتهى.

أمالي أحمد بن عيسى -رضي الله عنهما- [العلوم:2/ 388]: وحدثنا محمد، حدثني أبو الطاهر، عن محمد بن جعفر بن محمد، قال: العمرة للشهر الذي يحل منها، -يعني الذي يطوف فيه ويسعى-.

أبو الطاهر، عن أبيه وعلي بن موسى الرضا، قالا: العمرة للشهر الذي تهل فيه.

قال محمد: العمرة للشهر الذي تهل فيه. انتهى.

---

(94) النحيزة: الطبيعة. تمت صحاح.
(95) ما بين القوسين زيادة من نسخة الأحكام المطبوعة.
(96) المِحفّة: مركب من مراكب النساء كالهودج، إلا أنها لا تقبب كما تقبب الهوادج. تمت صحاح.

هل تكرر العمرة في كل شهر:

الجامع الكافي [3/ 463]: روى محمد، عن علي -عليه السلام- أنه قال: (اعتمر في كل شهر).

وفيه: قال محمد: وقد اعتمر علي بن الحسين -عليه السلام- في شهر واحد ثلاثة عمر.

[1590]- وروي عن علي -عليه السلام- قال: (اعتمر في الشهر مراراً إن أطقت).

وفيه [3/ 462]: قال القاسم -عليه السلام-: لا بأس بالعمرة في كل شهر، إلا في أشهر الحج، إلا للمتمتع مقيماً إلى الحج.

وقد قال أهل المدينة وغيرهم: لا بأس بالعمرة في شوال وذي القعدة، وفي رواية داود عنه.

وقالوا: ليس في ذي الحجة عمرة حتى ينقضي، قالوا: لأنه من أشهر الحج، وإنما الحج في بعضه. انتهى.

ميقات أهل مكة ومن كان مقيماً بها من غير أهلها:

[1591]- **أمالي أحمد بن عيسى -رضي الله عنهما- [العلوم**:2/ 368]: أخبرنا محمد، قال: حدثنا عباد، عن يحيى بن سالم، عن أبي الجارود، قال: سمعت أبا جعفر يقول: لما خرج رسول الله -صلى الله عليه وآله وسلم- إلى ذي الحليفة أمر الناس أن يهلوا، فولدت أسماء بنت عميس محمدَ بن أبي بكر، فأمرها رسول الله -صلى الله عليه وآله وسلم- أن تهل مع الناس، وتقضي المناسك كلها إلا الطواف بالبيت.

قال: وأهلت عائشة مع الناس، فلما قدمت أصابها الحيض، فأمرها أن تجعلها حجة، فلما كان حين الصدر دخل عليها رسول الله -صلى الله عليه وآله وسلم-

فقالت: يرجع الناس بحجة وعمرة، وأرجع أنا بحجة، فأقام بالأبطح وأرسلها مع أخيها عبد الرحمن بن أبي بكر إلى التنعيم فلبت بعمرة ثم جاءت، فما أقام رسول الله -صلى الله عليه وآله وسلم- بالأبطح إلا لينتظرها.

قلت: يقول الناس أقام بالأبطح ليس هو إلا من أجل عائشة حين انتظرها، فإن شئت يا أبا الجارود فانزل بالأبطح، وإن شئت فلا تنزله.

فذكرت لأبي جعفر ما صنع عمر في المتوفى عنهن أزواجهن أنه ردهن من عقبة الوادي، فقال: قد أصيب عمر، فأخذ علي بيد أم كلثوم فنقلها إليه، ثم أمرها فحجت في عدتها. انتهى.

العمرة في رمضان:

القاسم بن إبراهيم -رضي الله عنهما- في جوابه على مسائل ولده محمد بن القاسم -رضي الله عنهما-:

[1592]- قال -عليه السلام-: وقد سافر رسول الله -صلى الله عليه وآله وسلم- إلى بدر وغير بدر، فصام في سفره وأفطر، ولو لزم من رآه وأهله في أهله المقام، لما قال رسول الله -صلى الله عليه وآله وسلم-: «عمرة كحجة، العمرة في رمضان»، ولما جاز لأحد من الناس فيه اعتمار. انتهى.

هل يلبي في العمرة؟:

[1593]- الجامع الكافي [3/ 376]: روى محمد، عن النبي -صلى الله عليه وآله وسلم- أنه اعتمر ثلاث عمر، فكان يلبي في كلهن حتى يستلم الحجر.

وعن ابن عباس، وعبد الله بن الحسن، ومحمد بن عبد الله، [وعطاء](97) مثل ذلك. انتهى.

---

(97) ما بين القوسين زيادة من النسخة المطبوعة.

هل العمرة واجبة:

الجامع الكافي [3/ 466]: قال القاسم -عليه السلام- - فيما روى داود عنه، وسئل عن قول الله -تعالى-: ﴿وَأَتِمُّوا الْحَجَّ وَالْعُمْرَةَ لِلَّهِ﴾[البقرة:196] هل العمرة واجبة؟

فقال: إنما تأويله: أي أتموا أيهما دخلتم فيه، فلا تقطعوه بعد دخولكم فيه، إن كانت عمرة فأتموا السعي بين الصفا والمروة، وإن كان الحج فأتموه إلى آخر مناسكه.

[1594]- وقال الحسن -عليه السلام- -فيما رواه ابن صباح عنه-، وهو قول محمد: قال علي بن أبي طالب -عليه السلام-: (واجبان -يعني الحج والعمرة، لأن الله -عز وجل- يقول: ﴿وَأَتِمُّوا الْحَجَّ وَالْعُمْرَةَ لِلَّهِ﴾[البقرة:196]). انتهى.

الهادي -عليه السلام- في الأحكام [1/ 258]: ومن جهل وأهل بعمرة بمكة، أو بمنى، أو عرفة، وهو مفرد بالحج، فليرفض تلك العمرة التي أهل بها ويمضي فيما كان هو فيه من الحج، لأن العمرة لا تدخل على الحج فإذا قضى ما كان عليه من حجه، قضى من بعد خروج أيام التشريق ما رفض من عمرته التي قد كان أهل بها وأوجبها على نفسه.

[1595]- وكذلك ذكر عن أمير المؤمنين علي بن أبي طالب -عليه السلام-: فيمن فعل مثل ذلك: أنه أمره أن يرفض العمرة وأن يقضيها إذا انقضت أيام التشريق ويهريق دماً لرفضه إياها. انتهى.

باب القول فيمن نذر أن يحج ماشياً

[1596]- **مجموع زيد بن علي -رضي الله عنهما-** [166]: حدثني زيد بن علي، عن أبيه، عن جده، عن علي -عليهم السلام-، في امرأة نذرت أن تحج ماشية فلم تستطع أن تمشي، قال عليه الصلاة والسلام: (فلتركب وعليها هدي مكان المشي). انتهى.

[1597]- **الجامع الكافي** [3/ 596]: قال محمد: وإذا نذر رجل أن يحج إلى

بيت الله ماشياً فليمش إلى بيت الله إن استطاع، فإن لم يستطع فليركب وليكفر يميناً.

بلغنا نحو ذلك عن النبي -صلى الله عليه وآله وسلم-.

[1598]- وروي عن علي -عليه السلام- قال: «يحج فيمشي ما أطاق، ويركب إذا لم يطق، ثم يحج ثانية فيمشي ما ركب ويركب ما مشى».

وفيه: روى يعني محمداً، عن زيد بن علي -عليه السلام- قال: (يركب ويهريق دماً). انتهى.

أمالي أحمد بن عيسى -رضي الله عنهما- [العلوم:2/ 401]: وأخبرنا محمد، قال: حدثني أحمد بن عيسى، عن حسين، عن أبي خالد، عن زيد، أنه أتته امرأة، فقالت: إني جعلت على نفسي مشياً إلى بيت الله الحرام، وإني لست أطيق ذلك.

فقال: أتجدي ما تشخصين، قالت: نعم، قال فامشي طاقتك، واركبي إذا لم تطيقي، واهد لذلك هدياً. انتهى.

خطب الإمام أيام الموسم

[1599]- الجامع الكافي [3/ 603]: قال محمد في الصلاة: أما الخطبة قبل يوم التروية بيوم، فإنها ارتفاع الضحى ليس معها صلاة.

وقال بعضهم: بعد الظهر.

وروى محمد بإسناد عن النبي -صلى الله عليه وآله وسلم- مثل ذلك.

قال محمد: وإنما هي خطبة واحدة يعني لا يجلس فيها.

قال يحيى بن آدم: إنما يحمد الله ويصلي على النبي -صلى الله عليه وآله وسلم- ويرغب الناس في الحج، ويعلمهم مناسكهم.

قال محمد: وخطبة يوم التروية إذا زالت الشمس، ذكر عن النبي -صلى الله عليه وآله وسلم- أنه خطب بمكة حين زالت الشمس فوعظ الناس وذكرهم،

وقال: إنا نصلي الظهر بمنى، فصلى بهم الظهر بمنى، ولم يخطب بمنى.

وخطبة يوم عرفة بعرفة بعد الزوال قبل الصلاة، مثل الخطبة يوم الجمعة وهي خطبتان.

[1600]- وقال في الحج: بلغنا عن النبي -صلى الله عليه وآله وسلم- أنه خطب يوم عرفة على ناقته، وأذن بلال، فلما فرغ من خطبته أقام بلال فصلى رسول الله -صلى الله عليه وآله وسلم- بالناس الظهر ثم أقام بلال فصلى بالناس العصر فصلاهما بأذان واحد وإقامتين.

وخطبة يوم النحر حين يرمي الجمرة.

وخطبة العيدين بعد الصلاة.

والخطبة بعد النحر بيوم بعد الظهر ليس معها صلاة، إنما هي خطبة واحدة، ليس معها جلوس، يحمد الله، ويصلي على النبي -صلى الله عليه وآله وسلم-، ويدعو الله -عز وجل-. انتهى.

كتاب النكاح

كتاب النكاح

الترغيب في النكاح

[1601]- **مجموع زيد بن علي -رضي الله عنهما-** [209]: حدثني زيد بن علي، عن أبيه، عن جده، عن علي -عليهم السلام-، قال: قال رسول الله -صلى الله عليه وآله وسلم-: «تزوجوا فإني مكاثر بكم الأمم». انتهى.

[1602]- **أمالي أحمد بن عيسى** [3/ 6]: عن حسين بن نصر، عن خالد بن عيسى، عن حصين، عن جعفر، عن أبيه قال: قال رسول الله -صلى الله عليه وآله وسلم-: «من ترك التزويج مخافة الفاقة فقد أساء بربه الظن، إن الله -عز وجل- يقول: ﴿**إِن يَكُونُواْ فُقَرَآءَ يُغۡنِهِمُ ٱللَّهُ مِن فَضۡلِهِۦۗ**﴾»[النور:32]. انتهى.

[1603]- **مجموع زيد بن علي -رضي الله عنهما-**[302]: حدثني زيد بن علي، عن أبيه، عن جده، عن علي -عليهم السلام-، قال: قال رسول الله -صلى الله عليه وآله وسلم-: «إذا نظر العبد إلى وجه زوجته ونظرت إليه نظر الله إليهما نظر رحمة، فإذا أخذ بكفها وأخذت بكفه تساقطت ذنوبهما من خلال أصابعهما، فإذا تغشّاها حفت بهما الملائكة من الأرض إلى عنان السماء، وكانت كلُّ لذة وكل شهوة حسنات كأمثال الجبال، فإذا حملت كان لها أجر المصلي الصائم القائم المجاهد في سبيل الله، فإذا وضعت لم تعلم نفس ما أخفي لهم من قرة أعين». انتهى.

[1604]- **الجامع الكافي** [4/ 9]، **وأمالي أحمد بن عيسى -رضي الله عنهما-** [**العلوم**:3/ 7]: وأخبرنا محمد، قال: حدثني أبو الطاهر، عن أبيه، قال: حدثني أبي، عن أبيه، عن جده، عن علي -عليهم السلام-، قال: جاء عثمان بن مظعون إلى النبي -صلى الله عليه وآله وسلم- فقال: يا رسول الله، غلبني حديث النفس، ولم أحدث شيئاً حتى أستأمرك.

قال: فبما تحدثك نفسك، يا عثمان؟.

قال: هممت فذكر أشياء فيها طول، ثم قال: قد هممت أن أحرم خولة

زوجتي على نفسي.

قال: «فلا تفعل يا عثمان، فإن العبد إذا أخذ بيد زوجته كتب الله له مائة حسنة، ومحي عنه مائة سيئة، فإن قبّلها كتب الله له عشر حسنات، ومحي عنه عشر سيئات، فإن ألم بها حضرتهم الملائكة، فإذا اغتسلا لم يمر الماء على شعرة منهما إلا كتب الله لهما حسنة، ومحي عنهما سيئة، وقال الله لملائكته: انظروا إلى عبديّ هذين اغتسلا في هذه الليلة الباردة، علما أني ربهما، أشهدكم أني قد غفرت لهما، فإن كان لهما في وقعتهما تلك ولد فتقدمهما كان شفيعاً لهما، وإن تأخرهما كان نوراً لهما، وإن لم يكن لهما في وقعتهما تلك ولد كان لهما وصيف في الجنة»، ثم ضرب رسول الله -صلى الله عليه وآله وسلم- بيده صدري ثم قال: «يا عثمان، لا ترغب عن سنتي، فإنه من رغب عن سنتي عرضت له الملائكة يوم القيامة فصرفت وجهه عن حوضي». انتهى.

هذا لفظ أمالي أحمد بن عيسى، وقد رواه في الجامع الكافي بهذا الإسناد والمتن.

[1605]- **علي بن بلال -رحمه الله- في شرح الأحكام** [إعلام الأعلام (صـ250)]: أخبرنا أبو العباس الحسني، قال: أخبرنا أبو زيد العلوي، قال: حدثنا محمد بن منصور، قال: حدثنا الحسين بن نصر، عن خالد بن عيسى، عن حصين، عن جعفر بن محمد، عن أبيه قال: قال رسول الله -صلى الله عليه وآله وسلم-: «من ترك التزويج مخافة الفاقة فقد أساء بربه الظن، إن الله -تعالى- يقول: ﴿**إِن يَكُونُوا فُقَرَاءَ يُغْنِهِمُ اللَّهُ مِن فَضْلِهِ وَاللَّهُ وَاسِعٌ عَلِيمٌ ﴿٣٢﴾**﴾ [النور:32]». انتهى.

[1606]- **أمالي أحمد بن عيسى -رضي الله عنهما-** [**العلوم**:3/ 8]: وأخبرنا محمد، قال: وأخبرنا محمد بن عبيد، عن محمد بن فرات، قال: حدثني زيد بن علي -رضي الله عنهما-، عن علي -عليه السلام-، قال: قال رسول الله -صلى الله عليه وآله وسلم-: «يا أيها الناس تزوجوا فإني مكاثر بكم يوم القيامة». انتهى.

الرجال:

جميع الرجال المذكورين في هذا الباب قد مر الكلام عليهم، ما عدا محمد بن فرات فنقول:

[ترجمة محمد بن فرات]

هو محمد بن فرات الكوفي التميمي، أبو علي، أحد رجال الشيعة وثقاتهم.

قال الفقيه العلامة أحمد بن صالح بن أبي الرجال في مطلع البدور ومجمع البحور ما لفظه: محمد بن الفرات الجرمي، كان محدثاً فاضلاً، وهو ممن أخذ عن الإمام الأعظم زيد بن علي –رضي الله عنهما-، ذكره الشيخ العالم، ولي آل محمد القاسم بن عبد العزيز بن إسحاق بن جعفر البغدادي –رحمه الله-.

وقال في الجداول: محمد بن الفرات، أبو علي التميمي الكوفي، عن زين العابدين، وولده زيد، والصادق، وأبي إسحاق.

وعنه شباب، ومحمد بن منصور، وإبراهيم بن يحيى الثوري.

قال أبو حاتم: الذي يظهر لي أنه من شيعة الكوفة.

وقال أبو زرعة: ثقة ضعيف.

وقال القاسم بن عبد العزيز: روى عن زيد بن علي، وكان محدثاً فاضلاً، وتكلم عليه أحمد وغيره، احتج به ابن ماجة. انتهى.

وقد وثقه أيضاً القاضي العلامة حواري آل محمد عبد الله بن علي الغالبي –رحمه الله- في أول كتابه الذي في الإجازات، مع نبذة من تلامذة الإمام الأعظم زيد بن علي –رضي الله عنهما-.

[1607]- علي بن بلال رحمه في شرح الأحكام [إعلام الأعلام (ص_249)]: أخبرنا السيد أبو العباس –رحمه الله-، قال: أخبرنا عبد العزيز بن إسحاق، قال: حدثنا علي بن محمد بن النخعي، قال: حدثنا سليمان بن إبراهيم المحاربي، قال:

حدثنا نصر بن مزاحم، قال: حدثنا إبراهيم بن الزبرقان، قال: حدثني أبو خالد قال: قال زيد بن علي، عن أبيه، عن جده، عن علي بن أبي طالب -عليهم السلام- قال: قال رسول الله -صلى الله عليه وآله وسلم-: «تزوجوا فإني مكاثر بكم الأمم». انتهى.

[1608]- **أمالي أحمد بن عيسى -رضي الله عنهما- [العلوم**:3/ 65]: أخبرنا محمد، قال: وأخبرنا موسى بن سلمة، عن محمد بن جعفر، عن أبيه، عن جده، قال: قال رسول الله -صلى الله عليه وآله وسلم-: «إن الملائكة لتضحك للزوجين إذا التقيا». انتهى.

موسى بن سلمة: شيخ محمد بن منصور سيأتي الكلام عليه إن شاء الله، وهو من ثقات محدثي الشيعة -رضي الله عنه-.

التخيُّر للمرأة الصالحة، والنهي عن الحمقاء:

[1609]- **أمالي أحمد بن عيسى -رضي الله عنهما- [العلوم**:3/ 8]: وأخبرنا محمد، قال: أخبرنا الحكم بن سليمان، قال: أخبرنا عمرو بن جميع، عن جعفر بن محمد، عن أبيه، عن جده، قال: قال رسول الله -صلى الله عليه وآله وسلم-: «خير نسائكم الطيبة الريح، الطيبة الطعم، التي إذا أنفقت أنفقت بمعروف، وإذا أمسكت أمسكت بمعروف، فتلك عاملة من عمال الله -عز وجل-، وعامل الله لا يخيب ولا يندم». انتهى.

رجال هذا الإسناد قد مر الكلام عليهم.

[1610]- **مجموع زيد بن علي -رضي الله عنهما-**[302]: حدثني زيد بن علي، عن أبيه، عن جده، عن علي -عليهم السلام-، قال: قال رسول الله -صلى الله عليه وآله وسلم-: «خير النساء الولود الودود التي إذا نظرت إليها سرتك، وإذا غبت عنها حفظتك». انتهى.

[1611]- **أمالي أحمد بن عيسى -رضي الله عنهما- [العلوم**:3/ 26]: حسين

بن نصر، عن خالد بن عيسى، عن حصين، عن جعفر، عن أبيه، عن علي -عليهم السلام-، قال: (أَنكحوا الأبكار، فإنهن أعذب أفواهاً، وأعز أخلاقاً، وأفتح أرحاماً). انتهى.

[1612]- **علي بن بلال -رحمه الله- في شرح الأحكام** [إعلام الأعلام (صـ250)]: حدثنا أبو العباس الحسني، قال: أخبرنا أبو زيد العلوي، قال: حدثنا محمد بن منصور، قال: حدثنا حسين بن نصر، عن خالد بن عيسى، عن حصين، عن جعفر، عن آبائه، عن علي -عليهم السلام- قال: (انكحوا الأبكار فإنهن أعذب أفواهاً، وأعز -أوقال: وأغر- أخلاقاً، [وأنتج](98) أرحاماً). انتهى.

[1613]- **أمالي أحمد بن عيسى -رضي الله عنهما- [العلوم**:3/ 65]: وأخبرنا محمد، قال: حدثنا موسى بن سلمة، عن علي بن جعفر، عن حسين بن زيد، عن جعفر، عن أبيه، عن جده، قال: قال رسول الله -صلى الله عليه وآله وسلم-: «إن الله يحب المرأة الملقة، البرعة مع زوجها، الحصان عن غيره». انتهى.

[1614]- **الهادي -عليه السلام- في الأحكام** [1/ 333]: **قال يحيى بن الحسين -صلوات الله عليه-:**

بلغنا عن رسول الله -صلى الله عليه وآله وسلم- أنه قال: «عليكم بذوات الأعجاز فإنهن أنجب، وفيهن يُمْنٌ».

قال يحيى بن الحسين -صلوات الله عليه-: يريد بقول -صلى الله عليه وآله وسلم- بالنجابة، نجابة الأولاد، واليمن: فهو البركة والخير. انتهى.

[1615]- **أمالي أحمد بن عيسى -رضي الله عنهما- [العلوم**:3/ 52]: محمد بن عبيد، عن محمد بن فرات، قال: حدثني زيد بن علي، قال: قال رسول الله -

(98) في إعلام الأعلام المطبوع: وأفتح أرحامًا.

صلى الله عليه وآله وسلم-: «لا تنكحوا الحمقاء، فإن صحبتها بلاء، وولدها ضياع». انتهى.

الأجر في الجماع وكراهة النظر إلى المجامعة:

[1616]- الهادي -عليه السلام- في الأحكام [1/341]: قال يحيى بن الحسين -صلوات الله عليه-:

بلغنا عن رسول الله -صلى الله عليه وآله وسلم- أنه قال لرجل: «جامع أهلك، فإن لك في ذلك أجر»، فقال الرجل: يا رسول الله، وكيف يكون لي أجر في شهوتي، فقال: «لك أجر في أن تكف عما حرم الله عليك، وتقضي ما أحل الله لك». انتهى.

[1617]- وفي الأحكام أيضاً [1/341]: قال يحيى بن الحسين -عليه السلام-: وبلغنا عن رسول الله -صلى الله عليه وآله وسلم- أنه رأى امرأة فأعجبته، فدخل على أم سلمة -رضي الله عنها- فقضى ما يقضي الرجل من أهله، ثم خرج فقال: «أيما رجل أعجبته امرأة فليدخل فليقض حاجته من أهله، فإنما [هي] امرأة كامرأته». انتهى.

[1618]- أمالي أحمد بن عيسى -رضي الله عنهما- [العلوم: 3/79]: وأخبرنا محمد، قال: أخبرنا محمد بن راشد، عن إسماعيل بن أبان، عن غياث، عن جعفر، عن أبيه، عن علي -عليه السلام- قال: «النظر إلى المجامعة يورث العمى». انتهى.

[1619]- وفيها أيضاً [3/7]: بهذا الإسناد، عن علي -عليه السلام- قال: (من جمع من النساء ما لا يَنْكِح [أو] يُنْكِح(99)، فزنى فالإثم عليه).

---

(99) في الأصل والعلوم: (وينكح)، والذي أثبتناه من رأب الصدع (2/864) رقم (1409).

[1620]- **وفيها أيضاً**[3/8]: وأخبرنا محمد، قال: أخبرنا الحكم بن سليمان، عن عمرو بن جميع، عن جعفر، عن أبيه، عن جده، قال: قال رسول الله -صلى الله عليه وآله وسلم-: «ليس شيء خيراً للمرأة من زوج أو قبر». انتهى.

ومثله في الجامع الكافي.

[1621]- **وفي أمالي أحمد بن عيسى أيضاً**[3/64]: وأخبرنا محمد، قال: حدثنا موسى بن سلمة، قال: حدثني علي بن جعفر، عن حسين بن زيد، عن جعفر بن محمد، عن أبيه، عن جده، قال: قال رسول الله -صلى الله عليه وآله وسلم-: «إذا خلت المرأة مع زوجها خلعت الحياء مع درعها، فإذا ردت درعها رجع الحياء». انتهى.

باب القول في أنه لا يخطب على خطبة أخيه

[1622]- **المرتضى محمد بن يحيى** -رضي الله عنهما- **في النهي** [2/766]: عن أبيه، عن آبائه، عن علي -عليهم السلام- قال: (نهى رسول الله -صلى الله عليه وآله وسلم- أن يخطب الرجل على خطبة أخيه حتى ينكح، أو يدع، (أو يتزوجها بنكاح صحيح). انتهى.

[1623]- **الهادي** -عليه السلام- **في الأحكام** [1/306]: حدثني أبي، عن أبيه أنه سئل عن معنى قول رسول الله -صلى الله عليه وآله وسلم- «لا يخطب رجل على خطبة أخيه، ولا يسم على سوم أخيه».

فقال: ذلك إذا كان التقارب والرضى، وكان بينهما الكلام في الصداق، فأما إذا خطب هذا وهذا فلا بأس، وكذلك في السوم، وقد كان بيع المزايدة في أيام الرسول -صلى الله عليه وآله وسلم-، وفيه سوم الرجل على سوم أخيه. انتهى.

باب القول في أنه لا نكاح إلا بولي وشاهدين

[1624]- المرتضى محمد بن يحيى -رضي الله عنهما- في النهي [2/ 767]: عن أبيه، عن آبائه، عن علي -عليهم السلام- قال: (نهى رسول الله -صلى الله عليه وآله وسلم- أن يكون النكاح إلا بولي وشاهدي عدل. انتهى.

[1625]- مجموع زيد بن علي -رضي الله عنهما-[304]: حدثني زيد بن علي، عن أبيه، عن جده، عن علي -عليهم السلام-، قال: (لا نكاح إلا بولي وشاهدين، ليس بالدرهم ولا بالدرهمين، ولا اليوم ولا اليومين، شبه السفاح، ولا شرط في نكاح). انتهى.

[1626]- أمالي أحمد بن عيسى -رضي الله عنهما- [العلوم:3/ 17]: أحمد بن عيسى، عن حسين بن علوان، عن أبي خالد، عن زيد، عن آبائه، عن علي -عليهم السلام-، قال: (لا نكاح إلا بولي وشاهدين، ليس بالدرهم ولا الدرهمين، ولا اليوم ولا اليومين، شبه السفاح، ولا شرط في نكاح). انتهى.

[1627]- الهادي -عليه السلام- في الأحكام [1/ 346]: حدثني أبي، عن أبيه، عن ابن أبي أويس المدني، عن حسين بن عبد الله بن ضميرة، عن أبيه، عن جده، عن علي بن أبي طالب -عليه السلام-، قال: قال رسول الله -صلى الله عليه وآله وسلم-: «لا تنكح المرأة إلا بشاهدين».

[1628]- وبلغنا عن رسول الله -صلى الله عليه وآله وسلم- أنه قال: «لا تنكح المرأة إلا بولي وشاهدين، فإن نكحت فهو باطل، فإن نكحت فهو باطل» حتى قال ذلك ثلاثاً.

[1629]- وبلغنا عن أمير المؤمنين علي بن أبي طالب -عليه السلام- أنه قال: (لا نكاح إلا بولي، فمن نكح فهو باطل). انتهى.

[1630]- **أبو طالب -عليه السلام- في الأمالي** [286]: حدثنا أبو أحمد علي بن الحسين الديباجي، قال: حدثنا أبو الحسين علي بن عبد الرحمن بن عيسى بن ماتي، قال: حدثنا محمد بن منصور، قال: حدثني القاسم بن إبراهيم، عن أبي بكر بن أبي أويس، عن حسين بن عبد الله بن ضميرة، عن أبيه، عن جده، عن علي -عليه السلام- قال: (نهى رسول الله -صلى الله عليه وآله وسلم- عن نكاح السر، وقال: «لا نكاح إلا بولي وشاهدين». انتهى.

[1631]- **أمالي أحمد بن عيسى -رضي الله عنهما-** [العلوم:3/15]: وحدثني القاسم بن إبراهيم، عن القاسم بن إبراهيم، عن أبي بكر بن أبي أويس، عن حسين بن عبد الله بن ضميرة، عن أبيه، عن جده، عن علي -عليه السلام- قال: (نهى رسول الله -صلى الله عليه وآله وسلم- عن نكاح السر، وقال: «لا نكاح إلا بولي وشاهدين».

[1632]- **وفيها** [3/15]: وقد حدثني إسماعيل بن أبي أويس، عن حسين بن عبد الله بن ضميرة، عن أبيه، عن جده، عن علي -عليه السلام-، عن النبي -صلى الله عليه وآله وسلم- قال: «لا نكاح إلا بولي وشاهدين»، وأن رسول الله -صلى الله عليه وآله وسلم- نهى عن نكاح السر، وأن رسول الله -صلى الله عليه وآله وسلم- قال: «أشيدوا النكاح». انتهى.

القائل وقد حدثني إسماعيل بن أبي أويس: هو القاسم بن إبراهيم -صلوات الله عليه-، لأنه ذكره في سياق كلام له أنا اختصرته.

وفي أمالي أحمد بن عيسى أيضاً [3/16]: محمد بن جميل، عن مصبح بن الهلقام، عن إسحاق بن الفضل، عن عبيد الله بن محمد بن عمر بن علي، عن أبيه، عن جده، عن علي -عليه السلام- أنه قال في النكاح: (إنه ليس للنساء إلا بضعهن، فاحفظوا فيهن وصية الله وكتابه، وإن ولي عقدة النكاح أولى بالنكاح، فمن أنكح امرأة بغير إذن ولي فنكاحه باطل). انتهى.

رجال هذا الإسناد قد مر الكلام عليهم، وهم من ثقات محدثي الشيعة.

[1633]- **الهادي -عليه السلام- في الأحكام** [1/ 345]: **قال يحيى بن الحسين -صلوات الله عليه-:**

[1634]- بلغنا عن رسول الله -صلى الله عليه وآله وسلم- أنه قال: «لا نكاح إلا بولي وشاهدين».

[1635]- وبلغنا عن زيد بن علي، عن آبائه، عن علي بن أبي طالب -عليه السلام- أنه قال: (لا نكاح إلا بولي وشاهدين، ليس بالدرهم ولا بالدرهمين، ولا اليوم ولا اليومين، شبه السفاح، ولا شرط في نكاح).

[1636]- وبلغنا عن رسول الله -صلى الله عليه وآله وسلم- أنه قال: «لا نكاح إلا بوالي وشاهدي عدل، فمن لم يكن لها ولي فالسلطان وليها». انتهى.

[1637]- **قال الهادي -عليه السلام- أيضاً في المنتخب** [125]: لأن الذي صح عن رسول الله -صلى الله عليه وآله وسلم- أنه قال: «لا نكاح إلا بولي وشاهدين ومهر».

[1638]- وفيه أيضاً: ولقول رسول الله -صلى الله عليه وآله وسلم-: «لا نكاح إلا بولي وشاهدين».

وفيه: وكذلك أيضاً: (نهى رسول الله -صلى الله عليه وآله وسلم- عن نكاح السر)، تأكيداً منه ألا يكون النكاح إلا مشهوداً غير خفي ولا مكتوم؛ لأنه لا يخفي ولا ينكتم ما كان عليه الشهود الأولياء. انتهى.

[1639]- **المرتضى محمد بن يحيى -رضي الله عنهما- في النهي** [2/ 766]: عن أبيه، عن جده، عن آبائه، عن علي -عليهم السلام- قال: (نهى رسول الله -صلى الله عليه وآله وسلم- الامرأة أن تُنكِح نفسها، ولكن يُنكِحُها أولياؤها). انتهى.

الجامع الكافي [4/ 54]: قال أحمد والقاسم والحسن -عليهم السلام- ومحمد: لا نكاح إلا بولي وشاهدين.

وقال الحسن -عليه السلام-: أجمع آل رسول الله -صلى الله عليه وآله وسلم- على أنه لا نكاح إلا بولي وشاهدين.

وقال محمد: سمعنا عن النبي -صلى الله عليه وآله وسلم-، وعن علي -عليه السلام-، وابن عباس، وأبي جعفر، وزيد بن علي، وعبد الله بن الحسن، وجعفر بن محمد -عليهم السلام-، أنهم قالوا: لا نكاح إلا بولي وشاهدين.

وقال أحمد والقاسم ومحمد، -وسئلوا عن المرأة تولي أمرها رجلاً من المسلمين؛ يزوجها بغير إذن وليها- فقال أحمد: لا نكاح إلا بولي للثيب والبكر، للأمر القائم عند أمير المؤمنين -عليه السلام-، فإن أبى الولي، فذاك إلى السلطان، وأحب إلينا أن يكون القاضي، وإن كان غيره ممن يملك الأحكام من الولاة فجائز إن شاء الله تعالى.

وقال القاسم -وهو معنى قول أحمد والحسن ومحمد-: وليس لأحد أن يَنكِحَ المرأةَ إلا بإنكاح وليها، إلا أن يعضلها الولي، أو يصير إلى المضاررة لها، فإن لم يكن لها ولي ولت أمرها رجلاً من المسلمين فزوجها.

وقال القاسم -عليه السلام-: ولا يجوز النكاح إلا بولي وشاهدين، لأن في ذلك ترك ما بيّن الله -عز وجل- فيه، وخروج النساء من أيدي الأولياء، وإبطال ما جعل الله للأولياء فيهن، وما حكم به الأولياء عليهن، ألا تسمع كيف يقول: ﴿فَلَا تَعۡضُلُوهُنَّ أَن يَنكِحۡنَ أَزۡوَٰجَهُنَّ﴾[البقرة:232] فلو كان الأمر في ذلك إليهن بطل الأمر في هذا كله من أيدي الرجال، وخرج من أيدي الأولياء إمهاتُهم وبناتُهم وحرماتُهم، وكيف يعضل من ليس له أن يزوج؟! ولقد كان هذا أو مثله في الجاهلية الجهلاء، وإنه ليستعظم ويراق فيه بين الناس كثير من الدماء، ويكون فيه فساد عظيم بين الأولياء، من الرجال والنساء، فكيف بالإسلام الذي جعله

الله يصلح ولايفسد، ويؤكد الحقوق بين أهلها ويسدد، ولقد أدركنا مشائخنا من أهل البيت -عليهم السلام- ومايرى هذا منهم أحد، حتى كان بأخرة أحداث سفهاء، رووا الزور والكذب.

[1640]- وقد كان حدثني إسماعيل بن أبي أويس، عن حسين بن عبد الله بن ضميرة، عن أبيه، عن جده، عن علي -عليه السلام-، عن النبي -صلى الله عليه وآله وسلم- أنه قال: «لا نكاح إلا بولي وشاهدين»، وأن رسول الله -صلى الله عليه وآله وسلم- قال: «أشيدوا بالنكاح».

قال محمد: يعني أظهروه.

وفي الجامع الكافي أيضاً [4/ 59]: قال القاسم -عليه السلام-: لا بد في كل نكاح من إشهاد رجلين عدلين.

وقال محمد في المسائل: لا نكاح عندنا إلا بولي وشاهدي عدل، سمعنا ذلك عن النبي -صلى الله عليه وآله وسلم-، وعن علي -عليه السلام-، وابن عباس، وأبي جعفر محمد بن علي، وزيد بن علي، وعبد الله بن الحسن، وجعفر بن محمد -عليهم السلام-. انتهى.

باب القول في الأولياء مَنهم

الهادي -عليه السلام- في الأحكام [1/ 289]: قال يحيى بن الحسين -صلوات الله عليه-:

والأولياء فهم العصبة المتناسبون، الذين هم والحرمة في النسب مجتمعون، وأولاهم بعقد نكاح المرأة وتزويجها أحقهم بوراثة ما تتركه من ميراثها.

فأولهم الابن، ثم ابن الابن وإن سفل، ثم الأب، ثم الجد، ثم الأخ للأب والأم، ثم الأخ للأب، ثم ابن ابن الأخ للأب والأم، ثم ابن الأخ للأب، ثم العم لأب وأم، ثم العم لأب، ثم ابن العم لأب وأم، ثم ابن العم لأب، ثم المولى

-وهو المعتق، ولي النعمة-.

قال: ويستحب للأب والجد أن يعقدا دون الابن وابن الابن، لأن ذلك أقرب إلى الحياء والإحسان.

[1641]- وقد قال رسول الله -صلى الله عليه وآله وسلم-: «الحياء من الإيمان، ولا إيمان لمن لا حياء له».

قال يحيى بن الحسين -صلوات الله عليه-: ولا يجوز أن يعقد من هؤلاء الذين ذكرنا عقدة نكاح المرأة رجل ومعه من هو أولى منه ممن قد سمينا، إلا أن يأذن له ويجوّز فعله، فيجوز له ما فعل من ذلك، وتثبت العقدة بين الزوجين كذلك.

حدثني أبي، عن أبيه، أنه قال: الأولياء هم الذين يعقدون عقدة النكاح دون الأوصياء. انتهى.

باب القول في المهر

[1642]- مجموع زيد بن علي -رضي الله عنهما-[303]: حدثني زيد بن علي، عن أبيه، عن جده، عن علي -عليهم السلام-، قال: قال رسول الله -صلى الله عليه وآله وسلم-: «لا يكون مهر أقل من عشرة دراهم، ليس نكاح الحلال مثل مهر البغي». انتهى.

[1643]- أمالي أحمد بن عيسى -رضي الله عنهما- [العلوم:3/47]: إسماعيل بن موسى، عن شريك، عن داود، عن الشعبي قال: قال علي: (لا يكون المهر أقل من عشرة دراهم).

قال محمد: كان أحمد بن عيسى، والقاسم بن إبراهيم يقولان: لا يكون المهر أقل من عشرة دراهم. انتهى.

الرجال:

أما إسماعيل بن موسى: فهو الفزاري.

وشريك: هو بن عبد الله النخعي.

وعامر: الشعبي، وقد مر الكلام عليهم، وهم من ثقات محدثي الشيعة.

[ترجمة داود بن أبي عوف]:

وأما داود: فهو ابن أبي عوف البرجمي:

قال في الجداول: داود بن أبي عوف البرجمي، أبو الجحاف الكوفي، عن أبي حازم، وعكرمة، والشعبي، وعنه شريك، وتليد بن سليمان.

قال أبو حاتم: صالح، وقال النسائي: ليس به بأس، ووثقه أحمد وابن معين.

عداده في ثقات محدثي الشيعة.

وقال ابن عدي: عامة ما يرويه في فضائل أهل البيت.

توفي بعد المائة. انتهى.

[1644]- **مجموع زيد بن علي** -رضي الله عنهما-[303]: حدثني زيد بن علي، عن أبيه، عن جده، عن علي -عليهم السلام-، قال:«لا يحل فرج بغير مهر». انتهى.

[1645]- **أمالي أحمد بن عيسى** -رضي الله عنهما- [العلوم:3/ 47]: أحمد بن عيسى، عن حسين بن علوان، عن أبي خالد، عن زيد، عن آبائه، عن علي -عليهم السلام- قال: (ما نكح رسول الله -صلى الله عليه وآله وسلم- امرأة من نسائه إلا على ثنتي عشرة أوقية).

[1646]- أحمد بن عيسى، عن حسين بن علوان، عن أبي خالد، عن زيد، عن آبائه، عن علي -عليهم السلام- قال: (لا تغالوا بمهور النساء فتكون عداوة). انتهى.

[1647]- **مجموع زيد بن علي** -رضي الله عنهما-[303]: حدثني زيد بن

علي، عن أبيه، عن جده، عن علي -عليهم السلام- قال: (لا تغالوا في مهور النساء، فتكون عداوة).

[1648]- حدثني زيد بن علي، عن أبيه، عن جده، عن علي -عليهم السلام-، قال: (أنكحني رسول الله -صلى الله عليه وآله وسلم- ابنته فاطمه -عليها السلام- على اثني عشر أوقية ونصف من فضة).

[1649]- حدثني زيد بن علي، عن أبيه، عن جده، عن علي -عليهم السلام-، قال: (ما نكح رسول الله -صلى الله عليه وآله وسلم- امرأة من نسائه إلا على اثني عشر أوقية فضة).

[1650]- حدثني زيد بن علي، عن أبيه، عن جده، عن علي -عليهم السلام-، أن امرأة أتت علياً -عليه السلام- ورجل قد تزوجها ودخل بها، وسمى لها مهراً، وسمي لمهرها أجلاً.

فقال له علي -عليه السلام-: (لا أجل لك في مهرها إذا دخلت بها، فحقها حالٌّ، فأد إليها حقها).

[1651]- حدثني زيد بن علي، عن أبيه، عن جده، عن علي -عليهم السلام-، في رجل تزوج امرأة ولم يفرض لها صداقاً، ثم توفي قبل أن يفرض لها، وقبل أن يدخل بها.

قال: (لها الميراث، وعليها العدة، ولا صداق لها). انتهى.

[1652]- **أمالي أحمد بن عيسى -رضي الله عنهما- [العلوم**:3/ 49]: محمد بن جميل، عن مصبح، عن إسحاق بن الفضل، عن عبيد الله بن محمد بن عمر بن علي، عن أبيه، عن جده، عن علي -عليه السلام- قال - في رجل نكح امرأة ولم يفرض لها صدقة، ثم توفي عنها قبل أن يدخل بها-: (فلا صدقة لها، وهي وارثة، وعليها العدة -عدة التي توفي عنها زوجها-).

[1653]- وفيها [3/ 52]: أحمد بن عيسى، عن حسين بن علوان، عن أبي

خالد، عن زيد، عن آبائه، أن امرأة أتت علياً ورجل قد تزوجها ودخل بها، وسمى لها مهراً، وسمى لمهرها أجلاً، فقال له علي -عليه السلام-: (لا أجل لك في مهرها إذا دخلت عليها، فحقها حالٌّ، فأد إليها حقها).

[1654]- وفيها أيضاً [3/ 48]: أحمد بن عيسى، عن حسين بن علوان، عن أبي خالد، عن زيد، عن آبائه، عن علي -عليهم السلام- قال: (لا يكون فرج بغير مهر).

[1655]- حسين بن نصر، عن خالد، عن حصين، عن جعفر، عن أبيه، عن علي: في الرجل يتزوج المرأة على وصيف فيكبر عندها فيزيد أو ينقص، ثم يطلقها قبل أن يدخل بها؛ قال: (عليها نصف قيمته يوم دفعه إليها، لا ينظر في زيادة ولا نقصان).

[1656]- حسين بن نصر، عن خالد بن عيسى، عن حصين بن المخارق، عن جعفر، عن أبيه، عن علي: في الرجل يتزوج المرأة على جهاز البيت، قال: (لا وكس ولا شطط).

[1657]- محمد بن راشد، عن إسماعيل بن أبان، عن غياث، عن جعفر، عن أبيه، عن علي -عليه السلام- في امرأة توفي زوجها ولم يفرض لها صداقاً، قال: (حسبها الميراث، ولا صداق لها).

[1658]- وفيها أيضاً [3/ 47]: أحمد بن عيسى، عن حسين بن علوان، عن أبي خالد، عن زيد، عن آبائه، عن علي -عليهم السلام- قال: (أنكحني رسول الله -صلى الله عليه وآله وسلم- فاطمة على ثنتي عشرة أوقية ونصف من فضة).

[1659]- وفيها أيضاً [3/ 48]: حسين بن نصر، عن خالد، عن حصين، عن جعفر، عن أبيه، عن علي -عليه السلام-، أنه سئل عن امرأة أرسلت إلى رجل بمال ليتزوجها به، فقال: (المال له هبة، وفرجها له حلال).

[1660]- وفيها أيضاً [3/ 48]: محمد بن جميل، عن مصبح، عن إسحاق

بن الفضل، عن عبيد الله بن محمد بن عمر بن علي، عن أبيه، عن جده، عن علي -عليه السلام- في الشغار: نكاح المرأتين ليس لواحدة منهما صداق إلا بضع صاحبتها: (قضى أن ذلك لا يحل، إلا أن تنكح كل واحدة منهما بصدقة مثل نكاح المسلمين). انتهى. وسيأتي نكاح الشغار، وما ورد فيه إن شاء الله.

الهادي -عليه السلام- في الأحكام [1/ 290]: وحدثني أبي، عن أبيه أنه قال: أدنى ما يجوز في الصداق، وهو ما جاء عن أمير المؤمنين علي بن أبي طالب -عليه السلام-: عشرة دراهم قفلة. انتهى.

[1661]- **أمالي أحمد بن عيسى -رضي الله عنهما- [العلوم**:3/ 64]: وأخبرنا محمد، قال: حدثنا عبد الله بن داهر، عن أبيه، عن جعفر، عن أبيه: أن صداق فاطمة -عليها السلام- كان جردَ بُرْدٍ حِبَرَةٍ، ودرع، وكان فراشها جلد كبش، يقلبان صوفه فيفترشانه.

وأخبرنا محمد، قال: حدثنا عبد الله بن داهر، عن أبيه، عن جعفر، عن أبيه، قال: كان رسول الله -صلى الله عليه وآله وسلم- ينكح نساءه على اثني عشرة أوقية وشيء.

قال: قلت: وما ذاك الشي؟.

قال: نصف أوقية.

[1662]- وفيها [3/ 70]: وأخبرنا محمد، قال: وأخبرنا الحسين بن يحيى، عن أبي الطاهر، عن أبي بكر بن أبي أويس، عن حسين بن عبد الله بن ضميرة، عن أبيه، عن جده، أن رسول الله -صلى الله عليه وآله وسلم- خطب أم سلمة ابنة أبي أمية، فقالت: كيف لي ورجالي بمكة؟.

فقال رسول الله -صلى الله عليه وآله وسلم-: «يزوجك ابنك، ويشهد لك ناس من أصحاب رسول الله -صلى الله عليه وآله وسلم-» فاجتمعوا لذلك.

قال: فخطبها رسول الله -صلى الله عليه وآله وسلم- إلى ابنها، فقال: ماذا تسمي لها من الصداق؟.

قال رسول الله -صلى الله عليه وآله وسلم-: «كما أصدقتُ عائشة؛ صحفة كثيفة، وقدحاً كثيفاً، وفراشاً حشوه ليف، ومجشة»، فقال الغلام: ما المجشة؟

قال النبي -صلى الله عليه وآله وسلم-: «الرحاء»، ثم دخل عليها نبي الله -صلى الله عليه وآله وسلم- في الظلمة ليلة دخل عليها فوطئ على يد ابنتها زينب، فقال: ما هذا؟ فقالت: هذه زينب.

فقال: «انظروا زيانبكم لا أطأ عليها».

ودخلت زينب على النبي -صلى الله عليه وآله وسلم- وهو يغتسل فأخذ بيده ماء فنضحه في وجهها.

قال: فحدثني بعض ولد زينب أنه لم يزل ماء الشباب في وجهها حتى عجزت. انتهى.

قوله: الحسين بن يحيى، الصواب: الحسن بن يحيى، وهو الحسن بن يحيى بن الحسين بن زيد بن علي، أحد علماء العترة الأعلام، وهو أحد المجتمعين في بيت محمد بن منصور المرادي مع الأئمة المجتمعين من الأقطار المتبانية، وهم القاسم بن إبراهيم، وأحمد بن عيسى، وعبد الله بن موسى بن عبد الله بن الحسن -عليهم السلام-، والقصة مشهورة.

[1663]- **وفي أمالي أحمد بن عيسى أيضاً** [3/ 60]: وأخبرنا محمد، قال: حدثنا عثمان، عن جرير، عن مغيرة، عن الشعبي، قال: تزوج رسول الله -صلى الله عليه وآله وسلم- خولة بنت الحارث، فجعل مهرها عتقها، وأعتق من وجد من أهل بيتها. انتهى.

الرجال:

في هذا الإسناد:

[ترجمة عثمان بن أبي شيبة، ومغيرة الضبي]:

عثمان بن أبي شيبة، ومغيرة بن مقسم:

أما عثمان:

فقال في الجداول: عثمان بن محمد بن أبي شيبة -إبراهيم- بن عثمان العبسي، أبو الحسن الكوفي الحافظ، عن سفيان، وشريك، والفضل بن دكين، وحجاج، وخلق، وعنه ابنه، والذهلي، والشيخان، وابن ماجة، وأبو داود، وأبو العباس الحسني، ومحمد بن منصور.

وثقه العجلي، وابن معين، وأثنى عليه أحمد.

وقال أبو حاتم: صدوق.

وأنصف الذهبي في حقه.

توفي سنة تسع وثلاثين ومائتين، عداده في ثقات محدثي الشيعة، وهو وأخوه عمر ممن بايع الإمام الأعظم محمد بن إبراهيم -عليه السلام-. انتهى.

وأما مغيرة:

فهو على ما ذكره في الجداول: مغيرة بن مقسم الظبي، مولاهم، أبو هاشم الكوفي، الأعمى الفقيه، عن إبراهيم، والشعبي، وزيد بن علي، وسلمة بن كهيل، وقثم مولى ابن عباس، وحماد.

وعنه شعبة، وهشيم، وابن فضيل، وجرير بن عبد الحميد، والثوري، وغيرهم.

وثقه عبد الملك بن أبي سليمان، والعجلي، ويحيى في رواية ابن أبي مريم.

قال في سلسلة إسناد شرح التجريد: حدثنا الحافظ الثقة مغيرة بن مقسم، عن

زيد بن علي.

وعده في كتاب المقالات من الزيدية، وقد غلط العجلي حيث قال: كان يحمل على علي -عليه السلام-.

وغلط الجنداري حيث قال: كذبه الباقر، وإنما هو ابن سعيد.

توفي سنة ثلاث وثلاثين ومائة. احتج به الجماعة. انتهى.

وأما الشعبي: فقد مر.

قوله: تزوج خولة، الصواب: جويرية، كما هو المشهور.

[1664]- وفي أمالي أحمد بن عيسى أيضاً [3/51]: عبد الله بن داهر، عن أبيه، عن جعفر، قال: حدثني أبي، أن في كتاب علي: (أيما رجل أراد أن يعتق جاريته ثم يجعل عتقها صداقها فهو جائز).

[1665]- وفيها أيضاً [3/51]: محمد بن جميل، عن مصبح، عن إسحاق بن الفضل، عن عبيد الله بن محمد بن عمر بن علي، عن أبيه، عن جده، عن علي، في رجل نفس في سريته أو وليدته، قال: (لا بأس، ويجعل صداقها نفسها، وينكحها طايعة أو مكرهة).

[1666]- وفيها أيضاً [3/51]: محمد بن عبيد، عن حاتم، عن جعفر، عن أبيه، أن علياً قال: (إن شاء الرجل أعتق أم ولده وجعل عتقها مهرها).

[1667]- وفيها أيضاً [3/51]: إسماعيل بن موسى، عن شريك، عن أبي إسحاق، عن الحارث، عن علي -عليه السلام- قال: (إذا أعتق الرجل أمته ثم تزوجها فله أجران). انتهى.

جميع رجال أسانيد هذا الباب قد مر الكلام عليهم، وهم من ثقات محدثي الشيعة -رضي الله عنهم-.

الجامع الكافي [4/ 109]: قال أحمد بن عيسى -عليه السلام-، والقاسم -عليه السلام-، ومحمد: لا يكون المهر أقل من عشرة دراهم، بلغنا ذلك عن علي -عليه السلام-. انتهى.

باب القول في النهي عن نكاح المتعة

[1668]- **مجموع زيد بن علي -رضي الله عنهما-**[304]: حدثني زيد بن علي، عن أبيه، عن جده، عن علي -عليهم السلام-، قال: نهى رسول الله -صلى الله عليه وآله وسلم- عن نكاح المتعة عام خيبر. انتهى.

[1669]- **أمالي أحمد بن عيسى** [3/ 10]: أخبرنا محمد، قال: حدثني أحمد بن عيسى بن زيد، قال: حدثني حسين بن علوان، عن أبي خالد الواسطي، عن زيد بن علي، عن آبائه، عن علي -عليهم السلام- قال: نهى رسول الله -صلى الله عليه وآله وسلم- عن نكاح المتعة يوم خيبر. انتهى.

[1670]- **الهادي -عليه السلام- في الأحكام** [1/ 351]: حدثني أبي، عن أبيه أنه سئل عن نكاح المتعة، فقال: لا يحل نكاح المتعة، لأن المتعة إنما كانت في سفر سافره رسول الله -صلى الله عليه وآله وسلم-، ثم حرم الله ذلك على لسان رسوله -صلى الله عليه وآله وسلم-، وقد روي،عن علي بن أبي طالب -عليه السلام- بما قد صح: أن رسول الله صلى الله عليه وسلم نهى عنه. انتهى.

الجامع الكافي [4/ 60]: وقال القاسم -عليه السلام- : لا يحل نكاح المتعة، لأن المتعة إنما كانت في سفر كان فيه النبي -صلى الله عليه وآله وسلم-، ثم حرم الله ذلك على لسان رسوله -صلى الله عليه وآله وسلم-، وقد صح لنا عن علي بن أبي طالب -عليه السلام- أن النبي -صلى الله عليه وآله وسلم- نهى عنها.

وفيه أيضاً [4/ 61]: من كلام القاسم -عليه السلام- في قوله -سبحانه-: ﴿فَمَا اسْتَمْتَعْتُم بِهِ مِنْهُنَّ فَآتُوهُنَّ أُجُورَهُنَّ﴾ [النساء:24]-: فهو إعطاء

مهورهن إلا ما وهبن بطيب من أنفسهن، والتراضي هو التعاطي، ولا يجوز النكاح إلا بولي وشاهدين. انتهى.

أمالي أحمد بن عيسى [3/14]: جعفر، عن قاسم بن إبراهيم قال: لا تحل المتعة، لأن المتعة إنما كانت في سفر كان فيه النبي -صلى الله عليه وآله وسلم-، ثم حرم الله ذلك على لسان رسوله -صلى الله عليه وآله وسلم-، وقد روي عن علي -رحمة الله عليه- بما قد صح أن النبي -صلى الله عليه وآله وسلم- نهى عنها. انتهى.

الجامع الكافي [4/ 61]: وقال الحسن -عليه السلام-: أجمع آل رسول الله -صلى الله عليه وآله وسلم- على كراهية المتعة والنهي عنها.

وقالوا: إنما كانت أطلقت في سفر ثم نهى رسول الله -صلى الله عليه وآله وسلم- عنها وحرمها.

وقالوا: نسختها العدة والمواريث.

وأجمعوا على أنه لا نكاح إلا بولي وشاهدين وصداق، بلا شرط في النكاح.

وقال الحسن بن يحيى، ومحمد: وسئلا عن متعة النساء، أحرام هي أم حلال، أم شبهة؟

فقال محمد: متعة النساء منسوخة، فنسختها آية المواريث، الربع والثمن، ولا نكاح عندنا إلا بولي وشاهدي عدل.

وسألت عنها أحمد بن عيسى والقاسم بن إبراهيم فقالا: مثل ذلك أو نحوه.

وقال الحسن -عليه السلام-: قد كان رسول الله -صلى الله عليه وآله وسلم- أباحها أصحابه في غزوة الحديبية، وكانوا خرجوا فيها مع النبي -صلى الله عليه وآله وسلم- فطالت غيبتهم عن أهليهم، فرخص لهم في المتعة، فكان

الرجل يتزوج المرأة من وليها بشاهدين أياماً معلومة بدراهم معدودة، فإن زادت الأيام زاد في المهر، فلما رجع رسول الله -صلى الله عليه وآله وسلم- من تلك الغزاة نهى أصحابه عن المتعة، فليست المتعة حراماً مثل الميتة والدم ولحم الخنزير، ولا هي حلال، ولكنها شبهة، أحلها في وقت ضرورة ثم نهى عنها، فمن تزوج متعة خالف رسول الله -صلى الله عليه وآله وسلم- فيما نهى عنه. انتهى.

أمالي أحمد بن عيسى -رضي الله عنهما- [العلوم:3/ 13]: أبو الطاهر، قال: حدثني أبي، عن أبيه، عن زيد بن علي، أنه سئل عن المتعة، فقال: هي مثل الميتة والدم ولحم الخنزير.

عبد الله بن موسى، عن أبيه، عن عبد الله بن الحسن، أنه قال لرجل -كان يتزوج المتع-: اتق الله ودع ما أنت عليه.

قال محمد: هذا الرجل يقال له ابن عورك اللهبي، الذي كان يتزوج المتع. انتهى.

باب القول في النهي عن نكاح الشغار

[1671]- **مجموع زيد بن علي** -رضي الله عنهما- [315]: حدثني زيد بن علي، عن أبيه، عن جده، عن علي -عليهم السلام-، قال: نهى رسول الله -صلى الله عليه وآله وسلم- عن نكاح الشغار.

قال: فسألت زيداً -عليه السلام- عن تفسير ذلك؟

قال: هو أن يتزوج الرجل بنت الرجل على أنه يزوجه بنته، ولا مهر لواحدة منهما. انتهى.

[1672]- **أمالي أحمد بن عيسى** -رضي الله عنهما- [العلوم:3/ 48]: محمد بن جميل، عن مصبح، عن إسحاق بن الفضل، عن عبيد الله بن محمد بن عمر بن

علي، عن أبيه، عن جده، عن علي -عليه السلام- في الشغار -نكاح المرأتين ليس لواحدة منهما صداق إلا بضع صاحبتها-: قضى أن ذلك لا يحل إلا أن تنكح كل واحدة منهما بصدقة، مثل نكاح المسلمين. انتهى.

[1673]- المرتضى محمد بن يحيى -رضي الله عنهما- في النهي [2/ 766]: عن أبيه، عن آبائه، عن علي -عليهم السلام-، أن النبي -صلى الله عليه وآله وسلم- نهى عن الشغار: وهو أن يقول الرجل للرجل زوجني ابنتك، وأزوجك بنتي، ويطرحان المهر بينهما. انتهى.

المؤيد بالله -عليه السلام- في شرح التجريد [3/ 63]: ويجب مهر المثل.

والأصل فيه: حديث زيد بن علي، عن أبيه، عن جده، عن علي -عليهم السلام-، قال: نهى رسول الله -صلى الله عليه وآله وسلم- عن نكاح الشغار.

قال أبو خالد: فسألت زيداً -عليه السلام- عن تفسير ذلك.

قال: هو أن يتزوج الرجل ابنة الرجل على أن يزوجه بنته، ولا مهر لواحدة منهما. انتهى.

الجامع الكافي [4/ 69]: قال محمد: نكاح الشغار لا يجوز؛ وهو أن يقول رجل لرجل أزوجك بنتي أو أختي على أن تزوجني ابنتك، على أن مهر بنتي تزويجك إياي ابنتك، ولا يكون لواحد منا على الآخر صداق لابنته، فتكون كل واحدة منهما مهراً لصاحبتها، وهذا شيء كان يفعل في الجاهلية، فجاء النبي -صلى الله عليه وآله وسلم- بتحريمه على أهل الإسلام، فإن فعله فاعل في الإسلام بجهل فأحب إلينا لكل وحدة منهما، أن يبتدي تزويجاً جديداً على ما أمره الله به، وسنه رسوله -صلى الله عليه وآله وسلم-. انتهى.

الهادي -عليه السلام- في الأحكام [1/ 340]: قال يحيى بن الحسين -صلوات الله عليه-: الشغار: أن يتزوج الرجل حرمة رجل، ويزوجه حرمته، ولا

يدفع أحدهما إلى صاحبه مهراً، يكون بضع كل واحدة مهر صاحبتها، وهذا حرام لا يجوز، ولا يجوز النكاح إلا بالصداق المعروف بين المسلمين، عشرة دراهم فصاعداً. انتهى.

باب القول فيمن لا يحل نكاحه من قرابات الزوج والزوجة

[1674]- **مجموع زيد بن علي** -رضي الله عنهما-[306]: حدثني زيد بن علي، عن أبيه، عن جده، عن علي -عليهم السلام-، قال: (حرم الله من النسب سبعاً، ومن الصهر سبعاً:

فأما السبع من النسب فهي: الأم، والابنة، والأخت، وبنت الأخت، وبنت الأخ، والعمة، والخالة.

وأما السبع من الصهر: فامرأة الأب، وامرأة الابن، وأم المرأة، دخل بالابنة أو لم يدخل بها، وابنة الزوجة إن كان دخل بإمها، وإن لم يكن دخل بها فهي حلال، والجمع بين الأختين، والأم من الرضاعة، والأخت من الرضاعة. انتهى.

[1675]- **أمالي أحمد بن عيسى** -رضي الله عنهما- [العلوم:3/ 44]: حسين بن نصر، عن خالد، عن حصين، عن جعفر، عن أبيه، أن علياً أتي برجل تزوج امرأة على خالتها؛ فجلده، وفرق بينهما. انتهى.

[1676]- **مجموع زيد بن علي** -رضي الله عنهما-[306]: حدثني زيد بن علي، عن أبيه، عن جده، عن علي -عليهم السلام- قال: قال رسول الله -صلى الله عليه وآله وسلم- : «لا تتزوج المرأة على عمتها، ولا على خالتها، ولا على ابنة أخيها، ولا على ابنة أختها، لا الصغرى على الكبرى، ولا الكبرى على الصغرى». انتهى.

[1677]- **المرتضى محمد بن يحيى** -رضي الله عنهما- في النهي [2/ 765]: عن أبيه، عن آبائه، عن علي -عليهم السلام- قال: نهى رسول الله -صلى الله

عليه وآله وسلم-، عن تزويج الامرأة على عمتها، وعن تزويج العمة على بنت أخيها، وعن تزويج المرأة على خالتها، وعن تزويج الخالة على ابنة أختها.

ونهى أن يجمع الرجل بين الأمة وابنتها وطياً، وكذلك لا يجمع بينها وبين أختها، ولا بينها وبين عمتها، ولا بينها وبين خالتها، وطياً. انتهى.

[1678]- **أمالي أحمد بن عيسى -رضي الله عنهما-** [**العلوم**:3/ 44]: محمد بن جميل، عن مصبح، عن إسحاق بن الفضل، عن عبيد الله بن محمد بن عمر بن علي، عن أبيه، عن جده، قال: قال علي -في رجل نكح أبوه امرأة فتوفي قبل أن يدخل بها-، قال: (لا تحل لابنه، ولا لابن ابنه، وهي عليه حرام). انتهى.

[1679]- **مجموع زيد بن علي -رضي الله عنهما-**[306]: حدثني زيد بن علي، عن أبيه، عن جده، علي -عليهم السلام-: (أنه كره أن يجمع الرجل بين أختين من الإماء). انتهى.

[1680]- **أمالي أحمد بن عيسى -رضي الله عنهما-** [**العلوم**:3/ 31]: محمد بن جميل، عن مصبح بن الهلقام، عن إسحاق بن الفضل، عن عبيد الله بن محمد بن عمر بن علي، عن أبيه، عن جده، عن علي، - في رجل تزوج امرأة ثم طلقها وهي حبلى، فخطب أختها فنكحها قبل أن تضع أختها ما في بطنها-: (فأمره علي أن يطلق أختها حتى تضع المطلقة ولدها، ثم يخطبها ويصدقها صدقتها مرتين). انتهى.

الجامع الكافي [4/ 12]: قال القاسم -عليه السلام-: ولا يجمع الرجل بين الأختين، ولا بين امرأة وعمتها، أو خالتها، من نسب أو رضاع، ولا يجمع بين امرأتين لو كانت إحداهما رجلاً حرمت عليه الأخرى، إذا كان ذلك من نسب أو رضاع.

وقال القاسم -عليه السلام-: قد جمع عبد الله بن جعفر بين بنت علي من فاطمة، وبين امرأة علي، -يعني ليلى بنت مسعود-.

ولابأس أن يجمع بين ابنتي العم، وابنتي الخال، قال الله -سبحانه-:

﴿وَبَنَاتِ عَمِّكَ وَبَنَاتِ عَمَّٰتِكَ﴾ [الأحزاب:50]، وقد جمع النبي -صلى الله عليه وآله وسلم- بين أم سلمة وزينب بنت جحش، وأمهما جميعاً ابنتا عبد المطلب، عمتاه.

وفيه [4/ 13]: قال الحسن بن يحيى: قال رسول الله -صلى الله عليه وآله وسلم-: «لا تنكح المرأة على عمتها، ولا على خالتها».

وأجمع آل رسول الله -صلى الله عليه وآله وسلم- على أن ذلك لازم للأمة العمل به، والحكم به، لا يسع أحد تركه ولا خلافه.

وفيه أيضاً [4/ 14]: قال القاسم -عليه السلام- -في رواية داود عنه-، وهو قول محمد: ولا يجمع الرجل بين الأختين في الوطء بملك اليمين، وهذا قول علي -عليه السلام-. انتهى.

[1681]- **أمالي أحمد بن عيسى -رضي الله عنهما- [العلوم**:3/ 50]: حدثني محمد بن جميل، عن مصبح بن الهلقام، عن إسحاق بن الفضل الهاشمي، عن عبيد الله بن محمد بن عمر بن علي، عن أبيه، عن جده، عن علي -عليه السلام- - في رجل تزوج امرأة فأعطاها صدقتها ولم يدخل بها، ثم علم أنها ابنة أخيه، أو عمته، أو خالته من الرضاعة-: (قال: ترد عليه ماله الذي أعطاها).

[20]- وفيها [3/ 54]: حدثني أبو الطاهر، قال: حدثني حسن بن يحيى العلوي، قال: حدثني أبو بكر بن أبي أويس، عن حسين بن عبد الله بن ضميرة، عن أبيه، عن جده، عن علي -عليه السلام-: أنه كان يقول: (الرضاع من قبل الأب يحرم ما يحرم النسب). انتهى.

المؤيد بالله -عليه السلام- في شرح التجريد [3/ 13]: والأصل في تحريم الجمع بين الأختين: قول الله -تعالى-: ﴿وَأَن تَجۡمَعُواْ بَيۡنَ ٱلۡأُخۡتَيۡنِ إِلَّا مَا قَدۡ سَلَفَۚ﴾ [النساء:23].

وقلنا بتحريم الجمع بين الامرأتين، إذا كان بينهما رحم محرم: لما رواه زيد بن علي، عن أبيه، عن جده، عن علي -عليهم السلام-، قال: قال رسول الله -صلى الله عليه وآله وسلم-: «لا يتزوج الرجل المرأة على عمتها، ولا على خالتها، ولا على ابنة أخيها، ولا على ابنة أختها، لا الصغرى على الكبرى، ولا الكبرى على الصغرى». انتهى.

[1683]- **مجموع زيد بن علي -رضي الله عنهما-** [315]: حدثني زيد بن علي، عن أبيه، عن جده، عن علي -عليهم السلام-، قال قلت: يا رسول الله، إنك لتتوق إلى نساء قريش، ولا تخطب بنات عمك.

قال: «وهل عندك شيء؟». قلت: ابنة حمزة.

قال: «إنها ابنة أخي من الرضاعة، يا علي: أما علمت أن الله عز وجل قد حرم من الرضاعة ما حرم من النسب في كتاب الله عز وجل». انتهى.

المؤيد بالله -عليه السلام- في شرح التجريد [3/12]: وقد روى زيد بن علي، عن أبيه، عن جده، عن علي -عليهم السلام-، قال: (حرم الله من النسب سبعاً، ومن الصهر سبعاً:

فأما السبع من النسب، فهي: الأم، والبنت، والأخت، وبنت الأخت، وبنت الأخ، والعمة، والخالة.

وأما السبع من الصهر: فامرأة الأب، وامرأة الابن، وأم المرأة، دخل بالبنت أو لم يدخل بها، وابنتها إن كان دخل بها، وإن لم يكن دخل بها فهي حلال، والجمع بين الأختين، والأم من الرضاعة، والأخت من الرضاعة.

وفيه [3/9]: وفي حديث زيد بن علي، عن أبيه، عن جده، عن علي -عليهم السلام-، قال: (عرضت على رسول الله -صلى الله عليه وآله وسلم- تزوج بنت حمزة، فقال: «إنها ابنة أخي من الرضاعة، يا علي: أما علمت أن الله حرم من الرضاعة ما حرم من النسب». انتهى.

الجامع الكافي [4/ 11]: قال القاسم -عليه السلام-، ومحمد - في قوله - تعالى-: ﴿حُرِّمَتْ عَلَيْكُمْ أُمَّهَاتُكُمْ وَبَنَاتُكُمْ وَأَخَوَاتُكُمْ وَعَمَّاتُكُمْ وَخَالَاتُكُمْ وَبَنَاتُ الْأَخِ وَبَنَاتُ الْأُخْتِ وَأُمَّهَاتُكُمُ اللَّاتِي أَرْضَعْنَكُمْ وَأَخَوَاتُكُمْ مِنَ الرَّضَاعَةِ وَأُمَّهَاتُ نِسَائِكُمْ﴾ [النساء:23] -:

يحرم على الرجل نكاح أم امرأته، دخل بامرأته أو لم يدخل بها، ويحرم عليه بنت امرأته إن كان دخل بها، وإن لم يكن دخل بها لم يحرم عليه ابنتها. انتهى.

باب القول في العبد يتزوج بغير إذن سيده، وكم يتزوج من النساء

[1684]- **مجموع زيد بن علي -رضي الله عنهما-**[307]: حدثني زيد بن علي، عن أبيه، عن جده، عن علي -عليهم السلام- قال: قال رسول الله -صلى الله عليه وآله وسلم-: «أيما عبد تزوج بغير إذن مواليه فهو زان». انتهى.

[1685]- **أمالي أحمد بن عيسى -رضي الله عنهما- [العلوم**:3/ 23]: محمد بن راشد، عن إسماعيل بن إبان، عن عياش، عن جعفر، عن أبيه، عن علي، قال: (إذا تزوج العبد بغير إذن مواليه فلا نكاح له، وإذا تزوج العبد بغير إذن مواليه ثم أذنوا له بعد فلا بأس). انتهى.

المؤيد بالله -عليه السلام- في شرح التجريد [3/ 31]: وفي حديث زيد بن علي، عن أبيه، عن جده، عن علي -عليهم السلام-، قال: قال رسول الله -صلى الله عليه وآله وسلم-: «أيما عبد تزوج بغير إذن مواليه فهو زان». انتهى.

[1686]- **أمالي أحمد بن عيسى -رضي الله عنهما- [العلوم**:3/ 23]: أحمد بن عيسى، عن حسين بن علوان، عن أبي خالد، عن زيد، عن آبائه -عليهم السلام-، أن رجلاً أتى علياً بعبده، فقال: يا أمير المؤمنين، إن عبدي تزوج بغير إذني؟.

فقال علي لسيده: فرق بينهما.

فقال السيد لعبده: يا عدو الله طلق.

فقال علي: كيف قلت؟ فقال: قلت: طلق، فقال علي للعبد: أما الآن فإن شئت فطلق، وإن شئت فأمسك.

فقال السيد: يا أمير المؤمنين أمر كان بيدي فجعلته بيد غيري.

فقال: ذلك حين قلت له طلق، أقررت له بالنكاح. انتهى.

[1687]- **مجموع زيد بن علي -رضي الله عنهما**-[307]: حدثني زيد بن علي، عن أبيه، عن جده، عن علي -عليهم السلام-، أن رجلاً أتاه، فقال: إن عبدي تزوج بغير إذني، فقال له علي -عليه السلام-: فرق بينهما، فقال السيد لعبده: طلقها يا عدو الله، فقال علي للسيد: قد أجزت له النكاح، فإن شئت أيها العبد فطلق، وإن شئت فأمسك(100). انتهى.

الهادي -عليه السلام- **في الأحكام** [1/ 295]: قال يحيى بن الحسين -صلوات الله عليه-: كل عبد نكح بغير إذن سيده فنكاحه باطل، ولا يجوز ولا يثبت نكاح العبد إلا بأمر سيده ورضاه. انتهى.

[1688]- **أمالي أحمد بن عيسى -رضي الله عنهما**- [**العلوم**:3/ 38]: أبو

---

(100) وأخرج نحوه أبو جعفر محمد بن الحسن الطوسي أحد علماء الإمامية في كتابه تهذيب الأحكام في المجلد السابع (صـ352)، ولفظه: محمد بن علي بن محبوب، عن بنان بن محمد، عن موسى بن القاسم، عن علي بن جعفر، عن أخيه موسى بن جعفر، عن أبيه، عن آبائه، عن علي عليهم السلام، أنه أتاه رجل بعبده، فقال: إن عبدي تزوج بغير إذني، فقال علي عليه السلام لسيده: (فرق بينهما)، فقال السيد لعبده: يا عدو الله طلق، فقال علي -عليه السلام-: (كيف قلت له)، قال: قلت له: طلق، فقال علي -عليه السلام- للعبد: (أما الآن فإن شئت فطلق، وإن شئت فأمسك)، فقال السيد: يا أمير المؤمنين، أمر بيدي جعلته لغيري، قال: (ذلك لأنك حيث قلت له طلق، أقررت له بالنكاح) انتهى، وأخرجه الكليني في الكافي (2/ 52)، والمؤلف أيضاً في الفقيه (3/ 76). تمت من هامش الأصل، بخط المؤلف وتوقيعه.

كريب، عن حفص، قال: حدثنا جعفر بن محمد، عن أبيه، عن علي قال: (يتزوج العبد امرأتين، وحد العبد نصف حد الحر).

[1689]- محمد بن جميل، عن مصبح، عن حفص، عن جعفر، عن أبيه، عن علي، قال: (يتزوج العبد امرأتين، حرتين أو أمتين).

[1690]- عباد بن يعقوب، عن حاتم بن إسماعيل، عن جعفر، عن أبيه أن علياً كان يقول: (لا ينكح العبد إلا أمتين). انتهى.

رجال هذا الإسناد قد مر الكلام عليهم، وهم من ثقات محدثي الشيعة.

وأبو كريب: هو محمد بن العلي.

وحفص: هو ابن غياث.

ومصبح: هو ابن الهلقام.

الهادي -عليه السلام- في الأحكام [1/ 332]: قال يحيى بن الحسين -صلوات الله عليه-: العبد في النكاح والطلاق والعدة مثل الأحرار سواء سواء، لا فرق بينهم في ذلك، لأن الله سبحانه لم يفرق بينهم في كتابه، وقد علم سبحانه مكان المماليك، ولو كان أراد تفرقة بينهم في نكاح أو طلاق أو عدة لبين ذلك في كتابه، أو على لسان نبيه محمد -صلى الله عليه وآله وسلم-، ولم يأت في كتاب الله لذلك فرق، ولا عن نبيه -عليه السلام- إجماع، بتفرقة بين المماليك والأحرار. انتهى.

باب القول في الرجل يتزوج الأمة على الحرة، وفيمن وقع على مكاتبته

[1691]- أمالي أحمد بن عيسى -رضي الله عنهما- [العلوم:3/ 35]: أحمد بن عيسى، عن بن علوان، عن أبي خالد، عن زيد بن علي، عن آبائه قال: (تزوج رجل أمة على حرة، ففرق علي بينهما)، وقال: (لا يحل لك أن تزوج أمة على

حرة). انتهى.

[1692]- **الهادي -عليه السلام- في الأحكام** [1/ 355]: وحرم رسول الله -صلى الله عليه وآله وسلم- نكاح الأمة على الحرة فقال: «لا يتزوج أمة على حرة».

وقال: «إن تزوجت الأمة قبل الحرة ثم تزوجت الحرة بعد الأمة فنكاحهما ثابت».

قال يحيى بن الحسين -صلوات الله عليه-: يريد بذلك -صلى الله عليه وآله وسلم- إذا علمت الحرة بالأمة ودخلت عليها على بصيرة. انتهى.

[1693]- **مجموع زيد بن علي -رضي الله عنهما-**[307]: حدثني زيد بن علي، عن أبيه، عن جده، عن علي -عليهم السلام-، أنه قال: (لا تتزوج الأمة على الحرة، وتتزوج الحرة على الأمة، ولا يتزوج المسلم اليهودية ولا النصرانية على المسلمة، ويتزوج المسلمة على اليهودية والنصرانية، وللحرة يومان من القسم، وللأمة يوم). انتهى.

[1694]- **الهادي -عليه السلام- في الأحكام** [1/ 355]: قال يحيى بن الحسين -صلوات الله عليه-: ولا يجوز أن تنكح الأمة على الحرة، ومن تزوج أمة على حرة رق بينه وبين الأمة، وكذلك بلغنا عن زيد بن علي، عن آبائه، عن علي -عليه السلام-، أن رجلاً تزوج أمة على حرة ففرق عليٌّ بينهما، وقال: (لا يحل لك أن تتزوج أمة على حرة). انتهى.

[1695]- **أمالي أحمد بن عيسى -رضي الله عنهما-** [**العلوم**:3/ 35]: محمد بن جميل، عن مصبح من الهلقام، عن إسحاق بن الفضل، عن عبيد الله بن محمد بن عمر بن علي، عن أبيه، عن جده، عن علي -عليه السلام-، في رجل نكح أمة فوجد طَول حرة، وكره أن يطلق الأمة، نَفِس فيها، قضى أن تنكح الحرة على الأمة إذا كانت الأمة أولهما عنده، وليس له أن ينكح الأمة على الحرة إذا كانت

الحرة أولهما عنده، والقسم بينهما أن للحرة الثلثين من ماله ونفسه، وللأمة الثلث من نفسه وماله).

[1696]- وفيها [3/ 36]: محمد بن جميل، عن مصبح، عن إسحاق بن الفضل، عن عبيد الله بن محمد بن عمر بن علي، عن أبيه، عن جده، عن علي، في رجل نكح مكاتبة وعنده امرأة حرة؟

قال: (أنكحها إن شئت، واعلم أنها إن ولدت ولداً في مكاتبتها أنه يعتق من ولدها مثل ما يعتق منها، ويرق منه مثل ما يرق منها).

[1697]- وفيها أيضاً [3/ 74]: حسين بن نصر، عن خالد، عن حصين، عن جعفر، عن أبيه، عن علي -عليه السلام-، في رجل وقع على مكاتبته، قال: (هي مكاتبته، ويعطيها مهر مثلها، فإن ولدت منه فهي على مكاتبتها، فإن عجزت ردت في الرق وهي من أمهات الأولاد). انتهى.

جميع رجال أسانيد الباب من ثقات محدثي الشيعة، وقد مر الكلام عليهم.

الهادي -عليه السلام- في الأحكام [1/ 333]: قال يحيى بن الحسين -صلوات الله عليه-: وللرجل أن يزوج عبده أم ولده إذا أعتقها برضى منها، ويزوج مدبرته وأمته وإن كرهتا ذلك.

وكذلك له أن يزوج مكاتبته إذا أذنت له المكاتبة في ذلك، ويكون صداق المكاتبة لها تستعين به في مكاتبتها، ويكون ولدها في معناها؛ إن أدت ما عليها من المكاتبة عتقوا وعتقت، وإن عجزت استرقوا واسترقت، وكذلك أولاد المدبرة يعتقون إذا عتقت.

قال يحيى بن الحسين -صلوات الله عليه-: إذا ولدتهم بعد المكاتبة أو التدبير.

قال: وإذا زوج الرجل أمته أو مدبرته فلهما الخيار إذا أعتقهما، إن شاءتا اختارتا أنفسهما، وإن شاءتا أزواجهما.

وكذلك روي عن رسول الله -صلى الله عليه وآله وسلم- في بريرة -جارية اشترتها عائشة-، فكان فيها من النبي -صلى الله عليه وآله وسلم- أربع سنن:

فأولهن: أن عائشة اشترتها واشترط عليها الذي باعها أن الولاء له، فقال عليه السلام: «الولاء لمن أعتق».

وتصدق على بريرة بشيء، فذكرت ذلك عائشة للنبي -صلى الله عليه وآله وسلم-، فقال: «هو لنا هدية، وعليها صدقة»، وأكل منه -صلى الله عليه وآله وسلم-.

والثالثة: أنه كان لها زوج، فخيرها رسول الله -صلى الله عليه وآله وسلم- بعد العتق، فجرت السنة بتخيير الأمة بعد عتقها، فإن اختارت نفسها كان ذلك فسخاً لما بينها وبين زوجها من النكاح، وإن اختارت زوجها كانت معه على نكاحها.

الرابعة: أنه لم يجعل بيعها طلاقاً، ولو جعل بيعها طلاقاً لم يخيرها من بعد عتقها في أمرها وأمر زوجها، فجرت السنة بهذه الأربع من الرسول -صلى الله عليه وآله وسلم-. قال محمد بن يحيى -رضي الله عنه-: سواء كان الزوج عبداً أو حراً. انتهى.

ومثل كلام الهادي -عليه السلام- في حديث بريرة نص عليه في الجامع الكافي، في كتاب البيوع لمحمد بن منصور -رحمه الله-.

باب القول في نكاح أهل الذمة

[1698]- **مجموع زيد بن علي** -رضي الله عنهما-[310]: حدثني زيد بن علي، عن أبيه، عن جده، عن علي -عليه السلام- أنه قال: (يتزوج المسلم اليهودية والنصرانية، ولا يتزوج المجوسية ولا المشركة، وكره -عليه السلام- نكاح أهل الحرب، ونصارى العرب، وقال: ليسوا بأهل كتاب). انتهى.

[1699]- **أمالي أحمد بن عيسى** -رضي الله عنهما- [العلوم:3/ 37]: محمد بن جميل، عن مصبح، عن إسحاق بن الفضل، عن عبيد الله بن محمد بن عمر بن

علي، عن أبيه، عن جده، عن علي قال: (لا ينكح اليهودي ولا النصراني المسلمةَ، وينكح المسلمُ اليهوديةَ والنصرانيةَ). انتهى.

[1700]- **مجموع زيد بن علي -رضي الله عنهما-**[310]: حدثني زيد بن علي، عن أبيه، عن جده، عن علي -عليهم السلام-، في اليهودي تسلم امرأته: (إن أسلما كانا على النكاح، وإن أسلم هو ولم تسلم امرأته كانا على النكاح). انتهى.

[1701]- **أمالي أحمد بن عيسى -رضي الله عنهما- [العلوم**:3/ 36]: أحمد بن عيسى، عن حسين بن علوان، عن أبي خالد، عن زيد بن علي، عن آبائه، عن علي بن أبي طالب، قال: (لا يحل أن يتزوج المرأةَ من أهل الكتاب على المسلمة). انتهى.

[1702]- **مجموع زيد بن علي -رضي الله عنهما-**[311]: حدثني زيد بن علي، عن أبيه، عن جده، عن علي -عليهم السلام-، في مجوسي له ابنة ابن وله ابن آخر، فتزوج ابنة ابنه، ثم أسلموا جميعاً، فخطبها ابن عمها، فجاءوا إلى علي -عليه السلام- في ذلك، فقال: (إن كان الجد دخل بها، لم تحل لابن عمها، وإن كان لم يدخل بها حلت له). انتهى.

[1703]- **أمالي أحمد بن عيسى -رضي الله عنهما- [العلوم**:3/ 76]: أخبرنا محمد، قال: وأخبرنا حسين بن نصر، عن خالد بن عيسى، عن حصين، عن جعفر بن محمد، عن أبيه: أن النبي -صلى الله عليه وآله وسلم- قال: «لا حرمة لنساء أهل الكتاب أن ينظر إلى شعورهن ويديهن[101]».

قال أبو جعفر- هو محمد بن منصور-: لا ينظر نظرة يهواها القلب. انتهى.

باب القول في نسخ نكاح أهل الذمة

[1704]- **علي بن بلال -رحمه الله- في شرح الأحكام** [إعلام الأعلام

---

(101) في نسخة: وثديهن.

صـ(272)]: وأخبرنا السيد أبو العباس، قال: أخبرنا محمد بن بلال، قال: حدثنا محمد بن عبد العزيز، قال: حدثنا محمد بن جبلة الأحمسي، قال: حدثنا محمد بن أبي بكر الأرحبي، قال: حدثنا أبو الجارود، قال سمعت زيد بن علي ينهى عن مناكحة اليهود والنصارى، وسبى النبي -صلى الله عليه وآله وسلم- ريحانة بنت شمعون من بني قريضة، فعرض عليها الإسلام فأبت إلا اليهودية، فاعتزلها فلم يقربها. انتهى.

رجال هذا الإسناد من ثقات محدثي الشيعة وقد مر الكلام عليهم.

قوله محمد بن أبي بكر، الصواب محمد بن بكر الأرحبي، الذي يروي عنه الإمام أحمد بن عيسى -رضي الله عنهما- كثيراً، وقد مر الكلام عليه.

[1705]- أمالي أحمد بن عيسى -رضي الله عنهما- [العلوم: 3/ 38]: أخبرنا محمد، قال: أخبرنا علي بن الحسن بن الحسن، قال: أخبرنا حماد بن عيسى بن جعفر بن محمد، عن أبيه، أن علياً كره مناكحة أهل الكتاب(102). انتهى.

علي بن الحسن هو: والد الناصر -عليه السلام-، قد مر الكلام عليه.

وحماد بن عيسى: هو حماد بن عيسى بن عبيدة الجهني، غريق الجحفة، عن الصادق، وابن جريج، وعنه عبد بن حميد، والدوري، ووالد الناصر، غرق سنة ثمان ومائتين.

والذي يظهر أنه من ثقات محدثي الشيعة، فقد كان كثير الملازمة للصادق، وروى عنه كثيراً، وقد ضعفه بعضهم، وروايته في كتب الأئمة متكررة.

[1706]- علي بن بلال -رحمه الله- في شرح الأحكام [إعلام الأعلام صـ(271)]: وأخبرنا أبو العباس الحسني -رحمه الله-، قال: أخبرنا عيسى بن

_____
(102) في نسخة: أهل الحرب.

محمد العلوي، قال: حدثنا جعفر بن عبد الله، قال: حدثنا كثير بن عياش، عن أبي الجارود، عن أبي جعفر الباقر -عليه السلام- في قوله الله -تعالى-: ﴿وَٱلْمُحْصَنَٰتُ مِنَ ٱلَّذِينَ أُوتُوا۟ ٱلْكِتَٰبَ مِن قَبْلِكُمْ﴾[المائدة:5] -قال: هذا حين كان في نساء أهل القبلة قلة، فلما أن كثرت، نسخ الله هذه الآية بقوله -تعالى-: ﴿وَلَا تَنكِحُوا۟ ٱلْمُشْرِكَٰتِ حَتَّىٰ يُؤْمِنَّ﴾[البقرة:221] (103).

وفي حديث أبي جعفر: وطعام الذين أتوا الكتاب حل لكم: قال: إنما يعني الحبوب، وأما ذبايحهم، فلا تأكلوا. انتهى.

الرجال:

---

(103) قال النيسابوري في تفسير غرائب القرآن، المطبوع في هامش تفسير الطبري، المطبوع بالمطبعة الكبرى الأميرية بمصر سنة (1325هـ)، في (6/ 63) مانصه: وعن عطاء: أن الرخصة كانت مختصة بذلك الوقت، لأنه كان في المسلمات قلة، ولأن الاحتراز عن مخالطة الكفار واجب.
﴿لَا تَتَّخِذُوا۟ بِطَانَةً مِّن دُونِكُمْ﴾ وأي خلطة أشد من الزوجية، وقد يحدث ولد ويميل إلى دين الأم.
قلت: فهذا مؤيد لما ذكره الباقر -عليه السلام-، والله الموفق. تمت مؤلف.
وقال شيخ الطائفة محمد بن الحسن الطوسي في الاستبصار : محمد بن يعقوب، عن محمد بن يحيى، عن أحمد بن محمد، عن ابن فضال، عن الحسن بن الجهم، قال: قال لي أبو الحسن الرضا -عليه السلام-: يا أبا محمد، ما تقول في رجل تزوج نصرانية على مسلمة، قلت: جعلت فداك، وما قولي بين يديك، قال: لتقولن، فإن ذلك يعلم به قولي، قلت: لا يجوز تزويج النصرانية على المسلمة، ولا غير المسلمة، قال لم؟ قلت: لقول الله تعالى: ﴿وَلَا تَنكِحُوا۟ ٱلْمُشْرِكَٰتِ حَتَّىٰ يُؤْمِنَّ﴾.
قال: فما تقول في هذه الآية: ﴿وَٱلْمُحْصَنَٰتُ مِنَ ٱلَّذِينَ أُوتُوا۟ ٱلْكِتَٰبَ مِن قَبْلِكُمْ﴾، فقلت: قوله ﴿وَلَا تَنكِحُوا۟ ٱلْمُشْرِكَٰتِ حَتَّىٰ يُؤْمِنَّ﴾ نسخت هذه الآية، فتبسم ثم سكت.
عنه، عن محمد بن يحيى، عن أحمد بن محمد، عن ابن فضال، عن أحمد بن علي، عن درست الواسطي، عن علي بن رئاب، عن زرارة بن أعين، عن أبي جعفر -عليه السلام- قال: لا ينبغي نكاح أهل الكتاب، قلت: جعلت فداك، وأين تحريمه؟ قال: قوله تعالى: ﴿وَلَا تُمْسِكُوا۟ بِعِصَمِ ٱلْكَوَافِرِ﴾.
عنه وعن علي بن إبراهيم، عن أبيه عن ابن محبوب، عن علي بن رئاب، عن زرارة بن أعين، قال سألت أبا جعفر -عليه السلام-، عن قول الله تعالى: ﴿وَٱلْمُحْصَنَٰتُ مِنَ ٱلَّذِينَ أُوتُوا۟ ٱلْكِتَٰبَ مِن قَبْلِكُمْ﴾ قال: هي منسوخة بقوله: ﴿وَلَا تُمْسِكُوا۟ بِعِصَمِ ٱلْكَوَافِرِ﴾. انتهى.

أما أبو العباس الحسني، وأبو زيد عيسى بن محمد العلوي: فقد تقدم الكلام عليهما.

[ترجمة جعفر بن عبد الله المحمدي، وكثير بن عياش]:

وأما جعفر بن عبد الله:

فهو جعفر بن عبد الله بن جعفر بن عبد الله بن جعفر بن محمد بن عمر بن علي بن أبي طالب -عليهم السلام-، أبو علي المحمدي، روى عن إسماعيل بن صبيح، وكثير بن عياش، وعنه أبو زيد عيسى بن محمد العلوي، وآخرون.

خرج له المرشد بالله، وعلي [بن] بلال، كان من خيار العلوية -رحمه الله-، ولم أقف له على تاريخ وفاة.

وأما كثير بن عياش:

فهو من رجال الشيعة الأخيار، كذلك لم أقف له على تاريخ وفاة. عن أبي الجارود، وعنه أبو علي جعفر بن عبد الله المحمدي(104).

وأما أبو الجارود: فقد تقدم الكلام عليه.

أمالي أحمد بن عيسى -رضي الله عنهما- [العلوم:3/ 37]: قال محمد: سألت أحمد بن عيسى، عن نكاح نساء أهل الكتاب، فقال: لا بأس به، وقال: ما أدري أي شيء هذا الذي روي عن زيد بن علي، أراه ذهب إلى الآية. انتهى.

الجامع الكافي [4/ 18]: قال أحمد بن عيسى -عليه السلام-: لا بأس بنكاح نساء أهل الكتاب.

قال: وما أدري أي شيء هذى الذي روي عن زيد بن علي -عليه السلام-،

---

(104) ووجدت في جامع الرواة للعلامة الفاضل محمد بن علي الأردبلي الغروي الحائري من الإمامية (2/ 27): أن كثير بن عياش هذا خرج أيام أبي السرايا، فأصابته جراحة. انتهى، والكتاب المنقول منه هذا مطبوع. تمت من هامش الأصل، بخط المؤلف وتوقيعه.

أراه ذهب إلى الآية. انتهى.

الهادي -عليه السلام- في الأحكام [1/ 330]: فأما ما يروى في ذلك ويقال به على أمير المؤمنين -عليه السلام-، من أنه أجاز نكاح الذميات، فلا نصدق بها عليه، ولا نقول به فيه، لأنهن مشركات، وقد الله -عز وجل-: ﴿وَلَا تَنكِحُوا۟ ٱلْمُشْرِكَٰتِ حَتَّىٰ يُؤْمِنَّ﴾[البقرة:221]. انتهى.

باب القول في الأكفاء

الهادي -عليه السلام- في الأحكام [1/ 304]: قال يحيى بن الحسين -صلوات الله عليه-: والكفو: فهو الكفو في الدين والمنصب فقط.

والأولياء: هم الناظرون في أمورهن، والمتخيرون لحرماتهم، وإن كرهوا أحداً لم يُلزموا ما كرهوا. انتهى.

[1707]- **الجامع الكافي** [4/ 34]: قال محمد: سمعت قاسم بن إبراهيم يقول: قال رسول الله -صلى الله عليه وآله وسلم-: «لله عز وجل في أرضه خيرتان، فخيرة الله من العرب قريش، وخيرة الله من العجم الفرس». انتهى.

الهادي -عليه السلام- في الأحكام [1/ 305]: وحدثني أبي، عن أبيه أنه سئل عن الكفو، ما هو؟

فقال: الكفو فيهما جميعاً في النسب والدين معاً. انتهى.

[1708]- **المرشد بالله -عليه السلام- في الأمالي** [1/ 202]: وبه قال: أخبرنا أبو القاسم عبد العزيز بن علي بن أحمد الأزجي بقراءتي عليه، قال: أخبرنا أبو القاسم عمر بن محمد بن إبراهيم بن سَبَنْك البجلي، قال: أخبرنا أبو الحسين عمر بن الحسن بن علي بن مالك الأشناني، قال: حدثنا أبو بكر محمد بن زكريا المروروذي، قال: حدثنا موسى بن إبراهيم المروزي الأعور، قال: حدثني موسى بن جعفر بن محمد، قال: حدثني أبي جعفر بن محمد، عن أبيه محمد بن علي، عن أبيه علي بن الحسين، عن أبيه، عن علي -عليهم السلام-، قال: قال

رسول الله -صلى الله عليه وآله وسلم-: «نحن أهل بيت شجرة النبوة، ومعدن الرسالة، ليس أحد من الخلائق يفضل أهل بيتي غيري». انتهى.

رجال هذا الإسناد من ثقات محدثي الشيعة، وسيأتي الكلام عليهم في كتاب المناقب إن شاء الله تعالى.

باب القول في نكاح البكر وأن صمتها رضى، وفي تزويج الأب للصغرى

الهادي -عليه السلام- في الأحكام [1/ 289]: قال يحيى بن الحسين -صلوات الله عليه-: لا يجوز لولي من الأولياء أن يُنْكِح أحداً من النساء إلا بإذنها، إذا كانت قد بلغت مبالغ النساء، ثيباً كانت المرأة أو بكراً، وقد رُخِّص للأب في تزويج ابنته الصغيرة ولم يطلق له ذلك في الكبيرة إلا بأمرها، وقد جعل رسول الله -صلى الله عليه وآله وسلم- صموت البكر إذنها، فإذا صمتت فقد رضيت، وإذا رضيت بكفوها أنكحت.

وقال: الصداق على ما تراضى به الأهلون بينهم، من قليل أو كثير إذا كان أكثر من عشرة دراهم أو عشرة سواء، فأما أقل من عشرة فلا يكون مهراً عندنا، وتراضي الأهلين فإنما معناه رضى المرأة بما يعطيها، ورضى الرجل بما سمّى وطلب منه، إذا كان ذلك عشرة دراهم فصاعداً. انتهى.

[1709]- **مجموع زيد بن علي -رضي الله عنهما-**[305]: حدثني زيد بن علي، عن أبيه، عن جده، عن علي -عليهم السلام-، قال: قال رسول الله -صلى الله عليه وآله وسلم-: «تستأمر الأيم في نفسها»، قالوا: فإن البكر تستحي قال: «إذنها صماتها».

[1710]- حدثني زيد بن علي، عن أبيه، عن جده، عن علي -عليهم السلام-، قال: إذا زوج الرجل ابنته وهي صغيرة ثم بلغت تم ذلك عليها، وليس لها أن تأبى، وإن كانت كبيرة فكرهت لم يلزمها النكاح.

[1711]- حدثني زيد بن علي، عن أبيه، عن جده، عن علي -عليهم السلام-، قال: (لا يجوز النكاح على الصغار إلا بالآباء). انتهى.

باب القول في الأخ هل له ولاية في النكاح إذا غاب الأب، وفي نكاح الأخرس

[1712]- **أمالي أحمد بن عيسى -رضي الله عنهما- [العلوم:3/ 21]**: محمد بن جميل، عن مصبح بن الهلقام، عن إسحاق بن الفضل، عن عبيد الله بن محمد بن عمر بن علي، عن أبيه، عن جده، عن علي -عليه السلام-، في امرأة أمرت أخاها فأنكحها رجلاً، ثم أنكحتها أمها بعد ذلك رجلاً آخر، فدخل بها، فاختصموا فيها إلى علي، فقامت للأول شهود فألحقها بالأول، وجعل الصداقين لها عليهما، ومنع زوجها الأول أن يدخل بها حتى تضع ولدها.

[1713]- وفيها [3/ 23]: محمد بن راشد، عن إسماعيل بن أبان، عن غياث، عن جعفر، عن أبيه، عن علي قال: (إذا غاب الأب فأنكح الأخ فهو جايز).

[1714]- وفيها أيضاً [3/ 23]: محمد بن راشد، عن إسماعيل بن أبان، عن غياث، عن جعفر، عن أبيه، عن علي قال: (نكاح الأخرس جايز وعتقه، إذا كان يحسن الخط، أو يعرف الخط إذا كتب له). انتهى.

باب القول في أن الخلوة توجب المهر والعدة وإن طلق قبل المجامعة، وفيمن مات قبل الدخول والتسمية للمهر

[1714]- **الهادي -عليه السلام- في الأحكام [1/ 335]**: قال يحيى بن الحسين -صلوات الله عليه-: إذا دخلت المرأة على زوجها، وخلا بها، وأرخى ستره عليها، وأغلق بابه، فقد وجب الصداق عليه، قربها أو لم يقربها، وكذلك يذكر عن أمير المؤمنين علي بن أبي طالب -عليهم السلام- أنه قال: (إذا

أرخى[105] الستر، وأغلق الباب، فقد وجب عليه المهر). انتهى.

[1715]- **مجموع زيد بن علي -رضي الله عنهما-**[218]: حدثني زيد بن علي، عن أبيه، عن جده، عن علي -عليهم السلام-، في الرجل يخلو بامرأته ثم يطلقها، قال: (لها المهر إذا أجاف الباب، وأرخى الستر). انتهى.

[1716]- **أمالي أحمد بن عيسى -رضي الله عنهما-** [**العلوم**:3/ 52]: محمد بن جميل، عن مصبح، عن إسحاق بن الفضل، عن عبيد الله بن محمد بن عمر بن علي، عن أبيه، عن جده، عن علي بن أبي طالب -عليهم السلام-، في امرأة نكحها رجل، فدخلت عليه، فأغلق عليها الباب خاليين، ثم طلقها، فزعم أنه لم يجامعها، قال: (لها صدقتها كاملة، وعليها العدة).

[1717]- وفيها [3/ 49]: بهذا الإسناد عن علي -عليه السلام- قال: (في رجل نكح امرأة ولم يفرض لها صدقة، ثم توفي عنها قبل أن يدخل بها فلا صدقة لها، وهي وارثة، وعليها العدة؛ عدة التي توفي عنها زوجها). انتهى.

باب القول في امرأة المفقود

[1718]- **الهادي -عليه السلام- في الأحكام** [1/ 301]: حدثني أبي، عن أبيه: في امرأة المفقود كيف تصنع؟، فقال: ليس لامرأة المفقود أن تزوج أبداً حتى توقن له موتاً، فإن تزوجت وجاء زوجها، فزوجها الأول أحق بها، وتعتد من الآخر من الزوجين للاستبراء، وذلك قول أمير المؤمنين علي بن أبي طالب -عليهم السلام-. انتهى.

---

(105) أخرج نحوه محمد بن الحسن الطوسي في تهذيب الأحكام، فقال: الصفار، عن الحسن بن موسى الخشاب، عن غياث بن كلوب، عن إسحاق بن عمار، عن جعفر، عن أبيه -عليه السلام-، أن علياً -عليه السلام- كان يقول: (من أجاف من الرجال على أهله باباً أو أرخى ستراً، فقد وجب عليه الصداق). انتهى.

[1719]- **أمالي أحمد بن عيسى -رضي الله عنهما- [العلوم**:3/ 29]: أحمد بن عيسى، عن حسين بن علوان، عن أبي خالد الواسطي، عن زيد بن علي، عن آبائه، عن علي -عليهم السلام- قال: (لما كان في ولاية عمر غاب عن امرأة زوجها [ثم] فُقِدَ، فأتت عمر، فأمرها أن تدعو قرابته من الرجال، فسألهم عمر عنه فأخبروه أنهم لا يعلمون له قراراً، فأمرها أن تنتظر حولين وتسأل عنه، فلما مضى حولان أمرها أن تعتد عدة المتوفى عنها زوجها، فلما انقضت العدة أمرها فتزوجت زوجاً، فمكثت مع زوجها حولاً، ثم جاء زوجها المفقود، فقال عمر: ما ترون في هذا؟ فقالوا: أنت أعلم، قال: فإني أرى أن أخيرها، فقال له علي: (ما لها وللخيار، الزوج الأول أبدا، وقد فسد نكاح الأخير، ولها المهر بما دخل بها، وهي لزوجها الأول، لا يقربها حتى تنقضي عدتها من هذا الآخر). انتهى.

[1720]- **مجموع زيد بن علي -رضي الله عنهما-** [224]: حدثني زيد بن علي، عن أبيه، عن جده، عن علي -عليهم السلام-، أن امرأة فُقِدَ زوجُها، وتزوجت زوجاً غيره، ثم جاء الأول، فقال علي: (نكاح الأخير فاسد، ولها المهر بما استحل من فرجها)، وردها إلى الأول، وقال: (لا تقربها حتى تنقضي عدتها من الأخير). انتهى.

[1721]- **أمالي أحمد بن عيسى -رضي الله عنهما- [العلوم**:3/ 30]: محمد بن جميل، عن مصبح بن الهلقام، عن إسحاق بن الفضل، عن عبيد الله بن محمد بن عمر بن علي، عن أبيه، عن جده، عن علي، في امرأة زعمت أن بعلها قتل، وقامت لها بذلك البينة، فنكحت زوجاً غيره، ثم جاء بعلها الأول، فقضى أن ترد المرأة إلى زوجها الأول، وقال: (ولدها الذي ولدت بعده لأبيه). انتهى.

الجامع الكافي [4/ 44]: قال القاسم -عليه السلام- -في رواية داود عنه-، وهو قول الحسن -عليه السلام- في رواية ابن صباح عنه-، وهو قول محمد: وليس لامرأة المفقود أن تتزوج أبداً، حتى توقن بموته، أو طلاقه، ثم تعتد ما وجب عليها من العدة.

[1722]- قال الحسن ومحمد: فإن طالت غيبته فلم تتبين له حياة ولا موت، فبلغنا عن علي -صلى الله عليه وآله وسلم- أنه قال: (ابتليت فلتصبر، ولم يوقت لها وقتاً، ولم يأذن في قسمة ميراثه حتى يتيقن موته). انتهى.

باب القول فيمن فجر بامرأة أو بأمها ثم أراد نكاح أحدهما

[1723]- أمالي أحمد بن عيسى -رضي الله عنهما- [العلوم:3/31]: أحمد بن عيسى، عن حسين بن علوان، عن أبي خالد الواسطي، عن زيد بن علي، عن آبائه، عن علي -عليهم السلام- قال: (إذا فجر الرجل بالمرأة ثم تابا وتفرقا، وتوثقا أن لا يعير أحدهما صاحبه بما كان منهما، وطلبها نفسها فامتنعت منه، فليتزوجها). انتهى.

الهادي -عليه السلام- في الأحكام [1/363]: قال يحيى بن الحسين -صلوات الله عليه-: أجمع آل رسول الله -صلى الله عليه وآله وسلم-: أنه لا يحرم حرامٌ حلالاً.

وتفسير ذلك: لو أن رجلاً فجر بامرأة ثم أراد أن يتزوج أمها، كان ذلك كذلك، وكذلك لو فجر بالأم جاز له أن يتزوج البنت في قولنا. انتهى.

[1724]- مجموع زيد بن علي -رضي الله عنهما-[317]: قال أبو خالد -رحمه الله-: وسألته -عليه السلام- عن رجل يزني بأم امرأته قال: قد حرمت عليه، ثم قال -عليه السلام-: قال رسول الله -صلى الله عليه وآله وسلم-: «من نظر إلى فرج امرأة وابنتها لم يجد ريح الجنة».

قلت: فإن قبلها لشهوة أو لمسها لشهوة.

قال: لا يحرم إلا الغشيان.

وسألته -عليه السلام- عن رجل يزني بامرأة ثم يتزوجها، قال: لا بأس به. انتهى.

أمالي أحمد بن عيسى -رضي الله عنهما- [العلوم:3/ 47]: محمد بن جميل، عن محمد بن جبلة، عن محمد بن بكر، عن أبي الجارود، قال: ذكرت لأبي جعفر ما يكون من الرجل إلى المرأة، يسافحها فيتزوج أختها، أو شبهها من المحارم.

فقال: إن الحرام لا يحرم حلالاً.

جعفر بن محمد، عن القاسم بن إبراهيم، في رجل فجر بأم امرأته، أو ابنتها، قال: لا يحرم حرام حلالاً.

وهو قول أهل الأثر. انتهى.

[1725]- **وفيها أيضاً -أي في أمالي أحمد بن عيسى -رضي الله عنهما-**[3/ 46]: عباد بن يعقوب، عن عيسى بن عبيد الله، حدثني أبي، عن أبيه، عن جده، عن علي -عليه السلام- قال: (لا يحرم حرام حلالاً، ولا حلالٌ حراماً). انتهى.

الهادي -عليه السلام- في الأحكام [3/ 364]: حدثني أبي، عن أبيه، أنه سئل عن رجل فجر بأم امرأته أو بنتها، فقال: لا يحرم حرام حلالاً، وهو قول أهل الأثر، إلا أن أبا حنيفة وغيره وطائفة من أهل العراق كرهوه. انتهى.

باب القول فيمن عنده أربع نسوة فطلق إحداهن متى يجوز له أن يتزوج

الهادي -عليه السلام- في الأحكام [1/ 299]: قال يحيى بن الحسين -صلوات الله عليه-: من كان عنده أربع نسوة فطلق إحداهن طلاقاً يملك عليها فيه الرجعة، فلا يجوز له أن ينكح غيرها حتى تخرج من عدتها، وتستكمل ما جعل الله لها من مدتها، فإن طلقها طلاقاً بايناً لا تحل له إلا من بعد زوج، فلا بأس أن يتزوج متى شاء، وإن كانت في عدتها، .

وقد روي عن أمير المؤمنين علي بن أبي طالب -عليه السلام- أنه قال: (لا يجمع ماءه في خمس)، وهذا عندنا فلا يصح عنه، لأنه إنما يكره من ذلك أن

يتزوج وله على هذه ملك الرجعة فيجمع بين خمس، فأما إذا لم يكن له عليها ملك الرجعة فلا بأس بذلك.

وأما الماء فما عليه لو جمعه في خمس أو ست، إذا لم يكن له على أكثر من أربع ملك. انتهى.

[1725]- **أمالي أحمد بن عيسى** -**رضي الله عنهما**- [**العلوم**:3/ 30]: محمد بن جميل، عن مصبح، عن إسحاق بن الفضل، عن عبيد الله بن محمد بن عمر بن علي، عن أبيه، عن جده، عن علي، في الرجل يكون عنده أربع نسوة فيطلق إحداهن: (لا ينكح امرأة حتى يخلو[106] أجل امرأته التي طلق). انتهى.

[1726]- **الجامع الكافي** [4/ 17]: قال محمد: إذا طلق امرأته طلاقاً بايناً لم يجز له أن يتزوج أختها، ولا ذات محرم منها، حتى تنقضي عدة المطلقة، فإن تزوجها قبل أن تنقضي عدة المطلقة فنكاحها باطل، ويفرق بينهما، حتى تنقضي عدة المطلقة، ثم يجدد نكاحاً إن شاء، وإن كانت حاملاً فحتى تضع حملها، هذا **قول علي** -**عليه السلام**-.

وإذا كان لرجل أربع نسوة فدخل بهن ثم طلق إحداهن طلاقاً بايناً، واختلعت منه، لم يجز له أن يتزوج الأخرى حتى تنقضي عدة المطلقة، لئلا يكون ماؤه في خمس نسوة، وإن كانت المطلقة حاملاً فحتى تضع حملها، ولو وضعت بعد ساعة، وكذلك قال علي بن أبي طالب -عليهم السلام-. انتهى.

باب القول في التوكيل بالنكاح وفي الرجل تكون عنده المرأة ولها ولد من غيره

[1727]- **أمالي أحمد بن عيسى** -**رضي الله عنهما**- [**العلوم**:3/ 24]: أحمد بن عيسى، قال: حدثني حسين بن علوان، عن أبي خالد الواسطي، عن زيد بن

---

(106) في نسخة: يحل.

علي، عن آبائه، عن علي -عليهم السلام- أنه أتاه رجل فقال: (إن رجلاً خرج فأوصى إليّ بأهله وابنته، وقال: إن رأيت كفواً فأنكحها، فأنكحتها، أفيجوز لي نكاحي؟ قال: نعم، فأجازه. انتهى.

الهادي -عليه السلام- في الأحكام [1/ 325]: قال يحيى بن الحسين -صلوات الله عليه-: ينبغي إذا كانت المرأة عند زوج وكان لها ولد من زوج قبله، فمات الولد الذي من الزوج الأول أن يقف عن جماعها الزوج الذي هي معه، حتى يبين له أحامل هي أم غير حامل.

وإنما قلنا بذلك: لأنها إن كانت حاملاً في وقت ما مات ولدها ورث هذا الحمل من أخيه من أمه.

فإن كان للميت أب أو جد أو ولد أو ولد ولد فلا يقف عن جماعها زوجها، ولا يستبري رحمها، لأن هؤلاء كلهم يحجبون الحمل عن الميراث، لأنه أخو الميت لأمه، وولد الأم لا يرثون مع هؤلاء الأربعة الذين سمينا.

[1728]- وكذلك بلغنا عن أمير المؤمنين علي بن أبي طالب -عليه السلام-، وعن الحسن بن علي -رحمة الله عليه-: (أنهما أمراه بالوقوف)، إذا لم يكن من هؤلاء الأربعة الذين سمينا أحد. انتهى.

باب القول في الولي هل يزوج حرمته من فاسق

[1729]- **الجامع الكافي** [4/ 102]: قال الحسن -عليه السلام- -فيما روى ابن صباح عنه-، وهو قول محمد: بلغنا عن النبي -صلى الله عليه وآله وسلم- أنه قال - فيمن شرب الخمر-: «لا يحل أن يزوّج، ولا يصدق إذا حدث، ولا يؤتمن على أمانة، ولا يشرب الخمر حين يشربها وهو مؤمن».

قال الحسن ومحمد: ولا ينبغي أن يزوج حرمته من فاسق.

[1730]- وقد نهى رسول الله -صلى الله عليه وآله وسلم- عن ذلك، وقال: «من زوج حرمته من فاسق فقد قطع رحمها». انتهى.

باب القول فيمن زوّج بامرأة فأدخل عليه أختها، وفيمن كشف ساق أمته

[1731]- أمالي أحمد بن عيسى -رضي الله عنهما- [العلوم: 3/29]: محمد بن جميل، عن مصبح بن الهلقام، عن إسحاق بن الفضل، عن عبيد الله بن محمد بن عمر بن علي، عن أبيه، عن جده، عن علي -عليه السلام- في رجل خطب امرأة إلى أبيها -وأمها امرأة عربية-، فأملكه إياها الأب، ولها أخت من أبيها وأمها أعجمية، فلما كان وقت البنا، أولج عليه ابنة الأعجمية، فلما أصبح الرجل أنكرها، فقضى أن الصدقة للتي دخل بها ابنة الأعجمية، وقضى له بابنة العربية، وجعل صدقتها على أبيها، وقال: (لا يدخل بها حتى تحل أختها). انتهى.

الهادي -عليه السلام- في الأحكام [1/337]: قال يحيى بن الحسين -صلوات الله عليه-: بلغنا أن أمير المؤمنين علي بن أبي طالب -عليه السلام- قضى في رجل خطب امرأة إلى أبيها، - وأمها امرأة عربية- فأملكها أبوها منه، ولها أخت أمها أعجمية، فلما كان وقت البنا أولج عليه ابنة الأعجمية، فلما أصبح الرجل استنكرها، فرفع إلى أمير المؤمنين علي بن أبي طالب الإمام العادل -عليه السلام- خبرها، فقضى له أن الصداق للتي دخل بها، ابنة الأعجمية، وقضى له بابنة العربية وجعل صداقها على أبيها.

قال يحيى بن الحسين -رضي الله عنه-: ألزمه أمير المؤمنين -عليه السلام- أن يغرم مهر ابنته، لأنه لا يكون فرج يوطأ إلا بمهر، والزوجة أولى بمهرها الذي فرض لها فلها ويجب على الإمام أن يحسن أدب أبيها وينكله. انتهى.

[1731]- **أمالي أحمد بن عيسى** [3/ 46]: محمد بن راشد، عن إسماعيل بن أبان، عن غياث، عن جعفر، عن أبيه، عن علي، أنه كشف ساق أمة له، ثم وهبها للحسن، ثم قال له: (لا تدنُ منها، فإنها لا تحل لك). انتهى.

باب القول في المخطوبة هل يجوز النظر إليها قبل العقد

الهادي -عليه السلام- في الأحكام [1/ 303]: قال يحيى بن الحسين -صلوات الله عليه-: حدثني أبي، عن أبيه، عن الرجل يريد أن يتزوج المرأة، هل يحل له أن ينظر إليها قبل ذلك نظرة واحدة؟

فقال: لا بأس بالنظرة الواحدة، ما لم ينظر منها إلى عورة، وينظر منها ما ليس بمحرم بين المسلمين النظر إليه، في سوى محاسنها التي نهى الله النساء أن يبدينها إلى غير بعولتهن أو آبائهن، الآية، وقد سئل النبي -صلى الله عليه وآله وسلم- عن ذلك فرخص فيه. انتهى.

[1732]- **المرتضى محمد بن يحيى -رضي الله عنهما- في النهي** [2/ 767]: عن آبائه، عن علي -عليهم السلام-: أن النبي -صلى الله عليه وآله وسلم- نهى عن أن ينظر الرجل إلى امرأة ليست له بمحرم لشهوة.

ونهى أن ينظر الرجل إلى شيء حرمه الله عليه.

ونهى أن يديم الرجل النظرة الأولى.

ونهى أن يكلم الرجل الامرأة لشهوة إذا لم تكن محرماً.

ونهى أن يواكلها.

ونهى أن يخلو بها(107). انتهى.

---

(107) وقال المرتضى محمد بن يحيى بن الحسين بن القاسم بن إبراهيم -صلوات الله عليهم- في كتاب الفقه:

وسألت: هل يجوز للرجل أن يخطب المرأة وينظر إليها، ويستميل قلبها إليه بالقول الحسن؟، وقلت: =

باب القول في الأب يباري الزوج في مهر ابنته الصغيرة هل لها مطالبة الزوج إذا بلغت

الهادي -عليه السلام- في الأحكام [1/ 308]: قال يحيى بن الحسين: ولو أن صبية بارئ عنها أبوها زوجها من بعد أن طلب ذلك الزوج فكبرت فطلبت صداقها من زجها لقضي لها بما يجب لها منه، لأن الزوج قد أجاز المباراة والصبية لم تجزه، وإنما أجاز الأب، والأب فليس له في صداقها أمر.

[1733]- وكذلك بلغنا عن أمير المؤمنين علي بن أبي طالب -عليه السلام- أنه قضى بذلك. انتهى.

باب القول في الرجل يتزوج المرأة وتشترط عليه أن بيدها الفراق ونحوه

[1734]- **أمالي أحمد بن عيسى -رضي الله عنهما- [العلوم:3/ 25]**: محمد بن جميل، عن مصبح بن الهلقام، عن إسحاق بن الفضل، عن عبد لله بن محمد بن عمر بن علي، عن أبيه، عن جده، عن علي(108)، في رجل نكح امرأة

إن لم يرها ثم عقد عقدة نكاحها فلما دخل بها كرهها إذ لم تجئ على الوصف الذي وُصفت له به، فقلتَ: هل تنفسخ العقدة بذلك؟.

قال محمد بن يحيى -عليه السلام- :لا نحب [وفي نسخة: لا يجوز]، لمن أراد يتزوج امرأة أن يتفطن من عوراتها شيئاً، فإن نظر نظر الوجه لا غير نظرة واحدة، لأنه قد جاء من الترخيص في ذلك عند النكاح ما قد فهمتم عن رسول الله -صلى الله عليه وآله وسلم-، وإن تركه تارك فهو أحسن، لأني لا آمن أن يكون الحديث في النظرة مدخولاً.

فأما إذا عقد عقد النكاح ولم يرها ثم دخل بها، فشنيها، فليس ينتقض بذلك عقدة النكاح، ولا يقع به فراق، وإنما اختلاف الصفة من كذب الناعت، وليس ذلك مما ترد به المرأة ولا ينفسخ به العقدة. انتهى.

(108) وأخرج نحوه أبو جعفر محمد بن الحسن الطوسي، أحد علماء الإمامية في تهذيب الأحكام، في المجلد السابع (صـ 369)، ولفظه:

وعنه -أي عن الحسن بن علي بن فضال-، عن أحمد -أي أحمد بن محمد-، عن ابن أبي نجران، عن =

فأصدقته المرأة واشترطت أن بيدها الجماع والطلاق، فقال علي: (قد خالفت السنة ووليت الحق من لم يوله الله)، فقضى عليه الصداق، وبيد الرجل الجماع والفرقة، وقال: (ذلك السنة).

وقال علي: (لا يشترط المخطوب إليه طلاقاً). انتهى.

الهادي -عليه السلام- في الأحكام [1/ 376]:

باب القول في رجل تزوج امرأة واشترط عليها نفقته، وأن تصدقه هي صداقاً، واشترطت عليه أن بيدها الجماع والفراق:

قال يحيى بن الحسين -صلوات الله عليه-: شرط الله قبل شرطها، الفراق بيده، والجماع إليه، والنفقة عليه، ولها عليه مهر مثلها، ولا شرط لها. انتهى.

الجامع الكافي [4/ 66]: وقال محمد: وإذا تزوج امرأة فأصدقته واشترطت عليه أن الجماع والطلاق بيدها، واشترط أن لا ينفق عليها، أو ينفق عليها ما شاء، ويقسم لها من الليل والنهار ما شاء، واشترط على نفسه أن لا يخرجها من دارها أو مصرها أو قريتها، فالنكاح في ذلك كله ثابت جائز، والشرط باطل، وروي نحو ذلك عن علي -عليه السلام-. انتهى.

باب القول في الولي يزوج ويشترط لنفسه جُعلاً

الهادي -عليه السلام- في الأحكام [1/ 298]: قال يحيى بن الحسين -صلوات الله عليه-: ولو أن رجلاً زوج امرأة من رجل واشترط لنفسه جعلاً، كان ذلك الشرط داخلاً في الصداق، إن رضيت المرأة سلمت إليه، وإن لم ترض

عاصم بن حميد، عن محمد بن قيس، عن أبي جعفر عليه السلام، قال: قضى علي عليه السلام في رجل تزوج امرأة وأصدقها، واشترطت أن بيدها الجماع والطلاق، قال: (خالفت السنة، ووليت الحق من ليس بأهله)، قال: (فقضى أن على الرجل النفقة، وبيده الجماع والطلاق، وذلك السنة). انتهى، تمت من حاشية على الأصل.

أخذته من يديه، وكان محسوباً عليها في صداقها، إلا أن يحب الزوج أن يهب له ما ذكر هبة ولا يحسبه على المرأة، فإن فعل فذلك حسن بين المسلمين، والوفاء من أخلاق المؤمنين، وليس يحكم به عليه ولا يفسد تركه شيئاً من نكاحه.

حدثني أبي، عن أبيه في رجل زوج ابنته أو أخته أو بعض نسائه، وشرط لنفسه شيئاً سوى صداقها.

قال: تلزمه عقدة النكاح، وشرطه داخل في صداقها، ويجوز ذلك له إذا رضيت المرأة. انتهى.

باب القول فيمن طلق امرأته ثم تزوجت فطلقت قبل الدخول هل تحل للأول

الهادي -عليه السلام- في الأحكام [303/1]: حدثني أبي، عن أبيه أنه سئل عن رجل طلق امرأته واحدة أو اثنتين، فتزوجت، ثم طلقها الآخر قبل أن يدخل بها، هل يحل لها أن ترجع إلى زوجها الأول؟.

فقال: لا عدة عليها، وترجع إلى زوجها الأول من ساعتها إن شاءت، لقول الله عزوجل: ﴿يَٰٓأَيُّهَا ٱلَّذِينَ ءَامَنُوٓا۟ إِذَا نَكَحْتُمُ ٱلْمُؤْمِنَٰتِ ثُمَّ طَلَّقْتُمُوهُنَّ مِن قَبْلِ أَن تَمَسُّوهُنَّ فَمَا لَكُمْ عَلَيْهِنَّ مِنْ عِدَّةٍ تَعْتَدُّونَهَا﴾ [الأحزاب:49]، إلا أن يكون الرجل الأول طلقها ثلاثاً فلا تحل له عند جميع الناس إلا بعد نكاح زوج ومسيسه.

[1735]- وفي مثل ذلك: حديث امرأة رفاعة القرظي كان طلقها ثلاثاً، فقال: النبي -صلى الله عليه وآله وسلم- «لا، حتى يذوق عسيلتها» لما أرادت الرجوع إلى رفاعة فنهاها رسول الله -صلى الله عليه وآله وسلم- عن ذلك إلى أن يكون قد جامعها الزوج الثاني. انتهى.

باب القول في الرجل وابنه ينكحان امرأتين فتدخل إحداهما على زوج صاحبتها على طريق الغلط

الهادي -عليه السلام- في الأحكام [1/ 315]: قال يحيى بن الحسين -صلوات الله عليه-: لو أن رجلاً وابنه تزوجا مرأتين؛ فأدخل كل واحد منهما على مرت صاحبه على طريق الغلط، فإن الحكم في ذلك عندي وعند علماء آل رسول الله -صلى الله عليه وآله وسلم- أن ترد كل واحدة إلى زوجها، وطياهما أو لم يطياهما، لأنه لا يفسد حراماً حلالاً، وليس هذا إلا دون التعمد؛ وذلك أنهما لو تعمد الفسق ففسق كل واحد منهما بزوجة صاحبه أقيم الحد عليهما، ولم تحرم كل واحدة على زوجها، في قول علماء آل الرسول أجمعين.

فإن كانا حين غلط عليهما فأدخلت كل واحدة على زوج صاحبتها وطياهما؛ فلكل واحدة على الذي وطيها مهر مثلها بما استحل من فرجها، وترد إلى صاحبها، ولا يطاها حتى تستبرئ من ماء الذي وطيها.

وإن كانا لم يطاهما فلا مهر لواحدة منهما على الذي أدخلت عليه، لأنه لم يطا فرجها.

وغيرنا يحرمهما على أزواجهما في الفسق والغلط، ولسنا نرى ذلك صواباً ولا نقول به. انتهى.

الجامع الكافي [4/ 40]: قال محمد: وإذا تزوج رجل وابنه امرأتين ولا قرابة بينهما فغلطوا؛ فأدخل امرأة الابن على الأب، وامرأة الأب على الابن، فوطيء كل واحد منهما المرأة التي أدخلت عليه، ثم علموا بغلطهم؛ فلكل واحدة على زوجها نصف المهر، وعلى الذي وطيها مهر مثلها، وقد حرمت كل واحدة منهما على زوجها، ولا يجوز لواحد من الرجلين أن يتزوج واحدة من المرأتين أبداً وتعتد كل واحدة منهما ثلاث حيض.

[1735]- وقد ذكر عن علي -عليه السلام- في مثل هذا أنه قال: (يرجع

الواطي بما أخذ منه على الذي غرّه). انتهى.

باب القول في الرجلين يتزوج أحدهما امرأة والآخر بنتها، فغُلط عليهما فزفت كل واحدة إلى زوج صاحبتها

الهادي -عليه السلام- في الأحكام [1/ 316]: قال يحيى بن الحسين - صلوات الله عليه-: ولو أن رجلين تزوج أحدهما امرأة وتزوج الآخر بنتها، فغُلط عليهما، فزفت كل واحدة منهما إلى زوج صاحبتها، فوطء كل واحد منهما التي زفت إليه لكان الحكم عندنا وعند جميع علماء آل الرسول صلى الله عليه وعليهم: أن ترد كل واحدة إلى صاحبها، ويكون لها على الذي وطيها مهر مثلها بما استحل من فرجها، ولا يقربها زوجها حتى تستبرئ من ماء الذي وطيها غلطاً، ولا يفسد حراماً حلالاً، فإن أقر أحدهما بأنه وطيء زوجة صاحبه من بعد معرفته أقيم عليه الحد في ذلك.

وكذلك لو أقرت أحد المرأتين بمعرفة الذي طيها وأنها كتمت ذلك أقيم عليها الحد. انتهى.

باب القول في المرأة يدلِّس عليها عبد فتتزوجه على أنه حر، وفي نكاح الخصي

[1736]- **أمالي أحمد بن عيسى -رضي الله عنهما- [العلوم:3/ 27]**: محمد بن جميل، عن مصبح، عن إسحاق بن الفضل، عن عبيد الله بن محمد بن عمر بن علي، عن أبيه، عن جده، عن علي: في امرأة دلس عليها عبد نفسه فنكحها لم تعلم إلا أنه حر.

قال: (يفرقا بينهما إن شاءت المرأة).

[1737]- وبهذا الإسناد عن علي -عليه السلام-، في الخصي: (أنه لا ينكح

امرأة محصنة). انتهى.

الهادي -عليه السلام- في الأحكام [1/ 340]: قال يحيى بن الحسين -صلوات الله عليه-: إذا تزوج الخصي ورضيت المرأة بذلك، فنكاحه ثابت، فإن كان مجبوباً لم يحصنها، وإن كان مسلولاً حصنها، لأن المسلول يجامع.

[1738]- وكذلك بلغنا عن أمير المؤمنين علي بن أبي طالب -عليه السلام- أنه قضى بذلك في الخصي أنه لا يحصن. انتهى.

باب القول في شراء الأمة المزوجة

[1739]- أمالي أحمد بن عيسى -رضي الله عنهما- [العلوم:3/ 98]: وأخبرنا محمد، قال: وأخبرنا عثمان بن أبي شيبة، عن جرير، عن مغيرة، عن عامر، قال: كان علي يقول: (إذا اشترى الأمة ولها زوج تركها مع زوجها على نكاحها).

قال: واشتريت لعلي جارية، فاشترى بضعها من زوجها بخمسمائة درهم. انتهى.

رجال هذا الإسناد من ثقات محدثي الشيعة، وقد مر الكلام عليهم.

ومحمد في أول الإسناد: هو ابن منصور.

وجرير: هو ابن عبد الحميد.

ومغيرة: هو ابن مقسم الضبي.

وعامر: هو الشعبي.

[1740]- وفيها [3/ 187]: أيضاً أخبرنا محمد، قال: أخبرنا محمد بن جميل، عن إسماعيل، عن عمرو، [عن جابر](109)، عن أبي جعفر، قال: اشترى [علي -عليه السلام-](110) جارية فلما رآها أعجبته، فقال لها: أفارغة أنت أم

---

(109) ما بين القوسين ليس في كتاب العلوم، وهو ثابت في رأب الصدع (2/ 1349).
(110) ما بين القوسين من رأب الصدع.

مشغولة؟.

فذكرت أن لها زوجاً، فأرضى [الزوج](111) بأربعمائة درهم ثم طلقها، فأمرها أمير المؤمنين فاعتدت بطهرين بعد طمثين ثم أتاها. انتهى.

رجال هذا الإسناد من ثقات محدثي الشيعة وقد مر الكلام عليهم.

ومحمد هو ابن منصور، وإسماعيل هو ابن صبيح اليشكري، وعمرو هو ابن شمر الكوفي، وجابر هو الحنفي، وأبو جعفر هو الباقر -عليه السلام-.

باب في النكاح بالحيلة

[1741]- أمالي أحمد بن عيسى -رضي الله عنهما- [العلوم:3/ 28]: علي بن الحسن بن الحسن العلوي، قال: حدثنا حماد بن عيسى، عن جعفر، عن أبيه قال: خطب رجل إلى قوم، فقالوا: ما تجارتك؟ فقال: أبيع الدواب، فزوجوه، فإذا هو يبيع السنانير، فخاصموه إلى علي -عليه السلام- فأجاز نكاحه، وقال: (السنانير دواب).

[1742]- محمد بن راشد، عن إسماعيل بن أبان، عن غياث، عن جعفر، عن أبيه، عن علي -عليه السلام-: أنه أتاه قوم فقالوا: خطب إلينا رجل فزعم أنه يبيع الدواب، فوجدناه يبيع السنانير، فقال علي: (السنانير من الدواب). انتهى.

رجال هذين الإسنادين قد مر الكلام عليهم.

[1743]- وفيها أيضاً [3/ 50]: وحدثنا حسين بن نصر، عن خالد بن عيسى، عن حصين بن المخارق، عن جعفر، عن أبيه، عن علي -عليه السلام- أن رجلاً أتاه وهو متعلق بامرأة، فقال: يا أمير المؤمنين، إن هذه غرتني من نفسها، وزينت بيتها، وأرتني خدماً، حتى أثقلتني بالمهر، فلما تزوجتها لم أر من ذلك شيئاً، فقال: (بيتها زَيَّنت، فلا شيء لك، إنما نفقت نفسها عندك). انتهى.

---

(111) ما بين القوسين سقط من الرأب، وهو ثابت في العلوم.

باب القول في الأمة تأبق فتدعي أنها حرة

[1744]- أمالي أحمد بن عيسى -رضي الله عنهما- [العلوم:3/ 28]: حدثنا محمد، قال: حدثنا محمد بن جميل، عن عاصم، عن قيس، عن مغيرة، عن الشعبي قال: أَبَقَتْ أمةٌ إلى اليمن، فقالت: إني حرة، فتزوجها رجل، فخاصمه مولاها إلى علي -عليه السلام-، فدفعها إليه، ودفع الولد إلى أبيه بالقيمة. انتهى.

عاصم: هو ابن عامر، قاضي محمد بن محمد بن زيد بن علي.

وقيس: هو ابن الربيع.

ومغيرة: هو ابن مقسم الضبي، وجميعهم قد مر الكلام عليهم.

باب القول في من وطئ جارية لأقل من تسع سنين، وفي الشيخ الكبير يجامع فتمسكه المرأة فيموت

[1745]- أمالي أحمد بن عيسى -رضي الله عنهما- [العلوم:3/ 33]: علي بن الحسن العلوي، قال: حدثنا حماد بن عيسى، عن جعفر، عن أبيه، عن علي -عليه السلام- قال: لا تؤتي جارية لأقل من تسع سنين، فإن فعل فعنتت ضمنه).

[1746]- محمد بن راشد، عن إسماعيل بن أبان، عن غياث، عن جعفر، عن أبيه، عن علي -عليه السلام- قال: لا تؤتى جارية في أقل من تسع سنين، فإن فعل فعنتت فهو ضامن). انتهى.

[1747]- مجموع زيد بن علي [315]: حدثني زيد بن علي، عن أبيه، عن جده، عن علي -عليهم السلام-، قال: (من طي جارية لأقل من تسع سنين فهو ضامن). انتهى.

الهادي -عليه السلام- في الأحكام [1/ 337]: قال يحيى بن الحسين -صلوات الله عليه-:

باب القول في الشيخ الكبير يجامع فيموت بسبب من أسباب امرأته.

إن جامعها فدفعته، أو لكزته، أو ضمته، فقتلته، أو فعلت غير ذلك مما به أتلفته، وجبت عليها في ذلك ديته.

[1748]- قال: وكذلك بلغنا عن أمير المؤمنين علي بن أبي طالب -عليه السلام- أنه قضى في شيخ ضعيف هلك، جامع امرأته، فلما أنزل الماء ضمها إليه فوجدت شهوة، فضمته إليها ضماً شديداً، فاستمسك نَفَسُه، فمات فقضى بديته عليها. انتهى.

باب القول في التحليل

[1749]- **أمالي أحمد بن عيسى -رضي الله عنهما- [العلوم**:3/ 34]: محمد بن جميل، عن مصبح، عن إسحاق بن الفضل، عن عبيد الله بن محمد بن عمر بن علي، عن أبيه، عن جده، عن علي -عليه السلام-، في رجل طلق امرأته ثلاث تطليقات، فندم وندمت، بعد ما أبانها بثلاث تطليقات، فأصلحا أمرهما بينهما، أن يأمرا رجلاً فيُحلها له، قال: (لبّسا ودلّسا، لا ينكحها حتى تزوج رجلاً بغير علم منك ولا أمرك، فإن نكحت بغير أمرك فجامعها نكاح الإسلام، فطلقها، فحل أجلها، فأنكحها إن شاءت وشئت).

[1750]- وبهذا الإسناد: عن علي -عليه السلام- في امرأة طلقها زوجها فبانت منه فتزوجت آخر، ففرت منه قبل أن يجامعها، تريد زوجها الأول، فقال: (ورب الكعبة، لإن رجعت إلى زوجها حتى تخالط رجلاً غيره لأقذفنها بالحجارة). انتهى.

الجامع الكافي [4/ 68]: قال الحسن -عليه السلام-: وإذا طلق امرأته ثلاثاً فلا تحل له حتى تنكح زوجاً غيره، ويدخل بها الثاني، على غير تحليل ولا مواطأة من الزوج الأول، لأن رسول الله -صلى الله عليه وآله وسلم- لعن المحلِّلَ

والمحلَّلَ له. انتهى.

[1751]- **مجموع زيد بن علي -رضي الله عنهما-** [222]: حدثني زيد بن علي، عن أبيه، عن جده، عن علي -عليهم السلام-، قال: «لعن رسول الله -صلى الله عليه وآله وسلم- المحلل والمحلل له». انتهى.

[1752]- **أمالي أحمد بن عيسى -رضي الله عنهما-** [**العلوم**:3/ 77]: وحدثنا محمد، قال: وحدثنا محمد بن عبيد، عن أبي مالك الجنبي، عن ابن أبي خالد، عن عامر، عن الحارث، عن علي بن أبي طالب -عليه السلام- قال: «لعن الله المحلل والمحلل له» انتهى.

رجال هذا الإسناد من ثقات محدثي الشيعة، وقد مر الكلام عليهم.

وأبو مالك: اسمه عمرو بن هاشم.

وابن أبي خالد: هو إسماعيل، وعامر: هو الشعبي.

باب القول في العزل

[1753]- **أمالي أحمد بن عيسى -رضي الله عنهما-** [**العلوم**:3/ 33]: محمد بن جميل، عن مصبح بن الهلقام، عن إسحاق بن الفضل، عن عبيد الله بن محمد بن عمر بن علي، عن أبيه، عن جده، عن علي -عليه السلام-، أنه قال في العزل: (هو الوأد الخفي، فلا تقربوا ذلك).

[1753]- **وفيها أيضاً** [3/ 33]: محمد بن عبيد، عن محمد بن ميمون، عن جعفر، عن أبيه أن علياً كان لا يعزل، ويقول: (هو الوأد الخفي).

[1754]- محمد بن راشد، عن إسماعيل بن أبان، عن غياث، عن جعفر، عن أبيه، عن علي، قال - في رجل أتاه، فقال: إني كنت أعزل عن جارية لي، فجاءت بولد-، فقال له علي: إن الوكاء قد ينفلت، فأمره أن يلحقه. انتهى.

الهادي -عليه السلام- **في الأحكام** [1/ 298]: حدثني أبي، عن أبيه في العزل عن الحرة والأمة.

قال: لا بأس بالعزل عن الأمة، ولا بأس بالعزل عن الحرة إلا أن يكون منها مناكرة. انتهى.

أمالي أحمد بن عيسى -رضي الله عنهما- [العلوم:3/ 32]: محمد بن جميل، عن محمد بن جبلة، عن محمد بن بكر، عن أبي الجارود، قال: ذكرت لأبي جعفر قول المغيرة في العزل، فقال: كذب والله المغيرة، إني لأعزل وجاريتي هذه قد كنت أعزل عنها، ولقد كنت حريصاً على أن لا تعلق، فسبقني، وذهبت لأقوم فبدرني، فعلقت بابني هذا، فليعزل الرجل عن جاريته، وأما الحرة فلتستأذن في ذلك.

جعفر، عن القاسم بن إبراهيم، قال: لا بأس بالعزل عن الأمة، ولا بأس بالعزل عن الحرة إلا أن يكون منها مناكرة. انتهى.

[1755]- **وفيها أيضاً** [3/ 32]: محمد بن جميل، عن محمد بن فضيل، عن الأعمش، عن سالم بن أبي الجعد، عن جابر بن عبد الله، قال: أتى رجل من الأنصار النبي -صلى الله عليه وآله وسلم- فقال: يا رسول الله، إن لي جارية أعزل عنها.

قال: «فعسى أن يأتيها ما قدر لها»، ثم جاء بعد ذلك فقال: إن الجارية قد حملت، فقال رسول الله -صلى الله عليه وآله وسلم-: «ما قدر الله من نفس تخرج إلا هي كائنة». انتهى.

رجال هذا الإسناد من ثقات محدثي الشيعة، وقد مر الكلام على محمد بن جميل، أما بقية رجال الإسناد فسيأتي الكلام عليهم إن شاء الله.

الجامع الكافي [4/ 189]: قال القاسم: لا بأس بالعزل عن الأمة والحرة، إلا أن يكون من الحرة مناكرة.

[1756]- وروى محمد بإسناد عن علي -عليه السلام- أن كره العزل،

وقال: (هو الوأد الخفي).

وعن أبي جعفر -عليه السلام- أنه قال: لا بأس بالعزل عن الأمة، وأما الحرة فتستأذن في ذلك. انتهى.

أمالي أحمد بن عيسى -رضي الله عنهما- [العلوم:3/ 41]: محمد بن جميل، عن محمد بن جبلة، عن محمد بن بكر، عن أبي الجارود، قال: ذكرت لأبي جعفر قول المغيرة: إذا حبلت المرأة لم توطء حتى تضع، وإذا وضعت لم توطأ حتى تفطم ولدها.

فقال: سبحان الله، هذا قول اليهود؛ كانت المرأة إذا كانت ترضع ضمت ولدها إلى صدرها، ثم قالت: أنشدك الله أن تمغله، فكان الرجل يتجنب امرأته فخافة المغل على ولدها، فأنزل الله -سبحانه-: ﴿ **لَا تُضَآرَّ وَٰلِدَةُۢ بِوَلَدِهَا وَلَا مَوۡلُودٞ لَّهُۥ بِوَلَدِهِۦۚ** ﴾ [البقرة:233]، فكانت تحرز بولدها أن يأتيها زوجها، تمتنع أن يجامعها، فكان يأتيها ويعزل. انتهى.

باب القول فيما ينفسخ النكاح به، وفي العِنّين

[1757]- **مجموع زيد بن علي -رضي الله عنهما-[313]**: حدثني زيد بن علي، عن أبيه، عن جده، عن علي -عليهم السلام-، قال: (يرد النكاح من أربع: من الجذام والجنون والبرص والفتق).

[1758]- حدثني زيد بن علي، عن أبيه، عن جده، عن علي -عليهم السلام-، أن رجلاً تزوج امرأة فوجدته عذيوطاً، فكرهته، ففرق بينهما.

[1759]- حدثني زيد بن علي، عن أبيه، عن جده، عن علي -عليهم السلام-، أن خصياً تزوج امرأة وهي لا تعلم، ثم علمت، فكرهته، ففرق بيهما. انتهى.

[1760]- **أمالي أحمد بن عيسى -رضي الله عنهما- [العلوم:3/ 27]**: محمد بن جميل، عن مصبح، عن إسحاق بن الفضل، عن عبيد الله بن محمد بن عمر بن علي، عن أبيه، عن جده، عن علي -عليه السلام-، في امرأة دلس عليها عبد

نفسه، فنكحها، لم تعلم إلا أنه حر، قال: (يفرق بينهما إن شاءت الامرأة). انتهى.

الهادي -عليه السلام- **في الأحكام** [1/ 326]: ويرد المرأةَ زوجُها إذا دلست عليه، فلم تخبر بأربعة أشياء: البرص والجذام والجنون والقرن، وإذا ردها أخذ ما دفع إليهم من المهر، إلا أن يكون قد وطيها، فإن كان قد وطيها فليلزمها، أو ليطلقها، ولا يرجع بالمهر عليها. انتهى.

[1761]- **علي بن بلال** -رحمه الله- **في شرح الأحكام** [إعلام الأعلام (ص_274)]: حدثنا السيد أبو العباس الحسني -رحمه الله-، قال: أخبرنا عبد العزيز بن إسحاق، قال: حدثنا علي بن محمد، قال: حدثنا سليمان بن إبراهيم، قال: حدثنا نصر بن مزاحم، قال: حدثنا إبراهيم بن الزبرقان، قال: حدثني أبو خالد، عن زيد بن علي، عن أبيه، عن جده، عن علي -عليهم السلام-، أنه قال: (يرد النكاح من أربع: من الجنون والجذام والبرص والفتق).

[1762]- وبهذا الإسناد، عن زيد بن علي، عن أبيه، عن جده، عن علي بن أبي طالب -عليهم السلام-: أن رجلاً تزوج امرأة فوجدته عذيوطاً، فكرهته، ففرق علي -صلوات الله عليه- بينهما. انتهى.

[1763]- **مجموع زيد بن علي** -رضي الله عنهما-[329]: حدثني زيد بن علي، عن أبيه، عن جده، عن علي -عليهم السلام-، أنه كان يؤجل العنين سنة، فإن وصل، وإلا فرق بيهما. انتهى.

[1764]- **أمالي أحمد بن عيسى** -رضي الله عنهما- [العلوم: 3/ 27]: أحمد بن عيسى، عن حسين، عن أبي خالد، عن زيد بن علي، عن آبائه: أن امرأة أتت علياً فذكرت أنها مع زوجها منذ سنين، وأنه لا يستطيع أن يقربها، فدعى زوجها، فسأله عن ذلك، فقال: صَدَقَتْ، ما أقدر على ذلك، فأجله حولاً، ثم قال: إن رضيت بعد الحول أن يكسوك، ويكفيك المؤنة، وإلا فأنت أملك بنفسك). انتهى.

الجامع الكافي [4/ 161]: قال محمد: وإذا ادعت المرأة على زوجها أنه عنين، وأنه لا يصل إليها، فصدقها زوجها، فإن الحاكم يؤجله سنة من وقته ذلك، فإن وصل إليها وإلا خيرها الحاكم، يقول لها: ترضين أن تقيمين معه على أن ينفقك ويكسوك ويكفيك مؤنتك، فإن رضيت فذلك لها.

[1765]- وروى محمد، عن زيد بن علي، عن آبائه، عن علي نحو ذلك. انتهى.

[1766]- **الهادي -عليه السلام- في الأحكام**[1/ 296]: أيما امرأة ابتليت بعنين فعليها الصبر على ما ابتليت به، ولا نرى أنه يجب عليه أن يحكم بفراقها، كذلك بلغنا عن أمير المؤمنين علي بن أبي طالب -عليه السلام-. انتهى.

باب القول في العدل بين النساء

[1767]- **مجموع زيد بن علي -رضي الله عنهما-**[312]: حدثني زيد بن علي، عن أبيه، عن جده، عن علي -عليهم السلام-، في قول الله -عز وجل-: ﴿وَلَن تَسْتَطِيعُوٓاْ أَن تَعْدِلُواْ بَيْنَ ٱلنِّسَآءِ وَلَوْ حَرَصْتُمْ﴾[النساء:129] قال: هذا في الحب والجماع، وأما النفقة والكسوة والبيتوتة فلا بد من العدل في ذلك، ولا حظ للسراري في ذلك).

[1768]- حدثني زيد بن علي، عن أبيه، عن جده، عن علي -عليهم السلام-، قال كان رسول الله -صلى الله عليه وآله وسلم- إذا تزوج بكراً أقام عندها سبعاً، وإذا تزوج ثيباً أقام عندها ثلاثاً. انتهى.

[1769]- **أمالي أحمد بن عيسى -رضي الله عنهما-** [**العلوم**:3/ 42]: محمد بن راشد، عن إسماعيل بن أبان، عن غياث، عن جعفر، عن أبيه، عن علي -عليه السلام- قال: (إذا تزوج الرجل الثيب أقام عندها ثلاثاً، ثم يقسم لنسائه بعد، وإذا تزوج الرجل البكر أقام عندها سبعاً، ثم يقسم بعد لنسائه). انتهى.

[1770]- **الهادي -عليه السلام- في الأحكام** [1/ 374]: قال يحيى بن

الحسين -صلوات الله عليه-: البكر يقيم عندها زوجها سبعة أيام بلياليها إذا دخل عليها، والثيب يقيم عندها ثلاثة أيام، كذلك بلغنا عن رسول الله -صلى الله عليه وآله وسلم- أنه قال: «للثيب ثلاث، وللبكر سبع)).

[1771]- وبلغنا عنه -صلى الله عليه وآله وسلم- أنه لما دخل على أم سلمة، قال: «إن شئت سبعنا لك، وإن شئت درت عليك وعليهن»، فقالت: بل در علينا، وقال: «إن شئت سبعتُ لكل امرأة من نسائي، مع أني لم أسبع لامرأة من نسائي»، فقالت أم سلمة: إنما أنا امرأة من نسائك، فافعل ما أراك الله يا رسول الله.

[1772]- **قال يحيى بن الحسين -صلوات الله عليه-**: لا بأس أن تهب المرأة يومها لبعض نساء زوجها، وقد فعلت ذلك سودة ابنة زمعة بن عامر بن لؤي -زوج النبي -صلى الله عليه وآله وسلم- وهبت يومها لعائشة، وذلك أنها امرأة كانت قد أيست، فأراد النبي -صلى الله عليه وآله وسلم- فراقها، فقالت: يا رسول الله، لا تفارقني، فإني أحب أن أحشر في نسائك، وأنا أهب يومي لعائشة، فقبل ذلك منها رسول الله -صلى الله عليه وآله وسلم-. انتهى.

[1773]- **أمالي أحمد بن عيسى -رضي الله عنهما- [العلوم**:3/ 42]: محمد بن جميل، عن مصبح بن الهلقام، عن إسحاق بن الفضل، عن عبيد الله بن محمد بن عمر بن علي، عن أبيه، عن جده، عن علي -عليه السلام- قال: (كان القسم بين الحرة والأمة؛ للحرة الثلثان من ماله ونفسه، وللأمة الثلث من ماله ونفسه).

[1774]- محمد بن جميل، عن محمد بن جبلة، عن أبي الجارود، قال: سمعت أبا جعفر يقول: إن كان الرجل ليشتري من المرأة لياليها إذا أعجبته امرأة له أخرى أن يقيم عندها.

قال: وكان رسول الله -صلى الله عليه وآله وسلم- حين مرض وهو في بيت عائشة فدعا نساءه فاستطابهن إقامته في بيت عائشة، فطيبن له(112). انتهى.

(112) في نسخة الرأب (2/ 965): فطبن له.

[1775]- **الهادي -عليه السلام- في الأحكام**[1/ 343]: وفي العدل ما بلغنا عن رسول الله -صلى الله عليه وآله وسلم- أنه كان يحمل في ثوب في مرضه يطوف على نسائه يقسم بينهن الأيام والليالي. انتهى.

[1776]- **أمالي أحمد بن عيسى -رضي الله عنهما- [العلوم**:3/ 22]: وأخبرنا محمد، أخبرنا محمد بن عبيد، عن محمد بن ميمون، عن جعفر، عن أبيه، أن رسول الله -صلى الله عليه وآله وسلم- كان يحمل في مرضه في ثوب يطوف على نسائه يقسم بينهن. انتهى.

جميع رجال أسانيد الباب قد مر الكلام عليهم، وهم من ثقات محدثي الشيعة.

باب القول فيما يجب على الزوج والزوجة من الخدمة

الهادي -عليه السلام- في الأحكام [1/ 343]: قال يحيى بن الحسين -صلوات الله عليه-: يجب على الرجل النظر فيما خارج، والقيام به، والعناية بإصلاحه، ويجب على المرأة القيام فيما داخل المنزل، والقيام في جميع أمره، والإصلاح لكل شأنه.

[1777]- كذلك بلغنا عن رسول الله -صلى الله عليه وآله وسلم- أنه قضى على فاطمة ابنته بخدمة البيت، وقضى على علي -رحمة الله عليه- بإصلاح ما كان خارجاً والقيام به. انتهى.

الجامع الكافي [4/ 436]: وروى -يعني محمداً- عن النبي -صلى الله عليه وآله وسلم- أنه قضى على ابنته فاطمة -عليها السلام- بخدمة البيت، وقضى على علي -عليه السلام- بخدمة ما كان خارجاً من البيت. انتهى.

باب القول في تحريم إتيان النساء في الأدبار

الهادي -عليه السلام- في الأحكام [1/ 342]: قال يحيى بن الحسين -صلوات الله عليه-: لا يجوز إتيان النساء في أدبارهن ولا يحل ولا يسع

أزواجهن، إلى أن قال:

[1778]- وفي ذلك: ما بلغنا عن رسول الله -صلى الله عليه وآله وسلم- أنه قال: «إتيان النساء في أعجازهن شرك».

[1779]- قال: وبلغنا عن -صلى الله عليه وآله وسلم- أنه كان يقول: «لا يستحي الله من الحق لا تأتوا النساء في حشوشهن، فإن إتيان النساء في حشوشهن كفر».

[1780]- قال: وبلغنا عنه -صلى الله عليه وآله وسلم-: «لا ينظر الله إلى من أتى امرأة في دبرها». انتهى.

باب القول فيما ينبغي أن يفعله الرجل عند إيتانه أهله وكراهة المجامعة وفي البيت غيره والنظر إلى المجامعة

الهادي -عليه السلام- في الأحكام [1/ 343]: قال يحيى بن الحسين -صلوات الله عليه-:

ينبغي لمن أتى أهله أن يذكر اسم الله قبل أن يغشاها، ويصلي على محمد -صلى الله عليه وآله وسلم- ويتعوذ بالله من الشيطان الرجيم، ويسأل الله أن يجعله إيتاناً مباركاً، وأن يرزقه ولد أو أن يجعله تقياً مباركاً زكياً سوياً، ولا يتجردا حتى لا يكون عليهما ثوب تجرد العيرين.

[1781]- فإنه بلغنا عن رسول الله -صلى الله عليه وآله وسلم- أنه قال: «إذا أتا أحدكم أهله فليستتر، ولا يتجرد تجرد العيرين».

وفي الأحكام أيضاً [1/ 343]: قال يحيى بن الحسين -صلوات الله عليه- لا ينبغي للرجل أن يأتي أهله ومعه في البيت أحد، وإنما ذلك فعال البهائم التي لا عقول لها، ولا حياء فيها.

[1782]- وكذلك بلغنا عن رسول الله -صلى الله عليه وآله وسلم- أنه نهى

أن يجامع الرجل أهله وعنده أحد حتى الصبي (113) في المهد (114). انتهى.

[1783] - أمالي أحمد بن عيسى -رضي الله عنهما- [العلوم: 3/ 79]: وأخبرنا محمد، قال: أخبرنا محمد بن راشد، عن إسماعيل بن أبان، عن غياث، عن جعفر، عن أبيه، عن علي، قال: (النظر إلى المجامعة يورث العمى) (115).

[1784] - وأخبرنا محمد، قال: أخبرنا محمد بن راشد، عن إسماعيل بن أبان، عن غياث، عن جعفر، عن أبيه، عن ابن عباس أنه كان ينهى عن الكلام عند الجماع، وقال: (إنه يورث الخرس). انتهى.

خاتمة في ضرب الدف في الأعراس هل يجوز أم لا

الهادي -عليه السلام- في الأحكام [1/ 306]: قال يحيى بن الحسين - صلوات الله عليه-:

---

(113) وقال المرتضى محمد بن يحيى في كتاب الفقه: وسألتم عن رجل يجامع أهله ومعهما غيرهما في البيت، فقلتم: إن القاسم رحمة الله عليه رخص في ذلك؟
قال محمد بن يحيى عليه السلام: إتيان الرجل أهله في البيت، وفيه معهما غيرهما فقبيح سمج، ليس يفعله ذو مروءة ولا دين، لأن الحياء، كما قال رسول الله من الدين، وما سمعت أحداً من ولد القاسم عليه السلام يذكر ذلك عن أبيه، ولا يرخص فيه ولا يرويه، والذي قال به الهادي إلى الحق صلوات الله عليه فصواب، وبذلك جاءت السنة والخبر عن رسول الله صلى الله عليه وآله وسلم. تمت من هامش الأصل عن المؤلف.

(114) في أسد الغابة في معرفة الصحابة (5/ 411)، في ترجمة الحسن البصري: عن رجال من الصحابة، ما لفظه: الحسن البصري عن رجال من الصحابة، روى زيد العمي، عن الحسن البصري، قال حدثني خمسون من أصحاب النبي -صلى الله عليه وآله وسلم-، أن النبي -صلى الله عليه وآله وسلم- نهى أن يلتزم الرجل الرجل، ونهى أن تحد الشفرة والشاة تنظر، ونهى أن يجامع الرجل أهله وعنده إنسان حتى الصبي في المهد، ونهى أن يمحى اسم الله تعالى بالبزاق، ونهى عن تعليم القرآن وعن الإمامة والأذان بالأجر. أخرجه ابن منده وأبو نعيم. انتهى. تمت من هامش الأصل عن المؤلف.

(115) هذا الحديث قد مر، والغرض في إعادته لزيادة التوضيح، وهكذا في كل حديث مكرر، فليس الغرض في إعادته إلا لسبب يقتضيه المقام، والله الموفق. تمت من حاشية الأصل عن المؤلف.

لا نحب شيئاً من اللهو ولا نراه، ولا نختاره ولا نشاه، دفاً كان ذلك أو غيره من جميع الملاهي.

[1785]- فأما الحديث الذي يروى عن رسول الله -صلى الله عليه وآله وسلم- أنه سمع دفاً في بعض دور الأنصار فقال: ما هذا؟ فقيل له فلان يا رسول الله نكح فقال «الحمد الله أشيدوا بالنكاح أشيدوا بالنكاح».

فإنما أراد -صلى الله عليه وآله وسلم- أشيدوا بذكره، وبما تسرون به من أمره، من جلبة الوليمة وضوضاء الطعام، وما يكون في ذلك من سرور جميع الأنام، مما تفعله في النكاح وعليه أمة محمد -صلى الله عليه وآله وسلم-، فأما أن يكون أمر باللهو والطرب، فذلك ما لا يجوز عليه القول به، ولا ينسب بشيء منه إليه.

حدثني أبي، عن أبيه، أنه سئل عن ضرب الدف واللهو في الأعراس.

فقال: كل لهو ولعب فلن يرضى الله به من أهله ولا يحل فعله. انتهى.

كتاب الطلاق

كتاب الطلاق

باب القول في كراهية الطلاق

[1786]- **أمالي أحمد بن عيسى -رضي الله عنهما- [العلوم:3/ 58]**: وحدثنا محمد، قال: حدثنا علي بن منذر، عن ابن فضيل، قال: حدثنا أبان، عن الحسن قال: قال رسول الله -صلى الله عليه وآله وسلم-: «ما من امرأة تسأل زوجها الطلاق في غير كنهه(116)، فتجد رائحة الجنة». انتهى.

رجال هذا الإسناد قد مر الكلام عليهم، وهم من ثقات محدثي الشيعة.

ومحمد في أول الإسناد: هو ابن منصور، وعلي بن منذر هو الطريقي، وابن فضيل: هو محمد، وأبان: هو ابن أبي عياش، والحسن: هو البصري.

باب القول في طلاق السنة وأن البدعي يقع مع الإثم

[1787]- **أمالي أحمد بن عيسى -رضي الله عنهما- [العلوم:3/ 85]**: وأخبرنا محمد، قال: حدثنا محمد بن جميل، عن مصبح بن الهلقام، عن إسحاق بن الفضل، عن عبيد الله بن محمد بن عمر بن علي، عن أبيه، عن جده، عن علي -عليه السلام- قال: «إذا طلق الرجل امرأته فليطلقها في قُبُل عدتها، عند طهورها، في غير جماع، كما كتب الله -عز وجل-: ﴿لَا تُخْرِجُوهُنَّ مِنۢ بُيُوتِهِنَّ وَلَا يَخْرُجْنَ إِلَّآ أَن يَأْتِينَ بِفَٰحِشَةٍ مُّبَيِّنَةٍ﴾ [الطلاق:1]». انتهى.

[1788]- **المؤيد بالله -عليه السلام- في شرح التجريد [3/ 259]**: أخبرنا أبو العباس الحسني، حدثنا محمد بن الحسين بن علي الحسني، حدثنا أبي، حدثنا زيد بن الحسين، عن أبي بكر بن أبي أويس، عن ابن ضميرة، عن أبيه، عن جده، عن علي -عليه السلام-، أنه كان يقول: (الطلاق في العدة على ما أمر الله تعالى،

---

(116) في النهاية: ومنه الحديث ((لا تسأل المرأة طلاقها في غير كنهه)) أي في غير أن تبلغ من الأذى إلى الغاية التي تعذر في سؤال الطلاق معها. تمت من هامش الأصل.

فمن طلق على غير عدة فقد عصى الله وفارق امرأته). انتهى.

[1789]- **علي بن بلال في شرح الأحكام** [إعلام الأعلام (صـ282)]: أخبرنا أبو العباس، قال: أخبرنا أبو محمد الروياني، قال: أخبرنا الحسين بن الحسن، قال: حدثنا زيد بن الحسن، عن أبي بكر بن أبي أويس، عن ابن ضميرة، عن أبيه، عن جده، عن علي -عليه السلام-، أنه كان يقول: (طلاق السنة عند الطهر من الحيض [ما لم يمسها](117)).

[1790]- قال: وحدثنا زيد، عن أبي بكر، عن ابن ضميرة، عن أبيه، عن جده، عن علي -عليه السلام-، أنه كان يقول: (الطلاق في العدة على ما أمر الله، فمن طلق على غير عدة فقد عصى وفارق امرأته). انتهى.

[ترجمة أبي محمد الروياني]:

أبو محمد الروياني:

هو علي بن محمد بن هارون بن السعدي الروياني، المتوفى سنة أربع وستين وثلاثمائة، عن الحسين بن علي المصري، وعنه أبو العباس الحسني.

أحد رجال ثقات محدثي الشيعة، وبقية رجال الإسناد قد مر الكلام عليهم.

[1791]- **أمالي أحمد بن عيسى -رضي الله عنهما-** [**العلوم**:3/ 88]: أخبرنا محمد، قال: حدثني أحمد بن عيسى، عن حسين، عن أبي خالد، عن زيد بن علي، قال: طلق ابن عمر امرأته تطليقة واحدة وهي حائض، فبلغ ذلك النبي -صلى الله عليه وآله وسلم- فقال: «مره فليرتجعها، ثم يطلقها طلاق السنة لطهر من غير جماع»، فسألته ما معناه؟

قال: يدعها حتى إذا حاضت وطهرت قال لها اعتدي. انتهى.

---

(117) ما بين القوسين زيادة من المطبوع

[1792]- الهادي -عليه السلام- في الأحكام [1/ 368]: وإذا لهم(118) أيضاً حجة من الأثر والسنة والإجماع على ما روي عن النبي -صلى الله عليه وآله وسلم- في ابن عمر أنه طلق امرأته حائضاً، فأتى عمر إلى النبي -صلى الله عليه وآله وسلم- فقال: يا رسول الله، إن عبد الله بن عمر طلق امرأته حائضاً، فقال له النبي -صلى الله عليه وآله وسلم-: «مره فليرتجعها، فإذا طهرت فليفارقها على طهر من غير جماع»، فلما أن قال: «مره فليرتجعها»، علمنا وعلم كل ذي عقل وتمييز أن المراجعة والارتجاع لا يكون إلا لمن قد بان، كما لا يكون الطلاق إلا بما يملك من النسوان. انتهى.

مجموع زيد بن علي -رضي الله عنهما- [219]: قال أبو خالد -رحمه الله-: سألت الإمام زيد بن علي -رضي الله عنهما- عن طلاق السنة.

قال: هو طلاقان؛ طلاق تحل له وإن لم تنكح زوجاً غيره، وطلاق لا تحل له حتى تنكح زوجاً غيره:

أما التي تحل له: فهو أن يطلقها واحدة، وهي طاهرة من الجماع والحيض، ثم يمهلها حتى تحيض ثلاثاً، فإذا حاضت ثلاثاً فقد حل أجلها، وهو أحق برجعتها، ما لم تحض ثم تغتسل من آخر حيضة، فإذا اغتسلت كان خاطباً من الخطاب، فإن عاد فتزوجها كانت معه على تطليقتين مستقبلتين.

وأما الطلاق الذي لا تحل له حتى تنكح زوجاً غيره: فهو أن يطلقها في كل طهر تطليقة، وهو أحق برجعتها ما لم تقع التطليقة الثالثة، فإذا طلقها التطليقة الثالثة لم تحل له حتى تنكح زوجاً غيره، ويبقى عليها من عدتها حيضة. انتهى.

---

(118) أي من يزعم أن البدعي لا يقع. تمت.

باب القول في الرجل متى يكون أحق برجعة زوجته

[1793]- **مجموع زيد بن علي -رضي الله عنهما-**[321]: حدثني زيد بن علي، عن أبيه، عن جده، عن علي -عليهم السلام-، قال: (الرجل أحق برجعة زوجته ما لم تغتسل من آخر حيضة). انتهى.

[1794]- **أمالي أحمد بن عيسى -رضي الله عنهما- [العلوم**:3/ 89]: وأخبرنا محمد، قال: وأخبرنا محمد بن عبيد، عن محمد بن ميمون، عن جعفر، عن أبيه، أن علياً وابن عباس كانا يقولان: (الرجل أحق بامرأته ما لم تغتسل من آخر حيضة). انتهى.

[1795]- **المؤيد بالله -عليه السلام- في شرح التجريد** [3/ 325]: وروى زيد بن علي، عن أبيه، عن جده، عن علي -عليهم السلام-، قال: (الرجل أحق برجعة امرأته ما لم تغتسل من آخر حيضها). انتهى.

[1796]- **أمالي أحمد بن عيسى -رضي الله عنهما-** [3/ 88]: وأخبرنا محمد، قال: وأخبرنا عباد بن يعقوب، عن السري بن عبد الله، عن جعفر بن محمد، عن أبيه، أن علياً وابن عباس قالا: (إذا طلق الرجل امرأته فهو أحق بها ما لم تغتسل من آخر حيضة). انتهى.

رجال أسانيد الباب قد مر الكلام عليهم.

والسري بن عبد الله: من أصحاب الصادق، والموالين للعترة، لم أقف له على تاريخ وفاة.

باب القول فيما يهدم الزوج من الطلاق، وفيمن طلق امرأته وهي حائض، هل تعتد بتلك الحيضة أم تستأنف؟

[1797]- **أمالي أحمد بن عيسى -رضي الله عنهما- [العلوم**:3/ 101]: وأخبرنا محمد، عن إبراهيم بن محمد، عن أحمد بن مفضل، عن إسرائيل، عن عبد الأعلى، عن محمد بن الحنفية، عن علي -عليه السلام- -في الرجل يطلق تطليقة

أو تطليقتين، ثم يتزوجها في عدتها-، قال: (هي على ما بقي). انتهى.

محمد: هو ابن منصور، وإبراهيم: هو ابن محمد بن ميمون، وقد مر الكلام عليهم.

[ترجمة أحمد بن المفضل، وعبد الأعلى]:

وأما أحمد بن المفضل:

فقال في الجداول: أحمد بن المفضل الحَفَري الكوفي، الشيعي المزني، أبو عبد الله، عن إسرائيل، وعمرو بن أبي المقدام، وعنه أبو زرعة وطائفة.

وقال في الكاشف: شيعي صدوق.

وقال أبو حاتم: كان من رؤساء الشيعة صدوق.

توفي سنة خمس عشرة ومائتين. انتهى.

قلت: عده السيد العلامة المهدي بن الهادي اليوسفي، المشهور بمهدي النوعة -رحمه الله- في الإقبال من ثقات محدثي الشيعة.

وأما إسرائيل: فهو ابن يونس بن أبي إسحاق السبيعي، قد مر الكلام عليه.

وأما عبد الأعلى:

فقال في الجداول: عبد الأعلى بن عامر الثعلبي الكوفي، عن ابن الحنفية، والباقر، وابن أبي ليلى، وغيرهم، وعنه ولده علي، والثوري، وقيس بن الربيع، وغيرهم.

قال ابن عدي: حدث عنه الثقات، وقد تكلم عليه بعضهم بغير حجة.

احتج به الأربعة. انتهى.

قلت: عده السيد المهدي بن الهادي -رحمه الله- من ثقات محدثي الشيعة.

[1798]- **مجموع زيد بن علي -رضي الله عنهما**-[232]: حدثني زيد بن علي، عن أبيه، عن جده، عن علي -عليهم السلام-، في الرجل يطلق امرأته

تطليقة أو تطليقتين، فيتزوج بها زوج غيره ويدخل بها، ثم تعود إلى الأول، قال: (تكون معه على ما بقي من الطلاق، لا يهدم النكاح الثاني الواحدة والثنتين، ويهدم الثلاث). انتهى.

[1799]- **أمالي أحمد بن عيسى -رضي الله عنهما-** [**العلوم**:3/ 101]: وأخبرنا محمد، قال: وأخبرنا محمد بن جميل، عن عاصم بن عامر، عن قيس بن الربيع، عن أشعث، عن الحكم، عن عبد الرحمن بن أبي ليلى، عن علي وأبي قالا: (هي على ما بقي). انتهى.

رجال هذا الإسناد من ثقات محدثي الشيعة.

ومحمد بن جميل، وعاصم بن عامر، وقيس بن الربيع: قد مر الكلام عليهم.

أما أشعث: فهو ابن سوار التوابيتي، سيأتي الكلام عليه.

والحكم بن عتيبة، وعبد الرحمن بن أبي ليلى، قد مر الكلام عليهما.

[1800]- **وفي أمالي أحمد بن عيسى أيضاً**[3/ 87]: وأخبرنا محمد، قال: وأخبرنا حسين بن نصر، عن خالد، عن حصين، عن جعفر، عن أبيه، عن علي - في الرجل يطلق امرأته وهي حائض- قال: لا تعتد بتلك الحيضة، ولكن تستأنف ثلاث حيض). انتهى.

باب القول في الطلاق والعدة بالرجال أم بالنساء

[1801]- **أمالي أحمد بن عيسى -رضي الله عنهما-** [**العلوم**:3/ 99]: أخبرنا محمد، قال: أخبرنا محمد بن عبيد، عن محمد بن ميمون، عن جعفر، عن أبيه، أن علياً -عليه السلام- كان يقول: (الطلاق والعدة بالنساء).

[1802]- وفيها أيضاً [3/ 113]: أخبرنا محمد، قال: وأخبرنا محمد، عن مصبح، عن إسحاق بن الفضل، عن عبيد الله بن محمد بن عمر بن علي، عن أبيه، عن جده، عن علي -عليه السلام- قال: (طلاق الحر والعبد للحرة ثلاث تطليقات، وأجلها أجل الحرة، إن كانت تحيض فأجلها ثلاث حيض، لا يحلها

إلا هن، وإن كانت لا تحيض فأجلها ثلاثة أشهر، وطلاق الحر والعبد للأمة تطليقتان أيما طلق، وأجلها حيضتان إن كانت تحيض، وإن كانت لا تحيض فأجلها شهر ونصف).

[1803]- وأخبرنا محمد، قال: أخبرنا محمد بن جميل، عن حسن بن حسين، عن علي بن القاسم، عن ابن أبي رافع، عن أبيه، عن جده، عن علي، في عبد طلق امرأته تطليقتين ثم جامعها، فأمر بهما علي فضرب كل واحد منهما خمسين جلدة، وفرق بينهما. انتهى.

رجال أسانيد الباب قد مر الكلام عليهم، وجميعهم من ثقات محدثي الشيعة.

ومحمد في الثاني وأول الإسناد الأول هو ابن جميل.

[1804]- **مجموع زيد بن علي -رضي الله عنهما-**[219]: حدثني زيد بن علي، عن أبيه، عن جده، عن علي -عليهم السلام-، قال: (طلاق الأمة تطليقتان، حراً كان زوجها أم عبد، وعدتها حيضتان حراً كان زوجها أم عبد). انتهى.

الهادي -عليه السلام- في الأحكام [1/ 387]: وإنما قلنا: إن عدة الإماء كعدة الحرائر، وإن طلاق العبيد ثلاث كطلاق الأحرار؛ لأن الله -عز وجل- قد علم مكان العبيد فلم يبين في طلاقهم شيئاً غير ما أجمله [جملة]، فكانت هذه الجملة للأحرار والمماليك سواء سواء، ولو كان ذلك عند الله مفترقاً لبينه في كتابه، وشرحه وفسره، وطلاق الحر والعبد سواء ثلاث تطليقات. انتهى.

باب القول في عدة المتوفى عنها زوجها، وما تجتنب، وفي عدة المطلقة وما تفعل

[1805]- **مجموع زيد بن علي -رضي الله عنهما-**[322]: حدثني زيد بن علي، عن أبيه، عن جده، عن علي -عليهم السلام-، قال: (أجل الحامل المتوفى عنها زوجها وهي حرة أربعة أشهر وعشر، وإن كانت حبلى فأجلها آخر الأجلين.

وأجل الأمة إذا توفي عنها زوجها نصف أجل الحرة شهران وخمسة أيام). انتهى.

[1806]- **أمالي أحمد بن عيسى -رضي الله عنهما-** **[العلوم**:3/ 91]: وأخبرنا محمد، قال: وأخبرنا محمد بن جميل، عن مصبح بن الهلقام، عن إسحاق بن الفضل، عن عبيد الله بن محمد بن عمر بن علي، عن أبيه، عن جده، عن علي -عليه السلام- قال: (أجل الحرة إذا توفي عنها زوجها أربعة أشهر وعشر، فإن كانت حبلى فأجلها آخر الأجلين.

وأجل الأمة إذا توفي زوجها نصف أجل الحرة شهران وخمسة أيام). انتهى.

[1807]- **مجموع زيد بن علي** [322]: حدثني زيد بن علي، عن أبيه، عن جده، عن علي -عليهم السلام-، قال: (المطلقة واحدة وثنتين وثلاثاً لا تخرج من بيتها ليلاً ولا نهاراً حتى يحل أجلها، والمتوفى عنها زوجها تخرج بالنهار، ولا تبيت في غير بيتها ليلاً، ولا تقرب كل واحدة منهما زينة ولا طيباً، إلا أن يكون طلقها تطليقة أو تطليقتين فلا بأس أن تطيب وتزين). انتهى.

[1808]- **أمالي أحمد بن عيسى -رضي الله عنهما-** **[العلوم**:3/ 110]: أخبرنا محمد، قال: حدثني أحمد بن عيسى، عن حسين بن علوان، عن أبي خالد، عن زيد، عن آبائه، عن علي -عليهم السلام- قال: (المطلقة والمتوفى عنها زوجها لا تبيت في غير بيتها).

[1809]- **وفيها** [3/ 112]: وأخبرنا محمد، قال: وأخبرنا محمد بن راشد، عن إسماعيل بن أبان، عن غياث، عن جعفر، عن أبيه، عن علي -عليه السلام- قال: (لا تكتحل المتوفى عنها زوجها، ولو انفقأت عيناها).

قال محمد: إذا كان من علة فلا بأس به، إذا لم يكن في الكحل طيب.

[1810]- **وفيها أيضاً** [3/ 92]: وأخبرنا محمد، قال: حدثنا محمد بن عبيد، عن حاتم بن إسماعيل، قال: حدثنا جعفر، عن أبيه، عن علي -عليه السلام- قال: (عدة المتوفى عنها زوجها آخر الأجلين).

[1811]- **وفيها أيضاً** [3/92]: وأخبرنا محمد، قال: أخبرنا محمد بن عبيد، قال: أخبرنا أبو مالك، عن حجاج، عن أبي إسحاق، عن الحارث، عن علي، قال: (آخر الأجلين).

[1812]- **وفيها أيضاً** [3/112]: وأخبرنا محمد، قال: أخبرنا محمد بن عبيد، عن حاتم، عن جعفر، عن أبيه قال: قالت أم سلمة: يا رسول الله، إن امرأة مات زوجها فتأذن لها في الكحل.

قال -عليه السلام-: «قد كنتن قبل أن آتيكن إذا توفي زوج المرأة منكن أخذت بعرة فرمت بها خلفها، ثم تقول: لا أكتحل حتى تحول هذه البعرة، وإنما جئتكن بأربعة أشهر وعشر). انتهى.

رجال هذه الأسانيد من ثقات محدثي الشيعة، وقد مر الكلام عليهم.

وأبو مالك: هو الجنبي، وحجاج: هو ابن أرطأة.

[1813]- **علي بن بلال** -رحمه الله- **في شرح الأحكام** [إعلام الأعلام ص(291)]: أخبرنا السيد أبو العباس -رحمه الله-، قال: أخبرنا علي بن محمد الروياني، قال: حدثنا الحسين بن علي بن الحسن، قال: حدثنا زيد بن الحسين، عن ابن أبي أويس، عن ابن ضميرة، عن أبيه، عن جده، عن علي -عليه السلام- أنه كان يقول: (المتوفى عنها زوجها أنها لا تلبس ثوباً مصبوغاً، ولا تمس طيباً من الطيب، ولكنها تمتشط، ولا تمتشط بطيب ولا تكتحل، إلا أن يصيبها مرض في عينها فتكتحل بالأثمد، ولا تلبس شيئاً من الحلي).

[1814]- **وفيه أيضاً**: أخبرنا السيد أبو العباس -رحمه الله-، قال: حدثنا عبد العزيز بن إسحاق، قال: حدثنا علي بن محمد النخعي، قال: حدثنا المحاربي قال حدثنا نصر بن مزاحم المنقري، قال: حدثنا ابن الزبرقان، عن أبي خالد، عن زيد بن علي، عن أبيه، عن جده، عن علي -عليهم السلام-، قال: (المطلقة واحدة وثنتين وثلاثاً؛ لا تخرج من بيتها ليلاً ولا نهاراً، حتى يحل أجلها، والمتوفى

عنها زوجها تخرج بالنهار ولا تبيت في غير بيتها، ولا تقرب واحدة منهما زينة ولا طيباً، إلا أن يكون طلقها تطليقة أو تطليقتين فلا بأس أن تطيب وتزين.

[1815]- **وفيه أيضاً**: وأخبرنا السيد أبو العباس -رحمه الله-، قال: أخبرنا علي بن محمد الروياني، قال: حدثنا الحسين بن علي بن الحسن، قال: حدثنا زيد بن الحسين، عن ابن أبي أويس، عن ابن ضميرة، عن أبيه، عن جده، عن -عليه السلام- أنه كان يقول: (تعتد المتوفى عنها زوجها في بيتها إلا أن يكون البيت لزوجها). انتهى.

رجال هذه الأسانيد قد مر الكلام عليهم.

الهادي -عليه السلام- في الأحكام [1/ 350]: حدثني أبي، عن أبيه أنه سئل عن المطلقة والمتوفى عنها زوجها، أين يعتدان؟

فقال: في بيوتهما التي كان فيها الطلاق والوفاة، إلا المتوفى عنها زوجها فإن لها الخيار في قول أمير المؤمنين علي بن أبي طالب -عليه السلام- حيث شاءت اعتدت. انتهى.

[1816]- **أمالي أحمد بن عيسى -رضي الله عنهما- [العلوم**:2/ 369]: أخبرنا محمد، قال: حدثنا عباد، عن يحيى بن سالم، عن أبي الجارود قال: ذكرت لأبي جعفر ما صنع عمر(119) في المتوفى عنهن أزواجهن، أنه ردهن من عقبة

(119) أخرج محمد بن الحسن الطوسي في تهذيب الأحكام، ومحمد بن يعقوب الكليني في الكافي واللفظ للطوسي، فقال: محمد بن يعقوب، عن حميد بن زياد، عن ابن إسماعيل، عن محمد بن زياد، عن عبد الله بن سنان، ومعاوية بن عمار، عن أبي عبد الله -عليه السلام-، قال: سألته عن المرأة المتوفى عنها زوجها، تعتد في بيتها أو حيث شاءت؟

قال: بل حيث شاءت، إن علياً -عليه السلام- لما توفي عمر أتى أم مكلثوم، فانطلق بها إلى بيته.

وروى الحسين بن سعيد، عن النضر بن سويد، عن هشالم بن سالم، عن سليمان بن خالد، قال: سألت أبا عبد الله -عليه السلام-: عن امرأة توفي عنها زوجها، أين تعتد؛ في بيت زوجها، أو حيث شاءت.

قال: بل حيث شاءت.

ثم قال: إن علياً عليه السلام لما توفى عمر أتى أم كلثوم، فأخذ بيدها، فانطلق بها إلى بيته. انتهى، تمت من حاشية على الأص.

الوادي، فقال: (قد أصيب عمر)، فأخذ علي بيد أم كلثوم فنقلها إليه، ثم أمرها فحجت في عدتها. انتهى.

رجال هذا الإسناد من ثقات محدثي الشيعة، وقد مر الكلام عليهم.

باب القول في الأقراء وطلاق العبد للحرة

[1817]- **مجموع زيد بن علي -رضي الله عنهما-**[323]: حدثني زيد بن علي، عن أبيه، عن جده، عن علي -عليهم السلام-، قال: (الأقراء: الحيض). انتهى.

[1818]- **علي بن بلال -رحمه الله- في شرح الأحكام** [إعلام الأعلام (صـ284)]: حدثنا أبو العباس الحسني -رحمه الله-، قال أخبرنا عبد العزيز بن إسحاق، قال: حدثنا علي بن محمد النخعي، قال: حدثنا المحاربي، قال: حدثنا نصر بن مزاحم، عن إبراهيم، عن أبي خالد، عن زيد بن علي، عن أبيه، عن جده، عن علي -عليهم السلام-، قال: (الأقرء الحيض). انتهى.

[1819]- **أمالي أحمد بن عيسى -رضي الله عنهما-** [**العلوم**:3/ 113]: وأخبرنا محمد، قال: وأخبرنا محمد بن جميل، عن مصبح بن الهلقام، عن إسحاق بن الفضل، عن عبيد الله بن محمد بن عمر، عن أبيه، عن جده، عن علي -عليهم السلام- قال: (الحر والعبد للحرة ثلاث تطليقات، وأجلها أجل الحرة، وإن كانت تحيض فأجلها ثلاث حيض لا يحلها إلا هنّ، وإن كانت لا تحيض فأجلها ثلاثة أشهر، وطلاق والحر والعبد للأمة تطليقتان إيهما طلق، وأجلها حيضتان إن كانت تحيض، وإن كانت لا تحيض فأجلها شهر ونصف). انتهى.

باب القول في الآيسة تعتد بالشهور ثم تحيض، وفيمن نكح في العدة

[1820]- **مجموع زيد بن علي -رضي الله عنهما-**[3/ 322]: حدثني زيد بن علي، عن أبيه، عن جده، عن علي -عليهم السلام-، أن رجلاً أتاه فقال: يا أمير المؤمنين، كان لي زوجة فطال صحبتها ولم تلد، فطلقتها، لم تكن تحيض فاعتدت

بالشهور، وكانت ترى أنها من القواعد فتزوجت زوجاً فمكثت عنده ثلاثون شهراً فحاضت، فأرسل إليها وإلى زوجها فسألهما، عن ذلك فأخبرته أنها اعتدَّت بالشهور من غير حيض.

فقال للآخر: لا شيء بينك وبينها ولها المهر بدخولك بها.

وقال للآخر: هي امرأتك ولا تقربها حتى تنقضي عدتها من هذا الأخير.

قالت: فبم أعتد يا أمير المؤمنين، قال: «بالحيض»، قال: فهلكت المرأة قبل أن تنقضي عدتها، فورثها الزوج الأول ولم يرثها الأخير. انتهى.

أمالي أحمد بن عيسى -رضي الله عنهما- [العلوم:3/ 114]: وأخبرنا محمد، قال: حدثني أحمد بن عيسى، عن حسين، عن أبي خالد، عن زيد بن علي، عن آبائه أن رجلاً أتى علياً، فقال له: إنه كان لي زوجة فطالت صحبتها ولم تك تلد فطلقتها، ولم تك تحيض، فاعتدت بالشهور، وكانت ترى أنها من القواعد، وتزوجت زوجاً فمكثت عنده ثلاثين شهراً، ثم حاضت فأرسل إليها وإلى زوجها فسألهما عن ذلك، فأخبرت أنها اعتدت بالشهور من غير حيض.

فقال للأخير: لا شيء بينك وبينها ولها المهر بدخولك بها.

وقال للأول هي امرأتك ولا تقربها حتى تنقضي عدتها من هذا الأخير»

قالت: فبم أعتد يا أمير المؤمنين، قال: بالحيض، قال: فهلكت قبل أن تنقضي عدتها، فورثها الزوج الأول ولم يك بينها وبين الأخير شيء. انتهى.

علي بن بلال في شرح الأحكام [إعلام الأعلام (صـ291)]: أخبرنا السيد أبو العباس، قال أخبرنا عبد العزيز بن إسحاق، قال: حدثنا علي بن محمد النخعي، قال: حدثنا المحاربي، قال: حدثنا نصر بن مزاحم، عن إبراهيم بن الزبرقان، عن أبي خالد، عن زيد بن علي، عن أبيه، عن جده، عن علي -عليهم السلام-، أن رجلاً أتاه، فقال: يا أمير المؤمنين إني كانت لي زوجة فطالت صحبتها ولم تلد فطلقتها.

ولم تكن تحيض فاعتدت بالشهور، وكانت ترى أنها من القواعد فتزوجت زوجاً فمكثت عنه ثلاثين شهراً، ثم حاضت فأرسل إليها، وإلى زوجها فسألهما، عن ذلك: فأخبرته أنها اعتدت بالشهور من غير حيض فقال للأخير: لا شيء بينك وبينها، ولها المهر بدخولك.

وقال للأول هي امرأتك ولا تقربها حتى تنقضي عدتها من هذا الأخير قال فبِمَ تعتد يا أمير المؤمنين؟ قال: قال: (بالحيض قال فهلكت قبل أن تنقضي عدتها من الأخير فورثها الأول ولم يرثها الآخر. انتهى.

[1821]- **مجموع زيد بن علي -رضي الله عنهما-**[323]: حدثني زيد بن علي، عن أبيه، عن جده، عن علي -عليهم السلام-، أن رجلاً تزوج امرأة في عدة من زوج كان لها، ففرق بينها وبين زوجها الأخير، وقضى عليه بمهرها للوطء، وجعل عليها عدة منهما جميعاً. انتهى.

[1822]- **الجامع الكافي** [4/ 373]: قال محمد: روي عن علي -عليه السلام- أنه قال -في امرأة تزوجت في عدتها-: (تكمل عدتها من الأول، ثم تستأنف عدة من الآخر ثلاث حيض). انتهى.

باب القول في طلاق الحامل

[1823]- **مجموع زيد بن علي -رضي الله عنهما-**[322]: حدثني زيد بن علي، عن أبيه، عن جده، عن علي -عليهم السلام-، عن رجل طلق امرأته وهي حامل فتلد من تطليقتها تلك قال: (قد حلّ أجلها، وإن كان في بطنها ولدان فولدت أحدهما فهو أحق برجعتها ما لم تلد الثاني). انتهى.

الجامع الكافي [4/ 346]: قال القاسم والحسن -رضي الله عنهما- ومحمد: إذا طلقت الحامل فعدتها أن تضع ما في بطنها، لقوله -سبحانه-: ﴿**وَأُوْلَٰتُ ٱلْأَحْمَالِ أَجَلُهُنَّ أَن يَضَعْنَ حَمْلَهُنَّ**﴾ [الطلاق:4].

قال محمد: وإن طلقها وفي بطنها ولدان أو ثلاثة أو أربعة فإن زوجها أحق بها

ما لم تضع الولد الأخير، ذكر ذلك عن علي -عليه السلام-.

وفيه أيضاً: قال محمد: إذا طلق الرجل امرأته وفي بطنها ولدان أو ثلاثة أو أربعة، فإنها تدع الصلاة بالولد الأول، وتنقضي العدة بالآخر.

[1824]- ذكر ذلك عن علي -عليه السلام-: (أنها تعتد من الآخر، وأن زوجها أحق بها ما لم تضع الولد الأخير).

قال ابن عمرو(120): قال محمد: وبهذا نأخذ.

[1825]- وقال محمد في كتاب الأخبار: قال علي -صلى الله عليه-: (هي بعد حامل)، وعن ابن عباس نحو ذلك. انتهى.

الهادي -عليه السلام- في الأحكام [1/ 363]: قال يحيى بن الحسين -صلوات الله عليه-: لا تنقضي عدة المرأة حتى يخلو بطنها، وتضع كل حملها ولزوجها أن يراجعها ما لم تضع كل ما في بطنها من حلمها، لأنها ما بقي منه شيء في عدتها، وقال الله -سبحانه-: ﴿وَأُوْلَٰتُ ٱلْأَحْمَالِ أَجَلُهُنَّ أَن يَضَعْنَ حَمْلَهُنَّۚ﴾ [الطلاق:4]، فجعل منتهى وضوع الحمل منتهى العدة، ولا تكون من وضعت بعض حملها واضعة لكله، كما لا تكون إذا وضعت بعضه واضعة لكله، حدثني أبي، عن أبيه أنه سئل عن امرأة طلقت وفي بطنها ولدان فتضع أحدهما هل لزوجها أن يراجعها قبل أن تضع الآخر، فقال ليس تخلو من عدتها حتى تضع كل ما في بطنها من ولدها. انتهى.

باب القول في الرجل يطلق امرأته وهي حائض

[1826]- **أمالي أحمد بن عيسى -رضي الله عنهما- [العلوم**:3/ 87]: وأخبرنا محمد، قال: وأخبرنا حسين بن نصر، عن خالد، عن حصين، عن جعفر، عن أبيه، عن علي -عليهم السلام-، في الرجل يطلق امرأته وهي حائض، قال:

---

(120) الراوي عن محمد وهو أحد تلامذته. تمت من هامش الأصل.

لا تعتد بتلك الحيضة، ولكن تستأنف ثلاث حيض. انتهى.

الهادي -عليه السلام- في الأحكام [1/372]: حدثني أبي وعماي محمد والحسن بنو القاسم بن إبراهيم، عن أبيهم القاسم بن إبراهيم -صلوات الله عليه-: أنه سئل عمن طلق حائضاً.

فقال: أخطأ حظه، ولزمه ما ألزم نفسه.

وحدثني أبي وعماي، عن أبيهم، أنه قال - في المرأة تطلق، وهي حائض هل تعتد بتلك الحيضة-: فقال: (يلزمها طلاقها، ويرتجعها حتى يفارقها فراق السنة في طهر منها بغير مسيس ولا مداناة). انتهى.

[1827]- **أمالي أحمد بن عيسى** -رضي الله عنهما- [العلوم:3/88]: وأخبرنا محمد، قال: حدثني أحمد بن عيسى، عن حسين، عن أبي خالد، عن زيد بن علي قال: طلق ابن عمر امرأته تطليقة واحدة وهي حائض، فبلغ ذلك النبي -صلى الله عليه وآله وسلم- فقال: «مُره فليراجعها، ثم يطلقها طلاق السنة؛ لطهر من غير جماع».

فسألته ما معناه؟ قال: يدعها حتى إذا حاضت وطهرت قال لها اعتدي. انتهى.

الهادي -عليه السلام- في المنتخب [153]: قال يحيى بن الحسين -عليه السلام-: فيمن طلق امرأته وهي حائض لا نرى له ذلك، ولا يجوز له أن يطلقها إذا أراد، إلا وهي طاهرة فإن فعل فقد وقع بها الطلاق وقد أخطأ، ولزمه بخطئه ما ألزم نفسه، فنحب له أن يرتجعها حتى تطهر ثم يطلقها في طهرها، كذلك روي عن النبي -صلى الله عليه وآله وسلم- في ابن عمر حيث طلق زوجته وهي حائض فأمره أن يطلقها وهي طاهر، لأن الطلاق وقع منها عند تطليقه لها وهي حائض.

قلت: فإن الرجل الذي طلق امرأته وهي حائض أمر بأن يرتجعها حتى يطلقها في طهر.

فقال: لا أرتجعها، هل يجبر على ذلك أم كيف العمل في ذلك؟ وهل تعتد بتلك الحيضة التي طلق فيها أم تستأنف العدة بعد الطهر.

قال: قد قال غيرنا أنه يجبر على ارتجاعها حتى تطهر، ثم يطلقها.

وأما قولي أنا فلا أرى أن يجبر على ارتجاعها، ولكن أنا أحب له ذلك إن فعل، وإلا فقد وقعت التطليقة الأولى، وإنما أمر رسول الله -صلى الله عليه وآله وسلم- من فعل ذلك بالارتجاع حسن نظر منه له لا إيجاباً ومن فعل فقد أصاب، ومن لم يفعل فقد لزمه ما ألزم بهذا نفسه. انتهى.

باب القول في الاستئذان على المطلقة

[1828]- **أمالي أحمد بن عيسى -رضي الله عنهما- [العلوم**:3/ 110]: أخبرنا محمد، قال: وأخبرنا محمد بن جميل، عن مصبح بن الهلقام، عن إسحاق بن الفضل، عن عبيد الله بن محمد بن عمر بن علي، عن أبيه، عن جده، عن علي -عليه السلام- في امرأة طلقها زوجها، قال: (إن كانت له عليها رجعة فلا يستأذن عليها ما كانت له رجعة عليها فإن حرمت عليه وليس له مسكن غير بيت واحد، فلا يلج عليها إلا بإذن، إذا كانت في البيت، ولا تلج هي عليه إلا بإذن إذا كان في البيت، ويتخذا بينهما ستراً).

[1829]- وبه قال علي: في امرأة طلقت فأرادت الاعتكاف في المسجد، فمنعها أن تخرج حتى يحل أجلها. انتهى.

[1830]- **الجامع الكافي** [4/ 370]: روى محمد بإسناده، عن علي -عليه السلام- قال: (إن كان الطلاق بائناً، وليس له إلا بيت واحد، فلا يلج عليها، ولا تلج عليه إلا بإذن، ويتخذا بينهما ستراً). انتهى.

باب القول فيمن قال إن الثلاث في كلمة واحدة، وله الرجعة

[1831]- **الهادي -عليه السلام- في الأحكام** [1/ 372]: حدثني أبي وعماي، عمن يثقون به، عن أحمد بن عيسى بن زيد، أنه سئل عمن طلق امرأته ثلاثاً معاً.

فقال: بانت منه بواحدة، ولا نقول فيها بقول الرافضة، أراد أنهم يبطلون ذلك.

وحدثوني أيضاً: عمن يثقون به، عن موسى بن عبد الله: أنه سئل عن الرجل يطلق امرأته ثلاثاً في كلمة واحدة، فقال: (فارق امرأته، وخالف ربه).

وحدثوني أيضاً عمن يثقون به، عن محمد بن راشد، عن نصر بن مزاحم، عن أبي خالد الواسطي، قال: سألت أبا جعفر محمد بن علي عمن طلق امرأته ثلاثاً في كلمة واحدة، فقال: هي واحدة.

وحدثوني عن أبيهم القاسم بن إبراهيم، عن رجل يثق به عن جعفر بن محمد، عن أبيه، عن آبائه، عن علي -عليهم السلام- أنه كان يقول فمن طلق ثلاثاً في كلمة واحدة؛ أنه يلزمه تطليقة واحدة، وتكون له على زوجته الرجعة ما لم تنقض العدة.

قال أبو محمد القاسم بن إبراهيم -رضي الله عنه- -وهو قول بين القولين، بين قول من أبطل أن يقع بذلك شيء من الطلاق، وبين قول من قال إنه يقع بذلك الثلاث كلها.

وقال: هذا قولي وقد روي عن زيد علي، وعن جعفر بن محمد -رحمة الله عليهم أجمعين- من جهات كثيرة أن من طلق ثلاثاً معاً في كلمة واحدة فهي واحدة. انتهى.

أمالي أحمد بن عيسى -رضي الله عنهما- [3/ 122]: قال محمد: سألت أحمد بن عيسى -رضي الله عنهما-، عن رجل طلق امرأته ثلاثاً فقال: (بانت منه)، لا نقول فيها بقول الرافضة. انتهى.

الجامع الكافي [4/ 233]: قال محمد: وسألت عبد الله بن موسى، عن رجل

طلق امرأته ثلاثاً في كلمة فقال: (فارق امرأته وعصى ربه). انتهى.

الهادي -عليه السلام- في المنتخب [143]: قال يحيى بن الحسين -صلوات الله عليه-: وقد روي في ذلك روايات كثيرة، بعضها من روايات علماء آل الرسول -صلى الله عليه وآله وسلم- ومنها روايات روتها العامة من رواياتهم من ثقات رجالهم، فتركوا ما روى رجالهم الثقات، وقلدوا أهواءهم، وتركوا ما جاءهم من ثقاتهم في أن الطلاق الثلاث في كلمة واحدة.

[1832]- من ذلك: ما روي عن أهل البيت - جدي القاسم بن إبراهيم -رحمة الله عليه- رواه عنه بنوه كلهم، عن أبيهم، عن أبي هارون العبدي، عن جعفر بن محمد، عن أبيه، عن جده، عن علي بن أبي طالب -عليه السلام- - فيمن طلق ثلاثاً في كلمة واحدة-: (أنها تطليقة واحدة، ويملك معها الرجعة ما دامت في عدتها. انتهى.

الرجال:

في هذا الإسناد:

أبو هارون العبدي: وهو عمارة بن جوين.

قال في الجداول: عمارة بن جوين، أبو هارون العبدي، عن أبي سعيد وابن عمر، وعنه الحمادان والسفيانان، والقاسم بن إبراهيم، وشريك، وثقه أئمتنا ولا يضره قول النواصب فيه توفي سنة أربع وثلاثين ومائة. انتهى.

قلت: وروي عن جعفر الصادق كما هنا، وقد أدرك الصادق -عليه السلام-، لأن الصادق -عليه السلام- توفي سنة ثمان وأربعين ومائة، وقد روى أبو هارون في فضائل العترة الكثير الطيب وقد ذكرنا بعض رواياته، عن أبي سعيد في كتاب المناقب من كتابنا هذا، خرج له الهادي -عليه السلام- في المنتخب والمرشد بالله والناصر للحق، وابن المغازلي ومحمد بن سليمان الكوفي.

وقال الإمام المتوكل على الله إسماعيل بن القاسم بن محمد -عليهم السلام-

في الحجج المتعاضدة، ما لفظه:

قال السيد أبو طالب في شرحه الكبير: قد نص القاسم على ما ذكرناه - يعني أن الثلاثَ في كلمة واحدةٌ - في مسائل عبد الله بن الحسن ويحيى في المنتخب والأحكام، وهو المروي عن زيد بن علي، وعن أحمد بن عيسى بن زيد، وموسى بن عبد الله بن الحسن، وجعفر بن محمد وهو الصحيح من قول علي.

وروي هذا القول عن عبد الله بن عباس من طريق أحمد بن حنبل، قال: القاسم فيما حكاه عنه يحيى، حدثني محدث بذلك يعني أن الثلاث بكلمة واحدةٌ، عن جعفر بن محمد، عن أبيه، عن علي -كرم الله وجهه-.

وقال القاسم -فيما حكاه يحيى عنه-: قد روي هذا القول عن زيد بن علي وجعفر بن محمد من جهات كثيرة. انتهى.

المؤيد بالله -عليه السلام- **في شرح التجريد** [3/ 275]: ولو أن رجلاً قال لامرأته: أنت طالق، أو قال: أنت طالق تطليقة أو تطليقتين أو ثلاثاً أو أكثر من ذلك أو بعض تطليقة، وجب تطليقة واحدة، وهذا منصوص عليه في الأحكام والمنتخب، وهو قول القاسم -عليه السلام-، وراه يحيى بن الحسين في الأحكام عن أحمد بن عيسى، وموسى بن عبد الله، وكذلك رواه عن جعفر بن محمد، عن أبيه، عن جده، عن علي -عليهم السلام-، وعن محمد بن علي -عليه السلام- موقوفاً: أن الثلاث واحدة، وإليه ذهب بعض الإمامية، وهو الأشهر عن الناصر -عليه السلام-. انتهى.

باب القول فيمن قال إن الثلاث في كلمة ليست واحدة

[1833]- **مجموع زيد بن علي** -رضي الله عنهما-[324]: حدثني زيد بن علي، عن أبيه، عن جده، عن علي -عليهم السلام-، أن رجلاً من قريش طلق امرأته مائة تطليقة فأخبر بذلك النبي -صلى الله عليه وآله وسلم- فقال: «بانت منه بثلاث، وسبع وتسعون معصية في عنقه». انتهى.

[1834]- **أمالي أحمد بن عيسى -رضي الله عنهما- [العلوم**:3/ 117]: أخبرنا محمد، قال: حدثني أحمد بن عيسى، عن حسين، عن أبي خالد، عن زيد، عن آبائه، عن علي -عليهم السلام- قال: جاء رجلان من قريش، فقال يا رسول الله: إن أبانا طلق مائة تطليقة، فقال -عليه السلام-: (إن أباكم عصى ربه فلم يجعل له مخرجاً، بانت أمكما من أبيكما بثلاث، وسبع وتسعون معصية).

[1835]- وفيها[3/ 118]: أخبرنا محمد، قال: أخبرنا عباد، عن حسين بن زيد، عن جعفر بن محمد: أن رجلاً جاء إلى علي بن أبي طالب، فقال: طلقت أهلي عدد النجوم.

فقال: (أخطأت السنة، وفارقت أهلك يؤخذ منها بثلاث، ويترك ما سوى ذلك).

[1836]- أخبرنا محمد، قال: حدثني أبو الطاهر، قال: حدثني أبو ضمرة، عن جعفر، عن أبيه أن علياً-عليه السلام- كان يقول: (إذا طلق الرجل امرأته ثلاثاً ولم يدخل بها لم تحل له حتى تنكح زوجاً غيره).

[1837]- وفيها أيضاً[3/ 120]: أخبرنا محمد بن جميل، قال: حدثني أبو ضمرة، عن جعفر، عن أبيه أن علياً كان يقول: (إذا طلق الرجل امرأته ثلاثاً ولم يدخل بها لم تحل له حتى تنكح زوجاً غيره).

[1838]- **وفيها أيضاً** [3/ 120]: أخبرنا محمد، قال: أخبرنا محمد بن راشد، عن نصر بن مزاحم، عن أبي خالد، قال سألت أبا جعفر وزيد بن علي وجعفر بن محمد، عن رجل طلق امرأته ثلاثاً في كلمة، قالوا: بانت لا تحل له حتى تنكح زوجاً غيره.

[1839]- أخبرنا محمد، قال: حدثني أبو الطاهر، قال: حدثني حسين بن زيد، عن محمد بن عبد الله بن الحسن، قال: من طلق امرأته ثلاثاً لم تحل له حتى تنكح زوجاً غيره.

[1840]- حدثنا محمد، قال أخبرنا محمد بن علي بن جعفر، قال: حدثني

محمد بن جعفر، عن أبيه، عن جعفر: أن رجلاً سأله فقال: إنه طلق امرأته ثلاثاً، فقال: قد أخطأت ويلزمك خطأك.

[1841]- أخبرنا محمد، قال: حدثني أبو الطاهر، قال: حدثني محمد بن جعفر، عن أبيه قال: (من طلق ثلاثاً فهي ثلاث).

[1842]- **وفيها أيضاً** [3/ 122]: أخبرنا محمد، قال: أخبرنا محمد بن عبيد، عن محمد بن ميمون، عن جعفر، عن أبيه، قال: (إذا طلق الرجل امرأته ثلاثاً ولم يدخل بها لم تحل له حتى تنكح زوجاً غيره).

[1843]- أخبرنا محمد، قال: حدثنا الحسن بن يحيى العلوي، عن نصر بن مزاحم، عن أبي خالد، عن محمد بن علي: أن رجلاً سأله عن رجل طلق امرأته ثلاثاً.

قال: أخطأ السنة وعصى ربه وطلقت منه امرأته ولا تحل له حتى تنكح زوجاً غيره، ولها السكنى والنفقة حتى تقضي العدة.

[1844]- أخبرنا محمد، قال أخبرنا قاسم بن أحمد، قال: حدثني عمي عبد العظيم بن عبد الله، عن عبيد الله بن عبد الله الحسني، قال: سألت محمد بن جعفر بن محمد، وعلي بن موسى الرضي؛ عن رجل طلق امرأته ثلاثاً فقالا تلزمه. انتهى.

القاسم بن أحمد:

هو القاسم بن أحمد بن عبد الله بن علي بن الحسين بن زيد بن الحسن بن علي بن أبي طالب، أبو محمد الكوفي.

عن عمه عبد العظيم بن عبد الله، وعنه المرادي، لم أقف له على تاريخ وفاة.

وعمه عبد العظيم قد تقد الكلام عليه.

وعبيد الله: هو عبيد الله بن عبد الله بن الحسن بن جعفر بن الحسن بن الحسن بن علي بن علي بن أبي طالب الكوفي، المعروف بالطبينة أبو محمد، عن علي بن

موسى الرضى ومحمد بن جعفر بن محمد وعنه عبد العظيم بن عبد الله ومحمد بن هاشم السعدي، روى حديث الأسباط عن علي بن موسى، ولم أقف له على تاريخ وفاة.

وفي أمالي أحمد بن عيسى أيضاً[3/ 122]: أخبرنا محمد، قال: سألت أحمد بن عيسى بن زيد، عن رجل طلق امرأته ثلاثاً، قال: بانت منه، لا نقول فيها بقول الرافضية.

وسألت عبد الله بن موسى عن رجل طلق امرأته ثلاثاً.

فقال: فارق امرأته وعصى ربه.

وسألت محمد بن علي بن جعفر، عن رجل طلق امرأته ثلاثاً.

فقال: أنا أشدد فيه -يعني يوجبها-.

أخبرنا محمد، قال: أخبرنا الحسن بن يحيى العلوي، عن أبيه أنه كان يقول -في الطلاق ثلاثاً في كلمة-: إنها لا تحل له حتى تنكح زوجاً غيره. انتهى.

والد الحسن: هو يحيى بن الحسين بن زيد بن علي بن الحسين بن علي بن أبي طالب، عن آبائه، وعنه فقيه آل الرسول ولده الحسن، لم أقف له على تاريخ وفاة.

الجامع الكافي [4/ 233]: وقال الحسن بن يحيى: أجمع آل رسول الله -صلى الله عليه وآله وسلم- على أن الذي يطلق امرأته ثلاثاً في كلمة أنها قد حرمت عليه، ولا تحل له من بعد حتى تنكح زوجاً غيره، سواء كان الزوج دخل بها أو لم يدخل بها، وعليها العدة إن كان قد دخل بها.

وأجمعوا عل أنه لا ينبغي لأحد أن يطلق إلا للسنة، وأنه إن طلق لغير السنة أثم ولزمه الطلاق.

وفيه أيضاً [4/ 237]: وقال الحسن -فيما روى ابن الصباح -، وهو قول محمد: وسألت عمن طلق امرأته ثلاثاً في كلمة، نقول: إنا روينا عن النبي -صلى

الله عليه وآله وسلم- وعن علي، وعن علي بن الحسين، ومحمد بن علي، وزيد بن علي، ومحمد بن عمر بن علي، وجعفر بن محمد، وعبد الله بن الحسن، ومحمد بن عبد الله بن الحسن، وخيار آل رسول الله -صلى الله عليه وآله وسلم-، فيمن طلق امرأته ثلاثاً في كلمة واحدة: (أنه قد أخطأ السنة، وعصى ربه، وطلقت امرأته، فلا تحل له حتى تنكح زوجاً غيره، ولها السكنى والنفقة حتى تنقضي عدتها). انتهى.

باب في الخلية والبرية والحرام والبتة

[1845]- **مجموع زيد بن علي -رضي الله عنهما-**[324]: حدثني زيد بن علي، عن أبيه، عن جده، عن علي -عليهم السلام-، في الخلية والبرية والبتة والبائن والحرام:

نوقفه، فنقول: ما نويت؛ فإن قال: نويت واحدة كانت واحدة بائنة، وهي أملك بنفسها، وإن قال: نويت ثلاثاً كانت حراماً حتى تنكح زوجاً غيره ولا تحل للأول حتى تدخل بالثاني، ويذوق من عسيلتها وتذوق عسليته. انتهى.

[1846]- **أمالي أحمد بن عيسى -رضي الله عنهما-** [**العلوم**:3/ 129]: أخبرنا محمد، قال: أخبرنا محمد بن جميل، عن مصبح بن الهلقام، عن إسحاق بن الفضل، عن عبيد الله بن محمد بن عمر بن علي، عن أبيه، عن جده، عن علي -عليه السلام-، إذا قال الرجل لامرأته: قد بريت منك: (فقد برئتَ منه).

[1847]- أخبرنا محمد، قال: حدثني أبو الطاهر، قال: حدثني أبي، عن أبيه، عن جده، عن علي -عليه السلام- قال: كان يقول -خلية، وبرية، وحبلك على غاربك- ثلاث، إلا أنه كان يقول ندينه في حبلك غاربك.

[1847]- حدثنا محمد، قال: حدثنا أحمد بن عيسى، عن حسين، عن أبي خالد، عن زيد بن علي، عن آبائه، عن علي -عليه السلام- أنه كان يقول - في الخلية والبرية والبائنة-: (نوقفه فنقول ما نويت:

فإن قال نويت واحدة، كانت واحدة، وهي أملك بنفسها.

وإن قال نويت ثلاثاً: كانت حراماً حتى تنكح زوجاً غيره.

وإن قال: لم أنو شيئاً كانت واحدة يملك الرجعة).

[1848]- **وفيها أيضاً** [3/129]: حدثنا محمد، قال: محمد بن جميل، عن إبراهيم بن محمد، عن أبي مالك، عن عبد الله بن عطاء، عن أبي جعفر، عن علي -عليه السلام-، -في الرجل يقول لامرأته: أنت خلية أو برية أو بتة-: (إذا أراد منها الطلاق؛ أن كل واحدة منهن ثلاث، لا تحل له حتى تنكح زوجاً غيره).

[1849]- **وفيها أيضاً** [3/129]: أخبرنا محمد، أخبرنا عباد، عن محمد بن فضيل، عن عطاء بن السائب، عن الحسن البصري، عن علي -عليهم السلام-، - أنه كان يقول: في الخلية والبرية والبائن والبتة والحرام-: (كل واحد منهم ثلاث). انتهى.

جميع رجال الأسانيد في هذا الباب قد مر الكلام عليهم.

الهادي -عليه السلام- **في الأحكام** [1/352]: قال يحيى بن الحسين -صلوات الله عليه-: في البرية والخلية والبائن والبتة والحرام وحبلك على غاربك، قد رويت في هذا روايات عن أمير المؤمنين علي بن أبي طالب -عليه السلام-؛ ولم يصح لنا ذلك عنه، ولم يثبت عندنا أن ما قيل به في ذلك منه، وأحسن ما نرى في هذا أن تكون واحدة يملك عليها فيها الرجعة، ما دامت في عدتها، فإن خرجت من عدتها كان خاطبا لها يخطبها كغيره.

حدثني أبي، عن أبيه أنه سئل عن البائن والبتة والبرية والخلية والحرام وحبلك على غاربك.

فقال: قد روي عن علي بن أبي طالب -عليه السلام- أنه يجعلها ثلاثاً، ولم يصح عنه عندنا ذلك، وذلك أنهم وجدوه عنه زعموا في صحيفته، وأقل ما في

ذلك عندنا واحدة. انتهى.

الهادي -عليه السلام- في المنتخب [150]: قال محمد بن سليمان الكوفي -رضي الله عنه-: وسألته عن رجل يقول لامرأته: أنت برية أو خلية أو بتة أو بائن أو حرام أو حبلك على غاربك، أو استبري، أو الحقي بأهلك.

قال -عليه السلام-: قد روي في ذلك أنها ثلاث ثلاث، وروي ذلك عن أمير المؤمنين -رضي الله عنه- ولم يصح ذلك عندنا عنه.

قلت: فما تقول أنت في ذلك؟

قال: إذا قال الرجل من ذلك شيئاً، وهو ينوي الطلاق لمرأته كانت واحدة، يملك عليها الرجعة ما دامت في العدة. انتهى.

[1850]- **أمالي أحمد بن عيسى -رضي الله عنهما-** [العلوم:3/ 124]: أخبرنا محمد، قال: حدثني أبو الطاهر، قال: حدثني أبي، عن أبيه، عن جده، عن عمر بن علي، عن علي -عليه السلام- أنه كان يقول: (حرم عليه ما أحل له).

[1851]- حدثنا محمد، قال: حدثنا محمد بن جميل، عن مصبح بن الهلقام، عن إسحاق بن الفضل، عن عبيد الله بن محمد بن عمر بن علي، عن أبيه، عن جده، عن علي، قال: (إذا قال الرجل لامرأته: أنت عليّ حرام، فقد حرمت عليه، ولستُ بمحل له ما حرم على نفسه، فإن إسرائيل حرم عليه من الطعام ما حرم على نفسه، فإذا قال الرجل لامرأته: قد بريت منك فقد بريت منه كما قال).

[1852]- وفيها أيضاً [3/ 124]: أخبرنا محمد، قال: أخبرنا محمد بن جميل، عن أبي ضمرة، عن جعفر، عن أبيه، أن علياً كان يقول - في قول الرجل لامرأته: أنت عليّ حرام-: (إنها ثلاث).

[1853]- وأخبرنا محمد، قال: حدثني أحمد بن عيسى، عن حسين، عن أبي خالد، عن زيد، عن آبائه، عن علي -عليهم السلام- أنه كان يقول -في الحرام-:

(نوقفه فنقول ما نويت؟ فإن قال: نويت واحدة كانت واحدة بنيته، وهي أملك بنفسها، وليس له عليها رجعة، وهو رجل من الخطاب، ولا يخطبها في العدة أحد غيره ، لأنها تعتد من مائه.

وإن قال: نويت ثلاثاً كانت عليه حراماً حتى تنكح زوجاً غيره.

وإن قال لم أنو شيئاً كانت واحدة يملك الرجعة.

[1854]- وفيها أيضاً [3/ 126]: أخبرنا محمد، قال: أخبرنا عباد، عن ابن فضيل، عن إسماعيل بن أبي خالد، عن عامر، عن علي قال: (في الذي يحرّم امرأته، يقول: هي عليّ حرام).

قال: كان يقول ما أنا بمُلِحِّها ولا محرمها عليه، إن شاء فليتقدم وإن شاء فليتأخر. انتهى.

رجال هذا الإسناد من ثقات محدثي الشيعة وقد مر الكلام عليهم.

وعباد: هو ابن يعقوب، وابن فضيل: هو محمد بن فضيل بن غزوان الضبي، أبو عبد الرحمن الكوفي الحافظ، عن أبيه، وعاصم الأحول، وحجاج، والأعمش، وخلائق، وعنه الثوري، ومحمد بن جميل، وعباد، ووكيع، وخلائق.

قال النسائي: لا بأس به.

وقال أبو زرعة: صدوق.

ووثقه ابن معين وابن حبان توفي سنة خمس وتسعين ومائة، عداده في ثقات محدثي الشيعة، احتج به الجماعة هكذا ذكره علاّمة العصر عبد الله بن الهادي - رحمه الله- في الجداول.

وعامر: هو الشعبي.

[1855]- **وفي أمالي أحمد بن عيسى** [3/ 127]: أخبرنا محمد، قال: حدثني أحمد بن عيسى، عن حسين، عن أبي خالد، عن زيد بن علي، عن آبائه، عن علي -

عليهم السلام- في البتة، أنه كان في البتة يوقفه، ويقول: (ما نويت؟:

فإن قال: نويت واحدة كانت واحدة بائن، وهي أملك بنفسها.

وإن قال: نويت ثلاثاً كانت حراماً حتى تنكح زوجاً غيره.

وإن قال: لم أنو شيئاً كانت واحدة يملك معها الرجعة. انتهى.

باب القول فيمن أظهر الطلاق وأسر الرجعة، وفي أنه لا قضاء في الطلاق إلا بشاهدين

[1856]- أحمد بن عيسى -رضي الله عنهما- [العلوم:3/ 31]: أحمد بن عيسى، عن حسين[121]، عن أبي خالد، عن زيد، عن آبائه، عن علي -عليهم السلام-، في رجل أظهر طلاق امرأته، وأشهد وأسر رجعتها، فلما رجع وجدها قد تزوجت.

قال: لا سبيل له عليها من أجل أنه أظهر طلاقها وأسر رجعتها.

[1857]- **وفيها أيضاً** [العلوم:3/ 23]: محمد بن جميل، عن مصبح بن الهلقام، عن إسحاق بن الفضل، عن عبيد الله بن محمد بن عمر بن علي، عن أبيه، عن جده، عن علي -عليه السلام-، في امرأة طلقها زوجها عند الشهود تطليقتين، وأشهد على الثالثة رجلاً واحداً، فلما عرف المطلِّق أنه مشهود عليه مكر بشاهده الذي شهد على الواحدة، فقال: إنما نَفِس في امرأتي فأراد أن يحرمها عليّ ثم يتزوجها.

فقال الشاهد: والله إن كانت لسرية أبي، وما تحل لي، ولكن أشهدني على الثالثة.

---

(121) أخرجه أبو جعفر محمد بن الحسن الطوسي في تهذيب الأحكام، فقال: محمد بن أحمد بن يحيى، عن أبي الجوزاء، عن الحسين، عن عمرو بن خالد عن زيد بن علي، عن آبائه، عن علي -عليه السلام- في رجل أظهر طلاق امرأته وأشهد عليه، وأسر رجعتها، ثم خرج، فلما رجع وجدها قد تزوجت، قال: لا حق له عليها، من أجل أنه أسر رجعتها، وأظهر طلاقها. انتهى. تمت من هامش الأصل.

فقال علي: إني لأظنك صادقاً، ولكنا لا نقضي في الطلاق إلا بشاهدين، فأحلف البعل بالله: إنها امرأته وما حرمت عليه، وإن الشاهد لكاذب. انتهى.

[1858]- **الجامع الكافي** [4/ 341]: قال محمد: إذا طلق الرجل امرأته طلاقاً يملك الرجعة، فانقضت عدتها، ثم ادعى أنه كان راجعها قبل انقضاء العدة؛ لم يقبل قوله على ذلك إلا ببينة وشاهدين عدلين، أو رجل وامرأتين، إن كان راجعها قبل انقضاء العدة، وروي ذلك عن علي -عليه السلام-.

وإن لم يكن له بينة فعليه اليمين، ولا يقبل في هذا شاهد ويمين، إنما بلغنا عن علي -عليه السلام- أنه كان يقبل شاهداً ويميناً في الحقوق. انتهى.

باب القول فيمن قال أن الخيار ليس بطلاق

[1859]- **أمالي أحمد بن عيسى -رضي الله عنهما-** [العلوم:3/ 131]: أخبرنا محمد، قال: أخبرنا محمد بن جميل، عن محمد بن جبلة، عن محمد بن بكر، عن أبي الجارود، عن أبي جعفر، قال: خَيَّرَ رسول الله -صلى الله عليه وآله وسلم- نساءه فاخترنه، أفكان ذلك طلاقاً؟، إنهن جلسن عند امرأة منهن فتذاكرن، فقلن: إن يحدث بنبي الله حدث فلا نساء والله أرغب في عيون الرجال ولا أرفع ولا غلا منا، فغار الله -عز وجل-، فأمره فاعتزلهن تسعاً[122] وعشرين ليلة، ثم إن جبريل -عليه السلام- قال: (قد تم الشهر فأمره أن يخيرهن، فقال: ﴿يَـٰٓأَيُّهَا ٱلنَّبِيُّ قُل لِّأَزْوَٰجِكَ إِن كُنتُنَّ تُرِدْنَ ٱلْحَيَوٰةَ ٱلدُّنْيَا وَزِينَتَهَا فَتَعَالَيْنَ أُمَتِّعْكُنَّ وَأُسَرِّحْكُنَّ سَرَاحًا جَمِيلًا ﴿٢٨﴾ وَإِن كُنتُنَّ تُرِدْنَ ٱللَّهَ وَرَسُولَهُۥ وَٱلدَّارَ ٱلْـَٔاخِرَةَ فَإِنَّ ٱللَّهَ أَعَدَّ لِلْمُحْسِنَـٰتِ مِنكُنَّ أَجْرًا عَظِيمًا ﴿٢٩﴾﴾ [الأحزاب:28-29]، [فقلن: بل الله ورسوله والدار الآخرة][123]، أفكان طلاقاً. انتهى.

---

(122) في الأصل: تسع وعشرين، والصحيح ما أثبتناه، كما في العلوم.

(123) ما بين القوسين سقط في الأصل، والتتميم من العلوم.

[1860]- **مجموع زيد بن علي -رضي الله عنهما-** [331]: حدثني زيد بن علي، عن أبيه، عن جده، عن علي -عليهم السلام-، قال: (إذا خيرها فاختارت زوجها فلا شيء، وإن اختارت نفسها فواحدة، وإذا قال لها: أمرك بيدك، فالقضاء ما قضت، ما لم تتكلم، وإن قامت من مجلسها قبل أن تختار فلا خيار لها). انتهى.

[1861]- **علي بن بلال -رحمه الله- في شرح الأحكام** [إعلام الأعلام صـ(295)]: أخبرنا السيد أبو العباس -رحمه الله-، قال: أخبرنا عبد العزيز بن إسحاق، قال: حدثنا علي بن محمد النخعي، قال: حدثنا المحاربي، قال: حدثنا نصر بن مزاحم، عن إبراهيم بن الزبرقان، عن أبي خالد، عن زيد بن علي، عن أبيه، عن جده، عن علي بن أبي طالب -عليهم السلام- قال: (إذا خيرها فاختارت زوجها فلا شيء، وإن اختارت نفسها فواحدة، وإذا قال لها أمرك بيدك، فالقضاء ما قضت ما لم تكلم، وإن قامت من مجلسها قبل أن تختار، فلا خيار لها). انتهى.

[1862]- **المؤيد بالله -عليه السلام- في شرح التجريد** [3/ 305]: وروى زيد بن علي، عن أبيه، عن جده، عن علي -عليهم السلام-، أنه قال: (إذا قال أمرك بيدك؛ فالقضاء ما قضت ما لم تكلم، فإن قامت من مجلسها قبل أن تختار فلا خيار لها). انتهى.

[1863]- **أمالي أحمد بن عيسى -رضي الله عنهما-** [العلوم:3/ 132]: أخبرنا محمد، قال: أخبرنا محمد بن جميل، عن نصر بن مزاحم، عن شريك، عن جابر، عن عامر: في قول علي وعبد الله وزيد: أمرك بيدك واختاري؛ سواء. انتهى.

شريك: هو ابن عبد الله النخعي.

وجابر: هو الجعفي، وعامر: هو الشعبي، وقد مروا جميعاً.

وفي أمالي أحمد بن عيسى أيضاً [العلوم:2/ 132]: أخبرنا محمد، قال: حدثني

أحمد بن عيسى، قال: أخبرنا حسين، عن أبي خالد، عن أبي جعفر، في رجل خَيَّر امرأته فاختارت زوجها، قال: قد خير رسول الله -صلى الله عليه وآله وسلم- نساءه فاخترنه، فلم يكن طلاقاً.

قال: فإن هي اختارت نفسها، قال: هي تطليقة بائنة، هي أملك بنفسها، وليس عليها رجعة، وهو رجل من الخطاب، ولا يخطبها في العدة غيره، لأنها تعتد من مائه. انتهى.

الجامع الكافي [4/ 296]: قال القاسم -عليه السلام- -فيما روى داود عنه-، والحسن ومحمد: وإذا قال الرجل لامرأته: اختاري، فقالت: اخترتُك أو سكتت؛ فلا شيء.

واحتجوا جميعاً: بأن رسول الله -صلى الله عليه وآله وسلم- خير نساءه فلم يكن تخييره لهن طلاقاً.

قال القاسم: وفي ذلك يقول الله لرسول الله -صلى الله عليه وآله وسلم-: ﴿يَٰٓأَيُّهَا ٱلنَّبِيُّ قُل لِّأَزۡوَٰجِكَ إِن كُنتُنَّ تُرِدۡنَ ٱلۡحَيَوٰةَ ٱلدُّنۡيَا وَزِينَتَهَا﴾ [الأحزاب:28] إلى آخر الآية.

قال محمد: وهذا قول أهل الكوفة.

قال القاسم -عليه السلام- -فيما حدثنا علي، عن محمد، عن أحمد، عن عثمان، عن القومسي عنه-: وإن اختارت نفسها فواحدة.

قال الحسن ومحمد: وإن اختارت نفسها فواحدة بائنة، سمعنا عن أبي جعفر، وزيد بن علي -رضي الله عنهما-.

قال الحسن: وعن خيار آل محمد، أنهم قالوا ذلك، وهو خاطب من الخطاب، وإن اختارت زوجها فلا شيء، ورووا ذلك عن علي -عليه السلام-.

واحتج أبو جعفر وزيد في ذلك بأن رسول الله -صلى الله عليه وآله وسلم- خير نساءه فاخترنه فلم يكن طلاقاً.

قال محمد: احتجا بذلك إنكاراً منهم لما رواه الكوفيون عن علي -عليه السلام-.

قال الحسن -عليه السلام-: ولم أسمع عن أحد ممن مضى من أهلنا أنهم رووا ذلك عن علي، ولا عن أحد من علماء آل رسول الله -صلى الله عليه وآله وسلم- أنه أخذ بغير ذلك.

قال الحسن ومحمد: وقد روى الكوفيون من أهل الحديث عن علي -عليه السلام- أنه قال: (إذا خير رجل امرأته فاختارت زوجها فواحدة يملك فيها الرجعة).

قال الحسن: وخالفهم من أهل الكوفة من يتفقه، فقالوا جميعاً -لا خلاف بينهم-: أن القول عندهم كما قال محمد بن علي، وزيد بن علي -رضي الله عنهما-.

وما روي لنا[124] عن علي -عليه السلام-: (إن اختارت زوجها فلا شيء):

قال الحسن -عليه السلام-: ففي نفسي من هذه الرواية عن علي شيء، ولست أعدل بما صح عن خيار آل رسول الله -صلى الله عليه وآله وسلم-، وما أثبتوا عن علي، لأن رسول الله -صلى الله عليه وآله وسلم- أمر بالتمسك بعترته عند الاختلاف وخوف الضلال، فقال: «إني مخلف فيكم ما إن تمسكتم به لن تضلوا كتاب الله وعترتي».

وفيه: وذكر عن أبي جعفر محمد بن علي، وزيد بن علي -رضي الله عنهما-، أنهما أنكرا أن يكون هذا من قول علي.

قال سعدان: ورأيت أبا جعفر -يعني محمد بن منصور- يصححه من قول علي جداً، وقال: ذكره أصحاب علي -صلى الله عليه-، وذكر عن غير واحد من أصحاب علي -صلى الله عليه- أنه قال [به] علي -صلى الله عليه-، وفرق بين رجل وامرأته.

(124) في نسخة الجامع الكافي المطبوعة (4/ 298): وما رويا.

فقال سعدان: فقلت لأبي جعفر، قد كنت تميل إليه، ثم إني رأيتك كأنك توقّاه، قال: نعم في نفسي منه شيء. انتهى.

الهادي -عليه السلام- في الأحكام [1/ 353]: ولو أن رجلاً قال لنسائه: اخترنني أو أنفسكن، فاخترنه، لم يكن ذلك عندنا بطلاق، ولم يلزمه في قوله وقولهن فراق، فإن هن اخترن أنفسهن كانت تطليقة، وفي ذلك ما كان [من فعل] رسول الله -صلى الله عليه وآله وسلم- حين خير نساءه، بأمر الله له، وذلك قول الله -عز وجل-: ﴿يَٰٓأَيُّهَا ٱلنَّبِيُّ قُل لِّأَزۡوَٰجِكَ إِن كُنتُنَّ تُرِدۡنَ ٱلۡحَيَوٰةَ ٱلدُّنۡيَا وَزِينَتَهَا فَتَعَالَيۡنَ أُمَتِّعۡكُنَّ وَأُسَرِّحۡكُنَّ سَرَاحٗا جَمِيلٗا ﴿٢٨﴾ وَإِن كُنتُنَّ تُرِدۡنَ ٱللَّهَ وَرَسُولَهُۥ وَٱلدَّارَ ٱلۡأٓخِرَةَ فَإِنَّ ٱللَّهَ أَعَدَّ لِلۡمُحۡسِنَٰتِ مِنكُنَّ أَجۡرًا عَظِيمٗا ﴿٢٩﴾﴾ [الأحزاب:28-29] ففعل النبي -صلى الله عليه وآله وسلم- ما أمره الله به من تخييرهن، فخيرهن، فاخترنه، فلم يكن ذلك عنه -صلى الله عليه وآله وسلم- طلاقاً.

وفي الأحكام أيضاً [1/ 354]: حدثني أبي، عن أبيه في رجل خَيَّر امرأته فاختارته، أو اختارت نفسها.

قال: قد خير رسول الله -صلى الله عليه وآله وسلم- نساءه فلم يعد تخييره لهن طلاقاً.

حدثني أبي، عن أبيه، أنه سئل عن رجل قال لامرأته: أمرك بيدك.

[1864]- فقال: قد روي عن علي بن أبي طالب -عليه السلام- أنه كان يقول: (إذا جعل أمرها بيدها فقد أخرج منه ما كان له، ووقعت تطليقة واحدة)، فأمرك بيدك أوكد من اختاري، وليسا عندنا سواء، لأن رسول الله -صلى الله عليه وآله وسلم- قد خير نساءه فلم يعد ذلك طلاقاً، وهذا من قول أمير المؤمنين علي بن أبي طالب -عليه السلام- وكان أعلم بما يقول. انتهى.

باب القول فيمن قال من خير فقد طلق

[1865]- **أمالي أحمد بن عيسى** -رضي الله عنهما- [العلوم: 3/ 133]: أخبرنا محمد، قال: أخبرنا عباد، عن محمد بن فضيل، عن إسماعيل بن أبي خالد، عن الشعبي، عن علي بن أبي طالب أنه قال: (إذا خير الرجل امرأته فاختارت زوجها فهي تطليقة، وهو أحق برجعتها، وإن اختارت نفسها فواحدة وهي أملك بأمرها، ويخطبها إن شاء). انتهى.

رجال هذا الإسناد من ثقات محدثي الشيعة، وقد مر الكلام عليهم.

وليس في الأمالي في باب من قال من خير فقد طلق إلا هذا، والبقية ليست على شرطنا.

باب القول في الطلاق قبل الدخول

الهادي -عليه السلام- في الأحكام [1/ 378]: قال يحيى بن الحسين -صلوات الله عليه-:

ويقال لمن قال: إنه لا يقع الطلاق إلا على وجه طهر من غير جماع: ما تقولون فيمن دخلت عليه امرأته فأرخى الستور، وغلق الأبواب، ثم بدا له بداء، فطلق من قبل المجامعة والإفضاء، وقد أرخى عليها الستر، ووجب لها عليه المهر، أتقولون له راجعها، ولا تلزمونه طلاقها، إذ لا يقع على مطلق طلاق، ولا يلحق به عندكم إلا على وجه طهر فراق، فقد يلزمكم ذلك في أصل قولكم:

فإن قالوا: نعم نقول بذلك له ونخطيه، ونرى أنه مخالف لخالقه وباريه.

قيل لهم: فأنتم في قولكم وادعائكم إذاً أعرف بالله وبكتابه وحلاله وحرامه من رسول الله وأنبيائه، إذ تزعمون أن ذلك لا يجوز.

[1866]- وقد فعله رسول الله -صلى الله عليه وآله وسلم- وارتآه، وأجازه وأمضاه، حين أدخلت عليه زوجته أسماء بنت النعمان بن الأسود بن الحارث

الكندي، فلما دخلت عليه -وكانت عائشة ابنة أبي بكر، قد قالت لها: إن أردت أن تحظَي عند رسول الله -صلى الله عليه وآله وسلم- فإذا مد يده إليك فقولي: أعوذ بالله منك-، ففعلت ما أمرتها، فصرف وجهه عنها، وقال: «أمن عائذ الله، ألحقي بأهلك».

[1867]- وكذلك فعل رسول الله -صلى الله عليه وآله وسلم- في زوجته جونية ابنة أبي أسيد، -وكان أبو أسيد الساعدي قدم بها عليه، فتولت عائشة وحفصة مشطها والقيام عليها، فقالت إحداهما لها: إن رسول الله -صلى الله عليه وآله وسلم- يعجبه من المرأة إذا دخلت عليه أن تقول: أعوذ بالله منك-، فلما دخل عليها، وأرخى الستر، وغلق الأبواب، ومد يده إليها، قالت: أعوذ بالله منك، فوضع كمه على وجهه واستتر، وقال: «عذت معاذاً -ثلاث مرات-»، ثم خرج، فأمر أبا أسيد أن يلحقها بقومها، ومتعها بثوي كتان، فذكرانها ماتت كمداً -رحمها الله-. انتهى.

باب القول في الحلف بالطلاق

[1868]- **أمالي أحمد بن عيسى -رضي الله عنهما-** [العلوم:3/ 108]: وأخبرنا محمد، قال: وأخبرنا حسين بن نصر، عن خالد بن عيسى، عن حصين، عن جعفر، عن أبيه: أن رجلاً أتى علياً بالكوفة، فقال: يا أمير المؤمنين، إني حلفت على امرأتي أن أطاها في شهر رمضان نهاراً بطلاقها.

قال: سافر بها إلى المدائن ثم طأها نهاراً، فقد حل لك الطعام والشراب والنكاح. انتهى.

[1869]- **علي بن بلال -رحمه الله- في شرح الأحكام** [إعلام الأعلام (صـ321)]: أخبرنا السيد أبو العباس الحسني -رحمه الله-، قال: حدثنا محمد بن الحسين العلوي، قال: حدثنا أبي، قال: حدثنا زيد بن الحسين، عن ابن أبي أويس، عن ابن ضميرة، عن أبيه، عن جده، عن علي -عليه السلام- قال: (من حلف بالطلاق ثم حنث ناسياً لزمه الطلاق). انتهى.

[1870]- **المؤيد بالله -عليه السلام- في شرح التجريد** [3/ 318]: والأصل في ذلك: ما رواه أبو العباس الحسني -رحمه الله- في النصوص، أنبأنا محمد بن الحسين بن علي الحسيني، حدثنا أبي، حدثنا زيد بن الحسين، عن ابن أبي أويس، عن ابن ضميرة، عن أبيه، عن جده، عن علي -عليه السلام- قال: «من حلف بالطلاق ثم حنث ناسياً، لزمه الطلاق». انتهى.

[1871]- **أمالي أحمد بن عيسى** [العلوم:3/ 108]: أنبأنا محمد، قال: أنبأنا حسين، عن خالد بن عيسى، عن حصين، عن جعفر، عن أبيه، عن علي -عليه السلام- في رجل قال لامرأته: أنت طالق ثلاثاً إن لم أصم يوم الأضحى، قال: (إن صامه لم تطلق امرأته والله ولي عقوبته، ويعزره الإمام). انتهى.

[1872]- **المرشد بالله -عليه السلام- في الأمالي** [2/ 69]: أخبرنا القاضي أبو القاسم علي بن المحسن بن علي التنوخي بقرأتي عليه، قال: أخبرنا أبو محمد سهل بن أحمد بن عبد الله بن سهل الديباجي، قال: حدثنا أبو علي محمد بن محمد بن الأشعث الكوفي بمصر، قال: حدثني موسى بن إسماعيل بن موسى بن جعفر بن محمد، قال: حدثنا أبي، عن أبيه، عن جده جعفر: أن علياً -عليه السلام- سئل عن رجل قال لامرأته: أنت طالق إن لم أصم يوم الأضحى، فقال علي -عليه السلام-: (إن صام فقد اخطأ السنة وخالفها، فالله ولي عقوبته ومغفرته ولم تطلق امرأته، فقال: (ينبغي للإمام أن يؤدبه بشيء من ضرب). انتهى.

رجال أسانيد هذا الباب قد مر الكلام عليهم، وهم من ثقات محدثي الشيعة.

باب القول في طلاق الصبي والمكره والسكران، وفي الطلاق بكل لسان، والهزل في الطلاق

[1873]- **أمالي أحمد بن عيسى -رضي الله عنهما-** [العلوم:3/ 94]: أخبرنا محمد، قال: حدثني أحمد بن عيسى، عن حسين، عن أبي خالد، عن زيد بن علي، عن آبائه، عن علي -عليهم السلام- قال: قال رسول الله -صلى الله عليه وآله

وسلم-: «رفع القلم عن ثلاثة: عن النائم حتى يستيقظ، وعن المجنون حتى يفيق، وعن الصبي حتى يبلغ». انتهى.

[1874]- **مجموع زيد بن علي** -رضي الله عنهما- [326]: حدثني زيد بن علي، عن أبيه، عن جده، عن علي -عليهم السلام-، قال: قال رسول الله -صلى الله عليه وآله وسلم-: «رفع القلم، عن ثلاثة النائم حتى يستيقظ وعن المجنون حتى يفيق وعن الصبي حتى يبلغ». انتهى.

الجامع الكافي [4/274]: قال القاسم - فيما روى داود عنه-، وهو قول الحسن -عليه السلام- -فيما روى ابن صباح عنه-، وهو قول زيد: ولا يقع طلاق الصبي الذي لا يعقل.

قال الحسن ومحمد: بلغنا ذلك عن أبي جعفر، محمد بن علي -رضي الله عنهما-، وابن عباس.

[1875]- وروى محمد بإسناده: عن النبي -صلى الله عليه وآله وسلم- قال: «رفع القلم عن ثلاثة: عن النائم حتى يستيقظ، وعن المجنون حتى يفيق، وعن الصبي حتى يبلغ».

[1876]- وعن علي -عليه السلام- مثل ذلك، إلا أنه قال: حتى يعقل.

وروي عن أبي جعفر محمد بن علي -رضي الله عنهما-: أنه كان يجيز أحكام ابن ثلاث عشرة سنة.

[1877]- وسمعنا عن علي -عليه السلام- أنه خير ابن اثني عشرة سنة بين أمه وعمه. انتهى.

الهادي -عليه السلام- **في الأحكام** [1/361]: قال يحيى بن الحسين -صلوات الله عليه-:

طلاق المجنون والمعتوه في وقت إفاقتهما -إن كانا يفيقان في وقت- جائز،

وإن كانا لا يفيقان في وقت من الأوقات فلا طلاق لهما.

وكذلك قولنا في المبرسم: أنه لا طلاق له إذا زال عقله فلا طلاق له حتى يرجع إليه عقله، والصبيان فلا طلاق لهم، حتى يعقلوا ويعرفوا ما يلزمهم، ويجب في ذلك عليهم، وفي ذلك ما يقول رسول الله -صلى الله عليه وآله وسلم-: «رفع القلم عن ثلاثة: عن النائم حتى يستيقظ، وعن المجنون حتى يفيق، وعن الصبي حتى يحتلم».

[1878]- وفيها أيضاً [1/ 353]: حدثني أبي، عن أبيه: أنه سئل عن طلاق المجنون.

فقال: طلاق المجنون جائز في حال إفاقته، ولا يجوز طلاقه إذا غلب على لبه، وهكذا ذكر عن أمير المؤمنين علي بن أبي طالب -عليه السلام-. انتهى.

[1879]- أمالي أحمد بن عيسى -رضي الله عنهما- [العلوم:3/ 95]: وأخبرنا محمد، قال: حدثني أحمد بن عيسى، عن حسين، عن أبي خالد، عن زيد، عن آبائه، عن علي -عليهم السلام- قال: (إذا بلغ الغلام اثنتي عشرة سنة جرى عليه وله فيما بينه وبين الله، وإذا طلعت العانة وجبت عليه الحدود). انتهى.

[1880]- مجموع زيد بن علي -رضي الله عنهما- [326]: حدثني زيد بن علي، عن أبيه، عن جده، عن علي -عليهم السلام-، قال: «إذا بلغ الغلام اثنتي عشرة سنة جرى عليه وله فيما بينه وبين الله تعالى، فإذا طلعت العانة وجبت عليه الحدود». انتهى.

[1881]- أمالي أحمد بن عيسى -رضي الله عنهما- [العلوم:3/ 105]: أخبرنا محمد، قال: حدثني أبو الطاهر، قال: حدثني أبي، عن أبيه، عن جده، عمر بن علي، عن علي -عليه السلام-، قال: جاء إليه رجل فقال: إن امرأتي دخلت عليّ المغتسل وفي يدها السيف، فقالت: طلقني وإلا ضربتك بهذا السيف، فطلقتها ثلاثاً، فقال: (اشدد يدك بمرتك، وأحسن أدبها). انتهى.

[1882]- **علي بن بلال -رحمه الله- في شرح الأحكام** [إعلام الأعلام (صـ307)]: وأخبرنا أبو العباس -رحمه الله-، قال: أخبرنا أبو زيد العلوي، قال: حدثنا محمد بن منصور، قال: حدثنا أحمد بن عيسى، عن الحسين، عن أبي خالد، عن زيد بن علي، عن آبائه، عن علي -عليهم السلام- قال: قال رسول الله -صلى الله عليه وآله وسلم-: «أعطيت ثلاثاً رحمة من ربي وتوسعه لأمتي: في المكروه حتى يرضى، وفي الخطأ حتى يعمد، وفي النسيان حتى يذكر». انتهى.

[1883]- **أمالي أحمد بن عيسى -رضي الله عنهما-** [العلوم:2/ 106]: وأخبرنا محمد، قال: وأخبرنا محمد بن راشد، قال: وأخبرنا إسماعيل بن أبان، عن غياث، عن جعفر، عن أبيه، عن علي -عليه السلام- قال: (ليس طلاق المكره بشيء). انتهى.

[1884]- **أبو طالب -عليه السلام- في الأمالي** [صـ25]: أخبرنا أبو العباس أحمد بن إبراهيم الحسني -رحمه الله- تعالى، قال: حدثنا أبو زيد عيسى بن محمد العلوي -رحمه الله-، قال: حدثنا محمد بن منصور، قال: حدثنا أحمد بن عيسى، عن حسين بن علوان، عن أبي خالد، عن زيد بن علي، عن أبيه، عن جده، عن علي -عليهم السلام-، قال: قال رسول الله -صلى الله عليه وآله وسلم-: «أعطيت ثلاثاً رحمة من ربي، وتوسعة لأمتي: في المكره حتى يرضى، -يقول: الرجل يكرهه السلطان حتى يرضى الذي عليه من الجور-، وفي الخطأ حتى يتعمد، وفي النسيان حتى يذكر». انتهى.

[1885]- **مجموع زيد بن علي -رضي الله عنهما-** [327]: قال أبو خالد -رحمه الله-: وسألته عن طلاق المكره، قال: حدثني أبي، عن أبيه، عن علي -عليهم السلام- أنه قال:«ثلاث خطأهن وعمدهن وهزلهن وجدهن سواء: الطلاق، والعتاق، والنكاح». انتهى.

[1886]- **أمالي أحمد بن عيسى -رضي الله عنهما-** [العلوم:3/ 25]: محمد بن جميل، عن إسحاق بن منصور، عن الحسن بن صالح، عن عبد الله بن نجي،

عن علي -عليه السلام- قال: «ثلاث ليس فيهن لعب: الطلاق، والعتاق، والنذر». انتهى.

رجال هذا الإسناد من ثقات محدثي الشيعة:

ومحمد بن جميل والحسن بن صالح: قد مر الكلام عليهما.

وإسحاق بن منصور: هو السلولي سيأتي.

[ترجمة عبد الله بن نجي]:

وعبد الله بن نجي:

إليك الكلام عليه: قال في الجدوال: عبد الله بن نجي الحضرمي، الكوفي، عن علي -عليه السلام-، والحسين بن علي، وعنه جابر، وأبو زرعة، وشرحبيل بن مدرك.

وثقه النسائي، واحتج به الأربعة.

كان إخوة عبد الله سبعة قتلوا في جانب الحق يوم صفين. انتهى.

قلت: كان عبد الله من أصحاب أمير المؤمنين -عليه السلام-(125).

[1887]- **مجموع زيد بن علي -رضي الله عنهما- [325]: حدثني زيد بن علي، عن أبيه، عن جده، عن علي -عليهم السلام-، قال: «ثلاث لا لعب فيهن:**

---

(125) عبد الله بن نُجِيّ -بالتصغير- بن سَلَمَة الحضرمي الكوفي، كان أبوه عَلَىٰ مِطْهَرة أمير المؤمنين علي -عليه السلام-. روى عن أمير المؤمنين علي، وعن الإمام السبط الحسين صلوات الله تعالى عليهما، وعن حذيفة بن اليمان، وعَمّار بن ياسر، وأبيه نُجَيٍّ.

رَوَىٰ عنه جابر الجُعْفِيُّ، وشُرَحْبِيلُ بن مُدْرِك الجُعْفِي.

قال البخاري وابن عدي: فيه نظر، وقال النسائي: ثقة، وذكره ابن حبان في الثقات، وقال: يَروي عن علي، ويروي أيضًا عن أبيه عن علي. وقال البزار: سمع هو وأبوه من علي، وكَناه النسائيُّ: أبا لقمان، قال ابن حجر في التقريب: صدوق.

روى له أبو داود، والنسائيّ، وابن ماجه. انتهى بتصرف من تهذيب الكمال للمزي (4/ 305)، رقم (3602)، وتهذيب التهذيب لابن حجر (6/ 51)، رقم (3788)، وانظر الكامل لابن عدي (5/ 387)، رقم (1058). من حاشية لوامع الأنوار (2/ 703).

النكاح والطلاق والعتاق». انتهى.

[1888]- **أمالي أحمد بن عيسى -رضي الله عنهما-** [العلوم:3/ 94]: وحدثنا محمد، قال: حدثنا إسماعيل بن موسى، عن شريك، عن جابر الجعفي، عن عبد الله بن نجي، عن علي بن أبي طالب -عليه السلام- قال: «ثلاث لا لعب فيهن: الطلاق والعتاق والصدقة» انتهى.

رجال هذا الإسناد قد مر الكلام عليهم.

[1889]- **الجامع الكافي** [4/ 272]: روى محمد بإسناد: عن النبي -صلى الله عليه وآله وسلم- أنه قال: «من طلق لاعباً، أو أعتق لاعباً، أو أنكح لاعباً، جاز».

[1890]- وعن علي -عليه السلام- قال : «ثلاث ليس فيهن لعب: الطلاق والعتاق والنذر». انتهى.

[1891]- **علي بن بلال -رحمه الله- في شرح الأحكام** [إعلام الأعلام (صـ305)]: أخبرنا السيد أبو العباس -رحمه الله-، قال: أخبرنا عبد العزيز بن إسحاق، قال: حدثنا علي بن محمد النخعي، قال: حدثنا نصر بن مزاحم، عن إبراهيم بن الزبرقان، عن أبي خالد، عن زيد بن علي، عن أبيه، عن جده، عن علي بن أبي طالب -عليهم السلام-، قال: (طلاق السكران جائز). انتهى.

[1892]- **أمالي أحمد بن عيسى -رضي الله عنهما-** [العلوم:3/ 95]: وأخبرنا محمد، قال: حدثنا محمد بن راشد، عن إسماعيل بن أبان، عن غيات، عن جعفر، عن أبيه، عن علي قال: (طلاق السكران جائز). انتهى.

[1893]- **مجموع زيد بن علي -رضي الله عنهما-** [326]: حدثني زيد بن علي، عن أبيه، عن جده، عن علي -عليهم السلام-، قال: (طلاق السكران جائز). انتهى.

[1894]- **الجامع الكافي** [4/ 274]: وروى محمد بإسناد: عن علي -عليه السلام- قال: (طلاق السكران جائز). انتهى.

[1895]- **أمالي أحمد بن عيسى -رضي الله عنهما-** [العلوم:3/ 96]:

وأخبرنا محمد، قال: حدثنا علي بن الحسن العلوي، قال: حدثنا حماد بن عيسى، عن جعفر، عن أبيه، أن علياً قال: (كل طلاق بكل لسان طلاق). انتهى.

رجال هذا الإسناد قد مر الكلام عليهم.

[1896]- **الجامع الكافي** [4/ 289]: قال محمد: وروي عن علي -عليه السلام- قال: (الطلاق بكل لسان طلاق). انتهى.

[1897]- **أمالي أحمد بن عيسى -رضي الله عنهما-** [العلوم:3/ 95]: محمد بن جميل، عن عاصم، عن قيس، عن أبي إسحاق، عن الحرث، عن علي -عليه السلام- قال: (اكتموا الصبيان النكاح، فإن كل طلاق جائز إلا طلاق المعتوه). انتهى.

عاصم: هو ابن عامر، وقيس: هو ابن الربيع، وأبو إسحاق: هو السبيعي: وكلهم قد مر الكلام عليهم.

[1898]- **الجامع الكافي** [4/ 273]: قال محمد: قال علي بن أبي طالب -عليه السلام-: «كل طلاق جائز إلا طلاق المعتوه». انتهى.

[1899]- **أمالي أحمد بن عيسى -رضي الله عنهما-** [العلوم:3/ 97]: وحدثنا محمد، قال: حدثنا حسين بن نصر، عن خالد، عن حصين، عن جعفر، عن أبيه، عن علي -عليه السلام- أنه قال -في الرجل يقال له: قد طلقت؟ فيقول نعم-، قال: (قد طلقها حينئذ). اتنهى.

[1900]- **الجامع الكافي** [4/ 270]: قال محمد: وإذا قيل لرجل: طلقت امرأتك؟، فقال: نعم، ولم يكن طلقها، فقد روي عن علي -عليه السلام- أنه قال: ([قد] طلقها حينئذ). انتهى.

باب القول في أن العبد بيده الطلاق إذا أذن السيد بالنكاح، وفي الكناية بالطلاق

[1901]- **أمالي أحمد بن عيسى** -رضي الله عنهما- [العلوم:3/ 98]: وأخبرنا محمد، قال: حدثنا محمد بن راشد، عن إسماعيل بن أبان، عن غياث، عن جعفر، عن أبيه، عن علي -عليه السلام- قال: (إذا تزوج العبد بإذن سيده فالطلاق بيد العبد، وإذا تزوج العبد بغير إذن مواليه ثم أذنوا له بعد [ذلك] فلا بأس).

[1902]- **وفيها أيضاً** [العلوم:3/ 98]: وأخبرنا محمد، قال: حدثني أحمد بن عيسى، قال: حدثنا حسين بن علوان، عن أبي خالد، عن زيد بن علي، عن آبائه أن علياً -عليهم السلام- قال لرجل: (أصب لي جارية اتخذها أم ولد)، فأتى بجارية فاستنطقها فأعجبه عقلها، فقال لها: أفارغة أنت أم مشغولة؟.

قالت: يا أمير المؤمنين، وما الفارغة من المشغولة؟

قال: (أذات زوج أنت، أم لا زوج لك؟).

قالت: بل ذات زوج، فقال للذي جاء بها: (انطلق، فإن فارقها زوجها عن رضى، وإلا فردها على صاحبها).

فقال بعض الجلوس: يا أمير المؤمنين، أو ليس بيعها طلاقها، فقال علي: (لا، إذا زوج السيد، فإن الطلاق بيد العبد أبداً)، ثم قال: (لا يحل فرج لاثنين). انتهى.

[1903]- **مجموع زيد بن علي** -رضي الله عنهما- [325]: حدثني زيد بن علي، عن أبيه، عن جده، عن علي -عليهم السلام- في الرجل يقول لامرأته: اعتدي، قال: (إن كان لم يدخل بها: بانت، لأنها لا عدة عليها، وإن كان قد دخل بها: فهي واحدة، يملك بها الرجعة). انتهى.

[1904]- **أمالي أحمد بن عيسى** -رضي الله عنهما- [العلوم:3/ 93]: وأخبرنا محمد، قال: أخبرنا محمد بن جميل، عن مصبح، عن إسحاق بن الفضل،

عن عبيد الله بن محمد بن عمر بن علي، عن أبيه، عن جده، عن علي -عليه السلام- قال: (الطلاق أن يقول الرجل لامرأته: اعتدي، فإذا قال ذلك فهي تطليقة واحدة، وهو أملك برجعتها). انتهى.

باب القول في أنه لا طلاق قبل نكاح، وفي من طلق قبل الدخول

[1905]- **مجموع زيد بن علي** [327]: حدثني زيد بن علي، عن أبيه، عن جده، عن علي -عليهم السلام-، قال: قال رسول الله -صلى الله عليه وآله وسلم-: «لا طلاق ولا عتاق إلا ما ملكت عقدته». انتهى.

[1906]- **أمالي أحمد بن عيسى** -رضي الله عنهما- [العلوم:3/102]: وأخبرنا محمد، قال: حدثني أحمد بن عيسى، عن حسين، عن أبي خالد، عن زيد بن علي، عن آبائه، عن علي -عليهم السلام- قال: قال رسول الله -صلى الله عليه وآله وسلم-: «لا طلاق ولا عتاق إلا ما ملكت عقدته».

[1907]- وأخبرنا محمد، قال: وأخبرنا عبد الله بن موسى، قال: حدثني أبي، عن أبيه قال: قال رسول الله -صلى الله عليه وآله وسلم-: «لا طلاق لمن ينكح، ولا عتق لمن لم يملك». انتهى.

[1908]- **علي بن بلال في شرح الأحكام** [إعلام الأعلام (ص296)]: أخبرنا السيد أبو العباس -رحمه الله-، قال: أخبرنا عبد العزيز بن إسحاق، قال: حدثنا علي بن محمد النخعي، قال: حدثنا سليمان بن إبراهيم المحاربي، قال: حدثنا نصر بن مزاحم، عن إبراهيم بن الزبرقان، عن أبي خالد، عن زيد بن علي، عن أبيه، عن جده، عن علي -عليهم السلام-، قال: قال رسول الله -صلى الله عليه وآله وسلم-: «لا طلاق ولا عتاق إلا ما ملكت عقدته». انتهى.

الهادي -عليه السلام- **في الأحكام** [1/428]: قال يحيى بن الحسين -صلوات الله عليه-: ولو أن رجلاً طلق قبل أن يملك عقدة النكاح لم يكن عندنا

ذلك طلاقاً، فإن سمى المرأة بعينها فقال: يوم أتزوج فلانة فهي طالق، لم يلزمه طلاقها، لأنه لا يملك عقدة نكاحها.

[1909]- وكذلك يروى عن أمير المؤمنين علي بن أبي طالب -عليه السلام- أنه كان يقول: (لا طلاق ولا عتاق إلا ما ملكت عقدته).

حدثني أبي، عن أبيه أنه سئل عن رجل قال: يوم أتزوج فلانة فهي طالق، ومتى تزوجت امرأة فهي طالق، أو يقول: إن تزوجت إلى كذا أو كذا فهي طالق.

[1910]- قال: قد ذكر عن علي بن أبي طالب -عليه السلام- أنه قال: (لا طلاق إلا بعد نكاح، ولا عتاق إلا بعد ملك وإن سماها باسمها).

[1911]- ويروى أن رجلاً من الأنصار لاحى ابن أخيه ونازعه، فحلف ابن أخيه بالطلاق أن لا يتزوج ابنته، فإن تزوجها فهي طالق، فسأل الأب رسول الله -صلى الله عليه وآله وسلم-: فأمره بإنكاحها إياه، ولم يلزمه طلاقها قبل ملكها. انتهى.

أمالي أحمد بن عيسى -رضي الله عنهما- [العلوم: 3/ 104]: وأخبرنا محمد، قال: أخبرني جعفر، عن قاسم بن إبراهيم -في رجل قال: يوم أتزوج فلانة فهي طالق، أو متى يتزوج امرأة فهي طالق-: ذكر عن علي أنه قال: (لا طلاق إلا بعد نكاح، ولا عتاق إلا بعد ملك، وإن سماها باسمها).

ويروى أن رجلاً من الأنصار لا حى ابن أخيه ونازعه، فسأل الأب النبي -صلى الله عليه وآله وسلم-: فأمره بإنكاحها، ولم يلزمه طلاقها قبل ملكها.

وفيها [العلوم: 3/ 102]: وأخبرنا محمد، قال: حدثني أبو الطاهر العلوي، قال: حدثني محمد بن جعفر، عن أبيه، عن جده، قال كان علي بن الحسين يقول: لو وضع يده على رأسها ما كان شيئاً للذي يقول يوم أتزوج فلانة فهي طالق.

وفيها أيضاً [العلوم: 2/ 103]: وأخبرنا محمد، قال: وأخبرنا محمد، عن إبراهيم،

عن يحيى بن يعلى، عن الأجلح، عن حبيب بن أبي ثابت، عن علي بن الحسين في رجل قال: يوم أتزوج فلانة فهي طالق -وسماها باسمها واسم أبيها-، قال: بدأ الله بالنكاح قبل الطلاق،وقرأ:﴿يَـٰٓأَيُّهَا ٱلَّذِينَ ءَامَنُوٓاْ إِذَا نَكَحۡتُمُ ٱلۡمُؤۡمِنَٰتِ ثُمَّ طَلَّقۡتُمُوهُنَّ﴾ [الأحزاب:49]. انتهى.

الرجال:

أما محمد في أول الإسناد: فهو ابن منصور.

وأما الثاني: فهو ابن جميل.

وأما إبراهيم: فهو ابن محمد بن ميمون، وكلهم قد مر الكلام عليهم.

[ترجمة يحيى بن يعلى، والأجلح]:

وأما يحيى بن يعلى:

فهو يحيى بن يعلى الأسلمي، أبو زكريا القطواني، الكوفي، عن الأعمش، ويونس بن حبان، وغيرهما، وعنه جندل بن والق، وحميد بن الربيع، وإبراهيم بن حبيب وجماعة.

قال الذهبي في تاريخ الإسلام: شيعي ضعيف. توفي رأس المائتين.

قال علامة العصر عبد الله بن الهادي -رحمه الله-: كان يحيى أحد العلماء النافذة بصائرهم مع الحسين الفخي -رحمهم الله-، ومتابعته للآل سبب ضعفه. انتهى.

وأما الأجلح:

فهو أجلح بن عبد الله بن حجية -بحاء مهملة، ثم جيم كعُلَيَّة- الكندي، أبو حجية الكوفي، الشيعي، عن علي، وولده الحسن، وأبي إسحاق، وخلق.

وعنه يحيى بن يعلى، وعبد الرزاق.

قال ابن عدي: يُعْد في الشيعة، مستقيم الحديث.

قال علامة العصر -رحمه الله-: كان أحد أتباع زيد بن علي وتلامذته، توفي سنة خمس وأربعين ومائة. انتهى.

وأما حبيب بن أبي ثابت: فقد مر.

وفي **أمالي أحمد بن عيسى أيضاً** [العلوم:3/ 103]: وأخبرنا محمد، قال: أخبرنا عباد، عن ابن فضيل، عن الأجلح، عن حبيب بن أبي ثابت، عن علي بن الحسين في قول الرجل: كل امرأة أتزوجها فهي طالق، قال: (ليس بشيء).

وأخبرنا محمد، حدثني أحمد بن عيسى، عن حسين، عن أبي خالد، عن أبي جعفر، وسأله رجل فقال: إن لي ذات قرابة، وهي تعرض علي، وقد قلتُ: يوم أتزوجها فهي طالق، قال: قلت هذا وأنت تملكها، قال: لا، قال: فتزوجها.

وأخبرنا محمد، قال: حدثني أحمد بن عيسى، عن حسين، عن أبي خالد، عن زيد بن علي: في رجل قال: يوم أتزوج فلانة فهي طالق، قال: أكرهه، وليس بحرام. انتهى.

الجامع الكافي [4/ 387]: قال محمد: قول أهل البيت لا طلاق قبل نكاح، هو قول علي -عليه السلام-، وعلي بن الحسين، ومحمد بن علي -عليهم السلام-، وابن عباس، ومحمد بن عمر بن علي، وعبد الله بن موسى -عليهم السلام-.

وقال زيد بن علي: ليس هو بحرام، وله في غيرها فسحة. انتهى.

[1912]- **أمالي أحمد بن عيسى** -رضي الله عنهما- [العلوم:3/ 49]: محمد بن راشد، عن إسماعيل بن أبان، عن غياث، عن جعفر، عن أبيه، عن علي -عليه السلام- قال: (إذا طلق الرجل امرأته قبل أن يدخل بها فلا ميراث لها ولا عدة عليها). انتهى.

باب القول في الخلع

[1913]- **مجموع زيد بن علي** -رضي الله عنهما- [328]: حدثني زيد بن علي، عن أبيه، عن جده، عن علي -عليهم السلام-: (إذا قبل الرجل من امرأته فدية فقد بانت منه بتطليقة).

[1914]- حدثني زيد بن علي، عن أبيه، عن جده، عن علي -عليهم السلام-: (المختلعة لها السكنى، ولا نفقة لها، ويلحقها الطلاق، ما دامت في العدة).

[1915]- حدثني زيد بن علي، عن أبيه، عن جده، عن علي -عليهم السلام-، -في الرجل يطلق امرأته طلاقاً بائناً-، قال: (ليس له أن يتزوج أختها حتى ينقضي أجلها).

[1916]- وفي الرجل يكون له أربع نسوة فيطلق إحداهن طلاقاً بائناً، قال: (ليس له أن يتزوج خامسة حتى تنقضي عدة المطلقة منهن). انتهى.

[1917]- **أمالي أحمد بن عيسى** -رضي الله عنهما- [العلوم: 3/ 144]: أخبرنا محمد، قال: أخبرنا محمد بن جميل، عن مصبح، عن إسحاق بن الفضل، عن عبيد الله بن محمد بن عمر بن علي، عن أبيه، عن جده، عن علي -عليه السلام-، قال: (إذا قبل الرجل من امرأته صدقة فهي أملك بنفسها وهي تطليقة واحدة).

[1918]- **وفيها** [العلوم: 3/ 143]: أخبرنا محمد، قال: أخبرنا محمد بن راشد، عن إسماعيل بن أبان، عن غياث، عن جعفر، عن أبيه، قال: (المختلعة يلحقها الطلاق ما كانت في العدة). انتهى.

[1919]- **علي بن بلال** -رحمه الله- في **شرح الأحكام** [إعلام الأعلام (ص‍314)]: أخبرنا السيد أبو العباس الحسني -رحمه الله-، قال: أخبرنا علي بن محمد الروياني، قال: حدثنا الحسين بن علي بن الحسن، قال: حدثنا زيد بن الحسين،

عن ابن أبي أويس، عن ابن ضميرة، عن ابن ضميرة، عن أبيه، عن جده، عن علي -عليه السلام-: أنه قضى أن الخلع جائز إذا وضعه الرجل على موضعه، وإذا قالت امرأته: إني أخاف أن لا أقيم حدود الله فيك، جاز لهما ما تراضيا عليه، ولا يكون ذلك إلا عند سلطان. انتهى.

[1920]- **أمالي أحمد بن عيسى -رضي الله عنهما-** [العلوم:3/ 143]: أخبرنا محمد، قال: أخبرنا عباد، عن ابن فضيل، عن ليث، عن الحكم، عن علي -عليه السلام-، قال: (إذا خالع الرجل امرأته فلا يأخذ فوق الذي أعطاها).

[1921]- **وفيها** [العلوم:3/ 143]: أخبرنا محمد، قال أخبرنا محمد، عن حفص بن غياث، عن ليث، عن الحكم، عن علي -عليه السلام-: (أنه كان يكره أن يأخذ منها أكثر مما أعطاها).

[1922]- **وفيها أيضاً** [العلوم:3/ 143]: حدثنا محمد، قال: حدثنا محمد بن جميل، عن مصبح بن الهلقام، عن إسحاق بن الفضل، عن عبيد الله بن محمد بن عمر بن علي، عن أبيه، عن جده، عن علي -عليه السلام- قال: (إذا قبل الرجل من امرأته فدية فهي تطليقة واحدة، وهي أملك بنفسها، فإن رجعت فلا **﴿يَحِلُّ لَكُمْ أَن تَأْخُذُوا۟ مِمَّآ ءَاتَيْتُمُوهُنَّ شَيْـًٔا إِلَّآ أَن يَخَافَآ أَلَّا يُقِيمَا حُدُودَ ٱللَّهِ﴾** [البقرة:229] وذلك أن تقول المرأة لزوجها: لا أقيم لك حدود الله، وتقول: لا أكرم لك نفساً، ولا أطيع لك أمراً، ولا أبر لك قسماً، ولا أغتسل لك من جنابة، أو تقول: لا أغتسل لك من حيضة، ولا أتوضأ للصلاة، فإذا فعلت ذلك حل له الفدية). انتهى.

رجال جميع أسانيد الباب قد مر الكلام عليهم جميعاً، وهم من ثقات محدثي الشيعة.

ومحمد -الراوي عن حفص بن غياث في سند أمالي أحمد بن عيسى-: هو محمد بن عبيد المحاربي.

[1923]- **الجامع الكافي**[4/ 256]: قال الحسن -عليه السلام- -فيما حدثنا

محمد بن جعفر، قال: حدثنا ابن شاذان، عنه-: روينا عن علي بن أبي طالب -عليه السلام- أنه قال: (لا يحل للرجل أن يأخذ من المختلعة أكثر مما أعطاها).

وقال محمد: كره علي بن أبي طالب -عليه السلام- أن يأخذ الرجل من المرأة في الخلع أكثر مما أعطاها، وبذلك نأخذ، لا يأخذ منها أكثر مما أعطاها.

[1924]- وفيه [4/ 258]: وروى محمد بإسناد: عن علي -عليه السلام- قال: (إذا قالت: لا أبر لك قسماً، ولا أطيع لك أمراً، ولا أغتسل لك من جنابة، ولا أكرم لك نفساً، أحل له أخذ الفدية، ولا يأخذ منها أكثر مما أعطاها).

وفيها أيضاً [4/ 264]: قال القاسم -عليه السلام- -فيما روى داود عنه-، وهو قول محمد-: والخلع والمفاداة تطليقة بائنة، ولا رجعة له عليها، والعدة لها لازمة.

قال محمد: وعدتها عدة المطلقة إن كانت مدخولاً بها، وروي ذلك عن علي -عليه السلام-، وإن كانت غير مدخول بها فلها عليه المتعة، ﴿عَلَى ٱلْمُوسِعِ قَدَرُهُۥ وَعَلَى ٱلْمُقْتِرِ قَدَرُهُۥ﴾ [البقرة:236].

[1925]- وروي عن النبي -صلى الله عليه وآله وسلم-، وعن علي -عليه السلام- أن «الخلع تطليقة».

وفيه أيضاً [4/ 265]: قال القاسم -عليه السلام- فيما روى داود عنه-: والمختلعة إذا تم جُعلُها لم يلحقها طلاق زوجها، لأنها قد بانت منه، وانقطع العصمة بينهما، وإنما يقع الطلاق على المرأة في العدة إذا كان للزوج عليها رجعة. انتهى.

الهادي -عليه السلام- في الأحكام [1/ 394]: قال يحيى بن الحسين - صلوات الله عليه-:

لا يجوز للرجل أن يخالع امرأته بشيء يأخذه منها حتى يكون مبتدأ طلب ذلك منها، وتكون ظالمة، تقول: لا أبر لك قسماً، ولا أطأ لك فراشاً، ولا أطيع لك أمراً، فإذا كان ذلك منها، ولم ترجع إلى ما يجب له عليها، جازت له مخالعتها،

وأخذ ما أعطاها، ولا يجوز له أن يأخذ منها أكثر مما أخذت منه، ولابد في الخلع من طلاق يلفظ به لها، لأن كل نكاح كان بين رجل وامرأة، فلا يبطله إلا الطلاق، وهذا قولي والذي اختاره في ذلك وأراه، فلا بد من ذكر الطلاق بشرط منه لها، قبل أن يأخذ المال أو يلفظ لها به، بعد أخذ المال، فإن لم يفعل ذلك أولاً ولا آخراً، فالمرأة في حباله، وما أخذ منها لها دونه. انتهى.

باب القول في الرجل والمرأة يختلفان في متاع البيت

[1926]- **مجموع زيد بن علي -رضي الله عنهما-** [301]: حدثني زيد بن علي، عن أبيه، عن جده، عن علي -عليهم السلام-: -في الرجل يطلق امرأته فيختلفان في متاع البيت- فقضى علي -عليه السلام- في ذلك: (أن ما يكون للرجال فهو للرجل، وما يكون للنساء فهو للنساء، وما يكون للرجال والنساء فهو بينهما نصفان). انتهى.

باب القول في الظهار وكفارته

[1927]- **مجموع زيد بن علي -رضي الله عنهما-** [331]: حدثني زيد بن علي، عن أبيه، عن جده، عن علي -عليهم السلام- في الرجل يظاهر من امرأته-: (فعليه الكفارة)، كما قال الله -تعالى-: ﴿فَتَحۡرِيرُ رَقَبَةٖ مُّؤۡمِنَةٖ﴾ [النساء:92]، مؤمنة كانت أو كافرة.

وقال في قتل الخطأ: لا يجوز إلا [رقبة] مؤمنة، ﴿فَمَن لَّمۡ يَجِدۡ فَصِيَامُ شَهۡرَيۡنِ مُتَتَابِعَيۡنِ﴾ [النساء:92] ﴿فَمَن لَّمۡ يَسۡتَطِعۡ فَإِطۡعَامُ سِتِّينَ مِسۡكِينٗاۚ﴾ [المجادلة:4] في الظهار ولا يجزيه ذلك في القتل. انتهى.

الهادي -عليه السلام- في الأحكام [1/ 355]: قال يحيى بن الحسين -صلوات الله عليه-:

كل من ظاهر من امرأته فلا يحل له من بعد ذلك مداناتها، إلا من بعد أن

يكفر بما أوجب الله عليه في ذلك من الكفارة:

فيعتق رقبة من قبل أن يمسها.

فإن لم يجد صام شهرين متتابعين من قبل أن يدنو منها، أو يكون منه جماع إليها.

فمن لم يستطع الصيام جاز له عند ذلك الإطعام، فليطعم ستين مسكيناً أحراراً مسلمين، محتاجين مضطرين، ثم تحل له امرأته من بعد ذلك.

[1928]- **وفي ذلك**: ما يقول الله -عز وجل- حين أنزل على نبيه -صلى الله عليه وآله وسلم- ما ألزم(126) في ظهار أوس بن الصامت الأنصاري من زوجته خولة ابنة ثعلبة.

وذلك أنه نظر إليها وهي تصلي فأعجبته، فأمرها أن انتصرف إليه، فأبت وتمت على صلاتها، فغضب وقال: أنت عليّ كظهر أمي، -وكان طلاق الجاهلية هو الظهار-، فندم وندمت، فأتت إلى رسول الله -صلى الله عليه وآله وسلم- فذكرت له ذلك، وقالت: انظر هل ترى له من توبة؟.

فقال: «ما أرى له من توبة في مراجعتك»، فرفعت يدها إلى الله سبحانه فقالت: اللهم إن أوساً طلقني حين كبرت سني، وضعف بدني، ودق عظمي، وذهبت حاجة الرجال مني.

فرحمها الله -عز وجل- فأنزل الكفارة، فدعاه رسول الله -صلى الله عليه وآله وسلم- فقال له: «أعتق رقبة»، فقال: لا أجدها.

فقال له رسول الله -صلى الله عليه وآله وسلم-: «صم شهرين متتابعين». فقال: يا رسول الله، إن لم أكل كل يوم ثلاث مرات لم أصبر.

فقال رسول الله -صلى الله عليه وآله وسلم-: «فأطعم ستين مسكيناً»، فقال: ما عندي ما أتصدق به، إلا أن يعينني الله ورسوله، فأعانه رسول الله -صلى الله

(126) في نسخة الأحكام: ما أنزل.

عليه وآله وسلم- بعرق من تمر، -والعرق: فهو المكيل الكبير، فيه ثلاثون صاعاً- من تمر الصدقة.

فقال: يا رسول الله، والذي بعثك بالحق نبياً ما بين لابتيها أهل بيت أحوج إليه منا.

فقال له النبي -صلى الله عليه وآله وسلم-: «انطلق فكله أنت وأهلك، وقع على امرأتك».

فأنزل الله في هذين الأنصاريين ما أنزل، وذلك قوله: ﴿وَالَّذِينَ يُظَاهِرُونَ مِن نِّسَائِهِمْ ثُمَّ يَعُودُونَ لِمَا قَالُوا فَتَحْرِيرُ رَقَبَةٍ مِّن قَبْلِ أَن يَتَمَاسَّا ذَٰلِكُمْ تُوعَظُونَ بِهِ وَاللَّهُ بِمَا تَعْمَلُونَ خَبِيرٌ ۝٣ فَمَن لَّمْ يَجِدْ فَصِيَامُ شَهْرَيْنِ مُتَتَابِعَيْنِ مِن قَبْلِ أَن يَتَمَاسَّا فَمَن لَّمْ يَسْتَطِعْ فَإِطْعَامُ سِتِّينَ مِسْكِينًا ذَٰلِكَ لِتُؤْمِنُوا بِاللَّهِ وَرَسُولِهِ﴾ [المجادلة:3-4]. انتهى.

[1929]- **أمالي أحمد بن عيسى -رضي الله عنهما-** [العلوم:3/ 138]: أخبرنا محمد بن منصور، قال: أخبرنا عباد، قال: أخبرنا عيسى بن عبد الله، قال: حدثني أبي، عن أبيه، عن جده، عن علي -عليهم السلام- قال: (من ظاهر فعليه الكفارة، وفى أو لم يف، لما قال من المنكر والزور، قال الله -سبحانه-: ﴿وَإِنَّهُمْ لَيَقُولُونَ مُنكَرًا مِّنَ الْقَوْلِ وَزُورًا﴾ [المجادلة:2].

[1930]- أخبرنا محمد، قال: أخبرنا محمد بن راشد، قال: أخبرنا عيسى بن عبد الله، قال: حدثني أبي، عن أبيه، عن جده، عن علي -عليه السلام-: (في المظاهر عليه الكفارة حنث أو لم يحنث، لما قال من المنكر والزور).

[1931]- أخبرنا محمد، قال: أخبرنا حسين بن نصر، عن خالد، عن حصين، عن جعفر، عن أبيه، عن علي -عليه السلام-، قال: (ليس الكفارة في الكذب، إنما الكفارة في الحنث).

قال محمد: هذا لا يستعمل.

[1932]- أخبرنا محمد، قال: أخبرنا محمد بن جميل، عن مصبح، عن إسحاق بن الفضل، عن عبيد الله بن محمد بن عمر بن علي، عن أبيه، عن جده، عن علي -عليه السلام- في الرجل يظاهر من امرأته ثلاث تظهيرات: (أن عليه ثلاث رقاب إن كان له سعة مال، فإن لم يكن له سعة مال فإن عليه تحرير رقبة، أو صيام شهرين متتابعين، أو إطعام ستين مسكيناً، لكل مسكين صاع من طعام، ولا تحل له حتى يقضي الكفارات كلهن.

[1933]- أخبرنا محمد، أخبرنا حسين بن نصر، عن خالد، عن حصين، عن جعفر، عن أبيه، عن علي -عليه السلام- قال: (إذا كان على الرجل صوم كفارة الظهار فواقع أهله استأنف الصوم).

[1934]- أخبرنا محمد، قال: أخبرنا محمد بن عبيد، عن أبي معاوية، عن إسماعيل، عن عمرو بن دينار، عن طاووس، عن ابن عباس، قال: أتى النبيَّ -صلى الله عليه وآله وسلم- رجلٌ فقال: إني ظاهرت من امرأتي، وإني أعجبني خلخالها في القمر، فوقعت عليها، فقال -صلى الله عليه وآله وسلم-: «ألم يقل الله -عز وجل-: من قبل أن يتماسا، أمسك حتى تكفر».

قال محمد: أراد به لم يأمره إلا بالكفارة الواحدة، جرت به السنة عن رسول الله -صلى الله عليه وآله وسلم-.

[1935]- وأخبرنا محمد، قال: أخبرنا محمد بن عبيد، عن علي بن هاشم، عن إسماعيل، عن عمرو بن دينار، عن طاووس، عن ابن عباس، عن النبي -صلى الله عليه وآله وسلم- أنه قال: «ألم يقل الله -عز وجل- من قبل أن يتماسا، أمسك حتى تكفر».

[1936]- أخبرنا محمد، قال: أخبرنا محمد بن جميل، عن مصبح بن الهلقام، عن إسحاق بن الفضل، عن عبيد الله بن محمد بن عمر بن علي، عن أبيه، عن

جده، عن علي -عليه السلام- قال: (تحرير رقبة، أو صيام شهرين متتابعين، أو إطعام ستين مسكيناً، لكل مسكين صاع من طعام). انتهى.

رجال أسانيد الباب قد مر الكلام عليهم، وهم من ثقات محدثي الشيعة.

وأبو معاوية: هو هشيم بن بشير السلمي، وإسماعيل: هو ابن أبي خالد.

باب القول في الإيلاء

[1937]- **مجموع زيد بن علي -رضي الله عنهما-** [332]: حدثني زيد بن علي، عن أبيه، عن جده، عن علي -عليهم السلام-، قال: (الإيلاء: هو القسم، وهو الحلف، فإذا حلف الرجل: لا يقرب امرأته أربعة أشهر أو أكثر من ذلك، فهو مولٍ، وإن كان دون الأربعة الأشهر فليس بمول). انتهى.

[1938]- **علي بن بلال -رحمه الله- في شرح الأحكام** [إعلام الأعلام (صـ299)]: أخبرنا السيد أبو العباس -رحمه الله-، قال: أخبرنا عبد العزيز بن إسحاق، قال: حدثنا علي بن محمد النخعي، قال: حدثنا سليمان بن إبراهيم المحاربي، قال: حدثنا نصر بن مزاحم، قال: حدثنا إبراهيم بن الزبرقان، عن أبي خالد، قال: حدثني زيد بن علي، عن أبيه، عن جده، عن علي -عليهم السلام-، قال: (الإيلاء: القسم، وهو الحلف، فإذا حلف الرجل أن لا يقرب امرأته أربعة أشهر فهو مول، وإن كان دون الأربعة الأشهر فليس بمول). انتهى.

[1939]- **مجموع زيد بن علي -رضي الله عنهما-** [332]: حدثني زيد بن علي، عن أبيه، عن جده، عن علي -عليهم السلام-: (أنه كان يوقف المولي بعد الأربعة الأشهر، فيقول: إما أن تفي، وإما أن تعزم الطلاق، فإن عزم الطلاق كانت تطليقة بائنة). انتهى.

[1940]- **أمالي أحمد بن عيسى -رضي الله عنهما-** [**العلوم**:3/ 146]: أخبرنا محمد، قال: أخبرنا محمد بن راشد، عن إسماعيل بن أبان، عن غياث، عن جعفر، عن أبيه، عن علي، قال: (كل إيلاء دون الحد فليس بإيلاء). انتهى.

[1941]- **علي بن بلال** -رحمه الله- في **شرح الأحكام** [إعلام الأعلام ص(300)]: وأخبرنا السيد أبو العباس -رحمه الله-، قال: أخبرنا أبو زيد العلوي -رحمه الله-، قال: حدثنا محمد بن منصور، قال: حدثنا أحمد بن عيسى، عن الحسين، عن أبي خالد، عن زيد بن علي، عن آبائه، عن علي -عليهم السلام-: أنه أوقف رجلاً آلى من امرأته بعد سنة أن يفي أو يعزم -يعني طلاقاً-، كان يقول: (لا أرى تبين حتى يوقف). انتهى.

[1942]- **أمالي أحمد بن عيسى** -رضي الله عنهما- [3/ 148]: حدثنا محمد، قال: حدثني أحمد بن عيسى، عن حسين، عن أبي خالد، عن زيد بن علي، عن آبائه، عن علي -عليهم السلام-: (أنه أوقف رجلاً آلى من امرأته بعد سنة أن يفي أو يعزم، وكان يقول: (لا أرى امرأته تبين حتى يوقف).

[1943]- **وفيها** [العلوم 2/ 149]: حدثنا محمد، قال: حدثنا محمد، عن حاتم، قال: حدثنا جعفر، عن أبيه: أن علياً قال: (إذا آلى الرجل من امرأته فمضت أربعة أشهر، فإما أن يمسك بمعروف، وإما أن يسرح بإحسان). انتهى.

محمد -في أول الإسناد-: هو ابن منصور.

والثاني: ابن عبيد، وحاتم: هو ابن إسماعيل، وكلهم قد مر الكلام عليهم.

[1944]- **علي بن بلال** -رحمه الله- في **شرح الأحكام** [إعلام الأعلام (ص-301)]: وأخبرنا السيد أبو العباس، قال: أخبرنا عبد العزيز بن إسحاق، قال: حدثنا علي بن محمد النخعي، قال: حدثنا المحاربي، قال: حدثنا نصر بن مزاحم، قال: حدثنا إبراهيم بن الزبرقان، عن أبي خالد، قال: حدثنا زيد بن علي، عن أبيه، عن جده، عن علي -عليهم السلام-: (أنه كان يقف المولي الأربعة الأشهر فيقول له: إما أن تفي أو تعزم الطلاق). انتهى.

[1945]- **أمالي أحمد بن عيسى** -رضي الله عنهما- [العلوم 2/ 149]: حدثنا محمد، قال: أخبرنا محمد بن عبيد، عن محمد بن ميمون، عن جعفر، عن أبيه: أن

علياً كان يقول: (إذا مضت الأربعة الأشهر: إما أن يطلق، وإما أن يمسك).

[1946]- **وفيها أيضاً** [العلوم:2/ 147]: حدثنا محمد، قال: حدثنا محمد بن جميل، عن مصبح بن الهلقام، عن إسحاق بن الفضل، عن عبد الله بن محمد بن عمر بن علي، عن أبيه، عن جده، عن علي -عليه السلام- في رجل أقسم أن لا يجامع امرأته حتى تفطم ولدها خشية أن يفسد لبنها، فلبث معها سنتين، فقضى علي أن ذلك ليس بإيلاء، ولا بأس عليه في ذلك(127).

[1947]- **وفيها أيضاً** [العلوم:2/ 151]: حدثنا محمد، قال: حدثنا محمد بن جميل، عن مصبح بن الهلقام، عن حفص، عن جعفر، عن أبيه، عن علي -عليه السلام- قال: (إيلاء العبد نصف إيلاء الحر). انتهى.

علي بن بلال -رحمه الله- في **شرح الأحكام** [إعلام الأعلام ص(301)]: أخبرنا السيد أبو العباس -رحمه الله-، قال: أخبرنا عبد الله بن الحسن الإيوازي، قال: حدثنا جعفر بن محمد النيروسي، عن القاسم بن إبراهيم -عليه السلام- في المولي، قال: أحسن ما سمعنا أن يوقف بعد أربعة أشهر، وهو قول علي بن أبي طالب -عليه السلام-، وقول علماء أهل البيت. انتهى.

عبد الله بن الحسن الإيوازي قد مر الكلام عليه في الجنائز، وكذلك شيخه جعفر بن محمد النيروسي، قد مر الكلام عليه.

[1948]- **أمالي أحمد بن عيسى** -رضي الله عنهما- [العلوم:2/ 149]: حدثنا محمد، قال: حدثنا محمد، عن علي بن غراب، عن جعفر، عن أبيه: أن علياً -عليه السلام- كان يقول: (إذا مضت الأربعة الأشهر، إما أن يطلق، وإما أن

---

(127) أخرج نحوه أبو جعفر الطوسي في تهذيب الأحكام، فقال: محمد بن يعقوب، عن علي، عن أبيه، عن النوفلي، عن السكوني، عن أبي عبد الله -عليه السلام-، قال: أتى رجل أمير المؤمنين -عليه السلام-، فقال: يا أمير المؤمنين، إن امرأتي أرضعت غلاماً، وإني قلت: والله لا أقربك حتى تفطميه، فقال: (ليس في الإصلاح إيلاء). انتهى، وأخرجه محمد بن يعقوب الكليني في الكافي. انتهى. تمت من هامش الأصل.

يمسك). انتهى.

محمد -في أول الإسناد-: هو ابن منصور.

والثاني: ابن عبيد.

[ترجمة علي بن غراب]:

وعلي بن غراب:

هو علي بن غراب، أبو الحسن الفزاري، الكوفي، عن أشعث، وشعبة، والثوري، وغيرهم، وعنه إبراهيم بن محمد بن ميمون، وزياد بن أيوب، ومروان بن معاوية.

قال ابن حبان: غالياً في التشيع، قال علامة العصر -رحمه الله-: عداده في ثقات محدثي الشيعة، توفي سنة أربع وثمانين ومائة. انتهى.

الهادي -عليه السلام- في الأحكام [1/ 360]: حدثني أبي، عن أبيه في المولي يوقف بعد أربعة أشهر أم لا؟.

فقال: أحسن ما سمعنا فيه أن يوقف، وهو قول أمير المؤمنين علي بن أبي طالب -عليه السلام-، وقول علماء آل الرسول الله -صلى الله عليه وآله وسلم-. انتهى.

[1949]- **الجامع الكافي** [4/ 399]: وقال الحسن أيضاً -فيما حدثنا محمد بن جعفر، عن ابن شاذان عنه-: صح عندنا من قول علي بن أبي طالب: (أن امرأة المولي على حالها لا تطلق وإن مضت أربعة أشهر، حتى يطلقها أو يفي). انتهى.

[1950]- **أمالي أحمد بن عيسى** -رضي الله عنهما- [العلوم:2/ 147]: أخبرنا محمد، قال: أخبرنا محمد بن جميل، عن عاصم بن عامر، عن قيس، عن محمد بن سالم، عن عامر، قال: كان علي -عليه السلام- يقول: (الفيء الجماع). انتهى.

في هذا الإسناد:

محمد بن سالم:

قال في الجداول: محمد بن سالم الهمداني، أبو سهل الكوفي، الخياط، عن الشعبي، وعطاء، وعنه الثوري، وابن أبي زائدة، وأبو خالد الأحمر.

قال الحاكم في العلوم: هو ممن اشتهر بالحديث ولم يخرج له في الصحاح.

قلت: هو ممن اشتهر بالأخذ عن الإمام زيد بن علي.

قال القاسم بن عبد العزيز: وله فضائل جمة، وقد نال منه المنحرفون عن الآل، توفي في عشر الخمسين. انتهى.

أما بقية رجال الإسناد فقد مر الكلام عليهم.

الهادي -عليه السلام- في الأحكام [1/ 361]: حدثني أبي، عن أبيه: في الفي، ما هو؟

قال: الفيء هو الجماع، فإن لم يقدر على الملامسة لمرض أو علة أو سفر فآء بلسانه، واكتفى بمقالته إلى أن يخرج من علته. انتهى.

الجامع الكافي [4/ 401]: قال القاسم والحسن ومحمد: الفيء: الجماع في الفرج إذا كان يقدر عليه.

قال القاسم ومحمد: جماعاً يوجب الحد والمهر، ولا يجزيه الفيء باللسان وهو يقدر على الجماع.

وفيه [4/ 402]: وروى محمد عن ابن مسعود، أنه قال: إذا لم يقدر على جماعها لمرض أو كبر أو سفر ففاء بلسانه، فهو فيء.

قال محمد في كتاب التفسير - عقيب قول ابن مسعود-: هذا صواب ليس فيه اختلاف، وهو إجماع آل محمد لا اختلاف فيه. انتهى.

باب القول في اللعان

[1940]- **مجموع زيد بن علي -رضي الله عنهما-** [332]: حدثني زيد بن علي، عن أبيه، عن جده، عن علي -عليهم السلام-: في الرجل تأتي امرأته بولد

فينفيه، قال: (يلاعن الإمام بينهما، يبدأ بالرجل، فيشهد أربع شهادات بالله إنه لمن الصادقين، والخامسة أن لعنة الله عليه إن كان من الكاذبين.

ثم تشهد المرأة أربع شهادات بالله إنه لمن الكاذبين، والخامسة أن غضب الله عليها إن كان من الصادقين.

فإذا فعلا ذلك فرق الإمام بينهما ولم يجتمعا أبداً، وألحق الولد بإمه، فجعل أمه عصبته، وجعل عاقلته على قوم أمه). انتهى.

[1941]- **أمالي أحمد بن عيسى -رضي الله عنهما-** [العلوم:2/ 153]: أخبرنا محمد، قال: أخبرنا حسين بن نصر، عن خالد، عن حصين، عن جعفر بن محمد، عن أبيه، عن علي -عليه السلام- أنه كان يقول: (إذا قذف الرجل امرأته جلد، حية كانت أو ميتة شاهدة كانت أو غائبة). انتهى.

[1942]- **علي بن بلال -رحمه الله- في شرح الأحكام** [إعلام الأعلام (صـ325)]: أخبرنا أبو العباس الحسني -رحمه الله-، قال: أخبرنا أبو زيد العلوي، قال: حدثنا حسين بن قاسم القلانسي الكوفي، قال: حدثنا محمد بن جعفر العلوي، قال: حدثني عمي علي بن الحسن، عن خاله أبي هاشم المحمدي، قال: حدثني أبوك الحسن بن علي بن عمر بن علي بن الحسين، عن أبيه، عن جده، عن أبيه علي بن الحسين، قال: لما نزلت: ﴿وَٱلَّذِينَ يَرۡمُونَ ٱلۡمُحۡصَنَٰتِ ثُمَّ لَمۡ يَأۡتُواْ بِأَرۡبَعَةِ شُهَدَآءَ فَٱجۡلِدُوهُمۡ ثَمَٰنِينَ جَلۡدَةٗ وَلَا تَقۡبَلُواْ لَهُمۡ شَهَٰدَةً أَبَدٗاۚ﴾[النور:4]، قام عاصم بن عدي، فقال: يا رسول الله، إن رأى رجل منا رجلاً على بطن امرأته، وقال بلسانه: إني وجدت مع امرأتي رجلاً، فإن لم يأت بأربعة شهداء جلد ثمانين جلدة، ولم تقبل له شهادة أبداً، فابتلي عاصم بن عدي بهذا من بين الناس، فأتى رجل من قومه يقال له عويمر وهلال بن أميه، فقال هلال: إني رأيت شريك بن سحماء مع امرأتي فلانة، وإنها الآن حبلى ما قربتها منذ أربعة أشهر.

فقال عاصم: يا رسول الله ابتليتُ أنا بسؤالي إياك من بين الناس، وأخبره بالذي قال هلال، فقال رسول الله -صلى الله عليه وآله وسلم-:«اتق الله في

امرأتك وابنة عمك، فلا تقل إلا حقاً».

فقالت امرأة هلال: أحلف بالله إنه لكاذب ما رأى مني شيئاً، ولكنه غيران، وشريك ابن عمي مبيته ومقيله عندي، فلم ينهاني عنه ويخرجه من بيتي.

فقال رسول الله -صلى الله عليه وآله وسلم- لشريك: «ويحك» ما يقول هلال، قال: أحلف بالله إنه لكاذب، وما أرى شيئاً، فأنزل الله فيهم: ﴿وَٱلَّذِينَ يَرۡمُونَ أَزۡوَٰجَهُمۡ وَلَمۡ يَكُن لَّهُمۡ شُهَدَآءُ إِلَّآ أَنفُسُهُمۡ﴾ [النور:6] إلى قوله: ﴿أَنَّ غَضَبَ ٱللَّهِ عَلَيۡهَآ إِن كَانَ مِنَ ٱلصَّٰدِقِينَ ٩﴾ [النور:9] فلاعن رسول الله -صلى الله عليه وآله وسلم- بينهما، فلما فرغا أقبل الرجل، فقال: يا رسول الله، كذبت عليها إن أمسكتها فهي طالق، فمضت بعد ذلك السنة في فرقة بينهما إذا تلاعنا. انتهى.

قد مر الكلام على رجال هذا الإسناد.

أمالي أحمد بن عيسى -رضي الله عنهما- [العلوم:3/ 208]: أخبرنا محمد، قال: حدثني أحمد بن عيسى، عن حسين، عن أبي خالد، عن زيد بن علي، عن آبائه، عن علي -عليهم السلام- في رجل أدخلت عليه امرأته فقال لم أجدها عذراء، قال: (لا يصدق وإن قذفها جلد). انتهى.

علي بن بلال في شرح الأحكام [إعلام الأعلام صـ(327)]: أخبرنا أبو العباس الحسني، قال أخبرنا عبد العزيز بن إسحاق، قال: حدثنا علي بن محمد النخعي، قال: حدثنا سليمان بن إبراهيم المحاربي، قال: حدثنا نصر بن مزاحم، قال: حدثنا إبراهيم بن الزبرقان، عن أبي خالد، عن زيد بن علي، عن أبيه، عن جده، عن علي بن أبي طالب -عليهم السلام- في الرجل تأتي امرأته بولد فينفيه، قال: (يلاعن بينهما، يبدأ بالرجل فيشهد أربع شهادات بالله إنه لمن الصادقين، والخامسة أن لعنة الله عليه إن كان من الكاذبين، ثم تشهد المرأة أربع شهادات بالله إنه لمن الكاذبين والخامسة أن غضب الله عليها إن كان من الصادقين فإذا

فعلا فرق الإمام بينهما فلم يجتمعا وألحق الولد بأمه فجعل أمه عصبته وجعل عقله على قومه. انتهى.

باب القول في الرضاع

[1946]- **مجموع زيد بن علي -رضي الله عنهما-** [316]: حدثني زيد بن علي، عن أبيه، عن جده، عن علي -عليهم السلام-، في قول الله -جل اسمه-: ﴿ وَٱلْوَٰلِدَٰتُ يُرْضِعْنَ أَوْلَٰدَهُنَّ حَوْلَيْنِ كَامِلَيْنِ لِمَنْ أَرَادَ أَن يُتِمَّ ٱلرَّضَاعَةَ ﴾ [البقرة:233]، قال: (الرضاع سنتان، فما كان من رضاع في الحولين حَرَّمَ، وما كان بعد الحولين فلا يحرم، قال الله -تعالى-: ﴿وَحَمْلُهُۥ وَفِصَٰلُهُۥ ثَلَٰثُونَ شَهْرًا﴾ [الأحقاف:15]، فالحمل ستة أشهر، والرضاع حولان كاملان). انتهى.

[1947]- **أمالي أحمد بن عيسى -رضي الله عنهما-** [العلوم:3/ 55]: حدثني أحمد بن عيسى، عن حسين بن علوان، عن أبي خالد، عن زيد، عن آبائه، عن علي -عليهم السلام- قال: (لا رضاع بعد فصال). انتهى.

[1948]-[1944]- **وفيها**: [العلوم:2/ 56]: محمد بن جميل، عن عاصم بن عامر، عن قيس، عن ليث، عن مجاهد، عن علي -عليه السلام- قال: (الرضعة الواحدة تحرم). انتهى.

[1949]- **علي بن بلال رحمه في شرح الأحكام** [إعلام الأعلام (صـ333)]: أخبرنا السيد أبو العباس، قال: أخبرنا عبد العزيز بن إسحاق الكوفي، قال: حدثنا علي بن محمد النخعي، قال: حدثنا سليمان بن إبراهيم المحاربي، قال: حدثنا نصر بن مزاحم، قال: حدثني إبراهيم بن الزبرقان، قال: حدثني أبو خالد، عن زيد بن علي، عن أبيه، عن جده، علي -عليهم السلام-، قال: قلت: يا رسول الله، إنك لتتوق إلى نساء قريش ولا تخطب بنات عمك، قال: «وهل عندك شيء»، قلت: بنت حمزة، قال: «إنها ابنة أخي من الرضاعة، أما علمت يا علي أن الله جل ثناؤه قد حرم من الرضاعة ما حرم من النسب في كتاب الله». انتهى.

[1950] - أمالي أحمد بن عيسى - رضي الله عنهما - [العلوم:3/53]: إبراهيم بن محمد، عن سفيان بن عيينة، عن علي بن زيد بن جدعان، عن سعيد بن المسيب قال: قال علي: يا رسول الله، هل لك في ابنة حمزة، فتاة من قريش؟.

قال: فقال رسول الله - صلى الله عليه وآله وسلم -: «أما علمت يا علي أنها ابنة أخي من الرضاعة، إن الله حرم من الرضاعة ما حرم من النسب». انتهى.

[ترجمة علي بن جدعان]:

رجال هذا الإسناد، والأسانيد التي قبله قد مر الكلام عليهم، إلا علي بن زيد بن جدعان:

فقال في الجداول: علي بن زيد بن جدعان التيمي، أبو الحسن البصري، عن أنس بن المسيب، وأبي رافع مولى عمرو بن حريث، وسالم بن عبيد الله، وخلق، وعنه السفيانان، والحمادان، وشريك، وطائفة.

قال يحيى: ما اختلط قط.

وقيل لحماد بن سلمة: زعم وهيب أن علي بن زيد كان لا يحفظ، فقال: وهل كان وهيب يقدر على مجالسة علي؟! إنما كان يجالسه وجوه الناس.

وقال الترمذي: صدوق، ووثقه يعقوب بن أبي شيبة.

وقال أحمد والعجلي: كان يتشيع.

وقال يزيد بن زريع: كان رافضياً. توفي سنة إحدى وثلاثين ومائة.

واحتج به مسلم والأربعة، عداده في ثقات محدثي الشيعة، وأحد أعلامهم، وأوعية العلم، لما مات الحسن قال له أهل البصرة: اجلس مكانه. انتهى.

[1960] - وفيها - أعني في أمالي أحمد بن عيسى - رضي الله عنهما - [العلوم:3/55]: حدثنا علي بن أحمد، عن مخول بن إبراهيم، عن محمد بن بكر، عن أبي الجارود، قال: حدثني أبو جعفر، قال: كان علي يقول: «لا رضاع بعد

فطام». انتهى.

علي بن أحمد: هو علي بن أحمد بن عيسى، قد مر الكلام عليه، وعلى بقية رجال الإسناد.

[1950]- **علي بن بلال -رحمه الله- في شرح الأحكام** [إعلام الأعلام (صـ340)]: وأخبرنا السيد أبو العباس -رحمه الله-، قال: أخبرنا علي بن محمد الروياني والحسين بن أحمد المصري، قالا حدثنا الحسين بن علي بن الحسن، قال: حدثنا زيد بن الحسين، عن ابن أبي اويس، عن ابن ضميرة، عن أبيه، عن جده، عن علي -عليه السلام-: (الرضاعة من قبل الأب تحرم ما يحرم النسب). انتهى.

[1951]- **أمالي أحمد بن عيسى -رضي الله عنهما-** [العلوم:2/ 54]: حدثني أبو الطاهر، قال: حدثني حسن بن يحيى العلوي، قال: حدثني أبو بكر بن أبي أويس، عن حسين بن عبد الله بن ضميرة، عن أبيه، عن جده، عن علي -عليه السلام-، أنه كان يقول: (الرضاع من قبل الأب يحرم ما يحرم النسب). انتهى.

[1952]- **المؤيد بالله -عليه السلام- في شرح التجريد** [3/ 459]: واستدل يحيى -عليه السلام-: بما أخبرنا به أبو عبد الله النقاش، قال: حدثنا الناصر للحق -عليه السلام-، عن محمد بن منصور، عن أحمد بن عيسى، عن حسين، عن أبي خالد، عن زيد بن علي، عن أبيه، عن جده، عن علي -عليهم السلام-، أن رجلاً أتى علياً -عليه السلام- فقال: إن لي زوجة، وإني أصبت جارية، فأتيتها يوماً، فقالت: لقد أرويتها من ثديي، فما تقول في ذلك؟، فقال علي -عليه السلام-: (فخذ بأي رجلي أمتك شئت، لا رضاع إلا ما أنبت لحماً، أو شد عظماً، ولا رضاع بعد فصال). انتهى.

علي بن بلال -رحمه الله- في شرح الأحكام [إعلام الأعلام (صـ337)]: أخبرنا السيد أبو العباس الحسني -رحمه الله-، قال: أخبرنا عبد العزيز بن إسحاق، قال: حدثنا علي بن محمد، قال: حدثنا سليمان بن إبراهيم، قال: حدثنا نصر بن مزاحم، قال: حدثنا إبراهيم بن الزبرقان، قال: حدثني أبو خالد، قال: حدثني زيد بن علي،

عن أبيه، عن جده، عن علي -عليهم السلام-: في قول الله -تعالى-: ﴿وَالْوَالِدَاتُ يُرْضِعْنَ أَوْلَادَهُنَّ حَوْلَيْنِ كَامِلَيْنِ لِمَنْ أَرَادَ أَن يُتِمَّ الرَّضَاعَةَ﴾ [البقرة:233]، الآية، قال: (الرضاع سنتان(128)، فما كان من رضاع في الحولين حرم، وما كان بعد الحولين فلا يحرم، قال: ﴿وَحَمْلُهُ وَفِصَالُهُ ثَلَاثُونَ شَهْرًا﴾ [الأحقاف:15]، والرضاع حولين كاملين).

[1950]- وفيه أيضاً: أخبرنا السيد أبو العباس -رحمه الله-، قال: أخبرنا أبو زيد العلوي، قال: حدثنا محمد بن منصور، قال: حدثنا أحمد بن عيسى، عن حسين، عن أبي خالد، عن زيد بن علي، عن آبائه -عليهم السلام-، أن رجلاً أتى علياً -عليه السلام- فقال: يا أمير المؤمنين، إن لي زوجة ولي منها ولد، وإني أصبت جارية فواريتها عنهم، فقالت: اتيني بها، وأعطتني موثقاً لا تسوؤني فيها، فأتيتها يوماً، فقالت: لقد أرويتها من ثديي، فما تقول في ذلك؟ فقال علي -عليه السلام-: (انطلق فإنك زوجها، وأنلها عقوبة ما أتت، وخذ بأي رجلي أمتك شئت، فإنه لا رضاع إلا ما أنبت لحماً، أو شد عظماً، ولا رضاع بعد فصال).

وفيها أيضاً: حدثنا أبو العباس -رحمه الله-، قال: أخبرنا أبو زيد، قال: حدثنا الحسين بن الحكم المنذلي، قال: حدثنا الحسن بن الحسين العرني، عن علي بن القاسم الكندي، عن ابن أبي رافع، عن أبيه، عن جده، عن علي -عليه السلام- قال: (لا رضاع بعد فصال، فما كان في الحولين فهو رضاع). انتهى.

[ترجمة الحسين بن الحكم المنذلي]:

الحسين بن الحكم المنذلي:

هو الحسين بن الحكم بن مسلم أبو عبد الله الحبري، القرشي الكوفي الرازي، قد مر الكلام عليه، وعلى بقية رجال الإسناد، وكذلك مر الكلام على رجال أسانيد الباب.

(128) في الأصل: الرضاع السنتين، والتصويب من شرح الأحكام -مخطوط-.

الهادي -عليه السلام- في الأحكام [1/ 396]: قال يحيى بن الحسين -صلوات الله عليه-: فحرم سبحانه وتعالى الأم من الرضاعة، والأخت من الرضاعة، ولم يذكر غيرهما، ثم جاءت أخبار كثيرة نقلتها الثقات، الذين لا يطعن عليهم من آل الرسول -صلى الله عليه وآله وسلم-:

من ذلك: ما روي عن الرسول -صلى الله عليه وآله وسلم-: «يحرم من الرضاع ما يحرم من النسب».

ومن ذلك: ما روي عن أمير المؤمنين علي بن أبي طالب -عليه السلام- أنه قال: يا رسول الله، أراك تتوق إلى قريش، فهل لك في ابنة حمزة بن عبد المطلب، أجمل فتاة في قريش؟، فقال: « يا علي أما علمت أنها ابنة أخي من الرضاعة، وأن الله حرم من الرضاعة ما حرم من النسب».

قال يحيى بن الحسين -صلوات الله عليه-: فهذه أخبار قد جاءت نقلها الثقات، فلا نرى ولا نحب لأحد أن يدخل في نكاح شيء قارب من الرضاع، لما دخل فيه من الشبهة واللبسة بهذه الأخبار، والوقوف عند الشبهة وعنها أحب إلينا من الأقدام عليها والدخول فيها، وفي غيرها متفسح، وإلى سواها لمن غفل عنها مرتكح(129)، وعن الدخول فيما قد ألبس أمره، وجاءت فيه الشبهات، واختلفت فيه القالات، وكثرت فيه الروايات، وأجمع على نقلها الثقات، وقد قال الله -تبارك وتعالى-: ﴿وَمَآ ءَاتَىٰكُمُ ٱلرَّسُولُ فَخُذُوهُ وَمَا نَهَىٰكُمْ عَنْهُ فَٱنتَهُوا۟ وَٱتَّقُوا۟ ٱللَّهَ إِنَّ ٱللَّهَ شَدِيدُ ٱلْعِقَابِ ﴿٧﴾﴾[الحشر:7]، وقال: ﴿وَأَطِيعُوا۟ ٱللَّهَ وَأَطِيعُوا۟ ٱلرَّسُولَ﴾[التغابن:12].

وفيها أيضاً [1/ 342]: قال يحيى بن الحسين -صلوات الله عليه-: إذا تزوج رجل امرأة فذكرت امرأة أخرى أنها قد أرضعته وامرأته، رأينا له أن يقف عنها، ويخلي سبيلها مخافة أن يكون الأمر كما ذكرت، والاحتياط في هذا أصلح.

---

(129) أي مستند ومعتمد. تمت من هامش الأصل.

وكذلك بلغنا عن النبي -صلى الله عليه وآله وسلم- أن عقبة بن الحارث أتاه، فقال: يا رسول الله، إني تزوجت امرأة ودخلت بها، فأتت امرأة سوداء فزعمت أنها أرضعتني وامرأتي، وقلت: يا رسول الله إني أظن أن تكون كاذبة، فقال رسول الله -صلى الله عليه وآله وسلم-: «فيكف به وقد قيل»، ففارقها الرجل، لما قال رسول الله -صلى الله عليه وآله وسلم- ما قال.

وفيها أيضاً [1/ 398]: وفي ذلك ما بلغنا أن رجلاً أتى علياً -عليه السلام- فقال: يا أمير المؤمنين، إن لي زوجة ولي منها ولد، وإني أصبت جارية فواريتها عنها، فقالت: اتيني بها وأعطتني لها موثقاً لا تسؤني فيها، فاتيتها يوماً فقالت: لقد أرويتها من ثديي، فما تقول في ذلك؟، فقال له علي -عليه السلام-: (انطلق فأنل زوجتك عقوبة ما أتت، وخذ بأي رجلي أمتك شئت، فإنه لا رضاع إلا ما أنبت لحماً، أو شد عظماً، ولا رضاع بعد فصال). انتهى.

باب النفقات

القول في نفقة الزوجات:

[1951]- **المؤيد بالله -عليه السلام- في شرح التجريد** [3/ 413]: وروى أبو العباس الحسني -رحمه الله تعالى-، أخبرنا محمد بن الحسين بن علي العلوي، حدثنا أبي، حدثنا زيد بن الحسين، عن (ابن) أبي أويس، عن ابن ضميرة، عن أبيه، عن جده، عن علي -عليه السلام-: أن رسول الله -صلى الله عليه وآله وسلم- خطب يوم النحر بمنى في حجة الوداع فقال فيها: «استوصوا بالنساء خيراً» إلى أن قال: «ولهن عليكم من الحق نفقتهن وكسوتهن بالمعروف»، على أنه لا خلاف فيه بين العلماء. انتهى.

باب القول في نفقة المطلقة التي لا تحل إلا من بعد زوج

الهادي -عليه السلام- في الأحكام [1/ 403]: حدثني أبي، عن أبيه أنه سئل عمن طلق امرأته طلاقاً لا تحل له حتى تنكح زوجاً غيره، هل لها سكنى أو نفقه؟

قال: إذا بانت ثالثة فلا سكنى لها، وفي ذلك حديث فاطمة ابنة قيس الذي روي أنها لما بانت من زوجها بالثالثة لم يجعل لها النبي -صلى الله عليه وآله وسلم- سكنى، وقد أبى كثير من الناس إلا أن يجعلوا لها سكنى. انتهى.

الجامع الكافي [4/ 438]: قال الحسن بن يحيى: أجمع آل رسول الله -صلى الله عليه وآله وسلم- على أن الذي يطلق امرأته ثلاثاً في كلمة لا تحل له حتى تنكح زوجاً غيره، ولها السكنى والنفقة، ما دامت في عدتها، وإن كان لم يدخل بها فلا عدة عليها، ولا سكنى لها، ولا نفقة. انتهى.

هل للمرأة أن تأخذ من مال زوجها بغير إذنه:

الجامع الكافي [4/ 447]: قال القاسم - فيما حدثنا زيد بن حاجب، عن ابن وليد، عن جعفر الصيدلاني، عن حسن بن عبد الواحد، عن القومسي- قال: سألت القاسم بن إبراهيم، ما يحل للمرأة من مال زوجها؟

قال: نفقتها وكسوتها وقوتها، وما أعطاها إياه من ماله.

قال محمد: للمرأة أن تأخذ من مال زوجها ما يكفيها وولدها بالمعروف. انتهى.

النفقة على القريب:

الهادي -عليه السلام- في الأحكام [1/ 406]: قال يحيى بن الحسين -صلوات الله عليه-: يجب على الوارث من النفقة على قريبه المعسر على قدر ميراثه منه، صغيراً كان الموروث أو كبيراً، يقول الله -عز وجل-: ﴿**وَعَلَى ٱلْوَارِثِ مِثْلُ ذَٰلِكَ**﴾ [البقرة:233]. انتهى.

الجامع الكافي [4/ 457]: قال الحسن -عليه السلام- وسئل عن رجل سافر يطلب المعيشة وترك ولداً له صغيراً مع أمه-، هل يؤخذ الأب بما أصاب ولده بشيء؟

فقال: إن أنفق الأب على الصبي وعلى أمه ما يكفيهما لم نضيق عليه أن يذهب في طلب المعاش فيما يريد، وليس يسع المؤمن أن يضيع من يلزمه القيام بأمره، إذا وجد إلى ذلك سبيلاً من حله، وروي عن النبي -صلى الله عليه وآله وسلم-: «كفى بالمرء إثماً أن يضيع من يعول». انتهى.

باب القول في الحضانة

المؤيد -عليه السلام- في شرح التجريد [3/ 443]: أم الصبي أولى به إلى أن يعقل، ويطيق الأدب، ما لم تتزوج، وهذا منصوص عليه في المنتخب.

وذكر إطاقه الأدب في الأحكام، وعبر عنه في المنتخب بأن قال: إلى أن يعقل ويقوم بنفسه، وفسر ذلك أبو العباس الحسني في النصوص، فقال: هو أن يأكل ويشرب ويلبس بنفسه، وحكى نحوه عن أبي حنيفة.

ما ذكرناه من أن الأم أولى به ما لم تتزوج: مما لا أحفظ فيه خلافاً، والأصل فيه: قول الله -تعالى-: ﴿ وَٱلْوَٰلِدَٰتُ يُرْضِعْنَ أَوْلَٰدَهُنَّ حَوْلَيْنِ كَامِلَيْنِ﴾ [البقرة:233]، وقال: ﴿فَإِنْ أَرْضَعْنَ لَكُمْ فَـَٔاتُوهُنَّ أُجُورَهُنَّ﴾ [الطلاق:6]، إلى قوله: ﴿وَإِن تَعَاسَرْتُمْ فَسَتُرْضِعُ لَهُۥٓ أُخْرَىٰ ۝٦﴾ [الطلاق:6] فأمر الله -تعالى- بإتيانهن أجورهن إن أرضعن، ولم يجز العدول عنهن إلا عند التعاسر. انتهى.

الجامع الكافي [4/ 463]: قال الحسن ومحمد: إذا طلق الرجل امرأته طلاقاً بائناً وله منها ولد، فأم الغلام أحق بتربية الغلام إلى أن يعقل، ويحتاج إلى الأدب، ما لم تزوج أمه.

قال محمد: فإن تزوجت أو ماتت فالجدة أم الأم أحق به، فإن لم تكن فالجدة أم الأب أولى به. انتهى.

***

إلى هنا انتهى الجزء الثاني من الصحيح المختار، من علوم العترة الأطهار، الذي وافق الفراغ من تسويده في شهر ربيع الأول سنة سبعة وسبعين وثلاثمائة وألف، وكان الفراغ من نقل هذا مع زيادات مفيدة، ليلة السبت الموافق 9 شهر جمادى الأولى سنة (1396هـ)، ستة وتسعين وثلاثمائة وألف، وذلك بهجرة ضحيان حرسها الله بالعلماء العاملين. والله أسأل أن يغفر الذنوب، وأن يجعل الأعمال خالصة لوجهه الكريم، بحق محمد وآله الطاهرين، عليهم الصلاة والتسليم.

بقلم جامعه الفقير إلى الله محمد بن الحسن العجري غفر الله له ولوالديه وللمؤمنين آمين.